그림 1 아이아스는 자신의 실추된 명예를 회복하기 위해 땅바닥에 작은 흙더미를 만들고 적에게 복수를 감행하려던 칼을 단단히 꽂은 다음, 거기에 몸을 던져 자살하기로 결심한다.(기원전 6세기 암포라amphora에 그려진 그림)

그림 2 율리우스 슈노르 폰 카롤스펠트, 「사울의 죽음」, 1851~1860. 이스라엘 왕국의 제1대 왕인 사울은 블레셋과의 전투에서 패배한 후 자신의 병사들 앞에서 검으로 할복했다.

그림 3 보테botte 이탈리아에서 전통적으로 사용하는 커다란 통와 린넨rinnen의 의식. 스위스 바젤에서는 목숨을 끊은 성직자의 시체를 보테 안에 넣어 라인강(16세기 초)에 던졌다.

그림 4 자살 부작용. 취리히 인근 로사우에서는 결혼생활에 실패한 한 남자가 스스로 목숨을 끊은 뒤, 공동묘지에 묻히게 된다. 하지만 이 일이 재앙을 불러올까 두려웠던 마을 주민들은 매장된 시체를 파내어 화장을 했다.(1581) 취리히 중앙 도서관, Ms. F 29a, f.178r.

그림 5 「Ira se occidit」(12세기 초), 클레르몽페랑의 노트르담 뒤 포르Notre-Dame du Port의 기둥머리.

그림 6 「유다의 자살」, 오툉에 있는 생라자르Saint-Lazare 대성당의 기둥머리.(12세기)

그림 7 조토 디본도네, 「절망」, 1302, 이탈리아 파도바, 스크로베니 예배당.

그림 8 마에스트로 E. S., 「절망에 대한 영감」, 15세기 후반. 임종을 눈앞에 둔 사람이 절망에 빠지지 않게 하려고 그의 침대 주위에 모여 있는 성 베드로, 마리아 막달레나, 마음씨 좋은 도둑과 산파올로.

그림 9 조반니 카나베시오, 「유다의 자살」, 1492. 브리그에 있는 노트르담 데 퐁텐 성소의 프레스코화.

그림 10 익명의 알자스 사람, 「유다의 자살」, 1520, 스테인드글라스, 시카고 현대미술관.

그림 11 1742년 마리아 엘리자베타 베켄슈타이너린은 생후 6개월 된 자신의 아들을 목 졸라 죽였는데, 아이가 죽는 순간 구원받을 수 있다고 믿었다. 그녀의 왼쪽에 팔을 벌리고 기다리는 천사에게 가고 있는 것이 어린 소년의 영혼이다.

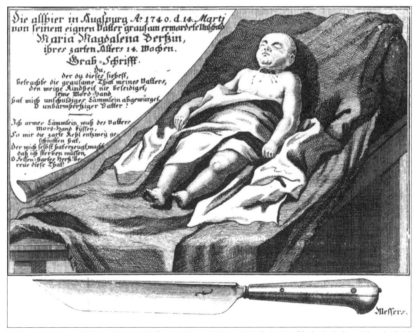

그림 12 1740년, 4개월이 채 되지 않은 아기였던 마리아 막달레나 베르친의 아버지는 죽는 순간 영원한 구원을 얻기를 바라며 딸아이를 살해했다. 두 개의 판화는 스튜어트가 제작했다.(2008)

그림 13 줄러 벤추르, 「클레오파트라」, 1911, 데브레첸, 데리박물관.

그림 14 파올로 페로네세, 「루크레티아」, 1580년경, 빈, 미술사박물관.

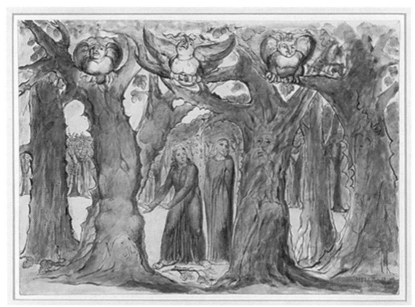

그림 15 윌리엄 블레이크, 「자살자의 숲: 하피들과 자살자들」, 1824~1827.

그림 16 조지 크룩섕크, 「가엾은 소녀, 집도 없고, 친구도 없고, 버려진 채, 술에 취해 자살하다」, 1848. 런던, 빅토리아앨버트 박물관.

그림 17 게오르게 그로스, 「여행의 끝」, 1913.

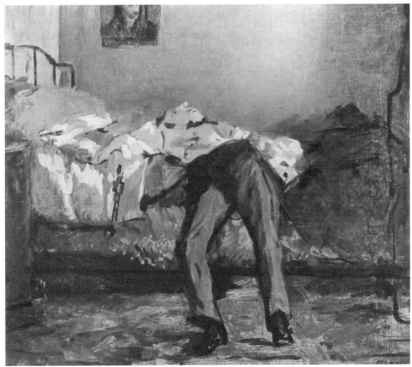

그림 18 에두아르 마네, 「자살」, 1877~1881, 취리히, E. G. 뷔를레 컬렉션.

그림 19 프리다 칼로, 「도로시 헤일의 자살」, 1939, 피닉스 미술관.

그림 20 폴 라파르그와 로라 마르크스.

그림 21 프리모 레비.

그림 22 프라하. 1969년 1월 16일 소련이 체코를 침략한 데 항의하며 분신자살한 얀 팔라흐를 기리는 기념비.

그림 23 동성애 인권 운동의 선구자 마리오 미엘리는 1983년 30세를 일기로 자살했다. 초상화는 데이비드 힐의 작품.

그림 24 인도 북서부(라자스탄주)에 있는 조드푸르라는 고대 도시의 문에는 죽은 남편을 화장하는 불 속에 뛰어들어 함께 죽기로 한 미망인들의 손 모양 흔적이 남아 있다.

그림 25 네팔 데오파탄에 있는 미망인의 문. 목숨을 바치기로 선언한 미망인들은 문턱을 넘어서면 다시 되돌아갈 수 없다.

그림 26 화장용 장작불에 뛰어들 미망인을 뒤따르는 장례 행렬. 17세기 후반에 그려진 미니어처.

그림 27 남편의 화장용 장작불에 몸을 던져 남편을 뒤따르는 미망인들을 기리기 위해 세운 장례식 비석 도면.

그림 28 왈드완Waldhwan에 있는 사티를 기념한 비석. 결혼 팔찌. 만자문卍字紋 시계 방향 또는 반시계 방향으로 꺾인 십자 모양 무늬, 레몬, 해와 달.

그림 29 1985년 3월 12일, 결혼의 상징인 베일을 머리에 두르고 화장용 장작더미 속에서 축복의 표시로 오른손을 들고 있는 자스바나트 칸바르. 칸바르는 경찰에게 제지당해 그곳에서 내려오게 되었고 의식은 거행되지 못했다.

플랑드르 화가 발타자르 솔빈스가 1796년 콜카타에서 (실제 상황을 바탕으로) 제작한 4개의 판화.

그림 30 사하가마나(함께 가기) 형식의 사티. 마음을 정화시키려고 강에서 목욕(전후 사정상)을 하고 흰 드레스를 입은 미망인은 브라만 두 명의 부축을 받아 남편의 시신과 함께 자신이 타 죽을 화장용 장작더미 주위를 빙빙 돈다.

그림 31 사하가마나 형식의 사티. 미망인은 브라만 두 명의 도움을 받아 남편의 시신이 타고 있는 불구덩이 속으로 몸을 던진다.

그림 32 아누마라나(따라 죽기) 형식의 사티. 미망인은 남편이 죽은 후 머지않아 남편이 남기고 간 유품들을 끌어안고 그 뒤를 따라 불에 타 죽는다.

그림 33 매장 형식의 사티. 남편의 시신과 함께 산 채로 땅에 묻히는 미망인. 여자가 사다리를 타고 구덩이 속으로 내려가면 친척들이 즉시 구덩이를 흙으로 메운다.

그림 34 토머스 롤런드슨, 「The Burning System Illustrated」, 1815. 영국인 풍자만화가 롤런드슨은 이 만화로 사티에 대한 영국 정부의 태도를 비판한다. 작품 중 한 편에서는 영국 관리가 이런 말을 한다. "인류에게는 충격적인 일이 아닐 수 없지만, 이 일로 벌어들이는 수입은 중요하므로 우리는 이 관습을 허용하기로 한다."

그림 35 죽은 남편을 위해 펑펑 울고 난 후에도 남편을 따라 죽을 결심이 서지 않은 인도의 미망인이 입고 있던 빨간 드레스와 수많은 팔찌를 두 여성이 벗기고 있다. 한 여자는 미망인의 몸과 마음이 정갈해지도록 씻기고 나서 털을 전부 깎는다. 17세기 후반에 그려진 미니어처.

그림 36 재가하지 않으려고 스스로 목숨을 끊은 중국 가문의 미망인들을 기리기 위한 기념 아치.

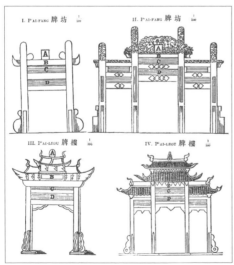

그림 37 남편이나 약혼자가 사망했을 때 따라 죽거나 강간을 피하려고 목숨을 끊은 여자들을 기리기 위한 중국의 아치 도면들.

그림 38 젊은 중국 여성은 죽은 약혼자에게 정절을 지키려고 자신의 귀와 코, 머리카락을 잘라 얼굴을 흉하게 만든다.

그림 39 한 젊은 여성이 편찮은 시어머니를 위해서 손가락을 잘라 (안뜰에서 하녀가 달이고 있는) 약탕기 안에 피를 섞는다.

그림 40 중국 여자가 자살할 준비를 하고 있다.

그림 41 남편이 죽자 열흘 동안 울고 난 후, 미망인은 물에 빠져 죽으려고 한다.

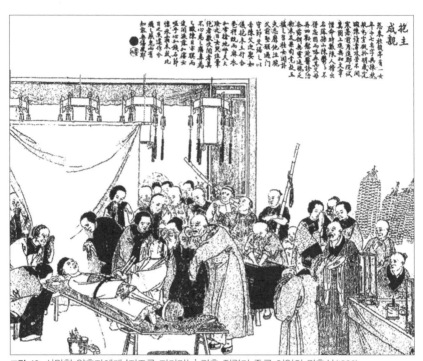

그림 42 사망한 약혼자에게 '지조를 지키려는' 결혼 적령기 중국 여인의 결혼식.(1880)

그림 43 중국의 왕 부인이 자살하기 전에 손가락을 잘라 흐르는 피로 바위 위에 유언을 쓰고 있다.

그림 44 단노우라壇ノ浦 해전(1185)에서 패해 무거운 닻을 몸에 묶고 바다에 몸을 던진 사무라이 타이라 노 토모모리를 새긴 우타가와 쿠니요시歌川國芳의 판화.

그림 45 1912년 9월 11일, 천황의 사진 앞에서 순사하기 몇 시간 전, 노기 마레스케 장군.

그림 46 노기 마레스케 장군의 아내인 노기 시즈코乃木静子는 남편과 함께 자결했다.

그림 47 1963년 6월 11일, 불교 승려 틱꽝득은 다른 승려들에게 자신의 몸에 석유를 뿌리도록 하고는 차분한 태도로 응오딘지엠 정부의 불교 탄압에 항의해 분신했다.

그림 48 1991년 5월 21일, 인도 스리페룸부두르. 다누는 허리에 차고 있던 폭탄으로 자살 폭탄 테러를 일으켜 라지브 간디를 포함한 16명과 함께 생을 마감했다.

그림 49 2007년 10월, 카르발라(이라크). 사전에 발각되어 체포된 자살 폭탄 테러범과 폭발물 사진.

그림 50 2007년 6월 9일, 아프가니스탄과 파키스탄의 국경 부족 지역에 있는 가미카제에 가담한 탈레반을 위한 훈련 캠프.

그림 51 초가 달린 벨트를 두르고 시위에 참가한 팔레스타인 소년.

그림 52 2004년 1월. 국경을 넘어 에레즈로 잠입한 하마스 최초의 여성 자살 특공대인 림 살리 알리야시. 그녀는 두 아이의 엄마였다.

그림 53 이집트인 행동대장 모하메드 아타는 2001년 9월 11일, 아메리칸 에어라인의 여객기를 납치해 세계무역센터의 북쪽 건물에 돌진하여 충돌했다.

그림 54 2007년 12월. 자살 폭탄 테러범이 운전한 폭탄을 실은 자동차가 카불에 있는 나토 호송대를 지나치며 폭발해 민간인 12명이 부상당했다.

그림 55 2005년 7월 7일. 젊은 이슬람 테러리스트 4명이 자살 폭탄 테러 공격을 감행해 52명의 사망자와 700명의 부상자가 발생했다. 사건 발생 후, 런던의 러셀 스퀘어에 출동한 구급차들.

자살의
사회학

마르치오
바르발리
Marzio Barbagli

자살의 사회학

세상에 작별을 고하다

박우정
옮김

FAREWELL TO THE WORLD

글항아리

일러두기

1. 이 책은 이탈리아에서 출간된 *Congedarsi dal mondo. Il suicidio in Occidente e in Oriente*(Societàeditrice Il Mulino, 2009)를 번역한 것이다. 저작권사의 동의를 얻어 이 책의 영문판 *Farewell to the World*(polity, 2015)를 저본으로 삼았다.
2. 미주는 모두 저자 주이고, 본문에서 첨자로 부연 설명한 것은 옮긴이 주다.
3. 원서에서 이탤릭체로 강조한 것은 고딕체로 표기했다.

서 문

나는 아직까지 자살을 생각해본 적이 없다. 하지만 내 인생에서 알고 지내던 다섯 사람이 그런 고민을 했다. 학창 시절 친구 1명, 남성 동료 2명, 친한 친구의 아내, 그리고 먼 친척 1명이다. 전혀 예상치 못했던 이 다섯 번의 사건으로 나는 몹시 놀라고 충격을 받았다. 몇 년 전 토스카나에서 휴가를 보내던 중 친구 아내가 목숨을 끊었다는 전화를 받고 그녀와 그녀의 삶을 돌이켜보며 대체 왜 그런 선택을 했는지 슬퍼하면서 몇 시간 동안 꼼짝 않고 앉아 있었던 일이 지금도 생생하다.

하지만 내가 자발적 죽음에 대해 연구하게 된 계기는 교수와 연구생활을 하던 중 일어난, 그보다는 좀 덜 고통스러운 뜻밖의 사건들 때문이었다. 나는 자살에 관해 우리가 알고 있는 가장 중요한 이론인 에밀 뒤르켐의 이론을 학생들에게 수차례 들려주었다. 사회학의 시조 중 한 명인 프랑스의 사회학자가 1897년에 제시한 이 이론은 대개 큰 흥미를 불러일으킨다. 나는 이 이론이 내 동료 2명이 세상을 저버린 이유가 무엇인지, 내가 그 이유를 모르는 것은 무엇 때문인지 알아내는 데는 도움이 되지 않지만, 시간과 장소에 따른 자살률의 변화와 역사적 시기, 국가, 사회 집단 간의 자살률 차이를 설명하는 데는 매우 유용한 방법이라고 늘 말해왔다. 그러나 나는 이 이론이 점점 더 부적절해지고 있다는 것을 서서히 깨달았다. 뒤르켐의 이론은 많은 나라에서 나타난 예상치 못한 새로운 동향을 설명하지 못하기 때문이다. 그래서 나는 (2001년에) 매우 방대한 자료를 이용해 이 주제를 연구하기 시작했다. 하지만 나는 처음부터 비교역사학적으로 이 문제에 접근하기로 했다. 이 책은 그 연구의 가장 중요한 결과들을 담고 있다.

통합과 사회적 규제

뒤르켐의 이론은 자살률의 모든 변화가 단 두 가지 주요 원인에서 비롯된다고 보았다. 사회적 통합과 규제가 그것이다. 사회적 통합은 개인이 다양한 집단과 얼마나 많이, 어떤 강도로 연결되어 있는가를 말한다. 사회적 통합의 균형이 잘 잡혀 있으면 자살률이 하락하지만, 통합의 정도가 낮을 때와 과할 때는 자살률이 상승한다. 사회적 통합 정도가 낮을 때 현대사회의 전형적 자살 형태인 '이기적 자살'이 발견된다. '개인이 소외되는 것은 그 사람을 타인들과 결속시키는 유대관계가 느슨하거나 끊어지고 사회가 개인과 충분히 통합되지 못하기 때문이다.'[1] 이 경우 '사람을 사회와 연결시키는 끈 자체가 느슨해지기 때문에 사람을 삶과 결합시키는 끈이 헐거워지고'[2] 작은 압력에도 무너져 자살을 한다. 반면 통합이 지나치게 강하면 '이타적 자살'로 이어질 수 있다. '개인이 집단에 철저히 종속되어 있고'[3] '자아가 자신의 것이 아니며 다른 무언가와 뒤섞여 있고 행위의 목표가 자아 외부, 즉 자신이 참여하는 집단 중 하나에 있는'[4] '낮은 수준의 사회들' '원시적인 사람들'

사이에서 일반적으로 이타적 자살이 일어난다. 이런 상황에서 '누군가가 자살하는 것은 (…) 그 사람에게 그렇게 할 권리가 있어서가 아니다. 그와는 반대로 자살이 그 사람의 의무이기 때문이다'.[5]

두 번째 원인은 사회적 규제다. 뒤르켐은 '우리가 감정을 느끼는 능력은 본질적으로 충족되지 않고 바닥을 모르는 심연과 같다'고 말한다. 우리 욕구는 '끝이 없으며' '만족될 수 없다'. 그러나 모든 사회에서 '우리의 억누를 수 없는 갈증'[6]은 규제로만 억제될 수 있다. 규제는 사회적 지위가 다른 사람들의 권리와 의무를 정의하고 그 사람들에게 주어지는 보상을 정한다. 사회적 규제가 너무 약하면 현대사회의 전형적인 자살 유형인 '아노미적 자살'이 나타날 수 있다. 그러나 급속한 변화의 시기에는 위기나 강력한 경기 확산이 발생할 때마다 이 규제들이 약해져 '가능한 것과 가능하지 않은 것, 정당한 것과 부당한 것, 정당한 요구 및 희망과 과도한 요구 및 희망 사이의 경계가 흐려진다. 그 결과 열망들에 제약이 가해지지 않는다'.[7] 이렇게 규제가 약해지면 고통이 발생하고 아노미적 자살이 늘어난다. 반면 사회적 규제가 과도하면 '억압적 규율에 의해 미래가 무자비하게 봉쇄되고 열정이 폭력적으로 억눌린 사람'이 저지르는 '숙명적 자살'이 나타난다. 어린 나이에 남편이 된 남성, 아이를 낳지 못하는 기혼 여성, 노예의 자살이 이에 해당된다. 뒤르켐은 이 네 번째 유형의 자살은 '현대적 중요성이 거의 없다'고 여겨 책의 주석에서 단 몇 줄을 할당하는 데 그쳤다.[8]

개념과 데이터

출판된 지 반세기 동안 거의 주목받지 못했던[9] 뒤르켐의 저서는 1950년

대부터 사회학자들 사이에서 명성을 얻었다. 이후 그 책을 읽는 이들은 누구나 저자의 유쾌한 문체, 엄격한 추론, 사실 설명에 있어 타의 추종을 불허하는 솜씨에 매료된다. 한마디로 독자들은 학술서의 이정표를 만난 듯한 인상을 받는다. 하지만 그 책은 광범위한 비판도 받았다. 여기서 일일이 제시할 수 없으니[10] 가장 중요한 두 가지만 살펴보겠다.

첫 번째 우려는 이 프랑스 사회학자가 사용한 개념들이다. 개념 정의가 분명하지 않고 충분히 명확하거나 엄격하게 사용되지도 않았으며 중복될 때도 있다고 비판한 사회학자가 많다. 이를테면 어떤 학자들은 뒤르켐이 정의한 자발적 죽음의 두 가지 주요 원인인 사회적 통합과 사회적 규제 사이에 중요한 차이가 없고 따라서 이타적 자살과 아노미적 자살을 구분할 필요가 없다고 주장한다.[11] 뿐만 아니라 이 개념들에 차이가 있다고 주장하는 학자들도 그 정확한 성격에 대해서는 의견이 일치하지 않는다.[12] 하지만 통합이라는 개념이 명확하게 정의되지 않았고 상당히 다른 것들을 가리키는 데 사용된다는 점에는 모두가 동의한다.[13]

두 번째 비판은 뒤르켐이 사용한 데이터, 즉 공식 통계 수치와 관련 있다. 일부 학자는 이 수치들이 실제 자살 건수를 선택적으로 지나치게 적게 잡았다고 주장한다. 다시 말해, 신고 방식의 효율성과 자살에 대한 특정 사회의 태도에 따라 이런 과소평가의 정도가 달라져서 시간과 장소에 따라 차이가 난다. 따라서 이 학자들에 따르면, 10년 사이에 자살률이 증가했다면 그것은 사회적 통합 수준이 낮아져서가 아니라 사망신고 방법이 효율적으로 개선되었기 때문이다. 뿐만 아니라 한 나라의 자살률이 다른 나라보다 낮다면, 이는 여타 사회적 혹은 문화적 차이 때문이 아니라 전자에서는 자살을 잘 받아들이지 않고 숨기려는 경향이 더 크기 때문이다.[14]

이런 비판에는 어느 정도 근거가 있다. 뒤르켐의 개념들이 항상 엄격하게 정의되거나 적용되지 않은 것은 사실이다. 마찬가지로, 자살률에 대한 통계는 복잡한 과정을 거친 결과이고 때로는 신고 체계의 변화에 따라 차이가 날 수 있다.[15] 하지만 이 중 어떤 비판도 결정적이지는 않다. 사회적 통합과 규제는 아마도 밀접한 관계가 있는 개념이겠지만 분석적 목적을 위해 구분하여 생각할 수 있다. 그리고 앞으로 살펴보게 되듯이 이 두 개념은 유럽에서 일어났던 일들, 심지어 지난 세기에 나타났던 현상에 대해서도 더 많은 것을 이해하는 데 도움이 된다. 공식 통계들에 대해 말하자면, 이론적 논쟁과 실증적 연구들은 이 수치들이 실제 자살 건수를 다소 적게 잡기는 했지만 선택적이지는 않다는 결론에 도달했다. 수치가 낮게 잡힌 것은 오히려 주로 기술적인 이유(이를테면 일부 죽음은 원인을 규명하기 힘들다) 때문이며 사회나 신고를 처리하는 공무원의 도덕적 태도와는 거의 상관없다.[16] 따라서 다행히 이런 통계 수치들이 존재한다면 이를 사용할 수 있고 또 사용해야 한다. 물론 어떤 데이터나 문서를 다룰 때와 마찬가지로 신중함이 요구된다.

예기치 못한 두 가지 변화

뒤르켐의 이론을 바탕으로 두 가지 광범위한 근본적 동향을 예측할 수 있었다. 첫째, 집단에 대한 개인의 종속이 서서히 약해지면서 '원시적인 사람들'의 특징인 이타적 자살이 사라질 터였다. 19세기 말에는 군대에 이런 자살 형태가 희미하게 흔적을 남기고 있었지만 이후 수십 년 사이 이 역시 사라질 것으로 예상되었다. 둘째는 경제성장과 불황을 거듭하며 산업화 사회가 성장하고 사회적 통합과 규제의 끈이 느슨해지면서 이기적 자살 및 아노미적 자살이 저지할 수 없을 정도로 증가할 것으로 예상되었다.

그러나 20세기 마지막 40년 동안 이런 예측과 정반대의 동향 두 가지가 나타났다. 일단 이타적 자살이 예상외로 큰 중요성을 띠게 되었다. 지리적으로 훨씬 더 넓은 지역으로 퍼져나가면서 수적으로 급속히 증가했을 뿐 아니라 많은 나라에서 뜻밖의 정치적·사회적 결과도 낳았다. 그런데 이와 동시에 서유럽에서는 자살률(이기적, 이타적 자살 모두)이 꾸준히 떨어졌다.

이타적 자살의 경우 1963년 6월 11일 한 불교 승려가 정부에 대한 항의로 자신의 몸에 불을 붙이고 화염에 휩싸인 채 세상을 떠난 사건이 터닝 포인트가 되었다. 그 뒤 인도, 베트남, 한국뿐 아니라 미국과 체코슬로바키아에서도 이런 행위가 벌어졌다. 체코슬로바키아에서는 1969년 1월 16일 대학생 얀 팔라흐가 소련의 점령에 항의해 분신자살했다.[17] 한편 1983년 10월 23일에는 한 헤즈볼라 활동가가 베이루트에서 폭발물을 가득 실은 트럭을 몰고 미 해병대 병영을 향해 전속력으로 돌진했다. 이로써 자신의 목숨을 희생함과 동시에 많은 군인을 죽이면서 새로운 형태의 이타적 자살이 시작되었다. 자살 특공 임무라 불리게 된 이 행위는 이후 세계 많은 나라에서 반복적으로 실행되었는데, 여러 다른 종교와 신념을 가진 남성과 여성이 적을 공격하기 위해 이 방법으로 자신의 목숨을 내놓았다.

반면 영국의 자살률은 1964년에 낮아지기 시작해 10년 동안 하락세를 보였다. 1980년대 중반 덴마크에서 하락세가 유지되었고 그 직후 독일, 스웨덴, 오스트리아, 스위스, 프랑스, 그 외의 많은 서유럽 지역에서도 이런 추세가 나타났다. 앞으로 살펴보게 되듯이 이런 변화는 대도시 중심지와 가장 부유하고 발전된 지역에 사는 사회 최상위 집단들로부터 시작되었고 현재 나머지 인구로 확산되고 있다.

서로 반대 방향으로 움직이는 이 뜻밖의 두 가지 주요 동향이 말해주는 것은 한 세기 넘게 이의 없이 받아들여지며 사회학을 지배해온 이론, 오늘날에도 이 어려운 연구 분야에 접근하는 이들에게 여전히 등대가 되어주는 이론이 부적절하다는 것이다. 이 점은 앞으로 이 책에서 제시할 수많은 사실과 수치로도 뒷받침된다. 세계의 많은 지역에서 이타적 자살의 중요성이 높아진 현상도, 서유럽에서 이기적 자살과 아노미적 자살이 빠른 속도로 줄어든 현상도 사회적 통합과 규제의 변화로 설명되지 않는다. 이 책에서 취합한 자료는 이타적 자살이 사회적 통합이 과도하거나 개인이 특정 집단에 절대적으로 종속되어 있는 상황에서만 일어나는 것이 아님을 증명해준다. 분명 이 이론은 왜 지난 40년간 수천 명의 사람(종종 교육 수준이 높고 범세계적인 시각을 갖추고 있으며 여러 언어를 구사하고 인터넷에 능숙한)이 자신의 민족을 돕고 적과 맞서 싸운다는 집단적 대의를 위해 자신을 희생했는지 설명하지 않는다. 하지만 앞으로 살펴보게 되듯이 17세기와 18세기 중국에서 남편이나 약혼자가 죽은 뒤 이타적 동기로 목숨을 끊었던 과부와 '수절하는 처녀들'은 당시 사회 요구에 종속된 수동적인 여성들이 아니었다. 실제로 20세기 말 서유럽에서 자살자 수가 줄어든 이유를 사회적 통합 수준이 높아져서라고 생각할 사람은 아무도 없다. 이 시기에 자살자 수가 줄어들었다면 그 이유란 개인과 가족, 친지, 교구 주민, 자원단체들, 노동조합, 정당을 결합시키는 유대감이 더 강해졌기 때문은 분명 아닐 것이다.

지난 40년간 많은 나라에서 나타난 새로운 동향 및 역사학자, 인류학자, 사회학자, 정치학자, 심리학자, 신경생리학자들의 연구를 통해 밝혀진 방대한 사실과 지식에서 나타난 새 흐름을 설명하려는 자살 이론은 사회적 통합과 규제라는 두 원인만 검토하는 데 그쳐서는 안 되며 오직 이 두 원인을 바탕으로 분류한 자살의 유형을 계속 이용해서도 안 된다.

자살의 유형

무한히 다양한 형태의 자살을 체계화하고 유사성과 차이에 따라 구분, 분류해야 할 필요성은 현대의 학문적 연구가 이뤄지기 수 세기 전부터 나타났다. 최초의 유형 분류 체계는 사회적 규제와 그 침해를 분석한 전문가들, 즉 신학자와 법학자들이 제시했다. 13세기 영국의 저명한 법학자 헨리 드 브랙턴은 자살자들을 범죄 용의자, 우울증을 앓는 사람, 미치거나 정신박약자의 세 범주로 구분했다. 1637년에 역시 영국인이자 독실한 성공회교도인 존 심은 자발적 죽음이라는 주제를 전적으로 다룬 최초의 논문을 발표하면서 신중하게 체계화된 유형들을 제시했다.

인류학자, 심리학자, 사회학자, 인구학자들은 그 외에도 많은 분류 방식을 제시했다. 하지만 널리 알려지고 무수히 반복적으로 사용된 것은 뒤르켐의 분류뿐이다. 앞서 살펴보았듯이 뒤르켐은 자살을 이타적, 이기적, 숙명적, 아노미적 자살로 분류했다. 뒤르켐의 분류 방식은 다른 모든 학자와 완전히 구별되며, 그 자신이 썼듯이 '연구 체계를 뒤바꿔야' 했다.[18] 다른 모든 분류 체계는 자살을 저지르는 이들의 의도를 참조하고 유사성과 차이점을 확인하려 한다. 반면 뒤르켐의 연구는 자살과 '자살을 불러오는 이유'를 '원인론적'으로 분류했다. 예를 들어 런던의 저명한 정신과 의사 조지 헨리 새비지가 이기적 자살과 이타적 자살의 정의를 처음 제시했을 때는 개별적인 경우들만 참조했다.[19] 하지만 5년 뒤,[20] 뒤르켐이 이 두 가지 범주를 재정의하고 두 가지 범주를 추가했을 때는 앞서 언급한 광범위한 사회적 원인들(지나치거나 부족한 사회적 통합이나 규제)을 참조했다.

많은 저자가 말한 것처럼[21] '원인론적' 분류는 자살의 원인이, 오직 이 분류 방식이 밝힌 원인들일 때만 유지되고 유용할 것이다. 하지만 그렇지 않은 경우 이 방식은 '제한적일 뿐 아니라 오해의 소지가 있다'.[22] 더욱이 앞으로 살펴보게 되듯이 사회적 통합과 규제가 자살률이 시간 및 장소에 따라 변화하는 유일한 원인 혹은 가장 중요한 원인이 아니라는 점을 감안하면 이 뛰어난 프랑스 사회학자가 제시한 분류는 더 이상 그리 유용하지 않다.[23]

앞으로 이 책에서는 개인적 동기와 개인이 자신의 행동에 부여한 의미를 바탕으로 한 분류 방식을 사용할 것이다.[24] 이 책 말미에 가서는 좀더 명확히 이해되길 기대하며 지금 단계에서는 자살의 네 가지 유형을 포함하고 앞서 언급한 자살 동기의 두 측면, 즉 누군가를 위한 자살인지, 누군가에게 대항하기 위한 자살인지를 고려한 분류라고만 말해두겠다. 처음 두 유형의 자살은 누군가를 위한 자살과 관련되어 있다. '이기적 자살'과 '이타적 자살'이라는 이름은 계속 유지하지만 뒤르켐이 아니라 조지 헨리 새비지가 제시한 분류에 해당되는 개념이다. 다시 말해 이 개념은 자살을 하게 한 (사회적) 원인이 아니라 자살한 개인의 의도만 참조한다. 자기 자신만을 위해 혹은 타인을 위해서도 세상에 작별을 고할 수 있다.

다른 두 유형의 자살은 두 번째 측면인 누군가에게 대항하기 위한 자살과 관련되어 있다. 보복을 위한 자살을 예로 들 수 있다. 학자들은 이런 의도에서 나온 행위를 늘 간과해왔다.[25] 아마 이 동기가 기독교 유럽의 문화적 레퍼토리와는 이질적일 뿐 아니라 특이하며 이해하기 힘들기 때문일 것이다. 하지만 적어도 예수회 선교사 마테오 리치가 중국에서는 남성과 특히 여성들이 '타인을 해치기 위해'[26] 목숨을 끊는다고 알린 1602년부터 유럽의 선교사, 상인, 탐험가들은 아시아, 아프리카, 북아메리카와 남아메리카의 주민들이 이런 행위를 한다고 언급했다. 앞으로 살펴보게 되듯이 기독교 이전의 유럽에도 이런 행위는 존재했다.

20세기에 이런 형태의 자발적 죽음이 여러 다른 학문적 배경을 가진 많은 연구자의 관심을 끌었다. 여기에는 19세기 말의 법, 제도, 민족학을 연구한 역사학자들[27]과 최근 들어서는 인류학자 및 아시아 역사학자들이 포함된다.[28] 지난 30여 년 동안 수행된 자살 특공 임무는 이러한 형태의 자발적 죽음의 중요성을 확인시켜줄 뿐 아니라 다른 두 유형을 구분할 수 있게 해준다. 한 유형은 개인적인 이유로 '타인을 해치기 위해' 목숨을 끊은 사람들이다. 마테오 리치가 보고한 중국의 남성과 여성, 인도의 일부 카스트에 속한 사람들, 혹은 인류학자들이 연구한 많은 부족에서 언급된 예가 여기에 해당된다. 다른 하나는 가미카제처럼 집단적이고 고귀하다고 여겨지는 이유(종교적 혹은 정치적)로 자살한 사람들이다. 나는 첫 번째 유형을 '공격적 자살', 두 번째를 '무기로서의 자살'이라고 부르겠다.

다수의 원인

뒤르켐의 이론에는 서로 상당히 다른 중요한 두 요인이 영향을 미쳤다. 하나는 유럽사회가 붕괴 직전에 있다는 뒤르켐의 가정이고, 다른 하나는 사회학이 학문으로 완전히 인정받길 바라는 그의 바람이었다.[29] 첫 번째 요인은 자살을 사회 해악의 징후로 보도록 이끌었고 두 번째 요인은 자살을 오직 (일부) 사회학적 범주로만 설명하며 다른 인문학의 기여를 무시하도록 만들었다.[30] 이 요인들은 해결이 요구되는 심각한 제약이다. 내가 이 책의 1~3장에서 지난 4세기 동안 서구에서 일어난 변화를 분석해 증명하려한 것은 사회적 붕괴 과정이 20세기 초까지 자살이 증가한 현상의 주요 요인이기는커녕 유일한 원인도 아니라는 점이다. 더욱이 자살에 대해 설명하면서 역사학자, 인류학자, 심리학자, 정치학자들이 수행한 연구 결과를 고려하지 않는다면 그 설명은 완전히 사실로 상정할 수 없다는 것이 점차 분명해졌다.[31] 자살은 인간의 다른 어떤 행동보다 더 많은 심리적·문화적·정치적, 심지어 생물학적 원인에 의존하기 때문에 다양한 관점에서 분석해야 한다.[32]

뒤르켐의 이론은 몇몇 사회학적 범주, 구조적 범주만 사용하고 문화적 범주는 간과한다.[33] 그래서 자살을 사회적 통합의 부족이라는 하나의 구조적 원인의 결과로 보았고 아노미적 자살을 사회적 규제들의 내용이 아니라 규제의 부재를 통해 설명했다. 마지막으로, 뒤르켐은 이타적 자살을 주된 원인(과도한 종속)과 부차적 원인(규제의 존재) 탓으로 돌렸다.[34] 후자의 경우에서 뒤르켐은 개인을 이런 규제에 전적으로 의존하는 수동적 존재로 봤는데, 이는 현재로선 받아들이기 힘든 개념이다.

앞서 언급했듯이, 지난 세기 서양과 동양 모두에서 나타난 자살률의 변화 중 일부와 특정 사회 집단들 사이의 자살률 차이는 뒤르켐의 두 변수, 즉 통합과 규제의 정도를 이용해 설명할 수 있다. 하지만 내가 여기서 주장하려는 바는 각 유형의 자살 빈도에 가장 큰 영향을 미치는 것은 문화적 요인이라는 점이다. 문화적 요인은 사람들이 이용할 수 있는 인지 도식과 분류 체계, 믿음과 규범, 의미와 상징들로 구성된다.[35]

이 구성 요소들은 시간과 장소에 따라 바뀐다. 자살과 관련해 개인이 내릴 수 있는 선택의 범위를 정의하고 제한하는 문화적 레퍼토리는 국가와 역사적 시기뿐 아니라 사회 집단들 사이에도 차이가 나타난다. 내가 보기에 이 레퍼토리에는 네 가지 중요한 측면이 있다. 자살하는 사람의 의도, 자살 방법, 자살자와 다른 사람들이 자살 행위에 부여한 의미, 자살 전과 후에 치르는 의식이 그것이다.

자살자의 의도에 관해 이야기하자면, 이기적 자살은 모든 문화 레퍼토리에 나타나지만(해석이 상당히 다르긴 하나) 나머지 세 유형의 자살(이타적 자살, 공격적 자살, 무기로서의 자살)은 일부 문화에서만 예상된다. 뿐만 아니라 일부 문화는 다른 문화들에 비해 특정 형태의 자발적 죽음을 더 고귀하다고 여기며 이런 자살은 연령, 성별, 결혼 여부, 계층이나 카스트에 따른 특정 개인의 몫이라고 생각한다.

자살 방법과 관련해서는 수단과 배경을 구분할 필요가 있다. 목숨을 끊는 방법은 무수하다. 세네카는 '눈을 돌릴 때마다 당신의 슬픔은 끝날 것이다. 저 절벽이 보이는가? 그 아래에 자유로 가는 길이 나 있다. 저 바다가 보이는가? 저 강은? 저 우물은? 그 바닥에 자유가 있다. 저 나무가 보이는가? 왜소하고 상처 입고 말라빠졌지만 그 나뭇가지에 자유가 매달려 있다. 당신의 목구멍, 목, 심장이 보이는가? 노예 상태에서 벗어날 방법은 이토록 많다'고 썼다.[36] 하지만 각 국가, 역사적 시기, 사회 집단에 따라 선호하는 방법은 달랐다. 배경에 관해 말하자면, 일부 문화는 자살을 혼자서 비밀리에 수행하는 행위라고 여긴 반면(그림 16~19), 어떤 문화에서는 자살을 수천 명의 목격자 앞에서 공개적으로도 할 수 있는 행동이라고 본다.(그림 2)

자살에 부여하는 의미에는 원인과 결과가 포함될 수 있다. 문화에 따라 자발적 죽음을 초자연적 혹은 자연적 원인, 극적인 사건, 자살자의 정신 상태, 자살로 몰고 간 사람의 행동 때문이라고 설명한다. 결과에 대해 말하자면, 일부 지역과 일부 시기에는 자살이 재난이나 사고를 불러온다고 여긴 반면, 자살을 특별한 힘을 얻을 수 있는 경사스런 일, 심지어 자연사와는 완전히 다른 행동으로 보는 지역과 시기도 있었다.

일부 문화에서는 자살하기 전에 수행할 의식을 규정해놓았는데, 저마다 조금씩 다르지만 자살자의 가족, 친구, 친지, 심지어 공동체의 대표까지 참여한다. 그러나 자살 후에 의식을 치르는 경우가 더 흔하며, 의식은 문화마다 많은 차이를 보인다. 목숨을 끊은 사람의 시신을 일부러 무자비하게 다루고 훼손시키는 문화가 있는가 하면 수백 수천 명이 축복하고 찬미하는 문화도 있다. 또 어떤 문화에서는 가까운 가족 몇 명이 자살자의 시신을 해가 진 뒤 조용히 몰래 묻는다.

다른 많은 요인 가운데 개인의 자살 결심에 문화가 영향을 미치는 방식 중 하나는 그 사람이 느끼는 감정이다. 슬픔, 화, 두려움, 수치심, 혐오감은 역사의 어느 시기, 어느 사회에서나 모든 인간이 느끼는 보편적 감정이다. 하지만 문화는 그러한 감정의 생성과 표현에 영향을 미친다. 감정 표현에 관해 말하자면, 누가, 어느 상황에, 누구와 있을 때 감정을 드러낼 수 있는지 알려주는 사회적 규범이 존재한다(예를 들어 미인대회 출전자들이라면 최종 승자만 눈물을 터뜨릴 수 있고 나머지 패자들은 미소를 지어야 한다).[37] 감정 생성에 관하여 말하자면, 특정 상황에서 우리가 무엇을 느껴야 하는지, 혹은 느끼지 말아야 하는지 강요하는 사회적 규범을 통해 문화적 영향력이 다시 분명하게 나타난다. 하지만 문화적 영향력은 좀더 단순하고 미묘한 기제로 발휘될 때가 많다. 감정은 인지적·평가적 과정에서 나온다. 상황이나 사건 뿐 아니라 우리가 그 사건에 부여하는 의미와 가치를 통해 슬픔이나 기쁨이라는 감정이 생긴다. 같은 사건을 접해도 출신 문화가 다르고 목표, 흥미, 욕구가 다른 두 사람이라면 다른 감정을 경험한다(독사를 보면 대부분 두려움을 느끼지만 파충류 학자는 만족감과 기쁨을 경험한다).[38]

정치적 요인도 매우 중요하다. 권력관계, 지시를 내리는 사람과 수행하는 사람 간의 상호 작용 및 갈등, 행동의 힘과 위협은 살고 죽는 방법들의 레퍼토리 형성에 계속 영향을 미쳐왔다. 사람 목숨이 지배자의 소유였던 국가와 역사적 시기에는 대개 자살이 비난을 받았다. 하지만 인간은 타인을 위해서뿐만 아니라 타인에게 대항하기 위해서도 목숨을 끊는다. 앞으로 살펴보게 되듯 개인적 갈등이 있는 상황에서 때로는 누군가를 괴롭히거나 벌주기 위해 혹은 복수하기 위해 자살을 한다. 뿐만 아니라 때로는 자살자가 속해 있거나 동질감을 느끼는 특정 집단을 위하고 다른 집단에 대항한다는 집단적 목적을 위해서 자살을 감행한다. 이런 유형의 자살은 주로 특정한 정치적 상황에서 나타나며, 종종 대립하는 두 집단 간의 종교 차이, 그리고 둘 사이의 권력관계의 강한 불균형으로 특징지어진다. 그리고 이런 자살은 가장 취약한 집단들이 자신들의 불이익을 줄이는 수단으로 사용한다.

일단 이런 유형의 자살은 소수의 개척자 집단이 꾀하는 진정으로 획기적인 방법이다. 많은 경우 이런 자살에 수반되는 이념은 사회 현실을 이해하기 위한 해석상의 열쇠를 제공하고 관련된 사람들이 당하는 고통, 악행과 공격을 설명해 특정 상황에서 자살이라는 방법을 사용하는 것을 정당화한다. 또한 책임 있는 자들을 확인하고 행동 계획을 제시한다. 이 이념은 부분적으로는 새롭지만 그 이념이 만들어진 국가의 문화적 레퍼토리에서 영감을 얻는다.

이 획기적인 방법이 적어도 부분적으로라도 원하는 목표를 이룰 수 있음을 입증하면 점점 더 자주 쓰이고 지지를 얻으며 행위와 죽음 전반이 전통에 의해 정당화되어왔다. 실제로 이 방법이 매우 효과적인 것으로 입증되어 다른 문화를 보유한 개인이나 집단들에서도 종종 도입되었다. 이런 유형을 따르고 자발적 죽음을 무기로 사용한 가장 최근의 예가 자살 특공 임무다. 그 외에도 지난 2세기 동안 다른 많은 예가 있었다.

지금까지 요약한 요인들(사회적 통합과 규제뿐 아니라 문화적·정치적 요인들)은 역사의 다른 시기와 다른 국가 및 사회 집단에서 각 자살 유형 간의 차이를 설명하는 데는 도움이 되지만 같은 국가에 사는 사람들이나 같은 사회 집단에 속한 이들을 이해하는 데는 거의 보탬이 되지 않는다. 이런 목적을 위해서는 심리적·정신의학적 요인들이 훨씬 더 유용하다. 하지만 지금까지 사회학자들은 이들 요인에 대해서는 비교적 간과해왔다.[39]

수많은 연구는 스스로 세상을 저버리는 사람의 적어도 90퍼센트가 정신 질환을 앓았다는 것을 보여준다.[40] 물론 그렇다고 해서 이 질병을 앓는 모든 사람, 아니 대다수의 사람이 자살을 한다는 뜻은 분명 아니다. 예를 들어 신뢰성 있는 조사 결과에 따르면 조현병 환자의 4.9퍼센트가 자살한다.[41] 그러나 이런 질환을 앓는 사람이 나머지 인구보다 스스로 목숨을 끊을 가능성이 훨씬 더 높은 것은 사실이다.

그렇더라도 정신 질환의 형태에 따라 큰 차이가 나타난다.[42] 지속적이고 침투적인 사고와 반복적 행동(손을 자꾸 씻는다든가 방을 떠나기 전에 불을 반복적으로 껐다 켰다 하는 등)으로 특정지어지는 강박 장애는 자살 위험을 높이지 않는 몇 안 되는 정신 질환 중 하나다. 반면 경계선 인격 장애나 조현병이 있는 사람들은 나머지 인구보다 자살할 가능성이 7~8배 더 높다. 전자는 자긍심이 곤두박질치고 기분이 갑자기 변하는 데서 분명히 나타나듯 감정을 조절하지 못하며 정체성이 불안하다. 후자는 사고(빠르거나 느린 평균 연상 속도, 섬망 등), 감정 상태(즐거워하다가 금방 분노하는 등), 인식, 본능, 행동의 형태와 내용에 영향을 미치는 질환들이 포함된다.

주우울증과 조울증 환자들은 더 높은 자살 위험에 노출되어 있다(나머지 인구보다 15~20배 더 높다). 주우울증은 오랜 기간 지속될 수 있는 병적으로 우울한 상태, 삶과 세상에 대한 관심 부족, 욕구 상실, 자신의 상태를 피할 수 없다고 생각하는 경향, 극심한 정신적 고통 같은 증상이 나타난다. 조울증은 조증(행복감) 삽화와 우울 삽화가 번갈아 나타난다. 이 삽화들이 동일하게 심각할 때는 양극성장애 I형, 전자가 후자보다 더 심각할 때는 양극성장애 II형으로 분류한다.

일부 성격적 특성이 자살 위험을 증가시킬 수 있다. 목숨을 끊겠다는 결정은 때로는 몇 주 혹은 몇 달에 걸친 긴 계획 끝에 나온다. 그러나 실행에 옮기기 불과 몇 시간 전, 심지어 한 시간 전에 갑자기 결정하기도 한다. 광범위한 연구 결과를 살펴보면 충동적인 사람,[43] 다시 말해 당사자나 타인에게 미칠 부정적인 영향을 고려하지 않은 채 내부적·외부적 자극에 대해 무계획적인 재빠른 반응을 보이는 성향의 사람이 이런 결정을 내릴 가능성이 더 큰 이유를 이해하는 데 도움이 된다.[44]

심리학적·정신의학적 변수와 문화적·정치적·사회적 변수와의 관계는 복잡하며, 자살과의 관련성에 대한 연구가 충분히 이뤄지지는 않았지만 관련성이 크고 중요하다는 데는 의문의 여지가 없다.

첫째, 일부 질환(정신적·신체적 질환 모두)에 부여한 의미가 다른 상황들과 결합되어 자살에 이르게 할 수 있다. 그 의미는 문화마다 다르다. 영국의 작가 버지니아 울프를 예로 들어보자. 울프는 1941년 3월 28일 우즈강에 투신하기 전 이미 두 차례 자살 시도를 했다. 아버지가 세상을 떠난 뒤 창에서 뛰어내렸고 1913년 또 다른 위기를 겪었을 때는 베로날을 과다 복용했다. 울프는 조울증이었고 발작적인 조증과 우울증에 시달렸다. 아버지가 돌아가셨을 때는 무아지경에 빠지고 행복감에 젖어 쉴 새 없이 떠들며 시각적·청각적 환각을 겪었다. 이를테면 창밖 정원에서 새가 그리스어로 노래하는 소리를 들었고 사흘 밤낮을 끝없이 이야기하다 혼수상태에 빠졌다.[45] 그러다 얼마 안 있어 반대 단계로 접어들어 컴컴한 우울증의 구렁에 빠졌다. 말을 하지 못했을 뿐 아니라 먹고 싶은 생각도, 자고 싶은 생각도 없었다. 이런 순간들 중 '공포'를 느꼈을 때 그녀는 자살을 시도했다.

오, 시작됐어. 다가오고 있어. 공포가—고통의 파도처럼 내 심장에 넘실거려—나를 집어던져. 불행하고 불행하구나! 신이시여. 저는 죽기를 원하나이다. 멈춤. 그런데 나는 왜 이런 공포에 시달리는 걸까? 파도가 일어나는 모습을 보게 해줘. 봤어. 버네사. 아이들. 실패. 그래. 알겠어. 실패 실패. (파도가 인다) 아, 그들은 초록색 페인트를 좋아하는 내 취향을 비웃는군! 파도가 부서지네. 죽었으면 좋겠어! 몇 년밖에 더 살지 못했으면. 더 이상 이런 공포와 맞닥뜨릴 수 없어(파도가 내 몸에 퍼져나가고 있어).[46]

그런데 버지니아 울프가 중세에 살았다면 어떻게 행동했을까? 물론 알 수 없다. 하지만 아마 그녀는 자신의 감정을 다르게 해석하며 '공포'를 악마의 영향이라 생각했을 것이다.

둘째, 정신 질환은 다른 여러 문화에서 다양한 유형의 자살들에 상당히 이질적인 영향을 미친다. 정신 질환은 분명 현대 서구사회에서 자발적 죽음에 강한 영향을 미친다. 하지만 과거 동양의 이타적 자살에 대해서는 영향을 덜 미쳤을 것이다. 마지막으로, 무기로서의 자살, 적어도 가미카제에 대해서는 아무 영향도 미치지 않았다. 그 이유는 나중에 살펴보도록 하자.

셋째, 충동성은 자살하기 전 복잡한 장시간의 의식을 치르고 엄숙하게 의도를 선언하며 행렬과 노래를 하는 문화가 아니라 몰래 혼자서 자살하는 문화에서만 위험 인자가 된다.

넷째, 정신의학적 요인은 인구나 구성 집단의 자살률을 변화시킬 정도로 상당한 사회적 영향을 미칠 수 있다. 어떤 이유에서건 한 인구에 다른 인구보다 정신 질환을 앓는 사람(혹은 그런 질환에 대해 치료를 받지 않는 사람)이 더 많다면 모든 상황이 동등할 때 전자가 후자보다 자살률이 더 높을 것이다. 우리가 데이터를 보유하고 있지 않은 역사적 시기와 국가에 대해 자살률과 정신 질환 확산 사이의 연관성을 확인하는 것은 거의 불가능하다. 그러나 20세기의 마지막 몇십 년 동안 서구 국가들에서 이러한 연관성이 발견될 수 있다.

따라서 이 책의 일곱 개 장에서는 자살을 문화적·사회적·정치적 요인들, 그리고 좀더 드물지만 심리적·정신의학적 요인들로 추적할 것이다. 그러므로 뒤르켐의 주장[47] 및 오늘날 많은 사회학자의 주장과 달리 자살에는 유전적 요소도 있다는 것을 짚고 넘어갈 만하다. 20세기의 문학작품을 읽은 이들은 예순두 살에 자살한 어니스트 헤밍웨이의 가족 중 4세대, 즉 70년 동안 자살자가 5명에 이르렀다는 사실을 알고 있을 것이다.[48] 지난 30년간 수행된 연구들은 헤밍웨이 가족이 극히 드문 예외가 아니었다고 이야기한다.

일란성 쌍둥이와 이란성 쌍둥이(일반적으로 남매다)를 비교한 연구들도 있다. 하나의 수정란에서 태어난 일란성 쌍둥이는 동일한 유전자를 물려받고 신체적 특징이 동일하다(같은 색깔의 머리카락과 눈동자). 그러나 이란성 쌍둥이는 2개 이상의 난자가 각각 다른 정자와 수정되어 태어난 것이다. 비교 연구들은 자살 행위에 대해서도 일란성 쌍둥이끼리는 유사성이 훨씬 더 높다는 것을 보여주었는데, 이는 유전적 요인이 중요하다는 증거로 여겨진다.[49]

그러나 이에 대해 회의적 입장에 선 사람들은 일란성 쌍둥이가 유전적으로 똑같지 않으며 이란성 쌍둥이들보다 좀더 동일한 환경을 공유한다는 점을 지적한다. 부모, 친척, 그 외의 모든 사람이 일란성 쌍둥이를 같은 방식으로 대하기 때문이다. 따라서 자살과 관련해 일란성 쌍둥이 간에 유사성이 높은 것은 단순히 사회적 요인 때문일 수도 있다.

이러한 반박을 극복하고 유전자와 환경적 요인의 기여 정도를 판단하기 위해 입양아에 대한 연구도 실시되었다. 태어났을 때 자연적인 가족을 떠난 입양아는 생물학적 부모의 유전적 유산을 유지하지만 어린 시절과 청소년기의 경험뿐 아니라 사회적·문화적 유산은 입양된 가족과 공유한다. 입양된 자살자의 표본 집단을 아직 살아 있는 입양아들의 통제 집단과 비교해보니 입양된 가족보다 생물학적 가족들 사이에 자살이 더 많은 것으로 나타났다.

하지만 자살 위험을 높이는 정신 질환(주우울증, 조울증, 조현병) 또한 부분적으로 유전적 성질이 있기 때문에 연구자들은 자살한 부모나 친척을 둔 사람이 일반인보다 자살할 가능성이 높은 이유는 이 때문이 아닐까 의심했다. 그렇지만 관련 연구들은 자살에 대한 유전적 성향이 다른 정신 질환과는 독립적임을 보여주는 설득력 있는 결과를 내놓았다.[50]

이 과정에 대한 지식이 아직 많지 않지만, 현재의 연구들은 이 부분을 담당하는 유전자가 세로토닌 체계를 조절하는 유전자들이라고 제시한다. 세로토닌은 중추신경계에 존재하는 신경전달물질로, 신경세포들 사이, 뇌와 인체 사이, 뇌의 다양한 영역 사이의 상호 작용을 제어하고 기분, 수면, 성욕 조절에 특히 중요한 역할을 한다. 다양한 연구가 세로토닌 수치가 매우 낮고 전달이 방해받을 경우 충동성 및 공격성이 증가해 타인과 자신에 대한 폭력을 낳을 수 있다고 밝혔다.[51]

이 책의 구조

이 책은 두 부분으로 나뉘어 있다. 1부는 유럽과 전반적인 서구사회를,

2부는 아시아(좀더 정확히 말하면 인도와 중국)와 중동 지역을 다룬다. 나는 두 부분 모두에서 자살률과 관련된 지역적·역사적 변화뿐 아니라 다양한 사회 집단, 남성과 여성, 젊은이와 노인, 독신남과 독신녀, 결혼하거나 이혼한 여성 및 남성, 서로 다른 사회계층, 가톨릭교도, 개신교도, 유대교도, 이슬람교도, 힌두교도, 신자와 비신자, 이민자와 본토박이, 흑인과 백인, 동성애자와 이성애자 간의 차이를 재구성하고 설명하려 했다.

1장에서는 중세부터 20세기 초까지 장기간에 걸친 유럽의 자살 동향을 다루었고 자살의 대폭적인 증가가 언제, 어느 지역, 어떤 사회 집단에서 시작되었다고 말할 수 있는지, 19세기 후반에 유럽 지식인들 사이에 우려를 불러일으킨 것이 무엇인지 밝히려고 노력했다. 2장에서는 이러한 자살의 증가를 16세기 말과 17세기 초에 시작된 수많은 지대한 사회적·문화적 변화로 추적해보았다. 이 변화는 수 세기 동안 자살 유혹으로부터 사람들을 지켜주던 기독교와 관련된 복잡한 규칙, 믿음, 해석 패턴, 상징과 의식의 위기 및 쇠퇴를 나타냈다. 3장에서는 15세기 말부터 20세기 초까지 나타난 자살률과 살인율의 반대되는 동향을 비교하고 여러 해석적 가설을 제시하면서 이 주제를 계속해서 다루었다. 4장에서는 두 차례의 세계대전, 1929년의 위기, 1945년 이후의 경제 호황, 나치와 소련 정권의 탄생 및 붕괴, 홀로코스트와 '인민의 적' 숙청 등 20세기에 일어난 특별한 사건과 변화들로 인한 자살률의 변화를 밝히고 설명했다.

아시아와 중동 지역을 다룬 2부에서는 기독교 유럽에는 알려지지 않았지만 다른 대륙에서는 특정한 역사적 시기에 널리 퍼져 있던 자살의 유형들을 분석했다. 인도에 관한 첫 장인 5장에서는 수 세기 동안 실행된 다양한 범위의 자살(허용된 자살이건 금지되거나 보상이 주어진 자살이건)들을 다룬 뒤 그중 하나인 사티에 초점을 맞추었다. 정의상 가장 이타적인 형태의 자살인 사티는 남편이 죽은 뒤 '고결하고 정숙하며 정절을 지키는 신부'가 화장용 장작더미에서 남편의 시신과 함께 죽는 풍습이다. 나는 이 풍습이 언제, 어떤 계급에서, 어떤 이유로 생겨났고 어떻게 발달했으며 언제부터 쇠퇴하기 시작했는지 입증하려고 했다. 6장에서는 중국을 집중적으로 다루었다. 중국은 최근까지 비교적 자살률이 높았고 자살 위험이 가장 높은 인구 범주와 관련해 여러 독특한 면이 나타난다. 이런 특징들이 최근 수십 년 내에 나타난 새로운 것인지 과거에도 이미 존재했는지 이해하려 하면서, 14세기 중반부터 20세기까지 이어진 명나라와 청나라까지 거슬러 올라가 이 나라의 자발적 죽음의 방대한 문화적 레퍼토리를 재구성하려 했다. 마지막으로 7장에서는 중동에서 자살 특공 임무가 생겨나 이후 전 세계 많은 국가에서 극히 빠른 속도로 퍼져나간 현상을 분석했다.

수십 수백 년간의 자살률 변화를 정리하는 작업이 처음에는 가망 없는 일처럼 보일 수 있다. 대부분의 유럽 국가에 대해 우리는 지난 50년 동안만 만족할 만한 통계 수치를 보유하고 있다. 중동과 아시아에 대한 정량적 데이터는 더 부족하며 20세기의 마지막 20년이나 간혹 20세기 초에 대한 자료만 있다.[52] 유럽과 지난 150년에서 벗어나면 길이 더 좁아지고 종종 지나갈 수도 없을 지경이 되기 때문에 연구자들은 심지어 심각한 실수를 저지를 위험을 무릅쓰고 자살에 관한 어떤 문서라도 발견하고자 엄청난 어려움을 헤쳐나가야 한다. 그러나 위험을 무릅쓰고 이 길을 걸어가면서 수차례 길을 잃었음을 절감했지만(내가 연구하는 주민의 언어조차 모르는 경우도 있었다) 시간이 지나면서 나는 자살률의 근본 동향에 대한 타당한 추측을 할 수 있다고 확신하게 되었다. 유럽의 앙시앵레짐 시기에 대해서는 다양한 사법, 문학, 도해 문서뿐 아니라 두 유형의 정량적 데이터를 이용해 이 작업을 할 수 있다. 하나는 행정 당국과 종교 당국이 교구나 도시의 특정 지역에 대해 수집한 통계 수치들(때로는 책으로 출간되었지만 오래전에 잊혔다)이고 다른 하나는 지난 20년간 역사학자들이 수행한 정량적 연구의 결과들이다.[53] 아시아에 대해서는 단편적이지만 귀한 지식을 알려주는 다양한 다른 출처가 있다. 바로 유럽의 탐험가, 선교사, 상인들이 남긴 여행기(나는 이 기록들을 광범위하게 활용했다), 고귀한 대의를 위해 스스로를 희생한 개인들(특히 여성)을 기리는 기념비(인도), 그리고 고귀한 이유로 자살을 선택한 사람들에게 수 세기 동안 황제들이 내린 영예(중국)가 그것이다.

어쨌든 유럽, 인도, 중국, 중동의 자살률 동향의 재구성은 내가 이루려 했던 목표들 중 하나일 뿐이다. 다른 목표 역시 그에 못지않게 중요하다. 그 목표란 앞서 설명한 네 가지 측면, 즉 자살자의 의도, 자살 방법, 자살자와 타인들이 자살에 부여한 의미, 자살 전과 후에 수행하는 의식을 분석해 다양한 국가와 역사적 시기에 자발적 죽음에 대한 문화의 태도를 밝히고 설명하는 것이었다. 이런 식으로 검토하고 역사적 분석과 비교 분석을 하면 서양과 동양의 문화적 차이와 관련된 주요 질문들, 다시 말해 그 차이들이 언제 나타났는지, 차이가 늘거나 줄었는지, 그랬다면 언제 그랬는지 대답할 수 있다.

내게 정보를 알려주고 조언해준 다음의 많은 분께 감사드린다. 예브게니 안드레예프, 잔카를로 안젤로치, 제임스 벤, 바버라 바이세토, 베벌리 보슬러, 실비아 브루초네, 체사리나 카사노바, 마르티나 크바네르, 조반니 달로르토, 프란체스카 데치모, 크리스토프 에젠베르게르, 크리스천 괴셸, 브리나 굿맨, 크리스틴 하티그, 마르틴 일리, 린다 이바니츠, 데이비드 레더러, 데이비드 레스터, 웨이징 루, 조반니 루피누, 엘리사 마르티니, 잔파올로 마세토, 아리엘 메라리, 에릭 미델퍼트, 안나 오포, 알레산드로 파스토레, 라우라 피레티 산탄젤로, 잔프랑코 포지, 발렌티나 포지, 윌리엄 앨릭스 프라

이드모어, 콜린 프리처드, 라파엘라 사르티, 카미유 슈몰, 블라디미르 시콜니코프, 피터르 스피렌뷔르흐, 캐시 스튜어트, 줄리아 타바코, 제프리 와트, 타헤레 지아이안, 안드레아 초르치.

또한 나폴리의 사회학 교수들, 토리노의 사회학과, 트렌토의 사회학 교수들 등 내가 2005년과 2006년의 연구 결과 중 일부를 발표했을 때 토론에 참여해준 분들께도 감사의 마음을 전한다. 당시 필리포 바르베라, 주세페 보나치, 마시모 보를란디, 루카 리콜피, 주세페 쇼르티노, 아말리아 시뇨렐리가 해주었던 코멘트에 특히 감사한다.

나는 스탠퍼드대 그린 도서관, 버클리대 중앙도서관, 컬럼비아대 버틀러도서관, 뉴욕공공도서관 직원들에게서 매우 귀한 도움을 받았다. 우리과 도서관 사서 마리오 가툴로도 큰 도움을 주었다. 비비아나 포르투나토와 알베르토 스카린치는 여러 해 동안 친절하고 신속하면서도 전문적으로 내 요구를 들어주었고 잘 알려지지 않은 기사와 책을 기적적으로 찾아주었다. 이들이 일하는 모습을 보면서 나는 한때 메울 수 없을 듯 보였던 미국의 대형 도서관과 이탈리아 도서관들의 격차가 이제 상당히 좁혀졌다고 확신하게 되었다.

이 책의 초기 버전에 대해 조언과 비판을 아끼지 않은 페데리코 바르발리, 애셔 콜롬보, 피에르조르조 코르베타, 프란체스카 데치모, 우베르토 가티, 로셀라 기지, 마우로 미리, 조반나 모비아, 오타비아 니콜리, 안나 오포, 도나텔라 파나치, 마우리치오 피사티, 잔프랑코 포지, 마르코 산토로, 키아라 사라체노, 라파엘라 사르티, 주세페 쇼르티노에게도 고마움을 전한다.

또한 뛰어난 편집자인 조반나 모비아, 라우라 마라, 라우라 셀라에게도 감사한다.

서문

내가 가장 많은 빚을 진 사람은 당연히 아내 도나텔라다. 아내는 오랜 세월 동안 내가 다른 사람들의 자살에 관해 이야기할 때 흥미와 인내를 가지고 들어주었다. 그리고 내게 조언과 애정 어린 지원을 해주었다.

2부 동양사회

5장

과부가
되기 전에   303

1부
서구사회

FAREWELL TO
THE WORLD

: A HISTORY OF SUICIDE

1장

최대의 죄악이자
가장 중대한 범죄

FAREWELL TO THE WORLD

'가장 비극적인 일'인 자살의 증가

19세기 후반, 당대 사회의 운명을 염려하던 유럽의 많은 학자가 자살을 연구하기 시작했다. 학자들은 이러한 우려에 대한 대응 방법을 찾기 위해, 몇몇 국가의 정부가 수년 전부터 발표하기 시작한 통계 수치들에 매달렸고 이 데이터의 신뢰도를 확인하고 가공하며 해석하려고 노력했다. 학문적 배경과 종교적·정치적 신념은 서로 달랐지만 학자들은 모두 같은 결론에 도달했다. 1879년에 엔리코 모르셀리는 기존 데이터로 볼 때 "19세기 초부터 자살이 증가했고 유럽과 신세계의 거의 모든 문명국에서 지속적으로 증가해왔다는 고통스러운 사실이 입증되었다"고 썼다.[1] 약 20년 뒤 뒤르켐 역시 "한 세기 내에 자발적 죽음 건수가 엄청나게 늘어난 것은 나날이 더 큰 위협이 되고 있는 병적 현상이다"라고 지적했다.[2]

앞으로 살펴보게 되듯이, 이와 같은 공포는 역사적으로 이미 존재해왔으며 적어도 16세기 이후에는 셀 수 없이 표출되어왔다. 그러나 19세기 학자들이 내놓은 설명은 기존의 공포와는 달랐다. 1846년에 카를 마르크스는 "연간 자살 건수는 우리 사회의 결핍의 징후로 봐야 한다"고 말했다.[3] 프리드리히 엥겔스 역시 다음과 같이 덧붙였다. "과거에는 상류계급의 특권으로 여겨졌던 자살이 영국의 노동자들 사이에 유행이 되었다. 다른 방법으로는 도저히 탈출할 수 없을 것 같은 비참한 생활에서 벗어나기 위해 많은 빈곤층이 스스로 목숨을 끊는다."[4] 엔리코 모르셀리는 자살이 분명 "우리 시대의 치명적인 전염병"이라고 언급했다.[5] 이러한 견해는 "이번 세기를 지나는 동안 우리 사회 조직이 지대한 변화를 겪었고 그러한 변화가 자살률 증가를 불러왔음이 분명하다"라는 뒤르켐의 글에서도 되풀이된다.

그보다 4년 앞서 프랑스의 이 위대한 사회학자는 또 다른 연구에서 이러한 변화가 어떻게 발생했는지 다음과 같이 설명했다. "……우리 사회는 근본적으로 산업화되었거나, 적어도 산업화를 향해 나아가고 있다. 전체 사회생활에서 이런 식으로 그러한 지위를 획득한 행동이 규제되지 않은 채 방치되면 반드시 심한 동요가 뒤따르게 된다. 구체적으로 말하면, 전반적인 도덕성의 퇴화를 불러온다."[6] 따라서 자살의 증가는 산업화, 급속한 경제발전, 성장–침체의 주기적 반복, 사회적 이동의 증가로 인한 사회적 통합과 규제의 약화 때문이다. 이 이론의 타당성을 뒷받침하는 가장 명백한 증거는 두 과정이 시간적으로 잇달아 일어났다는 데 있다. 즉 자살의 '엄청난 증가'는 전통사회와 현대세계의 거대한 분수령이라 여겨지는 산업혁명 직후인 19세기의 첫 몇십 년 사이에 시작되었다.

그러나 19세기 여러 국가의 상황을 비교해보면 이 해석의 타당성에 몇 가지 의문이 제기된다. 첫째, 산업혁명의 발원지인 영국에서 자발적 죽음 건수는 경제적 발전 정도가 더 낮았던 유럽 중부와 남부의 국가들에 비해 더디게 증가했다. 19세기 중반 영국의 자살률은 벨기에나 프랑스, 독일, 덴마크보다 훨씬 더 낮았다. 20세기 초에는 가장 산업화된 영국과 다른 유럽 국가들의 자살률이 더 분명하게 차이가 났다.[7] 둘째, 미국은 19세기 내내 프랑스나 스위스, 오스트리아, 독일, 벨기에, 덴마크, 스웨덴보다 자살률이 낮았다. 뒤르켐은 이 두 가지 이례적인 상황에 대해 설명하지 않았다. 한편 모르셀리는 미국의 사례에 대해 놀라움을 표명했다. 그는 "영국계 미국인들의 활발한 경제활동과 급격한 문명화의 영향을 고려할 때 자살률이 그렇게 낮은 것은 진정 놀랄 만한 사실이다"[8]라고 언급했다. 셋째, 오늘날 우리는 이러한 19세기 학자들의 주장과 대조되는 특이한 사례들을 알고 있다. 특히 구舊세계와 멀리 떨어진 쿠바와 중국을 예로 들 수 있다. 19세기에 이 두 국가에 자살이 일어날 위험은 유럽보다 훨씬 더 높았다. 뿐만 아니라 20세기 말과 21세기 초 사이 중국에서 산업화 및 도시화가 진행되자 자살률은 상승한 게 아니라 오히려 크게 감소했다.

유럽에서 자살 건수가 증가하기 시작한 정확한 시점에 초점을 맞춘 역사적 연구들이 지난 20년 동안 수행되었고 그 결과가 나오면서 이러한 19세기 이론들의 타당성에 대한 더 큰 의혹이 제기되었다.

언제부터 수치가 증가했는가

자료가 불충분해서 유럽의 자살 빈도가 보이는 중장기적 패턴을 찾기는 상당히 어렵다. 그러나 단편적이고 여기저기 흩어져 있긴 하나 큰 변화의 전체적인 그림을 추적할 수 있는 통계 수치와 증언들은 남아 있다.

이 그림은 아직 불확실하고 많은 수정을 거쳐야 하지만 한 가지 점만은 의심의 여지가 없다. 자살 증가는 19세기 후반에 이 현상을 우려해 연구하기 시작했던 뒤르켐과 학자들이 지목했던 시기보다 한 세기 전에 시작되었다.

중세의 자살은 때로 영웅주의나 순교로 여겨지기도 했다. 기독교의 박해를 받았던 종교 집단은 위기에 몰려 집단적 자살을 감행하기도 했다. 13~14세기에 단체로 불길 속에 몸을 던진 카타리파Cathars 중세에 청빈을 기치로 교회의 쇄신을 부르짖던 이들로 이단으로 지목된 기독교 일파나 알비주아파프랑스 남부의 알비 지방에서 일어난 반로마교회파 혹은 적을 피하기 위해 서로를 죽였던 유대교도들에게서 이런 사례를 찾아볼 수 있다.[9] 그럼에도 불구하고 수백 년 동안 자살자 수는 매우 낮게 유지되었다.[10] 그러나 16세기경 다수의 주요 인물은 자발적 죽음의 빈도가 급격히 증가하고 있다는 느낌을 받았다. 이를테면 루터는 독일이 1542년 자살 유행병에 영향을 받았다고 주장했으며 이후 수십 년간 청교도 목사들이 이 가설을 되풀이해 제기했다.[11] 에라스뮈스와 몽테뉴 역시 비슷한 주장을 펼쳤다.[12] 그러나 정확한 통계치가 없는 상태에서 정확히 이 시점에 자살이 급격하게 증가했다고 판단할 이유는 전혀 없다. 몇몇 역사 연구는 16세기 후반에 독일의 일부 지역에서 자살률이 돌연 증가했다가 곧바로 원래 수치로 돌아왔다는 것을 보여준다.[13] 따라서 아마도 이것은 추후 나타난 상당한 자살률 증가 추세의 시작점이라기보다는 일시적 변화였을 것이다.

17세기 마지막 15년 동안 러시아에도 집단 자살 사례가 있었다. 1684~1691년 적어도 2만 명의 남녀가 분신자살한 사건이 발생했다. 이는 러시아 정교회의 대주교가 도입한 의식과 전례의 변화를 온몸으로 막고자 했던 분리파 운동의 일환이었다. 그들은 스스로 러시아의 종교적 전통이 지녔던 숭고한 가치를 보호한다고 생각했을 뿐만 아니라, 세계의 종말이 눈앞에 있으며 자신들의 순결한 희생이 그 흐름을 가속화할 수 있다고 확신했다.

그래서 군대의 공격을 받자 많은 이가 그러한 믿음의 힘으로 스스로 목숨을 끊는 쪽을 택했다.[14] 이 사건은 매우 극적이지만 단발적으로 자살이 급증한 경우였고 19세기 내내 러시아의 자살률이 낮은 수준을 유지했다는 사실에 비추어볼 때 자발적 죽음의 거대한 물결이 시작되었다고 보기는 어렵다.

한편 17세기 후반의 수십 년간 서유럽에서 자살률이 현저히 증가하기 시작했다. 1680년 이후 영국의 상류층에서는 자발적인 죽음이 다수 발생했고, 이 사건들은 글을 읽을 줄 아는 대중의 지탄을 받았다. 백작, 남작, 기사, 부유한 상인, 성공한 전문직, 출판업자, 고위 성직자, 공무원, 그리고 심지어 장관까지 자살하는 사건이 연이어 일어났다. 학자와 저술가들은 이 일련의 사건을 두고 '영국병'이라 부르며 그 원인을 분석하기 시작했다. 이러한 작업을 처음 시작한 이는 앙리 미숑 드 발부르였다. 그는 1698년 영국인의 전형적인 네 가지 병폐를 괴혈병과 과소비, 암거래, 우울증이라고 진단했다.[15] 같은 해 윌리엄 콩그리브는 '한 해 동안 영국에서 발생한 자살자 및 우울증 환자가 영국 외의 유럽 대다수 지역에서 발생한 수보다 더 많지 않은가?'라는 의문을 제기했다.[16] 한발 더 나아가 1711년경 디포는 영국의 자살자 수가 나머지 유럽 전 지역을 합친 수보다 많은 것처럼 느껴진다고 언급했다.[17] 프랑스 작가 아베 프레보는 확신에 차 자살을 '영국병'이라고 불렀으며, 우월한 신체적, 정신적 자원을 보유한 프랑스인들은 자살에 의존하지 않을 것이라고 생각했다.[18] 필리프 네리코라는 필명을 썼던 극작가 데투슈는 1717년부터 1723년까지 영국에 살았던 경험에 비춰 자살이 이 나라 사람들이 선호하는 죽음의 형태라고 말했고 그의 희극 중 한 편에 평균적인 영국인들을 묘사하기 위해 이런 묘비명을 넣었다. '여기, 삶이 무료하여 어느 날 아침 목을 맨 존 플럼푸딩 경 잠들다.'[19]

1727년 영국을 방문했던 세자르 드 소쉬르는 가족에게 쓴 편지에서 '영국 정부가 국민에게 허용하는 자유'에 먼저 놀랐고 '자살에 대해 매우 태연한 영국인들의 태도'에 또 한 번 놀랐다고 기록했다. 이는 소쉬르에게 매우 부정적인 인상을 주어 그 역시 시름시름 아프기 시작했다. "나날이 나는 식욕을 조금씩 잃어가고 잠을 자지 못했다. 나는 이유 없이 극심한 불안과 걱정에 시달렸다. 결국에는 심각한 우울증에 빠졌다. (…) 모든 것이 나를 슬프고 불안하게 했다. (…) 만약 내가 영국인이었다면 나는 자살로 이 고통을 끝냈을 것이다."[20] 1733년 조지 체인은 베스트셀러가 된 자신의 저서 『영국병The English Malady』에서 최근 '유럽의 다른 지역보다 영국에서 타당한 이유도 없는 이상한 자살이 자주 일어나고 매일 늘어난다'고 언급하면서 그 원인으로 변덕스런 날씨, 고영양 및 고열량 위주의 식단, 물질적 부와 풍요, 정적이고 몸을 많이 움직이지 않는 직업, 인구 과밀로 건강에 해로운 도회지 생활 등을 꼽았다.[21]

1749년 몽테스키외는 다음과 같이 기록했다. "영국인은 무책임하게도 자살을 매우 쉽게 선택한다. 그들은 심지어 행복한 가운데 자살한다. (…) 이는 기후가 유발하는 전염병의 결과다. 영국의 기후는 삶을 포함해 모든 것을 혐오하게 될 정도로 영혼에 심각한 영향을 미친다."[22] 앞서 언급한 프랑스 저술가들은 하나같이 영국인의 자살이 종종 임의적이고 비합리적이라고 언급했다. 1745년 장베르나르 르블랑은 자신이 알고 지내던 어느 신사가 매일 옷을 입고 벗는 일을 반복하는 게 몹시 지겨워 자살했다는 일화를 소개했다.[23] 1759년 볼테르는 『캉디드』에서 다음과 같이 적고 있다. "나는 자신의 삶에 혐오를 느끼는 수많은 사람을 봐왔다. 그러나 그 비참함을 자발적으로 끝내고자 하는 이는 얼마 되지 않았다. 그들은 세 명의 흑인, 네 명의 영국인, 네 명의 제네바인, 그리고 로베크라 불리는 독일인 교수였

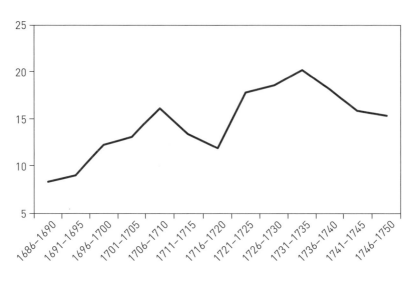

〈도표 1.1〉 1686~1750년까지 런던에서 사망자 1만 명 중 자살자 수
출처: 쥐스밀히(1761)의 데이터를 바탕으로 구성함

다."[24] 1813년 스탈 부인 역시 자살이 영국에서 빈번한 것은 확실하지만 그 원인이 기후는 아니다. "자유의 하늘은 늘 내게 순수해 보였기 때문이다"라고 기록했다.[25]

이러한 영국의 풍조는 풍자 대상이 되기도 했다. 영국인은 스스로 자살해버릴 가능성이 있으니 영국인과의 결투는 하루 이틀 미루는 게 좋다고 말하는 사람들도 있었다. 한편 제이컵 지머만은 '만약 영국인이 우울증을 겪는다면 제 머리에 총을 쏴서 자살할 것이다. 프랑스인이 똑같은 우울증을 겪는다면 수도승의 금욕생활을 할 것이다. 금욕은 프랑스인에게 사실상 자살이나 다름없기 때문이다. 영국인은 수도원에 들어가야 한다고 해서 자살하지는 않을 것이다'라고 기록했다.[26]

현재 이용 가능한 통계적 수치에 따르면, 자살의 급격한 증가는 정확히

이 시기에 시작되었다.(도표 1.1 참조)[27] 1686년 이후 런던의 자살률(사망자 1만 명당 자살자 수)이 꽤 가파르게 상승하기 시작해 1706년에서 1710년까지의 5년 동안 두 배로 높아졌다. 이 수치는 이후 10년간 약간 주춤했지만 곧 다시 증가해 1731~1735년 초기 수준의 3배에 이르는 최고 수치를 기록했다. 이 수치는 다음 10년 동안 감소하다가 이후 다시 꾸준한 증가 추세를 보였다.

그러나 이러한 현상을 지켜본 관찰자들은 '영국병'이 다른 유럽 국가들로 확산되고 있거나 이미 확산되었다는 것을 곧 알아차렸다. 1759년 5월 4일 베네치아에서 보낸 편지에 몬터규 부인은 이렇게 기록했다. "보다시피 그 열병이 퍼져나간 곳은 영국뿐만이 아니다. (…) 이곳에서 완전히 새롭게 등장한 유행이 있는데, 그것은 바로 자살이다." 바로 그 주에 한 신부와 어린 수사가 뚜렷한 이유도 없이 자살을 했다. 신부는 '소크라테스의 무관심과 카토의 위대함을 모방하려는 자신의 소망을 알리기 위해' 모자에 편지를 남겼다.[28]

루이 14세의 동생인 오를레앙 공의 부인 팔라틴 공주가 쓴 편지의 한 구절도 흥미롭다. 1696년에 팔라틴 공주는 추방당한 영국 여왕과 나눈 대화 내용을 썼는데, 여왕이 자신의 백성 사이에 자살이 매우 흔해졌다고 말했다고 한다. 그러나 그로부터 3년이 채 지나지 않아 팔라틴 공주는 일련의 사건들('게다가 지난 월요일 한 변호사가 침대에서 권총으로 자살했다')에서 낌새를 채고 자살이 프랑스까지 확산되고 있다고 기록했다. 그리고 20년 뒤에 다시 이 문제를 이야기하며 편지에 "지금 파리에서는 삶을 버리는 것'이 유행이다. 대부분이 물에 빠져 죽고 상당수는 창문 밖으로 뛰어내려 목이 부러져 죽고, 어떤 이들은 자신의 몸을 찌르기도 한다"[29]고 썼다.

실제로 1671년 4월 말에는 자발적 죽음이라는 주제가 파리의 살롱을 장악했고, 살롱을 자주 드나들던 프랑스인들, 특히 상류층 부인들이 즐기는 재치 있고 고상한 대화의 뜨거운 화제로 떠올랐다. 하지만 그토록 열렬한 관심을 불러일으켰던 자살 사건은 귀족이 아니라 귀족의 집사와 관련되어 있었다. 귀족들이 몹시 중히 여기는 것, 바로 명예와 관련된 자살이었기 때문이다. 수없이 회자되어 상당히 유명해진 이 비극적 사건은 일어난 직후인 1671년 4월 24일과 26일에 세비녜 부인이 쓴 두 통의 편지로 세상에 알려졌다.[30] 좌중을 완전히 집중시키는 탁월한 능력을 갖춘 세비녜 부인은 이 살롱들에서 대화의 화제를 꾸준히 물어다주는 소식통이었다.

콩데 왕자가 샹티이에 있는 성에서 대규모 파티를 기획했다. 왕은 목요일 밤에 도착했고 (세비녜 부인의 말에 따르면) 모든 계획은 '놀라울 정도로 순조롭게 진행되었다'. 사냥, 조명, 달빛, '노란 수선화 장식과 특별히 준비된 간식'도 훌륭했다. 그러나 갑자기 당황스러운 사건이 발생해 훌륭했던 파티는 예상치도 못하게 엉망이 되고 말았다. 그 사건으로 인해 왕자의 집사인 프랑수아 바텔이 모든 참석자의 이목을 끌었고 의도치 않게 왕보다 더 주목받는 중심인물이 되었다. 파티가 엄청난 인기를 끌어 예상보다 많은 손님이 참석하는 바람에 고기가 모자라는 사태가 발생한 게 사건의 발단이었다. 그것은 바텔의 책임이 아니었지만 그는 스스로를 용서할 수 없어 계속 되뇌었다. '나는 명예를 잃었어. 이런 불명예는 도저히 참을 수 없어.'

왕자뿐만 아니라 파티에 참석한 여러 사람은 파티에 음식이 부족한 것을 별것 아니라 여기고 그의 자존심을 추켜세우는 호의적인 칭찬을 반복해 바텔을 진정시키려고 애썼다. 그러나 바텔은 매우 낙담하여 자신의 기획력에 대한 자신감을 잃었다. 게다가 이튿날 점심 준비라는 결정적인 시험대에 대비해야 했기 때문에 밤새 불안과 불면에 시달렸다. 그가 생각하기에 그 점심 준비는 전문가로서의 명예를 회복할 수 있는 기회였기 때문이다. 식사는 (다른 선택의 여지 없이 단식일에 먹을 수 있는) 생선 요리로 이미 정해졌으므로, 바텔은 해협 근처 항구에서 이미 많은 양의 생선을 주문해두었고 도착하기만을 초조하게 기다렸다. 새벽 4시경 바텔은 한 소년에게 물건이 도착했는지 물어보았다. 그러자 정확하게 알지 못했던 그 소년이 상자 몇 개만 도착했다고 대답하는 게 아닌가. 깊은 절망에 짓눌려 또 한 번의 실패를 대면할 자신이 없었던 바텔은 방문을 닫은 후, 칼자루를 문에 받치고 칼날을 힘껏 심장으로 밀어넣었다. 그리고 나니 운명의 장난처럼 모든 일이 계획대로 진행되기 시작했다. 세비녜 부인에 따르면, '바로 그 순간 짐수레가 생선을 싣고 도착했다. 생선을 나눠주기 위해 사람들이 바텔을 찾았다. 그러나 사람들이 바텔의 방으로 뛰어가 문을 부수고 들어갔을 때 그는 이미 피범벅이 되어 있었다.'[31]

그 사건 이후 프랑스에서 자발적 죽음은 갑자기 일상적인 이야깃거리가 되었다. 예를 들어 생시몽 공작은 자신의 『회고록』에서 1693년부터 일어난 12건의 자살 사건을 자세히 다루었다. 1768년 그림Grimm은 자살을 다루는 연극 상연을 금지해야 한다고 주장했지만, 그로부터 1년 뒤 파리에서는 147건의 자살 사건이 발생했다. 1772년 어느 파리 시민의 일기를 보면, 파리에서 자살자 수가 급증하고 있으며 '영국인들의 기이한 특성'이 파리를 엄습한 것 같다고 적고 있다.[32] 몇 년 뒤, 루이세바스티앵 메르시에에 따르면, 파리에서 한 해 동안 일어난 자살은 150건이었는데, 이는 파리보다 인구가 많은 영국과 비교해도 더 높은 수치였다고 한다.[33] 현재 이용할 수 있는 자료들은 이 주장을 뒷받침해주는 것으로 나타났다. 아울러 메르시에에 따르면 영국의 수도와 프랑스의 수도는 또 다른 중요한 차이를 보였다. 우선 런던에서는 자살한 사람이 대부분 부유했다. '부유한 영국인은 가장 변덕스럽고 따라서 가장 싫증을 잘 내는 부류였기 때문이다.' 반면 파리에서 자살은 종종 '다락방이나 셋방'에서 가장 많이 발생했다고 했다.[34] 이러한 차이는 다른 많은 이도 언급한 부분이었다. (40여 년 뒤 스탕달이 강조한 바와 같이) 프랑스에서는 '캐슬레이 경처럼 막강한 권력을 보유한 정치나 새뮤얼 로밀리 경처럼 저명한 변호사가 자살하는 일은 볼 수 없을 것이다.'[35]

그로부터 몇 년이 지난 1781년, 『코레스퐁당스 세크레테Correspondence secrete』 루이프랑수아 메트라가 발간했던 주간 간행물는 독자들을 안심시키려 생제르맹의 어느 구두장이의 이야기를 들려준다. 이 구두장이는 가족에 대한 책임감으로 하루 종일 구두를 만들며 일했고 일이 끝난 저녁에는 선술집에서 친구들과 문학을 논하는 일상을 보냈다. 그가 집에 가는 것은 오로지 자신이 번 돈을 갖다줄 때뿐이었다. 그런데 어느 날 밤 집에 가보니 아내는 다른 남자와 눈이 맞아 달아난 뒤였고 딸은 음란한 짓을 해서 체포당한 상태였다. 아들은 입대했고 그의 돈은 몽땅 도둑맞고 없었다. 절망에 빠진 구두장이는 당시의 유행을 따라 자살하기로 결심한다. 그는 작별 인사를 고하는 생애 마지막 편지를 쓰기 시작했고, 몰리에르의 말로 몇 줄 끝맺으면 멋지리라 생각했다. 그러나 그 구절이 정말 몰리에르의 말인지 아니면 루소의 말인지 헷갈렸던 제화공은 죽음을 잠시 미루고 이튿날 친구에게 물어보기로 마음먹었다. 그런데 한 친구는 코르네유가 한 말이라 했고 다른 친구는 마르몽텔이 한 말이라고 했다. 시간이 흐르면서 그는 자신이 감사해야 할 일이 무척 많다는 사실을 깨달았다. 이제 그는 혼자가 되었고 그에게는 아직 돈을 모을 시간이 많이 남아 있었기 때문이다. 그는 자살하려는 생각을 완전히 접어버렸다.[36]

1797년 『브리태니커 백과사전』에는 자살이 영국보다 프랑스에서 더 빈번했다는 기록이 나온다. 이러한 주장은 오늘날까지 남아 있는 일부 자료가 뒷받침해주고 있다. 이 자료들에 따르면 18세기 (그리고 19세기의 상당 기간)

동안 런던의 자살률은 10만 명당 9명이었던 데 반해, 파리의 자살률은 그보다 2~3배 높았다.[37] 파리에서 자발적 죽음 건수는 급격히 증가해 1782년에는 150건에 이르렀다. 이는 인구 10만 명당 28명에 달하는 수치이며[38] 19세기 말 자살 급증 현상이 끝나갈 즈음 프랑스의 전체 자살률과 비슷하다. 공포정치가 시작된 가장 극적인 해인 1793년에는 자발적 죽음 건수가 그때까지 기록된 추이 중 가장 가파르게 상승해 총 1300명(10만 명당 230명으로 추정되는 자살률)에 이르렀다.[39] 이는 프랑스 정치 기구들의 최고위층에도 영향을 미쳤다. 프랑스에서는 4년간 국민공회의 의원 27명이 자살을 하거나 자살 시도를 했다.[40] 에티엔 클라비에와 장마리 롤랑 드 라 플라티에르, 그리고 파리 시장이었던 제롬 페티옹 드 빌뇌브도 자살했다.

그 외 유럽 지역에 대한 세세한 정보는 거의 없거나 부정확하다. 그러나 역사 연구를 통한 꾸준한 자료 축적 덕분에 자살이 기존에 생각했던 것보다 훨씬 더 전부터 증가했다는 사실이 명확해지기 시작했다. 예를 들어 스웨덴에서는—스톡홀름뿐만 아니라 스몰란드의 농경지대에서도—1690~1700년에 자살률이 증가하기 시작했고[41] 18세기 후반에 이곳과 다른 지역에서 자살률이 크게 상승했다.[42] 핀란드에서는 1790년 이후 증가세가 나타났다.[43] 17세기 중반 취리히의 목사들이 '놀라운 자살 건수'에 대해 언급했고, 1691년 취리히 교회의 수장 안톤 클링거는 점점 더 빈번해지는 자살에 대한 '공포'를 주제로 500쪽에 달하는 책을 출판했다. 우리가 보유한 데이터(3장의 도표 3.1 참조)를 보면 당시 이 사람들이 그렇게 생각할 만했다는 것을 분명히 알 수 있다. 자살자 수는 16세기 내내 안정된 양상을 보이다가 17~18세기에 들어서 급격하게 증가했기 때문이다.[44] 제네바의 자살률은 18세기 전반에 걸쳐 완만한 증가세를 보였지만 1750~1780년 세 배 증가했고 이후 20년간 또다시 두 배 증가했다.[45] 산업화나 도시화와 함께

〈표 1.1〉 유럽 국가의 여성과 남성의 자살 건수 비율(1250~1850년)

국가	기간	여성과 남성의 자살 건수 비율
오스트리아	1851-1854	4.59
핀란드	1781-1790	6.00
프랑스	1250-1400	1.50
	1836-1840	2.89
독일	1350-1450	5.66
제네바	1542-1700	1.48
	1701-1750	1.07
	1751-1798	2.69
영국	1200-1500	1.83
	1485-1714	5.20
	1859-1860	2.55
이탈리아	1864-1866	4.09
뉘른베르크	1400-1600	2.57
파리	1766-1789	3.43
	1795-1801	3.35
	1834-1835	2.70
프러시아	1816-1820	4.11
러시아	1875	3.88
슐레스비히홀슈타인	1600-1800	2.25
스웨덴	1781-1790	3.09
	1831-1840	4.06
취리히	1500-1790	2.67

출처: Brierre de Boismont(1865); Morselli(1879); Verkko(1951); Cobb(1978, 6); Schär(1985); Merrick(1989); MacDonald and Murphy(1990); Midelfort(1995); Murray(1998); Lind(1999, 190); Watt(2001); Butler(2006b)를 바탕으로 구성한 자료

혹은 그 이후에 이렇게 자살률이 증가한 것은 아니었다. 제네바의 인구가 증가하기는 했지만 이 기간 내내 작은 도시였고 18세기 말에도 인구는 2만 9000명에 불과했다.[46]

그러나 일부 지역이나 특정 사회계급이 전체 자살 건수에서 최초로 매우 눈에 띄는 증가세를 보여 주목을 받기도 했다. 미국 신문들은 1780~1800년의 자살률 증가에 대해 우려가 담긴 기사들을 내놓기 시작했고 몇몇 논평가는 그 원인이 '영국병' 때문이라고 확신했다.[47] 자살률의 증가는 먼저 서북 유럽(스웨덴, 영국, 프랑스, 독일)에서 나타났고 특히 도시지역에서 더 빠르게 증가했으며[48] 상류계층에서 증가세가 더욱 두드러졌다.[49] 실제로 19세기 중반까지 스톡홀름, 파리, 런던, 베를린의 도시 지역과 이들 국가의 농촌이나 소도시 지역의 자살률 격차는 점점 더 커졌다.[50]

이러한 변화가 먼저 시작된 쪽이 남성인지 여성인지 확실하게 말하기는 어렵다. 현재 이용 가능한 통계 자료(표 1.1)는 13세기 중반부터 19세기 중반까지 유럽에서 남성의 자살률이 여성보다 높다는 사실을 보여준다.[51] 그러나 남성과 여성의 자살 건수 비율은 지역과 시기에 따라 차이를 보였다. 앞으로 이 책에서 나는 이러한 차이와 그 원인을 여러 차례 다룰 것이다. 여기서는 18세기 후반 제네바에서 여성보다 남성들 사이에 자살 건수가 더 빠른 속도로 늘어났고 그 결과 성별에 따른 격차가 더 뚜렷하게 나타났다는 점을 언급해둘 만하다.[52] 그러나 자살률의 급증 현상이 남성들 사이에서 시작되었다고 단정하기는 어렵다. 왜냐하면 1766~1835년 파리에서는 정반대 상황이 발생했고 여성 대비 남성 자살률 수치가 감소했기 때문이다.(표 1.1)

자살률이 급증한 집단 내에서 연령별 차이는 크게 두드러지지 않았다. 대략 구분해 젊은층, 중장년층, 노년층의 자살 발생 건수가 비슷한 것으로 보였다.[53] 실제로 17세기와 18세기에도 연령과 자살 빈도의 관계가 19세기에 수집된 데이터에서 밝혀진 것과 동일했다. 당대의 학자들은 이를 '통계의 법칙'으로 여겼다. 다시 말해, 남성과 여성 모두 유소년 시절에는 자살이 극히 드물다가 16세 즈음부터 증가하기 시작해 18세까지 꾸준히 증가했고 이 시기를 지나면서 약간 감소하는 추세를 보였다.[54]

증가 원인

이처럼 자발적 죽음의 건수가 제어 불가능할 정도로 증가한 원인을 산업화 및 도시화가 초래한 사회적 격변 탓으로만 돌릴 수 없다면 국가에 따라 17세기 말과 18세기 전반의 어느 시점에 시작되어 수백 년간 이어진 자살률의 증가를 어떻게 설명할 수 있을까? 뒤르켐은 문화적 요소, '도덕적 가치'와 규범, 남성과 여성의 사고방식이나 감수성, 삶과 죽음에 대한 인식 변화라는 요소를 암묵적으로 배제했다. 뒤르켐 역시 이러한 변화가 일어났다는 것은 확신했지만 그것이 자살 빈도에 영향을 주었다는 가설을 단 한 번도 고려하지 않았다.

뒤르켐에 따르면 유럽에서 자살을 대하는 태도는 과거 2000년 동안 두 가지 주요 단계를 거치며 서서히 점점 더 엄격해졌다. 그리스 로마 문명 시기에 해당되는 첫 번째 단계에서는 개인이 마음대로 자살할 수는 없지만 국가의 동의하에서는 가능했다. 그러나 두 번째 단계에 이르면 자살에 대한 비난은 '절대적이고 보편적이었다. 범죄에 대한 처벌을 제외하고는 당사자뿐 아니라 사회에도 인간의 생명을 처분할 권리가 없었다. 따라서 개인적 처분뿐 아니라 집단적 처분도 부정되었다. 자살은 누구에 의해 행해지든 그 자체로 부도덕한 것으로 여겨졌다. 이렇게 역사가 진전되면서 자살이라는 금기가 완화되기는커녕 오히려 더 엄격해졌다.'[55]

사실 19세기에는 자살에 대한 사회적 태도가 점차 관대해지는 징후가 발견되기 시작했다. 뒤르켐도 이 사실을 알아차렸지만 그는 이것이 일시적인 현상일 뿐 추세를 역전시킬 정도는 아니라고 확신했다. "그러므로 만약 자살에 대해 확고하던 대중의 의식이 약해졌다면 이런 불확실성은 그저 우연적이고 일시적 원인으로부터 발생했을 수 있다. 왜냐하면 수 세기에 걸쳐 단일한 방향으로 진행되어왔던 도덕적 진화가 저절로 역전될 가능성은 희박하기 때문이다."[56] 그가 이러한 결론에 이르게 된 것은 굳건한 믿음에 기인한다. 뒤르켐은 국가의 권리가 아니라 개인의 권리가 신장되어 인격이 신성한 것, '심지어 가장 신성한 것…… 누구도 침범할 수 없는 무엇'이라고 인식되면서 자살에 대한 비난이 커졌다고 믿었다. "(개인은) 종교적 가치를 띠게 되었다. 이제 인간은 인간 스스로를 위한 신으로 등극했다. 그러므로 인간의 생명을 해치는 어떠한 시도도 신성모독으로 치부될 수 있다. 자살은 그러한 시도의 일환이다. (…) 따라서 자살이 질책당하는 이유는 우리의 모든 도덕률이 의존하는 인격에 대한 이러한 숭배를 훼손시키기 때문이다."[57]

현실적으로 유럽에서 자살에 대한 '도덕적 평가'는 역사상 매우 다양한 양상을 나타냈다. 앞으로 살펴보게 되듯이, 1000년이 넘는 세월 동안 유럽 사회는 스스로 목숨을 끊으려는 사람들에 대해 유난히(그리고 지금 우리가 보기에는 믿기지 않을 정도로) 엄격한 규제 체계를 구축해왔다. 그러나 이러한 체계는 16세기 말부터 17세기 초 사이에 변화하기 시작했고 뒤르켐이 글을 썼던 당시에는 부분적으로 사라지기도 했다.

1~3장에서 내가 제시하는 가설은 다음과 같다. 지금도 존재하고 여전히 강력하며 충분한 근거를 갖춘 이러한 일련의 규제와 믿음, 상징과 의미, 인지 도식과 분류 체계는 사람들이 자살을 거부하는 데 도움을 주었지만 그 체계에 위기가 찾아오고 붕괴되자 자살 건수가 크게 증가했다.

과거의 반응

1764년 체사레 베카리아는 "자살은 엄밀히 말해서 처벌받는 것이 불가능한 범죄다. 왜냐하면 자살은 무고하거나 이미 차갑게 식은 무감각한 시체만 남겨놓기 때문이다"라고 서술했다.[58] 18세기 말부터 19세기 초에 이르는 시기에 여러 유럽 국가의 개화된 엘리트층으로부터 큰 반향을 불러일으켰던 이 가설은 지금의 우리에게는 전혀 이해가 되지 않는다. 이 가설은 이미 오래전 사라진 사회적 현실을 담고 있기 때문이다. 앞으로 살펴보게 되듯이, 중세와 근대 초기 유럽에서 자살은 오늘날 우리가 느끼는 것과는 완전히 다른 감정, 사고, 행동을 불러일으켰다. 우리는 이제 전혀 다른 역사적·지리적 배경을 지닌 세 가지 사례를 통해 그처럼 멀고 먼 세계를 다시금 불러낼 것이다.

먼저 뤼겐의 사례에서 시작해보자. 1525년 혹은 그로부터 얼마 되지 않은 무렵에 독일의 작은 마을 뤼겐을 지나는 행인들은 곡괭이와 삽, 망치와 같은 도구를 들고 집 주변에서 일하고 있는 무리를 목격했을지도 모른다. 그들은 때로는 현관문 밑으로 굴을 파고 때로는 벽에 커다란 구멍을 내기도 했다. 만약 그때 지나가던 이가 독일인이나 프랑스인이 아니고 이탈리아나 스페인, 포르투갈에서 와서 그 지역 관습에 익숙하지 않은 사람이었다면, 대체 그들이 무엇을 하고 있는지 의아해했을 것이다. 아마도 벽에 새로운 창문을 내고 있으리라 생각했을 것이다. 하지만 현관문 아래로 굴을 뚫는 모습을 보고는 무슨 생각을 했을까? 당시에는 주방이나 욕실에 개수대를 갖춘 집이 없었기 때문에 하수도를 만드는 중이라고 생각하는 사람은 아무도 없었을 것이다. 그러나 만약 그가 조금만 인내심을 갖고 작업을 지켜봤다면 그 작업의 최종 목적을 직접 확인할 수 있었을 것이다. 그들이 현관문 아래에 판 굴이나 벽에 낸 구멍으로 운반한 것은 목을 매고 자살한 사람의 시체였다. 그 광경이 지중해 국가들에게는 낯설었지 모르지만 독일이나 프랑스 일부 지역에서는 오랫동안 행해지던 의식이었다.[59]

다음으로 프랑스 서북부 불로뉴쉬르메르로 눈을 돌려보자.[60] 1725년 3월 27일, 당시 경찰서장이자 판사이던 아쉴 무티노는 어떤 소문을 듣고 마을 옆 습지의 나무에 걸려 있는 한 남자의 시체를 직접 조사하려고 나섰다. 무티노는 즉시 사인 조사를 시작해 법원 서기에게 지시하길 얼굴과 다리의 위치, 구타와 상처의 존재 여부, 남자가 목을 매고 있던 줄의 굵기와 길이, 죽은 남자의 옷 등에 대해 상세한 보고를 준비하도록 했으며 아울러 이마에서 시 군대의 인장을 발견하고는 시체를 감옥으로 옮기도록 지시했다. 그러나 시체를 옮기기 전에 또 다른 관리가 의사 두 명을 자살 현장으로 불러 상세한 의학적 조사를 벌이도록 했다. 모든 사실을 종합한 끝에 습지에서 발견된 그 시체는 상이군인인 장 바쿠르이고 사인은 자살로 결론 났다.

이 시점에서 검사는 치안판사에게 '시체를 재판에 회부할 것'을 요청했다. 재판이 시작되자마자 다섯 명의 목격자가 소환되었고, 증인들은 범죄를 저지른 혐의를 받고 있는 사람(여기서는 죽은 장 바쿠르)을 눈앞에서 보며 그에 관해 자신들이 알고 있는 사실을 모두 털어놓아야 했다. 여느 재판과 마찬가지로 이 재판도 판결이 내려졌다. 이 경우 죽은 군인은 '스스로를 살해했다'는 유죄 판결을 받았고 여러 가지 벌을 선고받았다. 첫 번째 벌은 기록 말살형이었다. 즉 그 사람에 관한 모든 흔적이나 기억(이름과 그 비슷한 것 혹은 비문까지)을 영원히 지우는 벌이었다. 다음으로 시체를 마차에 묶어 머리와 얼굴을 아래로 하여 모래와 자갈투성이의 거리에 질질 끌고 다닌 후 다시 광장 교수대에 거꾸로 매달아두었다. 그리고 하루가 지나 시체는 개에게 버려졌다. 마지막으로 그의 재산은 모두 압류되었다.

이제 더 남쪽으로 눈을 돌려 볼로냐 인근의 시골 마을을 살펴보자. 1672년 5월 8일 아침, 루차 바르바니는 남편과 친척들이 미사에 참석하는 동안 두 명의 친손녀를 낫으로 죽였다. 죽은 아이들은 메네기나로 알려진 여섯 살짜리 도메니카, 그리고 오산나로 알려진 세 살 난 수산나였다. 그녀는 죽은 아이들을 자신의 침실 바닥에 나란히 눕히고 집을 나가 '우물에 몸을 던졌다. 그러나 그녀의 의도와 달리 우물은 익사할 만큼 깊지 않았다. 가족들이 돌아와 이 비극을 발견하고 어떻게 된 일인지 설명하도록 했다. 그녀는 곧 닥쳐올 기근으로부터 아이들이 고통받지 않게 하려고 죽인 것이라 말했고 법정에서도 이 말을 반복했다. 그녀는 목숨을 끊기로 결심했지만 어린 손녀들을 돌볼 사람도 없이 남겨둘 수가 없었다. 딸은 세상을 떠나고 사위는 재혼을 해서 그녀가 손녀들의 유일한 보호자였기 때문이다. 루차 바르바니는 심문을 받았던 볼로냐의 감옥에 수감되어 다시 심문을 받았다. 그녀는 모든 것이 자기 책임임을 시인했고 두 명을 살해한 유죄가 인정되어 교수형을 선고받았다.

루차는 실제로 교수형에 처해졌지만 그녀가 살아 있는 동안은 아니었다. 볼로냐의 토로네 감옥에서 수감 중이던 루차는 플라스크 모양의 물병에 묶인 짚을 꼬아 만든 끈으로 목을 매 자살했다. 따라서 법이 선고한 처벌은 그녀의 시체에 행해졌다. 이 사건에 대한 법원 기록은 다음과 같다. "앞서 언급한 루차는 수감 중에 끈으로 자신의 목을 졸라 자해했다. 시체가 발견된 뒤, 이미 죽은 상태이지만 감시관의 명령에 따라 다른 사람들에게 본보기 삼아 원래의 처형 장소에서 공개적으로 교수형에 처해졌다."[61]

자살을 시도하거나 실제로 자살한 이에 대한 처벌

　수백 년 동안 신학과 법학은 자살을 인간이 행할 수 있는 가장 심각한 범죄이자 죄악으로 보았다. 어떤 이들은 악질적인 절도와 비슷한 죄목으로 바라보기도 했지만 많은 이는 한발 더 나아가 살인보다 더 나쁜 행위로 인식했다.[62] 그들에게는 자신의 목숨을 끊는 것이 타인을 죽이는 것보다 훨씬 더 형편없고 끔찍한 행위였다.[63] 많은 법학자에 따르면, 두 행위 사이의 중요한 차이는 '타인을 죽이는 행위는 오로지 육체만을 죽이는 것이나, 스스로를 죽이는 행위는 육체뿐만 아니라 영혼까지도 죽이는 행위'[64]라는 점이었다. 다시 말해 그들은 자살을 영혼과 육체의 이중적 살해로 보았다. 신학자나 성직자들은 자살의 죄가 면해질 수 없는 것이라 주장했다. 왜냐하면 자살을 하면 회개 가능성이 없어지기 때문이다.[65] 이러한 규제 시스템에 균열이 일어나기 시작했던 1621년에 이르러서도 '육체에 깊숙이 관여한 신'으로 자칭했던 로버트 버턴은 『우울의 해부The Anatomy of Melancholy』라는 저서에서 이렇게 기술하고 있다. '만약 그들이 아집에 빠져 갑자기 죽음을 택한다면 자비를 구할 수 없다. 더 나쁜 점은 뉘우치지 않는 상태에서 죽었기 때문에 의심을 받는다는 것이다.' 반면에 '잠수부들이 목을 매거나 물에 뛰어들어 죽으려다 구조되기도 한다. 그리하여 건전한 정신으로 돌아와 깊이 뉘우치고 과거 자신의 행위를 혐오한 나머지 즉시 회개했다고 고백하며 진심으로 자비를 구한다.'[66]

　그러므로 종교 당국 및 시 당국은 자살자나 자살을 시도한 사람들에게 엄격한 처벌을 가했다. 이러한 경향은 시간이 지남에 따라 구체적 양형이나 그에 따른 절차가 달라지기도 하고 (영국과 독일, 러시아의 사례와 같이) 나라마다 상이한 모습으로 드러나기도 했지만, 분명 유럽 대륙 전반에 걸친 공통된 현상이었다. 뿐만 아니라 스페인과 영국, 프랑스가 아메리카 대륙에 처음 진출했을 때부터 이 국가들의 식민지에서도 이런 현상이 나타났다. 1786년 영국에서는 이런 설교가 행해지기도 했다. '자살자들은 기독교식으로 매장될 수 없으며 재산이 몰수되고 가족들은 뭇 사람의 질타를 받게 될 것이다. 그리고 다른 사람들이 그 충격적인 범죄를 저지르지 못하도록 어떤 지역에서는 자살자의 시체를 교수형에 처하고 또 다른 지역에서는 시체를 거리에 질질 끌고 다니며 오욕과 불명예를 안겨줄 것이다.'[67]

오늘날과 마찬가지로 모든 것은 시체의 발견과 함께 시작된다. 시체를 발견하는 이는 사법 당국에 알려야 하고 사법 당국은 사인을 밝히고자 애쓴다. 예를 들어 12세기 말 영국에서 검시관은 시체 부검이나 목격자 심문을 통해 어떤 의심스러운 죽음이 사고나 살인에 의한 것인지 자살에 의한 것인지를 밝혀야 했다.[68] 살인이나 자살이라면, 희생자가 죽임을 당했든 자발적으로 죽었든 간에 범죄를 저지른 사람에 대한 형사소송 절차가 시작되었다. 자살은 범죄의 가해자와 희생자가 동일 인물이라는 점만 다를 뿐이었다. 범죄는 죽음에 의해 소멸한다crimen estinguitur mortalitate는 원리는 중세 때 유럽 전체에 적용되었지만 자살만은 예외였다.[69] 따라서 이 범죄를 저지르는 이는 누구든 법정에 소환되었다.

어떤 죽음이 자살로 판명 나는 순간, 자살을 감행한 이의 남은 육신으로부터 인간성을 말소하는 과정이 행해졌다. 과도한 폭력을 가했던 이 과정은 시 당국과 종교 당국뿐만 아니라 인구 전체가 느낀 공포와 혐오, 반감의 표현이었다. 자살이라는 죄를 저지른 이의 시신은 비열한 짐승처럼 여겨져 경멸과 공포, 무시를 당했고 고의적으로 잔혹하게 다루어졌다.

자살자에게는 종종 교수형이 선고되었다. 1715년 몽테스키외의 저서에 따르면 '자살은, 말하자면 사람을 두 번 죽이는 행위였다.'[70] 중세 프랑스에서 어떤 이가 자살을 했다면 마치 그가 살아 있는 살인자인 양 그 시체를 교수형에 처했다. 종종 시체를 교수대에 줄로 매다는 것으로는 부족해 날카로운 이지창 끝에 매달기도 했다. 때로는 더 참혹한 형벌이 행해지기도 했는데, 예컨대 거꾸로 매달려 자고 있는 박쥐처럼 시체의 머리를 거꾸로 하여 나무에 매달아놓기도 했다. 16세기에 한 논평가는 '오늘날 자살을 한층 더 수치스러운 일로 만들기 위해 우리는 그들을 거꾸로 매달아둔다'고 기록했다.[71] 또 어떤 경우에는 '마치 살아 있는 양' 시체를 '교살'했다.[72] 자살자가 여자라면 시체를 불태우는 일이 흔했다.[73] 16세기 스페인에서도 자살한 이들의 시체를 교수대에 거꾸로 매달았던 반면 독일에서는 시체를 불태우는 일이 더 잦았다.[74] 1671년 모데나 헌법으로 거슬러 올라가면, '누구든 정신이 온전한데 자살을 저지르면 그를 변호해줄 친지 한 명을 지명하면서 재판이 시작된다. 그를 변호할 만한 증언이 나오지 않으면 시체나 인체 모형을 교수형에 처한다.'[75] 1770년 피에몬테 헌법에 따르면 '만약 정신이 온전한 사람이 자기 신체를 잔인하게 해하고 자살을 행한다면, 그의 정신에 대한 형사재판이 개시되고 시체는 교수대에 걸리는 형벌에 처해진다. 사체가 남아 있지 않다면 대신 모형을 교수대에 매달았다.'[76]

자살에 성공한 사람들에게 내려진 처벌에 관해서는 이 정도로만 이야기하겠다. 하지만 시 당국, 그리고 때로 당시의 종교 당국들은 자살을 시도했다가 실패한 이들에게도 벌을 내렸다. 그렇지만 16세기 유럽의 대표적인 법학자 더담하우더르에 따르면 자살을 시도한 이들에게 어떤 처벌을 가해야 할지 실질적인 합의에 이르지 못했다고 한다. 14세기 중반 피렌체 지방에서는 자살에 실패한 이들에게 벌금을 부과했다.[77] 16세기 말부터 17세기 초까지 제네바에서 자살 미수자들에게 가해진 형벌은 태형과 추방이었다.[78] 스웨덴에서 자살을 시도한 이는 누구든 수 세기 동안 비난을 면치 못했으며 고문과 강제 노역을 당하거나 빵과 물만 먹으며 갇혀 있어야 했다. 그 외에도 (교회 예배 시간에 '회개 좌석'에 앉아 있는 것과 같이) 다양한 형태로 대중적인 수치심을 유발하는 처벌이 존재했으며[79] 심지어 사형에 처하기도 했다. 17세기 말 매사추세츠주에서는 자살을 시도한 이에게 '채찍질 20회와 벌금형'을 부과했다.[80] 러시아에서는 1716년 표트르 대제가 인가한 형법대전에 의하여 계획적인 자살을 시도한 자들에게 사형을 선고했다.[81] 오스트리아에서는 1787년 요제프 2세가 도입한 형법에 따라 자살 시도자들을 감금했다. 이들은 자신의 생명을 보존하는 일이 신과 국가, 자신에 대한 의무라는 점을 깨닫고 자신의 행동을 깊이 뉘우칠 때까지 갇혀 있어야 했다.[82] 많은 유럽 국가에서 이러한 규제들이 폐지되었던 1838년에 이르러서도 사보이 가문의 카를로 알베르토가 공포한 '사르데냐 국왕 폐하의 국가 형법'은 '자살을 시도한 죄인은 안전한 곳에 감금되어 1~3년간 엄중한 감시를 받게 될 것이다'[83]라고 규정하고 있다.

유럽 전역에서 자살한 사체는 다양한 형태로 유린과 세속화 의식을 거쳤다.[84] 사체가 집 안에서 발견되면 창문이나 지붕을 통해 거리로 내던지기도 했다.[85] 감옥에서 재판을 기다리는 동안 사체가 부패하지 않도록 소금이나 방부제로 보존 처리를 했다. 판결이 내려지면 사체를 질긴 끈으로 말에게 묶어 거리와 광장, 마을 곳곳으로 질질 끌고 돌아다녔다. 때로는 울타리에 걸쳐놓거나 발이나 목을 묶어놓기도 했다. 이러한 의식은 심지어 시체가 상당히 부패된 상태에서도 자루 안에 넣거나 인형으로 대체해 어떤 방식으로든 치러졌다. 의식은 두 가지 목적을 지녔다. 하나는 시체를 더럽히기 위함이다. 당시 사람들은 진흙으로 덮인 시체가 악마에 의해 지배된 영혼을 담기에 적합한 그릇이라고 생각했다.[86] 두 번째 목적은 시체를 대중 전체의 비난과 조롱에 노출시키는 것이었다. (1182년에 제정된) 보몽 법에 따르면,

'자살한 인간은 가능한 한 잔인하게 욕보여질 것이다. 이러한 처벌은 그 경험을 다른 이들에게 보여주기 위한 목적에서 행해진다.[87] 이와 유사한 관습이 16~17세기 영국[88]과 독일, 제네바[89]에도 존재했다. 16세기 베네치아의 상원은 자살한 젊은이의 시체를 갑판이 없는 배에 태워 대운하에 떠내려 보낸 후 시뻘겋게 달군 펜치로 사지를 찢어야 한다는 법령을 제정했다.[90] 하지만 독일 남서부와 스위스 일부 지역(취리히, 루체른, 바젤 등)에서는 13~16세기까지만 해도 사체를 통에 넣고 강에 던지는 것이 관행이었다.[91] 또 다른 지역에서는 자살한 이의 시체를 참수하거나 극악무도하게 훼손하기도 했다.[92]

자살한 당사자를 비인간화하고 폄하하는 과정은 단지 목을 매다는 행위로 끝나지 않았다. 형을 집행한 뒤 시체를 교수대에 그대로 남겨두었는데, 짧게는 6시간에서부터 길게는 몇 날 며칠 계속되기도 했다. 더담하우더르에 따르면 이 행위의 목적은 '사람들이 그 사체의 주인이 스스로 목숨을 끊었다는 것을 알 수 있도록 구경거리로 만드는 것'이었다.[93] 아울러 형벌은 시체를 벌하는 것에 그치지 않고 죽은 이의 재산에도 가해졌다. 13~14세기 프랑스 일부 지역에서 자살한 이는 살인자나 강간범과 마찬가지로 재산 침탈을 면치 못해 생전에 소유했던 재산이 파괴당하고 약탈당하는 의식이 행해졌다. 집이 허물어지고(혹은 심하게 망가뜨려지고) 전답이 불태워졌으며 정원의 나무들은 잘려나가고 뿌리 뽑혔다.[94] 이와 비슷한 관습이 독일이나 영국, 그 외 유럽 국가에도 존재했다. 이는 재산에 가해지는 보복의 한 형태로, 범죄를 저지른 자의 신체를 훼손하는 행위를 대신하거나 강조하는 일이었다. 아울러 '소유권 폐지' 의도도 내재되어 있었다. 이른바 스스로 목숨을 거둔 악인을 폄하하고 '자유인이자 공동체 일원이라는 지위에서 늑대와 같은 야만인의 지위'로 격하시키는 것이다.[95] 그러나 이러한 관습은 어느 시점에서 한 세기 전에 도입되었던 단순한 재산 몰수로 대체되었다. 1205년 프랑스의 문서에는 '자살한 자의 동산動産은 왕이나 남작에게 배분되어야 한다'고 기록하고 있다.[96] 반면 1283년 보베 관습법Coutumes de Beauvaisis은 다음과 같이 적고 있다.

> 누군가가 사고로 죽었다면, 예컨대 구덩이나 강에 빠져 익사하거나 나무나 지붕에서 떨어져 우연히 죽게 되었다면 그의 재산은 몰수되지 않고 유가족에게 상속되어야 한다. 그러나 그의 죽음이 의도한 바인 경우, 예컨대 목을 맨 채 발견되거나 '몹쓸 짓을 당해서 혹은 도저히 견딜 수 없는 일이 있어서 물에 빠져 죽을 거야'라고 말한 뒤 죽었다면, 형벌에 처해져야 한다. 그의 재산은 몰수되어 영주에게 귀속된다.[97]

비슷한 시기 영국에서 제정된 법률은, 자살한 이가 남자든 여자든, 정신이 온전하든 아니든 상관없이 재산을 몰수하도록 규정하고 있다.[98] 이후 많은 유럽 국가의 법전에 이러한 처벌이 포함되었다.[99] 처벌은 일반적으로 다음과 같은 절차로 진행되었다. 시체가 재판을 받는 동안 법원은 피고의 전 재산 목록을 작성하라고 요구한 뒤 이를 가압류하여 군주나 영주의 징수원에게 넘겼다. 그 뒤 범죄에 대한 주된 처벌로 혹은 부가형으로 재산 몰수가 이루어졌고, 동산이나 부동산 혹은 둘 다 몰수 대상이 될 수 있었다. 마찬가지로 피고의 재산뿐 아니라 가족, 따라서 배우자의 재산까지 몰수될 수 있었다. 어떤 경우에도 유언에 따른 재산 분할은 무효가 되었고 남아 있는 친족들의 경제적 상황에 재앙이라 할 결과를 초래했다.

현존하는 문서들을 보면 이러한 관행이 남부 유럽에서도 존재했다는 점을 알 수 있다. 예를 들어 사르데냐 지역은, 만든 시기가 분명치는 않으나

1392년 이전이 틀림없는 엘레오노라 다르보레아_{Eleonora d'Arborea}의 법전_{Carta de logu}을 보면 다음과 같이 기록하고 있다.

나아가 어떤 방식으로든 의도적으로 자살한 사람의 시체는 그것이 발견된 마을에서 교수형에 처할 것을 명한다. 그리고 마을의 집달관은 그의 모든 재산 목록을 작성하는 한편, 목격자나 마을의 유지들을 심문하여 그가 자살한 이유를 상세하게 조사해야 한다. 이 내용을 바탕으로 보고서를 작성한 후 '우리'에게 제출해야 한다. '우리'는 보고서를 다시 의회에 제출하여 그의 재산을 어떻게 처분할지 알릴 것이다.[100]

그러나 이 관습과 관련해 여러 유럽 국가 사이에 중요한 차이가 있었다.[101] 어떤 경우에는 몰수되는 재산에 부동산과 동산이 모두 포함되었지만, 또 다른 경우에는 동산만 몰수했고 자살한 이의 재산 중 일부만 귀속시키기도 했다. 이를테면 1568년 제네바의 법은 자살한 이에게 자식이 있다면 전 재산을 몰수하지는 않도록 했다. 왜냐하면 이때 재산의 일부를 아이들 몫으로 봤기 때문이다.[102] 또 경우에 따라서는 배우자의 권리를 재산에 대한 사용권으로 보아 일정 부분 보호해주기도 했다. 그리하여 배우자가 살아 있는 동안에는 죽은 이의 재산을 파괴하거나 몰수하지 않았다. 게다가 자살자의 성별에 따라 다르게 적용되기도 했다. 그러므로 일부 독일 지방에서는 자살자가 남자라면 재산의 반이 군주에게 귀속되었지만, 여성이라면 3분의 1만 귀속되었다.[103]

몰수된 재산을 누가 차지할 것인가를 둘러싸고 시 당국과 교회 사이에 다툼이 일기도 했다. 로디 지방도 그러한 갈등이 벌어진 곳 중 하나였다. 1468년 6월 9일, 공작의 호위대장이었던 다니노 델라콰는 '깊은 절망에 빠진 나머지' 스스로 목숨을 끊었다. 로디 교구의 목사, 치안판사, 공직자들이 모두 '그가 목을 맸다'고 알려진 집으로 몰려갔다. 교회와 공작의 재정 담당자들은 300~800리라 정도 되는 불쌍한 호위대장의 재산을 둘러싸고 다투기 시작했다. 어느 시점에 이르러 로디 주교는 갈레아초 마리아 스포르차 공작에게 캐노피balduchino를 새로 만들어야 하니 그 재산을 자신에게 기부하라고 요구했다. 공작이 로디에 온 뒤 기존의 캐노피가 '망가지고 찢어졌다'는 것이 그 이유였다.[104]

카스티야 왕국의 법률은 유럽 중부와 북부의 다른 나라들보다 덜 엄격한 편이었다. (이후 『칠부전서Siete partidas』라는 이름으로 더 유명해진) 『법에 관한 책Libro de las leyes』은 알폰소 10세의 명을 받아 당대 저명한 법학자들이 모여 1256년부터 1265년에 걸쳐 집필한 저서다. 그중 절망에 관한 짧은 글은 자살에 대한 네 가지 동기를 밝히고 있다. 그에 따르면 사람들은 범행을 저지른 후 처벌을 피하기 위해, 질병으로 인한 참을 수 없는 고통에서 벗어나기 위해, 정신이상에 의해, 권력이나 부, 명예를 갑자기 상실한 후 찾아오는 분노를 이기지 못해 자살한다. 재산 몰수는 범행을 저지른 후 처벌을 피하기 위해 자살할 경우에만 해당되도록 규정되어 있었다.[105] 그러나 2세기 뒤 톨레도 의회에서 일하는 몬탈보 출신의 알폰소 디아스라는 법학자가 기초한 『현실적 법률Ordenanzas reales』은 어떤 이유에서든 자살한 사람의 전 재산은 후손이 없을 경우에 한하여 왕에게 귀속되어야 한다고 주장했다.[106]

불명예 매장

자살 행위에 가장 흔하게 가해지는 처벌은 매장 장소 및 방식이었다. 아주 오랫동안 매우 다양한 문화권에서 시체를 매장하는 장소와 방식은 공동체에 수용되느냐 배제되느냐를 가름하는 강력하고 효과적인 상징이 되어왔다. 심지어 플라톤도 이런 말을 남겼다. '어떤 노력도 기울이지 않고 떳떳치 못한 비굴함을 이기지 못한 나머지, 나만의 것이자 나에게 가장 소중한 스스로를 죽인 자는 주변에 벗 삼을 만할 무덤 하나 없이 명성도, 명판도, 비석도 없이 황폐하고 지명도 없는 황량한 지역에 홀로 묻혀야 한다.'[107] 기독교 문화권인 유럽 지역에서 이러한 관행을 처음으로 조명했던 문서는 서기 570년으로 거슬러 올라간다. 어느 프랑크족 백작은 자살한 후 수도원에 묻히긴 했으나, '그의 시체는 기독교인들 사이에 매장되지 못했고 그를 위한 장례 미사도 거행되지 않았다.'[108]

기독교 세계에서 죽음과 장례 관행에 대한 태도가 근본적으로 바뀐 것은 정확히 이때부터다(이러한 변화는 아프리카에서 시작되어 이후 유럽에도 퍼져나갔다).[109] 그때까지 죽은 자들은 항상 의심과 공포의 대상이 되었고, 산 자로부터 가능한 한 멀리 떨어져 있어야 했다. 로마의 12표법은 '도시 경계 내에서 시체를 매장 또는 화장해서는 안 된다'고 명시했다. 실제로도 고대의 무덤은 항상 도시 중심에서 멀리 떨어져 있었다. 초기 기독교인들은 기존 관행을 좀처럼 바꾸지 않았다. 왜냐하면 많은 사람이 여전히 토속 신앙의 미신으로부터 영향을 받아서 매장 장소에 큰 관심을 두지 않았기 때문이다.

그러나 이러한 태도는 기독교 성인聖人들이 탄생한 후 그들의 존재를 찬양하고 그 무덤을 숭배하기 시작하면서 극적으로 변화하기 시작했다. 사람들은 성인이 신에 가까운 존재이며 '천국으로 가는 유일한 열쇠'를 쥐고 있다고 믿었다. 나아가 성인은 죽은 자의 시체를 보호하고 자신의 덕을 죽은 자에게 나눠준다고 믿었다. 결과적으로 기독교인들의 시체는 교회 인근과 성인의 무덤 근처에 매장되기 시작했다. 교회가 도시 안쪽으로 차츰 이동함에 따라 무덤도 도심지에 점점 더 가까워졌다. 9세기부터 무덤은 공식적으로 신성시되었고 장례 절차가 바뀌어 성직자만이 행할 수 있게 되었다. 교회 신자 중 한 명이 죽으면 마을에는 종이 울려 퍼지고 근엄한 행렬이 시신 뒤를 따랐다. 시신은 먼저 교회로 보내져 대개 성가와 함께 미사를 거행한 뒤 묘지로 가서 다른 무덤들 가까이의 신성한 땅에 묻혔다.[110]

반면 자살한 이들의 시체는 살아 있는 자와 교회, 성인들의 무덤에서 멀리 떨어진 도시 밖에 묻혔다. 중세 가톨릭교회는 자살한 이는 이교도나 살인자와 마찬가지로 장례 의식을 치르지 못하게 하고, 다른 기독교도의 무덤과 가까운 축성된 땅에 묻히는 것을 금했다. 그리스 정교회, 성공회, 루터교는 이 점에 있어서 똑같았다.[111] 그러나 이 처벌은 나라나 시기에 따라서는 다른 형태를 띠었다.

가장 엄중한 처벌은 시체를 묻지 않고 놔두는 것이었다. 예컨대 중세 사르데냐에서는 '자살한 이의 시체는 죽은 장소에서 교수대에 매달아놓고 바람에 흔들거리며 까마귀밥이 되도록 내버려두었다.'[112] 17세기 초, 네덜란드의 미델뷔르흐 지방에서는 자살한 이의 시체를 동물들이 먹어치우거나 썩어 없어질 때까지 교수대에 매달아놓았다. 그리고 어느 정도 시간이 흐른 뒤 교수대를 치우면 해골만이 땅에 나뒹굴게 된다.[113] 영국에서는 때때로 시체를 교차로에 버려두고 지나가는 행인들이 밟도록 했다.[114] 스코틀랜드에서 자살한 이는 즉시 묘지 밖에 묻은 후 작은 둔덕으로 표시해두고 행인들로 하여금 돌을 던지게 했다.[115] 그러나 유럽 여러 지역에서는 시체를 관에 넣지 않고 그냥 구덩이에 파묻는 일이 더 흔했다.[116]

아시나라asinara, 아시나리아asinaria, 카니나canina[117]라는 말로 알려진 소위 축성받지 못한 장소sepultura asini에 묻히는 것 역시 그 못지않게 가혹한 처우였다. 그곳에서 자살자 시체는 동물의 사체와 다를 바 없이 처리되곤 했다.(그 장소를 일컫는 표현들이 성경의 예레미야서에도 등장하는 것을 보면 오랜 역사를 지녔음을 알 수 있다. '그가 끌려 예루살렘 문밖에 던지우고 나귀같이 매장함을 당하리라.'[118]) 독일에서 자살자 시체는 교수형을 집행한 직후 사형 집행인이 교수대 아래에 묻었다.[119] 스웨덴에서도 사형 집행인이 묻어주었는데, 거주지에서 멀리 떨어진 숲속에 매장했다.[120] 시체를 똥 구덩이에 던지기도 했다.[121] 17세기 파리에서 자살한 자들의 시체는 죽은 짐승들을 버리는 더러운 구덩이에 던졌다.[122] 어떤 지역에서는 고립된 장소에 묻어주더라도 무덤을 표시하는 비석이나 비문 없이 외딴곳에 묻었다.[123] 17세기 말 매사추세츠에서는 자살자 시체를 교차로 한가운데에 묻고 그 위에 돌무더기를 쌓아놓았다. 이는 오욕의 상징이자 그처럼 저주받을 행동을 주의하라는 경고의 메시지였다.[124] 때로는 자살 방법에 따라 매장 장소와 방법이 달라졌다. 예컨대 취리히에서는 어떤 이가 높은 데서 뛰어내렸다면 머리에 세 개의 돌을 얹은 채 산 아래에 매장되었다. 만약 익사했다면 물가에서 멀지 않은 백사장에 묻어주었고 칼로 찔러 자살했다면 머리에 나무로 된 쐐기를 박았다.[125]

또 다른 형태의 형벌로 시체를 큰 통에 넣어 급류가 흐르는 강에 떠내려 보내기도 했다(사례는 그림 3 참조). 이 관습(독일어로 흘려보낸다는 의미의 '리넨 rinnen'이라 불리는)은 9세기부터 시작되어 이후 수 세기에 걸쳐 독일 중서부와 스위스 일부 지역에 광범위하게 퍼져나갔다.[126] 1947년 스트라스부르에서 전해 내려온 공개 비망록에는 이렇게 적고 있다. '만약 누군가 자살했다면 성별이나 나이와 상관없이 의회는 5실링을 주어 집 밖으로 끌어내 통에 담아 없애도록 지시했다.'[127]

이러한 관습은 17세기를 거치면서 서서히 변화되어 자살자 시체를 늦에 빠뜨리거나 교수형에 처했다. 어떤 시체는 화장을 했고 또 다른 경우에는 사람뿐만 아니라 짐승조차 찾아오지 않는 고립된 외딴곳에 매장했다.[128]

물론 이보다 덜 가혹한 처벌도 있었다. 독일 작센 지방에서는 자살한 시체를 아이들이 묻히는 묘지나 성벽 가까운 장소에 묻어주기도 했다.[129] 17세기 이래 프랑스에서는 축성된 땅에 묻힐 수 없는 자살자들을 위해 묘지의 일부 공간을 따로 비워두기도 했다. 예컨대 프랑슈콩테에서는 그 공간을 낮은 담으로 둘러싸기도 했는데, 자살자들의 시체를 묘지 안에 두려면 다른 공간과 분리해야 했기 때문이다.[130] 스웨덴과 독일 등지에서는 자살자가 축성된 땅에 묻히는 경우도 있었지만 종교적 의식은 생략되었다. 때로 이러한 매장이 신부가 참석한 가운데 행해지기도 했으나, 지극히 사적인 참석이었고 타종은 하지 않았으며 늦은 밤에나 거행되었다.[131] 볼로냐에서는 19세기 초에 이르러서도 자살자 시체를 체르토사 묘지 밖에 매장했고 비가톨릭교도 및 유대인 묘소와 가까운 데 묻어주었다.[132] 러시아에서는 시체를 늪에 빠뜨리거나 황무지에 버려두었고 '기도실'로 불린 '초라한 집ubogii dom', 즉 나무판자로 덮은 커다란 구덩이에 묻기도 했다.[133]

어떤 경우에는 자살 동기에 따라 오네스타honesta, 이노네스타 타멘 우마나inhonesta tamen umana, 카니나 시베아시니나canina siveasinina라는 세 가지 매장 방식 중 하나를 선택했다.[134] 예를 들어 16세기 뉘른베르크에서는 자살을 정신이상 때문이라고 여겼으므로 첫 번째 방식에 따라 시체를 묘지에 묻어주었다. 그러나 매장은 장례 의식이나 성가나 타종 없이 '침묵 속에서' 진행되었다. 반면 어떤 이가 가난이나 절망, 치욕이나 비겁함을 이기지 못하고 자살했다면 두 번째 방식에 따라 시신을 도시 밖으로 가지고 나갔다. 사형 집행인의 마차에 실어 관도 없이 이동하는 동안 게으름뱅이와 호사가들의 이목이 한 몸에 집중되었다. 마지막으로 형을 선고받은 후 자살했다면 가

장 불명예스러운 세 번째 매장 방식에 따라 부정한 대지에 말 그대로 개나 당나귀처럼 매장되었다.[135]

자살자의 가족, 친지들이 집달관을 매수하여 더 자비로운 판결을 받는 데 성공하기도 했지만, 최악의 경우라도 축성받지 못한 땅에 매장되는 일만은 피할 수 있었다.[136]

완전한 면죄는 오로지 자살 시도를 했다가 참회하는 이에게만 허용되었다. 부테예는 14세기 말 벨기에의 투르네 인근에서 한 남자가 물에 빠져 죽으려 했던 사례를 기록했다. 그는 살아 돌아와 신부에게 고백했다. 그러나 얼마 지나지 않아 그 상처로 인해 죽었고 판결 결과 참회했다는 이유로 죄를 면했다.[137]

빈에서는 축성받은 땅에 기독교 방식으로 매장되려면 자살하는 순간에도 예수와 마리아의 이름을 되뇌어야 했다.[138] 그 밖에 장례의식 없는 매장이 용인되기도 했다. 18세기 스위스 그라우뷘덴에서 이탈리아어를 사용하는 발 포스키아보 지역에 있는 브루시오의 작은 복음주의 공동체에서도 이런 사건이 일어났다.

1770년 1월 20일, 그 지역 공증인은 '자살하려고 독약을 마신' 말가리타 갈레치아의 죽음에 대한 보고서를 작성했다. 죽기 몇 시간 전 그녀는 마을의 목사를 방문했다고 한다. 목사는 사건을 이렇게 묘사했다.

그녀는 심한 고통에 시달렸지만, 여전히 의식이 있고 말을 많이 했다. (…) 나는 그녀에게 그 약을 처방받아 초과량을 복용하여 자연법, 인간법, 신법이 모두 금하는 행위를 범한 것이 사실이냐고 물었다. 그녀는 불행히도 사실이라고 말했다. 나는 그녀에게 스스로 심각한 범법 행위이자 끔찍한 죄악을 저질렀다고 믿는지 물었다. 그녀가 대답하길,

불행히도 끔찍한 죄를 저질렀다고 굳게 믿는다고 했다. 또한 만약 그 일이 일어나지 않았다면 그 죄를 범하지 않았을 것이며 신의 자비가 나를 가엾게 여겨 내 죄를 용서해주길 바라고 기도한다고 했다.

1년 후, 말가리타의 남편 조반니 갈레치아는 칼로 자살을 시도했다. 죽기 직전에 겨우 유언을 남길 수 있었던 조반니는 '생전에 저지른 많은 죄와 함께 스스로에게 가한 끔찍한 죄악을 용서해주길 기도하며 자신의 영혼을 전능하신 창조주 하나님께 맡겼다.' 계속해서 그는 '브루시오의 모든 복음교회와 자신의 자살로 인한 불명예에 대해서도 신의 용서를 구했다.

두 경우 다 죽은 이의 친척들이 교회회의('교회에서 의결권을 가진 이들')에 사체를 기독교 방식으로 매장하는 것을 허용해주도록 요청했다. 결국 그들은 교회에 배상금 차원에서 55리라를 지불했고, 조반니 자신도 유언을 통해 200리라를 헌납했다. '여러 사안을 심사숙고하고 고려하며 다양한 의견이 오간 끝에' 교회는 몇 가지 조건을 걸어 그들의 요청을 받아들였다. 말가리타의 시체는 '교회 위쪽에 새로 단장한 묘지의 구석진 곳에 안치하며 관을 덮는 보를 씌우지 않은 채 상부 문을 통과하여 묘지로 향할 것이다'. 조반니의 시체는 '어스름한 해질녘에 타종이나 관포棺袍, 장례 행렬 없이 묘지 북쪽 끝에 안치될 것이다.'[139]

자살에 대한 기독교 윤리의 형성

앞에서 설명한 문화, 그 모든 규범과 해석 구조, 평범한 사람들의 선택을 정당화하기 위해 사용된 상징과 의식을 이해하려면 잠시 시간을 거슬러 올라가야 한다.

고대 로마에서 자살은 완전히 다른 의미와 가치를 지녔다. 모든 자유인[140]은 (목을 매고 자살하지만 않는다면) 여러 이유로 스스로 목숨을 거둘 권리를 가지고 있었는데,[141] 질병, 신체적 고통, 공포, 복수심, 실연, 광분, 행동제어불능, 강간 피해, 군사적 패배 등이었다.[142] 그렇다고 해서 자살이 그저 용인된 것은 아니었다. 지식인 집단을 중심으로 스토아 철학이 유행하면서 자살은 자유를 표현하는 고도의 방식으로 인식되었다. 자살은 인간이 영원불멸의 신과 동등해지거나 심지어 신을 초월할 수 있는 유일한 방식이었다.[143] 자살이 거의 연극처럼 공개적으로 이루어지고 수많은 목격자 앞에서 어떤 분노나 절망, 두려움을 드러내지 않은 채 조용히 행해진 것은 이 때문이다.[144]

이러한 문화적 기류는 로마 제국 치하에서 변화하기 시작했다. 포르피루스나 마크로비우스와 같은 신플라톤주의자들은 도덕적 관점에서 자살을 비난했다. 마크로비우스에 따르면 '[자신의 영혼을] 육체에서 억지로 몰아낸 사람은 영혼이 자유로울 수 없다. 가난에 대한 염증, 두려움, 혐오, 이 모든 정념으로 인하여 자살한 자는 영혼을 강제로 몰아냄으로써 오히려 영혼을 더럽히는 결과를 낳는다. 전에는 이런 더러움이 없는 영혼이었다 해도 말이다.'[145]

중요한 변화는 법률에서도 일어났다. 공화정 시대에 사형과 재산 몰수라는 양형을 받을 만한 범죄를 저지른 로마인들은 재산 몰수를 피하기 위해 ('범죄는 죽음으로 소멸된다'는 법률 원리를 토대로) 선고가 내려지기 전에 자살하여 국고에 손실을 입혔다. 서기 1~2세기경 로마 제국은 사형 선고를 기다리는 동안 자살한 자들의 재산을 몰수함으로써 국고 손실을 막으려고 했다.[146]

그러나 서기 5세기에 아우구스티누스가 자살에 대한 기독교 윤리를 구축하면서 로마 시대의 이러한 문화적 시류가 바뀌기 시작했다.[147] 그전에 교부들은 자살이라는 주제에 대해 거의 언급하지 않았고 굳이 언급해야 할 때조차 망설이거나 모호한 태도를 보였다. 그들은 영아 살해나 낙태에 대해서는 분명한 입장을 표명했던 반면, 자살에 대해서는 부정적이긴 하나 전반적으로 수많은 예외를 허용했다.[148]

아우구스티누스는 당시 시급한 두 가지 문제에 대응해야 했기 때문에 분명한 입장을 표명해야만 했다. 바로 순교자와 처녀들에 관한 문제였다. 과거 수백 년 동안 기독교인들은 스스로 목숨을 끊음으로써 이교도 박해에 맞섰다. 그러나 4세기에 콘스탄티누스 황제가 기독교로 개종한 이래 교회의 입장은 급격하게 변화했고, 더 이상 기독교 신자는 박해받지 않았다. 그런데 바로 이때 기독교 내부에서 도나투스주의라고 불리는 분리주의 운동이 싹트기 시작했다. 도나투스파는 순수와 순교라는 이름으로 개인적·집단적 자살의 정당성을 지지했다. 그와 함께 서고트족이 두 번의 실패 끝에 410년 로마를 침략해 양민의 집을 약탈하고 여성들을 유린하는 만행을 저질렀으며, 그중 많은 여성이 부끄러움과 치욕을 이기지 못하고 스스로 목숨을 끊었다.

이러한 사건들에 대해 아우구스티누스는 도나투스파와 유린당한 여성의 자살 모두를 강력하게 비난했다. 그러나 그는 자살을 '혐오 범죄이자 지독한 패악'으로 정의하는 좀더 일반적인 명제를 마련했다. 아우구스티누스의 주장은 '살인하지 말라'라는 제5계명에 기초했으며, 그는 이러한 금지가 타인에 대해서뿐만 아니라 자신에게도 해당된다고 주장했다. 그는 율법이 타인과의 관계만을 의미할 때는 신이 이런 점을 명확하게 밝혔다는 사실('이웃에게 불리한 거짓 증언을 하지 말라')을 언급하며 자기 해석이 옳다고 주장했다.[149] 그러므로 자살은 살인과 다를 바 없었다. 두 행위 모두 신성한 신의 율법에 반하는 중죄였다.[150] 아우구스티누스는 "'이웃을 너 자신처럼 사랑하라'는 말을 들은 사람이 이웃에게 금지되어 있는 살인을 스스로에게 가했다면 어떻게 그 사람이 무고하다 할 수 있겠는가?"라고 의문을 제기했다.[151]

원칙적으로 자살은 어떤 경우, 어떤 이유로도 허용될 수 없었다. 아우구스티누스는 다음과 같이 확고하고 근엄할뿐더러 반박할 수 없는 주장을 펼치며 논증을 끝맺었다.

> 그러나 우리는 이렇게 말한다. 이것이 우리 주장이며 우리가 용인하는 바다. 누구도 스스로에게 죽음을 가해서는 안 된다. 왜냐하면 그것은 일시적인 고통에서 벗어남으로써 영원한 나락으로 떨어지는 길이기 때문이다. 그 누구도 다른 사람의 죄로 인해 자살을 해서는 안 된다. 다른 사람의 죄로는 더럽혀지지 않았을 사람이 자살함으로써 스스로 가장 큰 죄를 지으면 안 되기 때문이다. 그 누구도 자신이 과거에 지은 죄로 인해 자살해서는 안 된다. 왜냐하면 참회를 통해 죄를 씻으려면 무엇보다 삶이 필요하기 때문이다. 마지막으로, 그 누구도 죽은 뒤에 더 나은 삶이 찾아오길 바라며 자살해서는 안 된다. 왜냐하면 자살자에게는 죽은 뒤의 더 나은 삶이 허용되지 않기 때문이다.[152]

그러나 아우구스티누스조차 약간 곤란해하며 인정할 수밖에 없었던 것은 기독교 윤리가 예외를 인정한다는 점이었다. 애초에 (베레니케나 프로스도케와 같은) '성녀'는 정조를 지키고자 강물에 몸을 던졌고 가톨릭교회는 그녀를 순교자로 숭배했다. 아우구스티누스는 '이 여성들에 대해 나는 감히 가볍게 판단할 수 없다'고 기록했다. 그는 자신의 위치가 공식적인 선을 지켜야만 하는 가톨릭교회와는 다르다는 사실을 잘 알고 있었다. 성서에 나오는 히브리 영웅인 삼손 역시 그 못지않게 당황스러운 사례다. 삼손의 영웅담에서 가장 이례적인 부분은 그것이 사적인 복수의 형태를 취한다는 점이다. 그는 어느 여인과 사랑에 빠졌고 결국 수많은 적을 살해했다. 그는 세 번째로 사랑에 빠진 블레셋 여성 델릴라에게 배신당했고 블레셋인들은 그를 붙잡아 머리카락을 깎고 눈을 뽑았다. 삼손은 신전 앞마당과 지붕 위에 모여든 3000명의 군중 앞에서 힘을 과시하는 구경거리가 되었다. 삼손은 신전을 지탱하던 두 개의 기둥을 손으로 붙잡고 밀며 이렇게 말했다. "블레셋인들과 함께 죽게 해주십시오!" 그것은 절망적인 상황에서 가능한 한 많은 적을 죽이려는 목적으로 (죽음을 하나의 무기로 이용한) 공격적 자살이었다. ('따라서 그가 죽음으로써 죽인 사람이 살아서 죽인 사람보다 더 많았다.'[153]) 7장에서 살펴보겠지만 삼손의 죽음은 오늘날의 자살 테러와는 다르다. 따라서 삼손의 행위는 도나투스파보다 훨씬 더 극단적이며 아우구스티누스가 주장한 원리와도 거리가 멀다. 그러나 아우구스티누스는 삼손과 '성녀들'의 행위를 '신의 명령'을 받은 예외적 상황이라고 주장할 수밖에 없었다. '그것이 신의 명령임을 분명하게 보여줬을 때 이에 복종한 것을 누가 범죄라고 하겠는가? 누가 그 경건한 복종을 책망하겠는가?'[154]

한편 아우구스티누스는 자살 금지론에 대해 일관되고 포괄적인 입장을 구축하려는 노력을 멈추지 않았다. 그는 태곳적부터 형성되어 당대 대중의 사고 및 행동에도 영향을 끼쳐왔던 개념과 믿음을 비판적으로 재정립하고자 했다. '견실한 지혜로 추앙받지 못하는 자가 위대한 영혼으로 추앙받을 수 있겠는가? 문제의 본질을 주의 깊게 살펴본다면 스스로 제 목숨을 끊는 자를 위대한 영혼이라고 부를 수는 없을 것이다. 왜냐하면 그에게는 어떤 종류의 고난 혹은 다른 사람들의 죄를 견딜 역량이 부족하기 때문이다.[155] 이렇게 생각하게 된 것은 이제 아우구스티누스의 도덕세계에서는 위대한 영혼, 지혜, 이성, 고통, 명예가 완전히 다른 의미를 지니게 됐기 때문이다.

그때까지 고통이란 특정 한계점을 넘어서면 삶을 불가능하게 만드는 장애물이자 한계이며 인간에 대한 부조리한 부정否定으로 간주되었다. 하지만 아우구스티누스는 고통을 존재 목적에 이르는 수단으로 생각함으로써 그에 의미를 부여했다. 고통이 '창조주의 영광을 위해 수난을 겪는 피조물로서 자신의 본질을 주장할 수 있도록' 해주기 때문이다.[156] 따라서 아우구스티누스는 '우리가 재앙으로 가득한 인생에서 도망치지 않고 그것을 감내할 때 비로소 위대한 영혼이라고 부를 수 있을 것이다'라고 생각했다.[157]

마찬가지로 아우구스티누스는 여성의 정조 문제를 논할 때도 명예라는 지배적 개념에 의문을 제기했다. 이교도들은 루크레티아의 미덕을 찬양한다. 루크레티아 이야기는 티투스 리비우스라는 로마 시대 가장 권위 있는 역사가에 의해 전해졌다. 섹스투스 타르쿠이니우스는 '검을 빼들고 루크레티아의 방으로 향했다. 그녀는 잠들어 있었다'. 그는 소리를 내면 죽여버리겠다며 그녀를 위협했다. '그러나 모든 것은 허사였다. 죽음에 대한 공포조차 그녀의 의지를 꺾지 못했다. 타르쿠이니우스는 이렇게 외쳤다. "네가 죽음을 겁내진 않겠지만 불명예는 두려울 것이다. 나는 너를 먼저 죽인 후 어느 남자 노예의 목을 베어 시체가 된 그의 알몸을 네 옆에 누일 것이다. 네가 노예와 바람이 나서 그 대가를 치른 것이라고 말한다면 사람들이 믿지 않겠느냐?" 그러자 루크레티아는 굴복했고 타르쿠이니우스는 그녀를 취했다. 그 후 루크레티아는 아버지와 남편인 콜라티누스에게 전령을 보내 무슨 일이 벌어졌는지를 알렸다. "명예를 잃은 여자에게 무슨 좋은 일이 남아 있을까요? 콜라티누스, 당신의 침대에 다른 남자의 흔적이 남았어요. 내 육체는 유린당했지만 내 마음은 결백하며 내 죽음이 그 사실을 증명해 줄 거예요. 그 흉악한 자에게 복수하겠다고 약속해줘요. (…) 그는 당신의 결단을 마땅히 받아들여야 하지요. 나는 잘못이 없지만 벌을 달게 받을 거예요. 나는 결코 정절을 잃은 여자가 응당 짊어져야 할 책임으로부터 달아나는 전례를 남기지 않을 거예요." 이런 말을 남기고 그녀는 품안에 지니고 있던 칼로 자신을 찔러 숨을 거두었다.[158](그림 14)

이교도 집단뿐만 아니라 초기 기독교인들 역시 강간을 당한 뒤 혹은 그런 불명예를 피하기 위해 자살한 여인들을 숭배했다. 아우구스티누스 이전 시대에 체사레아의 에우세비오, 암브로시우스, 히에로니무스와 같은 신부들은 정절을 지키기 위한 여성의 자살 행위를 정당하다고 여겼다.[159] 예를 들어 서기 320년 에우세비오는 '유혹에 넘어가지 않고 육체를 불명예로 더럽히기보다는 차라리 영혼을 죽음에 바쳤던' 로마 여성들을 언급했다. 그는 '그중 가장 훌륭한 이야기'로 강간을 피하려고 잠깐 시간을 달라고 한 뒤 '방에 혼자 남게 되자 스스로를 칼로 찔러 그 자리에서 죽어갔던' 여성에 대해 언급했다. "그녀는 자신을 범하려고 했던 자들에게 자신의 시체를 남겼다. 수만 마디 말보다 더 훌륭하고 거침없는 행동을 통해 그녀는 결코 사라지거나 파괴되지 않는 자산은 오직 기독교의 덕목임을 보여주었다."[160]

반면 아우구스티누스는 강간이 여성의 명예를 빼앗아 수치심을 안겨준다는 견해를 거부했다. 아름다움이나 건강, 정절은 힘처럼 육체적 속성이 아니라 '불굴의 의지로 유지하는 정신적 덕목'이다. 그러므로 육체적으로 유린당한 여성은 신체적 정조, 즉 처녀성은 잃었을지 몰라도 정절은 잃지 않았다. 강간은 여성의 의지에 반하여 행해진 '수치스러운 욕정'일 따름이다. '여성의 육체가 제압당했음에도 정절을 지키려는 의지가 여전하고 악에 대한 굴복으로 이어지지 않는다면, 그 죄는 강제로 그녀를 욕보인 남자에게만 해당된다.'[161] 이상한 말이지만, '두 사람 중 한 명만 통정한다'는 말처럼 강간의 본질을 명쾌하게 설명한 경구는 없을 것이다. 그것은 '두 육체의 결합이 아니라 두 정신의 분리' '한쪽의 전적으로 수치스러운 욕정, 다른 한쪽의 정조 의지'라는 점에 주목하여 의도로부터 행위를 분리시킨다.[162] 따라서 자신의 정절이나 명예를 잃지 않았다면 강간당한 여성이 스스로 목숨을 끊어야 할 이유는 없다. 그럼에도 불구하고 그녀가 자살한다면 그것은 가장 중대한 죄가 될 것이다. 그것은 자기 살해이자 순결하고 무고한 인간의 살해라는 죄목이다. 따라서 루크레티아와 달리, 강간과 폭력을 당한 기독교 신자들은 "타인의 죄를 스스로에게 복수하지 않아야 했다. 타인의 죄에 자신의 죄를 보탤까봐 두려웠기 때문이다".[163]

마찬가지로 아우구스티누스는 적에게 잡히지 않으려고 혹은 박해를 받았다고 자살하는 사람들을 무조건 비난했는데 예언자, 주교, 사도들이 자살을 고려한 적조차 없었다는 점을 근거로 들었다. 또한 예수가 박해로부터 신자들을 구하고자 탈출을 촉구했을 때도 결코 자살을 권하지 않은 점을 상기시켰다. "주 예수께서는 우리를 위하여 영원한 안식처를 마련하겠노라고 약속하셨을 때도 현생을 그런 방식으로 떠나라고 명하거나 권고한 적이 없었다"는 점으로 미루어볼 때 "분명한 사실은 '하나님을 모르는 민족'들이 저지른 행태가 무엇이었든 간에 오직 한 분뿐인 진정한 하나님을 숭배하는 이들에게 자살은 옳지 않다는 것이다".[164]

아우구스티누스의 주장, 즉 자살에 대한 (거의) 예외 없는 비난은 가톨릭교회의 공식적인 입장에 커다란 영향을 미쳤다. 452년에 열린 아를 공의회에서는 (뒤르켐이 주장한 것과 달리[165]) 모든 자살을 비난하지는 않았지만, 다만 파뮬리famuli라고 불리는 노예나 하인들이 '끔찍한 분노에 시달리다가' 자살하여 주인의 이익에 손해를 끼치는 경우를 비난했다.[166] 533년 오를레앙 공의회 역시 범죄 혐의를 받은 피의자가 자살하는 경우만 다루었고 사제들에게 자살자를 위해 미사와 기도를 올려달라는 가족들의 요청을 받아들이지 말라고 명했다.[167] 처음으로 모든 형태의 자살이 비난받은 것은 브라가(563)와 오세르(578) 공의회에서였다. 이러한 원칙은 정치 지배자들이 제정한 시민법에도 반영되었다. 오세르 공의회에서 강조했던 자살자 장례 금지 원칙은 샤를마뉴와 카롤링거 왕조의 『카피툴라리아capitularia』에 명시되기도 했다.[168]

　13세기 말에 이르러 교회법은 토마스 아퀴나스에 의해 그 내용과 논리가 한층 발전했다. 아퀴나스는 『신학 대전Summa theologiae』에서 아우구스티누스의 사상을 받아들이고 정리했다. 그는 제5계명에 기초하여 자살은 속죄할 시간이 없기 때문에 살인보다 '더 위험한' 중죄라고 했다. 또한 아퀴나스는 아리스토텔레스 사상에 영감을 받아 자살이 정당하지 않은 세 가지 이유를 추가했다. 첫째, 자살은 자기 자신을 사랑해야 한다는 박애 정신에 반할 뿐만 아니라 자기 보존을 증진시켜야 하는 자연법에도 반하기 때문이다. 둘째, 모든 개인은 사회의 일부를 구성하므로 자살은 사회에 해를 끼친다. 여기서 우리는 누구든 자살하면 자기 자신뿐 아니라 그가 속한 국가polis에도 불의를 행하는 것이므로, 국가는 자살자에게 공적인 불명예를 주어 처벌해야 한다는 아리스토텔레스의 주장을 볼 수 있다. 셋째, 인간의 생명은 신이 내린 선물이므로, '노예 살해가 주인에 대한 죄'인 것처럼 자살은 신에 대한 죄다. 인간은 자유의지를 부여받았고 자신의 행동을 자유롭게 선택할 수 있지만, 그것은 오직 현세와 관련된 문제에 국한된다. 인간이 현세에서 다른 곳으로 가도록 결정할 수 있는 이는 오직 신뿐이다.

　한편 이러한 논리에 대해 모든 기독교파는 비슷한 주장을 제기했다. 중

북부 유럽의 루터주의자와 칼뱅주의자, 영국 성공회와 청교도 모두 자살에 대해 강하게 비난했고 대개 아우구스티누스와 아퀴나스가 제기한 논리를 지지했다. 루터는 자살자의 시체를 집 밖으로 꺼낼 때 사용되는 '정치의식'들을 '엄격히 준수'하는 것을 지지한다고 선언했다.[169] 러시아 정교회는 4세기 이후부터 (169년 제6차 공의회가 공식적으로 비준한) 알렉산드리아의 디모테오 1세의 교회법 18개 조항을 따르고 있었다. 그중 하나로, '제정신이 아닌 상태에서' 자살한 것이 아니라면 사제는 자살자 친족들의 기도 요청을 수락할 수 없었다. 교회는 이러한 규정을 수 세기에 걸쳐 강조해왔고 1417년 정교회는 자살자의 시체를 축성된 땅에 매장할 수 없으며 사제들은 자살자의 영혼을 위해 어떤 식으로든 직무를 수행하거나 기도하면 안 된다는 원칙을 천명했다.[170]

정절, 강간, 간음

수백 년이 흐른 뒤, 아우구스티누스의 혁신 사상은 기독교 내에서 완전한 지지 기반을 얻어 새로운 문화와 규범, 해석 모델들, 상징 및 의례를 창출했다. 아마도 처녀성과 강간에 대한 그의 견해는 다른 견해들보다 더 큰 반감을 샀을 것이다. 아우구스티누스는 이교도 관습뿐만 아니라 교회 지도부의 견해도 비판하면서 두 가지 중요한 개념 혁명을 시도했다. 첫째, 그는 결혼한 여성이 남편이 아닌 남성과 성관계를 갖는 것에 대한 당시의 일반적인 견해에 새로운 의문을 제기했다. 고대 로마에서는 강간과 간음을 동일시했는데, 그것이 동의에서 비롯되었든 폭력에 의한 것이든 상관없이 둘 다 결혼한 여성을 더럽히는 행위로 인식했기 때문이다.[171] 반면 아우구스티누스는 "이상한 말이지만, 두 사람 중 한 명만 통정한다"는 간단하고 도 효과적인 문구로 강간과 간음을 구별했다. 둘째, 수치의 윤리는 비난의 윤리와는 전혀 다른 것으로 보았다. 루크레티아는 죄책감이 아니라 수치심 때문에 자살했다. 그녀는 자신이 당한 강간이 간음의 일종으로 인식되어 불명예를 가져다주리라는 사실을 알고 있었기 때문이다. 그러나 아우구스 티누스는 행위가 아니라 강간당한 여성의 의도와 '완전한 정조 의지'가 가 장 중요하다고 확신했다.

이러한 차이를 가장 잘 이해하고 표현한 이는 가톨릭 신학자인 장프랑수 아 세노였다.

이 도도한 로마 여성은 자신의 결백보다 명예를 지키는 데 더 신경을 썼 다. 그녀는 자신이 당한 능욕을 극복하고 견뎌내면 자신에게 어떤 잘못이 있다고 여겨질까봐 두려워했다. 그리고 타르쿠이니우스와 공모했다고 몰릴 수 있을 거라 생각했다. 이와 같은 불행을 겪었던 기독교 여성들은 그녀의 절망을 그대로 모방하지 않았다. 그녀들은 타인의 잘못에 대해 스스로를 벌하지 않았다. 강간을 복수하고자 살인을 저지르지도 않았다. 정절을 지 켰다는 것을 그들의 양심이 증언했다. 마음을 살피는 신이 그들의 의도를 알고 있다는 사실만으로도 충분했다.[172]

실제로는 아우구스티누스가 생각을 바꾼 지 오랜 시간이 흐른 뒤에도 일부 기독교 여성은 강간을 당한 이후에, 혹은 강간을 피하려고 스스로 목 숨을 끊었다.[173] 물론 이에 대한 통계는 남아 있지 않으므로 그 수치가 언 제부터 감소했는지는 알기 어렵다. 그러나 수백 년 동안 저명한 기독교 설 교자들은 히포의 주교, 즉 아우구스티누스가 발전시킨 제안을 받아들이 지 않았다. 17세기 말에 이르러서도 맘즈베리 수도원장이자 셔번의 주교 였던 앨드헬름은 자신의 논문에서 성폭력 문제를 논하면서 아우구스티누스보다는 에우세비오를 참조하는 가운데 '순수한' '누구도 손대지 않은' '부패하지 않은' '침범할 수 없는' '더럽혀지지 않은' 처녀를 찬양했다. 아울러 자살은 여성이 자신의 정절을 방어할 수 있는 최고의 방법이라고 주장했다.[174] 12세기 중반까지도 교회법 학자들이 루크레티아를 관대하게 바라봤고 도덕적 견지에서 그녀의 자살을 비난하지 않은 게 사실이라면, 이런 상황은 수 세기 동안 바뀌지 않은 것이다.[175] 아우구스티누스의 사상을 받아들였던 최초의 중세 교회법 학자는 피사의 후구초였다. 후구초는 1190년경에 집필한 저명한 소책자에서 루크레티아의 자살을 강하게 비난했다. "그녀는 잘못을 범했고 중죄를 저질렀다. (…) 어떤 상황, 어떤 이유에서든 누구도 스스로를 해치지 않아야 한다."[176] 나아가 아우구스티누스의 생각과는 달리 그는 루크레티아 역시 간음죄를 범했다고 주장했다. "비록 성 아우구스티누스는 루크레티아가 '절대적 강압'에 의해 당한 것처럼 이야기하고 그녀에게는 죄가 없다며 옹호했지만, 사건의 전말에 따르면 그녀는 '절대적'이 아니라 '조건부' 강요를 당했다. 따라서 나는 그녀가 치명적인 죄를 범했고 간음을 했다고 주장한다."[177]

교회법 학자들은 이 로마 여성이 당한 폭력이 절대적인지 조건부였는지, 그녀의 의지가 '직접 의지'인지 '간접 의지'인지 오랜 시간 논쟁했다. 그러나 후구초 이후 모든 이는 그녀의 자살을 비난하는 쪽으로 의견 일치를 보았다.[178]

아랍인, 기독교도, 순교자

당시의 사회적·정치적 상황은 분명 정절보다는 순교에 대한 아우구스티누스의 생각을 받아들이기가 더 쉬웠다. 강간은 계속 일어났지만 박해는 끝났을 뿐 아니라 테오도시우스 1세가 (서기 380년에 칙령을 발표하여) 기독교를 로마 제국의 공식 종교로 승격시켰기 때문이다. 그러나 아우구스티누스의 주장 이후 450여 년이 흐른 뒤에도 신앙을 증명하기 위해 자살한 기독교도들이 있었다. 850~859년 코르도바에서 일어난 일이다.

711년에 아랍-베르베르 군대가 지브롤터 해협을 건넜다. 군대는 몇 년 새에 이베리아 반도 대부분의 지역을 정복했고 코란의 가르침을 받드는 안달루스 토후국을 건설했다(제국의 수도는 처음에 세비야였다가 이후 코르도바로 옮겨졌다). 패배한 기독교도들은 언어도, 종교도, 문화도 상이한 종족의 지배를 받게 되었음을 알게 되었다. 그러나 이 정복자들은 기독교도들이 고유한 믿음을 이어나갈 수 있도록 해주었다. 시간이 흐른 뒤, 일부 기독교인은 이슬람교로 개종했고, 또 어떤 이들은 라틴어 대신 아랍어를 사용하기 시작했다. 이슬람 군대에 자원하거나 토후국의 공무원으로 일하는 사람들도 생겨났고 남자아이들에게 할례를 행하거나 부양할 수만 있다면 여러 명의 부인을 두었다. 그들은 모사라베mozarab가 되었다. 모사라베는 10세기 사전 편찬자였던 아자리al-Azhari가 사용했던 개념으로, '순수한 아랍 혈통은 아니지만 아랍인들 사이에 어울려 살며 아랍어를 말하고 아랍인의 외양을 모방하는 사람'을 의미했다.[179] 어떤 기독교도들은 이슬람의 해로운 영향으로부터 믿음을 지키기 위해 경제적 삶을 포기하고 금욕적인 수도생활을 했으며,[180] 더 이상 라틴어를 쓰지 않고 전통 의상을 벗어던진, 성서를 잊은 자들을 신랄하게 비판했다.[181] 이들이 바로 새롭게 등장한 순교자들이었다.

이 모든 것은 850년 어느 무슬림 집단이 시장에 가는 성 아카치우스 성당의 신부 페르펙투스에게 접근하면서 시작되었다. 그들은 페르펙투스 신부에게 기독교에 대해서, 특히 예수와 무함마드에 대한 견해를 표명하도록 요구했다. 상황이 위험하다는 것을 감지한 신부는 자신을 해치지 않겠다는 약속을 받아낸 후에야 견해를 말하기 시작했다. 그는 (마태복음의 구절을 인용하며) '양의 탈을 썼지만 내면은 탐욕스러운 늑대의 모습으로 접근하는' 거짓 예언자들을 완벽한 아랍어로 비난했다. 또한 무함마드는 추종자들의 마음에 사악한 교의를 심는 악마의 밀사로서 거짓 예언자들 중에서도 가장 사악한 자라고 덧붙였다. 무슬림들은 약속대로 신부를 보내주었다. 그러나 며칠 후 그들이 다시 신부를 맞닥뜨렸을 때, 이번에는 그를 붙잡아 판사에게 데려갔다. 판사는 무함마드가 하는 말을 신부가 되풀이하는 걸 듣고 신성모독으로 사형에 처하라는 판결을 내렸다.

1년 반쯤 지나서 이삭이라는 이름의 다른 기독교도는 매우 계획적으로 순교를 행했다. 코르도바의 부유한 귀족 가문에서 태어난 그는 두 가지 언어를 완벽하게 구사했고 이슬람 문학에 정통했으며 시 정부의 높은 자리에서 일했다. 그러나 갑자기 그 모든 지위를 버리고 홀연히 산속으로 들어가 타바노스의 수도원에서 기독교 신학을 연구하기 시작했다. 3년이 흐른 뒤 이삭은 오로지 한 가지 목적으로 코르도바에 돌아왔다. 그는 자신이 일했던 토후의 궁전으로 돌아와 판사를 찾아가서 이슬람 교의에 대한 설명을 요구했다. 판사가 답변하기 시작하자 대뜸 아랍어로 끼어들어 그가 거짓말을 하고 있다고 비난했다. 계속해서 이삭은 무함마드가 악마의 제자라고 비방했으며 판사에게 기독교로의 개종을 권했다. 판사는 흥분해서 이삭이 술에 취했다고 비난했지만, 이삭은 이를 부정하며 지복至福에 이르는 길에 대한 성서 구절을 읊었다. "의를 위하여 박해받은 자는 복이 있나니 천국이 그들의 것이니라." 이삭은 그 자리에서 체포되어 공공연히 신성모독을 한 죄로 사형을 선고받았다.[182]

그로부터 4년 후, 여섯 명의 수도사가 이삭처럼 판사 앞에서 무함마드를 모욕하고 이슬람교를 비난했다가(그중 한 명은 이삭의 삼촌인 예레미야였고 다른 두 명은 페르펙투스의 가까운 친구들이었다) 역시 사형을 선고받았다. 이와 비슷한 저항은 이후 몇 년 동안 지속되었는데, 그중 가장 떠들썩했던 사건은 로겔리우스라는 수도사와 세르부스 데이라는 시리아 순례자의 경우였다. 그들은 코르도바의 사원에 들어가서 이슬람 신자들을 상대로 진실은 오직 성경에 있으며 이슬람교는 거짓일 뿐이라고 설교하기 시작했다. 그들은 당국에 의해 격분한 군중의 폭력으로부터 겨우 구출되었지만 신성한 사원을 모독한 죄로 매우 가혹한 벌을 받았다.[183] 한편, 대중에게 가장 잘 알려진 순교자는 에울로지오였다. 그가 저술한 『순교록Martyriale Sanctorum』은 과거 모든 순교자에 대한 설명을 담았고, 그 자신도 859년 3월 11일 똑같은 이유에서 똑같은 방식으로 순교했다. 이 사건을 계기로 단 9년간 총 49건의 순교가 있었다. 이후 몇십 년간 더 많은 순교가 있었을지도 모른다. 그러나 이처럼 의도적인 순교는 그 수가 점차 감소하기 시작했다.[184]

안달루스 토후국의 기독교도들은 종교의 자유를 누렸고 무슬림들의 박해를 받지도 않았다. 그러나 그들은 무함마드를 모욕하고 비난하는 행위는 엄격하게 금지돼 있다는 것을 잘 알고 있었다. 그러므로 그들이 의도적으로 자초한 죽음은 '간접적 자살'의 한 형태였다.[185] 무엇이 그들로 하여금 이슬람에 반대하여 그와 같은 공개적인 비난을 퍼붓게 만들었을까? 역사가들은 이 질문에 답하기 위해 수많은 사례를 연구해왔다. 몇몇 역사가는 그들의 의도적 순교가 자신들의 종교와 문화를 방어하려는 극단적 시도였다고 설명한다. 당시 기독교도는 개종과 교차 결혼, (모사라베라고 불리는) 중간 집단의 형성 등으로 인해 무슬림과의 경계가 점차 모호해지고 있었다.[186] 또 다른 연구자들은 우울증이나 죽고 싶은 욕구와 같은 심리학적 관점으로 설명하기도 했다.[187] 이런 해석들이 그에 대한 충분한 설명이라고 단정하기는 힘들지만, 한 가지 확실한 것은 450여 년 전 의도적 순교를 비판했던 아우구스티누스의 견해가 여전히 안달루스의 기독교도들 사이에 정착하지 못했다는 사실이다.

자살 원인에 대한 기독교적 믿음

기독교 윤리의 발달과 함께 자발적 죽음의 원인에 대한 신념 체계도 점차 정교해져갔다. 이러한 변화는 4세기에 기독교 교부인 은둔 수도사들 사이에서 형성되기 시작했다. 그들은 사막에 홀로 거주하면서 성서 연구와 기도, 고행에 전념했다. 그들의 믿음은 이후 수백 년간 유럽 전역에 확산되었다.

(아리스토텔레스부터 에피쿠로스학파나 스토아학파에 이르는) 이전의 그리스 로마 사상가들과 마찬가지로, 은둔 수도사들도 인간 행위의 주요 동인으로서 감정을 매우 중시했다. 그러나 그들은 이전 시대의 사상가들과는 완전히 다른 관점에서 감정을 죄악으로 보았다.[188] 이러한 신념 체계의 초석을 다진 이는 에바그리우스 폰티쿠스였다. 그는 383년부터 알렉산드리아 근처의 니트리아 사막에서 지냈다. 그는 인간의 마음을 괴롭히는 여덟 가지 '사악한 생각'이 있으며 이를 몰아내지 않으면 죄악이 된다고 주장했다. 탐식, 성욕, 탐욕, 슬픔, 분노, 나태, 허영, 오만 등 8대 죄악이라는 이 여덟 가지 생각은 세계의 공기 중에 가득한 악마들이 불러일으키고 교묘히 주입시킨다. 악마들은 이를 위해 여러 술수와 책략을 쓴다. 그들은 인간의 말을 듣고 행동을 관찰하여 그들의 생각을 알아내고 꾀어내기에 적합한 사람인지를 판단한다. 인간의 저항을 꺾는 데 실패하면 악마들은 물러나 어떤 가치

를 간과했는지 이해하려고 노력한다. 그리고 나서 돌연 그 약한 고리를 새롭게 공격하며 '불행한 영혼'을 갈기갈기 찢어놓을 것이다. 그들은 때로 훨씬 더 사악한 다른 악마의 도움을 요청하기도 한다. 그들은 병든 자의 저항을 약화시키기 위해 금식을 하거나 서서 찬송가를 부르도록 악의적으로 유도하기도 한다.[189]

385~399년 이집트 사막에서 은신처를 옮겨다니며 살았던 또 다른 수도사 요한 카시안(카시아누스)은 에바그리우스의 8대 악덕론을 받아들였다. 100년 후 그레고리오 교황은 허영과 (나태의 일종인) 슬픔을 그 목록에서 삭제하고 질투를 추가했다. 이렇게 만들어진 7대 악덕론은 이후 일주일이 7일, 칠성사(일곱 가지 성사), 일곱 가지 선행, 주기도문의 일곱 가지 간구와 같이 당연한 명제로 받아들여졌으며, 유럽사회의 문화와 일상생활에서 굉장히 중요한 역할을 했다. 원래 수도원 생활과 수도사의 필요에서 생겨난 이 7대 죄악, 즉 칠죄종은 기독교 공동체 전체의 도덕적 교의이자 신념 체계로 변모해갔다. 그것은 1000년이 넘는 시간 동안 신학 논문과 참회기도, 설교에서 빠지지 않고 등장했으며 충실히 따라야 할 행위 모델이자 인간 사고와 행동을 설명하는 틀로 기능했다.

매우 중요하고, 따라서 근원적인 이 일곱 가지 죄악은 서로 긴밀하게 연결되어 있었다. 끊어지지 않는 연결 고리 속에서 어느 한 죄악이 다른 죄악을 불러일으키거나 여러 부차적인 죄악을 발생시켰다.[190] 오만은 허영을 불러일으키고 질투를 유발한다는 점에서 다른 모든 죄악의 근원이다. 여기서 파생한 질투는 슬픔과 탐욕을 불러오고 이 죄악들은 탐식과 성욕을 낳는다. 날이면 날마다 인간의 영혼을 공격하며 벌어지는 전쟁에서 이 무자비한 적들이 군을 지휘한다. 그리고 이들의 여왕인 오만이 인간의 마음을 점령할 준비를 갖춘 채 동행하여 이들을 다른 죄악으로 보낸다. 한곳에서 허영과 함께 자만심, 교만, 불손이 나타나는가 하면 다른 곳에서 질투에 뒤이어 미움, 중상모략, 비방, 타인의 불운을 즐기는 마음, 배은망덕이 생겨난다. 분노가 불손, 건방, 폭력을 불러오고 나태와 슬픔이 게으름, 괴로움, 불안, 앙심과 절망을 낳는다. 그리고 마지막으로 탐식, 성욕, 탐욕 각각이 자체적인 악을 거느리고 나타난다.

자살은 그중 분노, 나태, 슬픔이라는 세 가지 부정적 감정으로 설명할 수 있다.[191] 탐식, 성욕, 탐욕의 육체적 악덕과 달리, 이 정신적 악덕들은 사회적 관계로부터 생겨난다. 에바그리우스에 따르면 분노는 불공정이나 상처, 부당한 비방, 근거 없는 비난이나 '화를 부채질하는' 충족되지 않은 소망으로부터 생겨날 수 있다.[192] 분노는 마치 '용의 포도주'처럼 인간의 이성을 잃게 해 뱀이나 사나운 암퇘지로 만든다.[193] 요한 카시안에 따르면 "어떤 경우라도 치솟는 분노는 영혼의 눈을 멀게 하여 맹렬한 병마의 손길을 드리움으로써 시야를 흐리고 정의의 태양이 떠오르지 못하게 한다. 눈을 가린 것이 금이든 납이든 다른 금속이든 전혀 중요치 않다. 왜냐하면 금속의 가치는 눈이 멀었다는 사실 자체를 바꾸지 못하기 때문이다."[194]

분노에 눈이 멀어 선과 악을 구별하지 못하게 된 사람은 공격성을 타인에게 돌려 살인을 저지르거나 혹은 자기 자신에게 보복을 가해 스스로 목숨을 끊는다. 5세기 기독교 시인 프루덴티우스는 「프시코마키아Psychomachia」라는 시에서 분노가 인내를 공격해 결국 스스로 목숨을 끊을 수밖에 없다는 걸 보여주었다. 이와 같은 모습은 9세기 혹은 그 이전부터 수많은 채색 필사본과 성화聖畫, 스테인드글라스, 조각 등에서 찾아볼 수 있다. 선과 악은 대개 두 명의 여성으로 인격화되는데, 한 여성은 오른손에 칼을 들고 왼손에는 방패를 쥐고 있으며, 다른 한 여인은 무기도 없이 평화의 표시로 두 손을 쳐들고 있다. 칼은 쪼개지고 쪼개진 파편은 활로 변한다. 분노는 한 손에 활을 쥐고 자신의 가슴에 찔러넣는다. 인내는 '분노는 스스로의 적이며 자신을 파괴한다'고 말한다.[195] 이 묘사에서는 때때로 다른 악덕들, 즉 오만, 성욕, 탐욕이 분노를 따라 차례차례 스스로 목숨을 끊는다.[196]

아케디아_{akēdia}는 글자 그대로 무신경을 뜻하는 동시에 선행을 게을리하는 것, 무절제, 무지, 영혼의 무기력을 가리키기도 한다. 수도사들은 날마다 되풀이하여 찾아오는 느낌과 반응이 이 악덕 때문이라고 보았다. 흔히 네 번째에서 여덟 번째 시간(오전 10시~오후 2시), 즉 해가 중천에 뜨고 그 열기를 참기 힘든 시간이 되면 나태라는 불쾌한 감정이 은수자들을 엄습한다. 시간이 정지된 것처럼 천천히 흘러가고 은수자들은 점차 나태해지며 불안해한다. 끊임없이 창밖을 내다보고 수도원을 나가고 싶어하며 누군가 오는 사람이 없는지 서성이게 된다. 동료 수도사들을 조롱하고 수도원과 자신의 삶에 대해 형언할 수 없는 증오심을 품는다. 성 요하네스 크리소스토무스에 따르면 평심을 잃은 수도사는 '수증기 없이 바람에 이리저리 떠밀려다니는 구름'과 같이 나태에 빠지게 된다.[197]

때로 상황이 더욱 악화되어 수도사들은 무력감과 불안, 혐오와 낙담, 깊은 절망에 빠진다. 그들은 안절부절못하며 '몸을 떨면서 흐느끼는 어린아이처럼' 행동한다고 에바그리우스는 기록했다.[198] 성 요하네스 크리소스토무스는 이는 의욕 상실, 의기소침, 타락, 낙담한 상태이며 끔찍한 모습으로 표현될 수 있다고 덧붙였다. "두 손을 비틀고 눈을 게슴츠레 뜨며 입에 거품을 물고 괴이한 말을 불분명하게 외치고 온몸을 떨며 끔찍한 모습을 보인다."[199] 이와 같은 혼란 상태가 계속되면 수도사는 내적 공허감에서 벗어나고자 필사적으로 몸부림치다가 '제정신이 아니게 어리석어져서 원래의 인간적인 상태를 잊어버리'거나[200] 자살을 감행한다. 교부들은 의심할 바 없이 수도사들이 '정오의 악마', 즉 나태라는 특정한 감정의 먹잇감이 되었다고 보았다.

마지막으로, 카시안이 주장한 대로 영혼을 부식시키고 갉아먹어 무기력하게 만드는 슬픔이 있다. 슬픔은 인간이 타인과 평화롭게 살아갈 수 없게 하고 '모든 성무 일과를 낯설고' 참기 힘든 것으로 만들며 "결국에는 모든 면에서 미치광이가 되고 술에 취하고 절망한 것처럼 보이게 만든다".[201] 그러나 사도 바울의 말처럼[202] 슬픔에는 완전히 다른 두 가지 형태가 있다. 그 첫째인 '신성한 슬픔'은 사람을 뉘우치게 하여 영원한 구원으로 이끈다. 이 슬픔은 "순종하고 정중하며 겸손하고 온화할 뿐 아니라 자애로우며 인내한다".[203] 사도 바울은 기독교도라면 스스로 이러한 슬픔에 빠진 죄인에게 가혹하지 않도록 애써야 한다고 말했다. "그런 자에게는 대중이 가하는 형벌은 충분하므로 오히려 그를 용서하고 위로하는 편이 낫다. 그렇지 않으면 그는 더욱 복받치는 슬픔에서 벗어나지 못할지도 모른다."[204] 둘째인 '세속적 슬픔'은 '죽음을 낳는다'. "슬픔은 사자의 목구멍이며 고통받는 자를 즉시 삼켜버린다"고 에바그리우스는 말했다. "슬픔은 영혼의 벌레이며 자신을 낳은 어미를 먹어치운다. 어미는 자식을 낳을 때 고통을 경험하지만, 출산하고 나면 그 고통에서 벗어난다. 그러나 슬픔을 낳으면 많은 고통을 불러일으킨다. 산통이 끝난 뒤에도 고통이 남아 있기 때문에 슬픔이 불러오는 고통은 결코 작지 않다."[205] 슬픔은 종종 이기적인 욕구를 충족시키지 못해 나타나고 실망과 공허함 뒤에 찾아온다. 그러나 어떤 경우에는 악마가 미묘하게 선동하기도 하고, 슬픔이 너무 깊어 "가까운 친구나 친척의 방문조차 여느 때처럼 환대할 수 없게 된다".[206]

슬픔과 나태는 여러 면에서 상이하다. 슬픔은 긍정적인 경우도 있지만 나태는 항상 부정적이다. 슬픔은 종종 실현되지 못한 소망에서 비롯되지만, 나태는 미움과 욕망에 의해 생겨나며 누군가 나태에 시달린다면 그는

"존재하는 것들을 혐오하고, 있지도 않은 것을 욕망하는 것이다."[207] 그러나 슬픔과 나태는 때로 유사어로 쓰이기도 하고 밀접한 관련을 지닌 것으로 인식되기도 한다.[208] 슬픔과 나태 모두 항상 절망을 낳는다. 슬픔과 나태가 인간을 들들 볶아 스스로 목숨을 끊게 만드는 건 이 절망이라는 강력한 감정을 불러일으킴으로써만 가능하다.

교부들이 자살을 설명하려고 노력할 때 가장 관심을 끈 것이 바로 이 기본적인 악과 부차적인 악 사이의 길고 복잡한 연결 고리였다. 그러나 중세 시대에 자살에 사용된 설명의 범주가 오늘날의 것과 유사하다고 생각하면 오산이다. 절망이라는 용어는 근원적으로 상이한 두 가지 의미를 지닌다. 하나는 오늘날 쓰이는 의미로서, 무언가를 시도하고 성취하고 싶은데 실패했을 때, 혹은 어떤 문제를 해결하지 못했을 때나 탈출구를 찾지 못했을 때 오는 감정을 말한다. 이런 의미에서의 절망은 실업자나 아이의 죽음을 경험한 어머니나 불치병에 걸린 환자가 느끼는 감정이다. 한편 다른 의미의 절망은 희망의 반대말이 아니라 믿음의 반대말로서, 오늘날에는 매우 드물다. 아우구스티누스가 주목했듯이 이러한 의미에서 그 절망의 대상은 미래일 뿐만 아니라 과거와 현재이기도 하다.[209] 이 정의에 따르면, 절망은 신의 자비와 은총을 저버릴 수 없고 자신이 행한 죄에 대한 신의 용서를 더 이상 구할 수 없으며 스스로 답을 찾지 못하는 심각한 문제에 직면하여 신의 도움을 얻을 수 없다는 사실을 확신했을 때 찾아온다.[210] 첫 번째 정의에서 절망이 단순한 마음 상태를 지칭했다면, 두 번째 정의는 악마의 유혹에 저항하지 못했을 때 찾아오는 심원한 부정적 감정이자 중대한 죄악이다.(그림 8) 아우구스티누스의 말을 빌리자면, 이러한 절망의 기저에는 무한한 은총으로 인간의 죄악도 녹여낼 수 있는 신의 전지전능함에 대한 불신이 있다. 따라서 영어 despair, 프랑스어 désespoir, deseperance, 스페인어

desesperación 등은 모두 자살의 완곡한 표현이다.[211]

한편 4세기 이후 기독교 유럽세계에 서서히 전파되었고 1000년이 넘는 시간 동안 사라지지 않았던 칠죄종이라는 신념 체계는 어떠한 심리학적 설명도 제공하지 않았다. 그러나 이 믿음 체계는 개인의 자발적 죽음의 원인을 일련의 감정과 사건, 즉 절망, 우울, 슬픔, 나태, 분노, 충족되지 않은 소망, 시기를 놓친 만남 혹은 불운 등으로 돌리는 데 그치지 않았다. 이 신념 체계는 모든 추론 단계와 설명의 연결 고리에 초자연적인 요소들을 도입했다. 에바그리우스의 여덟 가지 사악한 생각을 불러일으키는 것은 악마였다. 슬픔을 불러일으키는 것 역시 악마였다. 인간을 신의 은총으로부터 멀어지게 하여 절망에 빠지도록 하는 것도 영원한 절망을 선고받은 사탄이었다.

이러한 악의 승리에서 상징적인 존재는 유다였다. 5세기 아우구스티누스의 주장에 따르면, 유다는 스스로 밧줄에 목을 맴으로써 "배신이라는 자신의 죄를 속죄하기보다 배가했다. 죽음의 순간에 뉘우치긴 했지만 신의 자비를 포기했으므로 올바른 참회의 여지가 남아 있지 않기 때문이다".[212] 목에 올가미를 두른 절망한 유다는 이후 수백 년 동안 대표적인 죄인의 모습으로 그려졌다.(그림 6) 그것은 단지 그가 예수를 배신했기 때문이 아니라 신에 대한 믿음을 잃고 신의 용서를 의심하여 스스로 목숨을 끊었기 때문이다. 큰 죄를 지었으나 회개하고 믿음을 잃지 않았던 마리아 막달레나와는 반대되는 경우다.[213]

교회의 가르침에 따르면 기독교도는 결코 절망에 굴하지 않아야 하며 예수의 힘과 자비를 의심하지 말아야 한다. 본질적으로 기적에 대한 희망, 성인이나 성모 마리아가 개입하여 그가 처한 상황에서 벗어나게 해줄 것이라는 희망을 버리지 말아야 한다. 그리고 스스로를 지킬 수 있는 다양한 자원에 의지할 수 있다. 예를 들어 악마에게서 자신을 보호하려면 사제가 성호를 긋고 성수를 사용하여 사탄에게 떠나라 명령하는 식의 구마의식에 의존할 수 있다. 그러나 스스로를 절망과 자살에서 구출하기 위한 가장 간단하고도 강력한 수단은 고해다. (1215년 11월 11일~11월 30일에 열렸던) 제4차 라테란 공의회는 고해성사를 1년에 한 번 반드시 행해야 하는 의무로 지정했다. 사제를 찾아가서 자신의 죄를 고백하고 참회하면 죄를 용서받고 신과 즉각적으로 화해할 수 있는 것이다.

이러한 신념 체계는 1000년이 넘도록 지배적이고 확고하게 유럽사회에서 존속되었다. 우리는 신학자들의 주요 저서들에서 이 신념 체계가 끊임없이 환기된 것을 발견했다. 예를 들어 13세기 초로 거슬러 올라가면 수도사 체사리우스는 자신의 저서 『기적에 관한 대화Dialogus miracolurum』에서 절망에 빠져 자살한 많은 이의 사례를 언급했다. 자선을 베풀고 신앙이 깊다고 알려진 한 나이 든 수녀는 갑작스레 심한 슬픔이 밀려와 불손하고 불경하게 행동하고 고해성사를 거부하는 등 믿음을 잃어버리기 시작했다. 그녀는 죽은 후에 자신의 사체가 축성된 땅에 묻히지 못할 것을 우려한 나머지 모젤 강에 뛰어들려 했다. 한편 엄격한 도덕성과 독실한 신앙심으로 높이 평가받았던 어느 평수사 역시 심각한 우울증에 시달리게 되었다. 그는 앞의 수녀처럼 불손하거나 불경한 행동을 하지는 않았지만 자신이 중한 죄를 많이 저질러 신이 용서해주지 않을 거라 생각하여 구원에 대한 희망을 전부 잃어버렸다. 그 평수사 역시 저수지로 뛰어들어 익사했다.[214]

한편 성상 연구에서도 동일한 신념 체계를 찾아볼 수 있다. 5세기부터 14세기까지 유다의 죽음은 기독교 예술에서 가장 흔히 등장하는 주제였다.[215] 그러나 조각이나 모형, 판화나 성화에 나타난 유다는 배신자의 모습보다는 자살자의 모습이었다. 420년에 완성된 어느 상아 판화에서는 유다가 나뭇가지에 걸린 밧줄에 목을 매달고 있다. 유다의 몸무게로 인해 나뭇가지가 휘어져 있고 눈을 감고 팔은 축 늘어뜨린 모습이다. 그 옆에는 십자가에 못 박힌 예수의 모습이 돋을새김되어 있어 자살자와 대조되는 선한 죽음을 상징화했다. 예수의 측면에 표현된 성 요한과 성모 마리아는 모두 유다에게 등을 돌리고 있었다.[216] 이러한 묘사는 조금씩 변화는 있었지만 중세시대 전반에 걸쳐 셀 수 없이 반복되었다.

수많은 예술가가 택한 좀더 독실한 또 다른 모델은 분명 더 위협적이고 실감나게 느껴진다. 1492년에 피에몬테 출신의 화가 조반니 카나베시오가 브리그의 노트르담 데 퐁텐 성소에 그린 프레스코화(그림 9)[217]에서도 (알자스 출신의 이름 없는 예술가가 작업한 스테인드글라스에서도, 그림 10) 유다는 굵은 밧줄로 목을 맨 채 나무에 매달려 있는 모습이었지만, 앞섶을 풀어헤친 튜닉 안으로는 깊이 베인 칼자국이 가슴부터 복부까지 드러나 있었다. 카나베시오의 프레스코화에서 그는 복부와 소장의 일부, 양쪽 간엽을 모두 내보이고 있었고 실제로 유다와 매우 흡사해 보이는 작은 남자아이가 발가벗은 채 성기를 드러내고 있었다. 이 아이는 끔찍한 괴물이 목을 맨 남자의 내장에서 끄집어낸 생명체였다. 그의 왼쪽에 서 있는 이 괴물은 검고 성긴 머리카락과 긴 꼬리, 박쥐 날개와 길게 꼬인 두 개의 뿔, 사납고 탐욕스러운 눈빛을 지니고 있었다. 이처럼 끔찍한 모습을 한 상상의 동물은 자살한 남자의 영혼을 차지한 악마를 상징했음이 틀림없다. 유다가 겟세마네 동산에서 예수에게 입맞춤으로써 입이 축성을 받았으므로 악마는 그의 터진 복부로만 들어갈 수 있었다.[218]

이러한 신념 체계는 또 다른 상징적 표현에서도 드러난다. 파리 노트르담 파사드에서는 절망이 희망의 화신 아래에서 스스로를 찌르는 형상으로 표현되었다. 파두아의 스크로베니 예배당에 걸린 이탈리아의 화가 조토의 그림은 악마의 유혹을 이기지 못해 스스로 목을 맨 여성을 표현했다.(그림 7) 유럽 전역에서 이와 비슷한 이미지들이 채색 필사본뿐 아니라 교회와 공공건물의 문, 스테인드글라스, 촛대 등에서도 무수히 발견된다.[219]

종교개혁 이후 등장했던 청교도 교파들 역시 더욱 강한 확신으로 이 신념 체계를 지지했다. 루터는 절망이라는 요인을 매우 중요하게 여겨 자살은 사탄이 행하는 살인에 지나지 않는다고 보았다.[220] 칼뱅은 오직 사탄만이 인간의 자기 보존 욕구를 제압할 수 있으며 자발적 죽음은 '악마에게 붙들려' 일어난다고 확신했다. 영국 성공회교도와 청교도들도 비슷한 주장을 펼쳤다. 청교도 목사 리처드 길핀에 따르면, "사탄은 인간의 영혼뿐만 아니라 육체도 파괴하려 하고 종종 인간에게 자살하라고 꼬드긴다".[221] 1618년 토머스 비어드는 자살이야말로 악마의 개입과 존재에 대한 가장 강력한 증거라고 주장했다. 그렇지 않다면 목숨이 끊어지기 어려운 상황에서 자살에 성공한 많은 사례를 어떻게 설명할 수 있겠는가? 비어드가 언급한 사례에서 어떤 이들은 "무릎이 거의 땅에 닿는 곳에서도 목을 매달고 죽거나 우리 몸의 10분의 1에 해당하는 무게도 지탱하기 어려운 나뭇가지에 목을 매 죽기도 하며 얕은 물웅덩이에 빠져 익사하기도 한다".[222] 스코틀랜드에서 태어나고 자란 과격한 청교도 신자 존 심은 1637년에 이러한 주제에 초점을 맞춘 첫 번째 논문을 완성했다. 이 논문에서 그는 모든 자살의 배후에는 '강력한 악마의 자극과 추동과 명령'이 존재한다고 주장했다.[223]

그러나 이 신념 체계에 대해 문학적으로 가장 설득력 있게 표현한 사람은 또 한 명의 독실한 청교도 신자였던 에드먼드 스펜서라는 영국 시인이었다.

디스페어와 레드크로스 기사

스펜서는 1590년 미완의 대서사시 「페어리 여왕Faerie Queene」에서 디스페어라는 우의적 인물을 자살의 원인으로 내세워 자살 시도를 구체적으로 묘사했다. 먼저 디스페어가 사람들에게 끼친 끔찍한 영향들('죽을까봐 두려워 반쯤 죽은 상태로' 걸음아 나 살려라 도망쳤던, 공포에 질린 젊은 기사 트레비산의 경우처럼)에 대한 묘사가 나온다. 그런 뒤 사탄의 현신인 디스페어는 타고난 사기꾼에게서 볼 수 있는 혐오스러움과 사람을 잘 구슬리는 특성을 동시에 보여준다. 디스페어가 등장하기 전부터 우리는 그가 뛰어난 언변으로 듣는 사람의 넋을 빼놓는다는 이야기를 듣는다. 그럼에도 불구하고 그의 언어는 세상을 풍요롭게 만드는 도구가 아니었다. 그의 교묘한 혀는 흘러내리는 꿀처럼 심장으로 녹아들고 모든 허영심을 찾아가 저항할 힘과 능력을 모두 빼앗아버린다.[224]

신화 속 유혹의 상징인 뱀이나 요정에 홀리는 이들과 마찬가지로, 디스페어의 말을 듣는 이들은 모두 갈팡질팡한다. 짝사랑으로 괴로워하던 트레비산의 친구 역시 이 위험한 인물의 설득에 넘어가 자살했다. 이 사건을 목격한 트레비산은 디스페어의 간계에 넘어가지 않으려 안간힘을 쓰며 도망친다. 두려움이 어찌나 컸던지 트레비산은 이 시의 영웅(신성을 상징하는 레드크로스)이 여러 번 물어본 뒤에야 그를 적의 '오두막' 가까이로 안내하고는 영원히 떠나버린다.

그 직후 영웅의 눈에 들어온 장면은 영원히 밤으로 뒤덮인 극단적인 어둠이었다. 디스페어의 은신처는 그곳에 사는 생명체에 깃들어 있는 힘들이 거대하게 반복적으로 나타난 것처럼 죽음, 폐허, 파괴의 이미지를 연상시킨다. 디스페어의 거처는 험악한 절벽 끝에 있는 낮고 어두운 동굴이었다. 그

1장 최대의 죄악이자 가장 중대한 범죄

곳은 우리가 알고 있는 집이라기보다는 죽음이 수시로 방문하는 오래된 무덤을 닮았다. 동시에 그곳은 다른 시체를 끊임없이 탐욕스럽게 찾아내 거짓말같이 활기가 넘쳤다. 외벽에 둥지를 튼 올빼미의 스산한 울음소리는 재잘거리며 지저귀는 다른 새들을 내쫓아버렸다. 동굴 여기저기를 돌아다니며 흐느끼는 유령들만이 올빼미의 울부짖음을 메아리처럼 되돌려주며 우울한 분위기를 더한다.

디스페어의 은신처가 마치 중추인 것처럼 여기서부터 더러운 죽음의 기운이 주변으로 퍼져나가 죽음을 선언한다. 황량한 절벽 위, 영원히 헐벗은 비틀린 고목의 나뭇가지에는 목을 매단 사람들의 시체가 썩은 과일처럼 매달려 있다. 들판과 바위 곳곳에 흩어진 뼈들은 부자연스러운 초목을 이루어 사이렌_{여자의 얼굴과 새의 모습을 한 요정으로, 아름다운 노랫소리로 뱃사람들을 홀려 죽게 했다} 주위에 쌓인 전리품_{뱃사람들의 시체들}을 의도적으로 연상시키며 그 치명적인 진짜 영향을 드러낸다.

이 저주받은 장소에서는 만물이 황폐하다. 그러나 아주 허약한 생명의 가닥이 땅속에 흘러 이곳을 지배하는 파괴적인 메커니즘을 더 강화하거나 침체된 존재의 모습을 띤다. 이런 방식으로 디스페어의 집이자 무덤은 썩어가는 시체를 아직도 갈망하는 게걸스러운 무덤처럼 영원히 탐욕스러운 존재가 지닌 맹렬한 활력을 얻는다. 바위의 무릎 부분은 '들쭉날쭉하고 험난하다'. 마치 숨겨진 거대한 사체의 사지가 비밀스럽고 구속된 삶에 의해 활력을 얻어 절벽에서 일어나기 시작하는 것처럼.

이 모든 곳의 거주자이자 주인이자 지배자는 이 장소의 완벽한 화신이다. 매력적인 외관으로 가장한 다른 유혹자들과 달리 그는 자신의 내면에 있는 모든 악의 전형처럼 보인다. 그 기괴한 노인네는 더부룩하고 헝클어진 긴 회색 머리카락이 수척한 얼굴을 가리고 있고 '머리카락 사이로 보이는 눈매는 죽은 자의 것처럼 흐리멍덩하다'. 무신경하고 흐트러진 채 반나체로 누워 있는 그의 옆구리는 가시로 이어붙인 '너덜너덜한 여러 장의 천'으로 간신히 덮여 있다.

산송장과 다를 바 없는 이 생명체 옆에는 방금 자살한 젊은 기사(트레비산의 친구)의 시체가 놓여 있다. 그의 가슴에는 칼이 꽂혀 있고 그 상처에서 따뜻하고 신선한 피가 계속해서 콸콸 솟구쳐 오른다. 다시 한번 말하지만, 아직 살아 있는 생명체(소름 끼치는 노인)는 이미 죽은 것처럼 보이는 반면, 더 이상 이 세상에 존재하지 않는 개인(젊은 자살자)은 신체 기능이 아직 작동하는 것 같은 거짓된 모습을 띤다. 삶은 죽음으로 위장되고 죽음은 삶이라는 거짓 탈을 쓰고 있다.

무엇이 이 역겨운 존재, 파멸을 부르는 괴물에게로 사람들을 이끌었는가? 그가 입을 열기까지는 아무것도 없었다. 우리가 이미 알지만 잠시 잊었던 것처럼, 그에게서 뿜어져 나오는 저항할 수 없는 유혹의 힘은 간사한 혀에서 혀, 설득력에서 나오기 때문이다. 두려움을 느끼면서도 젊은 연인의 자살에 복수를 하겠다고 선언한 젊은 영웅 레드크로스에게 그는 매혹적인 수사修辭로 답한다. 지금까지 여타의 판결들이 설파한 정의가 무엇이었던가? 그러나 살 가치가 없는 자는 죽어야 하지 않는가? 다른 누구도 절망에 빠진 그를 죽음으로 몰고 가지 않는다. 하지만 그 자신의 죄의식이 죽을 만큼 크다. 그렇다면 그에게 마땅한 권리를 주는 게 부당한가? 살아 숨 쉬는 것을 혐오하는 자를 죽게 놔두는 게 부당한가? 삶이 힘겨운 자가 쉽게 죽을 수 있도록 해주는 게 부당한가?

레드크로스는 스스로를 완벽하게 통제하며 그 이야기를 듣는다. 그러나 디스페어는 이 보편적인 질문을 던진 후 모든 인간이 지닌 평화에 대한 존재론적 욕구를 드러내면서 감상적이면서도 명쾌하고 차분하게 말했다. 그의 목소리는 정확하고 근엄했으며 시적인 말들을 유창하게 내뱉었다. 그 매혹적인 말들에 넘어가지 않기란 어려웠다.

> 만약 그 길에 약간의 고통이 뒤따른다고
> 허약한 육체가 그 격정의 파도를 두려워한다면 어찌할 텐가
> 짧은 고통이 긴 평온을 불러오고
> 조용한 무덤에서 영혼이 잠들 수 있다면
> 짧은 고통은 참을 만하지 않은가?
> 고생이 끝난 뒤의 잠, 폭풍우 치는 바다를 항해한 뒤 닿은 항구,
> 삶 이후 죽음은 전쟁 이후 찾아온 안락과 같이 전쟁이 끝난 뒤의 평
> 온, 삶 후의 죽음은 큰 기쁨을 안겨준다.[225]

그러나 이것은 신념을 위해 싸우는 투사에게도 상당히 힘든 위험한 결투의 시작이었다. 처음에 레드크로스는 자살을 반박하는 가장 전형적인 주장으로 디스페어의 말을 쉽게 맞받아친다(삶이라는 말은 제한적이며, 인간은 그것을 늘리거나 줄이지 못한다. 군인 역시 상관이 잠들 때까지 초소를 떠나지 못한다). 그러나 디스페어의 거침없는 질문에 대응하면서 레드크로스의 대답은 점차 확신을 잃는다. 모든 삶이 죽음과 함께 끝난다는 건 신의 뜻이 아닌가? 누가 이러한 절대명령을 피할 수 있는가? 삶이란 인간의 죄가 지속적이고 점진적으로 축적되는 과정이 아니던가? 그렇다면 어차피 죽게 마련인 이 죄 많은 삶을 단축시키는 게 어떠한가? 왜 그 고통과 질병과 불운을 끝내지 않는 것인가? 우리가 우리 자신의 잘못에 책임이 있고 그 대가를 직접 치러야 한다면, 더 이상 돌이킬 수 없게 되어 영원한 지옥살이에 떨어지기 전에 왜 행동에 나서지 못하는가? 오직 죽음만이 모든 악에 종결

을 고할 수 있다.

레드크로스는 디스페어의 말을 들으며 마음이 약해졌다. 디스페어의 말이 진실이라는 것을 알고 있었고, 디스페어의 설득에 넘어가 그의 말이 부분적으로만 진실이라는 걸 볼 수 없었기 때문이다. 반면 레드크로스의 적대자는 상대가 흔들리고 있다는 걸 알아차리고 자기주장을 납득시켜 마지막 저항까지 물리치려는 참이었다. 디스페어는 갑자기 영원히 고통에 시달리는 저주받은 유령의 그림을 보여주면서 그럴싸한 말에 시각적 수단까지 더했다. 돌이킬 수 없는 인간의 죄가 돌이킬 수 없는 신의 뜨거운 분노로 응답을 받았고, 이 벌은 영원하기 때문에 인간의 죽음보다 더 끔찍하다.

디스페어의 말에 동요되어 낙담한 그는 자신에게 닥친 운명적 징벌을 알아차렸고 디스페어가 제시한 탈출구를 받아들이려 했다. 디스페어는 다양한 자살 도구(칼, 밧줄, 독, 불)를 준비했다. 혼란에 빠진 우리의 영웅은 심지어 디스페어가 준 '날카로운 단검'을 골라 가슴팍까지 들어올렸다. 그의 모험에 동행했던 우나(진실)가 아니었다면 레드크로스는 목숨을 건지지 못했을 것이다. 그녀는 잽싸게 그 저주받은 칼을 뺏은 뒤 레드크로스가 갑자기 심약해졌다고 비난했다. 어찌하여 유혹자의 악마 같은 말을 듣고서 하늘이 보호하는 자들에게는 절망이 나설 수 없다는 사실을 잊을 수 있겠는가? 정의가 있는 곳에 '더 큰 영광이 있을지니' 어떤 비난도 결정적이지는 않도다. 이 말에 정신이 든 레드크로스는 자리에서 일어나 저주받은 그곳을 떠난다.

디스페어는 성공을 목전에 두었던 자신의 계획이 결국 실패한 데 대해 분노와 실망을 감추지 못했다. 그러자 그의 폭력성은 자신에게로 향했다. 디스페어는 밧줄을 움켜쥐고 '스스로 저주를 내려' 홀로 목을 매달았다. 그는 삶의 마지막 행동을 하면서도 눈물 한 방울 흘리지 않았다. 하지만 그는 죽지 못했다. 이제 우리는 이 끔찍한 존재가 이미 수도 없이 자살을 시도했지만 성공한 적이 없었다는 사실을 알게 된다. 바로 여기서 신의 보복이 증명된다. 타인의 죽음을 선동하기 위해 살아가는 디스페어는 신의 정의가 이 악순환을 깨고 그에게 진정한 종말, 즉 영원한 지옥살이를 명할 때까지 수천 수만 번 자살을 시도하여 자신이 타인에게 불러일으켰던 절망의 소용돌이를 영원히 겪어야 하는 운명이다.

자살 결과에 대한 기독교 이전 시대의 믿음

중세시대, 심지어 근대 초기 유럽의 몇몇 국가에서 또 하나의 신념 체계(자살의 원인이 아니라 결과를 고찰했던)가 명맥을 이어갔다. 이 신념 체계는 기독교가 도래하기 전에 발전했지만 이후 얼마간의 조정을 거쳐 기독교에 통합되거나 큰 격돌 없이 공존했다. 기독교 이전 시대의 신념 체계에 따르면, 자살은 그 자체로 비도덕적일 뿐만 아니라 가족, 친척, 친구, 그리고 공동체 전체에 입히는 재앙적 결과를 고려할 때 다른 무엇보다도 치명적인 행위였다.

자살은 전염병처럼 퍼져나가 주변을 오염시키는 불운과 불명예의 원천으로 인식되었다. 자살한 장소나 도구뿐만 아니라 자살자의 시체나 집, 토지 등도 모두 오염되었으므로 방문하거나 만지면 위험하다고 여겼다. 일부 유럽 지역에서는 오염될까봐 두려워 아무도 목을 매달거나 강에 빠져 죽은 사람의 시체 가까이에 가지 않았다. 17~18세기 초 독일의 경우 자살자의 시체는 시 당국이 고용한 (사형 집행인이나 사토장이 같은) 특별 관계자들만이 처리할 수 있었고, 그들 역시 같은 이유로 불순하고 접촉해서는 안 되는 존재로 인식되었다.[226] 자살자의 시체를 강에 던져버리는 관행은 독일과 프랑스 일부 지역에서 수년간 지속되었는데, 그것은 일종의 정화의식이라고 볼 수 있다.[227] 반면 스코틀랜드에서는 임신한 여성이 자살자 옆을 지나가면 아이가 자살할 운명으로 태어난다고 여겼다.[228] 러시아에서 자살자의 시체는 마법사나 마녀, 알코올중독자, 피살자, 익사자와 함께 '더럽고 불순한 죽음'으로 분류했다. 심지어 대지조차 자살자의 시체를 받아들이지 않으며 이러한 혐오는 자살자들의 시체가 무덤 속에서 썩거나 소생하지 않는다는 사실로 증명된다고 믿었다.[229]

자살자의 영혼은 재앙의 전조였다. 그들의 불안정한 영혼은 산 자와 죽은 자의 세계 사이에 갇혀 방황할 수밖에 없다. 산 자의 세계는 떠나왔지만 죽은 자의 세계에는 받아들여지지 않았기 때문이다. 그런 연유로 프랑스 일부 지역에서는 조약돌 사이로 흐르는 물소리가 영원히 강바닥에서 돌을 굴려야 하는 운명이 되어버린 익사자들의 신음 소리라고 믿었다.[230] 따라서 이러한 과도기적 상태 혹은 한계 상태에 영원히 혹은 오랫동안 처해 있다 보면, 자살자들도 다시 산 자의 세계로 돌아오길 희망하며 산 자의 세계를 위협하거나 위험에 빠뜨리려고 한다고 보았다. 따라서 서리, 가뭄, 돌풍, 홍수, 지진, 산사태, 흉작, 기근 등을 그들 탓으로 돌렸다.

독일 아우크스부르크의 지역 연대기에 따르면, 1300년 4월 25일(성 마가 축일) 어느 가난하고 불쌍한 이가 목을 맨 이후 사나운 돌풍이 불어 심각한 인명 및 재산 피해를 입었다. 그날 이후 해마다 성 마가 축일이 되면 기독교도들은 자살자로부터 신의 보호를 기원하는 마음으로 단식을 하곤 했다. 1342년 베네치아에서도 '수면이 너무 높아서 배가 육지로 밀려올라오고 다리가 물에 잠기는' 사건이 발생했다. 이를 두고 사람들은 '가난과 절망이 깊어져 스스로 목을 매어 영혼과 육체를 적에게 바쳤던 어느 교사가 일으킨 재해라고 믿었다. 베네치아 총독은 행렬과 미사를 열어 자살자들을 위로하라고 명령했다.[231] 프랑스에서는 수백 년간 거센 폭풍이 몰아치면 누군가 자살했고 악마가 그를 찾아온 징후라고 믿었다.[232]

한편 이러한 믿음은 일종의 경험적 토대를 갖고 있었던 것 같다. 다시 말해 자살자의 증감과 자연재해 사이의 연관성을 반복적으로 관찰한 결과 이렇게 믿게 된 듯하다. 그러나 자연사에 대한 당시의 일반적인 접근 방식 때문에 이러한 관찰은 원인과 결과를 뒤바꿨다. 그래서 자연재해가 실제로 자살로 이어질 가능성은 자살이 자연재해를 불러일으킬 가능성에 비해 잘 고려되지 않았다.[233]

기독교 및 그 이전 시대의 관행은 모두 이러한 공포와 믿음에서 비롯되었다. 그들은 자살자의 사체를 훼손하고 그의 집을 부수는 참해慘害 의식을 통해 오염으로부터 공동체를 지켜내고자 했다. 또한 문지방 아래나 창문을 통해 시체를 운반하고 빗장이나 열쇠, 문이나 창문을 교체하여 자살한 자의 영혼이 다시 찾아오지 못하게 했다.[234] 묘지에서 멀리 떨어진 숲속이나 교차로에 자살자의 시체에 말뚝을 박아 매장한 것도 그러한 연유였다. 이러한 믿음이 대중문화에 너무나 깊숙이 뿌리 내려 이후 자연재해가 찾아오면 이런 관행들 중 하나를 제대로 적용하지 못했기 때문이라고 생각할 정도였다.

야코프 부르크하르트는 자신의 저서에서 또 다른 범죄와 관련된 비슷한 사례를 소개했다. 피아첸차에 거센 폭우가 오랫동안 계속되자 "얼마 전 어느 고리대금업자가 성 프란체스코 성당에 매장되었는데 그가 축성된 땅에 안치되어 있는 한 날씨가 개지 않을 것이라는 말이 떠돌았다. 매장된 시체를 다시 꺼내도록 용인할 만큼 주교가 협조적으로 나오지 않았으므로, 마을의 젊은이들은 시체를 강제로 꺼낸 뒤 혼란에 빠진 사람들 사이로 끌고

다니다가 결국 포강에 던져버렸다고 한다".235

자살자에 대해서도 그와 유사한 사건들이 발생했다.(그림 4) 1593년 독일 아우크스부르크 시의회는 한스 바그너의 시체를 축성된 땅에 매장하도록 허용했다. 그는 부활절 다음 날 창문 밖으로 몸을 던져 자살한 거상이었다. 그러나 그가 죽은 다음 날 거센 폭풍이 몰아치는 것을 보고 마을 주민들이 시위를 벌였다. 1682년 브라켄하임 주민들은 프리드리히 카를 공작을 찾아가 자살자들의 교회 내 매장을 반대하도록 청원했다.236 한편 러시아 농부들은 자살자들을 기독교 방식으로 매장했기 때문에 가뭄이 발생한다고 믿었다. 그들은 여러 날 동안 비가 오지 않으면 자살자의 무덤에 물을 뿌리며 그 물방울 중 일부를 되돌려달라고 기도했다. 이 방법이 실패하면 송장을 파내어 숲속 등지에 묻거나 인근 강에 던져버렸다.237

자살을 절도와 유기로 보는 시각

아마도 이러한 공포, 금지, 비난, 그리고 극도로 엄격한 처벌 제도는 봉건사회의 일부 측면들, 특히 개인의 종속성과 다른 사람의 소유물인 '사람'의 존재에 대한 확고한 생각 때문에 조성되었을 것이다.

플라톤은 『파이돈』에서 "우리 인간은 일종의 감옥살이를 하며 그로부터 석방되거나 탈출할 수 없다"고 했다. 또한 다음과 같이 덧붙였다. "만약 당신의 소유물 중 하나가 당신이 그것이 죽길 바란다는 의사를 나타내지도 않았는데 마음대로 자살한다면 화가 나지 않겠는가? 그리고 벌을 내릴 수 있다면 벌을 주지 않겠는가?"238

키케로는 (기원전 1세기에) 이 주제를 다루었지만, 여기에 군대 은유를 도

1장 최대의 죄악이자 가장 중대한 범죄

입했다. 그는 피타고라스(및 에픽테토스)를 언급하며[239] "충성스러운 보초병처럼 서 있어야 하며 우리의 대장, 즉 신이 명하기 전까지 자리를 떠나서는 안 된다"고 주장했다.[240] 500년 후 라틴어권에서 가장 훌륭한 신플라톤주의 이교도 철학자인 마크로비우스도 다음과 같이 유사한 주장을 펼쳤다.

신은 우리 주인이며 깊이 생각하여 신중하게 우리를 다스린다. 따라서 신의 의지에 반하여 그의 소유물을 처분하는 것은 옳지 않다. 마치 타인의 노예를 해할 경우 처벌받는 것처럼, 우리 주인인 신의 동의를 구하지 않고 삶을 끝맺으려고 하는 행위는 자유가 아닌 비난을 얻게 될 것이다.[241]

인간이 다른 인간의 소유물이라는 규범이 일부 사회의 기저를 이루게 된 것은 이런 생각들 때문이었다. 예를 들어 고대 로마는 자살자가 군인이나 노예 두 부류에 속하지 않을 경우 일반적으로 상당 부분 자살을 허용하는 사회였다. 군인이 온전히 조국에 충성할 것을 선서하는 순간 그의 생명은 국가의 소유물이 되므로, 만약 그가 자살한다면 국가 재산을 침탈하고 군인의 직무를 유기하는 죄를 범한 것이 된다. 이것이 바로 자살을 시도한 군인에게 사형을 선고했던 이유다.[242] 노예의 경우, 자살을 시도한 노예를 파는 매매상은 구매자에게 그 사실을 알려 위험을 사전에 고지할 의무가 있었다.[243]

다른 사람의 소유물인 '사람'이 존재하던 봉건사회에서 종속된 자들의 자살은 강력하게 금지되었다. 백작은 왕의 사람이었다. 봉신은 때때로 영주의 '입과 손'이라고 불렸는데, 봉신이 두 손을 모아 영주의 손 사이에 넣고 두 사람이 입맞춤을 하는 의식으로 전자는 충성을 맹세하고 후자는 보호를 약속했기 때문이다. 마지막으로 농노들 역시 영주의 사람으로서 그의 보호를 받으며 경작할 토지를 할당받는 대가로 일주일 중 며칠은 영주의 토지를 경작할 의무가 있었다.

이러한 사회에서 타인에게 종속된 개인이 자살하는 행위는 절도와 다를 바 없었다. 자살하는 농노는 영주의 노동력을 탈취함으로써 영주에게 손해를 입힌다. 영주의 '입과 손'인 봉신의 자살은 더욱 부정적인 결과로 인식되었다. 자살은 영주에게서 인간 소유물을 빼앗는 행위이자 신성한 충성 서약을 깨는 행위이기 때문이다. 따라서 봉건 영주가 자살자와 그의 가족을 엄중히 처벌한 것은 전혀 놀랍지 않다. 이 영주들이 엄격한 처벌을 내리기에 좋은 입장이었던 것은 지켜야 할 이익이 있었기 때문이기도 하지만, 이들이 재판을 관장하고 통제했기 때문이기도 했다. 그들은 직접 재판관이 되기도 하고 믿을 만한 타인에게 업무를 위임하기도 했으며 나아가 자기 일가친지를 배심원으로 세우기도 했다.

일부 학자의 가설에 따르면, 유럽에서 자살자에게 가하는 형벌의 강도는 10세기까지 봉건 제도의 영향력과 함께 강해졌다고 한다.[244] 현존하는 문헌들은 이 가설의 진위 여부를 확인해주지도, 부정하지도 않는다. 그러나 농노나 봉신이 자살한다면 영주는 어떤 방식으로든 이미 발생한 손해를 상쇄하려 했으며, 그 자신도, 남들도 이런 행동이 독단적인 권력 남용이라고 생각하지 않았다. 심지어 자살자의 집을 파괴하고 토지를 불태우는 재산 침탈 관습을 허용하던 시대에도 봉건 영주는 '그 범죄자의 재산 중 1년 치 수확'[245]을 바치도록 요구했다는 내용이 『앙주와 메인의 관습법Coutumes d'Anjou et du Maine』에 기록되어 있다. 재산 침탈 관습은 13세기 말에 사라졌지만, 자살자에 대한 처벌이 약해졌기 때문이 아니라 봉건 영주가 그들의 재산을 파괴하는 것보다 몰수하는 쪽을 더 선호했기 때문이다.[246]

앞서 1283년 보베 관습법에서 살펴보았듯이, 자살자의 재산은 '그것이 속한 봉토의 주인인 영주에게 귀속되었다'. 반면 1270년 『성왕 루이 법전 Établissements de Saint-Louis』에 따르면 "만약 누군가 목을 매거나 물에 빠져 자살할 경우 당사자뿐 아니라 그 배우자의 전 재산까지 영주에게 양도되어야 했다".[247] 그러나 중세시대 재산 개념은 오늘날과 판이하게 달랐다. 봉신은 영주의 봉토에 대한 사용권이 있을 따름이었다. 그가 자살한 다음 그의 가족이 재산을 잃는다면, 그것은 재산이 몰수되었기 때문이 아니라 토지에 대한 사용권이 자동으로 종결되었기 때문이다. 반면 봉건적 의무에 종속되지 않고 완전한 사유지를 소유한 봉신이 자살할 경우에는 재산을 몰수당했다.

자살이 영주나 주인의 재산에 손해를 입히는 절도라는 개념은 다른 나라 혹은 다른 시대에도 지배적이었다. 17~18세기에 아프리카 노예들을 갑판 아래에 사슬로 묶어 신대륙으로 실어 나른 포르투갈, 네덜란드, 프랑스의 상인들과 노예를 사들인 사람들은 자살한 노예들을 도둑으로 여겼으며, 온갖 수단을 써서 그들의 자살을 막으려 애썼다. 17세기 중반에 바베이도스의 왈론드 대령은 가장 힘센 노예 세 명을 잃은 후 더 이상의 경제적 손해를 막기 위해 극단적 방법을 선택했다. 그는 땅바닥에 3.5미터 높이의 장대를 세우고 셋 중 한 명의 머리를 꽂아두었다. 자살로 노예를 잃은 다른 상인과 주인들 역시 시체를 참수하거나 불태워버렸다. 그와 같은 잔인한 대응 방법을 취하는 데 더 큰 영향을 미친 것은 중세 유럽의 처벌 방식이 아니라 노예들의 믿음이었다. 신대륙으로 팔려간 아프리카인 중 다수는 자살을 통해 노예 신세를 벗어나 고향으로 돌아갈 수 있으리라 믿었다. 그들은 고향에 돌아가 친구들도 만나고 음식도 마음껏 먹고 아름다운 여자를 만나 결혼도 할 수 있으리라는 행복한 꿈을 꾸었다. 마치 몸집 큰 바다갈매기처럼 빠른 속도로 힘차게 드넓은 바다를 날아서 고향에 당도할 수 있으리라 생각했다.[248] 이러한 믿음이 너무 강력한 나머지 그들은 자살한 노예의 시체에 자신들의 두건을 얹어두곤 했다. 그렇게 하면 그와 함께 머나먼 모국으로 돌아가 두고 온 이들을 만날 수 있으리라 믿었다.[249] 그러나 이러한 귀향은 시체가 온전하게 보전되어 있을 때만 가능했다. 그래서 왈론드 대령은 다른 노예들이 따라서 자살하는 일이 없도록 시체를 참수해버렸다.

어떤 노예 주인들은 이러한 믿음과 '지상에서 한번 왕은 영원한 왕, 한번 노예는 항상 노예'라는 아프리카 사람들의 속담을 이용해 다른 꾀를 부렸다. 즉 자기도 자살해서 채찍을 들고 아프리카까지 노예들을 따라가 지금까지보다 훨씬 더 가혹하게 다룰 것이라고 위협한 것이다.[250] 반면 브라질, 마르티니크 및 과달루페섬, 레위니옹섬에서는 아프리카 출신 노예들 가운데 자신의 죽음이 주인의 이익에 손상을 입힐 것을 잘 알고 있었던 이들이 복수의 한 방법으로 자살을 선택했다.[251]

자살이 봉건 영주의 재산을 침해하는 절도라는 개념은 20세기 비서구 지역에서도 나타났다. 예를 들어 골드코스트 지방의 에웨어를 쓰는 부족들 사이에서는 자살이 하나의 범죄로 간주되어 벌금형에 처해졌다. 그 지역에 사는 사람은 모두 왕의 소유물이었기 때문이다. 같은 이유로 프랑스 카메룬 지역에서도 누군가 자살할 경우 그 마을 촌장은 왕에게 보상을 해야 했다.[252]

수 세기 동안 자살은 절도일 뿐만 아니라 탈영의 한 형태로 인식되기도 했다. 키케로가 제시했던 군대의 은유는 수많은 중세의 저술가가 모방과 인용을 거듭했다. 예를 들어 20세기에 솔즈베리의 요하네스는 자발적 죽음에 대한 비난의 근거로 이 개념을 썼다.[253] 14세기 페트라르카가 제노바의 부주교에게 보낸 편지 역시 한 예다. 한 군인이 인간인 지휘관의 명령을 따라 진지를 지키고 명령이 없는 한 그곳을 버리지 않았다면 어떻겠는가? 만약 그가 진지를 버려 지휘관의 호의를 잃는다면 그는 불명예와 감옥행, 구타와 죽음의 위기에 처한다. 그렇다면 신의 명령을 무시한 자에 대해서는 뭐라고 할 수 있겠는가?[254]

자살에 처벌을 가하는 법이 폐지된 뒤에도 군인의 경우 자살은 계속 탈영 행위로 여겨졌다. 예를 들어 이탈리아 전투 당시 군대 내에서 벌어진 무수한 자살을 막기 위해 나폴레옹—정작 본인도 1814년 4월 13일 자살 시도를 한 것으로 알려진—은 이런 "수치스러운 나약함을 보여주는 군인은 누구라도 비열한 탈영병으로 비난받을 것이다"라고 엄중히 선언했다.[255]

좀처럼 믿기 어려운 신종 범죄

훗날 노르망디의 아브랑슈 교구의 주교가 되고 루이 14세의 아들 그랑 도팽의 개인 교사를 지내기도 했던 피에르다니엘 위에는 스물두 살 때인 1652년, 스톡홀름에 도착하자마자 '믿기 힘든 신종 범죄'를 발견했다고 발표했다.[256] 그가 이러한 확신을 갖게 된 것은 스웨덴의 어느 존경받는 시민이 네 살짜리 소녀를 칼로 찌른 사건 자체가 아니라 그가 법정에서 한 고백 때문이었다. "나는 완전히 의식 있는 영혼이 건강한 신체를 빠져나가 (…) 믿음 있는 자들의 경건한 기도에 의해 신에게 보내지는 것보다 영원한 구원을 얻는 더 확실한 방법은 없다는 걸 잘 알고 있다. (…) 나는 중죄를 저지르지 않고서는 이렇게 죽는 것이 불가능하다는 것을 알아차렸다. 그래서 아직 속세에 오염되지 않은 소년을 죽이는 것이 가장 쉬운 방법이라고 생각하게 된 것이다."[257] 그의 말이 오늘날에는 이해하기 어려울 수 있다. 그러나 피에르다니엘 위에는 그가 '큰 소리로 찬송가를 부르며 기쁘게' 죽어 갔다는 이야기를 전해들은 뒤 이 명망 있는 스웨덴 사람의 행위 뒤에 어떤 동기가 자리 잡고 있었는지 즉시 이해했다.

1년 전에도 그와 유사한 사례가 있었다.[258] 스톡홀름에 정착한 독일인 금 세공인이었던 파울 불프는 태어난 지 얼마 되지 않은 가정부의 아들을 죽였다. 그는 살해 즉시 치안판사를 찾아가 자수했는데, 판사가 그의 말을 믿지 않자 절망에 빠졌다. 살인자는 '더 이상 살고 싶지 않으므로' 즉각적인 사형 선고를 원한다고 진술했고, 자신은 죽기 전에 깊이 뉘우치고 잃어버린 영혼을 되찾을 것이므로 영원한 구원을 얻으리라 믿었다.

뉘른베르크 출신으로 결혼하자마자 아내를 버린 조각가의 아들로 태어난 파울은 어렸을 때부터 여러 번 자살을 시도했다. 그는 스톡홀름으로 이주하여 수공업자로 몇 년을 살다가 또다시 총으로 자살하기로 마음먹었다. 그러나 방아쇠를 당기려는 순간, 영원히 지옥에 떨어지는 게 두려워 멈출 수밖에 없었다. 그 순간 그는 전략을 바꾸어 자신의 영혼을 구원할 방책을 발견해냈다. 그는 죄악으로 얼룩지지 않아 천국에서 환영받을 깨끗한 영혼의 아이를 죽이기로 했다. 물론 그러고 나서 형이 집행되기 전에 깊이 뉘우칠 시간이 충분하므로 자신도 천국에 갈 수 있다고 생각했다.

과거 몇 년간 역사가들의 연구에 따르면, 그 사건 외에도 17세기 초부터 18세기 말 사이에 파울 불프와 같은 이유로 범죄를 저지른 사람이 독일, 영국, 오스트리아에 무수하다고 한다.[259](그림 11, 12) 그들은 모두 한 가지 공통점을 가지고 있었다. 누군가를 살해하거나 중대한 범죄를 저지른 후 법의 심판이 두려워 도망치거나 숨지 않았고, 체포될 경우 범죄 사실을 부인하지 않았다는 점이다. 대신 시 당국이나 종교 당국 혹은 범죄 후 길에

1장 최대의 죄악이자 가장 중대한 범죄

서 처음 마주친 사람에게 모든 것을 고백한 뒤 자신을 비난하고 사형을 선고하라고 요청했다.

1740년 스톡홀름에서는 크리스티나라는 젊은 여성이 이웃집 딸을 살해한 후 이렇게 털어놓았다. 그녀는 6개월 전에 이 삶을 끝내기로 결심했다. 하지만 '스스로에게 나쁜 짓을 해서 죽는다면 구원을 받지 못하지만 다른 누군가 때문에 죽는다면 많은 다른 사람처럼 구원을 받을 것'임을 알게 되어 범행을 저질렀다.[260] 1746년 슈판다우의 죄수 요하나 마르타우신은 다른 수감자의 아들을 죽인 후 "삶에 싫증이 나서 살인을 저질렀다. 자신이 아닌 어린아이를 죽인 이유는, 자살하면 지옥에 가지만 어린아이는 구원받을 수 있으며 자신에게도 회개할 시간이 주어지기 때문이다"[261]라고 진술했다. 1768년 런던의 메리 힌데스는 17개월 된 영아를 하이드파크 호수에 빠뜨려 죽였다. 그녀는 "삶에 지쳤고 남편과 불화가 잦았으며 심각한 불안 증세에 시달렸다. 죽고 싶었는데, 아이를 죽이면 재판관이 어떤 자비도 베풀지 않을 것임을 알고 있었기 때문에 그런 짓을 저질렀다"고 진술했다.[262] 치안판사가 힌데스에게 "죽기로 마음먹었을 때 왜 물에 빠져 죽지 않았나?"라고 묻자 "나는 사형 선고와 자살의 차이점을 알고 있다"라고 답했다.[263]

18세기에는 덴마크, 스웨덴, 독일에서 가장 끔찍한 범죄자의 처형을 기념하는 시가 인쇄되어 길거리에서 판매되었다. 당시 대중의 인식을 잘 보여주는 이 시들은 주로 악마에게 고문당하다가 결국 굴복하고 살인을 저지르는 사람들의 이야기를 담고 있었다. 그러나 실제로 그 사람들은 감옥에서 처형을 기다리며 회개하고 신이 자비를 베풀 것이라 믿고 있었다.[264]

신법과 인간법에 모두 조예가 깊은 전문가들은 이 신종 범죄가 유럽에서 시작되었다고 확신했다. 1766년 독일의 저명한 사법학자 카를 페르디난트 호멜은 그것을 '간접 자살'이라고 불렀으며 그 책임 소재를 종교적 설교에

두었다. "훌륭한 영혼을 지니지 못했으면서도 지옥을 두려워하며 (…) 자살한 자는 구원받지 못한다는 설교를 들은 자들이 삶에 지치면 죄 없는 아이들이나 어른들을 살해한다. 그리고 나서 마치 종교적으로 올바른 행동을 한 것처럼 사법 당국에 당당히 자수하여 더 확실하게 천국에 가기 위해 공개적으로 처형해줄 것을 희구한다."[265] 간접 자살이 기독교적 도덕성의 비뚤어진 결과이자 의도치 않았고 예측하지도 못한 결말이었다는 건 사실이다. 그리고 이는 삶을 끝내고 싶지만 그러면서도 영혼의 구원은 받고 싶은 신자들에게 그 외의 다른 방법은 없다고 믿게 만들었다.[266] 당시 유럽사회를 살아가는 모든 이는 살인자도 사형 집행 전에 신부의 기도를 받고 회개할 기회를 얻는다는 사실을 잘 알고 있었다.

자살하는 이들과 다른 방식으로 그 목적을 실현하는 이들 간에는 중대한 차이가 있었다. 자살하는 이들은 대부분 남자였고(앞서 살펴본 대로), 다른 방식을 택한 이들은 주로 여자였다.[267] 또 간접 자살은 직접 자살보다 더 잔혹했다. 17~18세기 남성들은 주로 목을 매고 자살했으며 여성들은 익사를 택했다.[268] 사형 집행을 받아내기 위해 살인을 저질러 간접 자살을 하는 이들은 남녀를 불문하고 주로 칼과 같은 무기를 사용하여 희생자의 목을 베는 경우가 많았다.[269]

한편 또 다른 형태의 간접 자살도 존재했다. 어떤 이들은 사형 선고를 받아내기 위해 수간獸姦, 즉 동물과 성관계를 맺었다고 고백하기도 했다. 사람을 죽였다고 주장해도 판사가 시체가 없으니 못 믿겠다고 하면 실제로 살인을 저지르는 사람도 있었다. 예컨대 1696년 스톡홀름에서 브리타 안데르스도테르는 영아를 살해했다고 주장했지만 법정은 그녀의 말을 믿지 않았다. 그녀는 어서 목숨을 끊고 싶은 조급한 마음에 이웃집 남자아이의 목을 베고 나서 한시라도 빨리 죽게 해주신 신에게 감사를 표했다.[270]

(표 1.2에 나타나듯이) 17세기 스톡홀름에서 살인을 통한 간접 자살자 수가 직접 자살로 인한 사망자 수에 육박하자 치안판사나 정치 당국은 이러한 추세를 막을 방법을 찾아야만 했다. 1668년에 세 살 난 사내아이를 죽인 혐의로 기소된 바르브로 페르스도테르에 대해 스톡홀름 법원은 사형을 선고하지 않을 가능성을 고려했다고 인정했다가 인간법과 신법이 허락하지 않는다는 이유로 철회했다.[271]

1702년 제국 도시 뉘른베르크 정부는 삶에 싫증이 나서, 그리고 스스로의 목숨을 뺏는 대신 다른 무고한 사람을 죽여 처형을 받아도 올바로 뉘우치면 천국의 문이 열릴 것이라는 사악한 생각으로 아이 혹은 어른을 살해한 사람에게는 누구라도 더욱 엄격한 벌을 내리겠다는 칙령을 발표했다.[272] 1706년 3월 27일 오스트리아에서도 같은 요지의 칙령이 선포되었다. 이러한 행위를 벌이는 자는 누구든 물에 빠뜨리거나 몸을 칼로 찔러(한동안 사

〈표 1.2〉 1600~1719년 스톡홀름의 자살 및 (살인을 통한) 간접 자살

	자살	간접 자살	10만 명당 비율
1600–1609	2	0	2.2–3.2
1610–1619	2	0	2.2–2.5
1620–1627	2	1	2.8–4.7
1636–1649	1	1	0.3–0.8
1650–1659	1	1	0.5–0.6
1660–1669	1	2	0.6–0.9
1670–1679	7	3	1.9–2.4
1680–1689	17	5	4.0–4.4
1690–1700	21	8	4.8–5.3
1701–1709	18	13	5.6–6.3
1710–1719	21	13	7.8–8.6

비고: 위 추정 비율은 자살 및 간접 자살 총계에 기초함 / 출처: Jansson(2004)

용되지 않았던 두 가지 고문 방식) 극심한 신체적 고통을 준 뒤 사형에 처한다는 내용이었다.

그러나 그로부터 수십 년이 지난 뒤, 무슨 수를 써서든 죽고 싶어하는 사람들에게는 처벌을 강화해도 효과가 없다는 것이 밝혀졌다. 18세기 중반 덴마크 사법학자 헨리크 스탐페는 사형 제도가 자살 희망자가 저지르는 살인을 저지하지 못한다고 확신에 차서 주장했다. 몇 년 후 독일 신학자 고티프 사무엘 슈타인바르트는 독일 목사들이 자살 희망자들을 도와주며 회개를 통해 용서받을 수 있다는 믿음을 심어주고 있다고 비판했다. 그는 성직자들이 사형장까지 범죄자들과 동행하는 것을 금해야 한다고 주장했다.[273] 실제로 1767~1794년 덴마크, 스웨덴,[274] 슐레스비히홀슈타인,[275] 프로이센은 '만약 온전한 정신을 지닌 자가 사형 선고를 받을 의도로 살인을 저지른다면 그 목적을 달성할 수 없을 것이다'라는 내용의 법령을 제정했다.[276] 대신에 그 범죄자들은 혹독하고 치욕스러운 처벌을 받게 될 것이다. 대중 앞에서 채찍질당하거나 이마에 낙인이 찍히고 쇠사슬에 묶여 하루 종일 힘든 강제 노역을 해야 한다. "1년에 한 번 장이 서는 날, 그 범죄자들은 초라한 몰골로 교도소에서 나와 대중 앞에 선다. 모자도 없이 부스스한 머리로, 목에 밧줄을 감고 손발은 묶인 채 가슴팍에는 '죄 없는 아이를 죽인 살인마'라는 문구가 새겨진 판자를 걸게 될 것이다." 그러나 절대 죽을 수는 없다.

내적·외적 통제

약간의 변동은 있지만 유럽의 자살자 수가 17세기 말엽까지 상당히 억제된 수준을 유지했다고 말할 수 있다면, 그것은 기본적으로 자살을 막는 다양한 통제 방법이 있었기 때문이다. 우선 내적 통제의 형태를 이용해, 즉 사람들이 받아들인 규범과 믿음을 통해 자살을 막는 방법이 있었다.[277] 자발적 죽음에 대한 기독교의 노골적인 비난과 스스로 목숨을 끊는 바람에 회개하지 못하게 된 사람은 영원히 지옥으로 떨어진다는 위협이 유럽인들에게 미친 엄청난 영향을 '간접 자살'보다 더 잘 이해시켜주는 것은 없다. 그러나 좀더 일반적인 수준에서 보면 아우구스티누스가 이룬 역사적 전환점 이후 서서히 형성된 문화가 감정을 사회적으로 규제하는 효과적이고 강력한 체계를 제공했다. 이는 일부 사건과 상황들에 대해 다른 문화, 세계의 다른 지역, 다른 시기의 사람들과는 다른 의미를 부여함으로써 이루어졌다.

예를 들어 강간을 생각해보자. 아우구스티누스 이후 형성된 기독교 윤리를 받아들인 여성은 자신을 공격한 남성에게 계속해서 분노와 혐오, 미움을 느꼈을 것이다.[278] 그러나 다른 문화와 비교해보면, 강간으로 명예가 위협받았다는 생각이 덜했고 수치심과 죄의식도 더 없었으며, 그런 이유로 자살하는 경우도 덜 흔했다(2부에서 살펴볼 것이다).

아울러 군대의 패배에 대한 사회적·심리적 결과를 살펴봐도 같은 결론이 나온다. 기독교가 지배하는 유럽의 전사들은 항상 용기와 명예, 영광을 중시했다. 그러나 그들은 고대 로마인이나 당시의 중국, 인도, 일본의 전사[279]와 달리 자살하는 일은 거의 없었고, 명예롭지 못한 패배와 치욕스러운 포로 생활을 피할 목적으로 자살을 권고당하지도 않았다. 세르반테스는 1580년 『누만시아의 함락 The Siege of Numancia』이라는 비극 작품에서 17세기 스페인의 이 작은 마을 사람들 중 일부는 로마에 항복하느니 자살하는 쪽을 택했다고 기록했다. 그러나 (앞으로 살펴보게 되듯이) 기독교가 지배하는 유럽 지역에서는 그와 같은 유형의 사례가 적어도 1945년까지는 발생하지 않았다. 기독교 유럽 세계에서는 수 세기 동안 가이우스 그라쿠스, 푸블리우스 퀸크틸리우스 바루스, 가이우스 불테이우스 카피토와 같은 인물은 나오지 않았다.

반면 기독교의 가치와 규범을 내면화한 이들은 여느 문화와 달리 육체적·정신적 고통에 새로운 의미를 부여했으며, 아마 고통을 더 잘 제어했을 것이다. 일반적으로 기독교적 규범과 신념은 분노(그림 5), 나태, 슬픔, 절망과 같은 특수한 감정을 자살의 원인으로 비난한다. 그들은 이 감정들을 죄악으로 여겨 신자들에게 이런 감정들에 굴복하지 말고 최선을 다해 멀리하라고 강요한다. 올가미를 목에 건 유다를 표현하는 무수한 그림이 이러한 감정에 지배당한 결과가 어떤 것인지 보여줌으로써 신자들을 겁주는 역할을 했다. 도미니크회 수도사 조르다노 다피사는 1305년의 설교에서 이렇게 말했다. "현세의 그 무엇보다도 재판과 처벌을 기억하는 것은 가장 유용하다. 왜냐하면 죄 많은 이는 두려움이 아니고서는 결코 악을 스스로 억제하지 못하기 때문이다. 처벌에 대한 공포가 없다면 그들은 결코 악을 멀리하지 않을 것이다."[280]

아울러 그 감정들에 굴복하면 악마의 손아귀로 떨어질 것이라는 믿음도 하나의 제어기제로 작용했다. 이런 확신이 신학자와 사제들에게만 국한되었던 것은 아니다. (편지, 자서전, 판결문, 연대기, 사건 기록 등) 갖가지 문서에 따르면, 중세와 그 이후로도 오랫동안 유럽인들은 다양한 개념을 통해 자살을 설명했다. 이들은 자살을 경제적 실패, 불명예, 사랑하는 이의 죽음, 실연 탓으로 돌렸다. 또한 성별에 따라서도 차이가 있다고 생각했는데, 여성은 불륜이나 남편의 폭력 때문에, 남성은 도박에서 돈을 잃거나 재정적 파산 때문에 자살한다고 보았다. 하지만 초자연적인 원인으로도 자발적 죽음이 일어난다고 확신했고, 악마가 사람들에게 자살하라고 부추긴다고 믿

1장 최대의 죄악이자 가장 중대한 범죄

었다. 사탄은 신의 절대적 적대자, 어디에나 존재하는 불가항력적인 힘으로 여겨졌다. 그리고 사탄은 사람들을 꾀고 구슬리기 위해 다양한 모습으로 변신할 수 있으므로 악마와 악령 무리를 이끈다고 생각했다. 17세기 초반 영국에서 물리학자이자 천문학자였던 리처드 네이피어가 치료했던 139명이 넘는 환자들은 사탄이 그들을 유혹했다고 말했다. 같은 시기에 느헤미야 월링턴이라는 청교도인은 악마가 열한 번에 걸쳐 각기 다른 모습으로 나타났다고 했다. 때로는 여동생의 모습으로, 때로는 까마귀, 목사, 심지어 어디서 들려오는지 알 수 없는 순수한 목소리로 현신했으며, 그때마다 그에게 자살을 부추겼다고 했다. 결국 느헤미야가 세 번째 유혹에 굴복하여 자신의 목에 칼을 들이댄 찰나, 신의 뜻과 관용 덕분에 스스로를 구할 수 있었다고 한다.[281]

여러 범죄를 저질러 감옥에 갇혀 있던 구제불능의 쾌락주의자이자 무모한 일탈 행동의 상징과도 같았던 프랑스 시인 프랑수아 비용조차 종교가 아니었다면 자신도 자살했을 거라고 고백했다. 1461년 그는 「유언시 Testament」에 이렇게 적었다.

이제 그는 신 아래 엎드려 간곡히 청한다Or luy convient-il mendier
그럴 수밖에 없느니Car a ce, force le contrainct
날이 갈수록 더욱 죽기를 갈망하며Requiert huy sa mort, et hyer
가슴 깊숙이 슬픔이 가득 들어차 있는 것을Tristesse son cueur si estrainct
아직 스스로 목숨을 거두지는 않았으나Souvent, si n'estoit Dieu qu'il crainct
아직 신법을 어기지는 않았으나Il feroit un horrible faict

이따금 신에 대한 두려움이 사라지면Si advient qu'en ce Dieu enfrainct
끔찍한 일을 벌이게 되리라Et que luy mesmes se deffaict.[282]

한편 1539년 벤베누토 첼리니는 교황 바오로 3세에 의해 산탄젤로 성에
감금되어 있을 때 너무나 괴로워서 '나무 막대'로 자살하려고 했다. 첼리니
의 자서전에 따르면, '그러나 보이지 않는 어떤 힘'에 사로잡힌 그는 틀림없
이 신의 손길에 의해 '그 지점에서 4큐빗쯤 떨어진 곳에 던져져 반쯤 죽은
상태로 공포에 휩싸여 누워 있었다'. 그가 깊은 잠에 빠진 뒤 '가장 사랑스
러운 젊은이의 모습을 한 현자'가 나타나 그를 강하게 꾸짖는 꿈을 꾸었다
고 한다. "죽기 전에 이제 네가 망가뜨릴 그 육체를 네게 준 이가 누군지 아
는가? (…) 그것을 파괴함으로써 창조주 신의 작품을 욕보일 텐가? 스스로
를 신에게 인도하여 그의 절대 선에 대한 희망을 잃지 말거라!"[283]

그다음으로, 17세기 말까지 유럽에서는 외적 통제 형태를 이용해서도 자
살을 억제하고 막았다. 1790년에 프랑스의 법학자 드파스토레가 썼던 말이
아마 맞을 것이다. "이러한 불명예에 대한 두려움이 삶을 택하는 가장 큰
이유라는 생각이 인간의 마음속에 자리 잡았는지 아닌지에 상관없이, 당시
남아 있던 자살자 모독과 훼손 의식들은 사람들에게 비난받는 대신에 여
전히 이해되었다. 교수형 집행자가 자기 시체를 훼손시키는 모습만 상상해
도 불행한 자가 손에서 칼이나 권총이나 단검을 내려놓기에 충분하지 않은
가?"[284]

이 시기의 유럽인들은 자살이 극악무도한 죄악이자 중죄라는 사실을 잘
알고 있었다. 거리와 광장에서 주기적으로 응징이 벌어지는 광경은 시 당
국과 종교 당국이 자살을 대단히 엄격하게 처벌한다는 사실을 상기시켜주
는 역할을 했다. 또한 사람들은 자살을 하면 재판에 회부되어 교수형을 선

고발은 후 자신의 몸이 마치 동물의 사체처럼 험하게 다루어지고 다른 기독교도가 아닌 짐승과 함께 매장된다는 사실을 잘 알고 있었다. 봉건 영주나 군주가 그들의 재산을 몰수할 것도 불 보듯 뻔한 일이었다. 그러나 무엇보다도 가장 큰 위협은 남겨진 배우자와 아이들, 부모님, 친지들이 겪을 재앙과도 같은 고통이었다. 사회는 남겨진 이들에게 사랑하는 이를 잃은 슬픔에 더하여 치욕과 실의, 절망, 굴욕을 안겨줄 것이다. 그들은 재판장에서 심문을 받고 시체를 길바닥에 끌고 가는 광경을 목격할 것이며, 적어도 재산의 일부를 잃게 될 것이고 주변의 의심과 비난의 눈초리를 감내해야 할 것이다. 그들 중 누구도 자살이라는 죄악이자 중죄를 저지른 사람과의 혈연이라는 부담에서 벗어날 수 없었다.

2장

나 자신이라는
감옥의 열쇠

FAREWELL TO THE WORLD

유럽과 아메리카 식민지에서 누군가가 자살했을 때 벌어진 일들과 집, 거리, 법정, 교도소, 교회, 묘지에서 반복되었던 광경에 관해 생각해보고 이를 오늘날의 상황과 비교하면 뒤르켐이 제시한(그리고 사회학자들이 채택한) 두 가지 주장이 근거가 없다는 게 분명해진다. 일단 '역사가 진보함에 따라' 스스로 목숨을 끊는 행위가 '더욱 엄격하게' 금지되었다는 생각에는 근거가 없다. 앞으로 살펴보게 되듯이, 15세기부터 유럽에서 형성되어 수 세기 동안 확고하고 위압적으로 사회를 지배하며 자살을 비난하거나 위축시켰던 가치, 규칙, 제재, 신념, 상징과 해석 범주들이 어느 시점부터 균열이 가고 동요하기 시작하여 이를 강화하고 유지하려는 모든 노력에도 불구하고 마침내 붕괴하고 말았다. 또한 국가에 대한 인간의 권리가 성장하고 인간을 신성한 존재로 보는 시각이 강화되면서 자살에 대한 비난이 커진다는 뒤르켐의 다른 주장도 근거가 없기는 마찬가지다. 실제로 어떤 측면에서 봐도 그와는 정반대 현상이 발생했기 때문이다. 물론 자발적 죽음에 대한 이러한 도덕적인 접근 방식에 위기가 온 데는 여러 요인이 작용했다. 하지만 삶, 자유, 재산에 대한 개인의 권리뿐 아니라 세상과 작별하는 때를 선택할 수 있는 권리에 대해서 눈뜬 것이 특히 중요한 역할을 했다.

원인이 무엇이든 간에 이러한 장기적이고 지대한 변화는 엄청난 결과를 불러왔다. 수 세기 동안 수많은 방식으로 유럽인들을 자살의 유혹에서 벗어나게 해주었던 신념, 규칙, 제재, 상징, 해석 모델이 약화되고 뒤이어 붕괴하자 자살률은 외견상 급증하는 추세를 보였다.

자살의 합법성

16세기 중반과 17세기에 이르면 문화적 엘리트층 사이에서 자살에 대한 기독교 윤리가 처음으로 위기에 봉착한다. 당시 귀족과 지식인, 교육 수준이 높은 부르주아 계급 가운데 얼마나 많은 사람이 아우구스티누스, 토마스 아퀴나스, 루터, 칼뱅의 교리에 회의를 느꼈는지는 정확히 알 수 없다. 신성모독을 이유로 자살자의 시신을 처벌하고 저주하는 의식에 불편함을 느꼈던 이가 얼마나 있었는지도 모를 일이다. 또 그 가운데 얼마나 많은 사람이 펜을 들어 자살의 합법성에 대해 에세이를 쓸 정도로 강한 충동을 느꼈는지도 알 수 없다. 하지만 현존하는 기록들을 살펴보면 오늘날 우리가 일반적으로 생각하는 것보다 이 같은 사례가 훨씬 더 많았으리라 추정된다.

이 같은 민감한 논쟁에 대해 공개적으로 자신의 주장을 피력해온 이들이 감수해야 했던 위험을 감안하면 거의 모든 사람이 이 문제에 최대한 신중하게 접근한 것은 놀라운 일이 아니다. 이들은 저작물에 서명을 하지 않았고 완성된 직후 불에 던져버리기도 했으며, 출판을 거부하기까지 했다.

결국 출판하기로 결심한다 해도 자신의 의견을 감추거나 완곡하게 표현하기 위해 혹은 당국의 관심을 돌리기 위해 여러 꾀를 썼다. 작가 미상으로 알려진 1578년의 저작물 『자살은 저주받을 일인가Whether It Be Damnation for a Man to Kill Himself』가 대표적인 사례다. 이 책은 존 해링턴 경의 작품들과 함께 발견되었으며 현재 영국 대영 박물관에 소장되어 있다.[1] 16세기 말에는 유스튀스 립시위스가 자살의 적법성을 논한 자신의 에세이를 직접 파기한 사례도 있었다.[2] 수년이 흐른 1610년 신학자이자 시인이던 존 던은 자살을 옹호하는 입장을 밝힌 자신의 책을 그의 친구들과 공유했으나 끝내 일반에 출간하지는 않았다. 친구 중 한 명에게는 "본 저작물의 저자는 던 박사가 아니라 잭 던"이라는 메시지를 보내기도 했다.[3] 그는 사망하기 전 그의 아들과 두 친구에게 남긴 이 책의 복사본을 "출간하지도 말고 불태우지도 말라"는 당부의 글을 남겼다.[4] 하지만 이 책은 1647년에 결국 '폭력적 죽음'을 뜻하는 『자살론Biathanatos』(폭력biaios과 죽음thanatos에서 따왔다)이라는 제목으로 출간되었다. 마찬가지로 데이비드 흄은 1775년에 탈고한 에세이 『자살에 관하여On Suicide』를 출간 직전 교정쇄 단계에서 파기했다.[5] 어떤 사람들에 따르면 이 책은 당초 흄의 친구(애덤 스미스로 추정된다)가 미래에 성공회 주교가 된 윌리엄 워버턴에 대한 항의 차원에서 쓰도록 종용했다고 한다. 하지만 이후 사본 일부가 은밀하게 읽히다가 1770년 프랑스에서 작자 미상으로 번역 출간되었다. 요한 로베크의 경우는 더욱 극적이었다. 스웨덴 출신으로 예수회 수사였던 그는 독일에 장기간 거주하면서 1735년에 자살을 옹호하는 라틴어 논문 「자발적 죽음De morte voluntaria」을 완성했다. 하지만 그는 책을 출간하는 대신 혼자 보트를 타고 나가 베저강에 몸을 던졌고, 시신은 강 하류에서 발견되었다. 그의 책은 사후에 한 동료에 의해 출간됐지만, 그 동료는 그의 주장을 일일이 반박했다.[6]

유럽 문화를 대표하는 3인의 거장 역시 시기는 달랐지만 자살에 대한 견해를 매우 신중한 방식으로 드러냈다. 1516년에 토머스 모어는 자신이 사는 곳과 근본적으로 다른 사회, 즉 합리적이고 행복하며 완벽한 사회, 시간적·공간적으로 멀리 떨어진 섬인 유토피아에 대해 얘기하면서 자살의 일부 형태를 옹호했다. 그리고 미셸 몽테뉴는 1580년에 다음과 같은 경고성 서문으로 이 주제에 대해 언급하기 시작했다.[7] "사람들이 말하는 것처럼 철학적으로 사색하는 것이 의심하는 것이라면, 농담을 하며 공상적인 얘기를 하는 내 행동 또한 의심을 품은 행동으로 봐야 한다. 학생의 역할은 질문을 던지고 토론을 하는 것이기 때문이다. 그리고 스승의 역할은 자신의 자리에서 해결책을 제시하는 것이다. 내 스승은 명백히 우리를 지배하고 인간의 논쟁 방식을 평가하는 신의 의지에 관한 권위자다."[8] 마지막으로 몽테스키외는 『페르시아인의 편지』에서 여주인공 록사나를 페르시아에서 자살한 것으로 그렸는데, 초판이 발간된 지 30년이 지난 1754년에 펴낸 제2판에서는 자신의 논지를 완화하기 위해 짧은 편지 한 통을 추가했다. 마찬가지로 스탈 부인과 샤토브리앙도 여주인공인 쥘마와 아탈라가 사는 곳을 멀리 떨어진 지역으로 선택했고, 두 사람 모두 같은 종말을 맞았다.

다시 토머스 모어 이야기로 돌아가보자. 유토피아 주민들은 자신들이 누리는 행복을 그들이 사는 '크고 격조 높은' 도시, 재산의 공동 소유, 강한 사회적 유대감, 훌륭한 정부, 환자에게 아낌없이 베푸는 따뜻한 보살핌 때문이라고 보았다. 게다가 누군가 불치병에 걸려 극심한 고통에 시달릴 경우 사제와 관료들은 병자에게 "삶의 어떤 의무도 이행할 수 없고 자신과 다른 사람들에게 짐만 될 뿐이니" "더 이상 역병의 먹잇감이 되지 말라"고 일깨워주었다.[9] 이러한 말에 설득된 이들은 스스로 굶어 죽거나 안락사를 택했다.

하지만 토머스 모어의 사상은 몽테뉴, 던, 몽테스키외, 라디카티 디파세라노, 흄, 볼테르 등 계몽주의 철학자들이 내세운 것과 비교하면 그다지 급진적이지는 않았다.[10] 이렇게 말할 수 있는 첫 번째 근거는 유토피아에서도 중병에 걸려 고통스러워하는 환자가 스스로 죽음을 택하기 위해서는 공권력과 종교 당국의 승인이 필요했다는 점이며, 두 번째 근거는 이 섬에서 '명예롭다'고 간주되어 허용되는 자살의 형태는 불치병의 고통으로 인한 안락사뿐이었다는 점이다. 만약 성직자나 치안판사가 볼 때 정당하지 않은 이유로 목숨을 끊었다고 판단될 경우, 시신은 매장이나 화장될 가치가 없는 것으로 간주되었으며 웅덩이에 던져지는 수치를 당했다.[11] 그러나 모어는 "고통은 인간의 본질을 완성시켜주는 도구이며 한계나 장애가 될 수 없다"는 아우구스티누스의 주장에 의문을 제기했다.

몽테뉴 역시 에게해의 키클라데스 제도에 속한 외딴섬인 케아에 사는 사람들의 관습을 기록했다. 이 섬에서는 나이 든 노인들이 건강상 별문제가 없는데도 자살했는데, 자살을 할 때 누군가의 허락을 구하지 않았으며, 자살은 고통을 피하는 게 아니라 예방하기 위한 수단이었다. 몽테뉴는 또 90세가 넘은 상류층 노파의 자살을 기록했는데, '영육 간에 축복받은' 그녀는 자살하겠다는 자신의 결정을 다음과 같은 말로 정당화했다. "나는 여태 운명의 친절한 얼굴만 봐왔다. 그런데 더 살길 바라면 운명의 적대적인 얼굴을 볼까 두렵다. 남은 내 영혼에 휴식을 주고 두 딸과 많은 손주를 남기고 이렇게 행복하게 죽을 수 있어 행복하다."[12] 그녀는 가족들에게 평화롭게 살 것을 당부하고 재산을 나눠준 뒤 컵에 든 독을 단숨에 들이켰다. 몽테뉴는 이런 행위를 날씨가 온화하고 주민들이 고령까지 사는 '상춘국'의 관습과 비교했다. 이 나라 사람들은 '인생의 종착역에 닿아 기운이 다하면 즐거운 잔치를 연 뒤 가파른 절벽에서 바다로 몸을 던졌다'.

죽음을 깊이 반추하고 이와 관련된 글을 썼던 존 던은 '자기 자신의 사형 집행자가 된 사람이 아주 많다'는 사실에 늘 마음이 이끌렸다. 손가락에 낀 반지나 펜 안에 항상 독을 넣어 다니는 사람들도 있고 '감옥 벽에 머리를 짓찧는' 사람들도 있다.[13] 하지만 그는 자살의 합법성을 옹호하는 매우 격조 높은 책을 쓰기도 했는데, 신학 혹은 기독교적 윤리를 다룬 이 논문은 이런 종류의 책으로는 유럽에서 처음 출간된 것이었다. 존 던은 나중에 다른 저작에서도 이 주제를 다시 다루었다.[14] 케임브리지대학과 링컨스 인 Lincoln's Inn 법학원에서 신학을 수학한 던은 매우 광범위한 작가와 저작들을 인용하고 복잡한 논거를 사용해 당시 지배적이었던 교리를 자신 있게 반박했다. 토머스 모어가 사용했던 구성에 따라 그는 『자살론』을 세 개 장으로 나누었으며, 각 장은 자살이 범죄라는 주장의 근거를 논박하는 데 초점을 맞췄다.

첫 장에서 던은 자신이 '자기 살해'라 부르는 자살이 자연법을 위반하는 행위라는 세간의 믿음에 의문을 제기했다. 던은 펠리컨이나 벌 같은 동물들도 자살을 하고, 여러 다른 비기독교 사회들(고대 로마나 인도 등)에서 자살이 적법한 행위로 여겨졌으며, 4세기 초 기독교인들 중에 스스로 목숨을 끊은 순교자도 있었다고 주장했다. 따라서 그는 '시대' '장소' '상황'을 막론하고 모든 인간은 자살 충동을 느낀다고 결론 내렸다.[15] 던은 실례를 들고 저명한 작가들의 입장을 인용하여 자살은 인간의 본성과 반대되는 것이 아니며 오히려 인간의 본성에 자살 욕구가 내재되어 있다고 거듭 주장했다. 그리고 두 번째 장에서는 자살 자체가 합리적인 법을 거역한다는 개념을 비판했다. 그는 자살이 우주에서 생명체를 제거하고 국가에서 백성을 없애기 때문에 불법이라는 토머스 모어의 개념에 의문을 제기하면서, 자살로 나타나는 결과는 용맹한 용병 대장이 수도원에 들어가거나 어떤 사람이 다른 나라로 이민 갈 때 일어나는 일과 똑같다고 말했다. 마지막 장에서는 자살 자체가 하나님의 율법을 어기는 행위라는 생각에 반박했다. 그는 기독교 교리에서 유일하게 중추적인 역할을 하는 계명이 '살인하지 말라'라고 확신했다. 하지만 이 규칙에는 무수한 예외가 있었다. 가령 치안판사는 누군가에게 사형(이미 스스로 목숨을 끊은 사람에게도)을 선고할 수 있고, 전쟁 중에는 적이라면 부모라 할지라도 죽일 수 있었다. 던은 이러한 관점에서 자살이 예외로 취급될 수 없는 이유가 있는지 의아했다. 삼손은 자살했지만 교회에서 순교자로 추앙받지 않는가? 또 예수의 죽음은 어떤가? 가장 민감할 수 있는 이 같은 물음이 시인이자 신학자였던 던의 주장에 설득력을 부여하고 있다.

던에 따르면 당시의 일반적인 믿음과 달리, 예수는 죽임을 당한 것이 아니었다. 던은 예수가 십자가에 못 박힌 것이 단순한 복종이나 굴욕이나 사랑의 행위가 아니었다고 확신했다. 오히려 예수는 자신을 죽음에 이르게 할 과정을 완전히 통제하고 인식하고 있었다. 그러나 예수는 '기꺼이 그 길을 택했다'. 예수 자신이 "내 영혼을 없앨 수 있는 이는 아무도 없다. 그것을 버릴 권능은 내게 있느니라"라고 말한 것처럼. 따라서 어떤 사람도 그의 영혼을 빼앗지 않았고 당시 예수가 죽은 것은 오로지 그 자신의 의지에 의해서였다.[16]

던은 자신이 살아 있을 때는 책이 출판되지 않으리란 걸 알고 있었지만 자신의 주장을 인쇄본에 자세히 설명했을 뿐 아니라 1619년 부활절에 한 설교에서 공개적으로 밝히기도 했다. 그는 다음과 같이 말했다. "예수의 영혼은 강제로 그의 몸을 떠난 것이 아니다. 자신의 의지로 죽은 것이다. 그는 언제, 어떻게 떠날지도 알고 있었다. 이는 무엇보다 다음 질문에 대한 답이 된다. 그는 누구인가? 예수는 다른 모든 사람처럼 자연사하거나 폭력적으로 죽은 것이 아니라 자발적으로 죽음을 택했을 뿐이다."[17]

따라서 시인이자 성공회 신학자였던 존 던에 따라, 기독교인들이 세계사에서 가장 중요하다고 생각하는 두 사건 중 하나인 예수의 죽음이 죄의 결과이자 인간이 저지를 수 있는 가장 중한 범죄의 결과가 되고 말았다. 이는 너무나 대담하고 불경하며 신성모독적인 생각이었지만, 20세기의 위대한 시인인 호르헤 루이스 보르헤스에게 강한 인상을 주었다. 던의 생각에 깊은 인상을 받은 보르헤스는,[18] 『자살론』이 "신이 자신의 처형대를 만들기 위해 우조를 창조했다"는 식의 '바로크적 사상'을 담고 있다고 주장했다. 던은 예수가 자발적으로 죽음을 택했다고 하면서 만물의 근원, 천지와 인간, 이집트, 로마와 바빌론, 유다 왕국 모두 예수를 파괴하기 위해 창조되었다고 암시한다. 아마 철은 못을 만들기 위해, 가시나무는 조롱의 면류관을 위해, 피와 물은 상처를 위해 만들어졌을 것이다.[19]

던이 자살은 죄악이 아니라고 주장했다면, 한 세기가 흐른 뒤 유럽 최고 지식인 중 하나인 몽테스키외는 자살을 더 이상 범죄로 간주하지 못하게 하기 위해 노력했다. 몽테스키외는 1721년 자신의 서간체 소설 『페르시아인의 편지』에서 우스베크를 대변인으로 설정했다. 우스베크는 많은 아내, 그리고 환관과 함께 하렘전통적인 이슬람 가옥에서 여자들이 생활하는 영역에서 생활하는데 익숙한 냉혹한 페르시아 군주로서 나중에 같은 페르시아인 한 명과 함께 프랑스로 여행을 떠난다. 두 사람은 완전히 새로운 문화와 맞부딪치고 이방인의 시선으로 이를 보게 된다. 이렇게 하여 몽테스키외는 독자들로 하여금 자살을 포함해 그간 익숙하고 최선이라고 생각했던 관습들을 비판적 시각으로 재평가할 수 있도록 한다. 우스베크는 편지에서 "이들 법은 내게 매우 부당해 보인다. 내가 육체적인 고통을 당하고, 가난으로 짓눌리고 조롱받을 때, 내가 내 손으로 내 고통을 끝낼 수 있는 나만의 구제법을 왜

누군가가 잔인하게 박탈하려 하는가?"라고 묻는다.[20]

자살의 적법성에 대한 몽테스키외의 주장은 한 세기가 흐른 뒤 당시 유럽에서 가장 뛰어났던 한 지식인에 의해 재조명된다. 피에몬테의 귀족으로 유배 중이던 알베르토 라디카티 디파세라노 백작이 쓴 책의 번역본이 1732년 런던에서 출간된 것이다. 이 책은 다음과 같은 문장으로 끝을 맺는다. "이제 결론을 내리자. 사는 것에 너무나 지치고 신물이 날 때, 한 개인이 임의로 죽음을 선택하는 것은 자연법에 어긋나지 않는다. 자발적으로 죽는다는 것은 만유가 친절하게 손에 쥐어준 구제 방법을 사용하는 것이며 '이생'이라는 악에서 자신을 구해내는 수단이다."[21] 체사레 베카리아와 볼테르는 형법 개정과 자살에 대한 처벌 약화를 지지했다. 베카리아는 "정치적 자유라는 개념이 연좌제를 금지함에도 불구하고 자살에 대한 형벌은 당사자 대신 무고한 그 가족에게 가해지고 있다"고 역설했다.[22] 볼테르는 아버지이자 남편이 자살했다는 이유로 그 아들과 아내에게 불명예를 안겨 이들을 가난으로 내몬다는 점을 들어 자살을 다루는 유럽식 법률의 불합리성을 부각시켰다.[23]

자발적인 죽음에 대한 새로운 윤리관은 당시 유럽사회에 일어난 근본적인 문화적 변화를 보여준다. 17세기 말과 18세기에 걸쳐 많은 경제·사회·정치적 요인이 삶과 현세, 가족과 개인, 국가와 법에 대한 새로운 가치관을 형성했다. 이런 변화의 관점에서 보면, 모든 인간은 특별한 존재이며 저마다 완전히 자율적으로 개인의 목표와 행복을 추구하기 위해 생명, 자유, 재산에 대해 양도할 수 없는 권리를 소유한다.

자살의 합법성을 옹호하는 사람들은 16세기 중반부터 자살을 한 개인의 자주성과 자유의 표현으로 간주했다. 이 새로운 도덕관에 따르면, 개인의 삶은 더 이상 신 또는 그들의 봉건적 지배자 혹은 군주, 심지어는 각 집안의 가장에게 종속되지 않으며 온전히 자기 자신에게 속해 있다. 따라서 삶을 포기하겠다는 결정도 온전히 개인의 몫이었다. 몽테뉴는 이런 생각을 강력하게 지지했으며 생애 내내 이러한 주장을 펼치기도 했다. 그는 "자연이 인간에게 베푼 가장 큰 호의이자 인간을 비참하게 만드는 모든 원인을 제거할 수 있는 방법은 정원으로 들어가는 열쇠를 인간에게 주는 것이다. 즉, 자연은 삶으로 들어가는 입구는 오직 하나만 허락했지만 출구는 헤아릴 수 없이 많이 만들어놓았다. (…) 가장 자발적일 수 있는 죽음이 가장 공정한 죽음이다. 우리의 탄생은 타인의 의지에 달려 있지만, 죽음은 개인이 선택할 수 있다. (…) 만약 죽는 자유가 없다면 삶은 노예나 마찬가지일 수밖에 없다"고 썼다.[24] "내가 내 재산을 가지고 달아나거나 내 지갑을 훔쳐도 절도죄가 아니고 내 숲을 태워도 방화죄가 아닌 것처럼 나 자신의 목숨을 끊는 일은 살인죄가 아니다"라는 게 그 이유다.[25] 동산 혹은 부동산과 마찬가지로 생명 역시 개인에게 속해 있다. 2세기가 흐른 뒤, 데이비드 흄은 이런 사실을 더욱 확신하고 자신의 책 첫 줄에 이렇게 선언했다. "자살에 반대하는 모든 주장을 이 책에서 검토하여 인간이 타고난 자유를 회복하려 노력해보자."[26]

심지어 존 던도 자살을 개인의 자유의지로 봤다. 감히 출판하지 못했던 저서에서 그는 "고통이 나를 공격할 때마다 나는 '나 자신'이라는 감옥의 열쇠를 내 손에 쥐고 있다는 것을 느낀다. 어떤 치유법도 내 손에 쥐고 있는 칼만큼 빨리 내 가슴에 와닿을 수는 없다"라고 썼다.[27] 그는 독자들이 이러한 그의 주장을 이단적이라고 여길 것이라는 사실을 분명히 인식하고 있었다. 하지만 그는 '나 자신'이라는 감옥의 열쇠를 쥐고, 자신이 원할 때 세상을 떠날 자유를 분명하게 처음 선포한 이가 바로 예수라고 확신했다. 그는 예수가 "내 영혼을 취할 수 있는 이는 아무도 없으니 (…) 나는 그것을 내려

놓을 권능이 있느니라"라고 말한 것을 예로 들었다.[28]

던은 이런 확신이 매우 강해서 신학 원리를 추상적으로 논의할 때뿐 아니라 자신의 삶을 이야기할 때도 여러 차례 이를 표현했다.[29] 1608년 헨리 구다이어 경에게 보낸 편지에서 그는 다음과 같이 말했다.

> 나는 죽음이 나를 잠재우지 않게 할 것이다. 죽음이 나를 침범해 내게 죽은 자라고 선언하고 나를 이기고 압도하게 놔두지 않을 것이다. 내가 난파해야 할 때가 되면, 헤엄조차 칠 수 없는 음침하고 잡초가 우거진 호수가 아니라 내 무능함에 대해 어느 정도 핑곗거리가 있는 바다에서 난파할 것이다. 따라서 나는 내 의지대로 무언가를 할 것이다. 하지만 당연한 건 없다. 선택의 문제이기 때문이다. 하지만 자신이 관여하지 않는다면 아무것도 아닌 존재가 되는 것이다.[30]

몽테스키외는 『페르시아인의 편지』를 뜻밖의 자살로 끝맺었다. 고통을 끝낼 수 있는 개인의 권리를 주장한 우스베크는 자살을 통해 자유를 향한 갈망을 드러냈다. 페르시아 폭군이 가장 총애하고 가장 성실한 아내라고 믿었던 록사나도 마지막 편지에서 숨겨놓았던 자신의 속마음을 드러낸다. "당신은 어떻게 내가 오직 당신의 변덕을 흠모하기 위해 사는 존재라고 믿을 정도로 나를 어수룩한 사람이라고 생각했나요? (⋯) 나는 예속되어 살았을지 모르지만 항상 자유로웠어요. 저는 당신의 법을 자연의 법칙에 맞게 고쳐 썼고, 내 정신은 항상 독립적이었어요." "당신은 사랑의 환희 속에서 나를 보지 않았죠. 당신이 나를 제대로 알고 있었다면 내게서 온갖 혐오를 보았을 거예요. (⋯) 우리는 둘 다 행복했어요. 당신은 나를 속였다고 믿었고 나는 당신을 속이고 있었으니까요."[31] 록사나는 편지를 쓰기 직전에 독약을 먹었고 이제 몸에서 서서히 힘이 빠져나가는 것을 느꼈다. "손에서 펜을 놓쳤어요. 이제 미움조차 점점 희미해지고 있네요. 저는 죽어가고 있어요."

알베르토 라디카티 디파세라노에 따르면, 자연의 여신이 동물을 창조해서 이루려고 했던 목표는 이들의 '더할 나위 없는 행복'이었다. 그녀는 동물이 '기분 좋고 즐거우며' 삶이 혐오스러워지면 곧바로 반환할 수 있다'는 조건 아래 이들에게 생명을 주었다. '같은 취지로, 그녀는 인간에게 삶이 힘들어지면 그만둘 전적인 자유를 주었다.' 파세라노는 이를 증명하기 위해 오래된 비유를 끌어왔다. "생명이라는 이 감옥에서 빠져나갈 수 있는 천 개의 문이 존재한다. 자연이 남기지 않았다면 이 문들이 있을 리가 없다."[32]

당시 유럽에서 진행되고 있던 광범위한 문화적 변화 역시 자살의 합법성을 옹호하는 이런 주장들을 촉발시켰다. 당시 유럽에서는 공리주의와 계약주의가 확립되고 저승보다는 현세의 세속적 쾌락 추구를 점차 더 중시하는 경향이 나타나고 있었다. 더욱이 이러한 추구가 점점 도덕과 공공의 안녕을 위한 필수적인 자극제로 간주되었다. 더 나아가 이러한 변화는 한 개인의 자살이 그가 속해 있는 국가에 대한 저항이라는 생각을 약화시켰다. 체사레 베카리아는 "영원히 국적을 포기하는 사람보다 자살을 택하는 사람들이 사회에 손해를 덜 끼친다. 전자는 국가를 떠나면서 자신의 재물 일부라도 그 나라에서 가져가지만 후자는 모두 남겨놓고 떠난다"[33]고 언급했다.

베카리아 이전에도 사회와 개인이 계약 관계라는 관점에서 각 개인은 그 계약이 더 이상 이익이 되지 않을 때 철회할 수 있다고 주장하는 사람들이 있었다. 몽테스키외는 "사회는 쌍방의 이익을 기반으로 한다. 하지만 사회가 내게 짐이 된다고 느낄 때 나는 왜 사회와의 의절을 선언하지 못하는

가? 나는 호의에 의해 삶을 부여받았다. 그렇다면 더 이상 삶이 호의적이지 않을 때 돌려줄 수 있다. 원인이 사라지면 그 결과도 사라진다"고 썼다. 이 프랑스 철학자는 이렇게 삶을 단념하는 행위를 타인들이 막는 것이 정당한지 의문을 제기했다. "내가 그런 조건에서 이득을 얻지 못하는데도 여전히 그의 신하가 되어야 한다는 것은 군주의 뜻인가? 내 동료 시민들이 그들은 이득을 얻고 나는 절망하는 그런 부당한 분배를 내게 요구할 수 있는가? 신이 여느 모든 은인과는 달리 내게 나를 억압하는 축복을 받으라는 운명을 지우고자 한단 말인가?"[34] 다음 글에서 흄 역시 같은 생각을 하고 있었다. "사회에 도움이 되어야 한다는 우리의 모든 의무는 상호적인 것을 암시하는 듯 보인다. (…) 나는 나 자신에게 커다란 해를 끼치는 대가를 치르면서까지 사회에 작은 도움이 되어야 할 의무가 없다. 그렇다면 대중이 내게서 받을지도 모르는 사소한 이익 때문에 왜 내가 비참한 삶을 연장해야 하는가? 나이와 병약한 몸을 감안하면 나는 남은 삶의 고통을 가능한 한 줄이기 위해 어떤 직무에서도 물러날 수 있는 상태다. 그렇다면 왜 사회에 더 이상 해롭지 않을 행동을 하여 이 고통을 당장 끝내지 못한단 말인가?"[35] 마지막으로 당시 점차 주목받기 시작하던 상이한 세계관들도 자발적 죽음이 우주의 질서와 조화를 저해한다는 생각에 의문을 제기했다. 여기에는 계속적인 변화와 개혁 상태에서 영원히 살아 있는 본질을 보는 쾌락주의나 신쾌락주의부터 초자연적이고 교리적인 요소 없이 신을 완전히 합리적인 존재로 보는 이신론까지 다양한 세계관이 포함된다. 예를 들어 몽테스키외는 만약 인간이 물질의 특성을 바꾸거나 운동 법칙에 의해 둥글어야 할 구체를 네모나게 만들거나 심지어 자살을 하더라도 섭리는 바뀌지 않을 것이라고 단언했다. 새로운 상태가 이전 못지않게 완벽하기 때문이다. "내 몸이 이삭이나 벌레나 풀이 된다고 해서 자연의 작품이라고 부를 만한 가치가 떨어진다고 생각하는가? 그렇다면 내 영혼이 세속적인 모든 것에서 벗어난다고 해서 덜 숭고한 것이 되겠는가?"[36] 사실 자살이 우주의 조화를 변형시킨다는 생각은 인간의 오만에서 나온 것이 분명하다. 인간은 '우주에서 중요한 존재가 되길 바라고' 자신의 '하찮음'을 인정하지 않는다. "인간 하나가 죽는다고 해서 우주가 변하는 것은 아니다. 신은 알고 있는 것이 방대하기 때문에 신이 보시기에 모든 인간은 (…) 연약한 작은 티끌에 불과할 뿐이다."[37] 비슷한 시기에 알베르토 라디카티 디파세라노는 우주는 물질과 운동의 일반적인 법칙에 의해 지배된다고 기술했다. 그는 모든 신성한 본질을 자연의 설계자, 즉 힘과 지혜, 완벽성을 갖춘 '자연의 여신'이 만들어낸 결과물로 봤다. 이러한 관점에서 자발적 죽음이란 물질이 하나의 존재 형태에서 다른 형태로 전환하는 것일 뿐이다. "우리는 다른 유형으로 존재하기 위해 한 유형으로 존재하는 것을 그만두는 것이다."[38]

흄 역시 인간의 자살이 우주의 질서나 조화를 어떤 방식으로든 바꿀 수 없다고 단언했다. 인간의 삶과 살아 있는 모든 것이 전능자에게 의지하는 것이 아니라 그 전능자가 창조한 '물질과 운동의 일반적인 법칙'의 지배를 받는 것이다. 흄은 "나는 길고 긴 '원인'의 사슬 덕분에 태어났고, 그 원인 중 많은 것이 인간의 자발적 행동에 의존한다는 것을 알게 되었다"고 했다. 따라서 우주가 창세 이후부터 지금까지 확고하고 변치 않는 일반 법칙에 의해 지배를 받는다는 점을 감안하면 이를 교란할 수 있는 것은 아무것도 없다. 나일강 혹은 다뉴브강이 역류하고 인간이 자발적으로 죽음을 택한다 하더라도 우주는 변치 않는다. 더욱이 물질의 성질은 영원하다. "내가 죽는다 하더라도 나를 구성하는 물질들은 우주에서 여전히 제 몫을 할 것이며, 이 개인 생명체를 구성했을 때와 마찬가지로 거창한 구조에서도 똑같이 유용한 역할을 할 것이다. 전체로 볼 때 그 차이는 내가 방 안에 있느

2장 나 자신이라는 감옥의 열쇠

냐, 밖에 나가느냐의 차이 정도에 불과할 것이다. 이 하나의 변화는 내게는 다른 사람보다 중요하다. 하지만 우주에는 그리 중요하지 않다."[39] 따라서 "우주 전체를 놓고 보면, 인간의 삶은 그 중요성에 있어 굴의 한살이와 별반 다르지 않다".[40] 디트리히 돌바크 남작은 1770년에 훨씬 더 급진적인 논문을 발표했다. 그는 생명이 우리가 처분할 수 있는 가장 귀한 자산이라는 점을 감안하면, 인간이 스스로 생명을 끊을 때는 저항할 수 없는 힘 혹은 자연의 명령에 의해 어쩔 수 없이 그렇게 한 것이 분명하다고 주장했다. 자연이 그 사람의 행복을 막아 자신과 타인에게 더 이상 쓸모없는 존재가 되게 하면 그는 자연의 요구에 복종하여 세상을 떠나는 것 말고는 다른 선택을 할 수가 없다.[41]

문학 감수성의 변화

많은 유럽 국가에서 자살에 대한 사고의 변화를 감지하게 해주는 것은 다름 아닌 문학작품이다. 사실 중세시대에도 자발적인 죽음이 모든 문학 장르에서 같은 방식으로 표현되거나 판단된 것은 아니었다. 14세기와 15세기 프랑스의 종교적인 연극에서는 성경 속 장면이나 성인들의 삶을 보여주면서 자살을 언제나 잔인하게 묘사했으며, 자살의 이유와 관계없이 이를 비난했다. 같은 시기에 자살을 극심하게 비난했던 문학 장르가 바로 (중세 프랑스 문학의) 무훈시였다. 11음절로 된 행으로 이루어진 장편 서사시인 무훈시는 종교적 믿음을 찬양하고 군주에 대한 충성을 노래했다.[42] 하지만 다른 문학 장르나 작품에서는 자살에 대해 기독교 신학자들과는 최소한 부분적으로라도 다른 관점이 발견된다. 단테는 '자기 자신에게 폭력을 가한 자'들을 지옥의 일곱 번째 층에 두었다. 자신의 몸에서 스스로를 억지로 난폭하게 떼어놓은 사람들은 이제 거대한 가시덤불에 갇혀 있었다. 가시덤불은 자연에서는 인간보다 열등하지만 여기서는 자살자들이 살아 있을 때 스스로에게 했던 것처럼 계속해서 상처를 입힌다. 하지만 폭력적인 행동을 한 사람들을 다룬 제8곡에는 나태나 절망, 심지어 사악한 유혹자의 흔적이 없다. 뿐만 아니라 단테는 카토(아우구스티누스가 도덕적으로 비난했던 이교도 자살자)를 연옥편의 서두에 배치했다. 실제로 베르길리우스는 다음의 유명한 말로 카토를 단테에게 소개했다. "그는 자유를 추구합니다. 자유를 위해 목숨을 내놓은 사람들은 그것이 얼마나 소중한지 알고 있습니다."

기사도 이야기가 보여주는 자발적인 죽음의 이미지는 기독교 신학자들이 그려낸 자살의 이미지와는 달랐다. 프랑스 북부에서 태동한 로망roman 중세 프랑스의 운문체 소설은 일반적으로 전설적인 기사들의 무용담과 사랑을 그렸다. 이들 이야기의 저자들은 공식적으로는 자살이 어리석고 모욕적인 큰 죄악이라고 규정하고 기독교적 도덕성을 찬양했다. 하지만 저자들은 작품 속 영웅인 랜슬롯Lancelot과 귀네비어, 파르시팔 혹은 트리스탄 등의 자살을 특수한 상황에서 이루어진 정당한 행위로 묘사했다. 따라서 이들 기사도 이야기는 신학 저작물이나 고해 지침서, 예배당의 프레스코 벽화나 그 외의 문학 형태들과는 달리 사랑을 위해, 친구의 원수를 갚기 위해, 타인의 생명을 구하기 위해, 승자에게 항복을 거부해 명예를 지키기 위해, 수치스러운 행위에 대한 후회를 표현하기 위해 자기 목숨을 희생할 각오가 된 사람들을 이해하거나 심지어 이를 찬양하는 내용을 담고 있다. 가장 인기 있는 이야기는 사랑을 위한 자살이었는데, 이런 자살은 기사들, 그리고 때때로 숙녀들이 자신의 순수한 감정을 지키기 위해 할 수 있는 유일한 혹은 가장 귀하고 우아한 방법으로 여겨졌다. 사랑하는 사람에 대한 충절을 지키고자 혹은 그에게 무언가 잘못된 행위를 저질렀거나 사랑을 거부당했을 때 자신의 목숨을 버리는 행위는 비난이 아니라 칭찬을 넘어 찬양받기도 했다.[43]

사랑을 위한 자살은 다른 국가 혹은 문학 장르에서도 영웅적인 행위로 간주되었다. 14세기 이탈리아의 조반니 보카치오는 『신곡』 제13곡에 대해 이야기하면서 자신의 생명을 빼앗는 행위가 죄악이라는 점을 상기시키고 이를 단호히 배격했다.[44] 뿐만 아니라 『데카메론Decameron』에 실린 한 단편소설에서 보카치오는 자살을 했다는 이유로 '영원한 고통을 선고받은' 귀도 델리 아나스타기의 슬픈 이야기를 들려주었다.[45] 하지만 보카치오는 그의 다른 작품에서 사랑을 위해 자살을 택한 사람들을 흠모하는 마음을 숨기지 않았다. 이성을 뛰어넘고 사회적 장벽을 극복하는 저항할 수 없는 사랑의 힘을 확신했기 때문이다. 살레르노의 왕자인 탄크레디의 딸 기스몬다는 보카치오의 작품 가운데 가장 감동적이고 유명한 단편소설의 주인공이다. 그녀는 남편을 잃은 뒤 아버지의 하인인 귀스카르도와 사랑에 빠진다. 하지만 두 사람의 사랑을 눈치챈 탄크레디는 이들 젊은 연인들에 대한 질투에 눈이 멀어 귀스카르도를 살해하라고 명령하고 그의 심장을 황금 잔에 담아 딸에게 보낸다. 기스몬다는 용서받지 못할 중대한 죄라는 것을 알고 있었지만 독이 든 잔을 들이켜고 다음과 같은 말을 아버지에게 남긴다. "저는 떠나니 신과 함께 여기에 계세요."[46] 15세기와 16세기 이탈리아와 스페인[47]의 많은 전원 문학 작가는 목가적인 자살을 찬양했다. 토르콰토 타소가 대표적인데, 그는 『아민타Aminta』에서 요정인 실비아와 사랑에 빠져 그녀를 위해 두 번이나 목숨을 던지려 했던 한 양치기의 이야기를 들려주었다.

하지만 타 문학 장르들이 자발적인 죽음에 대해 점차 개방적인 시각을 취하게 되면서 16세기 말과 17세기 초에 급진적인 변화가 시작되었다. 프랑스에서는 소설과 초기 비극 장르에서 이런 변화가 일어났다. 작가들은 이 주제에 대해 교회의 공식적 입장을 내세우긴 했지만, 이는 일종의 도덕적 허울로 여겨지게 되었고 사랑이나 슬픔 때문에 혹은 명예를 지키기 위해 자살하는 사람들에 대해 공감하는 분위기가 점차 확산되는 걸 감출 수가 없었다. 게다가 자살의 장단점을 보여주면서 이를 옹호하는 입장을 담은 소설들이 호응을 얻기 시작한다. 1609년에 발표된 장 뎅트라의 작품 속 주인공인 콩트 드 멜리세 백작은 사랑하는 여인에게 외면당한 후 목숨을 끊을지 말지 고민에 빠진다. 그는 철학자, 신학자, 도덕가, 성직자들이 거듭 되풀이해온 자살 반대 주장에 직면한다. 즉 스스로 목숨을 끊는 것이 하늘과 자연의 섭리에 어긋나며 '사랑'이라는 감정과도 어울리지 않는다는 주장 말이다. 하지만 백작은 이런 주장을 근본적으로 뒤엎고 하늘과 자연, 사랑이 모두 "오직 불행과 싸우기 위해 자유라는 무기를 우리에게 주었다"는 결론에 도달한다. 그리하여 그는 "자신의 영혼이 천상의 달콤한 공기에서 숨 쉬도록 한다".[48]

영국에서는 소설과 희비극이 포함된 희곡 모두에서 이런 변화가 더욱 급진적으로 일어났다. 1576년 문을 연 엘리자베스 극장은 양식, 기술, 주제 면에서 거대한 개혁을 하면서 이런 변화의 신호탄 역할을 했다. 먼저 약강 오보격 흐름에 무운시를 도입해 대화를 각운에서 해방시켰다. 또한 빠르고 빈번한 장면 전환 덕분에 무대 위 배우들의 연기가 더욱 역동적이게 되었다(우리가 생각하는 영화와 더욱 비슷해졌다). 그래서 배우들이 한 장소에서 다른 장소로 움직이고 며칠, 몇 달, 심지어 몇 년을 건너뛰는 등 공간과 시간 속에서 신속하게 움직일 수 있었다. 그리고 성, 광기, 자연사와 자살처럼 금지되었던 주제들을 다루어 사회적 금기를 깼다. 이 시기부터 연극에서 자살뿐 아니라 자살에 이르게 한 사건들, 여러 다른 자살 방법에 대한 관심이 매우 높아졌다. 등장인물들이 무대에서 자살하거나 이를 놓고 고심하는 장면을 그린 작품들도 급속하게 늘었다. 16세기 들어 처음 60년간 8개 작품에 불과했던 것이 다음 20년 동안에는 14개 작품으로, 1580년에서 1600년 사이에는 41개로 늘었고, 1600년부터 1625년 사이에는 99개를 기록했다.[49] 작품당 자살하는 사람의 수 역시 증가하는 추세를 보였다. 1580년 이전에는 작품당 2명을 절대 넘어서지 않았던 것이 점차 늘어 3~4명은 물론 심지어 5명이 자살하는 작품들도 흔해졌다. 이는 극작가들의 도덕적 판단 기준의 변화를 반영하는 것으로, 자살을 끔찍한 행위가 아니라 인간의 선택으로, 죽음의 상징이 아니라 가능한 하나의 사인으로 간주하기 시작했음을 의미한다. 그래서 이 문제를 점점 덜 부정적인 시각으로 다루게 되었다.

윌리엄 셰익스피어는 자살에 지대한 흥미를 느끼고 작품의 많은 부분에서 이를 다룬 극작가로 꼽힌다. 그는 32편의 작품에서 자살을 소재로 사용해 무려 24명의 등장인물을 자살하게 한다.[50] 영국의 이 위대한 극작가는 신학의 주장이나 심지어 엄격한 도덕적 잣대마저 버림으로써 자발적 죽음을 철학적 논의의 추상적 대상으로 삼던 동시대 지식인들의 구습에서 탈피했다. 그는 자살을 죄악이나 범죄 행위로 규정하지 않았다. 몽테뉴와 마찬가지로 셰익스피어는 스스로 목숨을 끊는 행위에 대해 개방적인 입장을 취했다. 그는 자살자들을 비난하지도 찬양하지도 않았다, 대신 자살자들을 의미 있는 행동을 할 수 있는 개인으로 생각하려 노력했으며, 그들이 겪은 경험을 재구성하고 그런 선택을 한 이유를 이해하려고 애썼다. 셰익스피어는 세계문학사에서 가장 유명한 다음 구절(햄릿의 독백)로 이 문제를 대단히 효과적으로 제기했다. "세상의 채찍질과 조롱, 압제자의 악행, 거만한 자의 오만불손, 외면받은 사랑의 고통, 꾸물거리는 법관, 관리의 오만, 끈기 있고 훌륭한 자가 가치 없는 자에게 받는 수모를 견디느니 차라리 죽어서 잠드는 게 더 나을까?" 셰익스피어는 이 질문에 대해 평신도처럼 이런 대답을 던진다. 사람들은 '단도를 휘둘러 죽기를' 선택하지 않는다. 그 이유는 신의 분노나 당국의 처벌이 두려워서가 아니라 죽은 뒤에 '어떤 사람도 갔다가 돌아온 적이 없는 미지의 나라'에서 어떤 일이 일어날지 모르기 때문이다.

자발적 죽음에 대한 문학계의 이러한 태도 변화가 영국에서는 다른 지역보다 더 광범위한 대중과 여러 다른 집단에 파고들었다는 점이 더 놀랍다. 유럽 전역에서 시와 연애소설은 소수의 교양 있는 엘리트층 혹은 글을 아는 사람만 읽었다. 반면 런던 엘리자베스 극장에는 귀족, 직공, 상인, 학생, 하인, 부랑아 등 남녀노소 할 것 없이 모든 계층이 모여들었다.

따라서 16세기 말부터 17세기 초까지 시인과 연애소설 작가들, 특히 극작가들은 자살에 대한 새로운 시선의 탄생을 알리는 역할을 했다. 이들은 자살에 대해 수 세기 동안 이어져온 '거짓된' 금기의 그림자를 벗겨냄과 동시에 이를 자신의 사상과 작품의 중심으로 삼았다. 이들은 고대 로마와 당대의 유럽에서 고귀한 동기로 자신의 목숨을 끊는 사람들의 열정적인 이야기를 들려주었다. 이때 이 이야기들을 대중에게 제시하는 관점이 달라졌다. 과거와 달리 작가들은 살과 피로 이루어진 실제 개인들, 이들의 감정과 생각, 이들이 처한 상황에 초점을 맞추었다. 아마 작가들은 대중 가운데 최소한 일부는 자살에 대한 아우구스티누스, 아퀴나스, 루터, 칼뱅의 주장에 더 이상 공감하지 않는다는 것을 알고 있었을 것이다.[51]

만약 자발적 죽음의 합법성이라는 해묵은 문제에 새로운 해법을 제시하는 데 이들 작가들이 다른 분야의 지식인들보다 앞섰다고 가정한다면, 여기에는 두 가지 주된 이유가 있었다. 먼저 현실적이고 심미적인 측면이다. 자살은 강력하고 극적이며 대단히 스릴 넘치는 소재가 될 수 있었다. 작가는 등장인물의 자살을 무대에서 보여줌으로써 관객들이 울음을 터뜨리거나 눈물을 훔치고 이에 대해 의견을 주고받을 것이란 점을 잘 알고 있었을 것이다. 다음은 극장이 개방된 공간(특히 엘리자베스 시대에)이었다는 점이다. 당시 극장은 누구나 들어가서 일상의 수많은 금기를 잊고 몇 시간 동안 자신의 생각과 감정에 마음껏 젖어들 수 있는 장소였다.

오래된 행위에 붙은 새로운 이름

이러한 지대한 문화적 변동을 보여주는 한 가지 지표가 17세기 중반에 일어난 언어적인 변화인데, 스스로 목숨을 끊는 행동을 묘사하는 신조어가 등장하여 유럽의 최고 지식층 사이에서 빠른 속도로 퍼져나갔다. 일반적으로 알고 있는 것과는 달리 자살이란 용어가 등장한 것은 얼마 되지 않았다. 자살suicide이라는 말이 라틴어 단어인 수이sui와 쿠데레cudere로 이루어져 있지만, 파리키디움parricidium(아버지 살해), 마트리키디움matricidium(어머니 살해), 프라트리키디움fratricidium(형제 살해), 튀란니키디움tyrannicidium(폭군 살해) 등과는 달리 수이시디움suicidium이라는 단어는 고대 라틴어에 없었다.[52] 한편 자살 행위를 명확하고 구체적으로 나타내는 명사는 근대 유럽의 주요 언어에서조차 오랫동안 존재하지 않았다. '살인'이라는 표현이 '자살'을 대신해 전문 용어로 쓰일 만큼 자살을 범죄 행위로 간주하는 경향은 확고했다. 아우구스티누스는 자살 행위를 살인죄crimen homicidi로, 이를 행하는 자를 살인자homicida로 칭했다. 영어권에서는 자기 살인self-homicide이나 자기 살육self-slaughter이라고 불렀다. 셰익스피어는 자기 살육self-slaughter, 스펜서는 자기 살해self-murdring, 던은 자기 살인self-homicide, 버턴은 '자기 자신의 잔인한 살인자가 되다to be their own butcher'라는 표현을 사용했다. 몽테뉴는 자신의 에세이 「세아섬의 관습Custom of the Isle of Cea」에서 자기 살인homicide de soy-mesme이라고 불렀지만, 자기 자신 살해meurtre de soi-meme, 자기 신체 살인homicide de son corps, 절망에 빠져 자기 자신 살해homicide de lui mesme par desespoir라는 표현들도 프랑스어에서 사용되었다.[53] 이탈리아에서는 신학자와 법학자들이 오랜 세월 동안 자신의 저서에서 살인homicida과 자기 살인sui ipsius homicidium이라는 용어를 사용하다가 자기 자신 살해omicidio di sémedesimo라는 표현을 도입했다.

자발적인 죽음에 대한 인식이 변하자, 이를 표현하기 위한 용어도 필요해졌다. 특히 오늘날 훨씬 더 심각한 행위로 여겨지는 '다른 사람을 살해하는 행위'와 자살을 명확하게 구분하는 용어가 필요했다. 당시로서는 신조어였던 '자살suicide'을 처음 소개한 이는 토머스 브라운 경이었다. 그는 1642년 출간된 저서에서 이교도인 카토의 죽음을 언급하며 당시 기독교에 의해 비난받던 'self-killing'과 카토의 죽음을 구별하기 위해 이 단어를 사용했다. 이 새로운 용어는 다음 수십 년간 책과 사전에서 빈번히 사용되었고, 영국에서 오래 거주했던 아베 프레보가 1734년에 이를 프랑스에 처음 소개했다.[54] 이후 볼테르, 엘베시우스, 돌바크 등 많은 작가가 작품에서 사용했지만[55] 프랑스에서는 그리 빠르게 확산되지는 않았다. 1773년에도 장 뒤마가 책을 발간하면서 마치 구 용어와 새 용어가 동의어인 양 제목에 함께 넣었을 정도였다. 그 책의 제목이 『자살, 즉 자발적으로 자신을 죽이는 행위에 대한 계약Traitédu suicide, ou du meurtre volontaire de soi-meme』이다.[56]

이탈리아에는 주세페 바레티가 만든 『영이탈리아어 사전』 덕분에 이 새 용어가 도입되었다. 1760년에 런던, 1787년에 베네치아에서 발간된 『영이탈리아어 사전』에서는 '자살'을 '자기 자신을 죽이는 끔찍한 범죄'라고 정의했다. 이 신조어는 1761년에 아가토피스토 크로마치아노의 저서 『자살의 역사

2장 나 자신이라는 감옥의 열쇠

Istoria del suicidio』에서 나타났고 3년 뒤에 체사레 베카리아가 사용했다.

스페인에 이 신조어가 등장한 것은 1770년이었는데, 이번에도 주세페 바레티의 『영스페인어 사전』 덕분이었다. 포르투갈에는 1844년에 들어왔고,[57] 독일에서는 18세기에 삶의 종결Selbstentleibung, 19세기에 자살Suizid이라는 단어가 소개되었다.[58]

자연적 원인과 초자연적 원인

1480년 어느 날, 브뤼셀 인근의 한 수도원장이던 토마 바센 신부는 뜻밖의 방문을 받았다. 얼마 전 쾰른으로 떠난 수도사 일행이 돌아오는 길에 심각한 상황에 직면해 그에게 도움을 요청한 것이다. 사람들 말에 의하면 일행 중 가장 뛰어난 수도사가 어느 날 밤 갑자기 영원히 지옥 불에 떨어지는 저주를 받았다고 소리치며 발작을 일으켰다고 했다. 그는 같은 말을 반복적으로 내뱉으며 계속 울부짖었는데, 만약 일행들이 그를 막지 않았다면 그는 자해를 하거나 목숨을 끊었을 수도 있었다고 전했다. 수도사들은 그를 진정시키거나 고통을 덜어줄 방법을 찾지 못한 채 그대로 브뤼셀까지 천천히 움직일 수밖에 없었고, 그리하여 예정보다 훨씬 늦은 날짜에 도착해 즉시 수도원장에게 조언을 구하러 왔던 것이다.

토마 신부는 즉시 문제의 수도사를 만났다. 그리고 사건을 목격한 수도사들의 설명(분명 이제 더욱 상세하게 윤색되었을 것이다)을 들은 뒤 성서에 나오는 이야기를 떠오르게 하는 처방을 내렸다. 사울 왕이 격노했을 때 다윗이 그에게 하프를 연주해준 것처럼 수도원장도 그에게 음악을 들려줄 것을 권했다. 당시 일반인들도 비슷한 요법을 쓰고 있었는데, 음악이 끓어오르는 괴로움을 진정시켜주고 극심한 조울증을 달래줄 것이라 기대했다. 하지만 거듭 악기를 연주해주고 즐거운 여흥을 베풀어도 그는 계속해서 괴로움에 시달렸다. 무언가에 사로잡혀 계속해서 소리치고 흥분해서 떠들었으며 자신이 '멸망의 아들'이라는 말을 되풀이했다.

수도원 기록에 따르면 그는 수도원으로 돌아와 성심껏 치료를 받은 뒤에야 가까스로 회복했다. 이후 그 환자는 비록 노동 수사(평수사와 본수사의 중간 계급)로 지위가 강등되었지만[59] 수사가 된 이후에 계속 수련해온 직분으로 복권되었고 1년을 더 살았다. 기록에 따르면 당시 그는 그동안 자신의 신앙생활에 겸손함이 없었다고 끊임없이 고백했고 감동적인 마지막 예술작품을 완성했다고 한다.

히스테리 발작이 시작되면서 문제의 수사는 이복동생인 니콜라스의 도움을 받게 된다. 니콜라스 역시 같은 수도원에서 수사의 길을 걷고 있었고, 쾰른에 함께 갔던 수사 일행 가운데 한 명이었다. 그는 형이 섬망증을 일으켰을 때의 상황을 수도원장은 물론 수도원의 의사이자 얼마 지나지 않아 새 수도원장이 된 가스파르 오프휘스에게 자세히 설명했다. 세월이 흐른 후, 오프휘스는 수도원의 대표로서 공동체의 연대기를 저술했고, 여기에 이 희귀한 사례에 대한 보고가 포함되었다. 잊혔던 그의 저서가 광범위한 분야의 전문가들의 주목을 받고 분석이 이루어진 것은 이 사례 때문이었다.[60]

이러한 학술적 분석이 가능했던 이유는 문제의 환자가 소심함과 결벽증을 이겨냈을 뿐만 아니라 당대에 흔하게 볼 수 있었던 무명의 수도사가 아닌 15세기 후반 위대한 플랑드르 예술가 중 한 명으로 꼽히는 휘호 판 데르 휘스였기 때문이다. 그가 겪은 현상과 유사한 병리학적 현상에 대한 기록은 중세 후반뿐 아니라 다른 시대의 기록에서도 광범위하게 확인할 수 있다. 이 뛰어난 화가는 널리 존경받고 사람들이 앞다투어 그를 찾았던 1475년경에 브뤼셀 인근의 로더 클로스터르 수도원에 입교하기로 결심한다. 이 수도원 역시 동시대의 많은 가톨릭 공동체와 마찬가지로 개혁적 열정으로 이름을 떨치고 있었다. 독실한 신앙심과 그 못지않게 진실한 예술적 열정 덕에 휘호는 수도원에 입교하자마자 특별한 권한을 누릴 수 있었다. 수도원장(5년 후 휘호의 발작 증세를 치료하려 애쓴 수도원장과 동일인인 토마 신부)이 그가 수도원 내에서도 계속 그림을 그릴 수 있게 해주고 외부 인사들과의 접촉도 이례적으로 막지 않았기 때문이다. 이들 가운데는 훗날 독일의 황제가 되는 막시밀리안 대공과 같은 고위층 후원자들도 포함되어 있었다. 그 결과 수도원의 일부 공간이 그의 예술 활동을 위한 일종의 작업실로 쓰였다.

겸손을 추구하고 갈고닦아야 하는 수사 수련 기간에도 두 개의 다른 세계와 소명 사이에서 갈등하던 휘호는 세속적인 관심과 습관을 계속 유지했고, 계속해서 비종교적인 글들을 읽었다(연대기 작자가 "그는 틈만 나면 플라망어로 된 책을 읽었다"고 언급할 정도로 지나치게 몰두하는 모습을 보였다). 귀족 방문객들을 만날 때 포도주를 자주 입에 댔고 전적으로 세속적인 차원에서 작업에 대한 과도한 부담감에 사로잡혔다(작품을 완성하는 데 9년이 걸리는 경우도 있었다).

휘호는 여느 수도사들과 확실히 달랐고 그도 이 점을 인식하고 있었다. 의사이자 수도사였던 연대기 작자는 그가 수도원 규정을 지키기를 거부했을뿐더러, 식사도 그가 속한 평수사들을 위한 소박한 식당이 아니라 탁발 수사들을 위한 식당에서 했다고 전한다. 무엇보다도 그를 정신쇠약 상태로까지 몰고 간 것은 똑같이 부담이 큰 두 개의 소명, 즉 예술적 수련과 종교적 신념 사이의 메울 수 없는 간극이었을 것이다. 그런데 신경 쇠약은 예상치 못하게 갑자기, 더구나 그가 수도원에서 조용히 일하며 지낸 5년 뒤에 나타났다.

이 사건이 일어나고 30년 뒤, 가스파르 오프휘스 신부는 수도원 생활의 특히 흥미로운 일화로 연대기에 이 일을 포함시키려고 글을 썼으며, 비록 목격자들의 증언을 조각조각 짜 맞추기는 했지만 자신도 직접 체험한 일을 생생하게 설명했다. 그리고 수도원장이자 교양인, 의사라는 입장을 살려 이 환자의 가능한 발병 원인을 논의하기도 했다. 그는 세 가지 설명을 내놓았다.

첫 번째는 '악령이 들렸다'는 전통적인 기독교적 설명이다. 두 번째는 이 관점에서 벗어나기는 했지만 또 다른 초자연적인 힘인 '신의 개입'을 언급했다. 휘호는 종교 생활을 이용해 평신도일 때 얻을 수 있는 것보다 더 큰 사회적 혜택을 누림으로써 오만이라는 죄를 지었다. 뛰어난 예술적 능력을 인정받고 경의와 존경을 받으면서 비정상적인 수준까지 오만해졌고 그 결과 정신적인 형벌을 받았다는 것이다. 그러나 '신'은 '이런 징벌적 고통'을 주어 그가 다하지 못한 겸손과 참회의 의무를 상기하도록 했고, 고통을 통해 구원으로 가는 길을 열어줬다. 휘호는 자신의 비참한 처지를 깨닫게 되자 "건강을 되찾았고 극도의 겸손한 삶에 몰두했다".

가스파르 신부는 이러한 섭리주의적 해석에 대해 자세히 썼다. 그의 눈에는 이 해석이 가장 설득력 있어 보였다. 그러나 의사로서 자연발생적 해석도 내놓았는데 여기에 그리 신빙성을 두지는 않았다. 신부는 우울증을 유발할 수 있는 음식이나 독한 포도주가 '체액을 가열시키고 태워버려' 몸에 체액 불균형을 불러오거나 우울증에 걸리기 쉬운 사람들이 타고난 흑담즙질이 과다해진 것이 원인일 수 있다고 썼다.

당시 가스파르 신부는 자살과 전반적인 정신 장애의 원인을 자연적 요인으로 돌리는 이 세 번째 추정이 한 세기가 지난 뒤 유럽 전역의 교양 있는 엘리트층 사이에서 힘을 얻기 시작할 것이라고는 상상도 하지 못했을 것이다.

우울증, 심기증, 그리고 히스테리

16세기 중반부터 17세기 중반까지 유럽의 많은 지식인(의사, 철학자, 신학자) 사이에서는 그전까지 인구를 격감시켰던 역병과는 다른 새로운 형태의 전염병이 새로 발생했다는 인식이 확산되고 있었다. 유럽 전역에 걸쳐 우울증을 앓고 있는 인구의 수가 급속히 늘어난 것이다. 당시 가장 저명한 의사 가운데 한 명인 이탈리아의 지롤라모 메르쿠리알리스는 1601년에 발표한 논문에서 우울증을 "이 시대에 가장 흔하게 볼 수 있는 질병"으로 지목했다. 6년 후 또 다른 의사 줄리오 체사레 키오디니는 "우리 시대에 이 병에 면역력이 있는 사람을 좀처럼 발견할 수 없다"라고 주장했다. 또한 그는 우울증이 "거의 모든 질병의 근원"이며 모든 인구 계층에 퍼져 있다고 확신했다. 로버트 버턴이 1621년에 『우울의 해부』를 쓴 '주된 동기'는 "이 병이 보편화되고 치료가 필요해졌기 때문에 이 병에 관해 모든 사람에게 알려 도움이 되고자" 함이었다. 총 3권, 2000쪽에 달하는 이 책은 우울증과 그 원인, 예방이나 치료 방법의 연구를 집중적으로 다뤘다. 이 시기 영국, 프랑스, 독일, 이탈리아에서 라틴어나 자국어로 쓰인 수많은 논문은 같은 주제를 다루었을 뿐 아니라, 이 병의 치료법을 제시하는 이야기, 노래, 유머, 대화를 담은 방대한 레퍼토리의 소책자도 인기를 끌었다.[61]

당시 '우울증'이라는 용어(혹은 당시 다양한 유럽 언어에서 쓰이던 melancholia, mélancholie, Melancholie)는 오늘날 우리가 말하는 불안, 기분, 인격 장애, 수많은 공포증, 환각, 섬망을 포함해 다양한 의미를 갖고 있었다. 당시 유럽 전역에 퍼져 있던 우울증 환자 중에는 자기 몸이 버터로 만들어져서 햇빛에 노출될 경우 녹아버린다거나 친지가 자신을 죽이려고 모종의 음모를 꾸미고 있다거나, 자신의 뱃속이 식민지의 개구리들로 가득 차 있다고 믿는 사람도 있었다. 17세기 초, 바이에른 궁의 비서였던 아에기디우스 알베르티누스에 따르면 우울증 환자 중에는 자신이 황제라고 믿는 마구간 지기도 있었다. 그는 종이 왕관을 만들어 쓰고 교황, 추기경, 왕, 왕자뿐 아니라 회의 중인 황제의 기사들을 그린 그림을 마구간 벽에 붙여놓는가 하면, 튀르크족에게 포고령을 내리기도 했다.[62]

버턴은 우울증의 증상들이 정신과 신체에 영향을 미칠 수 있다고 보았다. 정신적인 측면에서의 가장 심각한 증상이 공포와 비애감이다. 우울증 환자들은 늘 겁먹고 마음을 졸인다. 깊은 슬픔에 시달리고 이런 슬픔이 때로는 절망으로 바뀌기도 한다. 늘 걱정하고 한숨을 쉬며 낙담하고 불만을 늘어놓는가 하면, 자신을 불쌍하게 여겨 눈물을 흘린다. 이 밖에도 무수한 부차적인 증상을 보인다. 우울증 환자들은 극도의 경계심을 지니고 매사에 조심할뿐더러 신중하다. 또 소심하고 내성적이며 어느 누구도 믿지 않으려 한다. 누군가가 항상 자신을 관찰하고 말을 엿들을까봐 무서워하고, 모든 사람이 자신에 관해 험담하고 비웃고 조롱하고 못되게 대한다고 걱정한다. 또한 사람들의 눈에 띄지 않고 혼자 있는 것을 좋아한다. 말수는 적지만 생각은 많고 자신만의 생각과 환상에 빠져 오랜 시간 수심에 잠긴다. 비현실적인 생각과 망상에도 시달린다. 의사이자 신학자인 티머시 브라이트는 1586년 그의 저서 『우울증에 대한 고찰A Treatise of Melancholy』에서 "이들은 대부분 사람들과 어울리는 것을 피하고 황야와 사막으로 간다. 그리고 인간 사회에서 불안을 일으키는 새로운 자극 없이 혼자서 이런 환상들에 젖을 수 있을 때 가장 편안함을 느낀다"라고 썼다.[63] 버턴이 확인한 신체적 증상으로는 입술이 부풀고 혈관이 붓는 증상, 설사, 변비, 고창, 거친 호흡, 복통, 어지럼증, 가슴 두근거림, 수전증, 말더듬, 복통, 불면증이 있다.

우울증은 또한 뇌전증, 실명, 정신이상 등 치명적이지 않은 질병의 근본 원인이기도 했다. 하지만 어떤 경우에는 우울증이 삶을 고통스럽고 견디기 힘들게 만들어 자살에까지 이를 수 있기 때문에 죽음의 원인이 되기도 한다. 버튼에 따르면, 슬픔과 두려움, 불안에 압도당했을 때 자살이 가장 많이 일어난다. 이런 끔찍한 감정에 빠진 사람들은 '잠이 들면 무서운 꿈이 덮치기 때문에' 밤에 잠을 이루지 못하고, 낮에도 어떤 끔찍한 대상에 공포를 느낀다. 그래서 야생마들처럼 한시도 마음이 편하지 않고 그 대상에 사로잡혀 있다. '그 대상이 잠시도 머리에서 떠나지 않고 밤낮으로 영혼을 갉아먹어 끊임없는 괴로움에 시달린다.'[64] 그리하여 '키잡이가 없는 배가 암초나 모래밭에 걸려 난파하는 것처럼 이성도, 판단력도 다 빼앗긴 채'[65] 스스로 목숨을 끊어 삶을 끝내버리고 만다.

이 병의 원인은 무엇일까? 이 질문에 대한 가장 오래되고 권위 있는 대답은 기원전 4세기에 그리스의 의사 히포크라테스가 제시한 '네 가지 체액' 이론이다.[66] 이 이론에 따르면, 하늘 아래 모든 것은 네 가지 기본 원소(흙, 물, 공기, 불)로 이루어져 있고, 이 원소 각각은 인체의 기본 성질인 뜨거움, 차가움, 건조함, 습함 가운데 두 가지를 보유한다. 인체에는 네 가지 주요 기관에 네 가지의 서로 다른 체액이 존재한다. 첫 번째는 심장 속의 혈액, 두 번째는 간에 있는 황담즙, 세 번째는 비장에 있는 흑담즙(우울), 마지막이 머리에 있는 점액이다. 히포크라테스에 따르면, 각 체액은 기본 원소들 중 하나와 상응하며, 따라서 그 원소의 특성을 지닌다. 혈액은 공기처럼 뜨겁고 습하다. 황담즙은 불처럼 뜨겁고 건조하다. 흑담즙은 흙처럼 차고 건조하다. 점액은 물처럼 차고 습하다. 따라서 모든 인간이 우울을 느끼는 것은 정상이다. 흑담즙이 인체에 생리학적으로 존재하는 네 가지 체액 중 하나이기 때문이다. 그러나 흑담즙의 양과 질이 비정상이 되면 병적인 상태, 정신적·신체적 질병이 될 수 있다.

따라서 히포크라테스의 이론에 따르면 우울증의 원인은 다른 모든 정신적·신체적 질병과 마찬가지로 자연적인 것이다. 인간은 몸 안의 네 기질이 조화를 이루면 건강하고, 각 부분 사이의 완벽한 균형이 깨져 어느 한 기질이 지나치게 많아지면 병이 난다. 흑담즙이나 다른 체액들에 변화가 생기는 것은 자연적인 요인들 때문이다. 날이 지나고 계절이 바뀌고, 삶이 흘러가면서 특정 체액이 증가한다. 고중세시대의 한 철학자[67]는, "혈액은 공기와 닮았으며 봄에 증가하고 어린 시절에 우세하다. 붉은(황색) 담즙은 불을 닮았으며 여름에 증가하고 청소년기에 우세하다. 흑색 담즙은 흙을 닮았으며 가을에 증가하고 중년에 우세하다. 담즙은 물을 닮았으며 겨울에 증가하고 노년에 우세하다"라고 썼다.[68] 인체의 전체 구성에서 한 기질이 우세한 것은 행성과도 연결된다. 낙천적인 기질은 목성, 화를 잘 내는 기질은 화성, 우울한 기질은 토성, 침착한 기질은 달의 지배를 받는다. 흑담즙과 관련된 질병들은 또한 생활환경, 기후, 음식의 영향도 받는다. 예를 들어 차고 건조한 음식이 우울증을 일으키는 식이다.

그러나 (앞장에서 논의한) 감정에 대한 기독교의 견해가 점차 힘을 얻으면서 네 가지 기질 이론은 서서히 영향력을 잃었다. 우울증에 대한 개념이 근본적으로 바뀌거나 혹은 나태, 슬픔, 절망이라는 개념으로 대체되었다.[69] 인간이 느끼는 많은 감정과 신체적·정신적 이상과 마찬가지로 자살은 더 이상 자연적 현상이 아니라 초자연적 원인에 의해 일어나는 것으로 여겨졌다.

그러다 16세기 말이 되자 상황은 바뀌었다. 유럽 지식인들의 글에 우울증 개념이 다시 활발하게 등장하여 의미가 확장되고 예전에 얻지 못했던 타당성을 확보한 것이다. 로버트 버턴은 이 병이 인간뿐 아니라 동물과 식물('식물과 감각 있는 것'), 그리고 정치체에도 적용된다고 주장했다. 우울증은 단지 개인을 슬픔과 두려움, 비탄과 울음에 빠뜨리는 것이 아니며, 스스로 목숨을 끊는 '야생마'들에게만 국한된 것도 아니다. '왕국, 주, 정치체도 마찬가지로 감각이 있고 이 질병의 지배를 받는다.' 그리고 '그런 곳은 경작되지 않은 땅, 황무지, 습지, 소택지, 사막으로 가득 차 있고 부정, 가난, 전염병, 반란, 전쟁이 넘쳐난다.'[70]

　　신학자들은 감정에 대한 기독교의 가르침 속에 이런 설명 모형들을 통합하려고 애썼다. 신학자들의 글에서 종종 우울증이라는 범주가 나태와 절망 대신 쓰였고, 네 가지 체액과의 관계에 대한 언급이 점차 늘어났다. 하지만 이들은 계속해서 모든 것을 초자연적 원인으로 돌렸다. 예를 들면 17세기 초에 밀라노의 수사 프란체스코 마리아 과초는 자신의 저서 『마녀 개론Compendium maleficarum』에서 "악마가 질병의 외부적 원인이다. 악마가 사람의 몸속에 살려고 들어오면서 병을 가지고 온다"고 썼다. "게다가 악마는 먼저 몸속의 흑담즙의 균형을 깨뜨려 뇌와 체내 세포 전체에 퍼뜨림으로써 우울증을 일으킨다."[71] 그보다 몇 년 전 영국의 칼뱅파 신학자 윌리엄 퍼킨스는 히포크라테스파의 전통을 상기하며 우울증은 "특히 비장에 있는 일종의 흙과 같은 붉은 혈액이 부패하고 이상이 생긴 것"이며 "구름이나 안개와 비슷하게 역겨운 연기를 내뿜어 상상력을 오염시키고 이성이 이해력과 분별력을 제대로 발휘하지 못하게 만든다"고 주장했다.[72] 그러나 이런 신체적 원인들은 부차적인 것이었다. 주원인은 형이상학적이었고 악마의 개입과 관련되어 있었다. 즉 악마가 개입하여 개인의 상상력을 장악한다는 것

이었다.[73]

악마가 우울증과 종교적 절망에 시달리는 사람들을 공격하여 신을 모독하게 만들고 스스로 목숨을 끊도록 부추긴다는 생각은 널리 알려져 있었다. 햄릿도 연극의 2막에서 자신이 본 유령이 '악마일지 모른다'고 의심하며 '아마 내가 약해지고 우울해진 틈을 타서—이런 정신 상태에서는 악마에게 잘 넘어가는 법이니까—나를 지옥에 떨어뜨리려 하는지 모른다'고 생각한다.[74] 16세기에는 많은 학자가 흑담즙은 다름 아닌 악마의 욕조Balneum diabolid이며, 악마는 이 체액에서 목욕하는 걸 좋아하고 이 체액이 불러일으키는 감정을 이용한다고 여러 번 이야기했다. 사탄이 이 체액을 좋아하는 이유는 둘 사이에 몇 가지 공통점이 있기 때문이라고 여겨졌다. 악마와 흑담즙은 둘 다 어둡고 차가우며 어렴풋이 똥을 연상시킨다.[75]

사실 티머시 브라이트는 이미 1586년의 논문에서 히포크라테스파의 전통과 기독교 전통을 조화시키고자 시도했다. 그는 우울증을 두 가지로 구분했는데, 하나는 체액 때문에 생기고 의사가 치료하는 생리적 우울, 다른 하나는 사탄의 도발로 생기고 신학자만 치료할 수 있는 정신적 우울이었다.

심한 우울증에 짓눌려 그 캄캄한 지하 감옥에 빠진 육체는 평온한 새벽 별빛과 자비 넘치는 쾌활하고 밝은 태양신을 보지 못할뿐더러, 정신은 그 때문에 행동이 방해를 받아 상황에 따른 진지하고 올바른 인식을 하거나 판단을 내리지 못한다. 또한 체액에 감염될 뿐 아니라 눈이 가려지고 이 두려움의 암흑에 빠져 사방에서 사탄에게 시달리고 두들겨 맞는다.[76]

악마에게 우울은 우리를 '해치고 파괴하는 강력하고 끔찍한 무기가 된다'. 우울은 우리 몸을 쇠약하게 만들고 터무니없는 헛된 두려움으로 우리 정신을 위협하며 우리 본성의 모든 평온함을 어지럽히는 데 딱 맞는 도구다.[77]

40년 뒤 로버트 버턴은 한 걸음 더 나아갔다. 브라이트와 마찬가지로 버턴은 우울증이 초자연적인 원인과 흑담즙이라는 자연적인 원인—즉 악마의 개입 및 간과 담낭의 작용—및 이 체액과 다른 세 체액 사이의 관계 때문에 나타난다고 봤다. 하지만 브라이트와 달리 버턴은 사회적 질서라는 다른 요인의 중요성을 주장했다. 그는 우울증이 환경, 어린 시절의 교육, 아이를 돌본 유모의 도덕성, 다른 어른들과의 관계, 사랑하는 사람의 죽음이나 직업적 실패처럼 정신적 외상을 남긴 사건들의 영향을 받는다고 썼다.

우울증과 히스테리의 원인에 대한 이 두 가지 이해는 1602년에 마녀 엘리자베스 잭슨의 재판에서 공개적으로 충돌했다. 가톨릭교도와 개신교도들은 이 여성이 초자연적인 원인으로 인해 이상해졌다고 주장한 반면, 성공회교도들과 일부 의사들은 자연적 원인 탓으로 돌렸다. 이런 의사 중 한 명인 에드워드 조든은 의학이 종교로부터 자율성을 확보해야 한다고 주장하는 소책자를 썼다. 여기서 그는 "환자에게 어떤 처방을 내려야 할지 모르는 의사들이 도피하듯이 종교적인 원인들에 기댄다. 그리하여 병을 완화시킬 수 있는 자연적인 방법들을 무시한 채 속죄, 주술, 제물 따위에 기대고 그 그늘 아래 자신들의 무지를 감춘다"고 단언했다.[78] 그 이후 서유럽에서 점점 더 많은 의사와 교육받은 엘리트층이 우울증과 정신이상에 대한 영적·종교적 설명을 버리고 과학적 원인을 지지했다.

17세기 후반 이후 의학 문서들에서 우울증이라는 용어가 줄어들고 대신 심기증, 히스테리, 울화, 유독한 증기 등이 사용되었다. 이들은 모두 같은 유형의 장애 때문에 나타나는 증상들로 이해되었다. 실제로 우울증은 흑담즙뿐 아니라 복강의 위쪽과 옆쪽, 비장spleen(울화를 나타내는 단어와 동음이의어), 간, 방광, 자궁에 위치한 심기증 기관들의 기능 부전 때문에 생긴다고 여겨졌다.[79] 예를 들어 남성의 비장이 혈액이나 간에서 흑담즙을 흡수하지 못하면 유독한 증기들이 생겨나 머리까지 올라가서 심기증을 일으켰다. 여성의 경우 여기에 상응하는 병이 자궁 이상으로 생기는 히스테리였다. 체액들이 혈관이나 정맥에 축적되면 금세 악성이 되어 유독한 증기를 생성하고, 이 증기들이 뇌와 인체의 다른 부분들까지 퍼져나간다.

따라서 17세기의 마지막 20년 동안 많은 의사가 우울증이 아니라 심기증이나 히스테리라는 새로운 전염병이 유럽을 덮쳤다고 생각하기 시작했다. 1681년에 윌리엄 템플 경은 ('침울'과 '울화'라는 대중적 용어로 알려진) 이 두 가지 병이 이미 "다른 병들보다 우리 의사들을 더 많이 필요로 했다"라고 썼다.[80] 심지어 1733년에 조지 체인은 『영국의 질병The English Malady』에서 인구의 거의 3분의 1이 이 병에 걸렸지만, 런던과 그 외의 대도시에서 더 자주 발생한다고 주장했다.[81]

오늘날 많은 사람이 신경해부학 및 신경생리학의 시조라고 생각하는 옥스퍼드대의 의학교수 토머스 윌리스는 17세기 말에 우울증, 심기증, 히스테리의 원인에 대해 완전히 새로운 설명을 내놓았다. 윌리스는 흑담즙의 존재 자체를 부인하여 히포크라테스의 네 가지 체액 이론을 위협했다. 그는 남성 역시 히스테리를 겪기 때문에 이 병의 원인을 자궁의 기능에서 찾아서는 안 되며, 히스테리의 증상이 심기증의 증상과 대체로 비슷하다고 밝혔다. 윌리스는 오랜 관찰과 연구 끝에 히스테리와 심기증은 자궁과 비장의 유독한 증기가 머리로 올라가서 나타나는 것이 아니라 뇌와 신경체계에서 생긴다는 결론에 도달했다.[82]

사실상의 처벌 약화

뒤르켐은 18세기 내내, 그리고 혁명 직전의 수십 년 동안에도 프랑스에서 자살이 계속 처벌을 받았다고 했다. 1897년에 뒤르켐은 "재산이 몰수당했다. 귀족들은 귀족 직위를 잃고 평민으로 강등되었다. 자살한 귀족의 숲은 베어버리고 성을 부수고 방패는 깨뜨렸다"고 썼다.[83] 그러나 이후의 역사 연구들은 이미 사문화되었던 자살 관련 법률들이 1780년의 혁명으로 일소되어 한동안 지켜지거나 부과되지 않았음을 보여준다.[84] 볼테르조차 1777년에 자살과 관련된 옛 관습이 "법적으로 폐지되지는 않았지만 이제는 잊혀졌다"라고 언급한 것을 통해 그가 이런 변화를 완전히 파악하고 있었음을 알 수 있다.[85] 현재 남아 있는 문서들을 보면 18세기 전반에 자살자에 대한 재판이 훨씬 드물게 열렸고 말경에는 거의 완전히 사라졌다. 1712년에 프랑스 왕이 내린 포고령에는 "자살은 대개 처벌을 받지 않는다"라고 명시했는데, 이는 자살한 사람들에 대한 기독교식 매장이 거부되는 경우가 드물었기 때문으로 보인다.[86] 또한 1764년부터 1789년까지 파리에서 일어난 218건의 자살을 다룬 한 연구는 법원이 자살자를 본떠 만든 인형을 교수형에 처하라고 선고한 경우가 3건뿐이었다고 밝혔다. 세 명이 이런 선고를 받은 것은 아마도 자살 외에 다른 범죄(살인 미수, 절도, 강도)를 저질렀기 때문일 것이다.[87]

이런 현상은 사회의 다양한 계층에서 훨씬 이전에 시작되었던 광범위한 변화의 결과였다. 뿐만 아니라 이 변화들은 치안판사와 경찰에도 영향을 미쳤다. 1782년 프랑스의 소설가이자 언론인인 루이세바스티앵 메르시에의 기록에 의하면, "경찰은 자살자의 시체를 사람들이 보지 못하게 치우려 했다. 누군가가 자살을 하면 사복을 입은 경찰관이 와서 소란을 피우지 않고 조용히 보고서를 작성한 뒤 교구 신부에게 소문이 나지 않도록 조용히 시체를 매장하라고 시켰다. 예전에는 무가치한 법에 의해 죽은 뒤까지 괴롭힘을 당하던 자살자들이 더 이상 수레에 실려 끌려다니지 않는다".[88] 종교계에서도 변화가 진행되고 있었다. 가톨릭교회는 겉보기에는 변화가 없는 듯했고 교구 사제들이 옛 법들의 폐지를 제안하지는 않았지만, 사제들은 이 법들을 적용하지 않기 위해 할 수 있는 일들을 조용히 실행했다.[89] 1712년의 국왕의 고지에 따르면, 가족들이 자살이 아니라며 '가짜' 사건을 만들어 사제들에게 보고하고 사제들이 이를 믿는 척하면 종종 자살은 처벌받지 않았다. 더 놀라운 점은 어떤 경우에는 사람들이 자살자에게 내려진 선고에 격렬하게 항의함으로써 전통적 관습에 대한 불신을 표현했다는 것이다. 1753년 필로랑스에서는 자살한 어느 구두 수선공의 시체를 평소처럼 재판 전에 감옥에 넣었는데, 무장한 무리들이 감방으로 밀고 들어와 그를 '풀어주는' 사건이 일어났다. 또한 2년 뒤 카스트르에서는 어느 빗 만드는 사람의 시체에 유죄 판결을 내린 법원을 공격하기 위해 분노한 군중이 모여들기도 했다.[90]

영국의 상황에 대해서는 더 분명한 정보가 있다. 967년에 에드거 국왕은 자살한 사람의 재산은 '광기나 질병이 (이런 짓을 저지르도록) 몰아친 경우를 제외하고는' 영주에게 몰수된다고 명했다.[91] 한편 영국 최초의 위대한 법학자 중 한 명인 헨리 드 브랙턴은 자살자의 유형을 범죄 용의자, 우울증을 앓는 사람, 미치거나 정신이상자 혹은 정신박약자의 세 가지로 구분했다.[92] 그리고 첫 번째 유형의 자살자는 모든 동산과 부동산을 몰수하는 반면, 두 번째 유형은 동산만 몰수하고 세 번째 유형은 재산 몰수를 하지 말자고 권했다. 그러나 최근의 역사 연구에 따르면 브랙턴의 권고에도 불구하고 13세기와 14세기에 자살자 대부분은 남성이든 여성이든, 부유하든 가난하든, 온전한 정신이든 아니든 상관없이 선고를 받았던 것으로 밝혀졌다. 자살자가 정신 장애를 앓고 있었다고 생각되어도 무죄 선고를 받는 일은 드물었다. 소위 미치광이에게만 약간의 관용을 베풀었고, 우울증이 있는 사람이나 정신이상자, 격분해서 날뛰거나 치매인 사람에게는 재산 몰수를 부과하지 않았다(하지만 아직 선고문에 우울증 환자라는 표시는 없었다).[93]

1487년에서 1510년 사이에 사법제도는 일련의 개혁을 겪었다. 자살자에 대한 재판은 검시 배심원들이 담당했다. 마을이나 지역의 중하위 계층(상인과 농민)으로 이루어진 배심원들은 수사와 최종 선고를 내리는 두 가지 역할을 했다. 배심원이 된 사람들은 자살자의 시신이 발견된 현장을 방문하고 목격자를 찾아 진술을 들은 뒤 유죄나 무죄 평결을 내렸다.[94] 유죄인 경우, 자살로 기소된 사람은 누구나 자기 살인felo de se으로 선고되어 재산을 몰수당하고 기독교식 매장을 할 수 없었다. 비정상적인 정신 상태non compos mentis, 즉 자신을 제어하지 못하거나 어리석거나 미치광이거나 정신이상자로 여겨진 경우 무죄 판결을 받아 어떤 처벌도 받지 않았다. 1487년에서 1510년 사이에 도입된 새로운 법들은 배심원들에게는 자신의 구역 내에서 일어난 모든 변사와 의문사를 수사한 뒤 그 결과를 왕립 법원에 보내야 하며 판결이 내려질 때마다 보상을 받기로 했다.

자살자의 친지와 그를 변호하는 이들은 대개 고인이 살아 있을 때 우울해하거나 이상한 행동을 하는 등 어떤 형태의 정신이상을 겪었다는 것을 증명할 목격자와 다양한 증언을 찾기 위해 갖은 노력을 기울였다. 그러나 오랫동안 영국의 배심원들은 평결을 내릴 때 이런 요소들을 고려하지 않았다. 16세기의 첫 10년 동안 자살로 기소된 사람들 중 비정상적인 정신 상태였다는 선고를 받은 경우는 2퍼센트에 불과했다. 이 비율은 16세기 동안 변동 없이 유지되다가 17세기 초에 약간 상승했지만 항상 10퍼센트 선을 넘지 않았다.[95] 상황은 18세기 말이 되어서야 바뀌기 시작했다.

일단 배심원들은 자살자가 보유한 재산의 가치를 고의적으로 과소평가했다. 1485년에서 1660년까지 자살자 중 몰수당할 만한 재산을 보유했다고 기록된 경우는 40퍼센트가 되지 않았다. 자살자 중 많은 사람이 가난한 사람이거나 여성이었기 때문이다. 그런데 이후 반세기 동안 그 비율이 갑자기 줄어들어 1710년에는 10퍼센트에 이르렀다. 게다가 법원이 이 재산의 가치를 점차 과소평가하여 1파운드 이상의 재산을 소유한 사람이 전체 자살자의 약 3분의 1을 차지했던 것에서 50년 뒤에는 고작 7퍼센트로 줄어들었다.

둘째, 무죄 판결을 받은 사람 수가 17세기 초반에는 그리 많지 않았는데 후반에 접어들자 빠른 속도로 늘어났다. 비정상적인 정신 상태를 선고받은 피의자 수가 1660년에서 1680년 사이에 2배, 그 뒤 20년 동안은 3배 증가하여 40퍼센트에 이르렀다. 이런 증가세가 계속되어 1760년에는 자살자의 90퍼센트가 정신적으로 정상이 아니라고 판단되어 무죄 판결을 받았다. 더욱 관대해진 법원의 처분에 가장 덕을 본 사람은 귀족과 중산층 가정이었다. 영향력이 있고, 유죄 판결을 받을 경우 더욱 심한 경제적 위기에 처할 사람들이었기 때문이다. 그러나 이 변화의 혜택은 서서히 모든 사회 계층으로 퍼져나갔다. 18세기 동안 정상이라고 판단된 자살자에게 형벌을 가한 소수(그리고 점차 수가 줄어든)의 선고는 자살 외의 다른 범죄에 내려진 것이었고, 피고가 감옥에서 자살을 시도한 경우에는 처벌을 피할 수 있었다. 따라서 18세기에 배심원들뿐 아니라 영국 사회의 최상류층 사이에서도 누구든 자살을 한 사람은 비정상적인 정신 상태라는 생각이 서서히 힘을 얻었고, 이는 자살의 문화적 의미를 근본적으로 변화시켰다.

자살에 대한 지식인 엘리트층, 특히 판사와 의사들의 태도 변화는 아마 북유럽의 대도시 중심지에서 시작되었을 것이다. 런던에서는 분명 그런 변화가 일어났다. 1601년에 런던에서 배심원들이 리처드 앨런이라는 사람의 시신을 놓고 자살로 판단했다. 그런데 며칠 뒤 앨런의 친구가 런던 교구의 상서 담당자이자 주교 총대리였던 에드워드 스탠드호프를 찾아와 고인의 시체를 축성된 땅에 묻을 수 있게 해달라고 요청했다. 친구는 앨런이 끔찍하게 괴로운 병 때문에 자신의 목을 그었고 죽기 전에 교구 주임 사제를 만나 완전히 회개했다고 이야기했다. 이 친구는 사건을 매우 설득력 있게 설명하여 허락을 얻을 수 있었다.[96]

당시 상서 담당자 및 주교 총대리는 법 교육을 받은 평신도로, 주교의 법정을 관장하고 다양한 허가(결혼, 산파 영업)를 내렸으며 유언장과 유산을 검인했고 그 외에도 다양한 업무를 봤다. 17세기 상반기에 이 직위를 맡은 사람은 민법에 따라 유죄 판결을 받은 자살자의 시신을 축성된 땅에 다른 기독교인들과 함께 매장할 수 있게 허락해달라는 요청을 허가하는 일도 했다. 자살자의 친척이나 친구들이 올리는 청원에는 당연히 고인이 저지른 정당화될 수 없는 행동에 대한 변명이 포함되어 있었다. 리처드 앨런의 친구가 올린 청원의 내용과 비슷하게, 청원자들은 자살자가 마지막 숨을 거둘 때 뉘우쳤다는 말을 자주 했다. 하지만 많은 경우 이들은 자신이 사랑하는 사람이 그런 경솔한 행동을 저지른 이유가 극심한 우울증, 불만, 의기소침 혹은 정신적 혼란 상태에 시달렸기 때문이라고 주장했다.[97] 런던 교구의 상서 담당자이자 주교 총대리는 유죄 판결을 받은 사람들에 대한 청원일지라도 대부분의 경우 수락했다. 이는 17세기 초부터 자살의 의미 및 도덕적 판단과 관련해 이 도시에서 엄청난 변화가 일어났음을 보여준다.

암스테르담에서는 17세기 초 이후 자발적 죽음에 대한 태도가 급진적으로 변했다. 네덜란드의 대표적인 법학자 더담하우더르의 저서들은 16세기 중반에 이미 성문법과 실제 관행 사이에 중대한 차이가 나타났다는 사실을 지적했다. 광기와 절망으로 저지른 자살에 대해 전자는 정당하다고 보았고 후자는 비난했다. 하지만 한 세기 후에는 상황이 바뀌었다. 1668년 6월 26일, 자살로 유죄 판결을 받은 사람의 시체가 교수대에 매달렸다. 이 사내는 늘 아내에게 브랜디를 살 돈을 달라고 졸랐는데, 어느 날 2페니를 달라고 하다가 거절당하자 "그럼 목을 매서 죽어버릴 거야. 악마가 날 붙잡아 가겠지"라고 위협했다. 아내는 "맘대로 하셔. 날이면 날마다 하는 소리!"라고 대꾸한 뒤 남편을 거들떠보지 않고 자기 할 일을 했다. 잠시 후 그녀는 집에서 목을 매단 남편을 발견했다.[98]

이 사례는 자살 외에 다른 죄를 저지르지 않은 사람에 대해 암스테르담에서 마지막으로 형이 집행된 경우였다. 그 이후 암스테르담과 네덜란드의 다른 지역들에서 자살은 자신의 죄를 인식하여 저지른 경우, 즉 다른 범죄로 인한 선고를 피하기 위해 저지른 경우에만 범죄로 간주되었다. 그 외의 이유로 자살을 저지른 사람, 가령 절망 혹은 우울증에 빠졌거나 심한 질병, 경제적 어려움, 가족과의 갈등에 시달려 스스로 목숨을 끊은 사람은 재판에 회부되지 않았다. 최악의 경우는 다른 사람들의 무덤이 있는 묘지에 묻히되 성가나 장례 의식 없이 매장하는 것이었다.[99]

스페인령 네덜란드의 법정 기록에서 자살의 원인을 광기와 정신이상으로 본 경우는 16세기 초에는 13퍼센트였지만 16세기 말에 25퍼센트로 상승했다가 17세기 초에 29퍼센트에 이르렀다. 같은 기간 동안 법정에서 중형을 선고받은 자살자 수는 줄어든 반면 축성된 땅에 매장된 수는 증가했다.[100]

1657년, 제네바 법정에서는 한 자살자에 대해 "그녀는 신에 대한 두려움을 모두 잊고 자포자기하여 악하고 불행한 결과를 맞았다. 그녀는 론강에

몸을 던져 죽었고, 이는 중한 처벌을 받을 만한 사건이자 범죄다"라고 판결
했다. 그리고 "고등 법원의 집행자가 상기 여성의 시신을 도시 곳곳에 끌고
다니다가 교수대로 데려가 처형한 뒤 묻는다"라고 선고했다.[101] 그러나 이후
치안판사와 다른 사회 계층의 태도가 바뀌었고 자살한 사람들에 대한 처
벌이 점차 가벼워졌다.[102] 1680년 이후 재판관과 목사들이 자발적 죽음을
'신에 대한 반항'이 아니라 '영혼의 병'으로 보는 경우가 늘어났고 자살을 하
게 된 사정으로 '우울증' '광기' '광란' '치매'를 자주 언급했다.[103] 1732년 이
후 자살한 사람을 교수형에 처하라는 판결은 더 이상 없었다. 17세기 말과
18세기에 자살자의 시체를 거리에서 끌고 다니는 일도 점차 보기 드물어졌
고, 17세기 말 이후 자살자 가운데 재산이 몰수된 경우가 1퍼센트에 불과
했다는 점을 고려하면 이런 식의 처벌도 거의 완전히 사라졌다고 볼 수 있
다. 예전 처벌 제도에서 마지막까지 남아 있던 것이 기독교식 매장 금지였
는데, 이 역시 거의 의미가 없어졌다. 1550~1650년에는 축성된 땅에 묻히
지 못한 자살자가 98퍼센트에 이르렀는데 다음 1세기 반 동안 그 비율이
46퍼센트로 줄었다.[104]

17세기와 18세기에 서유럽의 다른 많은 지역에서도 아마 비슷한 변화가
일어났을 것이다. 독일의 일부 지역에서 수행된 연구 결과들은 분명 이런
방향의 변화를 말해준다. 하지만 이 지역들의 정치적·종교적·사회적 역사
는 영국과는 매우 달랐다.[105] 1532년에 카를 5세가 공표한 카롤리나 법전
Caroline constitution이 바이에른에서 시행되었는데, 이 법전의 135조는 자살을
(살인 및 유아 살인과 맞먹는) 중범죄로 규정했지만 재산 몰수는 다른 범죄에
대한 처벌을 피하려 스스로 목숨을 끊은 사람의 경우에만 부과되었다.[106]

바이에른에서는 자발적 죽음 여부를 판단하는 데 필요한 수사를 지방
판사와 교구 목사가 담당했지만, 스스로 목숨을 끊은 사람에 대한 판결은

궁정 재판소가 내렸다. 카롤리나 법전에서 정한 제약 때문에, 1611년부터 1670년까지 재판에 회부된 약 300건의 자살 사건 중 뮌헨 궁정 재판소가 몰수 집행 여부를 판단하기 위해 자살자의 동산과 재산 목록을 요구한 경우는 10퍼센트에 불과했다.[107]

이 재판소의 활동 대부분은 자살자가 교회식으로 매장되어도 될지 결정하는 데 초점이 맞추어졌다. 이 결정을 내리는 데 사용된 기준 중 하나가 자살자의 평판이었다. 자살자가 살아생전에 독실하고 헌신적이며 신을 경외하고 교리를 지키는 기독교인이었고, 가족과 친구들로부터의 평판이 좋은 사람일수록 축성된 땅에 묻힐 가능성이 더 높아졌다. 하지만 더 중요한 평가 기준은 자살의 동기, 자살을 저지르기 전 고인의 정신 상태와 관련되어 있었다. 자살은 무엇보다도 종교적 절망과 심각한 형태의 변절 때문에, 다시 말해 부활과 영원한 삶에 대한 믿음을 거부하는 바람에 저지르게 되고 이를 부추기는 것은 악마뿐이라고 여겨졌다. 자발적 죽음은 또한 완전히 다른 정신 상태, 우울증, 광기, 허약한 정신, 소심함 혹은 신체적 질병, 전염병, 두통, 헝가리 열병으로도 일어날 수 있다고 생각되었다. 궁정 재판소는 보통 첫 번째는 불명예스럽게 매장하고 두 번째는 기독교식 장례 의식을 치러도 된다고 명했다. 그러나 1611년부터 1670년 사이에 이 재판소가 내린 판결들에 근본적인 변화가 일어났다. 종교적 절망으로 자살한 사건의 수는 줄어든 반면 다른 경우는 증가해 묘지에서 기독교식 장례 의식이 치러진 자살자의 수가 늘어났다.[108]

17세기와 18세기에 슐레스비히홀슈타인에서도 이와 유사한 변화가 일어났다. 1630년부터 법적 규범들과 행정 당국 및 종교 당국의 실제 집행 사이에 점점 차이가 생기기 시작했다. 전자는 계속해서 자살자를 불명예스럽게 매장하라고 선고했지만 후자는 자살자의 사회적 조건 및 정신 상태와 관련된 수많은 다른 기준을 고려했다. 그리하여 다른 신자들 옆에 묻힌 자살자 수가 꾸준히 증가해 18세기 말에는 무려 85퍼센트에 이르렀다.[109]

그러나 이런 도시들에서 시작된 변화가 다른 지역까지 영향을 미치기 시작한 것은 훨씬 뒤였다. 파리에서는 자살자의 시체를 재판에 회부하는 관행이 18세기 초에 없어졌지만 작은 도시와 마을에는 훨씬 더 오래 남아 있었다.[110] 19세기에 많은 유럽 국가에서는 소규모 농촌 지역의 농민들이나 기능공들이 전통적 관습의 폐지에 반대했고 때로는 거센 항의의 목소리를 냈다. 1817년 늦여름, 프로이센이 폴란드에게서 뺏은 대도시 중 하나에서 빌덴하임이라는 하급 공무원이 자살하는 사건이 일어났다. 루터교 교회의 장로들은 기독교식 매장을 허락하고 교회 종이 울리는 가운데 시신을 신도용 장의차에 실어 묘지로 옮기게 했다. 그러나 이 결정이 신자들의 심기를 크게 건드렸고 그중 양복장이, 목수, 장갑 장수 세 명이 주도적으로 항의했다. 이들은 공공연하게 장로들을 공격했고 신도용 장의차를 더럽힌 것에 대해 비난했다. 루터교 공동체 전체 집회가 두 번 열렸고 긴장이 어찌나 고조되었던지 장로들은 경찰서장에게 보호를 요청해야 할 정도로 위기감을 느꼈다.[111]

1842년에 프랑스의 작은 마을인 샹토소의 교구 사제 아베 뒤레는 앙제의 주교에게 보낸 편지에서 몹시 고민스럽지만 만족할 만한 해결책을 찾지 못한 사건에 대해 썼다. 신도 중 한 명이 며칠 전 자살을 했다. 나병을 앓고 있던 이 여성은 일요일마다 미사에 참석하던 사람이었다. 이 사건을 알게 된 신부는 여성의 친지들에게 고인이 정신이상 상태에서 자살을 저질렀다고 말하라고 설득했다. 하지만 친지들은 고인이 축성된 땅에 묻히지 못하리란 걸 알면서도 그녀가 제정신이었다고 생각했고 다른 사람에게도 그렇게 말했다. 다른 교구민들 역시 스스로 목숨을 끊은 이 여성에게 종교적

의식을 허락하지 말라고 교구 사제를 몰아쳤다.[112]

1893년 4월 24일 밤, 러시아의 작은 시골 마을에서 한 농부의 아내가 집을 나가 아무에게도 들키지 않고 다섯 채의 집을 지나 강물에 몸을 던졌다. 그녀의 남편은 아내가 마을 묘지에 묻혀야 한다고 강경하게 주장했지만 농민들의 거센 반대에 부딪혔다. 반대자들은 경찰에 탄원을 제출하여 그 여성이 '제정신이었으며 고해도 하지 않고 영성체도 받지 않은 채 일부러 그런 죽음을 택했다'고 알렸다. 그러나 경찰은 이 항의가 '무지'와 '미신'에서 나왔다고 믿고 그녀를 축성된 땅에 묻는 것을 허락했다. 그런데 여름 내내 마을에 화재와 사고사 같은 자연재해가 줄을 이었다. 그러자 농민들은 분개하여 이 불쌍한 여성의 시신을 훼손했다.[113]

법률적 처벌 약화

자살에 대해 유죄 선고를 내리는 법의 점진적인 폐지는 북아메리카의 영국 식민지들에서 시작되었다. 1701년에 펜실베이니아와 델라웨어에서는 스스로 목숨을 끊은 사람들의 재산을 몰수하는 법을 폐지했다. 1777년에는 버지니아주 역시 이 선례를 따라 "자살을 해도 재산을 몰수하지 않으며 자살은 질병으로 봐야 한다"는 토머스 제퍼슨의 믿음을 제도화했다.[114] 몇 년 뒤 메릴랜드와 뉴저지도 같은 결정에 따랐다. 유럽에서 이런 새로운 감정을 처음 반영한 군주는 프로이센의 젊은 통치자 프리드리히 2세였다. 그의 아버지 프리드리히 빌헬름 1세는 1731년에 우울증으로 인한 자살이라 해도 스스로 목숨을 끊은 사람들에 대한 제재를 강화했다.[115] 그러나 프리드리히 2세는 1747년과 1751년에 이 범죄를 폐지하는 두 개의 칙령을 통과시켰다.

프리드리히 2세는 자살의 원인은 '광기' '치매' '우울증', 그 외의 정신이상일 뿐이며 이 행위를 형사 범죄로 취급하는 것은 의미 없을 뿐 아니라 자살자의 친지들이 '천한 짓을 하도록' 만들고 그 외의 불법적인 생존 방법들에 의지하도록 하기 때문에 해롭다고 공표하여 수 세기 동안 사회를 지배해오던 태도를 근본적으로 뒤집었다.[116] 그뿐만 아니라 프리드리히 2세는 개인에게 스스로 목숨을 끊을 권리가 있고 특수한 상황에서는 자신의 도덕적 품위를 지키기 위해 자살이 불가피하다고 확신했다.[117]

유럽 전체에서 이러한 형법 개정이 일어났지만 그 시기는 서로 달라서 완전히 자리를 잡은 것은 2세기 반이 지나서였다. 1786년에 토스카나의 피에트로 레오폴트 대공은 자살을 범죄 목록에서 삭제하기로 결정하고 프리드리히 2세의 전례를 따랐다. 이런 조치가 제네바에서는 1793년에, 프랑스에서는 혁명 중에 시행되었다. 1790년 1월 21일에 프랑스의 헌법제정국민의회가 통과시킨 법령에서는 일단 자살을 '개인적' 범죄로 정의했고 따라서 위반자의 재산을 몰수함으로써 무고한 상속자가 피해를 입을 가능성을 배제했다. 그리고 위반자의 죽음과 함께 죄가 말소된다고 정하여 자살의 책임을 전가할 수 없다는 원칙을 재도입했다.

그러나 그 뒤 4년 동안 단두대에서의 처형을 피하기 위해 자살을 저지르는 사람 수가 늘어나자 당국은 앞선 결정을 바꾸었다. 1793년 11월 19일에 국민공회는 혁명 재판소에 의해 기소된 뒤 스스로 목숨을 끊은 사람들의 재산을 몰수하는 법령을 통과시켰다. 로베스피에르, 부르보트, 바뵈프, 다르테는 모두 자살을 시도했다가 아직 숨이 붙은 상태에서 단두대로 끌려갔다. 또한 1794년 3월 16일에 마르세유의 혁명 재판소는 이미 목숨이 끊어진 에티엔 구트와 장 게랭의 시신에 '붉은 옷을 입혀' 처형함으로써 수 세기 동안 실시되었던 관행을 돌연히 부활시켰다.[118] 하지만 이렇게 갑작스레 과거 관행으로 되돌아가는 현상은 일시적이었다. 1795년 5월 2일에 국민공회는 1793년 이후 자살자에게서 몰수한 모든 재산을 유가족에게 돌려주라고 명했다.

바덴에서는 1803년에, 바이에른에서는 1813년에 자살이 범죄에서 제외되었고,[119] 암스테르담에서는 유죄 선고를 받은 범죄자의 자살을 금지하는 법이 1793년에 폐지되었다.[120] 오스트리아에서는 1784년에 요제프 2세가 공표한 법전에서 자살자에 대한 처벌을 완화하여 자살자가 죽기 전에 회개했다면 다른 사람들과 함께 묘지에 묻힐 수 있다고 명했다. 그러나 자살이 더 이상 범죄로 간주되지 않게 된 것은 1850년이 되어서였다.[121] 스웨덴에서는 1865년에 자살이 처벌 대상에서 제외되었고, 아일랜드에서는 1993년까지 공식적인 해금이 없었다. 영국 의회는 자살자의 시체는 묘지 밖에 묻어야 한다는 의무를 1823년에, 재산 몰수 의무는 1870년에 폐지했다.[122] 그러나 자발적 죽음에 대한 형사 고발은 1961년에야 폐지되었다. 하지만 그 무렵에는 이 법규들이 사실상 사문화된 상태였다. 자살 사건에 대해 재판이 열리는 경우가 드물었고 자살이라고 선고되는 경우는 더 드물었다. 이 소수의 자살 선고 역시 과거 몇 세기와 비교하면 완전히 새로운 의미를 지녔다. 성직자들의 가르침과 자살이 악마의 유혹이라는 생각 때문이 아니라 보험 회사들의 실질적인 이익과 19세기에 생명 보험 증서 판매가 늘어난 것이 이런 결과에 영향을 미친 것이다. 보험 회사들은 법원이 자살 선고를 내린 사람의 가족에게는 보험금 지급을 거부했고, 그 때문에 광범위한 논쟁과 격렬한 비난, 추가적인 소송이 벌어졌다.[123]

이탈리아에서는 1839년에 사보이 가문의 카를로 알베르토가 공포한 '사르데냐 국왕 폐하의 국가 형법' 585조에서 "누구든 자발적으로 자신의 목숨을 끊은 사람은 법이 절대 용납하지 않을 것이고 시민권 박탈과 함께 그 사람이 남긴 어떤 재산 양도나 유언도 무효가 될 것이다. 또한 어떤 종류의 영예스러운 장례 의식도 허용되지 않을 것이다"라고 명시했다.[124]

러시아에서는 1835년까지도 법으로 자살을 살인과 동등하게 간주하여 스스로 목숨을 끊은 사람은 종교적 장례를 금했고, 정신에 이상이 없는데 자살 시도를 한 사람은 시베리아로 유배를 보내 강제 노동을 시켰다. 그러나 1845년에 도입된 형법은 더 이상 자살과 살인을 동일 선상에 두지 않았고, 전자의 경우 미치거나 병으로 일시적 정신이상이 온 상태에서 의도적으로 자살을 저질렀을 경우에만 처벌했다. 처벌 역시 예전보다 훨씬 가벼워져서 유언을 무효화하고 기독교식 장례를 금하는 정도에 그쳤다. 제정 러시아에서는 이 기준을 수천 명의 재판에 적용했다. 1830년부터 1860년까지 유죄 선고를 받은 사람의 비율이 46퍼센트에서 20퍼센트로 떨어졌다.[125]

마지막으로 가톨릭교에서는 많은 사람이 자살자에 대해 좀더 개방적이고 관대한 입장을 취하게 되었지만, 교회는 적어도 표면상으로는 전통적 입장을 고수했다. 1917년에 베네딕토 15세가 반포한 교회법은 스스로의 목숨을 끊는 행위를 금지한다는 입장을 반복했다. 그러나 이는 원칙을 확인하는 것이었을 뿐, 현실적으로 큰 영향은 미치지 않았다. 실제로 자살자가 교회에서 장례식을 치를 자격을 얻기 위해 필요한 것은 자살이 정신이상 때문임을 확인하는 진단서뿐이었다. 그런 진단서에 대한 요구 조항은 1965년에 열린 제2차 바티칸 공의회Second Vatican Council에서 삭제되었다. 1917년의 교회법은 또한 자살을 시도한 사람은 세례식에서 대부를 설 수 없다고 명시했다. 1983년에 파리 주교는 자살은 더 이상 죄가 아니라 불명예라고 발표하면서 스스로 목숨을 끊은 사람들에게 자비를 베풀겠다고 약속했고, 이 입장은 9년 뒤 공식적인 교리 문답서에 의해 비준되었다. 교리 문답서

2280조에는 "모든 사람은 신이 주신 생명을 지킬 책임이 있다. 생명의 주인은 신이다. 우리는 생명을 감사히 받아들이고 신의 영광과 우리 영혼의 구원을 위해 이를 보존할 의무가 있다. 우리는 신이 우리에게 맡긴 생명의 주인이 아니라 관리인이다. 생명은 우리 마음대로 할 수 있는 것이 아니다"라고 적혀 있다. 또한 그다음 조항은 자살은 "삶을 지키고 영속화하려는 인간의 자연적인 성향과 모순된다. 자살은 자신에 대한 사랑 및 신에 대한 사랑에 중대하게 반하는 행위다"라고 명시했다. 그러나 2282조에서는 "중대한 심리적 동요, 괴로움, 혹은 고생이나 고통이나 고문에 대한 심한 두려움은 자살을 저지른 사람의 책임을 감할 수 있다"라고 인정했다. 더 나아가 2283조에서는 "우리는 스스로 목숨을 끊은 사람도 영원한 구원을 받을 수 있도록 해야 한다. 신은 그 사람에게만 알려준 방법들로 유익한 회개의 기회를 주실 수 있다. 교회는 스스로 목숨을 끊은 사람들을 위해 기도한다"라고 엄숙하게 명시했다.[126]

1500년 전에 아우구스티누스의 비난으로 시작되었던 한 역사적 시대가 이로써 막을 내렸다.

위험에 처한 생명 구하기

앞에서 설명한 급진적인 문화적 변화는 18세기에 서유럽과 미국에서 위험에 처한 생명을 구하고 자살을 막기 위한 계획들이 세워지고 확산되었다는 점에서도 입증된다. 이런 동향은 5세기 이래 형성된 자발적 죽음에 대한 강한 신념 체계, 상징, 해석이 여전히 지배적이던 시기에는 생각조차 할 수 없는 것이었다.

2장 나 자신이라는 감옥의 열쇠

1620년에 작센의 신교도 목사 제바스티안 알비누스는 기독교도들은 어떤 성격의 사고나 재난이든 그로 인해 목숨이 위태로운 사람을 구하기 위해 가능한 모든 조치를 취할 도덕적 의무가 있다고 주장했다.[127] 1734년 스웨덴 제국은 자살 시도를 목격할 경우 누구나 이에 개입해야 한다고 법으로 의무화했고 이를 방임한 사람에게 내릴 가혹한 처벌을 정했다.[128] 그 후 영국, 프랑스, 덴마크, 작센, 프로이센, 미국의 정치 당국들은 새로운 인명구조 계획들을 고안하고 발표했다.[129] 암스테르담에서는 1767년에 물에 빠진 사람들을 돕기 위한 최초의 사설 인명구조협회가 생겼다. 또한 이듬해 베네치아에서는 보건 감독관이 이런 피해자들을 구조하기 위한 계획을 승인했다. "모든 문명국에는 잘 알려져 있지만, 물에 빠진 사람이 겉으로는 죽은 듯 보여도 되살아날 수 있다는 사실을 아직 모르는 사람들을 교육시켜야 할 필요가 있다"고 강조한 의사 프란체스코 비첸티니의 보고서에 따라 내려진 결정이었다.[130] 1773년에는 피렌체가, 1774년에는 볼로냐와 루카도 이런 방안을 마련했다.[131] 이 모든 구상안은 사람의 목숨을 구한 자들에게 메달과 일정 금액의 '후한 보상'을 약속했다. 예를 들어 1768년에 베네치아의 보건 감독관은 "물에 빠진 사람을 건져냈든 의사를 불렀든, 구조와 소생에 도움을 준 사람들과 회복에 관여한 의사들은 대상자가 확실히 살아났다는 조건하에 자신이 기여한 부분에 따라 보건 감독관에게 현금 보상을 받을 것"이라고 정했다. 반면 '물에 빠진 사람을 구하지 않고 모른 체한' 사람은 '태형에 처할 것'이라고 명시했다.[132]

이런 계획들은 이해받지 못하고 반발에 부딪히기도 했다. 유럽 전역에서 즉사, 돌연사, 변사는 아주 오랜 세월 의심과 두려움을 불러일으키는 사건이었기 때문에 이런 식으로 죽은 사람의 시체에는 절대 가까이 가지 않으려 하거나 주저하는 태도가 뿌리 깊이 박혀 있었다. 이런 두려움과 금기가 예전보다는 훨씬 약화되었지만 18세기에도 일부 사람들에게는 남아 있었다. 1826년에 의사 피에트로 만니가 썼듯이, 오랫동안 독일에서는 '물에 빠진 사람을 구하면 신사의 명예가 손상된다'고 여겼고 일부는 여전히 그렇게 생각했다.[133] 반면 몇몇 유럽 국가에서는 '사건을 기록할 법 집행관을 부르기 전에 익사자를 만지거나 물에서 끌어내는 것이 법으로 금지되어 있었고 이 모든 상황과 시신 상태와 관련된 세부 사항이 모두 기록된 뒤에야 그런 시도를 할 수 있었다.'[134]

자신의 목숨을 끊을 자유

19세기에 유럽의 논객과 학자들 사이에 우려를 불러일으킨 자살의 대폭적 증가는 이들이 생각했던 것보다 적어도 한 세기 먼저 시작되었다. 이렇게 자살이 증가한 원인은 이들이 가정했던 것처럼 오로지(혹은 주로) 사회 통합과 규제의 붕괴로만 돌릴 수는 없으며, 수 세기 동안 유럽인들의 자살을 단념시켜왔던 규범, 제재, 신념, 상징과 의식, 해석 범주, 사고방식과 행동 방식이 위기를 맞고 쇠퇴했기 때문이라고 볼 수 있다.

자살을 유죄로 간주하는 법의 폐지는 시기는 다르지만 서유럽, 동유럽 할 것 없이 유럽 전체에 영향을 미쳤던 이 변화 과정의 마지막 단계일 뿐이었다. 이런 법의 폐지를 오직 계몽주의의 산물로 보거나 몽테스키외, 베카리아, 볼테르 같은 뛰어난 지성인들의 선언과 요청으로 이루어졌다고 생각하는 건 잘못일 것이다. 이들의 글이 교양 있는 엘리트층과 개화된 통치자들 모두에게 엄청난 영향을 미친 것은 분명하다. 예를 들어 프리드리히 2세가 볼테르와 서신을 주고받으며 영감을 얻어 자살 금지법 폐지 결정을 내렸음은 의심의 여지가 없다. 하지만 이들을 비롯한 지성인들의 생각은 본질적으로 훨씬 이전에 일어난 사고방식의 변화가 반영된 것일 뿐이다.

이런 변화는 16세기와 17세기 초, 유럽 문화계의 많은 저명인사—철학자, 극작가, 희극 작가, 심지어 신학자까지—가 자발적 죽음의 적법성에 의문을 제기하고 이를 최악의 죄로 보는 기독교적 관점을 신랄하게 비판하면서 시작되었다. 옛 해석 도식이 붕괴되고 자살을 악마가 들리거나 신앙심 부족과 같은 초자연적인 원인이 아니라 자연적 요인들로 설명하면서 이런 변화가 더욱 광범위하고 포괄적으로 진행되었다. 이런 자연적 원인 중 첫째로 꼽힌 것이 우울증 및 심기증과 관련된 기관들—비장, 간, 방광, 자궁—의 기능 부전이었고, 둘째가 뇌와 신경계의 문제였다. 자살을 저지른 사람이 더 이상 범죄자가 아니라 뇌 생리학적 문제들과 불운한 삶의 피해자, 1747년에 프리드리히 2세가 법령에 쓴 것처럼,[135] 어리석음, 치매, 우울증의 피해자이기 때문에 '동정받을 만한' 사람으로 여겨지게 된 것은 이러한 문화적 변화와 세속화 및 의료화 과정 덕분이었다.[136]

도시에서 가장 수준 높은 교육을 받은 집단에 속한 사람 중 자살이 창조주에 대한 극악무도한 죄라고 생각하지 않는 이들이 조금씩 늘어갔다. 영국의 시인이자 탐험가인 월터 롤리는 런던 탑에 갇혀 있던 1603년 7월 19일에 자살 시도를 했지만 실패했다. 그러나 아내에게 보낸 편지에 썼듯이 그는 자신의 행위가 신을 모욕하지 않을 것이라 확신했다. "내가 신의 자비를 받을 가망이 전혀 없이 죽었다고 낙담하지 마시오. 논쟁을 벌이려고도 하지 마시오. 신이 나를 떠난 것도 아니요, 사탄이 나를 유혹한 것도 아님을 굳게 믿으시오. 희망과 절망은 공존할 수 없소. 우리 자신을 파괴하는 것이 금지되어 있다는 건 알고 있소. 하지만 나는 신의 자비를 단념한 자살이 금지되었다고 믿소. 우리는 신의 자비를 단념하여 우리를 파괴하는 것이 아니라오."**137** 몇 년 뒤 존 던도 비슷한 주장을 했다. "스스로 목숨을 끊는 모든 사람이 신의 자비를 단념하여 그런 짓을 했다는 말은 타당하지 않을 수 있다."**138**

런던에서는 알베르토 라디카티 디파세라노 백작의 책이 발간된 지 며칠 뒤인 1732년 4월 18일, 빚에 시달리던 제본업자 리처드 스미스와 그의 아내 브리짓이 어린 아들의 머리에 총을 쏜 뒤 방에서 목을 맸다. 두 사람은 테이블 위에 세 통의 유서를 남겼다. 첫 번째 유서는 집주인에게 자신들이 기르던 개와 고양이를 키울 집을 찾아달라는 부탁으로 이를 위해 얼마간의 돈을 남겼다. 한 친지 앞으로 된 두 번째 유서는 이런 경제적 파탄을 불러온 채권자를 비난했다. 세 번째 유서는 자신들의 행동을 정당화했다. 부부는 일종의 과학적인 이신론에 의지하여 신에 대한 자신들의 믿음이 순수하게 신앙에 근거한 것이 아니라 합리적인 이유에 따른 것이며 '자연과 사물에 대한 이성에서 도출되었다'고 주장했다. 이들은 한없이 작은 사물들로 된 이 세계를 현미경으로 들여다보면서 신이 존재할 뿐 아니라 자비롭고 은혜롭다고 확신했고, 따라서 자신들의 영혼을 신에게 맡길 자신이 생겼다. 부부는 자살자 모독과 시체 훼손 의식을 저지하는 이론에 이의를 제기하면서 "우리 시체가 놓인 곳의 상황은 개의치 않는다"라는 말로 자신들의 생각을 옹호했다. 그리고 "자연주의자들의 의견에 따르면, 인간의 몸은 끊임없이 바뀌고 있다. 새로운 물질이 낡은 물질을 대체하고, 수많은 가난한 사람이 새 옷보다 새 몸을 더 자주 얻는다"라고 어느 정도 만족해하며 덧붙였다.**139**

자살을 고려하는 사람들이 자신의 신체적·정신적 상태를 인식하고 해석하는 방식도 달라졌다. 1682년에 독일 북부의 한 서적상이 자살을 시도했지만 바로 죽지 않고 며칠간 살아 있었다. 그 며칠 동안 그는 목사, 의사와 이야기를 나누었는데, 목사에게는 이번 일에 대한 당혹감을 표현했다. 자신을 파괴하라는 악마의 부추김을 느꼈을 때 그는 신에게 도와달라고 빌었다며, 이제 그는 비통한 심정으로 왜 자신의 기도가 응답받지 못했는지 궁금해했다. 목사 입장에서는 이번 일이야말로 신의 은총을 보여주는 명백한 증거라고 쉽게 대답할 수 있었다. 그는 아직 살아 있었고 자기 행동에 대해 참회할 기회를 얻었기 때문이다. 한편 서적상은 의사와 이야기할 때는 자신을 괴롭혀 자살까지 시도하게 한 모든 질병의 증상을 나열했다. 그는 불면증, 두통, 작은 불꽃이 보이는 환시, 귀울림, 복통, 불안에 시달렸다.[140] 서적상은 자신이 겪은 상황을 묘사하고 설명할 때 당시에 만연한 문화 코드에 의지했다. 이는 영국의 의사이자 점성술사 리처드 네이피어의 환자들이 8년 전에 사용했던 문화 코드와는 달랐다. 또한 서적상은 악마의 유혹에 우울증을 추가했다. 나열한 증상들이 이 질병의 징후였기 때문이다.

이 코드는 그 후 수십 년 동안 계속해서 변화했다. 1759년에 독일에서는 한 정원사의 도제가 칼로 자살하려다 미수에 그친 사건이 벌어졌는데 이 일에 대해 그가 한 설명은 위의 경우와 달랐다. 그는 의사에게 자신이 우울증으로 꼼짝달싹 못했고 '내치질'이 가끔씩 극심해져 우울증에 '걸리기 쉬웠다'고 말하면서 이것이 유전 때문이라고 확신했다. 이 사람은 악마나 그 외의 초자연적인 요인에 대해서는 한마디도 언급하지 않았다. 몇 년 뒤 자살 시도를 한 어떤 독일 여성은 우울증 때문에 그런 행동을 한 건 아니라고 했다. 그녀는 평소 다른 건강한 사람들처럼 잘 먹고 잘 잤다고 말했다. 하지만 이따금 머리가 '무겁고 멍청해졌으며' 주위 모든 것이 빙빙 돌기 시작하는가 하면 강박적이고 배배 꼬인 이상한 생각이 들었다고 불평했다. 자살을 시도한 것은 분명 이렇게 정신이 혼미해진 순간들 중 하나였다.[141]

유럽인들의 자살을 억제했던 규범, 신념, 해석 범주들에 이런 위기가 온 데는 지대한 사회적·문화적 변화의 시작을 알리는 다른 요인들이 한몫했다. 1611년에 존 던은 '나 자신이라는 감옥의 열쇠'를 버릴 힘을 요구하는 사회의 유형을 이렇게 묘사했다.

새로운 철학은 만물을 의심한다.

불의 원소는 꺼졌고

태양은 사라져버렸다. 그리고 지구도. 어떤 인간의 지혜도

어디에서 그것을 찾아야 할지 제대로 알려주지 못한다.

사람들은 이 세상이 소진되어버렸다고 거리낌 없이 고백한다.

행성들과 창공에서

이들은 너무나 많은 새로운 것을 찾는다. 이들은 이 세상이

산산이 부서져 원소로 돌아가는 것을 본다.

모든 것이 조각나고 모든 응집력이 사라진다.

모든 물자와 모든 관계성도.

왕, 백성, 아버지, 아들은 잊힌 것들이다.

모든 사람이 자신이

불사조가 되어야 하고

자신 말고는 아무도 자신과 같은 사람이

있을 수 없다고 생각하기 때문이다.**142**

이 세계에서는 과학 혁명이 이미 진행되고 철학에서 기계론이 힘을 얻고 있었다. 새로운 행성들에 대한 천문학적 발견으로 사람들은 과거의 우주론적 틀을 무시하게 되었다. 우주가 불변의 자연법칙의 지배를 받는다는 개념이 여러 주술적·종교적 믿음, 초자연적인 힘, 영혼, 사탄, 귀신 들림, 유

혹에 대한 믿음, 기도의 효과에 대해 의문을 불러일으켰다.[143] 또한 지식은 입증되기 전까지는 확실하지 않고 모든 과학적 명제는 사실에 근거한 철저한 검토 및 경험과 실험 분석을 거쳐야 한다는 원칙이 사건들에 대한 마법적·종교적 해석뿐 아니라 독단적 주장에 대한 신뢰를 떨어뜨렸으며 사실들을 밝혔다.

봉건사회가 한동안 쇠퇴 기조를 보이고 있었지만 그 절정기 때만 해도 자살을 절도로 보도록 조장했었다. 다른 사람의 소유물인 사람이 존재한다고 생각하고 사람 사이의 관계에 크게 의존하는 이런 구조의 붕괴는 몽테뉴의 다음 주장에 토대가 되는 위기의 도래를 알렸다. "내가 내 재산을 가지고 달아나거나 내 지갑을 훔쳐도 절도죄가 아닌 것처럼 스스로 내 목숨을 뺏어도 살인죄가 아니다. 생명은 다른 사람의 것이 아니고 개인의 것이기 때문이다."

이 세계에서는 자신과 타인에 대한 개인의 이해에 심오한 변화가 일어나고 있었다. 개인이 점점 더 고유의 존재, 비교할 자가 없는 불사조, 단일한 원자로 간주되어 자신의 성취와 세속적 쾌락, 행복을 마음껏 추구하고 행복을 삶 그 자체보다 더 큰 자산으로 여길 수 있으며 따라서 어떻게 사느냐뿐만 아니라 얼마나 오래 살지도 결정할 수 있는 존재로 여겨졌다.

그러므로 17세기 말과 19세기 초에 시작되어 19세기 내내 계속된 자살증가 추세는 병적인 사회적 징후가 아니라 개인의 자율성 증대의 결과였다. 또한 1793년에 새 프랑스 헌법 제정 작업의 일환으로 제안되어 논란을 일으켰던 『인간과 시민의 권리 선언Declaration of the Rights of Man and of the Citizen』 6조에서 규정한 '자신의 삶과 죽음'을 결정할 수 있는 새로운 권리가 확인된 결과였다.[144] 이 권리는 재산권, 자유권, 언론·표현·신앙의 자유와 어깨를 나란히 하고자 했다. 그리고 앞으로 살펴보게 되겠지만, 처음에는 사회 최고 상류층에 속한 사람들이 중산층의 권리로 주장하기 시작했으나 시간이 지나면서 사회 각계각층으로 퍼져나갔다.

신, 자신,
타인 죽이기

FAREWELL TO THE WORLD

1786년 11월 1일, 이탈리아의 수많은 도시를 두루 돌아본 괴테는 드디어 로마에 당도했다. 몇 년 동안 괴테의 일기에는 '이 세계의 수도'를 보고 싶은 소망이 '야심이자 괴로움'이 되었고 이 괴로움을 치료하는 방법은 '내가 로마를 직접 진짜로 접하는 것'밖에 없다고 기록되어 있었다. 과연 로마는 괴테의 기대에 부응했다. 괴테는 로마에 당도한 직후 "모든 것이 내가 상상한 그대로이면서도 모든 것이 새롭다"라고 썼다. 괴테는 몇 년 만에 처음 느껴보는 차분하고 평온한 기분에 젖어 옛 로마와 현대 도시의 웅장한 광경들을 탐닉했고 광장과 정원, 개선문과 기둥, 궁전과 폐허가 된 유적지들을 방문했다. 또한 여러 사람을 만나 관찰하고 이야기를 들었다. 그러면서 몇 가지 현지 풍습에 놀라기도 했는데, 그중 하나가 살인은 자주 일어나는 반면 자살을 했다는 이야기는 잘 들을 수 없다는 것이었다. 괴테는 11월 2일의 일기에 "외국인에게는 놀랍지만 오늘 도시 곳곳에서 화제의 주인공은 살인이었다. 살인이 거의 매일 일어난다. 우리 지역에서만도 지난 3주 동안 네 건의 살인 사건이 벌어졌다"[1]고 썼다. 불과 몇 시간 전에도 어떤 로마인이 한 스위스 화가를 스무 번이나 찔렀다. 반면 "로마인들은 자살을 전혀 이해하지 못하는 것처럼 보인다. 사람들은 타인을 죽인다. 그렇다. 살인 이야기는 거의 매일 들려오지만 자신의 소중한 생명을 스스로 끊는 것, 심지어 그런 생각을 하는 것조차 로마에서는 들어보지 못했다."[2] 괴테는 자살이 드물고 살인이 매우 빈번히 일어나는 것이 이탈리아인들의 특색이라고 생각하여 이를 신랄하게 비판했다. "이탈리아인들에 대해 내가 할 수 있는 말은 이것뿐이다. 위풍당당한 종교와 예술에도 불구하고 이 사람들은 숲과 동굴에서 살던 때와 털끝만큼도 다르지 않다."[3]

이 위대한 독일 시인이 로마에서 이런 인상을 받을 만도 했다. 18세기가 끝날 무렵 이탈리아에서는 살인율이 자살률보다 4배, 심지어 5배나 더 높았기 때문이다.[4] 하지만 괴테가 2~3세기 더 전에 살았다면 고국의 도시들과 서부 유럽의 다른 도시들에서도 살인이 자살보다 훨씬 더 자주 일어나는 현상을 목격했을 것이다. 우리가 보유하고 있는 데이터가 단편적이긴 하지만 이런 경향은 뚜렷하다. 13세기에서 15세기까지 영국과 프랑스에서는 살인 건수가 자살 건수보다 10~50배 더 높았다.[5] 또한 16세기 초에 취리히에서는 전자가 후자보다 40배, 같은 시기에 암스테르담에서는 10배 더 높았다. 그리고 16세기 말에 제네바에서는 전자가 후자보다 5배, 17세기 초에 스톡홀름에서는 20배 더 높았다.[6]

두 개의 상반된 동향

오늘날 모든 서구 국가에서는 자살과 살인의 비율이 18세기에 괴테가 로마에서 만났던 상황, 그리고 이전 몇 세기 동안의 북유럽 상황과 반대가

되었다. 2001년에서 2005년에는 이 모든 국가에서 자살 건수가 살인 건수를 앞질렀다. 몇 가지 예를 들어보면, 이탈리아에서는 자살 건수가 살인 건수보다 7배, 영국에서는 8배, 벨기에서는 10배, 오스트리아에서는 20배나 더 높았다. 이런 역전은 수 세기 동안 자살 및 살인과 관련되어 나타난 두 가지 상반된 동향의 결과다. 이 두 동향은 점진적 혹은 연속적으로 진행된 것이 아니라 중도에 끊어져 분명한 단절이 나타났고 심지어 단기간에 역전되었다. 하지만 장기적으로 보면 자살 건수는 상당히 상승한 반면 살인 건수는 줄어들었다.

현재 이용할 수 있는 통계에 따르면 남유럽보다 유럽 중북부에서 자살 빈도가 살인 빈도를 훨씬 더 빨리 추월했다. 예를 들어 런던에서는 약 1680년에,[7] 취리히에서는 그 직후에(도표 3.1), 스톡홀름에서는 18세기 초 몇십 년 동안, 제네바에서는 1750년에,[8] 영국과 독일의 나머지 지역에서는 18세기 말과 19세기 초에,[9] 그리고 이탈리아에서는 1세기 뒤에(도표 3.2) 이런 현상이 나타났다. 18세기에 런던을 방문한 프랑스인과 독일인들에게는 이 도시가 유럽 전체에서 자살률이 가장 높은 곳처럼 보인 반면, 18세기의 마지막 20년 동안에는 일부 방문자들이 런던을 살인 빈도가 가장 낮은 도시로 생각한 것은 이 때문이다.[10]

이탈리아에서는 19세기 중반 무렵 살인율이 자살률보다 3~4배 높았다. 그러나 이후 30년 동안 전자는 급격하게 떨어진 반면 후자는 서서히 상승했다. 그러다 1890년에 두 곡선이 교차하여 약 10년 동안 아주 가깝게 유지되다가 다시 한번 더 벌어졌다. 그때 이후, 특히 그 전후에 다양한 변동이 일어났다. 제1차 세계대전 이후 살인 건수가 가파르게 상승하여 자살 건수와 같은 수준에 이르렀고, 제2차 세계대전 이후 살인율이 한 번 더 치솟았다. 하지만 이 두 번의 비정상적인 짧은 기간을 제외하고는 지난 세기

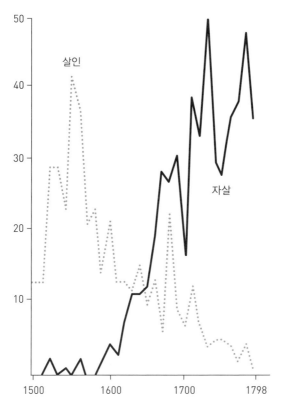

〈도표 3.1〉 1500∼1798년까지 취리히에서 일어난 살인과 자살
출처: Schär의 데이터를 가공한 자료

에 이탈리아에서는 스스로 목숨을 끊은 사람 수가 타인의 생명을 빼앗은 사람 수보다 항상 더 많았다.(도표 3.2)

이탈리아에서 이런 변화는 지역별로 다른 시기에 나타났는데, 시골 지역보다 도심지에서, 그리고 남부 지방보다 북부 지방에서 먼저 일어났다. 서북부 지방과 에밀리아에서는 1870년에, 토스카나에서는 1880년에, 움브리아와 라치오에서는 1900년에, 그리고 이런 역전이 1995년에야 일어난 칼라

브리아를 제외하고 거의 모든 남부 지역에서는 1930년에 자살 건수가 살인 건수를 앞질렀다.[11]

서유럽에서는 이 두 과정이 다른 시기에 시작되어 다른 속도로 진행되었다. 중세에 10만 명당 30~50명으로 추정되던 살인율이 17세기에는 낮아졌다(10만 명당 10~20명). 이후 1950년대까지 가끔 변동은 있었지만 계속해서 꾸준히 떨어졌다. 그 뒤 20년 동안 다시 오르락내리락했지만 현재는 지난 500년을 통틀어 가장 낮은 수준에 이르렀다(10만 명당 1명 이하). 이런 경향은 15세기 말과 16세기 초 사이에 영국에서 시작되었고, 그보다 조금 더 늦게 벨기에와 네덜란드의 일부 도시에서 나타났다. 예를 들어 브뤼셀에서

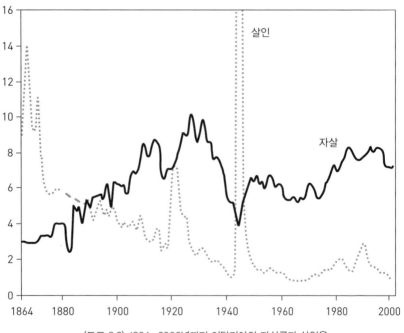

〈도표 3.2〉 1864~2006년까지 이탈리아의 자살률과 살인율
출처: 부록 참조

는 15세기와 16세기 사이에 살인율이 10만 명당 20명에서 10명으로 떨어졌고,[12] 암스테르담에서는 15세기 말에서 16세기가 끝날 때까지 10만 명당 43명에서 28명으로 낮아졌다.[13] 또한 스칸디나비아 국가들에서는 17세기 중반경에 이런 변화가 일어났고 독일과 스위스 역시 마찬가지였다.[14] 대신 이탈리아와 그 외 지중해 국가들에서는 이런 역전이 훨씬 뒤에 나타났다.[15] 시작된 시기가 달랐을 뿐 아니라 살인율이 낮아지는 속도 역시 달랐다. 17세기 초 살인율이 영국에서는 10만 명당 최소 2명, 이탈리아에서는 10만 명당 최대 12명으로 국가마다 크게 차이가 나는 건 이 때문이다.[16] 반면 앞에서 살펴본 것처럼 자살 증가는 17세기 말부터 시작해서 훨씬 뒤에 나타났다. 하지만 이 현상 역시 유럽 중북부 국가에서 시작되어 한참 후에 이탈리아, 스페인, 포르투갈, 그리스 같은 남부 국가들로 퍼져나갔다.[17]

한 강물의 두 물길

살인과 자살의 관계는 오랫동안 학자들의 주 관심거리였고 오늘날에도 계속 논의되고 있는 문제다.[18] 이 문제는 앙드레미셸 게리라는 사학자가 1833년에 처음 제기했다. 게리는 프랑스의 통계 몇 가지를 제시한 뒤 '살인이 가장 빈번한 주에서 자살이 가장 덜 일어나기 때문에' 두 현상 사이에 지리적인 역관계가 있다고 언급했다.[19]

이후 몇십 년 동안 여러 통계 자료와 연구가 발표되다가 1886년에 엔리코 모르셀리[20]가 그때까지의 핵심적인 연구 결과들을 간추려 살인과 자살 간에 일종의 길항작용이 존재한다고 단언했다. 한 사회체에서 두 현상 중 하나가 나타나면 다른 하나는 줄어들기 때문이다. 이런 길항작용은 일단

지리적인 차이로 봐도 분명해 보였다. 당대의 통계학자들과 인구학자들이 공들여 상세하게 제시한 서유럽의 수많은 지도 분석을 보면 북부에서는 자살이, 남부에서는 살인이 더 빈번했음을 금세 알 수 있다. 뿐만 아니라 각 국가 내에서도 비슷한 차이를 확인할 수 있다. 예를 들어 이탈리아에서는 피에몬테, 롬바르디아, 리구리아 지역 주민들이 자살을 할 가능성이 더 많았던 반면 시칠리아, 칼라브리아, 풀리아 지역 사람들은 타인을 살해하는 경향이 더 컸다.

둘째, 종교, 교육, 재산으로 구분되는 유럽사회의 집단들을 비교해봐도 이런 길항작용이 분명히 나타난다. 개신교도들은 자살을, 가톨릭교도들은 살인을 할 가능성이 더 높았다. 또한 자살은 대학 졸업자와 중등교육을 마친 사람들에게, 살인은 무학이거나 교육을 거의 받지 못한 사람들에게 많았다. 이와 비슷하게 전문직 종사자, 기업가, 장사를 크게 하는 사람이나 집안 재산이 상당한 사람들이 자살을 저지르는 경향이 있는 반면 실직자, 농장 일꾼, 공장 근로자, 서비스업 종사자들은 살해를 저지를 가능성이 더 많았다.

마지막으로 역사적 데이터들에 대한 연구에서도 이러한 길항작용이 나타났다. 당시 이용할 수 있었던 몇몇 수치들은 두 가지 반대되는 경향을 보여주었다. 즉 살인율이 멈추지 않고 떨어졌고 자살률도 저지할 수 없을 정도로 상승했다.

모르셀리와 그 외의 학자들은 이런 연구 결과들을 바탕으로 자살과 살인을 개인에 있어서는 동일한 원인으로 발생하지만 사회체 내에서는 서로 상쇄시키는 두 개의 반대되는 현상으로 보았다. 이탈리아의 범죄학자 엔리코 페리에 따르면 "자살과 살인은 둘 다 개인적 폭력의 형태이기 때문에 대체적으로 같은 요인에 의해 실행할 마음을 먹으며 비슷한 빈도로 나타난

다. 그러나 폭력의 방향은 반대로 나타나 하나는 자기 자신을, 다른 하나는 타인을 겨냥한다".[21]

이 학자들에 의하면 두 현상을 적절하게 분석하려면 이들이 별개의 두 과정에서 기인했다는 생각에서 출발해야 한다. 하나는 개인적 폭력의 발생, 그리고 다른 하나는 그 폭력의 방향과 관련되어 있다. 따라서 이들이 생각하기에 자살과 살인은 "하나의 수원에서 시작된 같은 강의 두 물길이다. 그래서 강이 한쪽 방향으로 흘러가려면 다른 한쪽이 그만큼 약해져야만 한다. (…) 이 둘은 같은 상태가 두 가지로 표출된 것, 같은 원인의 두 가지 결과라 할 수 있다(뒤르켐이 설득력 있게 요약한 것처럼)".[22] 강폭과 물살의 세기는 순전히 개인적 요소(연령 등)에 의존하는 반면 방향은 사회적 변수들의 결과다. 예를 들어, 두 개의 반대되는 동향(살인 감소와 자살 증가)은 가치관과 심적 상태의 변화 때문으로 여겨진다. 엔리코 페리는 그 이유에 대해 "야만적이고 폭력적인 사람들은 장애물에 부딪치면 타인의 생명을 희생시키는 쪽을 선호하는 반면 문명화된 점잖은 사람들은 타인에 대한 존중이 바탕이 된 도덕관념이 전자보다 높기 때문에 자신을 희생시키는 쪽을 선호"하기 때문이라고 썼다.[23]

최근 들어 학자들은 자살과 살인의 관계를 설명하기 위해 강물과 두 개의 물길이라는 은유를 반복적으로 이용해왔다. 자살과 살인 모두 심각한 좌절 때문에 혹은 욕구를 충족시키거나 소망을 이루겠다는 목표를 달성하지 못해 일어나는 것처럼 보인다. 이러한 좌절에서 생겨난 공격성이 타인을 향하면 그 결과는 살인이고 자기 자신에게로 향하면 자살이다. 여기서도 개인적 폭력의 두 가지 표현 형태 중 무엇을 선택하는지는 사회적 요인들에 달려 있는 것으로 보인다.[24]

하지만 모든 걸 고려했을 때 강과 물길 이론이 살인은 감소하고 자살은 늘어나는 수 세기에 걸친 이 특이한 과정을 설명하는 데 도움이 되지 못한다. 강과 물길 이론은 이 이론이 제기되었던 역사적 시대, 즉 자살을 살인과 동일한 수준으로 보는 윤리관이 조금이라도 남아 있던 시대 특유의 가치 체계에 큰 영향을 받았다. 뿐만 아니라 지금은 우리가 이해하기 힘든 수력학水力學 원칙들에 근거한 인간 행동 이론을 보여준다. 그러나 모든 근거는 자신의 목숨을 끊는 것과 타인을 살해하는 것이 서로 상쇄되지도, 보완적이지도 않은 두 개의 행동이라는 사실을 지적한다. 이 둘은 전혀 공통점이 없고 완전히 독립적일 뿐 아니라 오히려 전적으로 다른 수많은 요인에 의존하기 때문이다.

게다가 강과 물길 이론은 현재 우리가 알고 있는 통계 자료나 사실들에 의해 뒷받침되지도 않는다. 두 과정 모두 오랜 세월 동안 계속되었지만 원래 거의 200년의 격차가 벌어져 있었기 때문에 이 둘이 '하나의 수원에서 시작된 같은 강물의 두 물길'이라고 믿을 이유가 없다.

공적인 범죄와 사적인 범죄

살인이 자살보다 훨씬 더 빈번하게 일어났던 이유는 전자보다 후자를 훨씬 더 강하게 억제하는 사회관계와 신념 체계, 가치관 때문이었다. 오랫동안 기독교의 최고 도덕적 권위자들은 자살을 살인보다 훨씬 더 엄격하게 다뤘다. 우리가 앞서 살펴본 것처럼, 자살자는 그 죄를 회개하지 못하기 때문이다. 혹은 아우구스티누스가 단언한 것처럼, 인간을 죽이는 행위는 살인을 저지른 사람과 피해자 간의 관계가 가까울수록 더 증오스럽다. "존속살인을 단지 인간이 아니라 근친자를 죽였기 때문에 어떤 살인보다 더 악하다고 본다면 자기 자신을 죽인 사람은 당연히 더 악하다. 자기 자신보다 더 가까운 사람은 없기 때문이다."[25]

이유는 좀 다르지만 과거의 형법에도 비슷한 체계가 적용되었다. 19세기 말에 프랑스의 저명한 인류학자이자 사회학자인 마르셀 모스는 살인이 공공 법률에 비교적 늦게 도입되었다고 언급했고[26] 이후의 모든 연구가 이 주장의 타당성을 입증했다. 최초의 유럽 형법들에서 가장 극악무도한 죄는 신을 거역하는 죄, 신의 노여움을 사고 사회를 해치는 종교적 범죄들이었다. 예를 들면 이단, 신성모독, 자살, 그리고 나중에는 주술 등이었다.[27] 마녀와 이단자들은 가혹한 처벌을 받았고 이런 혐의가 제기된 사람들은 잘 알려진 대로 종종 화형에 처해졌다. 그리고 덜 알려진 사실이긴 하지만 '신의 이름을 함부로 들먹인' 사람들에게도 가혹한 처벌이 가해졌다.

칠죄종그 자체가 죄이면서 다른 죄와 악습을 일으키는 일곱 가지 죄종에서는 빠져 있지만 12세기 말에 신성모독은 대죄로 여겨졌다. 신을 직접 거역하거나 성인을 모독해 간접적으로 거역하는 죄였기 때문이다. 당시 신학자들은 신성모독이 '불경스러운 정신'에서 비롯되었고 반복될 경우 살인보다 더 나쁜 죄라고 단언했다.[28] 그때까지 교회법은 십계명의 제3계명하느님의 이름을 망령되이 일컫지 말라을 어긴 사람들에게는 참회 명령과 함께 벌금만 부과했었다. 그러나 12세기 이후에는 민법에서도 신성모독을 범죄로 보기 시작했다. 예를 들어, 아를의 법령에서는 신성모독적인 발언을 한 사람을 벌금과 채찍질로 다스렸다. 모든 유럽 국가에서 이 죄를 저지른 사람들에게 점차 더 엄격한 처벌을 내렸다. 개처럼 입마개를 씌우는 벌부터 시작해 옥에 가두거나 추방하거나 혀에 구멍을 뚫거나 아예 혀를 뽑아버리거나 심지어 사형까지 시켰다.[29]

이단, 신성모독, 자살, 주술은 하느님과 군주를 모욕했기 때문에 신과 인간에 대한 불경죄로 간주되었다. 중세의 몇몇 이론에 따르면, 왕은 부분적으로는 자연적이고 부분적으로는 초자연적인 존재인 '혼합된 인간'이다. 반면 왕이 두 종류의 신체를 지니고 있다고 주장하는 이론들도 있다. 하나는 강렬한 감정이 있고 죽을 수밖에 없는 자연적 신체이며, 다른 하나는 '정치적 신체로, 그 수족은 백성이다'. "왕은 그들과 한 몸이고 그들은 왕과 한 몸이다. 왕은 머리이고 그들은 팔다리이며 왕이 단독으로 그들을 다스린다."[30]

신성모독 죄가 특히 중하다는 개념은 앙시앵레짐에서 유럽 형법의 기본적 원칙으로 수 세기 동안 유지되었다. 1562년에 영국 법정에서는 자살한 사람에게 선고를 내릴 때 자살이 3중의 죄라는 점을 강조했다. 자살을 하면 '왕은 백성을 잃게 되고 머리로서의 왕은 수족을 잃게 된다는 점'에서 자살은 자연, 신, 왕에게 죄를 짓는 일이었다.[31] 1세기 뒤인 1670년에 프랑스의 루이 14세가 인가한 법령은 범죄자의 죽음으로 소멸되는 형사 책임이 신과 인간에 대한 불경죄, 자살, 재판관에 대한 무장 반란, 결투라는 네 가지 중죄에 대해서는 적용되지 않는다는 원칙을 선언했다. 이 네 경우 모두 '다른 사람들에게 본때를 보이기 위해' 시체가 재판을 받았다.[32] 하지만 이후 상황이 극적으로 변한 뒤에도 프랑스의 권위 있는 법학자 프랑수아 세르피용은 자살이 '신에 대한 불경죄'이고 암살보다 훨씬 더 중대하게 여겨졌다고 단언했다.[33] 그 몇 년 전에는 프랑스의 또 다른 형사 전문 변호사 뮈야드부글랑이 "자살은 종교적 질서를 위반할 뿐 아니라 모든 사람이 날 때부터 군주, 조국, 부모 앞에 자신의 생명을 책임져야 한다는 정치적 질서도 위반한다"는 의견을 밝혔다.[34]

이단, 신성모독, 자살, 주술은 신과 왕을 배반하고 종교적 질서와 정치적 질서를 둘 다 위협하기 때문에 공적인 범죄로 간주되었다. 그래서 피해자나 목격자나 그 외의 사람들이 고발할 때까지 기다리지 않고도 치안판사가 공익이라는 이름하에 공식적으로 심문을 시작하여 공적인 징벌을 할 수 있는 우선적인 범죄들에 속했다.

반면 살인은 오랫동안 가족 외의 사람을 죽였을 때(살인 사건의 90퍼센트)[35]도 종교적 위반이나 공동체에 해를 끼치는 행위, 공적인 범죄로 여겨지지 않았고 한 개인이 다른 개인을 해치는 개인적 침해로만 간주되었다. 그래서 공적인 처벌이 아니라 피해자의 가족이나 친구가 또 다른 살인을 저질러 보복하거나 당사자들이나 법원의 중재를 통해 협상과 타결, 중재와 합의를 하는 등 사적인 처벌을 받았다. 이때 법원은 피해자와 가까운 사람들이 기소를 해야 개입했다.

따라서 보복 살인은 정의의 (사적인) 한 형태였다. 이 개념은 1261년에서 1291년까지 포데스타Podestá 중세 이탈리아 북부 자유 도시의 집정관의 민사재판소 판사이던 보노 잠보니가 쓴『악덕과 미덕에 관한 책Il libro de' vizie delle virtudi』에서 비롯되었다. 잠보니는 정의가 종교, 신앙심, 안전, 보복, 결백, 은총, 숭배, 자비, 화합이라는 아홉 가지 형태로 발견되는 미덕이라고 썼다. 안전이라는 미덕에 따라 '악한 행위에 보복이 가해지고 어떤 사람도 벌을 피해갈 수 없다'. 또한 보복이라는 미덕에 따라 '모든 사람이 원수를 무찌르도록 허락되어 나쁜 짓이나 해를 가하지 않게 하고 원수로부터 자신을 보호한다'.[36]

따라서 이단, 신성모독, 자살, 주술은 당국으로부터 꽤 가혹한 처벌을 받았지만 가족이 아닌 사람을 죽인 경우 일부 상황에서는 용인되거나 정당화되도 괜찮다고 여겨졌다. 13세기 말 프랑스의 선도적인 법학자 필리프 드 보마누아르는 공격에 대한 보복으로 저질러진 살인을 '벌금 사건'이라고 정의했다. 이탈리아에서는 12세기부터 14세기까지 시 법령들이 살인을 금하지 않았을 뿐 아니라 복수를 해도 되는 사람과 방법을 명시하여 개인적 보복을 보호했다. 예를 들어 12세기에 피스토이아 법령은 누군가가 살해되었을 때 피해자의 근친이 복수를 하는 것은 합법이라고 명시했다. 혹은 청부업자에게 복수를 맡길 수도 있었다. 1252년부터 발효된 볼로냐 법령, 그리고 1325년의 피렌체 법령은 피해자는 복수를 할 권리가 있으며 피살자의 가까운 가족은 가해자에게 복수할 수 있다고 인정했다. 더 나아가 피렌체 법령은 '눈에는 눈, 이에는 이'라는 개념을 바탕으로 해를 입은 만큼 보복해야 한다고도 명시했다. 살인에는 살인으로, 심한 상해나 신체 절단에는 똑같이 상해와 신체 절단으로 앙갚음하라는 것이다.[37] 영국에서는 언뜻 보기에 법이 더 엄중한 것처럼 보인다. 13세기에서 14세기 사이에 살인을 세 가지 별개의 범주로 구분했기 때문이다. 범죄자가 사형선고를 받는 고살, 국왕이 사면할 수 있는 용서 가능한 살인, 그리고 재판관이 무죄를 선고하기 쉬운 정당 살인이 그것이다. 그러나 실제로 법은 이 범죄를 저지른 사람들에게 상당히 자비로웠다. 1300년에서 1348년 사이에 절도나 강도죄로 기소된 사람 중 무죄를 선고받은 사람이 31퍼센트였던 데 반해, 살인죄로 기소된 2667명 중 무죄를 선고받은 사람은 무려 88퍼센트에 이르렀다.[38] 14세기 말 취리히에서 도살업자 벨티 외헨이 다른 도살업자와 싸우다가 그를 죽인 사건이 일어났다. 그러나 법정은 외헨이 피해자에게 모욕을 당했다는 사실을 알고 피해자 가족에게 일정 금액을 배상하라는 선고만 내렸다.[39]

타인에 대한 보복과 폭력은 명예를 매우 중시하는 태도에서 나왔다. 명예가 목숨과 동일하게 여겨질 정도였다. 그래서 명예를 위협할 수 있거나 손상시키는 어떤 행동에 대해서도 항상 끈질기게 방어해야 했다. 목숨을 잃는 등 돌이킬 수 없는 손해를 입을 것 같은 상황에서도 마찬가지였다. 신체적 공격, 모욕, 제스처 모두 상대에 대한 존중심이 없는 것으로 여겨졌다. 필리프 드보마누아르가 언급한 것처럼, 종종 이런 행동과 제스처가 살인으로 이어졌다. 1284년에 드보마누아르는 "살인은 치열하게 싸우다가 한 사람이 상대를 죽이는 것이다. 갈등이 모욕으로, 모욕이 싸움으로 이어져 관련자 중 한 명이 종종 목숨을 잃는다"[40]고 썼다. 이런 살인은 명예를 지키기 위해 필요했기 때문에 가해자를 모욕하면 어떻게 되는지 누구나 알수 있도록 대낮에 시장이나 그 외 붐비는 장소에서 가능한 한 많은 목격자가 보는 가운데 공개적으로 지질러졌다.[41]

한 사람의 명예는 타고난 권리와 생활방식, 행동과 교제하는 사람들, 남성다움, 여성들의 존경뿐 아니라 모욕을 당했을 때 얼마나 재빨리 효과적으로 보복하느냐에도 달려 있었다. 13세기에 피렌체에는 '당해도 되갚아주지 않으니 당하는 것이다'라거나 '누구든 보복을 두려워하는 사람은 많은 악인을 만들어낼 것이다', 심지어 '원수의 핏자국은 기쁨을 불러온다'라는 말이 돌았을 정도였다.[42] 보복이라는 사회적 의무를 이행하지 못하고 모욕을 당해도 그냥 지나가면 명예를 잃어 조롱과 경멸의 대상이 되었다. 14세기에 토스카나 사람들은 다음과 같은 말을 내뱉었다.[43] "에잇, 당신은 창피한 줄도 몰라? 살해당한 아들의 원수를 갚아야지." "당신 아버지가 살해됐다는 걸 알고 있으면서 새빨간 거짓말을 하고 있군. 복수를 못하면 부끄러운 줄 알고 사람들 앞에 얼씬도 하지 마시오." "이 개새끼, 살해당해서 네집 문 앞에 던져진 조카들의 원수를 갚으라고!" "당신이 정말 그렇게 대담하다면 가서 복수를 해! 가서 푸치노 반누치의 아들의 원수를 갚아!" 모욕을 당한 사람은 그럴 만한 이유가 있어서 모욕을 당했다는 걸 알아도 복수를 해야 했다.

그렇다고 중세사회가 무정부 상태이거나 파괴적인 살인 충동의 지배를 받았다는 뜻은 아니다. 지난 30년의 역사 연구에 따르면, 보복은 통제되지 않은 폭력의 표출이 아니라 갈등을 매듭짓는 수단으로 작용했다. (앞서 언급한 이탈리아 도시 국가들의 법령 같은) 성문법뿐 아니라 관습적인 불문법에서도 잘못에 대해 누가 복수를 할 권한이 있는지, 누구를 상대로 어떻게 복수가 행해질 수 있는지 정확하게 지시했다. 이러한 갈등 해결 체계는 도덕적 권위의 개입으로 합의와 타협에 이르는 또 다른 사적인 체계와 병행되었다.

중세를 연구하는 사학자들에게 현재 '타협된 정의'라고 불리는 이 체계는 유럽 전체에서 광범위하게 실천되었다.[44] 한 예로, 앙주 왕가 출신으로 1342년에서 1343년 사이에 피렌체를 다스렸던 브리엔의 괄티에리(발터)는 집권하고 첫 6개월 동안 400가구(따라서 개인으로는 몇천 명)를 설득하여 시청사나 산피에로 스케라조 교회에서 평화 약정에 서명하도록 했다. 이 사람들은 자신이 가한 모욕에 대해 보상금을 주는 데 동의하거나 보복으로 모욕을 갚아준 뒤 갈등이 끝났다고 선언했다.[45] 이들은 손을 잡거나 껴안거나 입맞춤을 하는 등의 의식적인 제스처로 '평화' 약정을 맺었다.[46] 그 목적은 범죄자를 벌주는 게 아니라 모욕에 대해 배상하고 죄 갚음을 하는 것이었다. 이런 배상에는 다양한 형태가 있었는데, 죽은 사람의 친족에게 현금이나 물품을 주는 금전적인 것 혹은 공개적으로 죄를 뉘우치는 모습을 보여주고 창피를 당하는 상징적인 것도 있었다. 예를 들어, 14세기와 15세기 사이 로마에서는 피해자가 가해자의 얼굴을 때린 뒤 두 사람이 마흔 번의 입맞춤을 했다.[47]

5세기에서 8세기까지 누구든 타인을 살해한 사람은 피해자의 친족에게 배상금을 지급해야 했다. 이 돈은 이탈리어로 속죄금이라 불렸는데, 사람의 값을 뜻하는 베르겔트wergeld(살인 배상금)에서 유래된 말이다. 배상액은 지역마다 차이가 있었고, 피해자의 성별과 사회적 지위뿐 아니라 어떻게 살해되었는지에 따라서도 달라졌다. 피해자가 귀족 가문 출신이거나 물에 빠져 죽었거나 혹은 사람이 사는 집에서 죽임을 당했거나 무장한 무리에게

살해당했을 경우 배상금이 더 높아졌다.[48]

속죄금을 내는 관습은 시간이 지나면서 서서히 사라지다가 14세기에 거의 자취를 감추었다. 하지만 그 뒤에도 오랫동안 살인은 피해자 가족에게 일정 형태의 배상을 해야 하는 개인적 범죄로 여겨졌다. 인간의 생명은 돈으로 헤아릴 수 없이 귀하다는 원칙이 금전적 합의를 위축시켰지만, 당사자 간의 개인적 거래에서는 여전히 이런 합의가 가능했다. 하지만 법정이 관여하는 법적 절차를 선택했을 경우 미사를 드리거나 성지 순례를 하는 등 다른 형태의 배상을 했다. 예를 들어 1453년에 브라반트주 니벨에서 앙투안 자클라르를 죽인 제한 제르맹과 그 가족 및 친구들은 '중재자' 집단의 조정을 통해 피해자의 아버지와 화해 약정에 합의했다. 치안판사 앞에서 기록된 이 약정은 살인자가 '배상 방법으로' 네 차례의 순례를 떠나야 한다고 명시했다. 한 번은 성지, 다른 세 번은 산티아고데콤포스텔라, 로카마두르 노트르담성당, 방돔에 있는 성녀 라름 유적지를 방문해야 했다. 또한 피해자의 아버지에게 합의된 금액을 주면 첫 번째 순례는 생략해도 되지만 다른 세 번의 순례는 넉 달 안에 끝내야 한다는 점도 명시되었다.[49]

네덜란드에서는 관계 당국이 살인 직후에 일정한 화해 기간을 두라고 공표했다. 이 방법은 두 가지 목적에 도움이 되었는데, 보복 행위를 불법화시키는 것과 당사자들이 중재자의 도움으로 합의에 이르도록 독려하는 것이었다. 합의에 이르면 양측에 일련의 의무가 부과되었고 특정한 의례적 행동을 해야 했다. 살인자의 친족들은 피해자 가족에게 얼마간의 배상금을 지급해야 했는데, 그 액수는 살인 당시의 상황, 피해자의 사회적 지위, 살인자 친지들의 재정 상태에 따라 달라졌다. 배상금을 준 뒤에는 예를 들어 순례 같은 선한 행동을 많이 해야 했다. 마지막으로 살인자의 대가족에 속한 모든 사람, 때로는 전부 합해 200명에 이르는 사람들이 맨발에 남루한 옷차림으로 피해자의 친지들 앞에 엎드려 용서를 비는 공개적인 망신을 당했다. 이 단계에서 피해자의 친지들은 보복이 모두 끝났으며 이제 두 대가족은 화해했다고 엄숙하게 선언해야 했다. 때로는 살인자의 일부 인척들이 피해자에게 경의를 표하여 이제 두 가족 사이에 탄탄한 유대감이 생겼음을 확인했다.[50]

이 모든 경우에 시 당국은 살인에 대해 어떠한 도덕적 판단도 표하지 않았고 살인자를 처벌하지도 않았다. 대신 이들의 노력은 당사자들의 합의 도출과 현금, 미사, 순례 형태로 이루어지는 피해자 가족에 대한 배상을 최대한 정확하게 계산하는 데 초점이 맞추어졌다. 따라서 당국의 역할은 범죄자 처벌이 아니라 가해자와 피해자 사이에 세심하게 균형을 맞춘 새로운 평형관계를 수립하는 것이었다. 이는 무엇보다도 연쇄적인 보복 살인의 고리를 끊는 방법이었다.

당시 정치 당국들은 가치 규정을 공유했는데, 중세 말기에는 정치 당국이 재판이나 합법적 폭력 처리에 대한 독점권이 없었다. 이 규정에서는 신을 거역하는 범죄를 훨씬 더 중하게 여겼고 반면 살인은 공공질서를 위협하지 않는 개인적 범죄일 뿐이었다.[51] 14세기 초 프랑스에서는 범죄를 저지른 백성이 왕에게 서면이나 구두로 용서를 구하는 탄원을 할 수 있었다. 군주가 이를 받아들이고 죄를 사면해주면 일반적인 법적 절차가 끝나고 마무리되어 피고의 명성과 재산이 복원되었다. 성례를 연상시키는 일련의 재판 절차(탄원, 회개, 참회, 고백, 면죄)에서 이 조치는 자살, 신성모독, 불경죄, 강간, 절도, 살인, 그 외 모든 죄에 적용되었다. 하지만 14세기와 15세기에 프랑스의 왕들은 이런 범죄들에 대해 상당한 태도 변화를 보였다.[52]

가장 쉽게 용서받을 수 있는 범죄 중 하나가 살인, 특히 상해에 대한 복수로 행해진 살인이었고,[53] 신성모독 같은 반종교적 범죄가 훨씬 더 중한 처벌을 받았다. 1286년에 필리프 4세는 신성모독을 저지른 자들을 겨냥한 칙령을 통과시켰다. 그 이후 17세기가 시작될 때까지 왕좌에 오른 모든 왕이 신성모독을 처벌하는 더욱 가혹하고 새로운 조치들을 계속해서 내놓았다.[54] 예를 들어 샤를 6세는 1397년 3월 7일에 선고한 법령에서 신성모독을 목격하면 반드시 보고해야 한다고 의무화시켰다. 또한 프랑스 왕들은 사면해줄 때도 타인을 죽인 사람들에 비해 불경스러운 말로 신을 모독한 사람들에게 더 엄격한 조치를 가했다.[55]

이런 변화들을 불러온 원인

살인 감소와 자살 증가는 유럽에서 일어난 수많은 변화 때문으로 볼 수 있는데, 그 변화들 대부분은 서로 전혀 관련이 없다. 무엇보다 자살과 살인에 대한 도덕적 평가가 급격하게 변화했고 타인을 죽이는 행위가 자신의 목숨을 끊는 것보다 훨씬 더 가혹하다고 여겨지기 시작했다.

중세 말 법학자들은 살인에 대한 장기적이고 비판적인 재평가에 착수하여 살인이 공적인 범죄라고 선언했다. 또한 입증 책임을 바꾸어 살인을 자기방어 행위로 정당화하는 근거를 상당히 축소시켰다. 이전에는 입증 책임이 피고에게 주어져 피고가 범죄의 고의성을 입증해야 했다. 그러나 그 후에는 피고 측이 살인 행위가 우연적이고 본의가 아니었음을 입증하지 못할 경우 죄에 대한 법률상의 추정 규정이 도입되었다.[56] 국가가 서서히 재판권을 독점하기 시작한 것도 같은 시기부터다. 소추가 있어야 개시되던 소송 절차가 법원의 직권에 의해 개시되는 것으로 대체되고, 국가가 피해자가 범죄를 고발할 때까지 기다리지 않고 재판 절차를 공식적으로 시작할 책임을 안게 됨에 따라 당사자들 간의 협상, 화해, 합의, 개인적 약정은 무의미해졌다. 또한 재판을 받고 형을 선고받는 살인자의 수가 서서히 증가했다. 요컨대 이 시기에는 현대 국가의 전형적인 사법체계가 틀을 갖추고 발달해나갔다. 이 사법체계의 핵심 목적은 피해자에게 배상을 하고 평화를 되찾는 것이 아니라 죄인을 처벌하고 법과 질서를 강화하는 것이었다.

17세기 중반 들어 이 나라들에서 '자살'이라는 '심각한' 범죄에 대한 처벌이 가벼워지기 시작했다. 이미 살펴본 것처럼, 영국의 재판관들이 자살자들에 대해 점점 더 관대한 태도를 보였고 면죄 선고가 늘어났다. 유럽 중북부에서는 자살한 사람들을 재판하고 재산을 몰수하며 묘지에서 멀리 떨어진 곳에 묻는 관습이 사라진 것과 마찬가지로 자살자의 시체를 훼손하고 속되게 만드는 관행도 서서히 없어졌다.

자살에 대한 처벌 약화는 봉건사회와 이 사회의 특징이던 절대적 복종에 위기가 찾아와 자발적 죽음이 절도 및 위증과 동등하다는 견해가 등장한 것이 한몫했다. 또한 자살의 원인 및 결과와 관련된 전통적인 신념체계가 약해지고 과학적 해석이 점차 힘을 얻으면서 더 가속화되었다.

살인이 불법화된 것은 현대 국가가 탄생, 발전하고 국가가 합법적 폭력에 대한 처리를 독점하게 되면서 가능해졌다. 이러한 독점권을 획득하기 위해 국가는 시민들이 싸움을 벌이고 자체적으로 정의를 실현하기 위해 오랫동안 사용해오던 무기들을 전부 빼앗아야 했다. 유럽에서는 귀족들이 일상적인 방어와 공격을 위해 중무장한 병력을 유지해야 했다. 예를 들어 볼로냐의 귀족 가문들은 17세기에도 '여전히 집 입구에 무장한 보초들을 세웠는데, 총으로 무장한 많은 사내가 로자(한쪽 이상의 면이 트여 있는 방이나 복도)와 주랑현관이 한눈에 들어오도록 쉬지 않고 왔다갔다 행진을 했다.'[57] 권세가 높은 가문이 흔히 훨씬 더 강한 병력을 거느렸다. 16세기 영국의 레스터 백작 로버트 더들리는 200명의 기사와 500명의 보병에 해당되는 군사를 거느렸다. 같은 시기 스페인의 간디아 공작은 600명의 머스킷총병을 무장시키기에 충분한 무기를 보유했고, 다량의 대포를 소유한 귀족들도 있었다. 귀족뿐 아니라 다른 계층의 가정들도 흔히 무기를 소유했는데, 여기에는 격투용 칼뿐 아니라 검, 긴 창, 곤봉, 미늘창, 투구, 갑옷, 심지어 컬버린 포 같은 기초적인 화기까지 포함되어 있었다.[58]

유럽 전역의 통치자들과 영주들은 권력 독점을 위해 시민들의 무기 소유와 사용에 제한을 두고자 했다. 1287년과 1487년에 프랑스 왕은 활, 석궁, 미늘창, 긴 창, 검, 단검 소지를 금했고, 16세기 중반에 피렌체 공작이던 메디치가의 코시모 1세는 허가를 받아야 무기를 소유할 수 있는 제도를 도입했다. 15세기부터는 영국 국왕도 이와 비슷한 무기 소유 제한과 금지 명령을 내렸다. 하지만 이러한 시도는 도처에서 강한 반발에 부딪혔다. 예를 들어 피렌체에서는 16세기에도 무기가 널리 퍼져 있어서 무장하지 않은 남성은 성직자로 여겨질 정도였다.[59]

권력을 독점하기 위해 국가들은 다양한 관료 체제와 군대, 치안 유지 병력을 마련해야 했다. 프랑스는 파리와 지방 중심지에 경찰을 도입한 최초의 국가였던 반면, 영국과 그 외 국가들은 한참 뒤에야 이 선례를 따랐다.

현대 국가들은 합법적 폭력 처리에 대한 독점권을 얻었을 뿐 아니라 더 광범위한 정통성을 확보함으로써 살인을 줄이는 데 성공했다.[60] 국가가 처음에는 백성, 나중에는 시민들의 신뢰를 얻으려 노력한 지역에서는 이후 살인율이 낮아졌다. 19세기 중반에 프랑스의 작가 에드몽 아부는 로마 주민들이 개인적 분쟁을 해결하기 위해 칼날에 의존했다면 그것은 국가와 법정에 대한 신뢰가 별로 없었기 때문이라고 썼다. 그리고 교황령에서는 성직자들이 오로지 '신을 거역하는 범죄'만 용서받지 못할 죄로 보았다고 덧붙였다. '로마는 죄를 처벌하고 교회 재판소는 신성모독적인 발언을 한 사람들을 갤리선 노예로 보내라고 선고했다.' 하지만 교회는 '노동자들과 농부들이 일요일마다 저녁 예배가 끝난 뒤 서로의 목을 찌른다는 사실에는 무관심했다'. 실제로 성직자들이 죄인을 법 당국에 넘기길 거부했기 때문에 살인자는 교회나 수도원, 병원으로 몸을 피하면 안전할 수 있었다.[61]

보복이 의무라는 생각이 서서히 변화한 것도 살인의 불법화와 살인 건수 감소를 가속화시켰는데, 이러한 변화에는 두 가지 요인이 기여했다. 첫째, 가족의 명예라는 기능이 차차 약해졌고 둘째, 되도록 많은 사람들 앞에서 공개적으로 모욕을 당하면 명예가 위협을 받았기 때문에 명예를 지킬 필요성이 생겼다. 그래서 적어도 17세기 말 런던에서는 이런 관례가 줄어들기 시작했다.[62]

개신교 교회 쪽도 중요한 힘을 행사했다.[63] 1580년 이후 네덜란드에서는 교회 지도부들이 윤리 책자에서 살인을 극히 엄격하게 판단하고 살인자들을 비난했다. 성직자가 살인을 저지르면 주와 지방 교회회의에서의 직무를 박탈당했다. 이들은 그때까지 널리 실행되고 있던 살인자 가족과 피해자 가족 사이의 전통적인 중재와 합의 의식에 의문을 제기하고 이에 전부 반대했다. 그리고 살인범을 처벌하기 위해 할 수 있는 일은 다 해야 한다는 것에 강한 확신을 가지고 1586년에 열린 하우다 시노두스 교회회의Synod of Gouda에서 신도들 사이의 평화와 용서는 계속 지지하지만 성직자들이 어떤 식으로든 '살인에 뒤따른 화해'에 개입할 수 없다고 결정했다.[64] 뿐만 아니라 누구든 그런 범죄를 저지르는 사람을 위해 왕의 사면을 얻으려는 어떤 행동도 금지했다. 성직자들은 세속의 당국들에게 타인을 살해한 사람에 대해 강경한 입장을 취하라고 거듭 권고했으며 법원들에는 이들을 재판에 부치고 가능하면 사형선고를 내리라고 진지하게 요구했다. 17세기 후반에는 결투 및 결투 예법도 맹렬한 비난을 받았다.

가톨릭교회는 다른 영향력을 미쳤다. 수 세기 동안 가톨릭교 성직자들은 대체로 자신이 사는 사회의 도의를 따랐다. 예를 들어, 13세기에 살림베네 수사는 보복을 하면서 두 사람을 죽일 수 있었는데 한 사람만 죽인 사람을 칭찬했다. 이와 비슷하게 프란체스코회 전도사들은 15세기에 이탈리아의 많은 도시에서 유대인들을 공격하여 대중이 이들의 집을 약탈하도록 선동했다.[65] 이때 내세운 명목은 유대인들이 고리대금이라는 죄를 계속 저지르는 것처럼 보일 뿐 아니라 예수 그리스도가 십자가에서 죽은 데 대한 복수를 한다는 것이었다. 1490년대에는 참회에 관한 작자 미상의 한 서적이 '우상 숭배는 그리 악랄하지 않은 살인이나 절도보다 더 증오할 만한' 죄라고 확언했다. 어떤 경우에는 사람을 죽이거나 도둑질을 할 권한이 주어진다. 하지만 '의도적으로 간통을 하면 일곱 가지 대죄 중 하나를 저지르는 것이다.'[66]

16세기에는 분명 상황이 바뀌었다. 예수회는 개인과 가족들 사이의 분쟁 해결에 엄청난 노력을 쏟았다. 예수회는 파벌 다툼이 가장 심한 도시들에서 각 파벌의 지도자와 접촉하여 서로를 용서하도록 설득하기 위해 최선을 다했다. 1545년에 파스카시오 브로에트 신부는 파엔차에서 자신이 했던 일을 설명하는 편지를 썼다.

저는 이런 불화를 화해시킬 방법을 알 만한 신중하고 적절한 지도자들과 이야기를 나누었습니다. 또한 주께서는 선량함과 자비를 베푸시고 본당에 모인 100명에게 엄숙하게 임하시어 평화를 불러오셨습니다. 우리 주 예수 그리스도에 대한 사랑으로 이들은 모두 과거에 저지른 살인, 상해, 모욕, 그 외 미움에서 나온 악행들을 용서했습니다.[67]

또한 예수회는 이 목표를 이루기 위해 매우 극적인 의식들을 도입했다. 예를 들어 1668년에는 풀리아에서 적대적인 두 집단의 지도자들을 설득하여 두 사람의 목을 밧줄로 묶는 의식을 치렀다. '양측을 결합시키는 성모 마리아에 대한 예속'과 '양측을 연결시키는 끊어질 수 없는 연줄'을 상징한 의식이었다.[68]

이런 방법들은 분명 복수라는 관행이 줄어드는 데 기여했다. 하지만 동시에 예수회는 계속해서 공동체 전체가 아니라 모욕당한 가족을 피해자로 취급하여 현대적 형벌제도의 도입을 지연시키기도 했다.[69]

변화의 선봉에서

지금 살펴보고 있는 두 가지 장기적인 동향, 즉 살인율 감소와 자살 건수 증가 현상이 나타난 시기는 거의 두 세기 차이가 나지만 이는 둘 다 유럽 중북부 사회의 중상류 계층에서 시작되었다. 이 사회에서는 또한 핵가족의 대두, 자발적 산아 제한과 출산율 감소 같은 다른 중요한 변화도 일어났다.

19세기 중반경 이미 학자들은 당시 이용 가능했던 통계 데이터를 이용해 자살이 사회 상류층에서 더 빈번하게 일어났다는 것을 보여주었다.[70] 또한 반세기 뒤에 통계학자들은 교육받은 중산층이 스스로 목숨을 끊을 가능성이 더 높다는 것을 밝혔다. 프로이센에서는—뒤르켐이 언급한 것처럼—공무원 집단에서 자살률이 특히 높았다.[71] 모르셀리가 제시한 수치에 따르면 이탈리아에서는 '관리 계층'에 속하는 사람들, 특히 교수, 과학자, 언론인, 엔지니어, '한마디로 지력을 가장 많이 쓰는 사람들' 가운데 자살이 가장 많았다.[72] 그 이후 19세기 말과 20세기 초의 상황에 대해 수행한 연구들은 '사회계층에서 상위 집단일수록 자살의 빈도가 높아진다'는 결론에 도달했다.[73] 모르셀리에 따르면 상류층에서 자살이 확산된 원인은 '지력을 점점 더 과도하게 사용하는 것과 자살이 정비례하기' 때문이었다.[74] 반면 뒤르켐은 그 원인을 사회의 해체에 돌렸다. 사회가 해체됨으로써 교육이 확산되고 지식층이 성장했으며 이런 변화가 자살 빈도 증가에 기여했기 때문이다.[75]

오늘날에는 위대한 프랑스 사회학자가 제시한 가장 그럴듯한 설명도 더이상 설득력이 없어 보인다. 지식층들이 경제적 자원이 제한되어 있는 하위층보다 사회에 덜 융합되거나 다른 사람들의 보살핌과 지원을 덜 받았다는 근거가 없기 때문이다. 뿐만 아니라 하위 계층일수록 자살로 몰아갈 수 있는 신체적·정신적 병으로 고통받았을 가능성이 더 크다.

따라서 19세기와 20세기 초에 사회 상류층에서 자살이 더 빈번하게 일어난 이유는 사회에 잘 융화되지 못하고 사회적 지원이 결여되었기 때문이 아니라 이들이 중요한 문화적 변화의 개척자들이었기 때문이다. 이들은 오랫동안 유럽을 지배했던 일련의 가치관, 법, 신념, 해석 범주에서 처음으로 벗어난 사람들이었고, 남자든 여자든 자살을 하는 이유가 초자연적인 원인이나 악마의 유혹을 거부하지 못해서가 아님을 최초로 인식했으며 자신의 생명이 신이나 군주가 아니라 자기 자신의 것이고 자신의 삶을 끝낼지 말지 결정할 수 있는 것도 자신뿐임을 처음으로 인정한 사람들이었다.

중세에는 자살 빈도가 전 사회계층에서 비슷했던 것으로 보인다. 하지만 처음에 서유럽 상류층에서 자살 건수가 크게 늘어나기 시작했고 훨씬 뒤에 동유럽(우리가 살펴본 것처럼)에서도 증가했던 건 분명하다. 다양한 문서를 참고하면 자신의 삶을 끝내는 '새로운 방법'은 17세기의 마지막 20년 동안

3장 신, 자신, 타인 죽이기

영국 귀족들과 부유한 중산층에서 처음 시작되었다. 반면 명백한 통계 데이터는 19세기 초반에 제네바에서 자발적 죽음이 늘어나기 시작했으며 이 시기에 도시에서 가장 부유하고 강한 권력을 보유했던 집단인 상인들 가운데 자살을 했다는 이야기가 가장 빈번히 보고되었음을 보여준다. 자살 행위는 19세기 후반에 사회의 중간 계급으로 퍼져나갔다.[76]

이런 해석은 20세기에 사회계층과 자살 위험 간의 관계에 광범위한 변화가 일어났고 현재 이 관계가 예전과 반대가 되었다는 사실로도 뒷받침된다. 모든 서구 국가에서 지난 몇십 년 동안 자살이 가장 빈번하게 일어난 집단은 가장 교육을 잘 받거나 부유하거나 사회적 지위가 높은 사람들이 아니라 사회적으로 제일 혜택받지 못한 사람들이었다. 20세기 중반 프랑스에서는 자살률이 사회적 출신과 반비례해서 증가했다. 노동자들이 상류층 사람들보다 자살을 할 가능성이 5배, 심지어 7배까지 더 높았다. 또한 19세기 말의 상황과 대조적으로 교사와 그 외의 직업(의사, 변호사, 건축가, 엔지니어)에서 자살률이 매우 낮았다.[77] 핀란드, 미국, 헝가리에서도 마찬가지였다. 오늘날에는 우리가 데이터를 보유한 모든 국가에서 학교 교육과 소득이 적을수록 자살할 위험이 높아졌다.[78] 사회 최상위 계급에서의 살인율 역시 감소하기 시작했다. 중세에 보복과 철천지원수 문화는 모든 사회계층의 가족들에게 영향을 미쳤지만, 사소한 모욕이나 무례에도 가장 흔히 난폭한 반응을 보인 계층은 귀족들이었다. 여기에는 네 가지 이유가 있었다. 일단 귀족들은 가족의 명예라는 문제에 더 민감했다. 둘째, 보복을 하려면 상당한 신체적·사회적·물리적 자원이 필요했다. 피렌체의 상인이던 파올로 다체르탈도의 주장처럼 '보복을 하는 데는 영혼과 몸, 재산이 다 소모된다.'[79] 실제로 보복에는 돈이 많이 들었기 때문에 결국에는 연회나 지참금처럼 부와 권력의 과시, 과시적 소비의 도구, 친구와 가족 등 넓은 인맥을 보여주는 수단으로 여겨졌다.[80] 셋째, 귀족들은 이런 충돌이 일어났을 때 특정 단계들에서 무장한 하인들을 부를 수 있었다. 마지막으로, 귀족들은 많은 특권을 누렸고 그 이후로도 수년간 자신들이 법 위에 군림한다고 생각했다.

다양한 문서는 서유럽 대부분 지역에서 이런 현상이 나타났음을 알려준다. 예를 들어 13세기 볼로냐에서는 귀족들이 너무 난폭해서 '파괴하는 늑대'라고 불릴 정도였다.[81] 하지만 더 구체적인 수치들을 보면 베네치아에 주목하게 된다. 당시 이 도시의 인구는 뚜렷하게 다섯 개의 집단으로 나뉘었다. 최상위층은 인구의 약 4퍼센트를 차지하는 귀족들이었고 성직자(3퍼센트)와 상인 및 부유한 전문 직업인들(11퍼센트)이 바로 그 아래에 있었다. 베네치아 시민 대다수(77퍼센트)는 포폴라니popolani(중간 상인 계층)와 노동자들이 차지했고 나머지 5퍼센트는 부랑자나 방랑자였다.[82] 이 중에서 가장 폭력적이고 도를 넘는 행동을 쉽게 저지르는 사람들은 의심할 여지 없이 귀족들이었다. 게다가 귀족들은 형법 체계를 손에 쥐고 있어서 폭행, 강간, 살인 등의 언어적·신체적 공격 행위를 다른 집단보다 더 많이 저질렀다.[83]

그러나 16세기와 17세기 초에 영국과 네덜란드에서 폭력 행위의 감소를 불러온 변화의 선봉장들 역시 귀족들이었다.[84] 일부 국가에서는 이런 변화가 나타난 원인으로 결투의 확산을 꼽았다. 명예를 지키기 위해 두 사람이 벌이는 공식적인 싸움의 한 형태인 결투가 보복의 더욱 폭력적인 다른 관례들을 차츰 대체했다. 1586년에 안니발레 로메이 백작이 쓴 것처럼 결투는 "두 명의 대등한 사람이 명예를 걸고 벌이는 싸움으로, 결투가 끝나면 패자는 오명을 쓰고 승자는 명예를 회복했다".[85]

또한 상당히 뒤늦긴 했지만 유럽 중부와 남부에서 이런 변화가 처음 관찰된 집단은 상류 계층의 가족들이었다.[86] 17세기 중반에 볼로냐의 교회 법

3장 신, 자신, 타인 죽이기

학자인 기셀리는 자신의 연대기에 다음과 같이 귀족에 대한 생각을 기록했다. "귀족들은 너무나 쉽게 모욕을 느끼고 그다지 따끔하지 않은 말에도 상처를 받아서 너무나 선뜻 결투에 나선다. 불같이 급하게 화를 내며 증오심에 차서 상대를 짓밟기 위해서라면 어떤 일도 서슴지 않는다. 모욕을 당하면 충동적이 되어 비인간적인 행동들을 저지르며 기독교적인 삶의 신성한 규칙들을 깨뜨리고 더럽히는 것도 부끄럽게 여기지 않는다. 귀족들은 세금 면제를 받기 때문에 재산을 잃든 목숨을 잃든 개의치 않는다. 또한 도주해서 재판의 결과를 피하고 증거를 없애 집행을 방해할 수 있다고 확신하므로 재판도 두려워하지 않는다. 그래서 귀족들은 유죄가 입증되지 않는 죄를 많이 저지른다."[87] 17세기 중반 이후 귀족의 폭력은 살인의 대다수가 청부업자에 의해 저질러졌다는 점에서 약간 변화를 보였다. 하지만 18세기의 마지막 20년 동안 귀족들은 철저하게 통제된 결투에서 폭력의 배출구를 발견했고 이는 폭력 행위의 감소로 이어졌다.[88] 이러한 변화는 사르디니아에서는 훨씬 늦게 나타났다. 사르디니아에서는 1767년에서 1799년 사이에 지방 소귀족들이 다른 사회 집단보다 폭력 범죄를 훨씬 더 자주 저질렀다.[89]

이런 변화는 처음에 상류층에서 뚜렷하게 나타났지만, 공격성과 폭력의 수준에서 이들과 나머지 인구 사이에 차이가 컸기 때문에 17세기 중반에도 런던에서는 귀족들이 다른 집단보다 살인을 더 많이 저질렀다.[90] 하지만 19세기와 20세기에는 유럽 전역에서 하위 계층이 이 기록을 추월했다. 그러나 모든 사회 집단에서 타인을 살해하는 경향이 계속 약해지기는 했다.

유럽 전역에서는 명예를 지키기 위한 폭력 문화가 최하위층에 오랫동안 남아 있어 젊은이들이 무기를 들고 싸움을 벌였다. 이 싸움은 귀족과 중산층들 사이에 흔했던 결투와 어떤 면에서는 비슷했다. 보통 모욕적인 말을 주고받다가 합의하에 싸움이 시작되어 두 젊은이가 같은 무기를 들고 서로 동의한 규칙에 따라 맞붙었다. 그러나 이런 서민들의 결투는 대체로 남성적 정체성을 모욕해서 벌어진 것이었고 권총이나 단검이 아니라 칼을 들고 싸웠다. 또한 흉터가 모욕의 상징이었기 때문에 무엇보다 상대의 얼굴을 깊이 찌르는 걸 노렸다.

암스테르담에서는 18세기 말부터 이런 서민의 결투가 줄어들다가 거의 자취를 감추었다.[91] 하지만 네덜란드의 다른 지역들에서는 다른 많은 나라(예를 들어 이탈리아와 그리스)와 마찬가지로[92] 20세기 초까지 남아 있었다. 1861년에 프랑스의 작가 에드몽 아부는 로마의 서민들은 이런 칼싸움에 대해 파리 시민들이 귀족들의 결투에 대해 취했던 것과 같은 태도를 보였으며 살인자가 옳고 피해자가 잘못이라는 결론을 내렸다고 언급했다. 아부는 같은 나라 사람인 필리프 드보마누아르가 6세기 전에 했던 말을 연상시키는 단어들을 사용해 이렇게 썼다. "열띤 언쟁을 벌일 때 두 사람은 특정한 단어들을 주고받는다. 이들은 둘 사이에 피가 흘러야 한다는 것을 알고 있다. 은연중에 전쟁이 선포되고 도시 전체가 전장으로 인정된다. 두 사람 모두 군중이 목격자 역할을 한다는 것, 낮밤으로 매 순간 경계해야 한다는 것을 받아들인다."[93]

오늘날 모든 서구사회에서 개인이 살인을 저지를 가능성에 가장 많은 영향을 미치는 요인은 성별과 나이지만, 실제로 타인을 살해한 사람들에게서 발견되는 가장 흔한 특징은 낮은 학력과 소득이다.

따라서 사회계층과 자살 혹은 살인을 저지를 위험 사이의 관계는 그 시기와 원인은 다르지만 유럽 전역에서 큰 변화를 보였다. 과거에는 이런 위험에 가장 많이 노출된 사람이 상류층이었지만 오늘날에는 소외된 사회 집단들이다.

절망, 분노, 증오

지난 7~8세기에 걸쳐 유럽에서 일어난 변화들을 사람들이 느끼고 표현하는 감정으로 적절하게 재구성할 수 있다면 다년간에 걸친 자살률과 살인율의 반대되는 두 동향을 설명하기가 더 쉬워질 것이다. 분노, 증오, 수치심, 혐오, 슬픔, 절망, 두려움, 기쁨은 누구나 경험하는 보편적인 감정이다. 하지만 이런 감정을 일으키는 동기와 강도, 표현 방식은 시간과 장소에 따라 다르다.

우리가 감정을 느끼고 표현하는 방식의 변화와 유아기에서 성년이 되고 장년이 될 때까지의 감정적 발달을 비교하여 감정의 역사를 추적하려고 시도한 훌륭한 연구가 많다. 1919년에 요한 하위징아는 "500년 전의 세상에서는 모든 것의 윤곽이 지금의 우리보다 훨씬 선명해 보였다. 고통과 즐거움, 역경과 행복의 차이가 더욱 뚜렷하게 나타났다. 모든 경험이 아직 사람들의 마음에 어린아이가 느끼는 것 같은 직접적이고 절대적인 즐거움과 고통을 안겨주었다"[94]고 썼다. '전반적으로 쉽게 감정이 솟고 눈물을 잘 흘리며 정신적 기복이 큰' 세계, '잔인한 흥분과 거친 연민'으로 특징지어지는 세계였다.[95] 그 시대의 일상생활은 지금의 우리와는 완전히 다른 '격렬한 비애'로 채색되었다.[96]

20년 뒤 노르베르트 엘리아스는 이 개념을 더욱 심오하게 파고들고 다듬어 문명화 이론을 내놓았다. 엘리아스는 중세가 현대와는 근본적으로 다른 '감정적 구조'를 가지고 있었다고 생각했다. 중세에는 '본능, 감정이 그 이후 시대보다 더 자유롭고 더 직접적이며 더 공공연히 분출되었다'[97] 엘리아스는 유럽인들이 "거칠고 잔인하며 돌발적으로 폭력적이 되기 쉽고 순간의 즐거움에 빠져들었다"라고 묘사했다.[98] 기분이 금방금방 바뀌어 놀랍도록 즐거움에 넘치다가도 금세 다른 사람들에 대한 분노, 미움, 공격성이 걷잡을 수 없이 폭발했다. 중세사회에서는 감정이 "오늘날 우리 세계에서는 일반적으로 어린아이들에게서만 볼 수 있는 방식으로 표현되었기 때문에 우리는 이런 표현들과 행동 형태들을 '유치하다'고 부른다".[99]

다음 몇 세기 동안 상황이 크게 바뀌었고, 개인은 즉흥적이고 충동적인 태도에서 벗어나 자신을 제어하고 충동, 열정, 공격성을 억제하는 법을 서서히 배워나갔다. 엘리아스는 '완전히 본능적이고 감정적인 생활이 어떻게 더 안정적이고 침착하고 포괄적으로 통제되게 되었는지' 설명했다.[100] 이런 현상은 더 강한 영토 지배권을 가진 세력이 약한 경쟁자들을 정복하고 합법적 국가 권력을 독점했을 때 나타났다. 전사들은 조신으로 바뀌었고 군사적 기술은 말로 논쟁하고 설득하는 기술로 대체되었다. '전장'이 '어떤 의미에서 내부로 이동했다'. 그때까지 타인에 대한 공격성으로 표출되던 충동과 열정의 일부가 '인간 내면에서 작동하기' 시작했고, 이는 '사회구조와 조화를 이루도록 자신의 감정을 제어하거나 변화시키거나 억누르기 위해' 끊임없이 노력하는 일종의 특정한 '초자아'를 형성했다.[101] 따라서 중세의 남성들과 여성들은 아이 같은 감정적인 삶을 살았다. 단순하고 꾸밈없으며 거칠고 폭력적이며 거리낄 게 없었고 뻔뻔했다. 근대성과 함께 성숙, 지혜, 평정, 자제심이 나타났다.

엘리아스의 문명화 이론이 사회학 연구에 지대한 영향을 미친 건 분명 놀라운 일이 아닐 것이다. 이 이론은 살인에까지 이르는 폭력이 다년간에 걸쳐 감소한 현상과 감정적 구조의 변화 및 자제심 상승을 통한 감정 상태를 적절하게 연결시킴으로써 중세에서 근대로 이행하는 과정의 중요한 측면을 설득력 있게 설명하는 듯하다. 그러나 이 이론은 지난 몇 년간 점점 더 많은 비판을 받고 있다.[102]

일단 지난 5세기 동안의 유럽 역사의 특징이 개인이 감정을 점차 통제하게 된 것이라는 주장은 사회생활의 다양한 측면을 다룬 수많은 연구에서 입증되지 않았다. 예를 들어 프랑스는 18세기에 '감상주의'가 급증했고 그와 함께 신앙심, 사랑, 감사를 표현하려는 성향이 그 어느 때보다도 뚜렷했다.[103] 17세기와 18세기에 서유럽 전역에서는 가정생활에 큰 변화가 일어났고 이전에는 아이들과 거리를 유지하던 부모들이 아이들과 더 많은 시간을 보내고 어루만지고 입을 맞추고 안아주는 등 자신의 감정을 드러내놓고 표현하기 시작했다.

둘째, 문명화 이론이 비판을 받았던 이유는 한 강물의 두 물길 개념과는 부분적으로 의미가 다르지만 인간 행동을 수력학에 비추어 이해했기 때문이다. 중세의 기분 학설을 믿었던 사람들과 다르지 않게 하위징아, 엘리아스, 그리고 이들의 접근 방식을 따랐던 학자들은 모든 개인에게 존재하는 감정을 섬세한 공간들에 흘러넘치고 퍼져나가고 밀려들어와 해를 끼칠 수 있는 유동적인 것 혹은 통제되고 억누르고 다른 곳으로 돌리고 승화시킬 수 있는 본능적 성향으로 간주했다.[104] 반면 많은 심리학자와 사학자는 감정을 자연적인 충동으로 보지 않았고 비합리적이거나 유치한 것으로 생각하지도 않았다. 대신 이 학자들에 따르면 감정은 본질적으로 쉽게 형성될 수 있는 것이었다. 감정은 무엇보다 신념과 사회 규범, 언어와 분류 도식에 의존한다. 그다음으로 감정은 인지적인 평가 과정의 산물일 뿐 아니라 기대와 열망, 우리가 한 사건을 어떻게 인식하는지 혹은 그 사건에 어떤 의미를 부여하는지에 따라 나타난다.

점점 더 많은 사학자가 남아 있는 문서(편지, 재판 기록, 전기, 연대기, 문학 작품)를 토대로 이 분야의 연구에 열정적으로 몰두해왔지만 유럽의 남성과 여성이 감정을 느끼고 표현하는 방식에 영향을 미친 장기적인 변화를 재구성하는 것은 수년간 매달려야 만족스러운 결과를 얻을 수 있는 매우 어려운 작업이다.[105] 하지만 현재 우리가 알고 있는 것을 바탕으로 할 때, 지난 5세기 동안의 유럽 역사의 특징은 개인이 감정을 자제하는 경향의 확산과 지대한 문화적 변화라고 가정할 수 있다. 열망과 기대뿐 아니라 관습, 믿음, 인지 도식과 분류 도식, 상징과 의미에 이르기까지 변화가 나타났기 때문에 일부 감정들은 느끼고 표현하기 더 어려워졌지만 다른 감정들은 경험하고 나타내기가 더 쉬워졌다.

봉건 문화는 분노와 미움을 조장했다. 그 사회에 살던 남성들과 여성들에게는 오늘날에는 사소하게 여겨질 많은 사건, 가령 더 높은 지위의 사람이 지나가도록 뒤로 물러서지 않거나 이들이 나타났을 때 절을 하거나 모자를 벗지 않은 일이 너무나 중요해서 폭발적인 분노를 불러일으켰다. 게다가 특히 상류층 남성들은 화를 내고 타인에게 거칠고 냉소적인 태도로 행동해야 한다는 당시 사회적 기대에 부추김을 받았다. 반면 기독교 윤리는 고통과 절망을 완화하고 덜어주려고 노력했다. 그리하여 전투에서의 패배나 강간 같은 특별히 극적인 사건들은 수치스러운 것이 아니라는 믿음을 조성했고, 절망이라는 죄에 빠지면 신의 은총과 자비를 받지 못할 거라고 설득했다.

따라서 우리는 지난 5세기 동안 유럽에서 일어난 문화적 변화(현대 국가의 탄생과 발달, 명예의 중요성 감소, 과학 혁명, 세속화, 고통과 정신이상의 치료가 불러일으키거나 영향을 미친)가 다양한 방식으로 감정에 영향을 줘 분노와 미움을 경험하고 표현하는 일은 더 어려워지고 고통과 절망을 느끼고 표현하기는 더 쉬워졌다는 가설을 세울 수 있다. 하지만 이 가설이 근거가 있는지는 향후 역사 연구들의 결과가 나와야 알 수 있을 것이다.

4장

가난이 자살을
막지 않을 때

FAREWELL TO THE WORLD

1930년, 프랑스 사회학자 모리스 알바크스는 지난 몇십 년간의 변화를 분석하면서 19세기 말에 학자들이 표명했던 우려, 즉 앞으로 자살률이 '꾸준히 그리고 한없이' 상승하리라는 걱정이 부질없었다는 것을 발견했다.[1] 오히려 알바크스가 검토한 일련의 장기적인 역사 데이터는 유럽에서 다년간 자살률이 안정화되고[2] 국가 간에, 그리고 인구층 간에 '수렴되는' 경향임을 보여주었다.[3] 스스로 목숨을 끊는 사람 수는 자살률이 가장 낮았던 지역(예를 들어 이탈리아와 스페인 혹은 프랑스나 스웨덴의 시골 지역)에서는 계속 증가했지만 이전에 자살률이 가장 높았던 지역에서는 변동 없이 유지되거나 심지어 떨어지기까지 했다. 이는 도심지와 시골 중심지, 신교도와 가톨릭교도, 유대교도 사이의 자살률 차이가 줄어든 것처럼 북유럽과 남유럽 사이의 격차도 좁아졌다는 뜻이다.

이번 장에서는 20세기가 흘러가면서 자살률이 어떻게 더욱 예상치 못한 변화를 보였는지에 대해 살펴본다. 두 번의 세계대전을 거치면서 그 여파가 남은 시기, 경제 위기나 고속 성장 시기, 유대인 학살이나 '인민의 적' 숙청 시기, 나치와 소비에트 정권이 붕괴된 시기의 변화들이 검토될 것이다. 20세기에는 지역에 따라 자발적 죽음에 가히 혁신적인 영향이 가해지면서 다양한 인구층(성별, 연령, 거주 지역의 규모 혹은 종교에 따라 정의된) 간의 자살률 차이가 여러 차례 바뀌었다. 다양한 서유럽 국가 간에 자살률이 수렴되는 동향은 20세기의 마지막 몇십 년 동안 계속되었다. 하지만 같은 시기에 이 국가들에서는 자살률이 떨어진 반면 동유럽 국가들에서는 극적으로 상승했다.

인구의 개별 집단 간의 일부 차이뿐 아니라 이러한 변화들이 나타난 요인은 사회적 통합과 규제의 정도가 달랐기 때문으로 볼 수 있다. 예를 들어 소비에트 연방이 붕괴된 이후 러시아와 그 외의 구舊공산국가들의 상황은 아노미anomie(뒤르켐이 설명한 것처럼[4] 인간의 행동에 규제가 없고 따라서 사람들이 고통받을 때 나타나는) 개념을 빼놓고는 검토가 불가능하다. 그러나 문화적 요인으로 볼 수밖에 없는 변화들도 있다. 지난 세기에 유럽에서 흑인이든 백인이든, 신자든 비신자든 혹은 다양한 국가에서 온 이민자든 그 범위와 방법은 다양할지라도 자살을 시도했다면, 그것은 이들이 세상을 보는 시각, 믿음, 인지 도식과 인지적 의미가 달랐기 때문이다.

하지만 20세기의 두 가지 중요한 동향, 즉 자살 건수가 처음에는 증가했다가('낙후된' 지역에서 더 높았다) 이후 떨어진 현상은 중요한 문화적 변화의 영향으로 해석될 수 있다. 20세기에는 17세기에 유럽 북부와 중부의 상류계층에서 시작되었던 자살의 세속화와 의료화[5] 과정이 계속 진행되었다. 자살이 초자연적인 원인 때문에 일어나는 게 아니라는 생각은 가장 외딴 지역의 종교적 믿음이 강한 인구에까지 전파되었다. 그와 동시에 자발적 죽음을 도덕적으로 용납할 수 있다고 생각하는 인구의 비율도 더디지만 꾸준히 증가했다.[6] 이런 변화와 더불어 적극적 안락사(2002년 네덜란드와 벨기에)나 소극적 안락사, 조력 자살(그 외의 국가들)을 허용하는 새로운 법이 승인되었다.[7] 이런 변화들은 자살 건수가 증가하고 국가 간에, 그리고 인구 집단 간에 수렴되는 현상을 촉진했다.

하지만 세속화와 의료화로 인해 이와는 정반대의 결과를 불러오는 또 다른 측면이 나타났다. 지난 20년 동안 대부분의 서구 국가에서는 자살률이 떨어졌다. 20세기 내내, 특히 마지막 몇십 년 동안 자신의 이상 증상(예를 들어 우울증)을 단지 불쾌하고 피할 수 없는 성격적 특성이 아니라 전문적 치료를 요하는 질병으로 보는 사람들이 늘어나기 시작했다. 따라서 의사들은 사람들이 세상에 작별을 고하도록 돕는 데 전문가가 되었을 뿐 아니라 자살을 불러올 수 있는 신체적·정신적 이상을 치료하는 데도 점점 더 중요한 역할을 하게 되었다.

사회학의 유일 법칙과 결과

16세기의 마지막 몇십 년 동안 몇몇 가톨릭교 논객은 루터교도들이 자살 빈도가 더 높고 절망과 낙담에 더 자주 빠진다고 주장했다. 그리고 그 이유를 '이들의 새로운 신앙은 마른 우물과 같아서 신의 순수한 교리가 주는 감로수도, 생명을 유지시켜주는 칠성사예수 그리스도가 정한 일곱 가지 성사도 없기 때문'이라고 제시했다.[8] 당시에는 종교적 갈등이 극심할 때 나온 이런 맹렬한 비난이 2세기 반 뒤에 냉철한 과학적 명제가 될 것이라고는 아무도 상상하지 못했다. 개신교도 경제학자 아돌프 바그너는 자신과 같은 신앙을 가진 사람들이 가톨릭교도들보다 더 자주 자살을 한다는 것을 처음 알아차린 학자였다.[9] 1864년에 바그너는 이렇게 썼다. "유럽에서는 개신교도들 사이에 자살이 가장 많이 일어난다. 가톨릭교도들 가운데는 자살자가 이보다 드물고 그리스 정교회 신도들 사이에서는 더 찾아보기 힘들다. 유대교도들은 자살 빈도가 가톨릭교도보다 더 낮으며 아마 그리스 정교회 신도들과는 비슷하거나 좀더 낮을 것이다."[10] 몇 년 뒤 엔리코 모르셀리는 수집된 데이터를 분석하면서 "자살이라는 척도에서 보면 완전한 가톨릭교 국가인 이탈리아, 스페인, 포르투갈은 제일 아래에 있고 배타적인 개신교 국가 혹은 국민 대다수가 개신교도인 국가가 제일 윗자리를 차지한다"고 썼다.[11] 또한 모르셀리는 유대교도와 이슬람교도들이 가톨릭교도들보다 자살을 덜 저지른다고 덧붙였다.[12]

뒤르켐은 이 경험적 규칙을 신교도와 가톨릭교도 사이에 자살 빈도에서 차이가 나는 이유가 문화적·규범적 요인 때문이 아니라(두 종교 모두 자발적 죽음을 엄하게 금지했기 때문에) 구조적 요인, 즉 사회적 응집성 때문이라는 이론에 통합시켰다. 신교도들 사이에 자살 성향이 두드러지는 이유는 이들의 사회적 통합이 약해서 의지할 만한 심리적 지원이 적었기 때문이다. 유대인들은 같은 이유로, 즉 유대감이 특별히 강했기 때문에 다른 모든 집단보다 자살 빈도가 낮았다.

이 이론의 최근 버전은 가톨릭교도들이 칠성사 중 하나인 고해성사로 얻을 수 있는 어떤 형태의 도움의 중요성을 강조했다. 고해성사는 현대의 심리치료와 비견할 만한 카타르시스 작용을 일으킨다. 신자들은 사제에게 마음을 털어놓고 죄를 고백함으로써 정신적 외상을 일으킨 경험, 갈등 상황, 죄의식에서 벗어났고 그리하여 자살 유혹을 떨칠 수 있었다.[13]

사회학자들은 항상 과학적 법칙들에 마음을 빼앗기는데, 아마 자신들이 과학적 법칙을 발견하지 못했기 때문일 것이다. 시간이 지나면서 사회학자들은 뒤르켐의 이론이 과학적 법칙이 되기 위한 필요조건을 적어도 얼마간

갖추었다고 확신했고,[14] 조금 아이러니하게도 이 법칙을 '사회학의 유일 법칙'이라고 불렀다.[15]

그러나 한동안 역사적·사회학적 연구 결과들은 이 이론의 타당성에 커다란 의심을 불러일으켰다. 첫째, 일부 연구자는 개신교도와 가톨릭교도 사이의 자살률 차이가 사회적 통합과 지원이 아니라 사후 세계에 대한 믿음, 즉 문화적 요인에 달려 있다고 주장했다. 죄를 지으면 벌을 받아 지옥에 떨어진다는 개념이 두 종교 모두에 있는 건 맞지만—연구자들이 지적하듯—개신교와 가톨릭교가 이 고통의 장소를 상당히 다르게 묘사하는 것도 사실이다. 개신교도에게 지옥은 윤리적 고통만 일으키는 추상적인 개념이다. 반면 가톨릭교도에게 지옥은 실제 물리적 장소이고, 저주받은 자들이 최후의 심판 뒤에 던져지는 나락은 항상 뜨거운 불길이 타올라 죄인의 온몸을 불태우는 곳이다. 하지만 죄인은 영원히 죽지 않고 끝없는 고통에 시달린다. 따라서 이 주장을 지지한 연구자들은 가톨릭교도의 자살 빈도가 개신교도보다 낮다면 그 이유는 이들의 사회적 통합이 더 강해서가 아니라 불지옥에 대한 두려움 때문이라고 단언했다.[16]

둘째, 일부 연구자는 신교도와 가톨릭교도 사이의 자살률 차이가 사회적 통합이나 종말론적 믿음이 아니라 다른 사회적·경제적 요인에서 기인한 것이 아닌지 자문했다. 가톨릭교도와 비교해보면 실제로 신교도는 20세기 초에도 당시 자살 성향이 더 높은 사람들의 일부 특성들을 보여주었다. 이들은 더욱 산업화되고 도시화된 지역에 살았고 교육을 잘 받았으며 중산층과 상류층에 속할 가능성이 더 높았다.

지난 150년간 유럽과 그 외 서구 국가에서 엄청난 변화가 일어나면서 이 논쟁의 역점이 다른 문제로 옮겨갔다. 19세기 말과 20세기 초에는 신교도와 가톨릭교도 사이의 자살률 차이가 모든 곳에서 상당히 좁혀졌다.[17] 많은 자료는 이 차이가 쭉 일정하게 줄어든 건 아니지만 이런 과정이 그 이후로도 계속되었다고 제시한다. 독일 동부(전통적으로 신교도가 많은 지역)와 독일 서부(대부분의 주민이 가톨릭교도인 지역)[18]의 자살률 동향을 살펴보면 특히 도움이 된다. 1901년에 독일 동부의 자살률은 서부의 거의 두 배에 가까웠다(10만 명당 31명 대 17명). 지난 20년 동안 독일 전역에서는 자살 빈도가 낮아졌지만 서부 지역과 비교하면 동부 지역(2007년에 자살률이 10만 명당 12.6명으로 곤두박질쳤다)에서 가장 많이 떨어졌고 두 지역 사이의 차이가 거의 완전히 사라졌다.(도표 4.1)

이 현상에는 중요한 측면이 있다. 가톨릭교도 인구가 우세한 오스트리아

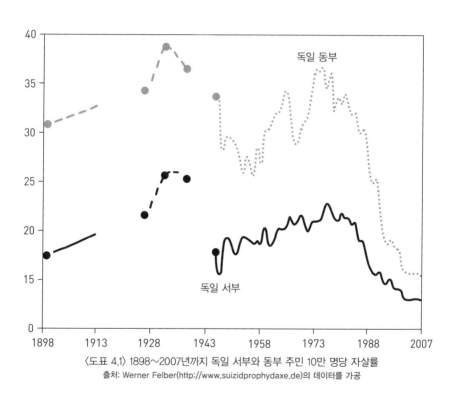

〈도표 4.1〉 1898~2007년까지 독일 서부와 동부 주민 10만 명당 자살률
출처: Werner Felber(http://www.suizidprophydaxe.de)의 데이터를 가공

4장 가난이 자살을 막지 않을 때

는 1913년부터 1939년까지 모든 동유럽 국가와 서유럽 국가를 통틀어 자살률이 가장 높았고 이후 몇십 년 동안 계속 여러 전통적 개신교 국가보다 자살률이 높았다. 오늘날 이탈리아와 스페인에서는 영국과 웨일스보다 자살이 더 빈번하다. 포르투갈과 아일랜드의 자살률은 영국보다는 훨씬 더 높고 스웨덴, 덴마크, 독일보다는 아주 조금 더 낮다.[19]

최근 몇십 년 동안 서구 국가들에서 나타난 자살률의 핵심적 차이는 신교도와 가톨릭교도 간이 아니라 종교적 사회와 비종교적 사회 간에 나타났고,[20] 따라서 문화적 요인이 작용했다고 볼 수 있다. 이런 차이가 생긴 이유는, 상황은 급격하게 변화했지만(처음 두 장에서 살펴본 것처럼) 기독교 윤리가 자발적 죽음에 대해 여전히 부정적인 입장을 취했기 때문이다.

유대교도들이 고대의 자살 면역을 잃었을 때

1943년 1월 한나 아렌트는 이러한 중요한 변화를 재구성하고 설명하기 위해 과거를 돌아보면서 예전에는 "모든 문명국에서 유대인들의 자살률이 가장 낮았지만 지금은 유럽과 미국의 주요 도시들에서 훨씬 더 자주 스스로 목숨을 끊고 있다"고 언급했다. 그리고 "우리는 종교에 상관없이 박해받은 첫 유대인이다. 또한 극도의 곤경에 처했을 뿐 아니라 자살로 대응한 첫번째 유대인이기도 하다"라는 결론을 내렸다.[21]

뒤르켐은 1897년에 발표한 저서에서 유대인들이 '자살에 대한 고대의 면역을 잃기 시작한' 해인 1870년을 이러한 변화의 출발점으로 보았다. 수치에 따르면 이 시기에 독일의 많은 지역에서 유대인들의 자살 빈도가 가톨릭교도의 자살 빈도와 같았기 때문이다.[22] 이 위대한 사회학자는 12년 뒤에 이 문제를 다시 다루었고 새로운 통계 자료를 바탕으로 바이에른에서 유대인들의 자살이 신교도들과 비슷한 수준에 이르렀다는 결론에 도달했다.[23] 당시에는 이 동향이 제2차 세계대전 때까지 독일 전역에서 계속되고 1933년 이후에는 다른 국가들까지 퍼져나갈 것이라고 예상한 사람이 아무도 없었다. 독일 제국 시기에는 종교와 관계없이 전 인구에서 자발적 죽음이 늘어났지만 유대인들의 자살 증가가 가장 두드러졌다. 실제로 20세기의 첫 10년 동안 많은 지역에서 유대인들의 자살이 처음에는 가톨릭교도, 그 뒤에는 신교도를 앞질렀다. 바이마르 공화국 때도 같은 현상이 벌어졌다. 이런 과정이 다른 곳보다 빨리 진행되었던 프로이센에서는 1925년에 유대인들의 자살이 신교도들보다는 2배, 가톨릭교도들보다는 4배 더 많았다. 이러한 변화는 암스테르담에서도 관찰되었던 반면[24] 우치, 부다페스트, 빈, 뉴욕의 유대인들은 20세기의 첫 20년 동안 '고대의 면역'을 유지하여 다른 기독교 집단보다 자살이 적었다.[25]

신문들은 '독일 유대인들 사이의 자살 유행병'이라고 부르기 시작한 이 현상에 점점 더 많은 지면을 할애했다. 이런 사태 변화와 관련해 유대인 집단들은 이 '유행병'의 동기를 파악하기 위해 논의를 벌이고 회의와 토론회를 열었다. 유대인 지도자 중 한 명인 프리츠 칸은 자신과 같은 종교를 믿는 사람들 가운데 자발적 죽음이 이례적으로 증가하는 현상을 해체 과정의 표시라고 생각했다. "우리는 스스로를 기소해야 한다. 조국 독일에서 패자들, 절망에 시달리는 사람들에게 어떤 도덕적 도움도 줄 수 없는, 유대교가 없는 유대인성jewishness이 발달하는 것을 묵인했기 때문이다."[26]

1909년에 뒤르켐은 유대인들 사이에 자살이 증가하는 원인을 이들이 독일 사회에 점점 동화되었기 때문이라고 보았다. 1930년 이후에는 다른 학자들[27]이 나치즘 출현 이전에 일어났던 상황에 대해 좀더 분명하고 설득력 있는 해석을 내놓았다. 바이마르 공화국 때는 몇십 년 전에 시작되었던 어떤 과정이 절정을 이루었다. 점점 더 많은 유대인이 전문직이나 기업에 채용되었고 중산층에 합류했다. 그에 따라 다양하고 중요한 결과들이 나타났다. 유대인 중에 결혼하는 사람이 줄어들고 결혼 시기도 늦어졌다. 다른 종교를 가진 상대를 선택하는 경우가 늘어났고 출산율도 낮았다. 큰 마을과 도시로 대거 이주했고, 종교는 개인적인 문제로 치부되기 시작했으며 유대인들은 '유대교 신앙을 가진 독일 시민'이 되었다. 그러자 오랜 세월 유대인들을 결속시켰던 유대감이 약해졌고 그 결과 그때까지 자발적 자살의 위험으로부터 이들을 보호해주던 여러 사회적 환경의 효과가 차츰 줄어들었다.

나치즘과 파시즘의 영향

유대인들의 자살률 증가는 1933년 1월 30일에 히틀러와 나치가 권력을 잡은 뒤에도 계속되었지만, 그 이유는 상당히 달랐다. 새 정부가 곧 반유대주의 프로그램의 첫 단계를 실행하면서 유대인 집단이 독일 사회에 통합되는 과정이 갑자기 중단되었다. 그해 4월 1일부터 유대인 전문직, 교사, 소매상인, 사업가에 대한 보이콧이 시작되었고, 이런 핍박을 받은 사람 중 일부가 스스로 목숨을 끊었다. 당시 유대인 묘지를 찾은 적이 있는 언론인 막스 라이너는 4월 24일에 한 친구로부터 자신이 봤던 새로 생긴 많은 부부무덤 중에 동반 자살한 부부의 것이 많다는 이야기를 들었다.[28] 그해에 유대인(당시 약 52만5000명)의 자살률은 10만 명당 70명이라는 높은 수준에 이르렀다.[29] 이는 8년 전 프로이센의 유대인 자살률의 거의 두 배에 이르는 수치였다. 이런 사태에 놀라고 슬픔에 잠긴 일부 랍비들은 신도들에게 이렇게 호소했다. "최근 몇 주 동안 우리 유대인들 사이에 자살로 인한 희생자가 잇달아 나오는 데 충격을 받은 우리는, 여러분 유대인 공동체의 모든이에게 호소합니다. 용기와 살겠다는 의지를 지키십시오, 신과 자기 자신에대한 믿음을 지키십시오! (…) 함께 견디고 서로를 형제처럼 도웁시다!"[30]

그러나 랍비들의 이런 호소와 공동체의 도덕적 지원도 자살 증가 추세를 멈추기에는 역부족이었다. 자발적 죽음의 그래프는 계속해서 상승 곡선을 그리다가 11월 9일 밤에 친위대원들이 주도한 크리스탈나흐트Kristallnacht 나치 폭도들이 독일과 오스트리아의 유대인 사회를 대대적으로 공격한 사건로 나치의 반유대주의정책이 절정에 달했던 1938년에 가장 급격히 상승했다. 이 사건에서 100여명에 이르는 사람이 살해당하고 유대교 회당이 불태워졌으며 묘지가 훼손되고 수천 개의 상점이 약탈당했다. 베를린에서는 1933년에서 1938년 사이에 자살한 유대인 수가 65명에서 113명으로 늘어났다.[31] 유대인의 피가 흐른다는 이유로 해고당한 뒤 스스로 목숨을 끊은 공무원이 대부분이었지만, 의사, 변호사, 대학교수, 예술가, 사업가도 포함되었다.

강제 수용소와 죽음의 수용소로의 대량 추방이 시작되었던 1941년 가을에 사태는 더욱 악화되었다. 함부르크의 변호사 토비아스 잉겐호벤은 딸을 보호하기 위해 영국으로 보냈는데, 그해 10월 22일 딸에게 이런 편지를썼다.

오늘 함부르크에서 유대인의 첫 추방이 시작되었다⋯⋯ 나는 이번 목록에는 올라 있지 않지만 앞으로 추방이 더 이루어질 것이라는 소문이파다해. 함부르크, 그리고 아마도 독일 전역에서 모든 유대인이 추방될것이라고 생각할 수밖에 없구나⋯⋯ 우리가 어디로 추방될지는 아무도 모르지만, 추방당한 사람 중 이 시련에서 살아남을 사람이 얼마 안

될 것이란 건 분명하다. 많은 사람이 우리를 기다리고 있는 끔찍한 굴욕과 수모, 배고픔과 추위, 불결함과 질병을 피하기 위해 자살을 한다. 내 차례가 왔을 때 내가 어떻게 할지는 모르겠다. 하지만 사랑하는 너를 이런 운명에서 구할 수 있는 힘을 내게 주신 것에 대해 신께 감사드린다.[32]

이런 추방의 '물결'이 시작되면서 말 그대로 수백 명이 자발적 죽음을 선택했다. 현재 이용 가능한 가장 믿을 만한 통계에 따르면, 1941년에서 1942년 사이에 독일에서 유대인 인구(이제 13만4000명으로 줄었다)의 자살률은 10만 명당 200명에 이르렀고 베를린에서 19만 명당 400명으로 최고치를 기록했다.[33] 독일의 수도에서 일어난 전체 자살 건수 중 유대인의 비율이 1941년 18퍼센트에서 1942년에는 40퍼센트로 늘어났고 같은 해 삼사분기에 75퍼센트로 최고조에 달했다.[34] 1941년에서 1943년 사이에 베를린에서만 전부 1279명의 유대인이 스스로 목숨을 끊었다. 자살한 사람이 어찌나 많던지 바이센제Weissensee에 있는 유대인 묘지에 묻히려면 평균 2주를 기다려야 했을 정도였다.[35] 자살을 시도했다가 실패한 사람들을 위한 유대인 병원에 처음으로 특별 병동이 마련되기도 했다.[36] 이 시기 베를린보다 자살률이 더 높은 경우도 있었다. 1942년 8월, 테레지엔슈타트로 추방될 것이라는 소식을 듣자 비스바덴에 마지막으로 남아 있던 450명의 유대인 노인들 중 47명이 자살하기로 결심했다.[37]

몇몇 자살자는 자신이 당한 헤아릴 수 없이 많은 부당한 대우를 공개적으로 비난하기도 했다. 예를 들어 은퇴한 교사인 헤드비히 야스트로는 1938년 11월 29일, 목숨을 끊기 전에 다음과 같은 편지를 썼다.

이것은 우연한 행동도, 우울증이 덮쳐와 일어난 일도 아니다. 나는 100년 넘게 독일 시민권을 보유하고 늘 독일에 충성했던 가족의 일원으로 살아왔다. 43년 동안 아이들에게 독일어를 가르쳤고 아이들이 갖가지 시련을 헤치고 나아가도록 도왔다. 그리고 그보다 더 긴 세월 동안 전시, 평화기 할 것 없이 독일 사람들을 위해 봉사했다. 나는 조국도, 고향도, 집도, 시민권도 없이 추방당해 욕지거리를 들으며 살고 싶지 않다. 그리고 부모님이 물려주신 더럽혀지지 않은 내 이름으로 땅에 묻히길 원한다. 내 명예가 훼손될 때까지 가만히 앉아 기다리고 싶지 않다. 어떤 재소자도, 어떤 살인자도 이름은 지키지 않는가. 부디 하늘이시여![38]

그러나 독일 유대인들은 대부분 몰래 목숨을 끊었다. 1943년 초에 한나 아렌트가 썼던 것처럼, "우리 친구들은 자신의 행동에 대한 어떤 설명도 남기지 않았고 절망에 빠진 사람이 삶의 마지막 날까지 기분 좋은 듯 말하고 행동하도록 강요한 세상에 대해 어떤 고발도, 비난도 하지 않았다. 이들이 남긴 편지는 판에 박히고 의미 없는 문서였다. 그래서 그들을 묻기 전에 우리가 하는 추도사는 짧고 어색하고 매우 희망적이다. 이들을 죽음으로까지 내몬 계기가 무엇인지 누구도 신경 쓰지 않는다. 우리 모두에게는 너무나 뻔히 보이기 때문에."[39]

나치 아래에서 유대인들의 자살은 더 빈번해졌을 뿐 아니라 새로운 특징을 띠었다. 첫째, 자살자들의 성비 구성에 변화가 일어났다. 20세기 초(그 이전과 마찬가지로)에는 자살자가 대개 남성이었지만 1933년 이후에는 여성들의 자살 빈도가 점차 늘어났다. 예를 들어 '아리안 인종' 남편을 둔 많은 유대인 여성이 가족을 박해로부터 구하고 싶어 스스로 목숨을 끊었다.[40]

둘째, 대량 추방이 시작된 1941년 가을부터는 종종 몇 달 동안 치밀하게 준비하고 계획한 뒤 자살하는 경우가 늘어났다. 추방당한 사람들이 어떤 운명을 맞는지 잘 알고 있었던 독일 유대인들은 신경안정제나 청산가리 정제를 습관적으로 소지하거나 신발 속에 면도날 두 개를 넣고 다니는 등 '삶에 종지부를 찍을' 방법을 항상 준비하고 있었다.[41] 이렇게 하면 스스로 운명을 통제하고 있다는 느낌이 강하게 들었고 계속 살아갈지 죽을지를 스스로가 결정할 수 있다는 희망을 가질 수 있었다.

셋째, 동료 유대인들의 자살에 대한 유대인 의사들의 태도에 지대한 변화가 일어났다. 처음에는 많은 의사가 이 선택을 말리고자 애썼다. 강제 노역에 징용되었던 카밀라 노이만은 이렇게 썼다. "나는 이 삶을 끝내기로 결심하고 훌륭한 의사인 리스너 선생님을 찾아가 베로날Veronal 최면·진정제인 바르비탈의 상품명을 달라고 했다. 선생님은 거절하셨다. 그런데 8일 뒤 선생님이 독약을 마셨다. 나는 베로날 16알을 모았지만 그 정도로는 쓸모가 없었다. 특히 루드비히(남편)를 혼자 남겨두고 가지 않겠다고 결심했기 때문에 더 그랬다. 당시 베로날을 원하는 사람이 넘쳐서 유대인들은 30알에 1000마르크를 주고 구입했다."[42] 하지만 추방 시기에는 환자들이 스스로의 삶을 끝내도록 청산가리나 모르핀을 주려는 의사들이 점점 늘어났다. 뿐만 아니라 1942년에 베를린에서 열린 유대인 의사 모임에서는 스스로 목숨을 끊으려는 사람들의 마지막 소원을 배려하자는 안건이 만장일치로 결의되었다.

마지막으로 정치 당국의 입장도 바뀌었다. 1930년대에 나치는(이탈리아의 파시스트들과 마찬가지로) 유대인들의 자살 소식을 축하하거나 경멸하거나 비꼬면서 환영했다. 1933년 여름에 스톡홀름에 살던 사업가 프리츠 로젠펠더가 자살하자 나치의 한 신문은 유대인 문제 해결에 중요하게 기여하는 사건이라고 논평했다.[43] 또한 1939년에 이탈리아에서 안젤로 포르투나토 포르미지니가 모데나의 기를란디나 탑에서 몸을 던지자 아킬레 스타라체는 "총알을 아끼려고 탑에서 뛰어내렸군. 역시 유대인다워!"라며 비꼬았다.[44] 하지만 유대인 문제에 대한 최종 해결책을 계획하던 1941년 가을 무렵 나치는 유대인들이 죽는 시기와 방법을 오직 '아리안 인종'만 결정할 수 있다는 확신 아래 무슨 수를 써서라도 유대인의 자살을 막기 시작했다. 베를린에서는 일주일 전에 미리 추방을 경고하는 통지서 발송을 중단했고 유대인 병원의 약국에서는 자살을 하려는 사람들에게 약을 주지 않도록 점점 더 엄격하게 단속해야 했다.

다른 나라에서도 유대인들의 자살 증가가 보도되었다. 오스트리아에서는 1938년 3월에 독일군이 침공하여 나치가 유대인들에게 거리에서 무릎을 꿇고 청소를 시키는 굴욕을 준 이후에 분명 자살이 증가했다.[45] 안나 프로이트가 아버지에게 자살을 하는 게 좋지 않을지 물어본 것이 이때였다. 그 후 곧바로 영국으로 건너간 지그문트 프로이트는 이렇게 대답했다고 전해진다. "왜? 그들이 우리가 그러길 원하니까?" 영국의 한 신문은 오스트리아에 관한 기사에서 "삶을 끝내려고 독약이나 약을 구하는 사람들 때문에 의사와 화학자들이 몸살을 앓고 있다"고 보도했다.[46] 실제로 빈에서는 크리스탈나흐트가 일어났을 때 유대인의 자살률이 10만 명당 367명에 이른 것으로 추정된다.[47] 하지만 추방이 시작된 1941년에는 자살률이 더 높아졌다.[48]

1939년에 독일군이 서폴란드를 침공하여 나치가 몇몇 도시에 게토(유대인 거주 지역)를 만든 뒤에도 같은 현상이 벌어졌다. 9월 9일에 나치는 가장 부유하고 현대적인(그리고 레비의 묘사에 따르면 '가장 추한') 도시인 우치에 들어가 그곳에 살던 유대인 23만 명을 즉시 박해하기 시작했다. 유대인 회당에 불을 지르고 카페 아스토리아에서 유대인 100명을 끌어내 총살했다. 어떤 유대인들은 집에서 쫓겨나고 재산을 몰수당했으며, 도시를 떠나 다른 곳으로 이주해야 했던 유대인들도 있었다. 그러나 곧 나치는 나머지 유대인들을 노역에 이용하기로 결정하고 우치 북쪽에 가시철조망으로 둘러싸인 면적 4제곱킬로미터의 게토를 만들어 이들을 몰아넣었다. 나치 당국은 이 공동체가 마치 작은 국가라도 되는 것처럼 하임 룸코프스키라는 사람을 가상의 왕으로 앉혔다.[49] 실패한 소규모 사업가였던 룸코프스키는 '백성'의 존경을 즐겼다. 새 화폐를 주조해 독일군을 위한 직물 공장에서 일하는 근로자들에게 급료로 주었고 질서 유지를 위해 경찰도 조직했다.

우치의 유대인들은 온갖 시련과 학대를 당했을 뿐 아니라 굶주림과 궁핍, 그 외 숱한 고생에 시달렸고 자살하기로 마음먹은 사람 수가 급격하게 증가했다. 하지만 베를린이나 독일 전체의 수치보다는 낮았다. 1941년부터 1944년까지 4년 동안 게토 내에서의 자살률은 10만 명당 평균 44명이었다.[50]

반파시스트였던 에르네스토 로시는 1938년 12월 16일에 이탈리아의 감옥에서 어머니에게 쓴 편지에 '진짜 자살 유행병'이 돌고 있는 것 같다고 적었다.[51] 이 말에는 과장이 섞여 있었지만, 유대인 박해 시기인 1936년부터 1943년 사이에 이탈리아에서도 아마 자발적 죽음이 증가했을 것이다.[52] 유대인 5만1000명 중에서 10퍼센트가 조금 넘는 사람이 이민을 갔던 것으로 추정되지만 1000명당 약 한 명꼴로 자신의 목숨을 끊었다.[53] 1943년 9월 16일, 주세페 요나는 자신이 의장으로 있던 베네치아 지역 공동체 멤버들의 이름을 독일 측에 말하지 않으려 자살했다. 안젤로 포르투나토 포르미지니의 자살은 7개월 동안 세심하게 준비된 또 다른 항의 행위였다. 모데나의 출판업자였던 포르미지니는 인종문제연구소가 '아리안 인종'과 유대인들을 명확하게 구분한 1938년 6월 27일에 자살 가능성을 처음으로 검토했다. 앞으로 자신의 회사에 엄청난 고난이 닥칠 것을 알아차린 그는 자신의 의도를 분명하게 보여주는 짧은 3인칭 풍자시를 썼다. "하지만 비열한 펜들이/ 인종차별 캠페인을 시작하자/ 분개한/ 그는 자신에게 대역죄로 사형 선고를 내렸다./ 그의 애정 어린 기쁨의 대상/ 조국으로부터 피해를 입고 수치를 당하지 않기 위해/ 실제 가해자 대신 자신을 그 자리에 앉힌 것이다." 포르미지니는 상황이 바뀌기를 몇 달 동안 기대했음에 틀림없다. 하지만 11월 17일, 파시스트 정부가 '이탈리아 인종 보호 조항'을 승인하자 그는 다른 선택이 없음을 깨닫고 11월 29일에 자살하기로 결심했다. 그날 포르미지니는 친구의 점심 초대를 "아주 높은 곳에 가야 한다"며 거절했다. 그리고 기를란디나 탑 근방에서 우연히 마주친 다른 친구에게는 "나는 올라갈 때는 계단으로 가겠지만 내려올 때는 더 편하고 빠른 방법을 이용하겠네"라고 농담을 던졌다.[54]

조용하고 신중하게 작별을 고한 사람들도 있었다. 빈의 중등학교에서 학생들에게 바이올린과 비올라를 가르치던 주세페 사체르도티는 일자리를 잃은 지 다섯 달 뒤인 1939년 3월 14일에 스스로 목숨을 끊었다.[55] 1940년 크리스마스 며칠 전에는 홀로 남겨진 한 유대인 여성이 리바에서 자신의 목숨을 거두었다. 그녀는 멀리 떨어져 있던 두 아들―한 명은 뭄바이에, 다른 한 명은 에콰도르에 있었다―에게 다음과 같은 편지를 썼다.

여기서 너희에게 가는 것은 불가능하고, 나는 더 이상 이렇게는 살 수가 없구나. 너희가 떠난 지 몇 달 뒤 아버지가 비탄에 잠겨 돌아가셨어. 아마도 지금쯤은 너희도 소식을 들었을 거야. 내게 남겨진 건 집과 아버지의 물건들, 그리고 너희의 물건들이었어. 하지만 놈들은 이마저도 망가뜨려버렸어. 나는 독일에서 달아나 이곳으로 몸을 피해야 했단다.

여기서 살아보려고 애를 썼지만 그럴 수가 없어. 지금의 나는 아무런 힘도 없고 뿌리도 없구나. 집에 남아 있었다면 계속 살 수 있었을지 모른다는 생각이 들어. 더 이상 곁에 아무도 없어도 물건들이 있으니까. 아버지의 책들, 너희가 태어난 침대, 해리가 내게 준 난징의 작은 조각상, 신혼여행 때 베네치아에서 샀던 찻주전자까지 (…) 엄마를 떠올릴 때 너무 힘들어하지 말고 다정한 마음으로 생각해줬으면 좋겠어. 온갖 어려움에도 불구하고 나는 운 좋은 엄마 중 한 명이야. 이 세상에서 할 일이 남아 있지 않고 너희 둘은 해외에서 안전하다는 걸 알고 있으니 너희 아버지에게 갈 수 있잖아. 아들들이 학살당했는데도 목숨을 부지한 엄마가 얼마나 많은지 생각해봐.[56]

강제 수용소와 감옥

20세기에 수백만 명이 감옥이나 강제 수용소에서 삶의 일부를 보냈다. 두 기관은 공통점이 많다. 감옥이든 강제 수용소든 그곳에 들어가라는 선고를 받은 사람은 모두 자유를 잃는다. 두 곳 모두 수감자들을 나머지 세계와 격리시키고 포괄적이거나 전체주의적이다. 또한 강제 수용된 사람들을 지속적으로 통제하고 완전한 복종 상태에 두며, 매일의 활동이 위에서 부과한 공식적 규율 체계에 따라 엄격하게 정해져 있다. 모든 것이 일원화되어 한곳에서 동시에 같은 일을 하는 타인들과 밀접하게 접촉하며 이루어진다. 두 곳 모두 수감된 사람들의 삶과 성격에 파괴적인 영향을 미칠 수 있다. 감옥과 강제 수용소에 들어간 사람들은 이들의 정체성을 없애기 위한 굴욕과 수모의 과정을 거친다.[57] 가족, 친구들과 떨어지고 원래의 일상이 없어지며 세상에 대한 이미지가 산산이 부서진다. 목표는 타인과 자신을 믿지 못하게 만들고 두려움, 무력감, 자신이 쓸모없고 무능한 사람이라는 느낌, 우울함을 느끼게 하는 것이다. 따라서 강제 수용소와 감옥은 그 안에서 지내는 사람들이 스스로 목숨을 끊도록 자극할 수 있다.

둘 사이에 차이가 없다는 말은 아니다. 두 곳은 다른 범주로 분류된다. 감옥에도 예전이나 지금이나 차이가 존재한다. 예를 들어, 어떤 감옥은 죄수들을 밤낮으로 계속 격리시킨다는 원칙이 토대가 된 필라델피아 모형에 따라 수감자들을 감방에서 혼자 지내게 한다. 반면 오번Auburn 모형을 참조해 밤에만 격리시키는 감옥도 있고 모든 수감자에게 공동생활 체계를 부과하는 감옥도 있다. 수용소들 사이에도 비슷한 차이가 있다. 소련의 굴라크gulag(교정 노동 수용소 관리국) 시스템은 나치 수용소와 완전히 똑같지는 않았다. 나치 수용소들 역시 감금, 노역, 신체적 비하 기능을 겸하는 강제 수용소와 모든 추방자가 도착하자마자 목숨을 잃는 죽음의 수용소 간에 차이가 있었다.

여기서 가장 우리의 흥미를 끄는 부분은 전체제도구성원이 다른 사회와 고립된 채 살아가도록 요구하는 사회 조직의 두 범주인 감옥과 강제 수용소의 차이다. 전자는 그 사람이 저지른 일 때문에, 후자는 그 사람이 누구인가 때문에 감금한다. 전자는 사기나 강도질, 납치, 살인이나 강간을 저질러서, 후자는 유대인, 집시, 동성애자, 혹은 (소련의 경우) '인민의 적' 또는 인민의 적의 아내라는 이유로 사람을 가둔다. 감옥에 갇힌 사람들은 복역 기간을 정확하게 알고 있지만, 강제 수용소에 끌려간 사람들은 언제 풀려날지 전혀 몰랐고 '끝을 알 수 없는 일시적인 삶'을 선고받았다.[58]

또한 가장 괜찮은 강제 수용소의 생활 조건이 최악의 감옥보다 더 잔인하고 비인간적이었다. 독일의 수용소와 소련의 굴라크[59]에서 수감자들은 포악하고 모멸적인 경험을 했고 끝없는 물리적·정신적 폭력에 시달렸다. 자신들이 무력하고 완전히 불확실한 상태에 놓여 있다는 걸 절감했고 굶주림, 갈증, 추위, 피로, 질병, 죽음의 위기에 내몰렸다. 홀로코스트 생존자인 정신과 의사 빅토르 프랑클이 강제 수용소 수감자들이 가끔 사형선고를 받은 죄수들이 지나가는 모습을 보고 '상대적으로 정돈되고, 상대적으로 안전하고, 상대적으로 위생적인 생활'을 한다며 부러워했다고 이야기한 것도 놀랍지 않다. "그 사람들은 정해진 날에 목욕을 할 수 있었다. 목욕은 우리가 몹시 하고 싶어했던 일인데. 그 사람들은 틀림없이 칫솔, 옷솔, 간이침대(각자 하나씩 혼자 쓸 수 있는)가 있었고 한 달에 한 번 우편물을 받았다. 그리고 가족들이 어디에 있는지, 살아 있는지도 알고 있었다. 오랫동안 우리에게는 그중 아무것도 없었다."[60]

따라서 감옥과 강제 수용소 모두 자살을 촉진하지만 후자가 전자보다 더 심할 것이라는 생각이 들 수 있다. 하지만 정말 그럴까? 유감스럽게도 현재 두 기관에 대해 우리가 알 수 있는 자료의 수준이 동일하지는 않다. 우리는 감옥에서 일어난 자발적 죽음에 대해서는 정확하고 신뢰할 만한 데이터를 방대하게 보유하고 있지만, 강제 수용소는 소수의 통계 자료밖에 없고 생존자들의 증언만이 있는 상태다. 그러나 기존 정보들을 살펴봄으로써 전반적으로 이 두 기관의 영향을 비교하고 그 차이에 대해 얼마간의 설명을 제시할 수는 있다.

죄수들의 자살률이 높다는 생각은 아마 현대식 감옥이 생기고 얼마 안 있어 나타났을 것이다. 우리는 17세기 말에 이미 바스티유 감옥에서 자살자가 자꾸 생겨나 루이 14세의 고해 신부가 예수회 사람 한 명에게 진상 조사를 시켰다는 것을 알고 있다.[61] 일반인보다 죄수들 사이에 자살이 더 빈번하게 일어난다는 것을 명백하게 입증한 최초의 체계적 조사가 실시된 시기는 19세기의 마지막 30년이었다.[62] 이후 수행된 모든 연구도 같은 결론에 도달했고 이 주제에 대한 우리 지식을 매우 풍요롭게 해주었다. 모든 서구 국가에서 감옥은 항상 자살률이 가장 높은 곳이었지만 지난 50년 동안 특히 일부 국가의 감옥에서 자살률이 더 높아졌다.[63] 또한 우리는 죄수들이 일반인보다 더 자주 자살을 하지만 시기와 장소에 따라 다양한 차이가 있다는 것도 알고 있다. 이탈리아와 영국에서는 감옥 내 자살률이 바깥세상의 자살률보다 15배 더 높은데, 프랑스, 오스트리아 같은 국가들에서는 그 정도로 높지는 않은 반면(7배), 덴마크, 스웨덴, 포르투갈 같은 국가들에서는 그보다 더 높다(17~25배).

자살 위험은 죄수들의 특성에 따라 달라진다. 수감된 지 처음 며칠 동안의 자살 위험이 가장 큰 이유는 자신이 이런 처지가 되었다는 사실에 충격을 받아 심한 우울증에 빠질 수 있기 때문이다. 또한 재구류 상태인 죄수들의 자살 위험도 높은데, 어떤 선고가 내려질지 앞으로 어떤 운명을 맞을지 불확실하여 견딜 수 없을 정도로 심한 불안에 시달리기 때문이다. 종신형과 장기 징역형을 받은 사람들은 더 이상 살아갈 의미가 없어 많이 자살한다.[64] 독방에 감금된 죄수들 역시 자살 위험이 크다.

반면 강제 수용소에 대해서는 통계 자료가 매우 드물다. 아우슈비츠 수용소의 한 구역에 대해 오토 발덴 박사가 수집한 자료에 따르면, 1943년 9월 20일에서 1944년 11월 1일 사이에 죽은 1902명의 수감자 가운데 자살한 사람은 없었다.[65] 부헨발트 수용소에서 나온 다른 수치는 전체 사망자 중 자발적 죽음을 선택한 사람이 0.5퍼센트에 불과했다고 알려준다.[66] 뿐만 아니라 생존자들 역시 나치 수용소와 소련의 굴라크에서 자살이 그리 빈번하지는 않았다는 일치된 진술을 했다. 빅토르 프랑클은 "아주 잠깐 동안이라도 자살을 생각하지 않은 사람은 없었다"라고 썼다.[67] 하지만 모든 사람 혹은 거의 모든 사람이 곧 이런 해결책을 거부하고 철조망에 몸을 던지지 않기로 결정했다. 한나 아렌트의 말처럼 나치 수용소들에서는 "놀라울 정도로 자살이 드물었다".[68] 알렉산드르 솔제니친은 "어떤 이유에서인지 소련의 굴라크에서는 자살하는 사람이 없었다! 비정상적인 삶을 선고받았는데도, 굶주림으로 쇠약해져도, 힘든 노역으로 지쳐 떨어져도 스스로 삶을 끝내지 않았다!"[69]고 했다. 프리모 레비, 브루노 베텔하임, 장 아메리, 엘리 코헌, 나데즈다 만델스탐, 그 외 많은 사람도 이와 비슷한 증언을 했다.[70]

강제 수용소에 '무젤만Muselmanns'들이 존재했다는 건 사실이다. 무젤만은 수용소 구석에서 무기력하게 살아가는 일종의 '산송장' '걸어 다니는 시체'를 가리키는 용어였다. 먹는 게 부실해 몸이 쇠약해지고 근육이 부분적으로 위축된 무젤만들은 몸을 잘 가누지 못하고 비틀거리며 간신히 걸어 다녔다. 정신적으로 탈진하고 기억력이 희미해져 집중하지 못했고 때로는 자기 이름조차 기억하지 못했다. 자신이 처한 환경에 완전히 압도당해 수동적이고 숙명론적이 된 이 사람들을 모두가 피하고 내쫓았다. 무젤만들은 감시원들과 동료들로부터 다른 수감자들보다 더 자주 멸시와 모욕을 받고 더 많이 구타당했지만 대응하지 않고 고립된 채 지냈다. 이들이 작업장이나 화장실, 병자용으로 따로 마련된 오두막에서 혹은 밤에 잠을 자다가 죽음을 맞이해도 알아차린 사람은 거의 없었다.[71] 하지만 모든 생존자와 학자는 이 수감자들의 행동이 의식적으로 삶을 포기하거나 초자연적인 힘에 의해 자살한 것이 아니라 굶주림의 결과라고 생각한다.[72]

모든 강제 수용소, 모든 구역의 자살률이 같았던 건 아니다. 소위 특공대, 다시 말해 시체 소각 작업을 하는 사람들 사이에서 자살이 비교적 자주 일어났던 것으로 보인다.[73] 이 사람들은 알량한 '특권'(음식을 조금 더 받았다)을 누리는 대신 가장 끔찍한 작업을 해야 했다. 특공대는 수용소에 새로

도착한 사람들을 가스실로 데려간 뒤(가스실에 들어간 사람들은 25분 안에 세상을 떠났다) 시체에 물을 뿌리고 끌어냈다. 그런 뒤 금니가 있으면 뽑고 여성들의 머리카락을 자른 뒤 시체를 소각장으로 보냈다. 그리고 화장이 끝나면 재를 꺼내 처리했다. 이 작업을 했던 사람 중 일부는 자신이 가스실로 보내지기 전에 스스로 목숨을 끊었다.

집단 처형소로 사용된 수용소와 수감자들이 도착한 뒤 며칠 혹은 몇 시간밖에 목숨을 부지하지 못했던 수용소에서도 자살률이 높았다. 한 생존자[74]는 1941년 2월 암스테르담에서 붙잡혀 마우트하우젠 강제 수용소에 보내진 유대인들 사이에 정말로 자살 유행병이 돌았다고 설명했다. 자신들에게 아무 희망도 없다는 걸 곧바로 알아차렸기 때문이다. 나치는 이들이 수용소에 도착하자마자 그중 50명을 발가벗겨 전기가 흐르는 철조망에 밀어붙여 죽였다. 둘째 날에는 나머지 사람들을 채석장으로 데려가 몸이 짜부라질 듯 무거운 거대한 돌을 짊어지고 148개의 계단을 뛰어오르게 했다. 절망에 빠진 일부 유대인들이 계단 아래로 몸을 던져 자살했다. 셋째 날에는 남은 사람들을 일부 불러 모아 총살했다. 나흘째가 되자 수감자들이 10명, 12명씩 손을 잡고 높은 곳에서 뛰어내려 스스로 목숨을 끊었다. 하지만 이 사건은 극단적인 경우이고 예외였다. 생존자들의 증언에 따르면 수용소 수감자들은 대체로 자살을 하지 않았다.

강제 수용소의 자살률이 비교적 낮다는 주장은 두 가지 의문을 불러일으킨다. 하나는 이런 주장의 근거가 되는 비교 조건과 관련되어 있다. 자살이 드물었다는 진술에서 비교 대상이 되는 인구가 누구인가? 자신이 언급하고 있는 대상을 명확하게 제시한 사람은 솔제니친뿐이었다. "나는 통계적으로 말해 인구 1000명당 자살자 수가 자유의 몸이던 사람들보다 수용소에 갇혀 있던 사람들 사이에 더 적었을 것이라는 상상까지 해보았다. 물론

이를 증명할 방법은 없다."[75] 하지만 다른 목격자들은 자신의 예상과 실제 본 것을 비교해 자살이 '드물었다'고 정의 내렸을 수 있다. 수용소의 비인간적인 생활 조건에서라면 더 많은 사람이 스스로 목숨을 끊을 것이라고 예상했기 때문이다.

두 번째 의문은 수감자들이 수용소 안에서 자발적 죽음이 몇 건이나 일어났는지 (아주 대략적으로라도) 추정할 수 있었을지와 관련되어 있다. 아우슈비츠, 부헨발트, 다하우에 갇혀 있던 이들이 같은 수감자 중 스스로 목숨을 끊은 사람이 적었는지 많았는지 어떻게 알 수 있었을까? 오늘날에도 중소 도시에 사는 사람이 그 도시의 자살률이 높은지 낮은지 혹은 다른 도시, 다른 시기에 비해 자살하는 사람이 많은지 적은지를 말하기란 불가능할 텐데, 강제 수용소 수감자의 경우라면 더했을 것이다. 프리모 레비가 쓴 것처럼 "수감자들은 이 세계의 전체적인 모습을 거의 알 수 없었다. (…) 온통 죽음에 에워싸인 수감자들은 종종 눈앞에서 펼쳐지는 학살의 정도를 평가할 처지가 아니었다. 오늘 옆에서 일하던 동료가 내일이면 그 자리에 없었다. 그는 옆 오두막에 있을 수도 있고 아니면 세상에서 영영 사라졌을 수도 있었다. 그러나 알 방법이 없었다."[76]

우리는 나치 수용소와 소련의 굴라크에서 자살한 사람이 얼마나 많은지 정확하게 알아내지 못할 것이다. 존경받는 많은 저자의 확언과는 반대로 강제 수용소의 자살률이 나머지 인구보다 낮지 않았을 수도 있다. 그러나 우리가 보유한 제한적인 통계 수치와 많은 증언은 수용소에서의 자살이 감옥보다 빈번하지 않았다고 이야기한다. 감옥에서의 자살률은 국가에 따라 일반 인구의 자살률보다 10~25배 더 높다.

수용소와 감옥 모두에서 살아남은 사람들 중 이 기관들이 미친 다양한 영향을 비교해본 이들도 있다. 예를 들어 소련의 외교관이자 혁명가의 아들인 예브게니 그네딘은 감옥에 있을 때와 그 뒤 망명했을 때는 자살을 생각했지만 강제 수용소에 있던 8년 동안은 그런 생각을 한 번도 해본 적이 없다고 썼다. "매일매일이 필사적인 싸움이었다. 그런 전쟁터에서 삶을 끝내겠다는 생각을 할 수 있겠는가? 수용소에서는 그 고통에서 벗어나겠다는 복표가 있었다. 그리고 사랑하는 사람들을 꼭 만나겠다는 희망이 있었다."[77] 이 차이를 어떻게 설명할 수 있을까?

한나 아렌트는 수용소에서 자살이 '놀라울 정도로 드물었던' 데는 인간에 대해 절대적인 지배력을 행사하려는 기관에서 자살이라는 즉흥적인 행위가 용납되지 않아 어떤 방법으로든 방해하고 막았던 것이 한몫했다고 분석했다.[78] 실제로 친위대는 수감자들의 자살을 금지했고 여러 방법을 동원해 막으려고 애썼다. 1933년에 다하우[79]에서는 자살을 시도했다가 실패한 사람은 채찍질 25대를 당한 뒤 처벌실에 갇힐 것이라고 했다.[80] 누군가가 목을 매달면 독일 장교들이 현장으로 달려가 시체 사진을 수없이 찍은 뒤 사인 조사에 들어갔다. 한 생존자가 비꼬듯 말한 것처럼, "놈들은 탐정 놀이를 했다. 왜 그랬을까? 아우슈비츠에서, 매일 수만 명이 가스실에서 목숨을 잃는 이 죽음의 골짜기에서 왜 그런 짓을 했을까? 불쌍한 유대인들이 친위대의 바람과 달리 죽음이 선고될 때까지 기다리지 않고 조용히 목숨을 끊었기 때문이겠지."[81] 다시 말해 친위대는 자살을 자신들의 절대 권력에 대한 도전으로 간주했기 때문에 엄격하게 금지했다. 이는 특공대 중 한 명이 유대인 장님들에 섞여 가스실로 들어가려다 저지당하자 게슈타포 장교가 외친 말이기도 하다. "이 개자식아, 똑똑히 알아둬. 네가 얼마나 오래 살지, 언제 죽을지는 우리가 결정해. 네가 아니라."[82]

그러나 이 모든 분석이 감옥보다 강제 수용소에서 자살률이 더 낮은 이유를 설명하지는 못한다. 이유는 다르지만 나치 독일과 구소련의 경찰들도 범죄자든 정치범이든 피의자들의 자살을 막기 위해 할 수 있는 모든 조치를 취했기 때문이다. 소련의 독방에서는 잠든 죄수의 손이 이불 아래 들어가 있는 모습을 발견하면 감방 안으로 들어가 죄수를 깨운 뒤 목을 매달 밧줄을 손에 숨기고 있지 않은지 확인하기까지 했다.[83]

많은 사학자가 제시하긴 했지만[84] 다소 설득력이 떨어져 보이는 또 다른 가설은 강제 수용소에서 자살률이 낮았던 원인이 수감자들 사이의 강한 유대감 때문일 수 있다는 것이다. 앞서 살펴보았듯이, 사회적 통합은 19세기 말에는 자발적 죽음으로부터 유대인들을 보호했을 것이다. 하지만 수용소 내의 사정은 달랐다. 같은 이념—군사 공산주의자나 강한 종교적 믿음(여호와의 증인)—을 공유한 수감자들 사이에는 약간의 결속감이 형성되었지만, 대다수 수감자의 상황은 완전히 달랐다. 굶주림, 갈증, 질병, 죽음의 위협이 수감자들을 결속시키거나 서로 돕도록 촉진시키지는 않았다. 오히려 수감자들 사이에 불신을 낳았고 물불을 가리지 않는 끝없는 싸움을 일으켰다. 프리모 레비가 쓴 것처럼, 수용소에서는 모든 사람이 '필사적으로, 그리고 맹렬하게 혼자'였다.[85] 또한 한 여성 생존자에 따르면, 모든 사람이 '첫째도 나, 둘째도 나, 셋째도 나다. 그다음에는 아무도 없고 그다음은 또 나다. 그리고 그다음이 다른 모든 사람이다'라는 원칙을 금방 배웠다고 한다.[86]

많은 생존자가 생각하기에 자살률이 낮았던 이유는 죽음이 가까이 있고 그에 따라 죽음에 익숙해졌기 때문이었다. "죽음과 맞서 싸우는 사람도 있었지만 더 이상 죽음을 겁내지 않는 사람도 있었다. 그리고 죽음을 두려워하지 않게 된 누군가에게 삶은 충실하고 완전하고 아무런 제약이 없는 것이었다."[87] 아우슈비츠에서 3년을 지낸 네덜란드의 의사 엘리 코헨에게 강제 수용소 생활은 죽음이 정상인 것처럼 생각하게 만들었다. 수용소 밖의 세상에서 삶이 정상인 것처럼. 그리고 자살을 하면 삶에서 도망칠 수 있지만 죽음으로부터의 유일한 탈출구는 삶뿐이었다.[88] 또 다른 생존자인 장 아메리에 따르면, 수용소에서 자살이 드물었던 주된 이유는 수감자들의 도덕적 질서에서 자발적 죽음과 비자발적 죽음 사이의 차이가 사라져서 자살이 무의미해졌기 때문이다. 수감자들은 '죽음이 아니라 죽음의 과정'에 관심이 있었다. "자신이 죽을지도 모른다거나 죽어야 한다는 사실에는 거의 관심이 없었고 어떻게 죽을 것인지가 유일한 관심사였다. 수감자들은 가스실에 들어가 목숨을 잃기까지 시간이 얼마나 걸릴지에 대해 이야기를 나누었다. 페놀 주사를 맞고 죽을 때 얼마나 고통스러울지 추측해보는 사람도 있었다. 당신은 머리를 세게 맞아 바로 죽는 게 나은가? 아니면 병원에서 기운이 빠져 서서히 죽음을 맞길 원하는가? 죽음과 관련해 수감자들이 처한 상황의 특징은 다음과 같았다. 누군가가 말한 것처럼 '철조망으로 달려가겠다'고 결심한 사람, 다시 말해 고압 전류가 흐르는 가시철조망에 몸을 부딪쳐 자살하려는 사람은 소수에 불과했다. (…) 죽음의 과정은 도처에 도사리고 있었지만, 죽음은 시야에서 사라졌다."[89]

1987년 4월 11일에 세상을 떠난(어떤 사람들은 자살했다고 이야기한다[90]) 프리모 레비는 두 가지 가설을 제시했다.(그림 21) 하나는 수용소에서는 '삶의 목표'가 늘어나고, 이 목표들이 '죽음에 대한 가장 좋은 방어물'이 된다는 것이다. 레비는 아우슈비츠에 있는 동안 "죽음이라는 문제에 몰두할 시간이 거의 없었다. 빵조각을 찾거나 힘든 작업을 피하거나 신발을 수선하거나 빗자루를 슬쩍하거나 내 주위의 신호나 표정을 해석하는 등 할 일이 많아서 늘 바빴다"[91]고 썼다. "죽음이 항상 목전에 와 있었기 때문에 죽음이라는 개념에 집중할 시간이 없었다."[92]

두 번째 가설은 자살이 '어떤 처벌도 약화시키지 못하는 죄책감에서 비롯된다'는 가정을 바탕으로 한다. 수용소에 갇힌 사람들에게는 '가혹한 감금 생활이 처벌로 인식되었고 죄책감(처벌을 받으면 죄책감도 느끼기 마련이다)은 뒷전으로 밀려났다가 자유의 몸이 된 뒤에야 다시 나타났다.'[93]

알렉산드르 솔제니친도 감옥보다 굴라크에서 자살이 적었던 이유를 설명하기 위해 죄책감 문제로 돌아갔다. "우리와 도스토옙스키 소설에서 중노동을 하는 죄수들 간의 차이는 우리는 거의 모든 사람이 자신이 결백하다고 인식했다는 데서 비롯된다." 죄수 대다수는 '무조건적으로 개인적인 죄책감'을 느꼈지만, 강제 수용소에 갇힌 사람들은 '가시철조망은 명목상의 경계선일 뿐'이라는 것을 알고 있었고 '엄청난 규모의 재앙을 인식하고' 있었다. '그저 이 재앙에서 죽지 않는 것'이 중요했다. '여기서 살아남아야 했다.'[94]

한편 블라디슬라프 페이키엘은 강제 수용소에서 자살이 흔하지 않았던 이유를 '체계적인 굶주림' 탓으로 돌렸다. 굶주린 사람은 죽음이라는 문제에 무관심해져서 자살을 할 수 없다. 내가 알고 있는, 아우슈비츠에서 자살을 한 몇몇 사람은 별로 쇠약해지지 않은 수감자들이었다.[95] 베네딕트 카우츠키는 자신을 비롯해 좀더 정치화된 수감자들의 경험을 언급하면서, 강제 수용소에서는 자기 보호 본능이 반발심의 탈을 쓰고 나타나 수감자들이 왜 "내 목숨을 스스로 끊어서 저 돼지들 좋은 일을 시켜줘?"라고 자문했다고 말했다.[96]

감옥에서의 자살률이 강제 수용소에서보다 높은 데는 이 두 세계의 인구가 형성된 방식 또한 영향을 미쳤을 것이다. 두 기관의 수감자들은 결핍과 고통의 수준뿐만 아니라 그 외의 많은 면에서도 차이가 났는데, 그 주된 이유는 이들이 선택된 방식 때문이었다. 감옥에 갇힌 사람들은 해당 국가의 일반 대중을 대표하지 않는다. 약물중독자, 알코올중독자, 심각한 상태의 우울증, 조울증, 조현병에 시달리는 사람들이 지나치게 많은데 이들은 원래 자살 위험이 높은 사람들이다.[97] 이 점은 대체로 왜 범죄자 중에 자살하는 이의 비율이 높은지를 설명한다. 영국과 웨일스, 스위스에서 실시된 연구 결과들은 감옥이 아니라 공동체 내에서 복역하는 범죄자들의 자살 가능성이 감옥에 갇힌 사람들과 동일함을 보여줌으로써 이 주장을 확인시켜준다.[98]

강제 수용소의 인구 역시 선택된 사람들이지만 그 방식은 달랐다. 여기에는 유대인이나 집시, 동성애, '인민의 적'뿐 아니라 평균적인 사람들보다 강해서 극단적인 상황을 감당할 능력이 있는 사람들도 포함되었다. 좀더 연약하고 방어력이 없는 사람들은 수용소에 도착하기도 전, 체포되거나 이송되는 도중에 목숨을 끊었다는 사실이 이 점을 뒷받침한다.

세계대전

지난 1세기 반 동안 전쟁은 일반적으로 서구의 자살 빈도에 영향을 미쳤다. 19세기 말에 서유럽에서는 인접 국가 간의 짧고 한정된 범위의 국지적 분쟁밖에 일어나지 않았다. 1866년에 오스트리아와 이탈리아, 1870~1871년에 프랑스와 독일 사이에 벌어진 분쟁을 예로 들 수 있다. 그러나 두 경우 모두 관련 국가들에서 자살률이 약간 떨어졌다.[99]

20세기에는 분쟁이 자살에 미치는 영향이 훨씬 커졌는데, 특히 두 차례의 세계대전에서 전례 없는 수준의 전투가 벌어지면서 더욱 그러했다. 1914년 7월 28일에 오스트리아가 세르비아에 전쟁을 선포하면서 시작되어 1918년 11월 11일에 막을 내린 제1차 세계대전에는 유럽의 여섯 강대국(영국, 프랑스, 오스트리아, 독일, 이탈리아, 러시아)과 일본, 미국이 참전했지만 북유럽 국가들, 즉 네덜란드, 스페인, 스위스는 가담하지 않았다. 전쟁이 시작되고 몇 달 뒤부터 자살률이 떨어지기 시작해 1917년 혹은 1918년에 최저 수준에 이르렀다가 휴전 이후에 다시 올라갔다. 자살률은 프랑스, 영국, 독일에서 특히 급격하게 떨어졌고 이탈리아에서는 하락률이 분명히 좀더 낮았다. 그러나 자발적 죽음은 전쟁 중인 국가뿐 아니라 스위스, 스웨덴 같은 중립국에서도 감소했다. 이 두 국가에서는 다른 어느 곳보다도 자살률이 가파르게 떨어졌다.[100]

제2차 세계대전은 더 오랜 기간 지속되었고(유럽에서는 1939년 9월부터 1945년 5월 8일까지, 일본에서는 8월 15일까지) 모든 대륙의 많은 국가가 개입하며 훨씬 더 넓은 지역으로 번졌다(유럽에서 중립국은 스페인, 스웨덴, 스위스, 포르투갈뿐이었다). 그러나 유감스럽게도 우리에게는 독일, 소련, 폴란드, 헝가리를 포함한 일부 주요 국가의 데이터가 없다. 단 신뢰할 만한 통계가 있는 국가들에서는 이 시기 동안 분명히 자발적 죽음이 줄어들었다. 자살률은 이탈리아와 일본에서는 40퍼센트, 영국, 오스트리아, 미국에서는 25퍼센트, 스웨덴에서는 5퍼센트 감소했다.[101] 그러나 스위스에서는 대체로 변화가 없었다.[102]

전쟁 기간에 자발적 죽음이 감소한 것은 사회적 통합이 강화되어 사람들이 '똘똘 뭉쳐 공동의 위험에 맞서게' 됐기 때문으로 볼 수 있다.[103] 몇몇 학자는 이 설명 도식을 좀더 정확하게 공식화해서 제시했는데,[104] 이들에 따르면 전쟁은 이 관점에서는 인구 전체나 대다수에는 전혀 영향을 미치지 않았고 단지 어떤 이유에서든 위험한 상태에 있던 작은 부문에만 영향을 주었다(예를 들어 기분이나 성격 장애에 영향을 받는 사람들). 이 개인들 중 일부가 자신의 병의 원인을 외부의 적, 실제로는 국가의 적에게로 돌릴 수 있게

됨에 따라 전쟁은 일시적으로 혹은 확실하게 자살 생각을 떨치도록 도와 주었다.[105]

그러나 이 도식은 세계대전 기간에 일어난 일들을 설명하기에는 부족하다. 첫째, 이 시기 동안의 일부 국가에서의 자살률 하락은 완전히 다른 요인들에서 비롯되었을 수 있다. 예를 들어 덴마크에서는 알코올 소비를 강제로 줄인 것이 주된 원인이었다. 1915년에서 1918년 사이에 1인당 알코올 소비량이 10리터에서 2리터로 곤두박질쳤고 그 결과 자살률이 상당히 떨어졌다. 하지만 이러한 하락은 덴마크 인구 전체가 아니라 알코올중독자들 사이에서만 일어났다.[106]

둘째, 제2차 세계대전 중 일부 시기, 일부 나라에서는 자발적 죽음 건수가 전과 동일하게 유지되거나 심지어 증가했다. 예를 들어 1940년 4월과 5월에 독일이 침공했던 국가들에서 이런 현상이 나타났다. 프랑스에서는 그 끔찍한 해에 자살률이 그리 많이 떨어지지 않았다. 덴마크에서는 1940~1942년 사이에는 자살률이 그대로 유지되다가 다음 3년 동안 현저하게 상승했다. 노르웨이와 벨기에에서는 1940년에는 변동이 없다가 1941~1944년 사이에 줄어들었고 1945년에 다시 상승했다. 네덜란드에서는 자살자가 1940년에 10만 명당 8.5명에서 12.2명으로 급격하게 증가했다가 1941~1944년에는 원래 수준으로 되돌아간 뒤 1945년에 다시 상승했다.[107]

오스트리아는 독일에 합병된 1938년에 자살률이 증가했다가 그 이후 1943~1944년에는 낮아졌다. 그러다 1945년에 10만 명당 68명까지 급격하게 치솟았다.[108] 전쟁 기간 전체에 대한 독일의 통계 자료는 전혀 남아 있지 않다. 그러나 우리는 베를린에서 1940~1941년에 자살률이 떨어졌다가 1942~1944년까지 3년 동안은 1930년대 중반의 비교적 높은 수치로 되돌아갔다는 것을 알고 있다.[109] 그러나 1945년의 첫 몇 달간은 상황이 더욱 악화되어 베를린에서는 유럽 역사상 전례가 없을 정도로 자살이 급증했다. 그해 초, 국민의 의욕 정도를 조사한 기밀 보고서에서 친위대 보안대는 "많은 사람이 이 모든 걸 끝내겠다는 생각에 익숙해지고 있다. 어디서나 독약, 권총, 그 외에 삶을 끝낼 방법을 찾는 사람이 많다"고 주장했다.[110] 이 주장이 근거 있는 우려였다는 것이 몇 주 뒤에 너무나 명확해졌다. 4월에 베를린에서 3881명이 목숨을 끊었고 5월에는 약 1000명이 자살을 선택했던 것이다. 그 전해까지 자발적 죽음이 한 달 평균 200건이었던 것과 비교되는 수치다.[111] 주민이 약 2만 명인 도시 데민에서는 그해 5월에 900명이 목을 매달아 죽거나 투신자살했다(4.5퍼센트라는 이례적인 자살률을 기록했다). 테테로에서도 많은 사람이 자살했다.[112]

이런 극적인 예외 사례들을 설명하려면 다른 요인과 요소들을 고려해야 한다. 먼저 전쟁이 같은 국가의 국민 사이에 새로운 결속력만 불러오는 건 아니다. 사람들은 공동의 적과 싸울 뿐 아니라 경제적·정치적·종교적 정체성과 관심사가 매우 다른 집단의 구성원들이 그러하듯 때때로 서로 간에 충돌할 수 있다. 둘째, 이 집단들은 적의 승리에 다소 위협을 느낄 수 있다. 셋째, 전쟁이 나면 폭격을 경험하거나 집을 잃거나 굶주림에 시달리고 가족이나 친구와 강제 이별하고 다른 사람들의 고통과 죽음을 목격하면서 무력감을 겪는다. 여기에 피정복자들이 당하는 폭력과 모욕까지 수반된다. 이 모든 일은 삶과 죽음에 대한 특정 국가의 일반적인 태도가 어떠한지에 따라 다르게 경험된다.

예를 들어 유대인들은 독일에서 달아나 멀리 떨어진 국가들에 정착하는 데 성공했더라도 계속 나치의 위협을 느꼈다. 빈의 작가 슈테판 츠바이크는 1933년에 베를린에서 자신의 책 중 일부가 불태워졌다는 소식을 듣고

1934년에 런던으로 이주했다가 6개월 뒤 미국으로 망명하지만 미국에 머물던 1940년 6월 15일 일기에서는 이런 구절이 발견된다. "히틀러의 병사들이 개선문 앞에 진을 치고 있다. 더 이상 살 가치가 없다. 나는 쉰아홉 살에 가까워지고 있고 앞으로 끔찍한 해들이 닥칠 것이다. 왜 여전히 이 모든 굴욕을 겪어야 하는가?"[113] 이태 뒤에 그는 두 번째 아내와 함께 동반 자살했다.

버지니아 울프는 런던 외곽의 시골집에서 전쟁이 자신, 남편, 친구들에게 불러일으킨 감정을 일기에 기록했다. 1938년 9월 5일 일기에는 "전쟁은 뭘 의미할까? 암흑, 긴장 그리고 아마 죽음일 것이라 생각된다"라고 썼고,[114] 몇 달 뒤에는 "모든 것이 무의미해진다. 계획을 세울 수 없다. 공동체 의식까지 찾아왔다. 영국 전체가 같은 것을 생각하고 있다. 바로 전쟁의 공포"라고 언급했다.[115]

1940년 5월 13일 아침 8시에 라디오에서 독일군이 네덜란드와 벨기에를 침공했다는 소식이 들리자 그녀의 기분은 더 악화되었다. 그날 남편 레너드는 그녀에게 "히틀러가 이기면 자살하려고 차고에 휘발유를 갖다놓았다"고 말했다.[116] 이틀 뒤 울프는 "오늘 아침 우리는 히틀러가 상륙하면 자살하자는 이야기를 나누었다. 유대인들은 망가졌다. 더 기다릴 필요가 있을까? 차고 문을 닫는 게 낫겠다"[117]라고 썼다. BBC가 독일군의 탱크와 낙하산 부대원들이 아미앵을 점령하고 불로뉴를 포위해오는 한편 프랑스 정부가 파리를 포기했다고 발표하자 불안감은 계속 커져갔고 대화는 다시 자살 가능성으로 돌아갔다. "로드멜이 불탔다는 소문이 돈다. 우리는 폭격을 당할까, 피신해야 할까? 창문을 흔드는 총소리. 병원선이 침몰했다. 이렇게 전쟁이 우리에게 닥쳤다."[118] 그리고 열흘 뒤에는 이렇게 덧붙였다. "조건부 항복은 모든 유대인을 포기한다는 뜻일 것이다. 강제 수용소도. 우리 차고도."[119]

독일군은 영국에서 전략적인 폭격전을 펼쳤지만 런던으로 진군하지는 않았고, 레너드 울프는 시골집 차고에서 목숨을 끊지 않았다. 대신 독일군은 유대인이 많은 프랑스와 벨기에 전체를 점령했는데, 그 때문에 유대인 중에 자살자가 증가했다고 제시하는 사람도 있을 것이다. 현재 이용 가능한 자료들은 네덜란드에서는 분명 이런 현상이 나타났음을 보여준다. 네덜란드에서는 박해받은 집단의 자살률이 1930년대 말 10만 명당 20명이던 것에서 1940년에는 10만 명당 234명으로 치솟았다.[120] 하지만 그해에는 작가 메노 테르 브라크를 포함해 유대인이 아닌 사람들도 자살을 많이 했다. 브라크의 친구는 "그는 자살을 한 게 아니다. 자기 몸속의 히틀러를 죽인 것이다. 그는 그 사람을 보고 싶지 않았고 그럴 수 있는 유일한 방법은 눈을 감는 것뿐이었다"라고 썼다.[121]

그렇다면 독일이 침략했던 국가들에서 1944년의 마지막 몇 달과 1945년에 왜 자발적 죽음이 증가했을까? 이 질문에 대한 답은 부역 현상, 즉 정복자들을 돕는 집단이 이 국가들에 형성된 데 있다. 프랑스와 노르웨이에는 나치에 협조적인 정부가 들어섰고 네덜란드에서는 국가사회주의가 지지를 얻었다. 그러다 제3제국의 몰락이 예상되자 나치에 협력했던 사람들이 그 결말을 두려워하기 시작했고 그중 많은 사람이 도망치거나 협력 행위를 그만두었다. 그리고 소수의 사람은 목숨을 끊었다. 지금까지 이루어진 연구들은 남부 지역이 독일의 점령에서 벗어난 1944년 9월 이후 네덜란드에서는 이것이 모두 사실이었음을 보여준다. 국가사회주의 운동에 참여했던 사람 중 수천 명이 독일로 달아났고 일부는 자살했다.[122]

전쟁 후반에 베를린에서(그리고 아마 독일의 다른 곳에서도) 자살자가 증가한 것은 공포의 새로운 단계가 시작되었기 때문으로 설명될 수 있다. 나치 정권은 유대인들뿐 아니라 위험하다고 여겨지는 사람들 혹은 그저 비정상적으로 보이거나 탐탁지 않은 사람들까지 대거 박해했다. 게슈타포는 정권과 총통을 전적으로 지지하지 않는다고 의심되는 평범한 시민들을 체포하여 심문하고 때로는 옥에 가두었다. 여기에는 여행객, 노숙인 그리고 '반사회적인 사람들'까지 포함되었다. 또한 게슈타포는 동성애자를 탄압하는 맹렬한 캠페인을 벌였고 일부 동성애자들을 고문했다. 이 캠페인에서는 나치 정권이 거세로 동성애자들을 근절할 수 있다고 주장했고, 이 생각은 법무부의 법안 초안에서 채택되었다. 뿐만 아니라 게슈타포는 저항자 조직인 붉은 오케스트라 단원들을 체포했다. 그중 일부는 바로 죽임을 당했고 많은 사람이 사형선고를 받았다.

독일군 내에서도 자살이 크게 증가했다. 독일군 내에서 자살자 수는 전쟁이 시작되고 처음 2년 반 동안은 1190명이었지만 1943년 이사분기와 삼사분기를 지나면서 6898명으로 급증했다.[123] 이에 나치 정권은 격분했고 자살을 병사들이 나약하고 겁이 많아졌다는 중대한 신호이자 항복이나 포기와 맞먹는 행위, 부르주아적 개인주의의 산물로 간주했다. 나치는 과거의 사상을 들먹이며 어떤 병사도 마음대로 자신의 목숨을 버릴 수 없고 그 누구도 민족을 버릴 수 없다고 주장했다.

예전과 마찬가지로, 이 규칙을 어기면 처벌을 받았다. 자살을 시도했다가 실패한 병사는 총살형을 당했다. 자살자들의 시신에 대해서는 군장軍葬의 예를 거부했고, 다른 군인들과 함께 묻힐 수 없었다. 장교와 병사들 사이에서 자살자가 늘어나자 하인리히 힘러는 한술 더 떠 시체를 체포하여 손을 묶어서 매장하라는 명령을 내렸다.[124] 그러나 이런 구식 방법들에다 전시에만 가능한 현대식 보복까지 추가되었다. 독일 국방군은 겁을 먹고 자살했다고 판단되는 병사의 가족에게는 연금을 주지 않을 수 있는 권한을 획득했다.[125]

한나 아렌트는 전쟁의 마지막 몇 달 동안 이렇게 자발적 죽음이 전례 없이 증가할 거라고 분명하게 예측했다. 1945년 1월에 쓴 한 기사에서 아렌트는 지금까지 독일에 영향을 미쳤던 여러 번의 자살 급증 사태를 언급한 뒤 곧 더 큰 규모로 자살이 쇄도할 것이라 주장하면서 그 원인을 지적했다. 재앙의 충격이 독일인들을 덮쳐 자신이 단지 '대량학살 기계의 톱니'일 뿐만 아니라 '살인자'라는 것을 깨닫게 되면 그들의 '탈출구는 저항이 아니라 자살이 될 것이다'.[126] 아렌트의 예측이 옳았음이 입증되었고 그녀의 설명도 어느 정도 들어맞았다. 증명하기는 어렵지만, 그해 봄 독일 동부에서 자발적 죽음이 급증한 데는 많은 독일인이 공유한 깊은 집단적 죄의식이 최소한 부분적으로라도 작용했을 것으로 추정된다. 또한 당시 스스로 목숨을 끊은 사람들은 모두 심한 불안감과 미래에 대한 엄청난 공포를 느꼈다는 추측도 가능하다. 그러나 이들이 자살을 하겠다고 결심한 데는 두 가지 다른 동기가 있었다. 하나는 그 끔찍한 몇 달 동안 일어난 사건들과 관련이 있고, 다른 하나는 나치 독일하에 형성된 명예, 영웅주의, 자살에 대한 생각에 따라 그 사건들을 어떻게 경험했는가와 관련되어 있다.

첫 번째 동기에 대해 이야기해보면, 적군赤軍 1918~1946년까지 소련 육군의 명칭이 독일 동부로 점점 다가오면서 주민들을 극심한 공포로 몰아넣었다. 나치 선전부는 주민들의 저항을 선동하기 위해 '붉은 짐승들'이 저지를 수 있는 온갖 나쁜 짓을 늘어놓으며 '몽골-볼셰비키 무리'의 침략이 불러올 끔찍한 결과를 강조했다. 영화관에서는 반신반의하는 관객들이 러시아 군대가 서쪽으로 진군하면서 여성과 아이들을 공격하고 죽이는 장면으로 가득 찬 뉴스 영화를 보았다. 1945년 2월에 적군은 베를린에서 50킬로미터 조금 못 미친 곳까지 들이닥쳤고 몇 주 뒤 독일의 수도에 입성했다. 기자였던 루트 안드레아스프리드리히는 1945년 5월 6일의 일기에 이렇게 썼다. "몸서리가 처진다. 지난 4년 동안 괴벨스는 러시아인들이 우리를 강간할 것이라고 말해왔기 때문이다. 우리를 강간하고 약탈하고 죽이고 강탈할 것이라고 했다."[127] 이 모든 일이 이제 일어날 것인가?

러시아군은 행군해오면서 루마니아와 헝가리,[128] 빈과 저지 오스트리아[129]에서 많은 여성을 강간했다. 그런데 동프로이센과 베를린에 도착했을 때 강간이 더 늘어났는데, 아마도 자신들과 러시아 민간인들이 독일군에게 당했던 수많은 잔혹 행위와 이루 말로 표현할 수 없는 굴욕에 앙갚음하고 싶어서였을 것이다.[130] 러시아 병사들은 때로는 먹을 것을 주면서 여성을 꾀기도 했지만 한마디 말도 없이 강제로 범하는 경우가 더 흔했다. 혹은 총을 든 채 다가와 딱 한 마디만 내뱉었다. "거기 여자, 이리 와봐Frau, komm."[131] 열여섯부터 칠십까지 모든 여성이 위험에 노출되어 있었지만 러시아군은 젊고 통통하고 자신들의 미학적 이상에 가장 잘 맞는 여성들을 선호했다. 이들은 장소를 가리지 않고 지하실에서, 계단에서, 아파트에서, 거리에서, 광장에서, 심지어 교회 한구석에서도 강간을 저질렀다. 때로는 다른 사람들과 이웃들, 친척들, 아이들, 남편이 보는 앞에서도 서슴지 않았다. 이런 폭력은 '집단 강간의 주'라고 불리게 된 1945년 4월 26일에서 5월 5일 사이에 절정을 이루었다. 당시 얼마나 많은 독일 여성이 강간을 당했는지는 정확하게 알려지지 않았다. 하지만 베를린에서 가장 큰 두 병원의 추정치에 따르면 독일의 수도에서만 9만5000~13만5000명에 이르렀을 것으로 보인다.

강간 피해자들은 굴욕감과 혐오감, 분노와 무력감에 시달렸다. 그리고 자신의 몸에 대한 느낌이 크게 바뀌었다. 당시 여러 차례 강간을 당했던 기자 마르타 힐러스는 일기에(익명으로 출판되었다)[132] "내 살갗을 보면 계속 구역질이 난다. 나를 만지고 싶지 않고 내 몸도 제대로 못 쳐다보겠다"[133]라고 썼다. 해방자들을 환영하려고 은신처에서 나갔다가 옷자락이 붙들린 채

"이리 와봐, 거기 여자, 이리 와봐"라는 말을 들어야 했던 유대인 여성들도 배신감을 느끼기는 매한가지였다. 일부 유대인 여성에 따르면 그들은 죄책감을 느끼지 않았다. 성폭력은 그 극적인 시기에 그들을 덮친 무수한 불운 중 하나일 뿐이었고 급기야 강간이 일상이 되었기 때문이다. 힐러스는 1945년 5월 8일 일기에 이렇게 썼다. "여기서 우리는 집단 경험을 하고 있다. 이 일은 도처의 여성들에게 일어날 것이라고 이미 여러 차례 예상되고 두려워했던 것이고, 이 모두가 어쨌거나 거래의 일부다. 그리고 이 집단 강간은 우리가 집단적으로 극복하고 있는 무엇이기도 하다."[134] 그 며칠 전에 힐러스는 스스로에게 물었다. "강간이…… 뭘 의미할까? 금요일 저녁에 지하실에서 이 단어를 처음으로 입 밖에 내어 말했을 때 나는 등골이 오싹해졌다. 그러나 이제 나는 그 단어를 생각하고 손을 떨지 않은 채 쓸 수도 있으며 그 말을 듣는 것에 익숙해지기 위해 큰 소리로 말할 수 있다. 그 단어는 절대악, 모든 것의 종말처럼 들린다. 하지만 그렇지는 않다."[135]

일주일 뒤 마르그레트 보베리는 일기에 "꼴이 말이 아닌 한 소녀를 자전거에 잠깐 태워주었다. 소녀는 14일 동안 갇혀서 러시아인들에게 강간을 당했지만 통통했다"라고 썼다. 그리고 1945년 5월 8일에는 이렇게 썼다. "일상이 된 강간. 한 이웃은 저항하다가 총을 맞았다…… 크라우스 부인은 강간을 당하지 않았다. 부인은 러시아인들이 안경을 쓴 여자는 건드리지 않는다고 주장한다. 그 말이 정말인지 알고 싶다. (…) 군인들은 만취 상태에서도 나이 든 여성과 젊은 여성을 구별했다."[136]

이 비정상적인 폭력 공세에 많은 여성이 스스로 목숨을 끊었고, 점령자들도 이런 상황을 인식했다. 1945년 3월 12일, 동프로이센 북부에 있던 비밀경찰국은 베리야(1899~1953, 옛 소련의 비밀경찰 총수)에게 "독일인들, 특히 여성들의 자살이 점점 더 확산되고 있다"고 보고했다.[137] 어떤 여성들은 이 폭력에서 벗어나기 위해 목숨을 끊었다. 마르타 힐러스는 "길 건너편에서 한 여성이 러시아 병사 몇 명에게 쫓기자 4층 창문에서 뛰어내렸다"고 설명했다.[138] 베를린에 와 있던 교황청 대표 조반니 바티스타 몬티니 신부는 1945년 10월에 "루트베르크 병원의 실러 교수가 아내와 딸들이 강간당하자 괴로움을 이기지 못하고 모두 죽인 뒤 자신도 목숨을 끊었다"고 썼다.[139] 한 스위스 기자는 어떤 경우에는 러시아 병사들이 욕정에 사로잡혀 "그들(여성들)이 독약을 삼켜 죽어가고 있다는 것도 눈치채지 못했다"고 보도했다.[140] 어떤 여성들은 강간당한 뒤 목숨을 끊었다. 때로는 남편이나 약혼자에게 천하고 더럽고 혐오스러운 존재로 여겨져 거부를 당하거나 같은 독일인들, 친척과 이웃들로부터 침략자들에게 너무 빨리 굴복했다는 비난을 받아 자살하는 경우도 있었다. '독일 군인들은 6년 동안 싸웠는데 독일 여성들은 고작 5분밖에 안 싸운다'라는 주장이 계속 나왔다.[141] 좀더 간단히 말하면, 여성들이 세상을 저버린 건 수치심을 견딜 수 없어서였다. 1945년 5월 6일에 루트 안드레아스프리드리히의 일기에는 이렇게 적혀 있다.

자살의 기운이 감돈다. 사람들은 딸을 다락방에, 석탄 더미 아래에 숨기고 노파처럼 옷을 껴입는다. 자기 방에서 자는 여성은 거의 없다. 혼란에 빠진 아버지는 열두 번 강간당한 딸에게 "명예를 잃으면 모든 걸 잃는 거야"라고 말하며 밧줄을 내민다. 딸은 고분고분하게 가까운 창으로 걸어가 목을 맨다. (…) 베를린이 최종 함락되기 이틀 전 한 교사는 학생들에게 "강간을 당하면 남은 건 죽음뿐이야"라고 잘라 말했다. 학생 중 절반 이상이 예상했던 결과를 맞았고, 이런 일을 당한 사람에게 자살을 바라는 분위기에 따라 가까운 강물에 몸과 함께 잃어버린 명예를 던졌다. 명예를 잃으면 모든 걸 잃는 것이다. 독약이나 총알, 밧

줄이나 칼로 수백 명의 여성이 스스로 목숨을 끊고 있다.[142]

베를린에서 강간당한 여성 약 10만 명 중 1만 명 정도가 세상을 떠났고 '사인은 주로 자살'이었다는 추정도 있다.[143] 이 추정치는 분명 과장일 것이다. 1945년에 베를린에서 3996명의 여성이 자살했다는 기록이 있고 이들 중 일부는 다른 이유로 자살했기 때문이다. 하지만 강간당해 스스로 목숨을 끊은 여성의 수가 이례적으로 많았다는 사실은 부인할 수 없다.

앞서 언급했듯이, 적군은 오스트리아 여성들도 많이 강간했고, 그중 일부가 스스로 목숨을 끊었다.[144] 영국, 프랑스, 독일 서부에서 수천 명의 여성이 미국 군인들에게 강간을 당했고[145] 이탈리아에서는 모로코 군인들이 강간을 저질렀다.[146] 이 모든 국가에서 성폭력 희생자들은 엄청난 치욕과 이루 말로 표현할 수 없는 고초를 겪었다. 이에 관한 연구가 거의 없지만, 우리는 이 여성 중 일부가 스스로 목숨을 끊었을 거라고 추정할 수 있다. 그러나 현재 이용 가능한 자료에 따르면, 강간으로 인한 자살은 이탈리아나 프랑스보다 독일과 저지 오스트리아에서 훨씬 더 빈번하게 일어났다. 1945년에 일어난 자발적 죽음 전체에서 여성 자살자 수(유럽에서 항상 아주 낮았다)가 오스트리아에서는 43퍼센트, 베를린에서는 56퍼센트에 이른 반면 프랑스, 이탈리아, 그 외 유럽 국가에서는 변동이 덜했다.[147]

전쟁 말기에 자발적 죽음이 급증한 데는 이 시기의 문화적 성향이라는 두 번째 동기도 영향을 미쳤다. 즉 나치 독일에서 명예, 영웅주의, 자살에 대한 인식이 고양된 것이다. 나치 정권 지도자들은 복무 중인 병사들의 자살을 신랄하게 비난했다. 아직 승리의 희망이 남아 있을 때는 더욱 그러했다. 그런데 패잔병이나 포로가 된 병사들의 자살은 영웅적 행위로 간주됐다. 히틀러는 이 병사들의 자살을 전적으로 지지했으며, 독일이 폴란드를 공격한 1939년 9월 1일, 제국 의회 연설에서 이런 말을 했다. "지금 나는 그저 독일 제국의 첫 번째 병사가 되고 싶습니다. 그래서 항상 내게 가장 신성하고 소중했던 제복을 다시 입었습니다. 나는 승리가 우리 것이 될 때까지 이 제복을 벗지 않을 것입니다. 나는 살아서 그날을 보지 않을 것입니다!"[148] 4년 뒤인 1943년 1월 30일, 패색이 짙은 것에 절망한 히틀러는 작전 책임자인 프리드리히 파울루스 장군을 원수로 승진시키고 파울루스에게 이렇게 명예가 높은 독일인이 포로가 된 적이 없음을 상기시켰다. 항복하느니 자결하라는 암시를 한 것이다. 그러나 파울루스는 이 지시를 따르지 않고 항복을 택했다. 뿐만 아니라 그 직후 소련 당국의 요구를 받아들여 라디오를 통해 히틀러에 반대하는 호소를 하기도 했다.

선전 장관이던 파울 요제프 괴벨스도 1945년 2월의 라디오 연설과 기자 회견에서 영웅적 자살의 중요성을 언급했다. 괴벨스는 카이사르에게 항복하느니 자살을 택한 소 카토를 언급하고 '승리 아니면 죽음'이라는 원칙하에 7년 전쟁에서 싸운 프리드리히 대왕을 자신의 본보기로 내세우면서 독일이 패배할 경우 '차분하게 삶과 작별할 것'이라고 엄숙하게 선언했다. 자살 특공 임무를 구상할 수 있었던 것도 이런 태도 때문이었다. 일본보다 1년 앞선 1943년 4월에 군수장관 알베르트 슈페어가 모스크바 북쪽의 수력 발전 댐을 공격하기 위해 착수한 이 계획은 괴벨스의 열렬한 지지와 히틀러의 승인을 얻었다.[149]

자살에 대한 이러한 인식이 나치 정권의 중간계급들 사이에서 널리 공유되면서 군사적 덕목과 의지력, 용기를 칭송했고 특수 상황에서 명예를 지키려면 자기희생이 필요하다고 생각되었다. 그래서 몇 년 전 유대인들이 박해당하고 조롱당할 때 그랬던 것처럼 나치 정치인들과 일반 시민들은 재앙의 날이 닥쳤을 때 불시에 적에게 명예를 잃지 않도록 청산가리나 면도날을 주머니나 가방에 넣어 다니기 시작했다. 히틀러는 세상을 떠나기 전에 비서들에게 청산가리를 나눠주었다고 한다. 또한 1945년 4월 12일, 베를린 필하모닉의 마지막 공연 때 히틀러 유겐트나치가 만든 청소년단가 관객들에게 독약을 나눠주었다는 이야기도 전해진다.[150]

항복 전에 수많은 지도자와 나치 중견 장교들이 스스로 목숨을 끊은 건 분명하다. 1945년 4월 30일, 그 전날 결혼식을 올린 히틀러와 에바 브라운이 자살했다. 괴벨스, 보르만, 힘러, 법무장관, 문화장관, 국가사회당의 많은 지역 지도자들, 친위대, 육군과 공군의 장군들과 지휘관들, 해군제독과 무수한 하급 장교들도 그 뒤를 따랐다. 아마 이 사태는 당시 스스로 목숨을 끊은 수천 명의 결심에 영향을 미쳤을 것이다.

이민

모든 이민 과정은 정의상 매우 선택적이다. 얼마 동안이든 다른 나라에 가서 살기로 결정한 사람들은 태어난 나라에 머무는 사람들보다 더 젊고 교육을 더 많이 받았으며 이주에 더 적합한(그리고 아마 더 활동적이고 적극적이며 창조적인) 경향을 보인다.

이민(적어도 지난 50년 정도)은 건강 상태라는 측면에서도 선택적이다. 여러 유럽 국가와 미국에서 진행된 연구들에 따르면, 동일 연령 집단들에서 이민자들은 불리한 배경에 경제적 자원도 더 적지만 본토박이들보다 병치레가 덜하고 사망률도 낮다.[151] 이런 차이는 식습관과 생활방식 같은 문화적 요인으로 설명될 수 있다. 예를 들어 북아프리카에서 프랑스로 이주한 이들은 여러 질병을 막을 수 있는 식습관을 갖고 있다. 이들은 채소, 과일,

곡물을 자주 먹고 동물성 지방보다 식물성 지방을 더 자주 섭취한다. 그러나 이 차이는 이민 과정이 선택적이라는 데서도 나타난다. 다시 말해, 다른 나라에 가서 살기로 결심하는 사람들이 태어난 곳에 머무는 사람들보다 더 건강하다는 것이다.

이민이 정신 건강 측면에서도 선택적이라면, 즉 고국을 떠나는 사람들이 머무는 사람들보다 기분 장애, 우울증, 조현병을 앓는 빈도가 낮다면 이민자들 사이에 자살률이 더 낮을 것이라는 예상이 가능하다. 그러나 유감스럽게도 고국을 떠나는 사람들의 정신 건강에 대해 우리가 알고 있는 바는 아주 미미하다. 1930년대 초 한 연구는 미국으로 건너간 노르웨이 이민자들이 고국에 머문 사람들보다 조현병으로 더 자주 입원했다고 처음 밝혔다.[152] 또한 지난 20년간 시행된 연구들은 영국과 네덜란드로 이주한 아프리카계 카리브해인들이 본토박이들보다 조현병을 훨씬 더 자주(2~14배) 앓는다고 제시했다. 그러나 다른 국가 출신의 이민자들도 그와 같은지는 명확하지 않으며 그 원인도 제시되지 않았다.[153] 우울증과 관련해 이민자와 본토박이들 간의 차이 역시 거의 알려져 있지 않다.

하지만 20세기에 이민은 매우 중요한 현상이어서 우리는 이민이 자살 빈도에 영향을 미쳤는지, 만약 그렇다면 어떤 영향을 미쳤는지 묻지 않을 수 없다. 미국에서는 1세기 반 전에 처음 이 질문이 제기되었다. 1861년에 『뉴욕 타임스』의 한 기자는 "지난 세기에 자살 마니아가 이례적으로 증가했다. 이런 현상은 최소한 부분적으로라도 지난 세기에 독일인과 아일랜드인들의 대거 이민 때문으로 볼 수 있다"라고 보도했다.[154] 또한 당시 스스로 목숨을 끊은 사람 중 독일인, 아일랜드인, 미국에서 태어난 사람들이 각각 4분의 1을 차지하며 나머지 4분의 1이 다양한 유럽 국가 출신자라고 보도했다.

1920년대와 1930년대에 뉴욕, 시카고, 보스턴, 샌프란시스코에 정착한 이민자들에 대한 초기 연구들은 『뉴욕 타임스』가 몇십 년 전에 제기했던 우려가 대체로 맞았음을 보여준다.[155] 두 가지 주요 연구 결과가 있다. 첫째, 이민자들이 토박이들보다 더 빈번하게 자살을 했다. 이는 미국으로 이주한 유럽인들이 고국에서 계속 산 사람들보다 심각한 정신 장애에 시달려서가 아니라 이민생활에서 겪는 스트레스와 부적응 때문으로 보인다. 둘째, 출신 국가의 자살률에 따라 이민자들 간에 자살률이 상당한 차이를 보였다.

20세기의 첫 5년 동안 유럽의 자살률은 국가마다 상당히 차이가 났다. 이런 측면에서 국가들(데이터가 존재하는)을 세 그룹으로 나눌 수 있다. 첫째 그룹(연간 자살이 10만 명당 20명 이상)에는 독일, 오스트리아, 덴마크, 헝가리가, 둘째 그룹(10~19명)에는 스웨덴, 벨기에, 영국, 웨일스가 포함된다. 셋째 그룹(10명 이하)은 이탈리아, 네덜란드, 스코틀랜드, 노르웨이, 스페인, 포르투갈, 아일랜드, 그리스로 구성된다. 이 차이는 다양한 요인, 특히 각 나라에 존재하는 의미, 상징, 믿음 등과 같은 문화적 요인들에 기인한다.

이민자들은 고국을 떠나면서 이런 문화적 유산도 함께 가져가고 미국에 도착한 뒤에도 계속해서 이를 지킨다. 따라서 자살률이 높은 국가(독일, 오스트리아, 덴마크 등)에서 온 사람들은 자발적 죽음의 비율이 매우 높은 반면 자살이 덜 빈번한 국가(이탈리아, 스페인, 아일랜드 등)에서 온 이민자들의 자살률은 더 낮다.[156]

미국, 캐나다, 영국, 오스트레일리아, 프랑스에 사는 이민자들에 대해 좀 더 정교한 방법론들을 적용한 최근 연구들은 이러한 측면에서 고국을 떠난 사람들에게 어떤 일이 일어났는지에 관해 한층 복잡한 양상을 제시한다.[157] 이 연구들은 새로운 환경에 적응하는 데 어려움을 겪고 상당한 스트레스에 자주 노출되는 60세 이상 이민자들이 토박이들보다 자살 빈도가 높음을 보여준다. 하지만 이민자들의 자살 빈도에 가장 큰 영향을 미친 것은 문화적 요인들이며 어린 시절과 청소년기에 배운 규범 및 자발적 죽음에 대한 믿음과 관련되어 있다. 이민자들 사이의 자살률은 정착한 국가에 따라서는 거의 차이가 없지만 떠나온 국가별로는 상당한 차이가 나타난다. 예를 들어 그리스인들과 이탈리아인들은 캐나다로 이민을 가든 오스트레일리아나 미국, 영국으로 가든 거의 자살을 하지 않는 반면 오스트레일리아인들과 헝가리인들은 어느 국가에 사는지와 상관없이 자살 빈도가 높다.

이민 기간과 동화과정이 미치는 영향도 문화적 요인의 중요성을 뒷받침해준다. 이민 온 나라에서의 거주 기간이 길고 이 나라의 규칙들을 많이 배울수록 더욱 토박이처럼 행동하는 경향이 있으며, 이는 자살과 관련해서도 마찬가지다. 미국으로 이민 온 멕시코인들을 예로 들 수 있다. 멕시코의 자살률은 미국보다 3배 낮다. 따라서 이민자들은 자살로부터 자신을 보호하는 신념과 규범을 배웠고, 미국에 도착한 뒤에도 한동안 고국의 모델을 따른다. 그래서 미국에서 태어난 사람들보다 자살을 덜 한다. 하지만 미국에 오래 머물고 이곳에 더 통합될수록 미국인들과 같은 빈도로 자살을 하는 경향이 높아진다.[158]

문화적 요인이 엄청난 영향을 미친다는 점은 자살자들이 삶을 끝내기 위해 선택한 방법들에서도 분명히 나타난다. 자살 방법은 오랜 기간 나라 간에 차이를 보였고 오늘날에도 그러하다. 예를 들어, 이탈리아에서는 목을 매서 죽는 사람이 가장 흔하고 스웨덴에서는 독약, 미국에서는 권총이나 다른 총기를 자주 사용한다. 이민자들은 일단 목숨을 끊기로 결정하면 보통 고국에 있는 것처럼 행동하고 그에 따라 자살 방법을 선택한다. 19세기 말에 이미 뉴욕의 자살 관련 수치들은 고국을 떠나 있어도 영국인들과 아일랜드인들은 독약과 권총을 계속 선호하고, 독일인들은 목을 매서 자살하는 경우가 많음을 보여준다.[159] 20세기에도 마찬가지다. 새로운 나라에 온 지 얼마 되지 않은 이민자들은 고국에서 선호되는 방법을 사용하지만 시간이 지나면 이런 생각을 버리고 이민 온 나라에서 많이 사용되는 방법을 택한다.[160]

따라서 이민은 자발적 죽음과 관련하여 인구 집단들 사이의 차이를 줄인다. 여러 다른 국가에서 온 개인들의 자살률이 이민국의 자살률에 서서히 수렴되기 때문이다. 미국으로 이주한 멕시코인, 이탈리아인, 그리스인, 스페인인들에게서 나타난 현상처럼 자살률이 상승하거나 영국이나 오스트레일리아로 이민 간 오스트리아인, 독일인, 헝가리인의 경우처럼 자살률이 낮아진다. 자살 방법과 관련해서도 이와 같은 점진적인 동화과정을 볼 수 있다.

자살은 백인에게 어울리는 행동이다

1699년 7월 14일, 콩고의 다마에서 카푸친회Capuchin 가톨릭 수도회의 하나 선교사 칼타니세타의 루카는 어떤 장면을 목격하고는 한 치의 망설임 없이 "끔찍하다"고 묘사했다. 어린아이를 안고 있던 한 여성 노예가 자기 주인이 노예 상인에게 그녀를 사가라고 이야기하는 소리를 들었다. 노예 상인이 그 요청을 받아들일 것이라 확신한 그녀는 "격분해서 아이를 바위에 집어던진 뒤 한 구경꾼의 손에서 화살 뭉치를 빼앗아 자신의 가슴을 마구 찔렀다. 그리하여 세례도 받지 않은 채 절망 속에서 세상을 떠났다".[161] 3년 뒤 또 다른 그라디스카 출신의 이탈리아인 선교사 안토니오 추켈리 신부는 '브라질로 실려 갈' 것 같아 절망한 많은 콩고 노예가 "자발적으로 눈과 혀를 안

쪽으로 말아넣어 죽음을 선택했다. 그들은 과거에 관계를 맺었던 악마에 의해 숨통이 막혀 죽었다"고 말했다. 상인들은 노예들의 자살을 막기 위해 불을 이용했다. "그들(노예들)이 혀를 삼켜 죽기 시작할 때 가까이에 있던 백인이 불에 달군 낙인을 찍으면 악마가 하던 짓을 그만두어 노예들이 죽지 않을 것이다."[162]

1792년부터 1796년까지 아프리카의 흑인 노예들이 대서양을 건너 팔려 간 일과 관련해 현재 이용할 수 있는 유일한 통계 자료들에 따르면, 강제로 아메리카 대륙에 끌려간 아프리카인 1000명당 1~2명이 여행 도중 목숨을 끊었다.[163] 도착한 지 두세 달 안에 목숨을 끊은 사람들에 관한 목격자들의 진술까지 고려하면 이 시기에 노예들 사이에 자살이 드물지 않았음이 분명해 보인다.[164] 그러나 노예들을 자살로 몰아간 것은 유럽의 노예 상인들에게 사로잡히거나 팔려간 뒤의 끔찍한 생활환경 때문만은 아니었다. 사슬에 묶인 채 배가 출발하는 항구까지 걸어가야 하는 비인간적인 고생, 캄캄한 어둠 속에서 건너는 바다, 주인을 표시하는 낙인이 찍힌 뒤 지내야 하는 한정된 공간, 미국의 농장이나 광산에서의 힘겨운 노동, 모든 권리와 이름까지 박탈당한 신세, 이 모든 것이 노예들에게 심한 타격을 주었다.

강제로 고국을 떠나야 했던 노예들 사이에 자살을 조장한 것은 무엇보다도 문화적 요인, 즉 아프리카인들이 지닌 신념 및 의미 체계였다. 1765년, 열한 살 된 이보족 소년 올라우다 에퀴아노가 노예선에 실렸다. 소년은 쇠사슬에 묶인 아프리카인들 옆에 있는 솥처럼 보이는 커다란 주전자를 보고는 그 사람들이 주인에게 잡아먹힐 것이라는 생각에 정신을 잃고 말았다. 다시 의식을 차린 소년은 배의 노예들이 '이 소름 끼치는 모습에 벌건 얼굴, 헝클어진 머리를 한 백인들에게 잡아먹히지 않을지' 물었다. 그런 일은 벌어지지 않는다는 이야기를 들었지만 소년은 여전히 마음을 놓지 못하고

"그래도 나는 죽을까봐 두렵다"라고 썼다.[165]

소년을 비롯한 아프리카인들은 왜 이 낯선 사람들이 그토록 한없이 노예들을 탐내는지 궁금했다. 왜 이 사람들은 우리를 붙잡거나 사들여 배에 싣고 가는 걸까? 이들이 생각하기에 그 답은 자신들을 점심이나 저녁 식사로 먹으려 한다는 것이었다. 백인 노예 상인들은 인육을 먹는 사람들이라서 자신들은 항해 도중이나 목적지에 도착한 뒤 주인에게 잡아먹힐 것이라는 확신이 그들의 마음속에 굳게 박혀 있었다. 1848년에 아우구스티노라는 아프리카인이 런던의 상원 특별위원회에서 증언한 내용에 따르면, 음식을 거부하면 깔때기를 통해 억지로 음식을 먹였다고 한다. 또한 바다를 건너는 동안 젊은 노예들은 갑판으로 나갈 수 있었는데, 그중 몇몇은 살이 쪄서 잡아먹힐까 두려워 물속으로 뛰어들었다고 한다.[166]

백인이 인육을 먹는다는 믿음은 아프리카 노예들이 백인들의 말과 행동에 부여하는 의미에 오랫동안 영향을 미쳤다. 많은 아프리카 언어에서 서구에서 온 사람들은 '백인'이 아니라 '홍인'이라고 불렸는데, 이는 이들이 인간의 살을 먹는다고 생각했기 때문이다. 또한 주인이 적포도주를 마시는 모습을 처음 본 노예들은 포도주가 동료의 피라고 생각해 공포에 질렸고 화덕 옆에서 주인을 만나면 달아나려 했다.[167] 뿐만 아니라 노예들은 노예 상인이나 농장 주인이 자신들의 몸을 압착하여 기름을 짜거나 뼈를 갈아 화약을 만들 것이라 믿었고 심지어 뇌는 치즈를 만드는 데, 피는 깃발을 염색하는 데 사용할 거라고 생각했다.[168] 앞서 언급했듯이,[169] 노예들은 죽은 뒤에 커다란 새처럼 아프리카로 훨훨 날아갈 거라 확신했으며, 일부 노예가 목숨을 끊은 것은 이 때문일 수 있다.

시간이 지나면서 노예 상인들과 농장주들은 아프리카 부족들 사이에 뚜렷한 문화적 차이가 존재하며 이 차이가 새로운 생활방식에 적응하는 능력과 자살 성향에 영향을 미친다는 것을 알았다. 예를 들어 마카우족은 '전반적으로 조용하고 고분고분하며 게으르다'고 여겨진 반면, 만딩가족은 '차분하고 순종적이며 정직하다'고 생각되었다. 하지만 루쿠미족은 '자긍심이 강하고 오만하며 용감하다'고 여겨졌고 '벌을 받거나 수치를 당하면 종종 자살을 저지르는 것'으로 알려졌다.[170] '체질적으로 겁이 많고' '낙담을 잘하는' 이보족은 '자발적 죽음으로 우울한 생각에서 벗어날 탈출구를 찾았다'.[171]

이런 차이는 노예들의 경제적 가치에 영향을 미쳤다. 1828년에 한 목격자는 일기에 브라질 페르남부쿠의 노예 시장을 묘사하면서, 배에서 내린 아프리카 노예들이 출신 부족에 따라 20~100파운드 가격에 팔렸다고 언급했다. 가장 값이 비싼 노예는 '미나라는 부족'으로 '성격이 제일 좋고 튼튼하며 건강한 사람들이라고 평판이 높았다'. 그다음이 앙골라 부족이었고, 가장 박한 평가를 받는 노예들은 '약하고 잘 아프며 실의에 잘 빠져 자살을 저지르기 쉬운' 모잠비크 출신들이었다.[172] 지난 두 세기 동안 상황이 바뀌었지만, 우리가 예상한 방식이 아니라 자살 빈도에서 변화가 일어났다. 미국에서는 이 아프리카 흑인들의 후손들이 적어도 1865년까지 노예로 살았고, 그 후 또 100년 이상 편견과 인종 차별의 피해를 입었다. 이들은 가장 기본적인 권리도 누리지 못한 채 백인 전용 식당에서 밥을 먹거나 호텔에서 묵는 것이 금지되었다. 백인과의 결혼은 말할 것도 없고 아이들을 백인 학교에 보낼 수도 없었다. 몇 세대 동안 이들은 멸시와 미움, 지배를 받는 동시에 두려움의 대상이기도 했다.

모든 논평자, 심지어 가장 정통한 전문가들도 미국 흑인들 사이에 자살률이 높을 것이라고 예상했다. 그들이 힘든 상황에서 살았고 타인의 멸시와 증오를 자기 자신에게로 돌릴 수 있다고 가정하는 것도 무리는 아니었기 때문이다.[173] 하지만 실제 상황은 달랐다. 최초의 통계 자료에 따르면 1850년 미국에는 300만 명이 조금 넘는 흑인들이 살았다(노예 88퍼센트, 자유민 12퍼센트). 그러나 이 수치는 미국 흑인들의 자살률이 매우 낮았고, 지난 세기에 강제로 대서양을 건너는 동안 혹은 도착 직후보다 분명 더 낮았음을 보여준다. 자발적 죽음의 빈도가 이렇게 낮아진 이유는 가장 야만적인 노예 무역 시기가 끝났으며 노예들의 믿음이 바뀌었기 때문으로 볼 수 있다. 노예들은 더 이상 백인들이 인육을 먹는다고 생각하지 않았고 죽은 뒤에 고향으로 되돌아갈 수 있으리라는 믿음도 사라졌다. 그러나 이 자료들은 매우 놀라운 두 가지 결과를 보여준다. 첫째, 흑인보다 백인의 자살이 더 빈번하게 일어났고, 둘째, 흑인들은 자유의 몸이 되었을 때 자살을 저지를 가능성이 더 높았다.[174] 노예 생활에서 벗어난 뒤 자살률이 내려간 것이 아니라 오히려 상승했다면, 생활방식이나 생활환경이 자살 촉발 요인이 아니라는 것이 분명해진다.

마찬가지로 놀라운 것은 최근 50년간의 수치다. 이 시기 동안 미국 흑인들은 건강과 자살이라는 측면에서 상당한 위험 요인들을 동반하는 경제 상황과 생활방식을 겪었다. 이들은 항상 백인들보다 교육을 덜 받고 더 가난했으며 실업률이 높고 알코올이나 위험한 약물에 의존하는 사람이 많았다. 이런 환경에 처해 있고 약물을 복용하며, 경제적·문화적 자원이 부족한 사람들이 더 건강이 나쁘고 수명이 짧으며 자살률이 높으리란 데는 의심의 여지가 없다. 실제로 미국 흑인들은 건강이 나빠 고생했고 심장병, 뇌졸중, 폐암, 유방암, 에이즈 혹은 살인의 피해자로 백인들보다 더 이른 나이에 세상을 떠났다. 또한 백인들과 같은 정도의 우울증을 앓았다.[175] 하지만 이 모든 사실에도 불구하고 자살은 더 드물었다.

1950년에 미국에서는 백인의 자살률이 흑인의 자살률보다 더 높았다.

두 집단 간의 차이는 남성보다 여성 인구에서, 젊은 사람들보다 노년층에서 더 뚜렷하게 나타났다. 미국 흑인 여성들이 스스로 목숨을 끊는 경우는 극히 드물었다. 게다가 미국 백인 여성들은 나이가 들면서 자살할 가능성이 높아졌지만 흑인 여성들의 경우는 그렇지 않았다. 백인과 흑인의 차이가 가장 뚜렷하게 나타나는 인구 부문은 35세 이하 남성의 자살 빈도였다.[176]

거의 1980년대 말까지 약 40년 동안 젊은 층의 자살률이 높아졌지만, 이 증가율은 미국 흑인들 사이에서 가장 가파르게 나타났다. 그 결과 이제 젊은 흑인들의 자살률이 백인들의 자살률과 거의 같아졌다(실제로 뉴욕에서는 더 높았다).[177] 그러다 1994년에 추세가 뒤바뀌었고, 오늘날에는 젊은 백인 남성이 젊은 흑인 남성보다 훨씬 더 자살 빈도가 높다. 인구 전체를 놓고 볼 때, 지난 35년 동안 두 집단 간의 차이가 더 벌어졌다는 점은 주목할 만하다. 1970년에는 백인의 자살률이 흑인의 두 배(2.03배)였지만, 2010년에는 2.6배였다.[178]

그때나 지금이나 이 놀라운 차이가 미국 특유의 현상은 아니다. 사회적으로 가장 혜택받지 못한 집단에서 비교적 자살이 드문 현상이 세계에서 가장 부유한 국가에서만 나타나는 것은 아니다. 지난 50년간 흑인이 소수의 백인 인구에게 인종 차별을 당했던 남아프리카공화국에서도 마찬가지였다. 이 나라에서는 백인의 자살 빈도가 항상 흑인보다 높았다.[179]

미국 흑인들의 낮은 자살률은 사회문화적 요인, 무엇보다도 흑인들의 광범위한 관계망 때문으로 볼 수 있다. 미국 흑인들의 부부관계가 종종 약하고 안정적이지 않으며 어머니와 아이들로 이루어진 불완전한 핵가족이 많은 건 사실이지만, 혈족 간의 관계가 극도로 끈끈하고 3세대가 함께 사는 경우가 흔한 것 역시 사실이다. 따라서 이들에게는 가족이 매우 중요한 존재다. 할머니와 손자 손녀, 고모나 이모, 사촌들 사이에 서로 끊임없이 소식을 전하고 전화를 걸거나 찾아가고 재정적으로 지원한다. 이들은 강력한 사회적 네트워크를 형성하고 자원을 공유함으로써 가난, 차별, 질병에 대처하는 법을 배웠다.

미국 흑인들은 이런 단단한 가족 체계뿐 아니라 교회를 통해서도 유대감을 쌓았다. 교회는 공동체의 경제적·사회적·정치적 요구를 돕기 위해 늘 노력했고, 무수한 투쟁을 통해 구성원들을 지원하고 다양한 방식으로 뒷받침해줬다. 미국 흑인들은 교회를 '가족의 연장'으로 보고 '우리의 어머니, 보호자, 유일한 희망'이라고 묘사했다.[180]

둘째로 미국 흑인들의 낮은 자살률은 문화적 요인 때문이다. 시간이 지나면서 미국 흑인들은 역경에 대처하기 위한 수많은 전략을 개발했는데, 그중 많은 부분이 감리교와 침례교의 종교적 전통에서 나왔다. 이들이 비극에 의미를 부여하고 현실을 받아들이게 된 것은 세계, 사건과 죽음의 원인에 대한 이러한 전통적인 믿음 덕분이었다. 뿐만 아니라 이들은 기도, 신, 새로운 존재 이유를 만들어내는 신의 권능에 대한 흔들림 없는 믿음을 통해 극히 힘든 상황들을 이겨낼 수 있었다.[181] 암 진단을 받은 뒤 흑인들이 백인들보다 치료를 부실하게 받을 수 있다는 사실과 상관없이 불안과 우울증에 더 잘 대처하고 자살률이 훨씬 낮은 것 역시 이런 이유로 설명된다.[182]

그러나 힘든 상황에 잘 대처하지 못하고 고통과 절망에 압도당한다 해도, 이들의 전통적 관습과 믿음이 자살을 막는다. 종교적 측면이 특히 중요한데, 많은 미국 흑인이 감리교와 침례교 목사의 가르침을 따랐고 자살은 아주 중한 죄이며 그런 짓을 저지른 사람은 영혼을 잃고 영원히 지옥으로 떨어진다고 믿었기 때문이다. 그러나 교회 밖에서 교육받은 사람들도 자살은 '백인의 것'[183], 자신들과 다른 역사를 가지고 노예 신세도, 차별과 불공

평한 대우도 겪어본 적 없는 사람에게 알맞은 방식, 재앙에 용감하게 맞서는 법과 강하고 참을성 있고 완강하고 흔들리지 않는 법을 배우지 않은 사람, 다시 일어서는 힘을 기르지 않은 사람에게나 어울리는 행동이라고 생각했다.

미국 흑인 문화에서 자발적 죽음은 오늘날에도 금기시되어 있어서 누군가가 자살을 저지르면 친지와 가족들이 공동체에서 위로와 도움을 받기 힘들다. 상을 당한 사람들은 도움을 절실히 필요로 하지만 친구와 지인뿐 아니라 교회 목사들도 종종 이 일을 모르는 체하고 이들을 피한다.[184]

자살자 중에서 남성의 비중이 줄어들었을까?

미국의 시인 에드거 앨런 포는 "당시 아름다운 여인의 죽음은 의심할 여지 없이 세상에서 가장 시적인 주제였다"라고 썼다. 실제로 여성의 죽음은 소포클레스의 『안티고네』부터 톨스토이의 『안나 카레니나』에 이르기까지 세계에서 가장 위대한 문학작품 중 일부의 핵심 내용이었다. 비극, 연애소설, 오페라에서 여성들은 다양한 이유로 목숨을 끊는다. 이들은 자신의 독립성을 주장하기 위해, 항의의 표시로, 명예를 지키기 위해(나비부인은 자살 직전에 '명예로운 죽음이 불명예스러운 삶보다 낫다'고 말한다) 혹은 심각한 불치병인 상사병 때문에 자결을 택한다. 19세기에 여성의 자살은 일종의 '문화적 강박'이 되었고 플로베르, 톨스토이, 입센, 스트린드베리의 위대한 소설들에 등장하여 이후 여러 세대의 서구 독자들을 감동시켰다.[185] 그러나 실제로는 어떠했고 지금은 어떠할까?

애서가들은 대개 통계 수치를 그리 좋아하지 않는다. 하지만 우연히 통계 수치를 보게 된다면 서구에서 여성의 자살이 남성의 자살보다 훨씬 흔하지 않았다는 사실을 알고 놀랄 것이다. 이는 엠마 보바리가 뇌리에 새겨진 사람들뿐 아니라 정신 장애에 관한 과학 서적들에 익숙한 사람들에게도 늘 놀라움을 안겨주는 사실이다. 약 170년 전 프랑스의 정신과 의사 장에티엔 도미니크 에스퀴롤은 "여성들이 남성들보다 정신 질환에 더 많이 노출될 수는 있지만 자살은 덜 흔하다"라고 썼다.[186] 이 학자의 견해는 계속해서 비판받았고, 지금은 이 분야의 과학 연구가 당시보다 훨씬 더 광범위하게 이루어지고 있다. 하지만 그의 주장은 지금도 옳다.

조현병과 조울증은 남성과 여성 인구 사이에 고르게 분포되어 있지만 우울증은 남성보다 여성에게 2배, 주우울증은 4배 더 많다.[187] 엄청난 차이지만 아직 그 원인이 명확하게 밝혀지지 않았다. 또한 이런 현상은 유럽, 북미, 오스트레일리아뿐 아니라 아시아와 아프리카에서도 나타난다. 그러나 우울증을 앓는 남성과 여성의 수가 가장 큰 차이를 보이는 곳은 성차별이 가장 적은 국가들(덴마크, 네덜란드 등)이다.[188] 알다시피 우울증을 앓으면 자살 위험이 높기 때문에 여성의 자살률이 남성들보다 훨씬 높을 것이라고 예상되기 마련이다. 하지만 서구 국가들에서 현재뿐 아니라 적어도 지난 700년간 실제로는 그렇지 않았다.

1장에서 살펴본 것처럼, 현재 이용 가능한 수치들은 13세기 중반부터 19세기 중반까지 유럽에서 남성이 여성보다 더 자주 자살했음을 보여준다. 좀더 자세하고 정확한 기록들을 살펴보면 19세기 말부터 20세기 초까지 성별 간 차이가 계속해서 높았던 것으로 나타난다. 서구 국가들에서는 남성의 자살률이 여성의 거의 3배였고, 4배인 경우도 많았다. 그러나 스웨덴에서는 5배, 노르웨이에서는 6배에 이르렀다.(표 4.1) 지난 세기에 거의 모든 국가에서 이 차이가 좁혀졌지만 여전히 남성이 여성보다 더 자살을 많이

〈표 4.1〉 1901~2001년까지 일부 서구 국가에서의 남성 자살률과 여성 자살률의 비율

	1901	1911	1921	1931	1941	1951	1961	1971	1981	1991	2001
네덜란드	3.0	2.8	2.7	2.2	1.5	2.9	1.6	1.6	1.5	1.8	2.2
스웨덴	5.4	4.5	3.9	3.9	3.5	3.3	3.1	2.4	2.4	2.4	2.3
덴마크			2.6	2.3	1.8	2.1	2.0	1.7	1.8	2.0	2.4
스위스	4.8	4.1	3.9	3.4	3.1	2.6	2.6	2.7	2.4	2.5	2.6
오스트리아			2.3	2.2		2.3	2.2	2.5	2.7	3.0	2.8
독일	4.1	3.2	2.3	2.5		2.3	1.8	1.9	2.0	2.4	2.9
프랑스				3.3	2.8	3.2	2.9	2.7	2.6	2.4	2.9
노르웨이	6.4	4.4	3.9	4.4	4.3	3.6	4.2	2.4	2.8	2.9	3.1
스페인	4.7	3.3	3.6	3.6	3.0	3.1	2.8	2.9	3.0	2.9	3.3
이탈리아	3.8	2.5	2.8	3.3	2.8	2.9	2.3	2.3	2.5	2.7	3.4
캐나다			3.5	3.5	2.8	3.1	4.0	2.5	3.1	4.1	3.5
포르투갈		2.5	2.5	3.3	2.9	2.9	3.7	3.5	2.4	3.2	3.6
핀란드	4.1	4.7	4.2	5.5	5.7	4.5	3.7	3.7	4.0	4.2	3.6
영국/웨일스	3.1	3.0	3.1	2.6	2.2	1.9			1.8	3.5	3.7
오스트레일리아		4.2	4.5	4.8	2.8	3.0	2.4	2.2	3.1	3.8	3.8
미국	2.9	3.2	3.3	3.7	3.1	3.4	3.3	2.6	3.2	4.3	4.3
아일랜드	3.8	3.3	3.7	3.2	5.0	3.6	2.3	6.0	2.4	4.5	5.2
벨기에	5.0	3.9	2.9	3.8	2.4	2.7	2.7	1.9	2.0	2.5	2.5

출처: 세계보건기구WHO의 데이터를 바탕으로 구성함

한다.

이 차이가 스웨덴에서 가장 많이 좁혀졌고 남성과 여성의 자살률 차이가 다른 나라들보다 낮았다는 사실은 성차별과의 연관성을 암시한다. 즉 남녀 모두 교육을 받고 일자리가 있고 동등한 봉급을 받을 가능성 등이 클수록 차이가 가장 적게 나타난다고 가정할 수 있다. 하지만 이 가설은 수치로 입증되지 않는다. 표 4.1에 나오는 서구의 여덟 개 국가를 검토해보면 사회의 성차별과 남녀 간의 자살 빈도 차이 사이에는 통계적 연관성이 없다는 결론이 나온다.[189]

이런 차이를 불러오는 가장 중요한 이유는 문화적 요인이다.[190] 이는 서양과 동양을 비교해봐도 분명히 알 수 있지만(이에 대해서는 2부에서 다루겠다), 우리가 보유한 유럽의 자료에서도 알 수 있다. 유럽 여성들이 심한 우울증에 더 많이 시달리면서도 남성보다 자살률이 훨씬 낮다면 이것은 문화, 세계관, 자신의 몸과 건강 및 타인과의 관계를 중요시하는 태도 때문이다. 오늘날에도 여성은 가정과 학교에서 남성과는 다른 행동방식을 배운다. 가정과 학교는 여성에게 위험, 공격적 행동, 폭력에 초점을 맞추기보다 자신과 타인을 돌보는 것의 중요성을 가르친다. 오늘날 여전히 여성이 술과 약에 덜 의존하는 것은 사실이다. 게다가 몇 세기 동안 여성은 남성에 비해 기독교와 유대교의 영향을 더 많이 받았는데, 두 종교 모두 자살에 대해 매우 부정적인 견해를 취했다.

문화적 요인의 중요성은 자살극을 고려하면 분명해진다. 서구에서 자살에 성공한 경우가 한 번이라면 자살 기도는 적어도 열 번으로 추정된다.[191] 자살에 성공한 사람과 실패한 사람들 사이에는 상당한 차이가 있는데, 전자는 주로 남성과 나이 든 사람인 반면 여성과 젊은 사람은 후자에 속한다. 자살에 성공하는 경우는 보통 꼼꼼하게 계획을 세워 실행할 때인 반면

〈표 4.2〉 1863~1876년, 2000~2004년까지 유럽 다섯 개 국가에서 남성과 여성이 사용한 자살 방법

	이탈리아		스위스		벨기에		독일		영국	
	남성	여성	남성	여성	남성	여성	남성	여성	남성	여성
1863~1876										
목 매기	17	18	46	23	56	45	65	45	45	30
음독	5	8	2	9	2	7	2	6	7	18
익사	25	49	23	55	20	40	14	41	13	27
총기	31	3	19	4	14	–	13	–	6	–
칼	6	3	7	5	4	3	4	5	20	17
추락	11	15	1	3	1	2	1	2	2	3
기타	5	4	2	1	3	3	1	1	7	5
종계	100	100	100	100	100	100	100	100	100	100
2000~2004										
목 매기	55	29	27	19	57	37	55	38	55	36
음독	12	15	17	40	11	21	12	26	26	45
익사	5	12	3	10	7	19	2	7	2	5
총기	7	2	34	4	12	4	10	1	4	1
추락	14	33	9	15	3	7	8	14	3	4
기타	7	9	10	12	10	12	13	14	10	9
종계	100	100	100	100	100	100	100	100	100	100

출처: 마르셀리Marselli(1879)와 바르니크Värnik 외(2008)의 데이터를 바탕으로 구성함

실패한 사람들은 충동적으로 시도하는 경우가 많다.[192]

그러나 자살 시도의 결과는 사용한 방법에 따라서도 달라지며, 자살 방법을 선택할 때는 분명 문화적 요인들의 영향을 받는다. 유럽에서는 지난 1세기 반 동안 사람들이 택한 자살 방법에 약간의 변화가 있었다. 그러나 여성과 남성의 차이는 여전하다.(표 4.2) 여성들은 여전히 음독이라는 좀 덜 치명적인 방법을 택하고 있으며, 과거에는 남성들이 선호하는 방식인 총, 칼을 사용하거나 목을 매는 것보다 물에 빠져 죽는 방법을 택했다. 여성들은 폭력적인 방법을 사용하는 데 덜 익숙하고 자신의 몸, 특히 얼굴이 흉하게 망가지는 것에 대해 남성보다 더 신경을 쓰기 때문이다.

자살 방법의 선택은 또한 개인이 속한 사회계층에도 영향을 받는다. 이탈리아에서는 남성과 여성 모두 학력이 낮은 사람들이 목을 매는 방법을 자주 선택한다. 반면 고학력자들은 높은 곳에서 뛰어내려 목숨을 끊는 경우가 더 흔하다.(부록 표 A.6 참고)

성적 취향

1998년 1월 13일, 과격한 동성애자이자 가톨릭교도 알프레도 오르만도가 성 베드로 광장에서 분신자살했다. 그는 꼼꼼하게 자살 계획을 세웠고 세상과 작별할 방법과 장소를 신중하게 선택해 친구 몇 명에게 알렸다. 작별 편지 중 한 통에는 이런 말이 적혀 있었다.

자살 준비는 거칠 것 없이 진행됐어. 나는 이게 내 운명이라 생각해. 내가 이런 운명이란 건 늘 알고 있었지만 받아들이지 않았지. 하지만 이 비극적인 운명은 믿을 수 없을 정도로 성스러운 인내심으로 나를 기다리고 있어. 죽음에 대한 생각을 머리에서 떨쳐버리려 애썼지만 벗어날 수 없을 것 같아. 하물며 잘 살아가는 척하면서 내게는 없을 미래에 대한 계획을 세우는 건 더 힘들어. 내 미래는 현재의 연장일 뿐일 거야. 나는 지상의 삶을 포기하려는 나를 인식하며 살아왔어. 그렇다고 두렵지는 않아. 사실 그 반대야! 하루빨리 내 생을 끝내고 싶어. 사람들은 내가 성 베드로 광장을 그 장소로 택했다고 미쳤다고 하겠지. 여기 팔레르모에서도 얼마든지 잘 죽을 수 있는데 말이야. 그곳을 택한 건 내가 전하고 싶은 메시지를 사람들이 이해해주길 바라기 때문이야. 이번 일은 동성연애를 악마로 만들고 그리하여 자연을 악마로 만든 교회에 대한 일종의 항의야. 동성연애는 자연의 산물이니까.[193]

사람들의 시선을 집중시킨 오르만도의 극적인 죽음에 대해 이탈리아의 동성애자들 사이에서는 의견이 나뉘었다. 어떤 사람들은 오르만도가 가치 있는 대의를 위해 자신을 희생한 순교자이니 매년 공개적이고 완전히 세속적인 의식을 열어 기릴 만한 사람이라고 생각했다. 그러나 그가 계속 살아 동성애자를 위한 운동의 대표로 싸워야 했다고 주장하는 사람들도 있었다.[194]

이 이례적인 사건은 엄청난 논란을 불러일으켰다. 지난 30여 년 동안 오르만도 외에도 과격한 동성애자들이 자살을 저질렀는데, 그중에는 동성애자 사회에서 유명한 사람이 많았다. 1983년 3월에는 스물한 살의 마리오 미엘리가 자살을 결심했고, 그해 9월에는 다른 동성애자(열렬한 가톨릭교도) 페루초 카스텔라노가 그 뒤를 이었다. 하지만 두 사람은 소동 없이 세상을 떠났고 무엇보다 자신들의 행동을 항의 행위로 돌리지 않았다. 그래서 두 사람의 죽음은 동성애자를 위한 운동에서 반대 의견이나 논쟁을 불러일으키지 않았다. 또한 이탈리아와 그 외 서구 국가들에서 무명의 동성애자들이 그보다 더 조용히 목숨을 끊었고 일부는 가족이 자신의 성적 취향과 자살 이유를 모르게 하기 위해 최선을 다했다.

이런 모든 예는 성적 취향과 자살 위험 사이의 관계를 엄격하게 과학적인 접근 방식으로 확인하기가 매우 어렵다는 것을 알려준다. 자살자의 성적 취향에 관한 정보를 수집했다는 국가는 들어본 적이 없다. 하지만 그런 시도가 이루어졌다 해도 상당한 장애물을 극복해야 했을 것이다. 이런 성격의 정보는 대개 소규모 집단에만 알려져 있을 뿐 아니라 성적 경험은 뚜렷하게 다음의 세 가지 차원으로 나뉘기 때문이다. 바로 감정(동성이나 이성에게 느끼는 이끌림과 사랑), 행동(그 사람과 경험하는 성적 행위), 정체성(자신이 이성애자인지 동성애자인지 양성애자인지에 대한 개인의 생각)이다. 게다가 현실에서 이 세 가지 차원이 일치하지 않는 경우가 종종 있다. 자신이 동성애자라고 생각하지 않는데 동성의 사람에게 끌리거나 동성과 성관계를 즐길 수 있기 때문이다.

지난 20년 동안 이러한 방법론적인 문제들은 적어도 부분적으로는 극복되었다. 여러 서구 국가가 대표 집단 표본에 대해 실시한 연구들에 따르면, 동성애적 감정을 느끼거나 동성 파트너가 있거나 자신을 동성애자 혹은 양성애자라고 생각하는 사람들은 자살에 대한 생각을 자주 하고 다른 사람들보다 자살 시도를 더 많이 한다. 실제로 자살을 할 위험은 이러한 정체성을 인정하는 마지막 단계, 즉 '커밍아웃'을 하거나 자신의 성적 취향이 표면화되는 순간에 기하급수적으로 증가한다.[195]

이는 심지어 오늘날에도 모든 서구 국가에서 많은 사람이 동성애적 경험이 있는 사람에게 적대적이기 때문이다. 따라서 동성에게 끌리거나 동성과 성관계를 갖는 사람은 자신의 사회적 이미지와 평판이 손상되고 가까운 친구들과 가족의 애정을 잃을 수 있는 위험을 금세 알아차린다. 이들은 수치심을 느낄 수도 있고 심지어 자신을 경멸하거나 미워한다. 또한 자신이 심각하고 부당한 불평등의 희생자라고 생각할 수도 있다. 알프레도 오르만도는 실제로 이렇게 자문했다.

내가 왜 살아야 할까? 이 고통을 계속 이어나가야 할 단 하나의 이유도 모르겠다. (…) 저세상에서는 내가 동성애자라는 사실이 누군가의 머리칼을 곤두서게 하거나 코를 찡그리게 하지 않겠지. (…) 나는 누군가를 이성애의 옳은 길에서 벗어나라고 꼬드기지 않는다. 나와 함께 침대에 드는 사람은 법적으로 성관계에 동의할 수 있는 나이가 된 성인이며 동성애자이거나 양성애자다. (…) 나는 열 살 때부터 이런 편견 속에 살아왔고 소외당했다. 더 이상은 받아들이기 힘들다. 한계에 달했다.[196]

현재 남아 있는 문서들을 살펴보면 과거에 동성애자들이 자살을 저지를 위험이 더 컸다고 가정하게 된다. 20세기 초 처음에는 소설, 그 이후에는 영화가 자살을 하거나 죽임을 당하는 동성애자를 인물로 많이 다루었다.[197] 하지만 이런 동향은 아마 당시에 널리 신봉되던 믿음, 즉 동성애는 당연히 행복을 불러올 수 없다는 생각의 표현이라고 봐야 할 것이다.

유럽에서 가장 권위 있는 성과학자 중 한 명인 독일의 의사 마그누스 히르슈펠트가 1914년에 보고한 데이터는 더욱 설득력 있다. 그는 동성애자 남성을 진찰할 때 몸에서 자살 시도의 흔적을 자주 발견한다고 썼다. 또한 이 중 많은 사람이 청산가리를 들고 다닌다고 덧붙였다. 뿐만 아니라 히르슈펠트는 자신의 연구 결과에 근거해(이 연구의 과학적 엄격성은 거의 의심할 수 없다) 동성애자 중 3퍼센트 정도가 스스로 목숨을 끊고(나치 박해 시기의 유대인들의 자살률보다 높다) 25퍼센트가 자살 시도를 한 적이 있으며 75퍼센트가 자살을 생각하고 있거나 생각한 적이 있다고 추정했다.[198]

동성애자의 자살이 이성애자보다 더 빈번했다는 사실 외에도 20세기 초 이들의 자살에는 두 가지 특성이 나타났다. 첫째, 갑작스런 충동에 따른 경우가 드물고 사전에 계획된 의도적인 자살이 많다. 이런 관점에서 보면 '자살은 비극이라기보다 비극적 삶을 끝내는 쪽에 더 가깝다'.[199] 둘째, '동반' 자살이 종종 일어났다. 서로를 열렬히 사랑하는 두 남성 동성애자 혹은 여성 동성애자가 함께 죽기로 결정하고 손을 잡거나 서로의 팔목을 단단하게 묶은 채 껴안고 자살하는 경우가 가장 흔했다.[200]

〈그림 4.1〉『여성을 싫어하는 자들의 애가 The Women-Hater's Lamentation』(1707)에 나오는 '남성 동성애자들'의 자살
출처: 브레이(1995, 91)

동성애적 욕구를 가진 사람들을 자살을 이르게 하는 데는 수많은 요인이 있다. 20세기 전반기에 영국의 형법은 동성애를 반자연적 범죄로 금지한 반면 독일의 법은 '남성 간에 저지르는 반자연적 행동'에 대해 투옥으로 처벌했다. 그리고 이런 범죄를 저지른 혐의로 기소되고 체포되어 형을 선고받은 사람들은 다른 사람들보다 자살을 더 자주 저질렀다. 공갈 협박 피해자나 추문의 대상이 된 사람들 역시 자살 위험이 높았다.[201]

예를 들어 1902년에 당시 독일 최고의 부자였던 프리드리히 알프레트 크루프가 마르크스주의를 지지하던 『포어베르츠Vorwärts』지를 포함한 여러 신문으로부터 '카프리섬에서 젊은 남성들과 동성연애'에 탐닉했다고 비난받은 뒤 자살했다. 신문 기사는 "얼마나 외설적이고 타락된 행태를 벌였는지 섬의 한 사진관에서 사진을 찍기도 했다"고 썼다. 그리고 크루프의 돈으로 유명해진 카프리섬은 이후 동성애의 온상이 되었다.[202] 영국에서는 1922년에 자유당 의원 루이스 하트코트 자작이 자신의 동성애 행각이 알려져 스캔들이 날까봐 두려워 스스로 목숨을 끊었다.[203]

당시 자살 위험이 가장 높았던 사람은 오직 동성애 때문에 군에서 쫓겨나거나 관청 혹은 개인 회사에서 해고된 이들이었다. 이 직장, 저 직장을 전전하다 가난에 쪼들리게 된 일부 동성애자들은 자신이 가장 멸시받고 미움받는 집단에 속한다고 확신하여 목숨을 끊었다.

그때부터 동성애자들이 자살을 저지르는 빈도가 늘어났던 것으로 보인다. 정확한 수치는 남아 있지 않지만 1933년에 히틀러가 권력을 잡은 뒤 독일과 오스트리아에서 동성애자들의 상황은 더 악화되었고 스스로 목숨을 끊는 동성애자의 수가 높은 증가세를 보였다.[204]

경제 침체 및 번영의 위기

뒤르켐은 경제와 자살의 관계를 분석하면서 "가난은 자살을 막는다"[205]라고 썼다. 뒤르켐은 실제로 19세기 말에 유럽에서 자살률이 가장 낮은 곳은 칼라브리아 같은 가장 가난한 지역이라고 언급했다. 그러나 그는 경제 순환의 영향을 분석해봐도 같은 결론에 도달한다고 주장했다. 자살률은 경기 동요가 없는 시기에(가난이 지속되는 시기라도) 낮게 유지되고 경기 후퇴와 확장 시기, 즉 갑작스런 변동이 일어나는 시기에는 상승한다. 그런 위기가 자발적 죽음을 증가시켰다면 그 이유는 재산이 줄거나 형편이 어려워서가 아니었다. 이 점은 소위 '행운 위기fortunate crises', 즉 급속한 경제 성장으로 개인의 형편이 갑작스레 나아진 시기도 동일한 영향을 미친다는 사실에서도 뒷받침된다. 가장 중요한 측면은 경기 후퇴와 확장이 위기라는 것, 다시 말해 '집단적 질서'를 동요시켜 아노미를 불러오고 '자발적 자살을 자극하는 역할'을 한다는 것이었다.[206]

그러나 30년 뒤 프랑스의 사회학자 모리스 알바크스는 역사적인 경제 동향과 프랑스, 독일의 자발적 죽음을 분석한 결과 다른 결론에 도달했다. 데이터에 따르면, 자살률이 경제 침체기에만 상승하고 경제 확장기에는 상승하지 않았다.[207] 알바크스가 생각하기에 이는 경제 순환의 영향이 아노미의 심화와 관련이 없다는 의미였다.

20세기 유럽의 경제사는 알바크스의 주장을 입증하는 듯 보인다. 1929년 10월의 뉴욕 증시 대폭락은 서구 국가들이 경험한 최악의 위기의 시작이었다. 미국 증시 폭락의 영향이 유럽으로 퍼져나가 프랑스 등 일부 국가가 1930년 혹은 그다음 해에 중요한 경제적·사회적·정치적 어려움에 빠졌다. 은행, 보험회사, 사기업들이 파산했고 실업률이 치솟은 반면 가계 자산은 감소했다. 자살률 역시 상승했지만, 각 국가별로 그 시기와 정도는 달랐다.[208] 오스트리아, 미국, 스페인에서 자살 상승률이 가장 가팔랐던 반면 독일과 영국은 그만큼 극적인 상승률을 보이지 않았고 이탈리아는 자살률이 상승하지 않았다.[209]

반면 '번영의 위기'는 뒤르켐이 예상했던 결과를 낳지 않았다. 1945년부터 1975년까지 거의 30년 동안 모든 서구 국가는 그 어느 때보다 빠른 경제 성장을 겪었지만 자살률은 예상했던 것만큼 급격하게 상승하지 않았다.[210] 네덜란드, 스웨덴, 미국 세 국가에서 상승하기는 했지만 상승률은 약소했다. 오스트리아, 벨기에, 덴마크, 아일랜드, 프랑스, 스위스에서는 자살률이 안정세를 유지했고 이탈리아에서는 떨어졌다. 그리고 영국에서는 1964년부터 약 10년간 꾸준히 떨어졌는데, 앞으로 살펴보게 되듯이 이 현상은 경제 동향과는 관계가 없었다.[211]

1973년부터 시작된 석유 위기로 자살률이 급격하게 상승했고 특히 젊은 층의 자살이 늘어났다.[212] 하지만 1986년부터 서유럽의 가장 부유한 국가들에서 자살률이 떨어지기 시작했고 이 동향은 현재까지도 진행 중이다.

메탄 사용이 불러온 뜻밖의 결과

『영국병The English Malady』의 저자나 다른 많은 동시대인이 믿었던 것과 달리, 17세기와 18세기의 자살률의 대폭적인 상승세가 정말로 영국에서 시작되었는지는 확실하게 알 수 없다. 그러나 유럽 대부분의 지역에서 20세기의 마지막 20년 동안 시작되어 지금까지 계속되고 있는 자살률 하락의 출발점이 영국이었다는 것은 확신할 수 있다. 하지만 이때 영국에서 자살률이 하락한 원인과 20년 뒤에 오스트리아, 독일, 프랑스, 스위스, 덴마크, 스웨덴에서 비슷한 동향을 불러온 원인은 완전히 달랐다.

1964년과 1965년에 영국에서 자살 건수가 줄어든 것에 대해 처음에는 누구도 언급할 생각을 하지 않았다. 자살 건수의 단기적인 변동과 그 외의 사회적 지표들에 익숙한 전문가들에게도 이 현상이 특별히 중요해 보이지 않았기 때문이다. 하지만 이 수치는 1975년까지 꾸준히 떨어졌는데, 12년 동안 자발적 죽음이 5714건에서 3693건으로 줄어든 것을 보면 상당한 하락세였다. 이 시점부터 연구자들은 이 예상치 못한 변화의 원인을 찾지 않을 수 없었다. 적어도 1880년부터 영국은 유럽 중부와 북부 국가들 전체에서 자살률이 항상 낮았다. 1964년부터 1975년 사이의 이러한 극적인 자살률 변화를 어떻게 설명할 수 있을까?

고전적인 설명으로는 답이 나오지 않았다. 그 짧은 기간 동안 영국의 사회적 통합 수준이 높아졌다는 의견은 지지를 얻지 못했다. 오히려 1965년부터 범죄율과 결혼 건수가 크게 증가했다. 이 기간 동안 실업률이 급격히 상승했다는 점을 감안하면 경제 동향으로도 설명이 되지 않았다. 그러다 마침내 원인이 밝혀졌는데, 그때까지 누구도 그것이 자살과 간접적으로라도 연관이 있을 거라고 생각지 못한 일이었다.

1950년대 말에 일산화탄소 비중이 높은 석탄가스가 독성이 훨씬 덜한 천연가스인 메탄으로 서서히 대체되었다. 순전히 경제적인 이유로 발생한 이 변화가 예상치 못한 결과를 불러왔다. 그때까지 영국 가정 절반에서 사람들은 가정용 기기의 가스를 틀어놓고 들이마시는 방법으로 자살했다. 이 방법이 왜 그렇게 인기가 있었는지는 이해하기 힘들지만 어쨌든 널리 이용되었고 모든 사람이 그 방법을 알고 있었다. 이 방법은 다른 방법들보다 용기가 덜 필요했고 비폭력적이며 고통이 덜하고 흉한 흔적을 남기지 않았다. 그런데 메탄을 사용하게 되면서 이 방법으로 자살하기가 점차 힘들어 졌다. 그래서 일산화탄소를 이용한 자살 건수가 1963년 2368건에서 1975 년에는 23건으로 줄었다. 그러면 영국인들이 독약을 먹거나 목을 매거나 물에 빠지거나 총기를 사용하는 등의 다른 방법으로 자살하려 했을 거라 고 예상할 수 있다. 하지만 일단 가스가 더 이상 사용되지 않자 많은 사람 이 자살할 생각을 포기했고 총 자살 건수가 급격하게 줄어들었다.[213] 아마 도 이들은 외부적 사건이나 자신의 감정에 급작스럽게 반응하는 성향에다 충동적인 성격이지만 자살을 실행에 옮기는 데 방해를 받거나 즉각적인 충 격이 사라지면 그 결정을 다시 생각해보는 사람들인 듯하다.[214]

이러한 연속적 사건들은 자살 결심과 관련된 다양한 요인을 그 어떤 연 구보다 명확하게 보여준다. 다양한 원인으로 되돌릴 수 없을 것처럼 강한 자살 충동이 일어도 이를 실현할 방법이 없거나 너무 어렵거나 혐오스러울 경우 꼭 자살까지 이어지지 않는다. 결심만 하면 삶을 끝내는 방법을 찾는 건 누워서 떡 먹기라는 생각은 한마디로 틀렸다. 실제로 자살 방법의 선택 이 종종 결과에 영향을 미친다는 점은 다른 나라들에서 일어난 비슷한 사 건들로도 증명된다.

스위스에서도 같은 이유로 1958년부터 1968년 사이에 자살 건수가 꾸준 히 줄어들었다. 정확히 그 시기에 스위스에서 석탄가스가 메탄으로 대체되 었는데, 자살 방법으로 석탄가스를 이용했을 사람들 대부분이 다른 방법 을 선택하는 게 불가능하다는 것을 알고 목숨을 끊겠다는 생각을 포기했 다.[215] 영국에 비해 자발적 죽음의 감소가 두드러지지 않았던 이유는 단지 그때까지 스위스인들이 영국인들보다 가정용 가스에 의지하는 빈도가 더 낮았기 때문이다.

문화적 배경이 매우 다른 나라에서도 비슷한 사례가 보고되었다. 바로 일본이다. 1933년 1월에 젊은 여성 우케이 메이코가 활화산인 미하라산三原山의 분화구에 몸을 던졌다. 그녀의 몸이 바로 불살라지고 영혼은 연기구름에 휩싸여 하늘로 올라갔다는 전설이 삽시간에 퍼져나갔다. 그리하여 이 분화구는 상징적인 장소가 되었고, 이곳에 몸을 던지는 사람이 늘어났다. 경찰이 통제하고 분화구 주위에 가시철조망을 둘렀지만 이 현상은 수년간 계속되었다. 그러다 마침내 1955년에 한 젊은 커플이 분화구에 뛰어들었다가 구조되는 일이 벌어졌다. 그리하여 그토록 많은 사람을 혹하게 했던, 몸이 곧바로 불살라진다는 신화가 깨졌다.[216]

유럽 중부와 북부의 추세 역전

지난 20년 동안 유럽 중부와 북부 대부분의 국가에서 자살률이 떨어졌는데, 이 추세는 지금도 진행 중이며 앞으로도 한동안 계속될 것으로 보인다. 이 추세는 1980년대 초에 덴마크에서 시작되어 곧 서독과 동독, 스웨덴, 오스트리아, 스위스, 프랑스, 영국, 노르웨이, 핀란드로 퍼져나갔다. 또한 이탈리아 일부 지역과 아마 지중해 국가들에도 영향을 미쳤겠지만, 이 지역들에서는 자발적 죽음의 빈도가 전체적으로 떨어지지 않았고 어떤 경우 약간 오르기도 했다.

국제 과학계에서도 그 중요성을 완전히 인식하지 못했던 이 과정을 앞의 장들에서 분석한 몇 세기에 걸친 자살률 증가 패턴과 비교해보면 추세가 역전되었다고 가정할 수 있고, 여기에는 세 가지 근거가 있다. 첫째, 짧은 기간 동안(일반적으로 15년 내에) 자살률이 급격하게 떨어졌다. 일부 국가들(스웨덴, 스위스, 오스트리아)은 30퍼센트 떨어졌지만, 44퍼센트(독일 등), 심지어 55퍼센트(덴마크) 하락한 국가도 있었다. 둘째, 오늘날 이 가운데 많은 국가에서 자살률이 19세기 말보다 훨씬 더 낮아졌다. 덴마크는 이렇게 낮은 자살률을 찾으려면 훨씬 이전까지 거슬러 올라가야 한다(2001년 10만 명당 13.6명, 1881년 24.8명, 1821년 21.1명). 셋째, 이러한 변화는 해당 국가들에서 처음에 자살률이 크게 상승했던 지역과 사회 집단에서 시작되었다. 따라서 몇 년 내에 이 변화가 나머지 인구로 확산될 가능성을 보여준다.

이 새로운 추세의 선봉장은 분명 대도시 중심지, 그리고 아마도 사회 상류층 출신이었을 것이다. 예를 들어 오스트리아의 상황을 생각해보자. 19세기 말에 빈의 자살률은 국내 다른 지역의 두 배였지만,[217] 1980년에는 이

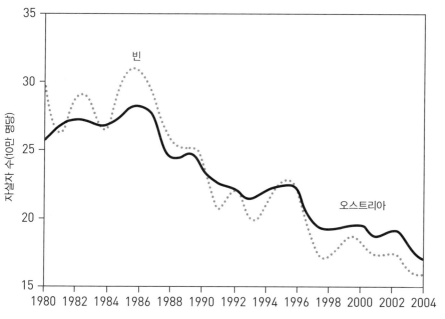

〈도표 4.2〉 1980~2004년까지 오스트리아와 빈의 자살률
출처: 네스토르 D. 카푸스타의 데이터를 바탕으로 구성함

4장 가난이 자살을 막지 않을 때

차이가 상당히 좁혀졌다. 하지만 그 이후 수도의 자살률이 다른 지역들보다 더 가파르게 하락했다.(도표 4.2) 1981년 이후 오스트리아에서는 도시와 시골 지역에서 모두 자살률이 떨어졌지만 전자에서 가장 급격한 하락세를 보였다.[218]

프랑스,[219] 영국, 오스트리아, 미국[220]에서도 같은 현상이 나타났다. 1970년부터 2002년까지 미국의 주요 도시들에서 남성은 10퍼센트, 여성은 50퍼센트 이상 자살률이 하락했다. 반면 시골 지역에서는 남성의 자살률이 상당히 증가했고 여성의 경우는 변동이 없었다.

이탈리아에서도 다년간 비슷한 동향이 보고되었다. 이탈리아에서는 지

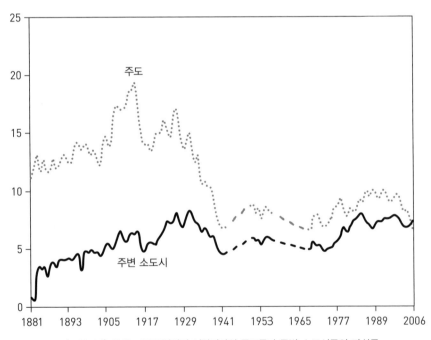

주도

주변 소도시

〈도표 4.3〉 1881~2006년까지 이탈리아의 주도들과 주변 소도시들의 자살률
출처: 부록 참조

난 20년간 자살률이 10만 명당 7~8명으로 비교적 안정적으로 유지되었다. 하지만 주도州都들은 주변 소도시들과 아주 다른 추세를 보였다. 1881년에 전자에서 일어난 자발적 죽음 건수가 후자보다 15배 더 많았다. 하지만 1914년에 최고점을 찍은 뒤 주도들의 자살률은 하락과 안정 단계 사이를 오갔고 이제 19세기 말보다 상당히 낮아진 반면 주변 소도시들의 자살률은 계속 상승해서 두 곡선이 만나기에 이르렀다.(도표 4.3)

이러한 변화들은 서유럽에서의 지역에 따른 자살 양상에 대변혁을 불러왔다. 앞서 살펴보았듯이 1930년대 초에 이미 관찰되었던 다양한 국가의 자살률 수렴 현상이 20세기의 마지막 20년 동안 다시 나타났다. 또한 유럽

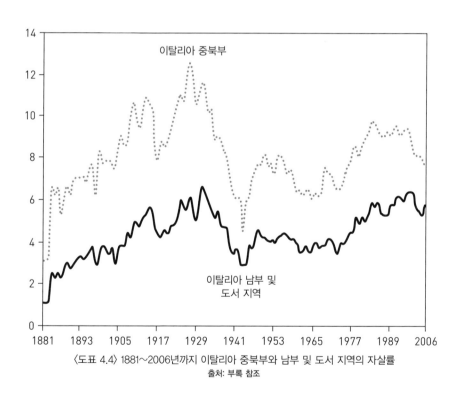

〈도표 4.4〉 1881~2006년까지 이탈리아 중북부와 남부 및 도서 지역의 자살률
출처: 부록 참조

4장 가난이 자살을 막지 않을 때

북부와 남부의 자살 빈도에서 나타났던 뚜렷한 차이가 서서히 좁혀졌다.

각 국가 내의 지역별 자살 양상 역시 변화를 보였다. 옛 동독 지역에 사는 독일인들의 자살률이 19세기 말에는 서독 지역보다 훨씬 높았지만 지금은 동일해졌다는 점은 이미 살펴보았다.(도표 4.1) 다른 국가들에서도 비슷한 변화가 나타났다. 이탈리아 중부와 북부의 자살률은 항상 남부와 도서 지역보다 다른 유럽 국가들과 더 비슷했다. 하지만 시간이 지나면서 전자와 후자의 차이가 덜 뚜렷해졌다.(도표 4.4) 또한 북부와 남부 주요 도시들 간의 수렴 현상이 더 현저하게 나타났다. 1881년에 토리노, 로마, 밀라노의

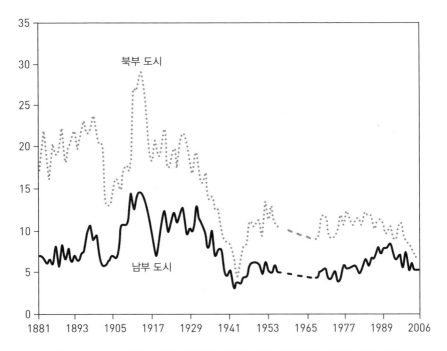

〈도표 4.5〉 1881~2006년까지 이탈리아 북부의 주요 도시(토리노, 밀라노, 제노바)와 남부의 주요 도시(나폴리, 바리, 카타니아, 팔레르모)의 자살률
출처: 부록 참조

자살 건수가 나폴리, 팔레르모, 카타니아, 바리보다 훨씬 높았다.

이 도시들의 자살률은 시간이 지나면서 변동을 거듭했다. 하지만 1930년대 초 이후 북부 도시들의 자살률이 떨어졌고 현재는 19세기보다 훨씬 낮은 반면, 남부의 자살률은 여전히 120년 전과 같은 수준이다. 그리하여 두 곡선이 거의 만날 정도로 가까워졌다.(도표 4.5)

이탈리아 전역, 특히 중부와 북부의 도심지에서 이러한 변화를 주도한 것은 중산층이었다.(부록 표 A.5) 이탈리아 인구 전체를 보면, 1981년부터 2001년까지 대학 졸업자와 고등학교 졸업자들 사이에 자살률이 급격하게 떨어진 반면 학력이 낮은 사람들의 자살률은 동일하게 유지되었다. 자살률 감소는 중부와 북부 지역의 45세 이상 대학 졸업자들과 남부 및 도서 지역의 45세 이상 고등학교 졸업자들에게서 특히 뚜렷하게 나타났다.

프랑스에서는 1880년에 일드프랑스주_{프랑스 북부의 파리를 중심으로 한 지방의 옛 주} 이름에서 자살자가 가장 많았던 반면, 동부와 서부의 시골 지역에서는 자살자가 그보다 적었다. 반면 오늘날에는 가장 도시화되고 부유하며 여성 취업률이 높고 대학 졸업자, 경영자, 자영업자가 가장 많은 주(일드프랑스, 외르에루아르, 외르, 우아즈)에서 자살자가 가장 적은 반면 경제적·사회적으로 덜 발달한 시골 지역에서 자살자가 더 많다.[221]

자살자들을 연령별로 나눠봐도 급격한 변화가 일어났음을 알 수 있다. 이미 살펴보았듯이, 19세기와 1970년대 이전까지 서구 국가들에서는 연령과 자살 위험 사이에 강한 양의 상관관계가 존재했다. 그러나 20세기의 마지막 30년 동안 이 상관관계가 약해졌다. 자살률이 떨어지기 시작했고, 60세 이상에서 자살률 감소가 가장 분명하게 나타났다. 일부 국가(오스트리아, 독일, 스위스, 덴마크)에서는 15~24세 사이의 젊은 층에서도 자살자가 줄어들기 시작했다. 그러나 다른 국가(영국, 프랑스, 스웨덴, 노르웨이, 핀란드

뿐 아니라 미국에서도)에서는 이 연령에 속하는 젊은 남성들의 자살 빈도가 1980년대와 1990년대 초에 증가했다가 다시 떨어져 원래의 수준으로 돌아갔다. 일부 경우(미국 등)[222]는 1970년대 수준으로 돌아가기도 했다.[223]

자살의 의료화와 그 영향

이렇게 자살률 추세가 대규모로 역전된 현상은 분명 고전적인 모델을 이용해 설명하거나 사회적 통합 수준이 높아졌기 때문으로 볼 수 없다. 전문가들은 과거 몇십 년 동안 서구 국가들에서 사회적 통합이 약해졌는지, 그렇다면 얼마나 약화되었는지를 두고 논란을 벌였다. 하지만 누구도 그 반대 경우, 다시 말해 사회적 통합이 강화된 경우에 대해서는 제시한 적이 없었다. 뿐만 아니라 고전적인 모델로는 이 주요한 변화를 설명하기가 부적절하다는 것이 확인되었다. 실제로 좀더 많은 증거가 필요하긴 하지만, 이 변화가 대도시 중심지에서 시작되었고 현재 많은 서구 국가에서 대도시 중심지들이 지방의 소도시들보다 자살률이 낮기 때문이다. 상황을 이해하기 위해서는 서구에서 일어난 중요한 문화적·사회적 변동으로 관심을 돌려야 한다.

20세기에는 자발적 죽음의 세속화와 의료화가 상당히 발전했다. 사람들이 자살의 원인을 초자연적 요소들로 설명하지 않게 된 이후에도, 정신 장애를 앓는 사람들은 여전히 자신의 고통을 질병의 증상이 아니라 삶에서 힘들었던 순간이 남긴 영향이라고 생각했다.[224] 그러나 상황이 서서히 바뀌었고, 특히 20세기의 마지막 30년 동안 정신적 고통을 다른 시각으로 바라보는 사람들이 모든 서구 국가에서 점점 늘어났다. 그리하여 불안, 두려움,

공황, 공포증, 마비성 우울증, 섬망, 환각이 정상적이지도, 피할 수 없는 것도 아니며 전문가가 적절한 치료를 해줄 수 있다고 인식하게 되었다.[225] 따라서 정신 장애를 앓는 사람들 중 다양한 형태의 심리치료나 약물치료를 받는 숫자가 꾸준히 증가했다. 하지만 이런 치료의 효과는 정신 장애의 유형에 따라 다르게 나타났다.

적어도 일부 국가에서는 오늘날 조현병 환자들의 자살 빈도가 20~30년 전보다 훨씬 줄어들었다. 앞에서 살펴보았듯이 추세 역전이 제일 먼저 시작되었고 지금까지 가장 뚜렷하게 나타난 덴마크에서는 조현병 환자의 자살률이 나머지 인구와 같은 수준으로 떨어졌다.[226] 이는 정신 치료가 발전했기 때문이거나 첫 번째 자살 시도 후에 관리 감독이 강화되었기 때문으로 보인다. 오히려 약물의 효과는 아주 크지 않았다. 현재 많은 환자가 사용하는 항우울제와 기분 안정제는 이런 관점에서는 효과가 없는 것으로 보인다. 미국 식품의약국이 1989년에 사용을 허가한 항정신병 제제인 클로자핀Clozapine은 어느 정도 효과가 나타났지만 지금까지 많은 생명을 구했다고는 생각되지 않는다.[227]

항우울제와 항정신병 제제는 조울증 환자의 자살 위험을 낮추지 않으며 심지어 높이기까지 한다. 하지만 이 분야에서 가장 설득력 있는 연구들의 결과에 따르면, 리튬염으로 지속적인 치료를 받은 환자는 자살을 시도하거나 치명적인 행동을 할 가능성이 상당히 낮아진다. 치료 중에는 6배 낮아질 수 있고 치료를 중단한 뒤 2~3주 후에 다시 상승한다. 뿐만 아니라 리튬염으로 치료받은 환자가 자살 시도를 할 경우 이 약물을 사용하지 않는 환자보다 그 결과가 훨씬 덜 치명적이다.[228] 1970년대 초부터 서구 국가들에서 이런 치료를 받은 환자의 비율이 늘어났다는 점을 감안하면 이 치료법이 자발적 죽음의 감소에 기여했다고 제시해도 부당하지는 않을 것이다.

의료화는 우울증에 중요한 역할을 했다. 이 장애를 앓는 환자들 중 선택적 세로토닌 재흡수 저해제selective serotonin re-uptake inhibitors, SSRI라고도 불리는 세로토닌 작동성 약물로 치료받는 사람이 증가했다. 이 물질들은 우울증을 앓을 때 나타날 수 있는 시냅스 전달 이상을 조절하여 뇌의 세로토닌을 증가시키는 데 사용된다. 세로토닌은 대부분의 우울증 증상과 연관되어 있는 것으로 생각되는 신경 전달 물질이다. 1974년에 독일에서 처음 개발한 SSRI는 곧 다른 서유럽 국가들에 도입되었고, 1990년대에 널리 사용되었다. 최근 언론과 과학전문지들에서 이 약품들의 영향에 대해 열띤 논쟁이 벌어졌고, 일부 전문가들은 이 약품들이 우울증 환자의 자살 성향을 약화시키기는커녕 오히려 높인다고 주장했다. 실제로 이런 현상이 가끔씩 일어나는데, 아마도—전문가들이 단언하는 바에 따르면—확진되지 않은 조울증 환자나 아직 성인이 되지 않은 환자들이 약을 복용했기 때문일 것이다. 하지만 26개국에서 실시된 자세한 연구들은 우울증 치료에 SSRI를 사용하면 자살 건수를 낮추는 데 상당히 도움이 된다는 결론을 내렸다. 또한 이 신약 사용을 처음 허가한 국가들과 이 약품으로 치료받은 환자 수가 가장 빨리 증가한 국가들에서 자살 건수가 가장 크게 감소했다는 점도 밝혔다. 정제 20만 정이 팔릴 때마다 한 건의 자살을 막는다고 추정되는데, 10정의 가격이 1달러 정도라는 점을 고려하면 한 생명을 구하는 데 약 2만 달러가 든다는 계산이 나온다.[229]

통증과 그 외의 질병 치료

AIDS, 다발성경화증, 헌팅턴병, 신부전(투석 환자), 척수손상, 암 환자들은 일반인들보다 자살 위험이 더 높다.[230] 2005년에서 2006년까지 2년간 종양 전문의들을 깜짝 놀라게 한 두 가지 연구 결과가 있다. 첫째, 유방암에 걸린 미국, 스웨덴, 덴마크, 노르웨이 여성들은 같은 연령의 다른 여성들보다 자살할 가능성이 37퍼센트 더 높았다.[231] 둘째, 전립선암에 걸린 미국 남성들이 일반인들보다 자살 위험이 훨씬 더 높았다(4.24배).[232] 그러나 많은 연구는 모든 형태의 암이 자살 위험을 증가시키기는 하지만 그 정도는 다르다는 것을 보여준다.[233] 두경부암 환자들의 자살 가능성이 특히 높은데, 전문가들에 따르면 이 암이 신경계에 부정적인 영향을 미쳐 기분 장애를 일으키기 때문이다.[234] 하지만 췌장암 환자들과 예후가 나쁜 모든 암 환자 역시 자살 위험이 높다.[235] 또한 암 진단을 받은 뒤 처음 6개월 동안과 암세포가 전이되었을 때, 즉 암이 몹시 견디기 힘든 심리적 스트레스와 육체적 고통을 일으킬 때도 자살 위험이 높다.

그러나 20세기의 마지막 40년 동안 많은 서구 국가에서 암은 자살 위험 인자로서의 중요도가 훨씬 낮아졌다. 오늘날에도 암 환자들이 나머지 인구보다 더 빈번하게 자살을 저지르긴 하지만, 지난 40년간 그 차이는 좁혀졌다.[236] 이 중요한 변화에는 몇 가지 이유가 있다. 무엇보다도 과거에 비해 종양이 더 조기에 발견된다. 또한 치료법이 상당히 발전하여 부정적인 심리적 영향을 줄이고(예를 들어 유방절제술보다 유방보존술을 시행한다) 생존 가능성을 높였다. 뿐만 아니라 정도는 다르지만 통증 관리와 완화 치료도 발달했다.

몇 세기 동안 사람들은 육체적 고통이 견딜 수 없을 정도가 되면 자살을 불러올 수 있다고 생각해왔다. 1세기에 플리니우스도 "제일 심한 통증을 일으키는 병은 방광 안에 돌이 생겨 나타나는 배뇨 곤란이다. 그다음이 복부에 생긴 병, 그리고 그다음이 머리에 생긴 병 때문에 나타나는 통증이다.

자살의 원인이 되는 것은 이 병들뿐이다"라고 썼다.[237] 그러나 이 가설이 연구에 의해 확인된 것은 최근 들어서다. 1990년대에 요통을 앓는 핀란드 농부들의 표본 인구를 대상으로 요통과 심장마비 사이의 관계를 확인하기 위한 추적 조사가 실시된 적이 있다. 그런데 연구 결과 이 농부들의 자살 가능성이 높다는 것이 발견되었다.[238] 또한 다른 연구들은 편두통, 중추신경계 장애 혹은 전이로 인한 만성 통증이 자살 위험을 높일 수 있으며, 그 결정적 이유는 이 병들이 우울 증세가 계속되는 기간으로 이어질 수 있기 때문이라고 밝혔다.[239]

통증 억제와 감소에도 상당한 진전이 이루어졌다. 옛날에는 통증이 일종의 벌이기 때문에 체념하고 받아들여야 하는 것으로 인식되었지만, 이제 통증은 가능한 한 빨리 잠재워야 하는 경보 신호로 생각하게 되었다. 지금은 치유에 초점을 맞추는 치료법과 함께 약물을 사용하거나 병원과 가정의 특징을 결합한 특수 요양소(1960년대에 런던에 세워진 호스피스와 유사한)에 입원하는 등 환자의 통증과 정신적·신체적 불편의 최소화를 목표로 하는 완화 치료가 동반된다.

동부 유럽의 가파른 자살률 증가

16세기 후반부터 일부 유럽 국가에서 여러 차례 돌았던 자살 유행병에 대한 두려움이 3세기 뒤에 마침내 러시아에 당도했다. 1872년에 러시아의 주요 전국지들은 자살이 "병이 지속되기 좋은 썩은 곳에 침투하는 일종의 콜레라가 되었다"라고 보도하기 시작했다.[240] 10년 뒤에는 신문들이 자살을 '계절성 전염병'이라고 이야기했고, 이제 자살은 거의 정기적인 독감 같은 것으로 여겨졌다. 같은 시기에 러시아의 대문호 톨스토이와 도스토옙스키의 소설에 자발적 죽음이 등장하여 사회 부유층의 관심과 흥미를 불러일으켰다.

그 뒤 도시 중산층이 유럽 서북부에서 훨씬 예전에 발생했던 과정을 밟기 시작했다. 자살률이 급격하게 상승하여 1910년에 상트페테르부르크에서는 10만 명당 25명이 자살했다.[241] 이는 스위스, 프랑스, 독일보다 높은 수준이었다. 그러나 러시아의 큰 부분을 차지하는 시골 지역에서는 주요한 변화가 관찰되지 않았다. 1903년에 러시아 시골 지역의 자살률은 10만 명당 4.6명으로, 지중해 국가들과 비슷하고 유럽 서북부 국가들보다는 2~6배 낮았다.

그러나 1917년에 소련 정권이 들어서면서 자살 문화가 바뀌어 자살의 의미, 자살을 해석하는 데 사용되는 인지 도식, 자살과 자살자에 대한 도덕적 판단에 영향을 미쳤다. 이 노동 운동 창시자들은 자발적 죽음의 원인을 자본주의 사회의 모순 때문이라고 보면서도 자살에 대해서는 아무런 중요성도 두지 않았다. 반면 20세기 초에 이들의 뒤를 이은 계승자들 사이에서는 이 주제에 대한 의견이 나뉘었다. 1911년에 일흔한 살의 프랑스 사회주의자 폴 라파르그가 몽테뉴가 묘사한 세아섬의 관습을 지키기라도 하는 것처럼 아내 로라와 동반 자살을 했다.(그림 20) 그는 짧은 유서에 "내게서 기쁨과 즐거움을 차례차례 빼앗고 육체적·정신적 힘을 앗아가고 있는 잔인한 늙음이 내 에너지를 마비시키고 의지력을 망가뜨려 나 자신과 타인에게 짐이 되게 하기 전에 몸도 마음도 건강한 상태에서 내 삶을 끝내노라"라고 썼다. 로라는 카를 마르크스의 딸이었다. 그러나 다른 마르크스주의자들은 두 사람의 결정을 탐탁지 않게 여겼다. 그중 한 명인 프란츠 메링은 이 사건에 대해 언급하면서 키케로 때문에 유명해진 군사적 비유를 따왔다. "프롤레타리아 해방을 위한 투쟁에서 자유를 위한 복무가 요즘처럼 힘든 때가 없었다. 월계수로 호화롭게 장식한 용사라 해도 단 한 번 숨 쉴 힘만 몸에 남아 있어도 자기 자리를 떠나서는 안 된다."[242]

권력을 쥔 볼셰비키 지도자들은 새로운 문화의 형성을 독려했다. 이들은 우선 선조들이 오랫동안 사용했던 범주들이나 서유럽에서 힘을 얻기 시작하던 범주들과 완전히 다른 범주를 사용해 자살을 설명하기 시작했다. 자발적 죽음은 외부적 현실과 개인의 정체성 간의 현저한 괴리가 불러온 결과이며 이 차이는 생물학적·정치적, 계층 요인들에 따라 달라진다고 여겨졌다. 계층은 지극히 중요한 역할을 했다. 자살 위험이 가장 큰 사람들은 전제 군주제 때의 특권층이었다. 예를 들어 프티부르주아 여성이 남편에게 자신들의 앞날에 한계가 있다는 암담한 생각을 불어넣어 함께 목숨을 끊는 경우도 있었다.[243]

둘째, 볼셰비키 지도자들은 라파르그와 로라 마르크스보다는 메링의 생각을 좇아 자살을 부르주아적 개인주의의 한 형태라고 비난했다. 이들은 새로운 사회에서 좋은 공산주의자와 노동자들은 자기 자신의 것이 아니라 당과 계급의 것이기 때문에 스스로 목숨을 끊어서는 안 된다고 주장했다. 의사 블라디미르 이바노비치 벨리치킨이 1930년에 쓴 것처럼, "누구도 자신이 원한다고 해서 죽을 수 있는 권리는 없다······ 사회에 의해 재생산된 개인은 사회의 것이며, 오로지 사회만이 다수의 이익에 따라 그에게서 생명을 뺏을 수 있다".[244] 자살은 포기의 한 형태이며 나약함, 비관주의, 이기주의, 개인의 욕구와 소망을 집단보다 우선시하는 잘못된 성향에서 나온 것이다.[245] 이러한 생각은 1925년 12월에 세르게이 예세닌이 목숨을 끊은 뒤 도덕심리학적·병리학적 이상을 가리키는 '예세니니즘eseninism'이라는 신조어로 표현되었다.[246]

자살에 대한 볼셰비키의 태도는 표면적으로는 나치와 비슷해 보이지만 실제로는 매우 다르다. 신과 군주가 노동자 계층과 국가로 바뀌긴 했지만 전자는 중세 유럽을 지배했던 개념을 연상시킨다. 반면 후자는 아우구스티 누스에 의해 180도 달라지기 전의 고전적인 태도에 더 가깝다. 볼셰비키는 자살을 저지른 사람은 누구든 비난했지만, 나치는 패하거나 포로가 되지 않은 군인이 자살했을 경우에만 처벌했다. 따라서 스스로 목숨을 끊으면 이유와 상관없이 처벌을 가한 쪽은 볼셰비키뿐이었다.

당원이 자살하면 지도자는 자살자가 속한 지부나 위원회 회의를 열어 이 문제에 대한 '전체의 의견'을 모으고 사건의 책임자들을 규명했다. 회의 를 하는 동안 참석자들은 자살자와 거리를 두었고 그 사람을 '동료'라고 부 르지 않았다. 회의 후 결의안이 가결되었는데(물론 익명으로), 보통 자살자 를 당에서 축출하고 당원들의 장례식 참석을 금하는 내용이었다.

위대한 지도자도 이런 절차에서 예외는 아니었다. 1925년에 지도적인 혁 명가이자 내전의 영웅이던 예브게니야 보그다노브나 보시가 자살했다. 정 부의 요직을 맡고 있던 그가 이런 선택을 한 것은 위중한 병 때문이었다. 그러자 장례를 치를지, 치른다면 어떤 형태가 되어야 할지를 놓고 당 최고 지도자들 사이에 열띤 논쟁이 벌어졌다. 어떤 사람들은 불치병에 걸렸다 해도 자살은 당에 대한 반대 의사를 드러내는 불복종 행위라고 주장했다. 결국 장례를 공장公葬으로 치르지 않고 유해를 다른 혁명 영웅 가까이에 안 치하는 것도 허가하지 않는다는 결정이 내려졌다.[247]

1924~1925년에는 당원들 사이에 자살이 급격히 늘어나 지부와 위원회 에서 더 많은 논의가 벌어지다가 1930년대 초에 잠잠해졌다. 그러나 1936 년 12월, 중앙위원회 총회에서 스탈린은 친구의 부당한 체포에 항의하기 위해 목숨을 끊은 관료인 퓨러의 행동을 비난했다. 스탈린은 자살이 이 세

상을 떠나기 전에 마지막으로 당에 침을 뱉고 당을 배반하는 '가장 쉬운 방법들' 중 하나라고 직설적으로 선언했다.[248]

아무튼 정부는 이 주제에 대한 통계 자료와 연구 결과의 발표를 중단했다.[249] 그래서 소련 정권이 붕괴된 뒤에야 정확한 데이터를 다시 이용할 수 있게 되었다. 나중에 학자들이 1956년 이후의 사망 원인별 통계 자료를 운 좋게 찾아냈지만, 소련 역사에서 끔찍한 시기인 1930년부터 1955년까지의 자살률 동향에 대해서는 알려진 바가 없다.[250]

독일의 경우처럼, 소련에서 수백만 명이 체포되어 투옥되고 심문과 고문을 당하고 재판을 받고 강제 수용소에 갇히고 목숨을 잃던 시절, 새벽 4시에 경찰이 문을 두드릴까봐 모두가 늘 두려움에 떨던 공포의 시절에 자살이 급증했을 가능성이 있다. 이는 생존자들의 증언을 통해서도 뒷받침된다. 예를 들어, 공산주의에 전 생애를 바쳤던 폴란드의 귀족 조시아 잘레스크는 재판을 받는 도중 세 번이나 자살 기도를 했다. "그녀는 목을 매려고 했지만 그들이 그녀를 끌어내렸어요. 정맥을 그으려고도 했지만 그들이 막았죠. 7층에서 창문 밖으로 뛰어내리려 했지만 졸고 있던 심문자가 그녀의 옷자락을 붙잡았어요. 그들은 그녀의 목숨을 세 번이나 구했어요. 그래서 그녀를 총살시킬 수 있었죠."[251]

나데즈다 야코블레브나 차진은 그 시절을 회상하면서 "많은 사람이 자살에 대해 생각했다"라고 썼다. 그리고 "자살이라는 제목의 연극이 가장 인기 있었던 데는 그럴 만한 충분한 이유가 있었다"라고도 덧붙였다.[252] 그녀는 가장 힘든 순간에 이 마지막 방편을 생각하면 위로를 받고 마음이 진정되었다고 했다. 1934년에 남편이자 위대한 시인인 오시프 만델스탐이 스탈린을 비꼬는 풍자시를 써서 체포되어 투옥된 뒤 그녀는 그에게 함께 자살하자고 제안했다. 하지만 남편은 항상 단호하게 거절했다. "왜 행복해야 한다고 생각하오?" 오시프의 대답이었다. 그는 행복과 불행에 관해 이야기하는 것을 좋아하지 않았음에도 삶의 기쁨으로 충만한 사람이었다.

하지만 만델스탐은 체르딘에 있는 정치범 수용소에 끌려가자 자살을 생각하기 시작했고 자살이 총살 집행을 피하는 유일한 방법이라고 확신했다. 나데즈다가 "아주 좋네요, 그들이 우리를 쏘면 우린 자살할 필요가 없을 테니까요"라고 농담을 던지면[253] 오시프는 배를 잡고 웃었지만 곧 자살에 대한 생각에 집착했다. 체르딘에 도착했을 때 만델스탐은 병에 걸려 아내와 함께 병원에서 닷새를 보냈다. 나데즈다는 뜬눈으로 밤새워 남편을 돌보았다. 그러다 마지막 날 밤에 선잠이 들었는데 작은 소리가 들려 눈을 떠보니 남편이 다리를 밖으로 내민 채 창틀에 앉아 있었다. 그런 뒤 남편이 바닥으로 떨어지는 소리가 들렸다. 만델스탐은 상당히 높은 2층에서 몸을 던졌지만 목숨을 건졌고, 몇 년 뒤 강제 수용소에서 세상을 떠났다.

통계 자료의 부족으로 우리는 공포 시대에 자살이 급증했는지 혹은 제2차 세계대전 때 이 문제와 관련해 어떤 일이 일어났는지 알 수 없다. 우리가 분명하게 알고 있는 것은 혁명이 일어난 때로부터 12년 뒤인 1919년에 소련이 그리스, 스페인, 포르투갈, 아일랜드와 함께 유럽에서 여전히 자살률이 가장 낮은 국가 중 하나였다는 것이다(10만 명당 6.4명).

그러나 1956년에 상황이 바뀌었다. 10만 명당 자살자가 15명이 넘어가면서 러시아의 자살률은 지중해 국가들과 유럽 중북부 국가들의 중간 정도 수준이 되었다. 그 이후에는 자살률이 계속 상승하여 1965년에는 10만 명당 22명, 1984년에는 38명에 이르렀다.[254] 자살률은 1985~1986년에 급격하게 떨어졌지만 그 뒤 1988년부터 1990년까지 3년간 다시 상승했다. 그래서 소련이 해체되었을 무렵에는 자살률이 상당히 높은 상태였다. 그러나 정치적 붕괴가 전례 없이 급격한 자살률 상승을 불러와 1994년에는 10

만 명당 자살자가 43명에 이르렀다.[255] 이는 유럽에서 유일하게 오스트리아가 1930년대에 도달했던 기록이다. 그 뒤 자살률이 다시 하락했지만, 2004년 러시아의 자살률(10만 명당 34명)은 여전히 미국보다 2~3배 더 높고 특히 서유럽 국가들보다는 그보다 더 높다.(도표 4.6)[256]

이런 변화들은 남성 인구에서 가장 뚜렷하게 나타났다.(도표 4.7) 1956년에는 남성이 여성보다 자살 빈도가 4.1배 더 높았고 1970년에는 이 수치가 5.2배에 이르렀다. 1985년과 1986년에는 남성의 자살률이 여성의 경우보다 더 급격한 하락세를 보여 남녀 간 비율이 3.5배로 좁혀졌다. 하지만 1990년대의 자살률 상승이 여성보다 남성에게 더 뚜렷하게 나타나 남녀 간 비율이 기록적인 수준에 이르렀다. 1996년 러시아에서 남성의 자살 빈도는 여성보다 5.7배 더 높았고 위에서 살펴본 것처럼 대부분의 서구 국가보다는 2~3배 더 높았다.[257]

벨라루스, 우크라이나, 발트 3국(에스토니아, 리투아니아, 라트비아) 등 다른 구소련 국가들의 자살률도 비슷한 동향을 보인다. 발트 3국은 1970년대에 이미 자살률이 높았지만(러시아보다 높았다) 1985년까지 계속 상승하다가 이후 4년 동안 급격하게 낮아졌다. 그러다 다시 상승했고 소련이 붕괴된 이후에는 모든 기록을 깰 정도로 높았다. 예를 들어 1990년대 이후 리투아니아는 세계에서 자살률이 가장 높았으며 오늘날에도 이 난감한 기록을 보유하고 있다.[258]

언론과 서구의 전문가들(특히 독일연방공화국)[259]은 공산주의 국가들에서 자살자 수가 늘어나는 것은 정권에 대한 항의의 한 형태라고 거듭 주장했다. 소련과 소련의 위성 국가들에서 1930년대뿐 아니라[260] 1960년대와 1970년대에도 이런 성격의 자살이 행해진 것은 분명하다. 그중 세 가지 사건은 국제적인 파급효과를 불러왔는데, 이 사건들은 여러 면에서 유럽의

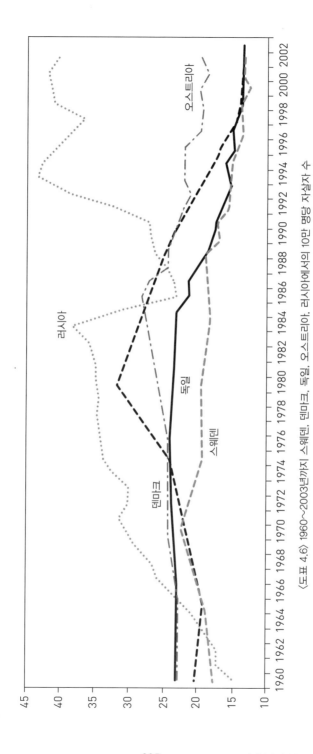

〈도표 4.6〉1960~2003년까지 스웨덴, 덴마크, 독일, 오스트리아, 러시아에서의 10만 명당 자살자 수

4장 가난이 자살을 막지 않을 때

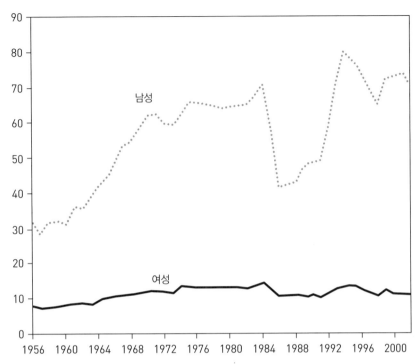

〈도표 4.7〉 1956~2002년까지 러시아에서 남성과 여성의 자살률 차이
출처: 예브게니 안드레예프, 블라디미르 시콜니코프, 윌리엄 앨릭스 프라이드모어가 제공한
데이터를 바탕으로 구성함

전통보다 불교 승려 틱꽝득베트남의 승려로 정부의 인권 탄압과 불교 차별 정책에 항거해 분신
자살했다이 1963년 6월 11일에 사이공에서 했던 소신공양을 연상시킨다.(그림
47)[261] 세 건의 자살 모두 가능한 한 많은 군중을 불러 모은 뒤 집단적 대
의를 위한 공공연한 항의 행위로 몸과 옷에 휘발유를 끼얹고 불을 붙이는
식으로 행해졌다.

첫 번째는 1969년 1월 16일, 체코슬로바키아에서 소련 침공에 반대하는
젊은 투사 집단을 이끌던 대학생 얀 팔라흐(그림 22)가 자살한 사건이다. 팔

라흐는 배낭에 쪽지 몇 장과 항의문을 남겨놓고 프라하 중심부의 바츨라프 광장에서 분신자살했다. 수십만 명이 그의 장례식에 참석했고, 그 후 얼마 지나지 않아 7명의 학생이 항의의 표시로 목숨을 끊었다.

두 번째는 1972년 5월 14일 리투아니아에서 열아홉 살의 학생 로마스 칼란타가 자살한 사건이다. 칼란타는 "내 죽음에 책임이 있는 것은 오로지 정치 체계뿐이다"라는 글을 남기고 카우나스의 시립 극장 앞에서 분신자살했다. 경찰은 칼란타의 부모에게 아들이 정치적 이유가 아니라 정신이상 때문에 자살했다는 진술서에 서명하도록 강요했다. 그리고 꽃을 바치지 않고 시신을 다른 사람들의 무덤과 멀리 떨어진 곳에 묻는다는 조건으로 장례식을 허가했다. 그 뒤 며칠 동안 수천 명의 젊은이가 러시아에 반대하고 독립을 지지하는 슬로건을 외치며 항의 행진을 벌였다.

세 번째는 1976년 독일민주공화국에서 47세의 개신교 목사 오스카어 브뤼스비츠가 자살한 사건이다. 공산주의 정부가 학생들을 억압한다고 비난해오던 그는 봉직하던 교회마저 자신이 아니라 정부 편을 들자 자살하기로 최종적으로 결심을 굳혔다. 그는 끔찍한 행동으로 자신의 뜻을 표현하기로 마음먹고 라이츠의 중앙광장에서 자신의 몸에 불을 붙였다. 그 후 몇 달 동안 또 다른 네 명이 정치적 이유로 분신자살했고, 나라를 떠나는 걸 허락해주지 않으면 자살하겠다고 위협한 사람도 많았다.[262]

그러나 이런 극단적인 항의 행위를 벌인 건 비교적 소수였고, 실제 상황을 이해하기 위해 여기에 의존해서는 안 된다. 소련이 해체되기 전 마지막 몇 년과 해체 이후 자살자가 크게 증가한 현상의 원인은 여러 가지로 볼 수 있다. 무엇보다도 알코올 소비 증가를 꼽을 수 있는데, 사회학자들은 이 원인의 중요성을 오랫동안 과소평가해왔다.[263] 다른 나라에서도 나타나는 현상이지만, 현재 구소련이 된 지역에서는 지난 30년간 알코올 소비와 자살률 사이의 관계가 특히 밀접한 것으로 나타났고 과음, 알코올중독, 보드카 중독은 꽤 흔하다.[264] 1980년대와 1990년대 사이, 그리고 2000년대에 다시 자살률이 감소한 현상은 보드카 소비 수준이 비슷하게 감소한 것이 원인이거나 적어도 영향을 미쳤다. 예를 들어 1985년부터 1986년까지 자발적 죽음의 급격한 감소는 1985년 5월에 고르바초프가 시행한 알코올 반대 캠페인의 영향이 분명하다. 이 캠페인은 주류 생산을 줄이고 가격을 올렸으며—국영 상점에서의 보드카 판매량이 폭락했다—사모곤Samogon(가정에서 불법적으로 증류한 밀주) 소비가 늘어났고 실제 보드카 소비도 정도는 덜하지만 상당히 줄어들었다. 그 영향은 특히 남성 인구에서 두드러져 자살률이 곤두박질쳤다.(도표 4.7) 그러나 이런 현상은 오래가지 않았고, 보드카로 걱정거리를 달래려는 러시아 국민의 수가 다시 증가하기 시작했다. 알코올 소비는 소련의 붕괴 이후 더 빠른 속도로 증가했고 20세기 말에는 기록적인 수준에 도달하여 러시아가 세계에서 알코올 소비율이 가장 높은 국가 중 하나일 정도였다. 러시아의 1인당 연간 알코올 소비량은 15리터에 이른 반면 유럽연합은 10리터, 미국은 7리터였던 것으로 추정된다.[265] 또한 우리가 살펴본 것처럼, 보드카가 더 많이 소비될수록 자살하는 구소련 국민이 늘어났다. 반면 2006년 1월 1일에 발효된, 주류 생산과 이용에 대한 법적 규제는 자발적 죽음 건수의 감소에 도움이 되었다.[266]

둘째, 소련 정권의 붕괴 이후 시작된 갑작스런 자살자 증가는 아마도 의료 체계의 심각한 위기 때문으로 보인다. 그때까지 소련의 의료 체계는 모든 사회 계층과 모든 지역 국민에게 광범위한 의료 서비스를 제공했다. 하지만 재원이 부족해지자 의료 체계가 악화되기 시작했다. 다양한 질병(심장순환기 이상과 전염병)으로 인한 사망률이 증가하고 이와 함께 수명이 남성은 63.8세에서 57.6세로, 여성은 74.4세에서 71세로 전례 없이 떨어진 것은 부분적으로 이러한 의료 체계의 붕괴(보드카 소비 증가와 생활환경 악화뿐 아니라)가 원인이었다.[267] 자살 위험이 높은 신체적·정신적 질병에 대해 의학적 치료를 받는 환자 수가 줄어들었다는 점에서, 1991~1992년에 모든 구소련 국가에서는 서유럽과 정반대의 동향이 나타나기 시작했다.

그러나 1991~1992년 이후 자살이 갑작스레 증가한 가장 큰 원인은 소련 정권 붕괴로 촉발된 사회적 아노미 상태였다. "경제적 재난이 닥치면 탈계급화와 비슷한 현상이 나타나 특정 개인들이 갑자기 그 전보다 낮은 지위에 놓이게 된다. (…) 공공의 양심이 사람과 사물을 재분류하려면 시간이 필요하다. 이와 같이 고삐 풀린 사회적 힘들이 균형 상태를 회복하지 못하는 동안은 그들 각각의 가치가 알려지지 않고 따라서 한동안 모든 규제가 상실된다. 가능한 것과 불가능한 것, 정당한 것과 부당한 것, 적당한 요구와 희망, 터무니없는 요구와 희망 사이를 구분 짓지 못하게 된다."[268]

뒤르켐이 1897년에 쓴 이 구절은 1991년 이후 소련에서 일어난 사건들을 이해하는 데 도움이 된다. 정권의 붕괴는 아주 단기간에 전체주의에서 민주주의 체제로, 중앙 계획경제에서 시장경제로 바뀌는 엄청난 변화를 불러왔다. 1920년부터 완전 고용, 가격 통제, 기초 교육, 무료 의료 서비스를 제공했던 국가 서비스망이 해체되어 실업률이 두 배로 뛰었고 극심한 빈곤이 찾아왔다. 몇 세기 동안 나머지 세계로부터 고립되었던 나라에 서구의 대중매체가 들이닥쳤고 개인주의, 경제적 성공, 기업가 정신 등 그때까지 비난받던 가치들이 빠른 속도로 확산되었다. 이는 구소련 국가들의 많은 국민이 가난하고 안전하지 못하다는 느낌을 받았을 뿐 아니라 방향 감각을 잃고 혼란스러우며 의탁할 곳이 없어진 듯한 기분을 느꼈다는 뜻이다.

초기의 연구들은 러시아인들이 자살을 결심하게 된 계기가 단지 불행과 비극적 사건(질병, 친지의 죽음) 때문만이 아니라 방향 감각을 상실하고 어떤 안전도 보장되지 않은 상태에서 계속 살아가기 힘들었고 새로운 생활과 새로이 형성되고 있는 사회 규칙들을 이해하지 못했기 때문임을 보여준다. 예를 들어 1991년 8월 24일에 아흐로메예프 원수가 크렘린 궁전에 있는 자신의 사무실에서 가족에게 남기는 유서와 카드를 책상 위에 두고 목숨을 끊었다. 유서 중 하나에 그는 "이런 방법으로라도 역사에 기록되길. 누군가한 사람이, 딱 한 사람은 아니지만, 그토록 위대한 국가의 붕괴에 항의했노라고. 그러나 누가 옳고 누가 틀렸는지는 역사가 판단할 것이다"라고 썼다.[269] 몇 달 뒤 참전용사이자 브레스트 요새 수비대였던 티메랸 지나토프가 자살했다. 주머니에서 발견된 편지에는 "전쟁 중에 부상을 당해 목숨을 잃었다면 적어도 나는 내가 무엇을 위해 죽는지는 알았을 것이다. 바로 조국을 위해서다. 그러나 지금 나는 이 비참한 개 같은 삶 때문에 죽는다. 원한다면 내 무덤에 이렇게 써도 된다. (…) 하지만 내가 미쳤다고는 생각하지 말길 바란다"라고 적혀 있었다.[270] 한편 52세의 의사 마르가리타 파그레비차야는 아르메니아와 아제르바이잔의 충돌로 사랑하는 열 살짜리 손자가 바쿠에서 목숨을 잃었다는 이야기를 듣고 자살했다. 그녀는 지칠 대로 지쳐 있었던 데다가 스탈린을 영웅으로 생각했기 때문에 소련의 군복과 훈장, 심지어 레닌의 실루엣이 새겨진 적기가 모스크바의 노점상에서 팔린다는 사실을 받아들일 수 없었다. 한마디로 그녀는 새로운 신념 없이는 더 이상 살아가는 것이 불가능하다고 생각했다.[271]

2부
동양사회

FAREWELL TO THE WORLD

: A HISTORY OF SUICIDE

5장

과부가
되기 전에

FAREWELL TO THE WORLD

1987년 9월 4일, 라자스탄의 수도 자이푸르에서 차로 두 시간 거리에 있는 마을인 데오랄라에서 루프 칸와르라는 여성이 목숨을 끊었다.[1] 칸와르는 결혼한 지 여덟 달밖에 안 된 열여덟 살의 여성이었다. 남편이 위장염으로 세상을 떠나자 몇 시간 동안 방에 틀어박혀 생각에 잠겨 있던 칸와르는 목숨을 끊기로 결심했다. 그녀는 붉은색과 금색으로 장식된 혼례복을 입고 음악과 종교적 노래가 울려 퍼지는 가운데 장례 행렬의 맨 앞에서 걸어갔다. 마을 광장에 이르자 칸와르는 죽은 남편을 화장하기 위해 준비된 장작더미 위에 올라갔다. 그리고 4000명이 지켜보는 가운데 남편 옆에서 산 채로 불에 타 죽었다. 루프 칸와르는 일자무식의 농부가 아니었다. 그녀는 도시에서 자랐고 교육을 받았으며 우아했고 부유한 집안 출신의 젊은 대학 졸업자와 결혼했다. 뿐만 아니라 데오랄라는 라자스탄에서 가장 현대적이고 부유한 마을 중 하나다.

칸와르의 소식이 퍼지자, 남편을 따라 죽음으로써 사티 마타_sati mata_(순수한 어머니)가 된 이 여성의 축복을 받으려고 수천 명이 앞다투어 마을로 몰려들었다. 사티 마타는 모든 병을 치유할 수 있는 초자연적인 힘을 받았다고 여겨졌기 때문이다. 9월 16일에는 찬양 의식인 추나리chunari를 올리기 위해 30만 명이 데오랄라로 향했다. 정부가 대중교통 이용을 금지했지만 사람들은 걷거나 낙타가 끄는 수레를 타거나 택시나 사설 버스를 타고 의식에 참석했다. 순교 장소에 모인 사람들은 향과 코코넛을 제물로 바치고 남편의 시신 옆에서 화장된 과부의 모습이 담긴 기념품들을 구입했다. 그날 루프의 시어머니는 며느리를 신으로 모시기 위해 1001명의 브라만을 위한 잔치를 열었고 집 1층 방에 며느리를 기리는 제단을 세웠다.

당국의 대응은 느렸다. 주정부와 중앙정부, 사법부와 경찰은 이 사건에 대해 한마디 입장도 밝히지 않았다. 그러다 9월 19일이 되어서야 루프의 시어머니, 시동생 2명(그중 한 명은 장작더미에 불을 붙인 혐의로 기소되었다), 숙부 몇 명, 그리고 의식을 관장했던 승려에 대해 영장이 발부되었다. 9월 29일에는 라지브 간디 총리가 '사티는 국가적 수치'라고 선언했다. 하지만 체포된 사람들이나 그 외 사람들 중 누구도 이 일로 처벌받지 않았다.

같은 기간 인도의 여러 지역에서 여성들이 죽은 남편을 뒤따라 스스로 목숨을 끊었다. 1984년에 데오랄라에서 20킬로미터 떨어진 마을에서도 이런 일이 일어났고 1988년에는 우타르프라데시에서 스물여덟 살의 한 여성이 몇 년 전 자신을 버린 남편의 화장용 장작더미 위에서 불에 타 죽었다. 이외에도 지난 10년 동안 비슷한 사례들이 보고되긴 했지만[2] 이 일들은 분명 수백 년간 위력을 떨쳤던 풍습인 사티의 마지막 사례들로 보인다.

사티

　사티sati는 시간이 지남에 따라, 그리고 심지어 오늘날에도 인도와 서구에서 다른 의미를 띠는 단어다.[3] 사티는 행동을 가리킬 때도 있었고 그 행동을 하는 사람을 의미할 때도 있었다. 산스크리트어에서 이 단어는 '존재'와 '존재해야 한다'는 두 가지 의미를 지니는 사트sat의 현재분사 여성형이며, 따라서 실제 존재하는 것, 진리, 좋은 것을 가리킨다. 인도에서 사티라는 용어는 항상 '고결하고 순결하며 정숙한 신부'를 의미했으며, 바로 이런 이유 때문에 사티는 남편이 죽은 직후 시신을 화장하는 불에서 함께 불타 죽는다. 영국에서는 스스로 목숨을 끊는 여성이 아니라 과부가 산 채로 화장되는 의식을 가리키기 위해 '서티suttee'라는 명사를 도입했다(프랑스에서는 sutty라고 번역되었다). 오늘날 영어 외의 언어들에서 sati는 사람을 가리킬 때는 여성형으로, 의식을 가리킬 때는 남성형으로 사용된다. 하지만 후자를 suttee라고 부르는 사람들도 있다.[4] 그러나 이 용어적인 차이는 한 가지 의미와 부합한다. 사티에 대해 이야기할 때 힌두교도들은 남편에게 너무나 헌신적이고 충실해서 자신이 무슨 일을 하고 있는지 다 알면서도 기꺼이 남편을 따라 죽기로 결심한 여성을 말한다. 그러나 이 관습에 관해 많은 글과 이미지(판화와 세밀화)를 남긴 서구의 여행자들[5]은 과부를 산 채로 화장하는 행위와 관련하여 이 단어를 사용했다. 서구인들은 이런 여성을 종교적 광신주의, 이해할 수 없는 먼 문화의 수동적인 희생자로 여겼다.[6]

　사티 의식은 두 가지 형태를 띠었다. 하나는 과부가 남편과 함께 불에 타서 죽는 것으로, 사하가마나sahagamana(함께 가기) 혹은 사하마라나 sahamarana(함께 죽기)라고 불렸다.(그림 30-1) 또 하나는 남편이 죽은 뒤 곧 신발, 터번, 혼례복 같은 남편의 물건을 손에 쥐고 따라 죽는 것이다. 혹은

1678년에 시에나의 성녀 카테리나 교회의 빈첸초 마리아 신부가 기록한 것처럼 "고인의 시신이 없으면 그를 나타내는 형상을 이용해 똑같이 장례식을 치렀다".[7] 남편이 전쟁터 등 집에서 멀리 떨어진 곳에서 죽거나 과부가 임신 중이어서 출산까지 기다렸다가 자살할 경우 보통 이렇게 장례를 치렀다. 이 경우에는 아누가마나anugamana(따라 가기)나 아누마라나anumarana(따라 죽기)라는 용어가 사용되었다.(그림 32)

이 두 가지 방식이 가장 흔했고, 보통 남편의 시신을 화장할 때 이 방식들을 사용했다. 반면 시신을 매장하는 지역에서는 과부가 산 채로 남편과 함께 묻혔다. 예를 들어 벵골에서는 베 짜는 계급인 주기jugi[8]의 구성원들이 이 풍습을 따랐다.(그림 33) 그러나 발리에서는 때때로 과부들이 날이 물결 모양으로 된 단검인 크리스kris로 자살하는 방법을 선호했다.[9]

의식

사티 의식은 먼저 과부의 의사를 엄숙하게 선언하면서 정식으로 시작된다. 희생적인 행동을 하기로 결심한 인디언들과 같은 방식으로, 이 여성은 삶을 끝내겠다는 자신의 의사를 공개적으로 밝힌다. 그녀는 조금도 두려운 티를 내지 않고 또렷하고 확고한 목소리로 이 소망을 표현한다. 그러면 친지들이 그녀를 위로하고 껴안으면서 자식들을 위해 다시 생각해보라고 간청한다. 하지만 사람들은 그녀가 흔들리지 않기를 기대한다.

사티가 되겠다는 소망을 재차 확인한 여성은 준비를 시작한다.[10] 먼저 혼례복을 입은 뒤 팔찌와 결혼 장신구로 장식하고 머리에는 신부의 화관을 쓴다. 그런 다음 웃어른들 앞에 엎드려 축복을 청하고 웃어른들도 그녀에게 축복을 청한다. 마지막으로 화장터로 떠나기 전에 오른쪽 손바닥(다른 많은 문화에서와 반대로 오른손이 깨끗하다고 여겨졌다)에 주황색이나 짙은 황색의 반죽을 묻혀 집의 문들과 벽에 손자국을 찍는다. 이것은 남편을 따라 죽겠다는 결심을 확정하는 절차다.(그림 24) 네팔에서는 도시 성벽의 문 옆에 손자국을 찍어 이 여성의 선택이 돌이킬 수 없는 것임을 더 가시적으로 나타냈다. 사티들은 으레 이 문을 지나갔고, 이 문을 한번 나서면 다시는 들어올 수 없었다.(그림 25)[11]

　사티 의식은 공개적이고 복잡한 행진과 잔치로 절정을 이루는데 수백 명, 때로는 수천 명이 참여했다. 대부분의 특징은 일정했지만 변형된 것도 있었다. 선교사로 인도에서 몇 년간 살았던 프랑스의 수도원장 장 앙투안 뒤부아는 1801년에 탄자부르의 통치자가 네 명의 합법적인 아내를 두고 세상을 떠났을 때 브라만들이 그중 두 명의 아내에게 남편을 뒤따라 죽으라고 설득한 일을 묘사했다. 하루 동안 준비를 한 뒤 거대한 장례 행렬이 왕궁을 떠났다. 수많은 무장 호위병이 선두에 서고 악사들이 그 뒤를 따랐다. 그다음에는 가마에 실린 왕의 시신이 가장 가까운 조력자, 친척들과 함께 지나갔다. 이 사람들은 애도의 표시로 터번을 쓰지 않았다. 그 바로 뒤에 두 명의 아내가 '보석이 장식되었다기보다는 가득 덮여 있는 화려한 의자식 가마를 타고 지나갔다'.[12] 두 사람은 가마 주위를 둘러싼 친척들과 이따금 이야기를 나누었다. 마지막으로 온갖 계급의 수많은 사람이 행렬의 맨 뒤에서 따라갔다.[13] 그러나 영국 의사 리처드 하틀리 케네디가 1825년 11월 29일에 목격한 바에 따르면, 과부의 열두 살 된 아들이 집의 화로에서 옮겨온 성스러운 불이 담긴 항아리를 들고 행렬의 맨 앞에 섰다. 나중에 아들은 이 불로 장작더미에 불을 붙여 아버지의 시신과 살아 있는 어머니를 화장시킬 것이었다.[14]

많은 경우 남편의 시신은 행렬 속에 끼지 않고 화장이 거행될 장소에서 아내와 의식에 참석할 사람들을 기다렸다.[15] 1333년에 인도를 방문했던 모로코의 연대기 작자 이븐바투타는 "전쟁에서 죽은 세 남자의 과부들은 음악과 노래가 어우러진 잔치에서 마치 세상에 작별 인사를 하는 것처럼 먹고 마시며 사흘을 보냈다. 그런 뒤 화려하게 차려입고 향수를 뿌린 다음 말을 타고 죽을 장소로 향했다. 오른손으로는 코코넛을 만지작거리고 왼손에는 거울을 들고 얼굴을 비춰보았다"고 묘사했다.[16] 한편 원석을 사려고 동남아시아에 갔던 체사레 데페드리치는 1587년, 비자야나가르 왕국에서 '불에 타서 죽을' 과부의 모습을 "신부처럼 차려입고 도시를 지나갔다. 어깨까지 늘어뜨린 머리는 신분에 맞게 보석과 꽃으로 장식했다. (…) 왼손에는 거울을, 오른손에는 화살frezza을 들고 있었다"고 묘사했다.[17] 또한 다년간 인도를 여행했던 상인 가스파로 발비는 1580년 10월 30일에 네가파탄(나가파티남)에서 목격했던 장면을 이렇게 전했다. "불이 붙은 숯이 가득 들어 있는 구덩이에 젊고 아름다운 여성이 도착했다. 그녀는 친척들이 든 가마를 타고 왔고, 많은 여자 친구가 동행하며 큰 축하를 보냈다. 여성은 오른손에는 거울을 들고 있었고 왼손으로는 레몬으로 갖가지 장난을 쳤다. 불타오르는 구덩이에 도착하자 그녀는 도움을 받아 가마에서 내렸다."[18]

40년 뒤 피에트로 델라 발레도 비슷한 현장에 있었다. 1623년 12월 22일에 발레는 이케리(카르나타카)에서 남편이 죽자마자 '자신도 불타 죽기로' 결심한 어떤 과부를 보고 깊은 인상을 받았다. 그는 일기에 이 여성에 대해 "얼굴을 가린 채 말을 타고 도시를 지나갔다. 한 손에는 거울을, 다른 손에는 레몬을 들고 있었는데 무엇에 쓰는 것인지는 모르겠다. 그녀는 거울로 자신을 비춰보고 측은하게 들리는 비통한 어조로 내가 이해하지 못하는 단어들을 읊조리거나 노래하면서 어딘지 알 수 없는 곳을 향해 홀로 나아갔다. 사람들이 말하길 그 단어들은 이 세상, 그리고 자기 자신에게 건네는 일종의 작별 인사라고 했다"라고 썼다.[19] "인도의 모든 지체 높은 사람에게 그러하듯 사람들이 그녀에게 커다란 양산을 씌워주었다."[20]

과부들은 때로는 말 대신 코끼리나 여덟 명이 메는 가마를 탔고, 미천한 신분일 경우에는 걸어서 갔다. 가족들이 그녀 주위를 에워쌌고 군중은 양옆에 섰다. 군중 속 여성들이 과부의 이름을 불렀고 손을 뻗어 가까이 가려 애쓰며 그녀의 고결함을 칭송했다. 사람들은 그녀가 초자연적인 힘을 얻었다고 믿고 축복을 내려달라거나 예언을 해달라고 간청했다. 사티는 관대하고 우아하게 그 간청들을 들어주려 애썼고, 어떤 이에게는 아들을 많이 낳게 해주겠노라고, 다른 이에게는 행복하게 오래 살게 해주겠노라고, 그리고 또 다른 이에게는 큰 명예를 주겠노라고 약속했다.[21]

체사레 데페드리치가 쓴 것처럼, 마침내 행렬(그림 26)은 '과부가 된 여성을 화장시키는' 곳에 도착했다.[22] 화장터는 보통 강이나 작은 호수 가까이에 있었다. 물 옆이 명당으로 여겨졌기 때문이다. 장작더미는 전부 준비되어 있었지만, 그 형태는 지역마다 달랐다. 인도 북부 지역에서는 장작을 3미터 높이로 쌓았다. 장작더미에서 그리 멀리 떨어지지 않은 곳에 음식이 잔뜩 차려진 식탁들이 놓여 있었고 과부와 동행자 전부가 음식을 먹기 시작했다. 데페드리치에 따르면 "곧 불에 몸이 태워질 여성은 마치 결혼식을 올리는 것처럼 기쁨과 즐거움에 넘쳐 음식을 먹었다. 식사가 끝나면 사람들이 그녀가 원하는 대로 한동안 춤을 추고 노래를 불렀다".[23]

춤과 노래가 모두 끝나면 과부는 혼례복을 벗고 보석과 꽃을 떼어 친척들과 가장 친한 여자 친구들에게 나눠주었다. 그러고는 강으로 들어가 몸을 정화한 뒤 노란색(빨간색이나 검은색 옷처럼 악령이 가까이 오지 못하게 막는다고 믿었다)의 긴 옷을 입었다.[24] 지방에 따라 흰색 옷을 입기도 했다. 과부는 때로는 길상초나 참깨를 손에 쥐고 있었고, 어떤 경우에는 신에게 바치는 제물로 하늘을 향해 코코넛을 조용히 들어올렸다. 또한 다른 여성들이 건넨 빈랑나무 잎을 씹는 경우가 많았다. 그런 뒤 그녀는 장작더미 주변을 왼쪽에서 오른쪽으로, 즉 시계 방향으로 세 바퀴 또는 일곱 바퀴 돌았다. 한편 또 다른 여행객인 니콜로 마누치(혹은 Mannuzi)가 1717년에 쓴 글에 따르면, '장작더미 위에 남편의 시신을 머리는 남쪽, 발은 북쪽으로 향하게 반듯이 눕혔다'. 시신에 버터를 바르고 가까운 친지들 모두가 입속에 생쌀 5~6알을 던져 넣었다.[25] 그런 뒤 가족들이 과부에게 코코넛 일곱 개를 주고 흐느끼기 시작했다. 그러면 과부가―비첸차 출신의 여행자 안토니오 피가페타의 설명에 따르면―'자신은 그날 밤에 남편과 함께 저녁을 먹고 잠을 잘 것이니 울지 말라'며 그들을 달랬다.[26] 그리고 나서 함께 온 모든 사람을 향해 자신의 아이들과 친지들을 보살펴달라고 부탁했다. 또한 남성들을 향해 "남성분들, 아내에게 얼마나 고마워해야 하는지 아셔야 합니다. 아내들은 자유의 몸으로 태어나 남편과 함께 산 채로 불타니까요"라고 말하고, 여성들에게는 "여성분들은 남편을 위해 무엇을 해야 하는지, 죽음까지도 함께해야 한다는 것을 아셔야 합니다"라고 덧붙였다.[27] 그런 다음 장작더미에 올라가 남편의 시신 옆에 앉아 죽은 남편의 머리를 자기 무릎 위에 살며시 올려놓고 입을 맞추고 쓰다듬었다. 그런 뒤 남편의 옆에 누웠다. 어떤 경우에는 친지들이 '여성의 이름을 외치며' '천당에 가고 싶은지' 물었고, 그녀가 그렇다고 대답한 뒤에야 장작더미에 불을 붙였다.[28] 보통 장남이 불을 붙였고 장남이 없는 경우에는 다른 가족이 맡았다.

남부 지역의 의식은 좀 달랐다. 때로는 장작더미 대신 넓이 10제곱미터, 깊이 3미터의 구덩이를 파고 장작을 가득 채워넣었다. 장바티스트 타베르니에가 1676년에 쓴 글에 따르면, 장작에 불을 붙이자마자 남편의 시신을 구덩이 가장자리로 옮겼고 그 뒤 과부가 '빈랑나무 잎을 씹고 춤을 추며' 다가왔다. 과부는 구덩이 주변을 세 바퀴 도는데, 한 바퀴 돌 때마다 친척들과 친구들에게 입을 맞추었다. 세 바퀴를 다 돌면 브라만이 시신을 불에 던져 넣고 과부를 구덩이 쪽으로 밀었는데, 이때 과부가 불을 등진 채 뒤로 떨어지게 했다.[29]

일부다처제의 영향

디오도로스 시쿨루스는 자신의 저서 『역사 총서Bibliotheca historica』에서 케테우스의 죽음 당시에 일어난 사건을 매우 사실적으로 설명했다. 케테우스는 기원전 319년에서 기원전 315년 사이에 벌어진 제1차 디아도코이diadochoi '후계자'라는 뜻으로 알렉산드로스 대왕의 휘하에 있던 마케도니아의 장군들을 가리킨다 전쟁에서 에우메네스와 함께 싸웠던 인도군 사령관이다.[30]

디오도로스에 따르면 케테우스의 두 아내가 남편을 따라서 전장에 와 있었다고 한다. 최근에 결혼한 젊은 여성과 결혼한 지 몇 년 된 나이 든 여성이었는데, '둘 다 남편을 몹시 사랑했다'. 장례식이 다가오자 두 아내는 '자신에게 남편과 함께 죽을 권리가 있다'고 목소리를 높였다. '마치 그 권리가 무공훈장이라도 되는 것처럼 말이다.' 두 여성은 모두 배우자가 장례용 장작더미 위에서 남편을 따라 죽을 수 있다고 허락한 법에 호소했다. 하지만 이 경우 아내가 두 명이었고 각자 다른 이유를 내세워 자신의 권리를 주장했다. 한쪽은 자신이 나이가 더 많으니 명망과 권리가 더 크다고 주장한 반면, 더 젊은 쪽은 다른 아내가 임신을 했으니 법이 명시한 대로 아이를 보호해야 한다고 우겼다.

결국 판단은 장군들에게 맡겨졌고, 장군들은 나이가 더 많은 아내가 실제 임신 중이라는 사실을 확인하고는 이 의무를 수행하지 않아도 된다고 결정했다. 이 결정은 그 아내에게 극심한 절망을 불러일으켰다. 이 소식을 들은 그녀는 '마치 커다란 재난이라도 닥친 것처럼' 화환을 바닥에 내팽개치고 머리를 쥐어뜯으며 격렬하게 흐느꼈다. 한편 다른 아내는 '승리의 기쁨에 젖어' 가족들에게 둘러싸여 장례식 장소로 향했다. 가족들은 그녀에게 머리띠를 둘러주고 그녀의 고결함을 기리는 찬가를 불렀다. 그녀는 마치 결혼식에 가는 것처럼 아름다운 옷을 입고 가족들을 거느리고 걸어갔다. 케테우스의 시신이 놓인 장작더미 앞에 도착하자 화려한 보석들을 떼어 친구와 하녀들에게 유품으로 나눠주었다. 그런 뒤 사람들을 껴안은 다음 남자 형제의 도움을 받아 장작더미에 올라가서 남편 옆에 누웠다. 군 전체가 장작더미 주위를 세 번 행진한 다음 불을 붙였다. 불길은 금세 타올랐다. 그러나 젊은 여성은 침묵을 지켰고 울지도 않았다.

다른 자료들은 일부다처제 가정에서 과부가 된 여성의 권리와 의무에 관해 디오도로스 시쿨루스와는 다른 정보를 제공한다. 어떤 여행자들은 첫 번째 아내에게만 산 채로 불태워질 특권이 주어진다고 진술했다. 반면 어떤 아내도 이 의무를 피할 수 없었다고 이야기한 사람들도 있다. 15세기 말에 니콜로 디콘티에 따르면, '비시니가르'(비자야나가르)의 왕은 인도의 어떤 왕보다 막강한 권력을 자랑했다. 그는 1만2000명의 아내를 거느렸는데, 그중 4000명은 왕이 어디를 가나 걸어서 따라다녔고 부엌일만 했다. 또 다른 4000명은 멋지게 차려입고 말을 타고 다녔다. 나머지는 화려하게 장식된 가마를 타고 다녔으며, 그중 2000명이 '왕이 세상을 떠나면 자발적으로 불에 타서 따라 죽는' 조건으로 왕의 아내라고 불렸다. "왕을 따라 죽는 것이 그들에게는 큰 영광으로 여겨졌다."[31]

이러한 풍습은 인도 전역에서 지역마다 달랐고 시간이 지나면서 바뀌기도 했지만, 위에서 언급한 이야기들을 포함한 여러 진술이 극단적인 경우를 다루거나 다양하게 과장되어 있다고 가정할 만한 근거가 있다. 힌두교의 믿음에 따르면 일부다처제 원칙은 내세와 모든 삶에 적용된다. 따라서 남편의 시신을 화장하는 장작더미 위에 올라갈 권리가 한 아내에게만 주어졌을 것으로 보이지는 않는다. 그 아내는 기껏해야 의식이 진행되는 방식과 관련해서만 일정한 특권을 누렸을 것이다. 예를 들어 니콜로 디콘티에 따르면, 남편이 여러 명의 아내를 두었을 경우 "그가 생전에 가장 사랑했던 아내가 남편에게 팔베개를 하고 함께 불에 탔다. 다른 아내들은 장작더미에 불이 붙은 뒤 불 속으로 몸을 던졌다".[32] 하지만 장작더미에 올라갈지 아닐지는 과부들이 각자 결정했고, 일부일처 가정에서와 똑같은 제약을 받았다. 즉 너무 나이가 어린 아내나 임신하거나 어린 자녀를 둔 아내, 그리고 생리 중인 아내는 하고 싶어도 할 수 없었다.[33]

많은 여성이 이런 식으로 목숨을 끊었다는 사실은 광범위한 문서들로 뒷받침된다.[34] 1724년에 마르와르의 아이츠싱 국왕이 세상을 떠났을 때 64명의 여성이 불길 속에 몸을 던졌다. 1799년에는 100명이 넘는 아내를 둔 브라만이 죽자 화장용 장작더미가 사흘 동안 꺼지지 않았고 37명이 그 불길 속에서 목숨을 끊었다. 그런 일이 얼마나 자주 있었는지는 알 수 없다. 그러나 영국 정부가 수집한 1815~1828년의 데이터에 따르면, 여성 한 명만 목숨을 끊는 경우가 98.4퍼센트였다. 시간이 지나면서 이 비율이 내려갔는지 올라갔는지는 현재로서 알 수 없다. 그러나 확실한 점은 한 명 이상의 아내를 부양할 수 있는 남성이 소수였다는 사실을 감안하면 19세기 초와 그 이전에도 일부다처제 가정이 흔하지 않았다는 사실이다.

장례식과 결혼식

15세기 말에서 19세기 중반까지 이런 의식들을 직접 목격했던 많은 유럽인 여행객의 입장에서 사티는 야만적일 뿐 아니라 미개하고 이해할 수 없는 풍습으로 보였다. 자살이 최악의 죄로 비난받고 보통 혼자 조용히 목숨을 끊는 나라에서 온 이들은 인도에서는 여성을 산 채로 불태우는 의식이 어떻게 잔치를 열어 노래와 춤을 추며 장려하고 칭송하고 축하할 일인지 이해하려고 애썼다. 그러나 익숙하지 않은 수많은 상징은 이 풍습을 더욱 이해하기 어렵게 만들었다. 피에트로 델라 발레는 왜 과부들이 거울과 레몬을 들고 죽으러 가는지 의문스러워했고, 가스파로 발비는 과부들이 이 레몬으로 '장난'을 치는 이유를 궁금해했다. 왜 과부와 그녀를 따라가는 행렬이 입가에 미소를 띤 채 화장장으로 향하는 걸까? 혹은 체사레 데페드리치가 관찰한 것처럼 '왜 그들은 베네치아의 신부들이 결혼식 때 그러는 것처럼 기쁨에 넘쳐 있는 걸까?'[35]

이 유럽인들이 그토록 경악하며 묘사했던 의식은 분명 장례식이었다. 그들이 본 것은 분리, 이행 혹은 무경계, 집합의 다양한 단계로 나뉜 일련의 복잡한 통과의례였고, 여기에는 제약과 금기가 있었다(힌두교의 믿음에 따르면, 죽음과의 모든 접촉은 의례적으로 불순하기 때문이다).[36] 예를 들어 장례식에서는 코코넛이 사용되었다. 며느리가 고인의 발치에 코코넛 하나를 놔두었고, 시신을 장작더미에 눕히기 전에 친척들이 코코넛을 바쳤다. 코코넛은 영혼이 빠져나갈 수 있도록 '머리를 쪼개는' 데도 사용되었다.[37] 반면 레몬은 이행 단계 동안 과부를 악령으로부터 보호하는 역할을 하는 행운의 징조였다.[38]

하지만 사티 의식을 목격했던 유럽인들은 자신이 보고 있는 것이 결혼식이기도 하다는 사실을 몰랐다. 남편을 따라 불타 죽으려는 여성은 혼례복을 입고 보석과 꽃으로 장식했다. 그녀는 자신의 결혼을 한 번 더 축하하고 있었다. 그래서 기쁨에 젖었고 우아하고 차분하게, 심지어 '쾌활하게' 화장장에 갈 수 있었다. 유럽인 관찰자들에게는 이 사실이 특히 놀랍게 다가왔다. 마찬가지로 여성이 들고 가는 이상한 물건들도 결혼과 관련이 있었다. 왼손에 든 거울은 결혼할 때 남편이 길조의 상징으로 주었던 거울을 떠올리게 했다. 그래서 그녀는 전통적으로 영혼의 일부로 여겨지는 자신의 모습을 그 거울로 볼 수 있었다.[39] 또한 오른손에 들었던 대나무 화살은 일부 카스트나 지역에서 결혼식 때 들었던 것이었다.[40] 코코넛 역시 장례식뿐 아니라 결혼식에도 등장했다. 라자스탄에서는 코코넛을 교환함으로써 혼인 서약이 확인되기 때문이다. 또한 여성들이 화장되기 전에 하는 행동들도 결혼식에서와 비슷한 것이 많다. 결혼식과 마찬가지로 장례식 때도 가족과 여자 친구들에게 장신구와 보석을 선물한다. 또한 첫 결혼식 때 남편과 함께 시계 방향으로 일곱 걸음 걸어갔던 것처럼 이번에는 장작더미 주위를 일곱 바퀴 돈다(장례식에서는 때때로 반대 방향으로 돌기도 한다).[41] 장례식에서도 준비된 새 침대, 즉 장작더미에 남편과 함께 눕는다. 이때 두 사람은 서로를 마주보며 몸을 맞대고 눕는다. 장작더미는 시신 하나와 살아 있는 몸 하나가 아니라 분리될 수 없는 반반의 몸으로 이루어진 몸 하나를 태운다.[42] 두 사람을 태운 재들이 서로 섞여 이들이 신성한 혼례의 불을 통해 하나가 되었음을 상징적으로 재확인해준다.

사랑 때문인가, 강요에 의해서인가

수 세기 동안 인도를 접했던 외국인들은 과부가 남편의 시신을 화장하는 장작더미 위에서 함께 불타 죽는 것이 자유의지에 의한 선택인지, 압박에 의해서인지 궁금해했다. 이 의문은 직접 의식에 참여하여 주인공의 표정과 몸짓을 가까이에서 관찰하면 종종 풀리곤 했다. 이븐바투타는 1333년에 암자리ₐₘⱼₐᵣᵢ에서 보았던 일을 들려주었다. 남편을 따라 죽으려 하던 한 여성이 몇몇 남자가 장작더미 앞에 천을 들고 서 있는 모습을 보았다. 남자들은 장작더미를 숨기고 싶은 듯 보였다. 그러자 그녀는 남자들의 손에서 천을 뺏으며 '미소를 띠고' 말했다. "내가 불을 겁낼 것 같나요? 나는 저것이 불이라는 걸 똑똑하게 알고 있어요!" 그런 뒤 그녀는 '불에 대한 경의의 표시로 머리 위에서 두 손을 맞잡은 채' 불 속으로 몸을 던졌다.[43]

16세기 초에 두아르테 바르보사는 이 의식에 관해 자세히 묘사하면서 과부가 "너무도 즐겁고 적극적인 표정과 몸짓이어서 곧 죽을 사람 같아 보이지 않았다"고 언급했다.[44] 1535년에 루도비코 데바르테마는 사티 이야기에 큰 충격을 받은 자국 독자들을 향해 "그녀가 마지못해서 그런 선택을 했다고 생각지는 말라. 그녀는 곧 천국에 갈 것이라고 굳게 믿었다"라고 썼다.[45] 17세기 중반에 인도 무굴 제국의 여섯 번째 황제 아우랑제브(재위 1658~1707)의 궁에서 12년간 살았던 프랑스 의사 프랑수아 베르니에는 '과부의 행동과 얼굴에 어린 야수 같은 대담함 혹은 맹렬한 즐거움, 의연한 발걸음, 아무런 동요 없이 이야기를 나누고 몸을 씻는 모습, 우리에게 던지는 자신감 가득한, 아니 좀더 정확히 말하면 무감각한 눈길'에 깊은 인상을 받았다.[46] 1770년에 네덜란드 여행자 스타보리뉘스도 이와 비슷한 언급을 했다. "이 끔찍하고 야만적인 의식에서 제일 놀라웠던 건 당사자인 여성의 평온함과 친척들이 나타내는 즐거움이었다. (…) 자신의 잔인한 죽음을 준비하는 광경을 바라보는 이 가련한 피해자는 그 자리에 있던 우리 유럽인보다 마음의 동요가 훨씬 덜한 듯 보였다."[47] 10년 뒤 윌리엄 호지스는 이러한 의식 중 하나를 주의 깊게 관찰한 뒤 과부가 "완전히 침착한 표정이었으며" "심지어 불길에 자신을 희생시키기 직전에도 전혀 떨리지 않는 목소리로 참석자들에게 몇 마디 말을 던졌다"라고 썼다.[48] 1810년에 『타임』지의 한 특파원도 이 의식 중 하나를 목격하고 '과부가 완전히 의연하고 침착한 모습으로 남편의 시체를 태울 장작더미 위로 올라가는 것'에 놀랐다고 증언했다.[49]

　의식이 시작되기 몇 시간 전에 과부를 만날 기회가 있어 그녀가 다른 사람들과 나누는 대화를 들으며 궁금증이 풀리는 경우도 있었다. 17세기 중반에 판타에서 장바티스트 타베르니에가 다른 네덜란드인 몇 명과 함께 도시 총독(사티를 말리려고 애쓰는 이슬람교도였다)의 집에 있었는데 매력적인 22세 여성이 찾아왔다. 이 여성은 단호한 목소리로 죽은 남편의 시신과 함께 화장될 수 있게 허락해달라고 요청했다. 총독은 그녀의 결심을 돌리려고 애썼다. 그런데도 여성이 계속 고집을 부리자 총독은 불에 타면 얼마나 고통스러운지 알고 있느냐, 사고로 손을 데어본 적이 있는지 물어보았다. 그러자 그녀는 "아뇨, 없어요"라고 아까보다 더 용기에 차서 대답했다. "저는 불이 조금도 두렵지 않아요. 진심인지 확인하고 싶으면 불이 잘 붙은 횃불 하나를 가져와보세요." 결국 횃불을 대령하자 여성은 그 앞으로 달려가 얼굴 한번 찡그리지 않고 손을 횃불에 갖다 대더니 팔을 팔꿈치까지 불 속에 밀어넣었다. 곧 팔이 타들어가기 시작했다.[50] 1823년에는 『타임』지의 특파원이 남편을 따라 죽으려는 한 인도 여성의 마음을 돌리려고 애쓴 적이 있었다. 그녀는 특파원의 말을 굉장히 침착하게 듣고 있다가 감사를 표했지만 그래도 남편과 함께 불타 죽겠다는 뜻을 굽히지 않았다. 특파원은 "나는 그녀의 맥박이 뛰는 걸 느낄 수 있었는데, 지금 이 글을 쓰고 있는 내 맥박보다 훨씬 차분했다"라고 덧붙였다.[51]

남편을 따라 죽겠다고 결심하는 과부들이 얼마나 특별한지 듣고 이 힌두교 풍습을 더 잘 이해한 유럽 여행자들도 있었다. 어떤 여성들은 전쟁에 나가거나 위험한 여행길에 올라 멀리 떨어져 있는 남편이 죽는 꿈을 꾸면 남편의 생사가 확인되지 않아도 아누마라나(따라 죽기)를 하기로 결정했다. 이런 선택을 하는 이유는 첫째, 꿈속 모습이 현실과 일치하고 둘째, 그런 꿈은 고인에 대한 산 자의 죄를 나타낸다는 힌두교의 믿음 때문이었다. 또한 유럽인들은 어떤 여성들은 남편이 죽은 직후 어둡고 탐욕스러운 초자연적인 힘의 지배를 받게 된 것처럼 느꼈다는 이야기를 들었다. 이들은 내면의 불길에 휩싸인 듯했고 몸이 떨리기 시작했다. 입에서는 '나는 불을 먹어버릴 거야' '남편을 따라갈 거야' '사트, 사트, 사트' 같은 말이 줄줄 튀어나왔다.[52]

피에트로 델라 발레는 사티에 참석했을 때 과부가 "차분하고 동요 없는 얼굴로 눈물도 흘리지 않은 채 장작더미 위에 올라가서 자신의 죽음보다 남편의 죽음을 더 슬퍼하고 이승을 떠나는 데 대한 섭섭함보다 저세상에서 남편을 만나고 싶은 소망이 더 크다는 것을 보여주었다"고 언급했다.[53] 하지만 발레는 자신이 받은 인상이 미덥지 않았던 듯 정보를 수집하기로 마음먹었다. 그래서 며칠 전 남편을 잃은 한 여성이 사티를 원한다는 이야기를 듣고는 통역사를 동반해 그녀를 만나고자 백방으로 노력했다. 그러다 1623년 11월 16일에 그 여성을 방문하기로 약속을 잡았다. 발레는 마치 현대의 인류학자처럼 그녀가 사는 곳과 주위 사람들의 행동 및 상호 작용 방식을 주의 깊게 메모한 뒤 긴 인터뷰를 했다.

발레가 여성의 집에 도착했을 때 그녀는 마당에서 다른 사람들과 함께 앉아 '이야기를 나누며 웃고 있었다'. 나이는 서른 살 정도 되어 보였고 '얼굴빛이 인도인치고는 짙은 갈색이어서 거의 검은색에 가까웠다'. 매력적인 외모에 키가 크고 균형 잡힌 몸매의 소유자였고 흰색 옷에 머리는 꽃으로 장식했다. '또한 꽃들이 햇살 모양으로 꽂혀 있는 화관을 쓰고 있었다. 한마디로, 그녀는 정식 혼례복 차림으로 손에는 레몬을 들고 있었다. 사티를 치를 때 일반적으로 갖추는 옷차림이었다.' 그녀는 자리에서 일어나더니 이 이탈리아 여행자와 통역사에게로 다가와 한참 동안 이야기를 나누었다. 그녀는 자신의 이름이 지아카마라고 밝히면서 남편은 북 치는 사람이었다고 알려주었다. 남편은 19일 전에 자신과 다른 두 아내를 두고 세상을 떠났고 다른 두 아내는 자식들이 많으니 죽지 않겠다고 바로 선언했다고 한다. 지아카마에게도 일곱 살 된 아들과 그보다 몇 살 위의 딸이 있다는 것을 알게 된 발레는 왜 이런 결심을 하게 됐는지 물었다. "그녀는 내게 아이들은 삼촌에게 맡긴다고 대답했다. 그 자리에 함께 있던 삼촌도 조카의 선택이 대단히 흐뭇하기라도 한 듯 우리와 매우 유쾌하게 이야기를 나누었다. 또한 다른 두 아내도 아이들을 돌봐줄 것이라고 했다." 발레는 아이들이 어리고 엄마를 잃으면 힘든 처지가 될 것이라며 다시 생각해보라고 설득했지만 소용이 없었다. "지아카마는 전혀 흔들림이 없을뿐더러 심지어 쾌활한 표정으로 이성적으로 대답했고 죽음을 조금도 두려워하지 않는 듯한 태도였다. 또한 자진해서 하는 일인지 물어보자 누구의 강요나 설득도 아닌 자신의 뜻대로 하는 것이라고 대답했다."[54] 발레는 설득을 포기했지만, '자신의 힘없는 펜이 도울 수 있는 데까지 그녀의 이름이 이 세상에 영원히 남게 해주겠노라고 약속했다'. 나중에 발레는 '남편이 죽자 산 채로 함께 불에 탄 여성에 관하여'라는 제목으로 지아카마를 추모하는 세 편의 소네트를 썼다

(이 소네트들은 최근에야 재발견되었다).[55] 그중 한 편을 옮겨보겠다.

그들의 풍습대로 그녀는 자신의 몸을 불태웠다.
죽은 남편이 장작더미 위에서 불에 타 소멸된 뒤에.
그녀는 남편이 없는 삶은 원하지 않았다.
적어도 이 세상에서는.
이 감복할 사랑이 사람들 사이에 회자되기를.[56]

인도 과부들이 남편의 시신을 태우는 장작더미에서 함께 화장되는 것이 대개 자유의지에 따른 행동처럼 보였음은 힌두교도들의 풍습을 자세하게 알고 있던 사람들이 다른 시기에 직접 기술한 내용[57]에서도 분명히 나타난다. 1978년, 다년간 여성 해방운동을 헌신적으로 지지해온 인도의 한 학자가 자신의 증조할머니가 영국이 사티 의식을 금지했음에도 불구하고 남편의 시신을 껴안고 산 채로 불에 타서 죽었던 이야기를 들려주면서 서구 학자들이 사티를 이념적으로 해석하는 것에 경고를 보냈다. 증조할머니는 자신의 의지에 따라 결정을 내렸을 뿐 아니라 손자와 증손자들의 반대도 이겨내야 했다. 손자들은 할머니의 행동이 불러올 법적인 결과를 우려해 이 결심을 되돌리려고 최선을 다했다.[58]

그러나 강요에 의해 사티가 되는 경우도 있었다. 발레가 인도 과부들이 강제로 남편을 따라 죽는 것인지 물어보자 지아카마도 '보통은' 그렇지 않지만 '지체 높은 사람들' 사이에 때때로 그런 경우가 있다고 인정했다. 젊고 아름다운 여성이 홀로 되어 재혼할 위험이 있을 경우(재혼이 매우 수치스러운 일로 여겨졌다) 혹은 더 나쁜 잘못을 저질렀을 때가 그랬다. 그런 경우 죽은 남편의 친구들이 매우 엄하게 몰아세웠고 과부가 살아 있을 때 일어날 수 있는 무질서를 막고자 당사자가 원하지 않아도 분신을 강요했다.[59] 이런 상황에서는 여성들에게 약을 먹이거나 장작더미에 묶거나 튼튼한 대나무 울타리 안에 가두었다.[60] 이런 일이 얼마나 있었는지는 정확히 알 수 없다. 그러나 이 풍습이 점차 불법이 되기 시작했던 19세기 초에 강제적인 사티가 증가했을 가능성은 있다.

과부가 자발적으로 화장을 선택했다 해도 막상 장작더미를 보면 두려움에 휩싸여 달아날 위험이 항상 존재했다. 그러면 당사자와 가족들이 불명예를 안게 되기 때문에 이런 사태를 막기 위한 예방 조치가 취해졌다. 여기서는 브라만이 핵심적인 역할을 했다. 이들은 과부와 '좋은 이야기들을 나누고 죽음을 두려워하지 말라고 설득했으며' '현생은 짧고 헛되니 경멸하라'고 부추겼다. 그리고 죽은 뒤 '남편과 많은 즐거움을 나누고 무한한 부와 귀한 옷들, 그 외에도 무수히 많은 것을 누리게 될 것'이라고 약속하여 의식의 결정적인 순간에 여성을 진정시켰다.[61] 또한 여성이 몸을 정화하려고 강으로 갈 때 불타 죽는 것보다 물에 빠져 죽는 쪽을 택할까봐 한시도 눈을 떼지 않고 지켜보았다.

고통을 약화시키거나 마지막 순간에 달아나는 것을 막기 위한 조치들도 취해졌다. 과부들은 종종 머리와 몸에 기름을 발랐다. 루도비코 데바르테마는 여성이 불길 속에 몸을 던진 뒤 "목숨이 빨리 끊어지도록 친척들이 막대기나 송진 덩어리로 그녀의 몸을 두들겼다"라고 썼다.[62] 때로는 친척, 친구, 지인들이 여성을 빙 둘러싸서 도망갈 길을 막기도 했다. 니콜로 디콘티는 "때때로 그랬던 것처럼 과부가 겁을 집어먹거나 이미 장작더미 위에 올라가 있던 다른 과부들이 도망치고 싶은 듯 이상한 움직임을 보이거나 비명을 질러서 두려움에 기절할 지경이 되면 주위 구경꾼들이 그녀가 불길에 뛰어들도록 돕거나 심지어 강제로 불 속으로 던질 수도 있었다"라고

썼다.[63]

비난받는 자살과 존경받는 자살

'원시 사회들'에서는 이타적인 자살이 널리 퍼져 있었다는 뒤르켐과 그 외 많은 학자의 주장은 인도 역사에서는 확인되지 않는다. 그 이유는 두 가지다.[64] 먼저 과거 이 나라에서는 광범위한 문화적 자살이 존재했는데, 여러 다른 형태의 자살에 부여되는 의미, 도덕적 판단, 자살 전과 직후에 이루어지는 축하 의식의 종류가 달랐다. 둘째, 더 과거로(개인이 집단에 충실하게 복종했던 더욱 '원시적인' 사회로) 거슬러 올라갈수록 사티의 중요성이 더 약해지는 것으로 보인다. 첫 번째부터 살펴보자.

인도에서는 자살 이유와 장소, 자살자의 성별과 신분, 카스트에 따라 어떤 형태의 자발적 죽음은 수 세기 동안 비난을 받은 반면 어떤 자발적 죽음은 존경받고 장려되었다.[65] 따라서 여성이 남편의 시신을 태우는 장작더미에서 함께 불타 죽는 것은 인정되고 명예롭게 여겨졌지만, 미혼의 여성이나 결혼을 했더라도 격한 감정에 휩싸여 자살을 하는 경우는 비난받았다. 자발적 죽음의 형태를 구분하기 위해 용어도 달리 사용되었다. 비난받는 자살은 아트마하티아Atmahatya, 아트마티아가atmatyaga, 인정받는 자살은 타누티아가tanutyaga, 데사티아가dehatyaga라고 불렸다.[66]

기원전 2세기와 기원전 1세기 사이에 살았던 인도의 영향력 있는 정치가이자 정치 철학자인 카우틸랴는 당시의 주요 도덕적 가르침을 모은 저서에서 자살을 신랄하게 비난했다.

사랑, 분노 혹은 그 외의 악한 열정에 사로잡힌 사람들이 밧줄이나 무기나 독약으로 자살을 하거나 다른 사람이 자살을 저지르도록 꾄다. 이 사람들은 밧줄로 묶어 찬달라candela(불가촉천민)가 길에서 끌고 다녀야 한다. 이런 살인자들에 대해서는 친척들이 화장 의식이나 어떤 장례식도 치러서는 안 된다. 이 악인들의 장례식을 치른 친척이 있다면 그 사람도 장례식을 치르지 못하거나 일가친척들에게 버림받을 것이다.[67]

15세기의 일부 문서는 음독하거나 분신자살하거나 목을 매거나 물에 빠지거나 절벽 아래로 몸을 던져 자살하는 사람들의 행위는 막중한 죄로 여겨져야 한다고 명시했다.[68] 2세기 뒤에도 권위자들이 오만, 분노, 고통 혹은 두려움 때문에 스스로 목숨을 끊은 사람은 '6만 년 동안 어두운 지옥에 떨어질 것'이라고 주장했다.[69]

공동체는 이런 이유들로 목숨을 끊은 사람에 대해서는 과부가 남편을 따라 불에 타 죽었을 때와는 완전히 다른 반응을 보였다. 자살자의 시신은 벽에 구멍을 뚫어 집에서 내보냈으며 함부로 다루어지고 유린되었다. 또한 카우틸랴가 쓴 것처럼 화장되거나 매장될 수 없었다. 자연사한 경우 문상객들이 보통 시신 주위를 시계 방향으로 걸었지만 자살자의 경우 시계 반대 방향으로 걸었다.[70]

하지만 사티 외에도 여러 유형의 자살이 허용되었고 칭송받았다. 그중에서 『우파니샤드Upanishads』(힌두교의 성전) 두 권에서 언급된 가장 오래된 유형의 자살은 산야신sannyasin이 떠나는 '위대한 여정'이다. 산야신은 삶의 마지막 단계에 들어서서 정신적 탐구에 헌신하기 위해 물질적인 것을 포기한 사람이다. 산야신은 자기 파괴 행위를 하는 것이 아니라 먹지도 마시지도 않은 채 히말라야산을 향해 북쪽으로 여행길에 오르거나 높은 바위에서 뛰어내렸다.[71] 또한 순례의 마지막에 가장 신성한 두 개의 강인 갠지스강과 자무나강, 그리고 눈에 보이지 않는 신비로운 사라스바티강이 합류하는 지점에 위치한 고대 프라야그알라하바드Allahabad. 힌두교의 성지에서 자살을 하는 것도 허용되었다.[72] 뿐만 아니라 어떤 중요한 정화 의식도 못 할 정도로 아프거나 어떤 식으로도 속죄될 수 없는 끔찍한 죄를 저지르거나[73] 사형선고를 받은 사람의 자살 역시 허용되었다. 이미 마르코 폴로가 인도에서는 "어떤 죄를 저질러 죽을 운명인 사람이 이런저런 우상을 위해 스스로 목숨을 끊겠다고 선언하면 왕이 이를 허용해주었다"라고 설명한 적이 있다.[74] 다른 자료들도 범죄자가 속죄를 위해 하는 자살은 허락되었다고 알려주고 있다.[75] 또한 왕위에서 물러난 왕이 물(때로는 프라야그에 있는 강)이나 불에 몸을 던져 목숨을 끊는 것 역시 허용되었다.[76] 마지막으로 자우하르jauhar라는 풍습이 있었다. 군사적 패배에 직면했을 때 남성들은 전투에서 죽을 때까지 싸우고 여성은(때로는 아이들까지) 포로로 잡혀 치욕을 당하지 않으려 칼로 몸을 찌르거나 불길에 몸을 던져 죽는 것이었다.[77]

이렇게 허용되고 존경받는 자살들에는 뚜렷한 공통점이 두 가지 있었다. 하나는 삶의 마지막에 도달했을 때 하는 자살이라는 점이고, 다른 하나는 오로지 개인적인 이유로 하는 자살이 아니라는 점이다.[78] 사티 역시 긍정적으로 여겨졌는데, 여성의 삶(남편에게 속해 있다고 여겨졌다)은 남편이 죽으면 끝나고 아내는 죽음으로써 남편 가까이 머물 수 있다고 생각되었기 때문이다. 마찬가지로, 패배한 도시의 주민 전체가 거행하는 자우하르나 신야신, 프라야그에 도착한 순례자, 왕위에서 물러난 왕의 자살은 삶의 마지막에 도달했을 때 행하는 것이었고 그저 개인적인 동기로 하는 자살이 아니었다.

이렇게 허용된 형태의 자살 중 하나를 하겠다고 일단 선택하면 철회가 불가능했다. 자살을 하겠다는 뜻을 밝힌 사람이 행동에 옮기지 못하거나 마음을 바꾸면 신의 노여움을 사고 가족에게 수치를 안겨주며 대중의 멸시를 받는 중한 죄를 저지른 것으로 여겨졌다.[79] 저항하는 과부를 브라만들이 장작더미로 밀어넣어 결심을 지키도록 만든 것은 이런 이유로 설명된다. 하지만 철회할 수 없다는 규칙은 산야신이나 프라야그 순례자의 결심에도 적용되었다. 이들 역시 한 걸음 뒤로 물러설 때마다 브라만 한 명을 죽이는 것, 즉 최악의 죄를 저지른 것과 동등하게 간주되었다.

그러나 삶의 마지막에 도달했고 순전히 개인적인 동기가 아닐 때 자살한다는 이 규칙에는 예외가 있었다. 정화 의례를 구현하고 지키는 브라만들이 누군가에게 부당한 취급을 받았다고 느끼면 복수의 한 방법으로 자살할 권리가 주어졌다.[80] 예를 들어 일부 브라만들은 라지푸트의 국왕이 부당한 세금을 부과하자 복수를 위해 자살을 했고 '마지막 숨을 거둘 때 국왕에게 저주를 퍼부었다'. 또한 한 브라만 가문의 딸은 왕에게 유혹을 당하자 분신자살했다.[81] 시간이 흐르면서 다른 카스트 계급들도 이 관행을 도입했다. 인도 남부에서는 와랑갈의 왕이 큰 저수지를 파면 보상으로 금을 주겠다고 약속했다가 지키지 않자 많은 노동자가 보복 자살했다. 이들을 추도하기 위해 남성들이 자신의 목을 찌르는 모습이 새겨진 석판이 수 세기 동안 전해졌다.[82]

이 관행이 아마 '다르나dharna'로 이어졌을 것이다. 다르나는 채권자 혹은 좀더 일반적으로는 부당한 처사를 당한 사람이 채무자나 모욕을 준 사람의 집을 찾아가 자신의 요구가 받아들여질 때까지 굶겠다고 위협하며 문 앞에서 단식을 하는 풍습이다.[83] 때로는 피해자가 머리 위에 돌을 얹고 있었고 때로는 무기와 독약을 들고 가기도 했다. 또 이러한 도덕적 압력을 가하기 위해 브라만에게 도와달라고 설득하기도 했다. 사제가 (굶어서) 죽게 하는 것은 중한 범죄였기 때문이다. 예를 들어 약혼한 딸의 상대가 변심한 것처럼 보이면 부모가 딸을 지키기 위해 브라만을 모셔와 단식을 부탁했다.[84]

인도사회에는 다른 형태의 보복 자살도 있었다. 18세기에 인도를 여행했던 사람들에 따르면 마라바 왕국에서는 싸우다가 한쪽이 자살하면 다른 쪽도 똑같이 해야 했다고 한다. 여성이 자신을 모욕한 남성의 집 문에 머리를 부딪쳐 죽으면 그 남성도 그렇게 해야 했고, 누군가가 음독자살을 하면 그 원인이 된 사람도 똑같이 해야 했다. 그렇게 하지 않으면 중대한 처벌을 받고 가혹한 대우를 받았으며 집이 불태워졌고 가축들이 도살당했다.[85]

따라서 고대 인도에서 개인과 집단 사이에 종속관계가 강했던 시대에는 다양한 형태의 자살이 존재했지만 그중에는 이타적 자살과는 거리가 먼 것이 많았다.

사티 풍습의 기원과 확산

두 번째 이유로 넘어가보면, 사티가 처음에 언제 도입되었는지는 분명하게 알려져 있지 않다. 그러나 기원전 1500~기원전 700년 사이에 쓰인 사제 교본인 『브라흐마나Brahmanas』나 기원전 600~기원전 300년 사이에 가정의 제례를 자세히 기술한 경전인 『그리히야 수트라Grihya sutras』에도 언급된 적이 없었다는 것은 알고 있다.[86] 실제로 『그리히야 수트라』에서는 장례 의식을 상세하게 설명하면서 남편을 화장한 뒤 과부가 집으로 돌아갈 때 시동생이나 믿을 만한 하인과 동행해야 한다고 강조했다. 뿐만 아니라 과부가 오랫동안 유복한 삶을 살기를 기원했다. 서기 3세기 이후에야 사티와 관련된 첫 번째 증거가 발견되었는데, 이는 일부 전문가가 여성의 사회적 지위가 하락했다고 밝혔던 시기와 정확히 일치한다.[87] 예를 들어 남편이 죽은 뒤 과부가 재혼하지 않고 살거나 남편의 시신과 함께 장작더미에서 불타 죽어야 하는 사하가마나 관행이 처음으로 법에서 언급되었다. 하지만 이 규정들은 사하가마나가 의무가 아닌 선택이어야 한다고 명시했다.[88]

그러나 이 풍습의 기원에 관한 최초의 증거는 알렉산드로스 대왕의 인도 정복에 관해 기록했던 오네시크리투스, 아리스토불루스, 스트라보, 디오도로스 시쿨루스 같은 역사가들의 진술에서 나타난다.[89] 이 관행의 기원에 관해 처음이자 가장 기이한 설명을 해준 사람이 디오도로스 시쿨루스다. 시쿨루스에 따르면, 아내가 파트너를 바꾸고 싶을 때 남편을 독살하기 때문에 사티는 남성을 아내로부터 보호하기 위해 도입되었다. 따라서 '이런 악행이 유행하여 많은 사람이 이런 식으로 살해당하자 이 죄를 저지른 사람을 처벌해도 다른 사람들이 같은 악행을 되풀이하는 것을 막지 못했기 때문에 인도인들은 임신하거나 자녀가 있는 경우를 제외하고는 아내가 죽은 남편과 함께 화장되어야 한다는 법을 정했다.'[90]

인도에 관심 있던 유럽인들은 이 설명을 다양한 형태로 무수히 반복했다.[91] 예를 들어 체사레 데페드리치는 이런 이야기를 들었다.

이 법은 여성의 남편 살해에 대비하기 위해 고대에 만들어졌다. 당시 이 법이 만들어지기 전에 여성들은 남편이 자신에게 불쾌한 행동을 할 때마다 곧바로 독살시키고 다른 남자를 취했다. 이제 이 법이 생겨서 아내가 남편에게 더욱 충실해졌고 남편의 목숨을 자기 목숨만큼 소중하게 여겼다. 남편이 죽으면 자신도 곧 뒤따라 죽어야 하기 때문이다.[92]

사티의 기원과 발달에 관해 일부 학자가 제시한 다른 두 가지(서로 꼭 대립적이지는 않다) 가설이 더 설득력 있어 보인다. 첫째는 지배자와 왕이 가장 소중하고 유용한 소지품과 소유물을 내세까지 가져가는 고대의 풍습에서 사티가 시작되었다는 것이다. 여기에는 옷, 무기, 말, 아내까지 포함되었다. 둘째는 영웅주의를 대단히 중요시하는 무사 가문들에서 사티가 발달했다는 주장이다. 남편이 전사할 경우 아내가 적의 손에 넘어가지 않으려고 용감하게 불타 죽었다는 뜻이다. 이 두 가설과 그 외 가설들의 타당성을 평가하려면, 그리고 사티가 수 세기 동안 간직했던 의미를 좀더 분명하게 이해하려면 우리는 인도의 복잡한 계급사회를 이루는 다양한 집단에서 사티가 누렸던 명성, 사티가 이 집단들에 처음 나타났던 시기, 이후 확산되었던 정도를 검토해야 한다.

과거 인도 사회는 바르나varna 혹은 카스트로 나뉘어 있었다. 가장 높은 계급인 브라만은 원래는 마법사와 주술사였으나 나중에는 사제와 학자들이 여기에 속했다. 하지만 이들의 교육은 문학이 주를 이루었고 베다브라만교의 경전 암기에 초점을 맞추었다. 두 번째 계급은 귀족과 무사 계급인 크샤트리아Kshatriya로, 주민들에게 군사적 보호를 제공하는 역할을 했다. 세 번째 계급은 상인부터 농민, 목동까지 다양한 직업과 생산자들을 아우르는 바이샤Vaishya다. 최하위 계급인 수드라Shudra는 미숙련 노동자들, 하인들, 도공과 그 외의 기능공, 향료와 기름 장수로 구성되었다.

사티는 두 번째 계급인 크샤트리아들 사이에서 최초로 기록된 것으로 보인다.[93] 디오도로스 시쿨루스가 언급했던 군사령관 케테우스, 그리고 1600여 년 뒤에 이븐바투타가 묘사한 장례식에서 화장된 무사들이 이 계급 출신이었다. 돌비석에 묘사된 남성들도 이 계급에 속했다. 남성들이 갑옷을 입고 창을 든 채 말에 타고 있기 때문이다. 아내 혹은 아내들은 일반적으로 무사들 아래에 팔짱을 낀 채 늘어서 있다.[94] 사티 풍습은 수 세기 동안 이 카스트에 한정되어 있었다. 과부가 남편을 따라 죽는 것은 남편이 전장에서 세운 무공에 비견될 만큼 영웅적 행위로 여겨졌다. 오늘날까지도 라자스탄 여성들 사이에는 여느 동물들과 달리 숫사자는 불 주위를 빙빙 돌아도 암사자는 바로 불 속으로 뛰어들 것이라는 속담이 전해진다.[95] 이 오래된 속담의 의미는 분명하다. 라지푸트족의 남성과 여성은 용맹하다는 점에서는 둘 다 사자이지만 여성이 남성보다 더 용감하다는 뜻이다. 남성들은 전장에서 자신의 목숨을 걸지만 여성은 화장용 장작더미 위에 올라가 죽음을 받아들인다.

과부의 자살 의식은 수 세기 동안 브라만 계급의 여성들에게는 금지되었다.[96] 실제로 일부 법에서는 브라만 계급의 과부에게 남편을 따라 불에 타서 죽도록 권하는 사람이 있으면 '브라만의 아내를 살해하는 끔찍하고 속죄할 수 없는 죄'를 저지르는 것이라고 규정했다.[97] 서기 1000년경, 즉 사티가 크샤트리아 계급에서 처음 나타난 지 1300년이 훌쩍 지난 무렵에 일부 사제 가문에서 사티가 실행되기 시작했다. 고대의 금지령이 재해석되어 아누마라나, 즉 '따라 죽기'에만 적용되었고 사하가마나(함께 가기)는 합법적인 것으로 여겨지기 시작했다.[98] 몇 세기 뒤에는 사티가 중간 계급과 하위 계급까지 퍼져나가 심지어 기름 짜는 사람, 목동, 베 짜는 사람, 무두장이, 북 치는 사람(앞서 언급한 지아카마의 남편처럼) 같은 미천한 신분의 가정에서도 실행되었다.[99] 인도 주재 영국 관청들이 수집한 데이터에 따르면, 1815년부터 1826년 사이에 남편을 따라 죽은 과부들의 거의 40퍼센트가 브라만, 6퍼센트가 크샤트리아, 4퍼센트가 바이샤, 50퍼센트가 수드라였다.[100]

여기서도 종종 '산스크리트화Sanskritization'라고 불리는 과정, 즉 하위 계급의 구성원들이 동경하는 상위 계급의 풍습, 의식, 이념, 생활방식을 모방하는 과정이 진행되었다는 증거가 있다. 하지만 사티가 항상 가장 많이 실행된 것은 사회 최상위 계급이었다. 각 카스트의 규모를 고려해보면 브라만(인구의 5~10퍼센트를 차지했다)이 바이샤나 수드라보다 더 빈번하게 사티를 실행했다는 결론을 쉽게 내릴 수 있다. 뿐만 아니라 이 상위 계급의 가문들에서는 사티가 깊게 뿌리내리고 있어 다른 나라로 이주한 뒤에도 계속 실행되었다. 예를 들어 1722년에 한 부유한 상인이 러시아의 아스트라한에서 세상을 떠났을 때 지역 당국은 아내가 죽은 남편을 따라 불에 타 죽는 것을 금지했다. 이 지역에 살던 다른 인도 상인들이 공장과 상점을 옮기겠다고 위협하자 그제야 허가가 떨어져서 '적절하게 성대하고 공개적으로' 사티가 치러졌다.[101]

사티가 확산되면서 그 성격이 달라졌다. 크샤트리아에서만 실행될 때는 오로지 영웅적인 의미만 있었지만, 다른 계급들에서 서서히 채용되면서 점차 종교적 성격을 띠어 브라만교의 한 의식, 힌두교도 전체의 제례가 되었다.[102] 이런 변화는 1300년 이후 사티를 기리는 기념물이 크게 늘어난 점에서도 확인된다. 이 기념물은 때로는 과부가 희생 장소로 떠나기 전에 집의 벽이나 문에 찍은 손자국 형태이기도 하고, 때로는 비문이나 장식을 새겨 넣은 돌비석이나 석판을 땅에 수직으로 세우기도 했다. 돌에는 대개 사티의 오른손과 팔뚝을 새겼고 영원의 상징인 해와 달[103] 혹은 행운의 징조인 만卍 자 무늬를 찍었다.[104](그림 27, 28)

사티는 사회적으로뿐 아니라 지리적으로도 확산되었다. 사티가 인도 북부, 특히 카슈미르 지방에서 처음 시작되었다는 것에는 의문의 여지가 없어 보인다. 일부 전문가들이 언급했던 것처럼 이 지방이 스키타이족(시베리아 출신의 유목민으로, 기원전 8세기부터 기원전 4세기까지 유라시아 지역 전체에서 문명이 발달했다)이 살았던 중앙아시아와 가장 가까웠기 때문이다. 그러나 시인 바나(서기 625년경)는 "사랑하는 사람을 따라 죽는 것은 가장 헛된 짓이며 바보들이나 따르는 풍습이다. 성급함에서 나오는 무모한 짓이고 엄청난 실수다"라며 사티를 맹렬하게 반대했다.[105] 8세기에서 9세기에 활동한 저명한 마누 법전 해설자인 메다티티도 사티를 비난했다.[106] 하지만 이 풍습은 인도 북부에서 중부와 남부로 아주 서서히 퍼져나갔다. 사티가 가장 널리 퍼진 시기에도 지리적 분포는 고르지 못했다. 예를 들어 부분적으로 모계 중심 사회였던 말라바르(오늘날의 케랄라)에서는 사티가 정착되지 않았다.[107] 19세기 초에는 서북부의 벵골 지역뿐 아니라 북부 지역, 펀자브와 라자스탄 서북부 지역에 사티가 널리 확산되었다. 완전히 영국의 지배 아래 있던 이 세 지역에 대해 영국 당국이 수집한 통계 자료에 따르면 1815년부터 1825년까지 남편을 따라 죽은 6000명이 넘는 과부 중에서 앞의 두 지역에 살았던 비율은 10퍼센트에 불과한 반면, 벵골에 거주했던 사람은 90퍼센트에 이르렀다. 하지만 벵골에서도 사티의 대다수가 콜카타에 사는 등 상당한 지역적 차이가 나타났다.[108]

남편을 화장하는 장작더미 위에서 불에 타서 숨진 여성들의 숫자가 시간이 지나면서 변했는지, 그 변화가 어느 정도였는지 확실하게 말할 수 있는 정확한 자료는 부족하다. 하지만 비석과 송덕비, 그 외 자료들에서 알 수 있는 정보들은 사티가 고대에는 비교적 드물었다가 중세에 증가하여 17세기 중반부터 사티가 법으로 금지된 1829년까지 절정에 이르렀을 가능성을 보여준다.[109]

이 관습에 대한 통계 자료는 흔치 않을 뿐 아니라 단편적이다. 1803년에 영국의 한 선교사가 콜카타 주변 30마일까지의 지역에 대한 인구조사를 실시하여 한 해에 총 438명의 과부들이 남편을 따라 불 속에 몸을 던졌다는 결론을 내렸다.[110] 영국 통치 아래 벵골 프레지던시에서 보고된 자료는 1815

년부터 1828년까지 8134건의 사티가 행해졌음을 보여준다.[111] 어떤 학자들은 인도에서 매년 적어도 10만 명의 과부가 화장되었다고 주장한다. 가장 정확한 추정치에 따르더라도 이 수치는 분명 매년 3만3000명에 이른다.[112] 영국의 통치 아래 사티가 법으로 금지되기 전인 19세기만 하더라도 거의 100만 명에 이르는 여성이 남편의 뒤를 따라 목숨을 끊었다는 의미다. 분명 놀라울 정도로 많은 숫자다. 그러나 과부의 총 명수가 어마어마했다는 점을 간과해서는 안 된다. 이 수치로 보면 일반 인구에서는 과부 1000명당 한 명꼴로 불에 몸을 던진 반면 이 관습이 널리 시행된 지역들에서는 이 수치가 100명당 2명으로 늘어난다.[113] 영국의 관료들이 수집한 수치들은 남편을 따라 죽은 과부 중에 종종 아주 젊은 여성들이 끼어 있었다는 많

〈표 5.1〉 영국령 인도(1907)와 인도(1967~1997)의 지역별 남성과 여성의 자살률

영국령 인도	0.58
아삼과 벵골 동부	0.67
벵골	0.56
뭄바이	0.92
미얀마	1.17
첸나이	0.74
중부의 주들	1.01
서북부 국경 주변의 주들	0.54
아그라와 온드 통합 주들	0.34
펀자브	0.79
인도	
1967	1.32
1977	1.34
1997	1.32

출처: Von Mayr(1917), Steen, Mayer(2004)의 데이터를 바탕으로 구성함

5장 과부가 되기 전에

은 여행객의 주장과 어긋난다. 자살한 과부 중 열아홉 살 이하는 3퍼센트에 불과한 반면 거의 절반이 50세 이상이었다(그리고 3분의 2가 40세가 넘었다).[114]

자발적 죽음(도덕적으로 비난받았던 형태의 자살까지 포함하여)의 빈도에 관한 가장 초기의 통계 데이터[115]는 사티 관습이 이미 쇠퇴하고 있던 1907년의 영국령 인도의 상황을 보여준다. 그해 인구는 2억300만 명에 약간 못 미쳤는데 자살률이 10만 명당 4.8명이었다. 이는 스페인이나 포르투갈, 이탈리아나 아일랜드와 그리 차이가 나지 않는 수치다.[116] 가장 눈에 띄는 특징은 1907년의 인도에서는 유럽과 달리 여성이 남성보다 자살 빈도가 훨씬 높았고 성별 격차가 엄청난 지역들도 있었다는 것이다.(표 5.1) 이 비율은 20세기에 역전되어 지난 40년 이상 남성의 자살률이 여성보다 약간 더 높았다.[117]

사티가 될 것이냐, 과부가 될 것이냐

왜 수십만 명의 인도 여성이 남편을 잃은 후 자살하는 의식을 치렀을까? 무엇이 이 여성들로 하여금 화장용 장작더미 위에 올라가거나 구덩이에 몸을 던져 불길 속에서 죽게 만든 것일까? 한 세기 전에 에밀 뒤르켐은 이 의식이 주로 특별한 사회적 구조, 특히 '개인이 집단에 엄격하게 종속된' 데서 나왔다는 답을 내놓았다. 하지만 오늘날의 연구 결과들에 비추어보면 이 주장은 전혀 맞지 않아 보인다. 첫째, 인도에서 사티는 기원전 3세기 이전에는 존재하지 않았고 이후 1000년 동안 아주 가끔씩만 실행되었는데, 이 오랜 기간 동안에도 개인은 자신이 속한 공동체에 종속되어 있었다. 둘째, 개인의 욕구가 거의 존중되지 않았던 극도로 '원시적인' 사회에서 같은 기간 동안 '이타적' 자살과 유사한 형태들이 존재하지 않았다.

사티를 사회구조와 관련해서만 설명하고 싶다면 개인과 집단과의 관계로 제한하지 말고 성별이라는 관점, 즉 남성과 여성 간의 관계를 분석해야 한다. 이미 15세기에 스페인의 여행객 페로 타푸르가 사회적 관계, 기대, 역할 행동이라는 측면에서 사티의 논리를 분명하게 밝혔다. "남성이 먼저 죽으면 여성은 불에 몸을 던져야 한다. (…) 하지만 여성이 먼저 죽으면 남성은 그럴 필요가 없다. 여성은 남성을 위해 태어나지만 남성은 여성을 위해 태어난 것이 아니기 때문이다."**118** 실제로 우리는 수십만 명의 여성이 남편을 화장하는 장작더미 위에서 함께 죽어갔지만 아내를 위해 같은 행동을 했던 홀아비는 한 명도 없었다는 것을 잘 알고 있다.

하지만 사티와 이 풍습이 서서히 늘어나고 이후 확산된 현상을 정확하게 설명하기 위해서는 사회구조가 아니라 인도의 문화, 즉 일련의 복잡한 의미와 상징들, 사고방식과 믿음뿐 아니라 이 나라의 거의 모든 인구가 공유했던 분류 체계에서부터 시작해야 한다. 이 체계들은 특정 상황에서 혹은 어떤 사건 뒤에 무엇을 느끼고 느끼지 말아야 하는지 규정하고 그런 느낌들을 어떻게 표현해야 하는지 제시함으로써 감정을 지배한다. 우리는 사티의 실행뿐 아니라 그 외 이 의식의 중요하지만 이해할 수 없는 측면들을 서구와는 너무도 다른 이 감정 지배 체계에서 설명할 수 있다. 그중에서도 특히 유럽 여행객들이 수없이 기록했듯이 인도 과부들이 평온한 표정으로 입가에 미소를 띠고 죽음을 향해 가는 것처럼 보였다는 사실을 이 체계를 바탕으로 분석해볼 수 있다.

수 세기 동안 수십만 명의 인도 여성이 남편의 시신을 태우는 장작더미 위에서 스스로를 희생한 동기에는 두 가지가 있다. 첫째는 이들은 어떤 이유에서든 사티가 되는 쪽에 마음이 끌렸다. 둘째, 자신 앞에 놓인 과부의 삶을 피하고 싶었다. 오늘날의 우즈베키스탄 히바(당시에는 흐와리즘Khwarizm이라 불렸다)에 살던 천문학자이자 역사학자인 알베루니는 1030년에 인도를 방문하고 이렇게 썼다. "여성은 남편이 죽은 뒤 평생 과부로 살지, 아니면 불에 몸을 던질지 둘 중 하나밖에 선택할 수 없었고 후자가 더 낫다고 간주되었다. 과부로 살면 내내 냉대를 받기 때문이다."[119] 2세기 뒤 마르코 폴로는 "남성이 죽어 화장될 때 그의 아내가 그 불에 몸을 던져 남편과 함께 불에 타 죽는다. 이렇게 한 여성들은 만인에게 큰 칭송을 받았다. 그리고 장담하건대, 이렇게 한 여성들이 많았다"[120]라고 기록했다. 16세기 초 두아르테 바르보사가 쓴 것처럼, 여성이 이를 거부하면 "친지들이 그녀의 머리를 깎고 집안의 불명예이자 수치로 취급했다. 과부가 젊을 경우 절로 보내 매춘을 하여 절에 돈을 벌어주게 하는 경우도 있었다".[121]

사티가 되는 것은 고결하고 정숙하며 충실한 아내가 갈망해야 하는 훌륭한 본보기로 여겨졌다. 여기에는 사티가 됨으로써 생전에 저질렀던 모든 죄에서 자신과 남편을 구원할 수 있다는 믿음이 깔려 있었다. 게다가 사티를 행하는 여성은 엄청난 힘을 부여받은 초자연적인 존재가 되고 양가의 자손들에게 오랜 세월 영예를 안겨주었다. 이 모델은 세대에서 세대로 전수되었다.[122] 프랑수아 베르니에가 쓴 것처럼 "어릴 때부터 이 미신을 지조 있는 여성이라면 당연히 지켜야 할 가장 고결하고 장한 행동이라고 듣고 자란 어머니들이 자신의 딸들에게 이 생각을 불어넣었기" 때문이다.[123] 또한 스스로 불에 타 죽은 여성들을 기리는 비석과 사원을 세우고 칭송함으로써 이 관습이 끊임없이 부활되었다.

힌두교 여성이 남편을 잃은 뒤 자살한 데는 과부가 되고 싶지 않은 이유도 있었다(혹은 이 이유가 가장 중요했다). 수 세기 동안 인도에서는 남편이 죽은 뒤 아내가 과부가 될지 아닐지를 선택할 수 있었다. 서구인들은 전혀 이해할 수 없는 이 명제는 과부에 대한 개념이 서구와는 완전히 다른 힌두교의 신념 체계와 관련되어 있다.[124] 힌두교에서는 남편의 육체적 죽음 뒤에도 아내는 계속 결혼한 상태이며 남편의 시신이 화장되어 물질적인 형태가 없어지고 영적인 길을 가게 된 뒤에야 기혼이 아닌 상태가 된다. 따라서 장작 더미 위에 올라가 남편과 함께 화장되는 여성은 과부가 아니라 기혼 상태다(영원히). 이 개념은 수많은 상징적 행동으로 표현된다. 예를 들어 자신을 희생하기로 결심한 여성은 기혼임을 나타내는 팔찌들을 끼고 있는 반면 과부가 되기를 선택한 여성은 그 팔찌들을 깨뜨려야 한다.(그림 35) 이 점은 사티들의 비석에 새겨진 그림에서도 분명하게 나타난다. 여성의 오른손과 팔뚝에 채워진 이 팔찌들은 이 여성들이 기혼 상태로 남기를 선택했다는 표시다.[125](그림 27, 29)

남편이 죽은 뒤 인도 여성들이 부른 노래도 이런 믿음에 비춰봐야 한다.

내게 이마 장식을 사줘요, 얼른요, 도련님.

나는 남편 뒤를 따라갈 거예요(사티로서).

사랑하는 도련님, 오, 사랑하는 도련님.

그늘이 드리운 바난 나무 아래에서 사티가 몸을 식혀요.

내게 코걸이를 가져다주세요, 얼른요.

목걸이를 사줘요, 얼른요.

사프란색 사리와 블라우스를 사줘요, 얼른요.

(…)

발찌를 사줘요, 얼른요.[126]

가장 가깝게 느끼는 남편의 남동생에게 하는 이 요구들에서 여성이 남편과 함께 불타기를 한시도 더 못 기다릴 정도로 간절히 원하고 서두르는 것처럼 보인다면 그것은 부부가 영원히 한 몸이 되려면 함께 죽어야 한다고 믿기 때문이다.

따라서 남편과 함께 죽겠다는 결심은 두 가지 근본적으로 상반되는 상황에서의 선택을 의미한다. 사티가 행복하다면 과부는 불행하다. 전자는 사랑과 존경, 칭송을 받는 반면 후자는 미움과 멸시를 받고 사람들에게 외면당하고 버림을 받았다. 한쪽이 죽은 뒤까지 기억된다면 다른 한쪽은 살아 있을 때도 잊혔다. 과부는 힌두교의 도덕률에 위배되었다. 이 도덕률의 원칙 중 하나는 '그림자가 몸을 따르듯, 달빛이 달을 따르듯, 뇌운에 번개가 따르듯 항상 남편을 따라야 한다'는 것이다.[127] 이 원칙은 아내는 남편이 죽기 전에 혹은 남편과 함께 죽어야 하며 남편의 사후에 죽어서는 안 된다고 기대한다. 실제로 결혼식 때 브라만의 사제는 신부를 보며 말한다. "남편이 살아 있을 때나 죽었을 때나 (항상) 그와 함께하기를!"[128] 따라서 장작더미 위에 올라가지 않고 과부가 되기를 선택한 여성은 이 규칙들을 어기는 셈이 된다.

게다가 힌두교의 믿음에 따르면, 남편보다 오래 살겠다고 결정한 여성은 더 큰 죄를 뒤집어썼다. 힌두교에서 이상적인 아내는 파티브라타pativrata, 말 그래도 남편pati에게 맹세vrat를 한 여성이다. 결혼식 때 신부는 남편을 세 가지 방식으로 보호하겠다고 맹세한다. 첫째, 남편을 섬기고 음식을 준비하고 돌본다. 둘째, 의식을 행하거나 단식을 하거나 목걸이를 찬다. 이 목걸이는 새로운 약속의 표시로 매년 바꾼다. 마지막으로, 항상 헌신적이고 충실한 아내가 된다. 이렇게 행동함으로써 파티브라타는 거의 초자연적인 특별한 힘을 얻고 실제로 '눈부신 성공을 거두고 해와 달의 움직임도 멈출 수 있다'고 믿어졌다.[129] 따라서 적절하게 '보호되고 통제될 경우' 이 여성은 사회가 '도덕적 질서를 유지'하는 능력의 상징이 되었다.[130] 하지만 남편이 죽으면 남편을 돌보고 보호하지 못한 것이 되기 때문에 비난을 받았다.

아내가 맹세를 지켰더라도 남편의 죽음을 아내가 전생에 지은 죄 때문으로 돌릴 수 있었다(업보karma의 원칙에 따르면 모든 불명예는 악업 때문에 초래되었다). 마찬가지로 개인은 전생의 행동들에 따라 적절한 계급에서 태어나기 때문에 남편의 죽음은 아내가 다른 생에서 저지른 악업 때문일 수 있었다. 분명한 것은 여성이 이 끔찍한 의심에서 벗어나는 유일한 방법이 남편의 시신을 화장하는 장작더미 위에 올라가 과부가 되지 않기로 선택하는 것뿐이었다는 점이다.

더 일반적으로 말하자면, 힌두교의 관습에서 과부는 순수하지 못한 존재였다. 어떤 사회적 정체성도 없었고 끊임없이 무질서를 일으키는 원인이었다. 여성은 결혼하여 아이를 낳을 수 있어야만 존재할 수 있었다. 남편이 죽으면 아내는 남편의 집에서 시집 식구들과 함께 계속 살았지만 완전히 불안정한 상황에서 아웃사이더로 지냈다. 역할도, 정체성도 없었다. 보호받지 못했고 방치되었다.[131] 과부는 단지 다른 규범들을 깨도록 유혹하는 존재였다. '새들이 땅에 떨어진 고기 한 점에 몰려드는 것처럼 모든 남성이 남편을 잃은 여성을 꾀려고 했다.'[132]

이런 힌두교의 믿음 체계와 관습에 비춰보면 한 여성이 남편의 시신에 바싹 붙어서 하소연했다는 장 앙투안 뒤부아 신부의 글이 이해가 된다. 이 여성은 흐느끼고 소리치느라 중간중간 말이 끊겼다고 한다.

왜 저를 저버리셨나요? 제가 당신에게 무슨 잘못을 했기에 제 인생이 한창일 때 절 떠나셨나요? 제가 당신에게 사랑스럽고 정숙한 아내가 아니었나요? 항상 덕 있고 순수한 아내가 아니길 했나요? 잘생긴 아이들을 낳지 못했나요? 이제 그 아이들은 누가 기를까요? 이제 누가 그 아이들을 돌볼까요? 제가 살림에 게으르길 했나요? 매일 집을 쓸고 마루를 반들반들하고 깨끗하게 닦아놓지 않았던가요? 흰 자수 장식으로 바닥을 장식하지 않았던가요? 맛있는 음식을 만들어드리지 않길 했나요? 제가 지어드린 밥에서 돌이 나온 적이 있었나요? 마늘, 겨자, 후추, 계피, 그 밖의 양념들로 당신 입맛에 맞게 간을 맞춘 음식들을 드리지 않았나요?[133]

그 직후 과부는 사회적 강등 의식을 치렀다.(그림 35) 여자 친척들과 친구들이 집에 찾아와 준비된 음식을 먹은 뒤 과부를 껴안고 용기를 보여달라고 촉구한 뒤 마지막으로 사납게 그녀를 바닥으로 밀어뜨렸다. 가장 가까운 여자 친척 중 한 명이 기혼 여성에게만 허락된 장식품인 탈리를 매단 금색 끈을 끊었다.[134] 그 뒤부터 이 여성은 화장을 하거나 색깔 있는 옷을 입을 수 없었다. 이마에 찍는 붉은 점인 쿰쿰도, 가르마 바로 앞에 그리는 주홍색 선인 신두르도 금지되었고 오로지 회색 재만 사용할 수 있었다. 그리고 평생 동안 흰색이나 황토색 사리만 입어야 했다. 이렇게 성과 다산의 상징들이 희생, 순수, 죽음의 상징들로 대체되었다.

과부는 머리도 깎였다. 실제로 장례식이 끝날 때 아들도 머리를 밀어야 했다. 이는 일시적인 불결함을 불러오는 가장 강력한 원인인 시체를 직접 접하면서 잃어버린 순수한 상태를 회복하는 방법들 중 하나(목욕 의식과 함께)로 여겨졌다. 머리카락은 타락의 전달자이고 과부의 머리 위로 떨어지는 모든 물방울이 머리카락 수만큼 남편의 영혼을 더럽힌다고 여겨졌다.[135] 하지만 아들은 장례식 뒤에만 이 의식을 행하는 반면 과부는 평생 동안 적어도 한 달에 한 번 머리를 깎아야 했다. 한 속담에 따르면, '몸이 생명을 잃는 순간 불결해지는 것처럼 남편을 잃은 여성은 몸을 깨끗이 씻더라도 항상 불결하다.'[136] 뒤부아 신부가 말한 것처럼, '깎은 머리'라는 뜻의 모운다 mounda라는 단어가 싸울 때 여성을 부르는 가장 모욕적인 호칭 중 하나인 것은 이 때문이다.[137]

과부의 머리를 미는 상징은 또 다른 의미를 지닌다. 다른 여러 문화에서와 마찬가지로 인도에서 풍성한 머리카락은 활력과 성적 에너지의 상징이다. 반면 부분적으로 혹은 빡빡 깎은 머리는 고립, 한계, 성적 매력의 포기를 뜻할 뿐만 아니라 힘과 자유의 상실을 나타낸다. 머리와 수염을 전부 깎는 불교 승려들과 머리 한 뭉치를 유지하는 브라만 사제들이 좋은 예다. 따라서 과부가 머리를 주기적으로 깎는 것은 일종의 상징적 거세, 모든 성적인 욕구의 강제 제거를 나타내며 앞으로 정절을 지키고 어떤 형태의 성생활과 생식도 포기한다는 표시다.[138] 과부는 재혼을 할 수 없을 뿐 아니라 다른 남성의 이름을 부르는 건 고사하고 볼 수조차 없었다.[139]

이런 사회적 강등 의식으로 그 여성은 근본적으로 다른 새로운 상태, 즉 희생, 고행, 회개, 사회적 죽음에 처했다. 남은 생 동안 그녀는 바닥에서 잠을 자고 하루에 한 끼만 먹어야 했으며 빈랑나무 잎을 씹거나 다른 사람에게 모습을 보여서는 안 되었다.[140] 모든 잔치와 가족 행사에서 제외되었고 심지어 아들의 결혼식에도 참석하지 못했다. 모든 사람에게서 멸시를 받았고 자주 모욕을 당했으며 때로는 얻어맞기까지 했다.

따라서 인도 여성이 남편이 죽은 뒤 화장용 장작더미에 올라가는 것을 선택하는 이유는 (무엇보다도) 과부가 되었을 때의 수치와 굴욕을 피하고 가족과 친한 여자 친구들을 포함한 다른 사람들의 미움을 받지 않기 위해서였다. 처음에는 과부가 되는 쪽을 선호했던 일부 여성이 나중에, 심지어 수

년 후에 마음을 바꾼 이유는 이런 견디기 힘든 상황 때문이었다. 영국 정부가 1815년부터 1820년 사이에 수집한 기록들을 보면 남편이 죽은 뒤 5년이나 10년, 심지어 15년 뒤에 화장을 선택하는 경우도 있었다(아누마라나 의식을 이용해).[141]

인도에 항상 이러한 관습, 가치관, 믿음, 상징, 의미 체계가 존재했던 것은 아니다. 베다 시대에는 성별 관계, 과부에 대한 개념, 초혼과 재혼의 규칙들이 여기서 설명한 것과 매우 달랐다. 여성들이 이후 세기들에서처럼 종속적이지 않았다. 종교와 관련해서는 여성들이 남편과 동일한 권리와 특권을 누렸다. 여성들은 혼자서 혹은 배우자와 함께 의례와 의식을 축하할 수 있었다.[142] 이혼이 허가되었고 심지어 여성이 이혼을 요구할 수도 있었다.[143] 과부들이 경멸받거나 굴욕당하지 않았다. 재혼을 할 수 있었고 남편의 형제와 결혼하거나 함께 살면서 아이를 낳을 수 있는 역연혼의 한 형태인 니요가$_{niyoga}$ 관습을 따를 수 있었다.[144] 자식 없이 죽는 것이 끔찍한 불명예로 생각되었기 때문에 죽은 남성의 형제가 미망인과 성관계를 맺어 1~3명의 아이를 낳아 가능한 한 가문의 혈육을 많이 남기는 것이 의무로 여겨졌다.[145] 인도에서는 일부다처제가 허용되었기 때문에 고인의 남자 형제는 1명 이상의 아내를 둘 수 있었다. 과부의 재혼과 법적으로 맺어진 형제 관계(특히 남편의 남자 형제)를 가리키는 단어(devera)가 동일했던 것은 니요가 관습 때문이었다.[146]

이런 상황은 수 세기에 걸쳐 서서히, 그러나 근본적으로 변화했다. 여성의 종속 정도가 엄청나게 심해졌다. 여성은 종교적 관행에서 누렸던 모든 권리를 잃었다. 기원전 5세기 이후 이혼 기회가 점점 더 제한되었는데, 특히 가장 높은 계급에서 더욱 그러했다. 니요가 관습은 맹렬한 비판을 받다가 제약(남편이 죽은 뒤 지나야 하는 시간, 과부와 남편의 남자 형제 사이에 낳을 수 있는 아이의 수)이 생겼다. 이 관습은 서서히 쇠퇴하다가 6세기에 완전히 사라졌다. 3세기 이후 과부의 재혼에 대한 반대 목소리가 높아지다가 마침내 1000년경에 금지되었다. 과부에 대한 인식 역시 바뀌어서 남편을 잃은 여성이 점차 불길한 징조로 여겨졌으며, 이들의 머리를 밀고 의식적·사회적으로 강등시키는 관습으로 이어졌다.[147]

현재의 역사적 지식으로 볼 때 성별 관계, 재혼과 관련된 관습들, 과부라는 개념에 일어난 이러한 변화가 이후 사티가 발생하고 서서히 받아들여지도록 조장했을 수 있다.

문화의 충돌

사티의 역사와 성쇠를 살펴보면, 자살과 관련하여 상이한 관습과 믿음, 상징, 해석을 가진 문화들이 서로 접촉하여 오랜 기간 공존했을 때 일어날 수 있는 현상을 더 충실히 이해할 수 있다. 16세기 중반부터 19세기 중반까지 인도를 방문하여 장기간 머문 많은 유럽인이 사티 관습에 반대하고 과부가 남편을 화장하는 불길 속에 몸을 던지지 않도록 설득하려고 애썼다. 예를 들어 피에트로 델라 발레는 지아카마가 자살하지 않겠다고 하면 여러 방법으로 돕겠다고 약속했지만 그녀의 마음을 돌려놓지 못했다.

다른 여행객들이 기울인 노력도 보통은 수포로 돌아갔지만 예외도 있었다. 프랑수아 베르니에는 한 과부와의 극적인 만남을 이렇게 회상했다. "과부는 죽은 남편의 발치에 앉아 있었다. 머리카락은 헝클어지고 얼굴은 창백했지만 눈물은 흘리지 않았고 눈이 생기 있게 빛났다. 그녀는 나머지 일행들처럼 크게 고함을 지르고 이 끔찍한 음악회에 손으로 박자를 맞추었다." 베르니에는 부모를 잃고 남겨질 아이들과 간절하게 사티를 말리는 친지들을 상기시키고 그 외에도 이런저런 이유를 들어 마음을 돌리라고 호소했다. 하지만 그녀는 단호한 표정으로 대답했다. "불에 뛰어들지 못하게 막는다면 벽에 머리를 박을 거예요."[148] 그러자 이 프랑스 여행객은 마지막 카드를 꺼내들었다. "그렇다면 하는 수 없소. 하지만 먼저 아이들부터 처리하시오. 이 형편없고 잔인한 어미 같으니! 아이들의 목을 베고 같은 장작더미에 화장하시오. 안 그러면 아이들은 굶어 죽을 것이오. 내가 당장 다네시멘드칸Danechmend-khan 무굴 제국의 아우랑제브 황제 시대의 고위 관리에게 돌아가 이 아이들에게 줄 연금을 끊으라고 고할 테니"라고 무섭게 위협한 것이다.[149] 그러자 여성은 수그러들어 목숨을 끊지 않겠다고 약속했다.

1789년에 인도에 있던 그랑프레 백작은 하인으로부터 한 '젊고 아름다운' 과부가 벌써 두 번이나 장례식을 연기했고 세 번째는 더 이상 미루지 못할 것이란 말을 들었다. 많은 서구인처럼 백작은 그녀에게 선택권이 주어진다면 '그런 끔찍한 희생을 하는 데 동의하지 않을 것'이라 확신하고는 '그녀를 구출하겠다'고 결심한 뒤 원정대를 꾸렸다. 백작은 범선에 관리 2명, 하인 2명, '훌륭한 유럽 선원' 20명을 태우고 '머스킷총 12개, 권총 8개, 검도 20개'를 실었다. 백작은 선원들에게 과부가 지닌 보석 가치의 6분의 1을 주겠다고 약속했고 그녀가 구출자들과 함께 가지 않겠다고 할 경우 나머지 보석들은 그녀에게 남겨둘 것이라고 했다. 실제로 백작은 과부가 자신과 함께 갈지, 아니면 보석을 가지고 콜카타에 정착할지 선택할 자유를 줄 생각이었다. 준비가 완료되자 배가 출발했고 이내 장례식 장소에 이르렀다. 하지만 도착해보니 "끔찍한 희생은 전날 저녁에 벌써 끝나 있었다. 내가 날짜를 잘못 알고 있었다."[150]

1825년 11월 29일에 영국 의사 리처드 하틀리 케네디도 이런 의식 중 하나를 보러 가서 과부의 마음을 바꾸려고 소극적인 시도를 해봤다. 케네디는 몇 년 전 그녀의 남편에게 호의를 베푼 적이 있어 이 여성을 이미 알고 있었다. 케네디는 장례식 장소에 행렬이 도착했을 때 "그녀의 태도가 놀라울 정도로 침착하고 우아하기까지 했다"고 언급했다. 그는 기회를 잡아 과부에게 '조금이라도 불안하면 이른바 막다른 순간이라 할지라도 내가 막아주겠다'는 눈짓을 보냈다. 하지만 "그녀가 보낸 표정만으로 충분했다. 그녀는 자신에게 닥칠 일을 다 내다보고 여기에 왔다".[151]

이 거대한 나라의 지역들을 오랜 기간 다스린 여러 문화가 보낸 반응은 물론 천차만별이었다.[152] 포르투갈은 1510년부터 1961년까지 식민지로 삼았던 고아주를 점령하자마자 사티를 금지했다. 네덜란드, 프랑스, 덴마크도 19세기 초에 지배한 도시들에서 같은 조치를 내렸다. 하지만 우리가 알고 있는 한, 이런 조치에도 불구하고 힌두교도들은 사티가 허용된 지역에서 계속 이 의식을 거행했다. 아마 이슬람교가 더 많은 영향을 미쳤을 것이다. 이슬람교도들은 13세기부터 여러 시기 동안 인도의 다양한 지역들을 지배했고 사티를 공공연히 반대했다. 16세기 후반 인도 무굴 제국의 황제였던 아크바르는 한 젊은 과부가 강제로 화장되는 것을 막기 위해 벵골로 급하게 말을 몰기도 했다. 그 뒤의 황제들 역시 여러 방식으로 이 관습을 막으려고 애썼다. 17세기 중반에 프랑수아 베르니에에 따르면, '나라를 다스리던 이슬람교도들은 이 야만적인 관습을 금지하려고 최선을 다했다'. "이 관습은 간접적인 방법으로 억제되었다. 어떤 여성도 자신이 사는 지역 총독의 허가를 받지 않고는 스스로를 희생시킬 수 없었다. 총독은 여성이 생각을 바꾸지 않을 것이라 확인하기 전까지 이를 허락하지 않았다. (…) 이런 장애물에도 불구하고 자기희생을 하는 여성 수는 여전히 아주 많다."[153] 그러나 유럽의 여러 관찰자는 이 시스템에 비리가 있었고 종종 돈을 받고 허

가가 내려졌다고 단언했다.[154]

영국 동인도회사가 벵골을 통치하게 된 1765년 이후 영국도 사티 문제를 처리해야 했다. 영국이 직면한 딜레마는 30년 뒤 볼테르가 쓴 철학 소설들 중 하나인 『자디그Zadig』에 등장하는 두 인물 사이의 대화에 잘 요약되어 있다. 자디그는 세토크에게 '이런 야만적인 관습은 가능하다면 폐지되어야 한다'고 설득하려 애썼다. 그 말에 세토크는 이렇게 반박했다.

"여성들은 1000년 이상 불에 자신의 몸을 던질 자유가 있었습니다. 우리 중 누가 감히 시간이 흐르면서 신성해진 규칙을 바꾸겠습니까? 유서 깊은 악습보다 더 존중받을 만한 것이 있습니까?"
그러자 자디그는 이렇게 대꾸했다. "아직은 이성이 더 유서 깊습니다. 부족장들에게 말하세요. 저는 나가서 젊은 과부를 찾겠습니다."[155]

동인도회사는 처음부터 세토크의 접근 방식을 따르는 쪽을 선택했고 힌두교도들의 '관습과 제도를 방해하고 싶지 않다'고 거듭 선언했다. 하지만 지방에 보낸 대표들은 점점 더 자주 곤란한 상황에 처했다. 이들 중 많은 사람이 어떻게 행동해야 될지 정확한 지침을 내려달라고 대법원과 정부에 요청했지만 몇 년이 지나서야 답이 왔다. 어떤 사람들은 과부가 열네 살 이하인 극단적인 경우에는 사티를 금지했다. 1813년에 일부 영국 관리들이 산스크리트어 경전을 연구하는 학자들에게 『다르마샤스트라Dharma Sastra』법전의 해석과 주기Jugi 카스트의 여성이 남편의 시신과 함께 묻히는 게 허용되었는지 문의했고 긍정적인 답변을 받았다.[156]

인도가 선교사들을 받아들인 1813년부터 선교사들은 사티가 나라의 종교적 전통과 맞지 않는다며 폐지해달라고 요청하기 시작했다.[157] 이 시점에 영국 당국도 지금까지의 침묵을 깨야 했다. 1813년에 벵골의 최고 정부는 종교적 관용 원칙에 호소하는 법규를 승인하고 힌두교의 종교적 전통에서 명시하지 않은 경우, 즉 과부가 열여섯 살이 되지 않았거나 임신한 경우, 친지들이 강압하거나 약을 먹여 불에 몸을 던지게 하는 경우 사티를 금지했다. 1817년에 승인된 두 번째 법규는 여성이 생리 중이거나 네 살 이하의 아이들이 있거나 돌봐줄 사람이 없는 일곱 살 이하의 아이가 있을 경우까지 확대되었다. 또한 의식을 행하기 전에 경찰에게 알리는 것을 의무화했다.

영국 정부는 현지의 관습과 제도를 전적으로 존중한다고 주장했다. 하지만 전통을 따르지 않는 사람들을 벌주겠다고 위협함으로써 또한 과부들의 자살 빈도를 줄이는 것을 목표로 삼았다. 하지만 이 모든 조치는 정반대의 결과를 불러왔다. 사티의 수가 급증한 것이다. 벵골에서는 1815년에서 1818년 사이에 1년에 378명에서 839명으로 늘었다.[158] 그 이유를 이해하는 것은 어렵지 않다. 영국 정부는 힌두교 전통의 정확한 해석자이자 엄격한 옹호자를 자처함으로써 명목상으로는 아니지만 실질적으로는 사티를 합법화했다.(그림 34) 이전에는 지배 세력이 이 풍습을 야만적이라고 여길 수 있다는 생각이 여러 사회적 배경의 가족들 사이에 불안을 불러일으켰다. 하지만 지배 세력의 경찰에게 사티 허가를 받는 것이 의무화되고 관리들이 있는 자리에서 사티를 행하게 되자 이런 의심이 사라졌다. 이런 변화는 그 누구보다도 이 관습에 반대해 싸웠던 영국인 선교사 제임스 페그스의 증언에서 분명하게 드러난다. 페그스는 한 과부의 친척이 "이제 그녀는 화장되어야 해. 훌륭한 신사께서 화장해도 된다는 허가를 내렸으니!"라고 말했다고 전했다.[159]

이러한 실패는 인도와 영국 양국에서 분노를 불러일으켜 논쟁이 재개되

5장 과부가 되기 전에

었다. 과부를 화장하는 관습을 없애달라는 탄원서들이 영국 당국에 보내졌다. 벵골의 침례교 선교회는 본국에서 여론을 동원하려고 노력했다. 그와 동시에 인도에서는 벵골의 학자 람모한 로이가 사티가 힌두교 경전의 가르침에 반한다고 사람들을 설득함으로써 사티를 서서히 폐지하려는 운동을 벌여 세력을 모았다. 1827년에 인도 총독으로 임명된 윌리엄 벤팅크는 이 모든 상황을 검토했다.[160] 그는 이 관습을 금지하는 법을 승인해야 한다고 이내 확신했지만 그로 인해 부정적인 파급효과가 없을지 확인하고 싶었다. 무엇보다 동인도회사에 고용된 인도인 용병들인 세포이의 항의를 두려워한 벤팅크는 가장 평판이 좋은 영국 관리 49명에게 조언을 구했다. 그러자 압도적 다수의 관리가 이 문제에 대해 세포이들은 일반적으로 무관심하다고 안심시켰다. 단지 네 명의 관리만 과부를 화장시켜 영예와 돈을 얻는 브라만 사제들이 사티 폐지에 반대하고 대중에게 영국 당국이 그들을 기독교로 개종시키려 한다고 설득할 것이라며 더 주의를 기울이라고 조언했다. 그 뒤 벤팅크는 그가 폐지하려는 이 의식의 유래에 대해 많은 힌두교 신학자에게 자문을 구했다. 벤팅크는 '힌두교에서 이 의식이 강제 의무로 명해진 곳은 없다'는 결론에 도달했고 상당히 흡족해하며 이 결과를 공표했다.[161] 그리하여 1829년 12월 5일에 인도 총독이 사티를 금지하는 법규에 서명했고, 그때부터 사티는 과실치사로 분류되어 벌금형이나 감금형에 처해졌다. 또한 과부가 강제로 화장되었을 경우 사형에 처해질 수도 있었다.

이 법규들은 영국이 지배하던 첸나이와 뭄바이에서도 승인되어 저항과 반대에 부딪쳤다. 콜카타에서는 이 법규들의 폐지를 위한 위원회가 결성되었다. 뿐만 아니라 영국이 점령하지 않은 북부와 중서부의 많은 주에서는 계속해서 이 오랜 관습을 허용했기 때문에 많은 힌두교 가족이 이 의식을 행하기 위해 그 지역으로 향했다. 예를 들어 1833년에 이다르에서 행해진 의식에서는 국왕의 화장용 장작더미에서 7명의 왕비, 2명의 첩, 4명의 여자 노예와 1명의 남자 노예가 불에 타 목숨을 끊었다. 이 무렵 인도의 형법전을 작성하던 토머스 배빙턴 매콜리에게 극단적인 두 집단의 요구가 전해졌다. 한 집단은 볼테르의 세토크처럼 현지의 관습에 대한 어떠한 간섭에도 반대하는 진보적 영국인들이었고, 다른 한 집단은 사티를 찬성하는 인도의 보수주의자들이었다. 그래서 매콜리는 합법적 사티와 불법적 사티를 구분한 1813년의 법규를 재도입하자고 제안했지만 이 수정안은 결국 승인을 얻지 못했다.

인도 전역에서 법으로 금지된 뒤에도 사티를 행하는 과부들의 사례가 계속 보고되었는데, 종종 전통적인 형태와 방식이 달랐다. 이 행사는 점차 비공개로 집에서 행해졌고 장작더미나 등유에 적신 옷에 불을 붙여 목숨을 끊었다. 시간이 지나면서 그 수가 줄어들었지만 감소 속도가 매우 느렸다. 실제로 벤팅크의 개혁 이후 180년이 지난 지금도 힌두교도 과부가 가끔 옛 화장 의식을 치른다.

사티에 대한 종교적 숭배는 행위 자체보다 더 오래 지속되었다. 19세기 내내, 그리고 20세기 동안 인도에서 수많은 사람이 남편의 화장용 장작더미에 올라간 과부들을 숭배하는 의식과 행진, 기도를 행하고 신성한 곳에 이들을 기리는 사원을 세웠다. 인도 정부가 이런 찬양 의식을 금지하고 세상을 떠난 사티를 기리는 재단 설립이나 기금 모금을 금하는 법령을 승인한 것은 데오랄라에서 루프 칸와르가 죽은 지 한 달이 안 된 1987년 10월 1일에 이르러서였다.[162]

6장

심한 두려움에
떨게 하다

FAREWELL TO THE WORLD

1990년대에 중국 정부가 처음 발표한 자살에 대한 공식 통계는 유럽과 미국의 연구소들과 학계에 상당한 놀라움을 불러일으켰다. 그때까지 중국에서는 자살이 흔하지 않고 분명 다른 곳보다 훨씬 드물다는 것이 서구사회의 일반적인 여론이었다. 이렇게 생각하게 된 데는 중국 정부가 외부세계에 보여준 이미지, 즉 범죄 행위, 실업, 우울증, 불행과 마찬가지로 사회주의 국가에서는 자살이 상상도 할 수 없는 일이라는 이미지가 한몫했다. 그러나 다른 원인도 있었다. 에밀 뒤르켐의 이론을 추종하는 사람들로서는 시골 지역 거주자가 대부분인 인구, 강한 유대관계로 서로 끈끈하게 연결되어 있는 대가족, 집단적 열광에 주기적으로 휩쓸리는 사회에서는 자발적 죽음이 드물 것이라 생각하는 게 당연하다. 그런데 중국 정부가 제공한 통계는 이런 예상과는 아주 다른 양상을 보였다. 사실 이 데이터에 포함된 대상은 인구의 10퍼센트에 불과했고, 이 데이터를 분석한 전문가들과 연구기관들이 추정한 연간자살률이 10만 명당 최고 30명(약 34만 명)에서 최소 22명(25만 명)까지 큰 편차를 보였다.[1] 그러나 가장 신중한 추정치도 1990년대에 중국에서 자살이 세계 어느 곳보다 자주 일어났음을 보여준다. 오스트 레일리아나 미국, 대부분의 아시아 국가와 유럽 국가(러시아, 헝가리, 핀란드 제외)보다 자살이 더 빈번했다.

이 점과 별개로, 중국의 높은 자살률을 뒤르켐의 범주를 이용하여 설 명하고 싶은 유혹을 이기기 어렵다. 지난 20년간 중국에서 나타난 변화들 이 19세기와 20세기 초, 점점 늘어나는 자살을 막을 길이 없어 보이던 서 유럽에서 일어났던 변화들을 상기시킨다는 데는 의문의 여지가 없다. 중국 은 이례적일 정도의 경제 성장을 이루어 철강, 시멘트, 석탄, 비료의 세계 최대 생산국일 뿐 아니라 소작농들이 자살에 자주 이용하는 농약의 세계 두 번째 생산국이자 소비자가 되었다. 그러나 이 모든 성장에는 급속한 도 시화, 사회적 불평등 증대, 친지와 가족 사이의 유대 약화뿐 아니라 그 외 에도 여러 형태의 사회적 통합의 붕괴가 동반되었다. 그런데 다른 한편으로 중국에서 나타나는 큰 변화들은 지난 20년간 동유럽의 공산주의 국가들 (자살이 급속하게 증가했다)에서 일어난 변화와 비슷하다. 거대한 변화와 더 불어 통치 엘리트층이 갑자기 바뀌면서 국가 사회주의에서 시장 경제로의 전환이 시작되었다. 국가와 집단 소유이던 생산 수단이 개인 소유가 되었 고 중앙집권적 계획 경제가 공급과 수요의 양방향 흐름으로 바뀌었다. 경 제적·사회적 성공에 대한 욕구, 기업가 정신, 개인주의 등 최근까지도 비난 받던 가치와 태도가 급속도로 확산되었다. 이러한 변화가 분명 아노미 상 황을 불러왔다.

그러나 앞으로 설명하겠지만, 이 두 가지의 중요한 역사적 경험과 뒤르켐 의 범주들은 과거와 현재의 중국의 자살 동향을 이해하는 데 도움이 되지 않는다. 20세기 말에 중국에서 자살률이 왜 그렇게 높았는지, 그리고 유럽 에서는 왜 과거에도 현재에도 없던 특징들을 나타내는지 설명하기 위해서는 이 대국의 역사를 되돌아보고 수 세기 동안 중국 국민의 감정을 지배한 관습, 가치, 믿음 체계와 삶의 의미에 대한 개념들을 재구성해봐야 한다.

과거

공식 통계들은 1989년부터만 나와 있으며, 1990년대 내내 자살률에 변화가 없었음을 보여준다. 하지만 그 전에는 어땠을까? 현재 이용할 수 있는 정보가 부족하고 단편적이며 제각각이긴 하지만(일부 통계 자료 포함), 20세기 후반에도 자살률이 오늘날만큼 높았고 실제로 몇 년간은 더 높았음을 보여준다. 1950년에 자발적 죽음의 수가 증가한 것은 아마도 결혼에 대한 새로운 법령이 승인되었기 때문인 듯하다. 이 법령은 서구의 자유로운 전통을 모방해 중매결혼이라는 '봉건제'를 폐지하고 이혼의 가능성을 도입하고자 했다. 이 법은 광범위한 저항과 반대에 부딪쳤고 결과적으로 그때까지 억제되어왔던 가족 간의 긴장을 폭발시키고 많은 부부(특히 아내)의 자살을 불러왔다.[2] 또한 1951년과 1952년에 마오쩌둥이 부패, 탈세, 국가 재산에 대한 사기 행위들을 막는 캠페인을 시작한 뒤에도 자살이 급증했다. 이 시기에 20~30만 명이 스스로 목숨을 끊은 것으로 추정된다.[3] 상하이에서는 건물 꼭대기에서 뛰어내려 자살하는 사람들이 어찌나 많았던지 이들을 빗댄 '낙하산'이라는 새로운 용어가 만들어지기도 했다. 뿐만 아니라 왜 이 사람들이 굳이 이 방법으로 목숨을 끊었는지 물어보면 "만약 황푸강에 뛰어내려 강물에 떠내려가서 공산주의자들이 시체를 찾지 못한다면 그들은 자살을 시도한 사람이 홍콩으로 도망갔다는 혐의를 씌워 가족을 괴롭힐 것이다. 그러니 거리로 뛰어내리는 것이 최선이다"라는 대답이 돌아올 것이다.⁴ 1950년대에는 퇴역한 홍군들이 권력을 쥔 동료들에게 배신감을 느끼거나 적어도 부당한 대우를 받는다고 느껴 많이 목숨을 끊었다(때로는 아내와 동반 자살했다).⁵ 마지막으로, 문화혁명의 이름 아래 수천 명의 교사, 판사, 당원, 지식인이 체포되어 심문을 받고 구타와 고문을 당했던 1966년 과 1976년 사이에도 자살이 증가했다.⁶

하지만 이러한 공산주의 집권 시기를 제쳐놓고 그 이전으로 거슬러 올라 가도 높은 자살률의 징후가 발견된다. 서구 독자들은 황제가 중국을 지배 하던 시대의 위대한 문학작품에 자살 이야기가 많이 나오는 것에 종종 놀 란다.⁷ 중국을 방문했거나 그곳에서 살던 유럽인들과 미국인들의 회고록 에서도 이런 사실이 증명된다. 우리가 알기로 중국에서 자발적 죽음이 빈 번했음을 1602년에 처음 알린 사람은 마테오 리치였다.⁸ 2세기 뒤인 1839 년에 중국에 도착해 10년 이상 머물렀던 프랑스인 선교사 에바리스트 위크 는 "자살이 매우 흔하다"라고 썼다. "중국인들이 얼마나 쉽게 자살할 마음 을 먹는지 상상할 수 없을 정도다. 사소한 일이나 말 한마디도 목을 매달거 나 우물에 몸을 던지는 이유로 충분하다".⁹ 다른 유럽 국가, 미국이나 오스 트레일리아에서 중국을 찾은 선교사, 의사, 외교관, 지식인 여행객들도 이 와 비슷한 관찰을 했다. 홍콩 부주교였던 존 헨리 그레이는 1878년에 "아 마 중국인들은 세계 어느 나라 사람보다 더 쉽게 자살을 저지를 것이다"라 고 언급했다.¹⁰ 또한 1863년에 베이징과 상하이를 방문한 미국의 지질학자 래피얼 펌펠리는 서구의 보험회사들이 중국인에게는 생명보험을 판매하길 꺼린다는 것을 알게 되었다. 중국인들이 사망 시 보장된 보상금으로 가족 들을 가난에서 벗어나게 하려고 종종 자살을 선택했기 때문이다.¹¹ 더 노골 적으로 판단을 내린 사람들도 있었다. 미국인 다이어 볼은 "중국인들은 다 른 어느 나라보다 자살을 많이 한다는 달갑지 않은 평판을 얻었다"라고 썼고,[12] 4년 뒤 프랑스 의사 마티뇽은 "중국만큼 자살이 빈번하게 일어나는 나라는 없다"고 언급했다.[13] 오스트레일리아의 언론인 조지 어니스트 모리슨 역시 "중국은 자살의 땅이다. 인구에 비례해 봤을 때 자살로 죽는 중국인이 다른 어느 나라보다 많을 것 같다"고 단언했다.[14]

여러 국가 출신 이민자들의 행동을 비교했던 사람들도 비슷한 결론에 도달했다. 1850~1855년에 파나마 운하를 따라 철로를 놓는 작업에 유럽, 아시아, 아프리카의 여러 국가에서 수천 명의 일꾼이 고용되었다. 이들은 모두 힘든 상황에서 중노동을 해야 했다. 하지만 모든 사람이 똑같이 반응한 것은 아니었다. 베드퍼드 핌 사령관은 중국인들은 '자살 성향이 강하기로' 유명하다고 보고했다. "아침이면 철로 가까이의 나무에서 목을 매단 시체 6구가 발견되는 것은 드문 일이 아니었다."[15] 짧은 기간 동안 목을 매 죽은 중국인이 125명, 몸을 던지거나 벌채용 칼로 몸을 찌르거나 굶어서 자살한 중국인이 300명에 이르렀다.[16] 같은 기간에 쿠바에 일하러 갔던 중국인들 사이에서도 비슷한 수의 자살이 일어났다고 보고되었다. 상황이 심각해서 페루의 치카섬과 과냐페섬에서는 고용주들이 중국인 노동자가 바다에 몸을 던져 죽는 것을 막기 위해 경비원을 두었다.[17] 1847년부터 커피 농장과 설탕 농장이 중국인 노동자들을 고용하기 시작한 쿠바에서도 같은 현상이 일어났다. 이들은 새 일꾼들이 근면성실하고 점잖고 너그럽지만 중대한 결함이 있음을 곧 알아차렸다. 이 일꾼들은 자살 성향이 강했다. 농장주 중 한 명은 "그들은 우리말을 배우는 걸 몹시 힘들어했다. 자신의 생명을 포함해 무엇에도, 누구에게도 정을 붙이지 않았다. 너무도 대수롭지 않게 목숨을 끊었기 때문이다"라고 썼다.[18] 이 말이 과장이 아니었음은 1862년에 대한 통계 자료로 증명된다. 이 자료에 따르면 쿠바에 살던 중국인 인구의 자살률이 10만 명당 500명에 이르렀는데,[19] 이는 인간 공동체에서 나타난 가장 높은 자살률 중 하나다.

이런 '성향'에 놀란 일부 서구인들은 자살 빈도를 추정하려고 했다. 19세기 말에 중국에서 수년을 지낸 한 선교사가 이 나라의 자살률이 10만 명당 30~50명일 것이라는 계산을 내놓았다.[20] 그러나 다행히 우리는 적어도 일부 지역에 대해서는 정확하고 신뢰할 만한 수치를 보유하고 있으며 대략적인 추정치도 가지고 있다. 1917년에 인구가 80만 명 이상이던 베이징에서의 자살률은 10만 명당 16명이었다.[21] 1895년에 타이완을 강점하여 40년간 지배한 일본 정부가 수집한 통계 자료—현재 이용할 수 있는 최상의 자료다—를 살펴보면 20세기의 첫 20년 동안 타이완의 자살률이 10만 명당 약 19명인 것으로 보인다.[22] 이는 18세기와 19세기에 자살률이 가파른 상승을 보였던 많은 유럽 국가가 같은 시기에 보인 자살률보다 더 높은 수치다.

중국의 자살률이 지난 1세기 반 동안 단기적인 변동을 나타내며 하락했다가 다시 상승했을 수 있다. 하지만 현재 이용할 수 있는 정보들은 유럽과 달리 이 나라에서는 자살률이 몇 세기 동안 맹렬하고 꾸준한 상승세를 나타내지 않았으며 1990년대까지의 자살률과 19세기 중반의 자살률 사이에 실질적인 차이가 없을 수도 있었음을 보여준다. 그 대신 분명한 건, 엄청난 경제 성장이 일어난 1991년에서 2011년까지 중국인의 자살률이 10만 명당 30명에서 8명을 조금 웃도는 정도까지 급격하게 떨어졌다는 것이다.[23]

중국의 특징

좀더 자세히 살펴보면 이런 면에서 중국의 상황이 여느 나라들과 얼마나 다른지 금세 분명해진다. 현재 이용할 수 있는 수치들에 따르면, 1990년대에 중국에서 발생한 자살에는 여러 특이한 점이 발견된다. 첫 번째는 성별 간 자살 빈도의 차이다.

앞에서 살펴본 것처럼, 유럽에서는 적어도 13세기부터 남성의 자살이 여성보다 많았고 오늘날 남성의 자살률이 여성보다 2~5배 높다. 다른 나라들, 오스트레일리아, 남아프리카공화국, 북미와 남미에서도 마찬가지다. 실제로 남미의 일부 국가(푸에르토리코, 칠레 등)에서는 차이가 더 뚜렷하게 나타난다.(표 6.1)

그런데 20세기의 마지막 20년 동안 중국에서는 반대 현상이 나타났다. 여성 인구에서 자살이 더 빈번하게 일어났고 이런 추세는 시골 지역에서 특히 뚜렷했다.[24](표 6.1) 이런 편향된 현상은 중국뿐 아니라 이란,[25] 터키 일부 지역,[26] 그리고 앞에서 살펴본 것처럼 20세기 초에 인도에서 볼 수 있는 특징이다. 또한 20세기 후반에 페루나 뉴기니의 일부 부족이나 소수 농민 혹은 수렵·채집인들 사이에서도 나타났다.[27] 일본, 싱가포르, 필리핀 같은 다른 아시아 국가에서도 남성이 여성보다 자살 빈도가 높았다. 성별 간 자살률 차이는 시간이 지날수록 벌어졌지만 다른 대륙들에 비해서는 크지 않다.[28]

두 번째는 삶의 단계별 자살 빈도다. 유럽 국가들에서는 나이가 들수록 자살률이 서서히 높아진다. 남성과 여성 모두 그러하지만 남성이 이런 경향을 더 분명하게 나타낸다. 중국에서는 1990년대에 나이 든 사람들이 젊은이들보다 자살 빈도가 높았다. 하지만 연령별 자살 곡선이 유럽과 다른 양상을 나타낸다. 10세에서 20세까지 자살률이 급격하게 높아지다가 40세까지 떨어진 뒤 다시 가파르게 상승하여 80세에 절정을 이룬다. 연령과 자살의 상관관계는 남성 인구에서는 약간 차이를 나타낸다. 70세 이후에는 남성의 자살이 더 빈번한 반면 15세와 40세 사이에는 여성의 자살률이 더

<표 6.1> 아시아와 라틴아메리카 일부 국가의 여성 대비 남성 자살률(1905~2011년)

국가	시기	여성 대비 남성 자살률
중국		
광둥	1929	0.58
항저우	1929	0.57
베이징	1929	0.62
상하이	1929	0.63
시골 지역	1995–1999	0.80
	2011	1.16
도시 지역	1995–1999	1.00
	2011	0.21
총계	1995–1999	0.80
	2011	1.19
필리핀	1975	1.25
	2003	1.47
일본	1910	1.68
	1990	1.69
	2004	2.78
홍콩	1990	1.24
	2004	2.78
이란	1999	0.87
싱가포르	1990	1.27
	2003	1.64
타이완	1905	0.70
타이	1985	1.86
	2003	3.40
칠레	2000	6.10
코스타리카	2000	7.10
멕시코	2000	5.46
푸에르토리코	2000	10.80

출처: WHO; Wolf(1975); Aliverdinia and Pridemore(2008); Phillips et al.(2002a); Steen and Mayer(2004); Lotrakul(2006); Liu and Yip(2008); Zhang et al.(2014)의 데이터를 바탕으로 구성함

높다.

세 번째는 시골과 도시의 차이다. 유럽에서는 19세기 내내, 그리고 20세기 초 몇십 년 동안 대도시 중심지에서의 자살률이 지방 소도시들보다 높았다. 오늘날 일부 아시아 국가(인도, 스리랑카, 타이완)에서는 시골 지역의 자살률이 도시보다 약간 더 높다.[29] 그러나 중국은 시골 지역의 자살률이 도시 중심지보다 훨씬 더 높아 다른 모든 나라와 차별화되는 양상을 보인다. 이런 차이는 70세 이상에서 더 뚜렷해진다. 시골 노인들이 도시에 사는 같은 연령대보다 자살을 저지를 위험이 4배 더 높다. 하지만 젊은이(18~25세) 사이에서도 시골과 도시 간의 차이가 현저하다. 젊은 여성 농민(남성 역시 마찬가지이지만 정도가 덜하다)의 자살률이 도시 근로자나 사무원들보다 4~5배 더 높다. 대체적으로 중국 시골 지역에서 18~25세와 70세 이상의 사람들이 자살을 저지를 위험은 세계 어느 곳보다, 심지어 헝가리나 러시아보다도 높다.

이러한 중국의 특성들은 21세기의 첫 10년 동안 약화되거나 완전히 사라졌다. 여전히 도시보다 시골 지역에서 자살이 훨씬 더 흔하지만 2005년 이후에 시골과 도시 모두에서 남성의 자살 빈도가 여성보다 약간 더 높았다. 연령과 자살 사이의 연관관계도 변화하여 유럽의 양상과 좀더 비슷해졌다.[30]

지속성과 변화

이런 결과는 오늘날 중국에서의 자살이 19세기와 20세기 대부분의 기간 동안의 유럽과 비교했을 때 아주 다른 특징을 나타낸다는 것을 보여준다. 이 차이들을 어떻게 설명할 수 있을까? 왜 중국 여성 농민이 시골이든 도시든 다른 나라의 다른 사회 집단들보다 훨씬 더 빈번하게 자살하는 것일까? 어떤 학자들은 중국의 인구 정책에서 그 답을 찾는다.[31] 1979년 이후 중국 정부는 유인책과 제한 조치, 보상과 제재를 이용해 한 자녀 정책을 펼쳤다. 자녀 한 명으로 만족한 부부는 임금과 연금 추가 지급, 더 큰 집과 무료 의료 혜택을 받은 반면 2~3명의 자녀를 낳은 부부는 임금이 삭감되는 처벌을 받았다. 이런 강압적 조치는 당연히 대중 사이에 저항과 항의를 불러일으켰다. 뿐만 아니라 일부 역사가에 따르면 젊은 어머니들의 자살이 늘어났다. 많은 연구가 낙태는 극복하기 힘든 깊은 슬픔과 상심을 불러와 자살 위험을 증가시킴을 보여준다. 외부의 압력 때문에 어쩔 수 없이 임신 중절을 할수록, 여성이 아이를 더 낳고 싶어할수록(시골 지역이 이런 경우일 수 있다) 슬픔과 상심은 더 커진다. 하지만 이런 해석은 기존에 나와 있는 수치들로는 입증이 되지 않는다.[32]

실제로 위의 질문들에 답하기 위해서는 중국의 자살 모델의 특징이 과거 몇십 년에 국한되는지, 그렇다면 어느 정도로 국한되는지 혹은 과거에도 그러했는지 입증해야 한다. 19세기 중반 이후로 서구의 많은 여행객은 중국에 자살이 더 널리 퍼졌을 뿐 아니라 몇 가지 구체적인 특징들을 나타낸다고 언급했다.

첫째, 남성보다 여성 인구에서 자살이 더 빈번했다. 거의 30년 동안 중국에서 일했던 영국의 외교관 허버트 앨런 자일스는 1876년에 "(자살) 후보자들은 대체로 여성이었다"라고 썼다.[33] 20년 뒤에 미국의 선교사 아델 필드는 기행문에서 불행한 며느리들이 자주 자살을 저지르는 것에 놀랐다고 고백했다.[34] 또한 20세기 초에는 미국의 사회학자 에드워드 알즈워스 로스는 서구 국가들과 달리 중국에서는 여성의 자살이 남성보다 5~10배 더 흔하다고 언급했다.[35] 중국의 마지막 황제 푸이의 가정교사였던 스코틀랜드의 중국학자 레지널드 플레밍 존스턴은 같은 기간 동안 "스스로 목숨을 끊는 사람들의 90퍼센트 이상이 여성이었으며 그중 대다수가 젊은 기혼 여성이나 젊은 과부들이었다"라고 썼다.[36] 현재 남아 있는 통계 자료들은 이런 언급들이 근거가 충분하고 여성과 남성 간의 차이가 오늘날보다 더 컸음을 보여준다. 1930년까지는 중국의 도시들에서 여성 인구의 자살률이 남성보다 훨씬 더 높았다. 그러나 현재는 시골에서만 그러하며, 도시에서는 더 이상 이런 현상이 나타나지 않는다.(표 6.1)[37]

둘째, 중국에서 일어난 자살의 연령 분포가 서구의 관찰자들에게는 종종 특이하게 보인다. 20세기 중반에 중요한 연구를 수행한 미국의 한 사회학자는 신뢰성 있는 통계 자료는 부족하지만 모든 관찰자가 중국에서는 노인들의 자살이 매우 드문 반면—실제로 35세 이후 자살이 흔하지 않다—젊은 사람들 사이에서는 널리 퍼져 있다는 데 동의했다고 보고했다.[38] 또한 이 점과 관련해 가장 흥미로운 자료는 20세기의 첫 40년간 일본이 타이완에서 수집한 자료들이다.[39] 이 자료들은 1905년에 중국의 자살 분포가 유럽과 근본적으로 달랐음을 보여준다. 여성 인구에서는 연령이 높아지면 자살률이 줄어들었다. 24세 이하의 여성들은 자살률이 매우 높다가 이후에는 급속하게 하락하여 노년기에 최저점에 이른다.[40] 중국의 이 큰 섬에 살던 여성들은 20~24세 사이에는 스위스, 덴마크, 프랑스의 여성들보다 더 빈번하게 자살을 저지르지만 60세 이후에는 자살률이 훨씬 낮다. 반면 타이완 남성들의 자살률은 젊을 때나 나이 들었을 때나 이 세 국가의 남성들과 비슷하다.[41]

마지막으로 타이완에서는 적어도 20세기 초에는 도시보다 시골에서의 자살률이 더 높았다.

노인과 효

과거와 비교해보면 중국에서는 세계의 다른 지역들과 정반대의 변화가 뚜렷하게 나타났다. 20세기 말에 많은 서구 국가에서는(우리가 살펴본 것처럼) 자살률이 감소한 반면 중국에서는 상승했다. 따라서 오늘날 중국, 그리고 홍콩, 타이완, 싱가포르, 한국, 일본에서는 60세 이상의 자살률이 유럽, 미국, 캐나다, 오스트레일리아보다 2~3배 더 높다.[42] 이런 커다란 변화는 분명 국가 구조와 가족관계에 나타난 급속한 변화에서 기인했다고 볼 수 있다. 과거에 중국 노인들의 자살이 드물었던 것은(우리가 아는 한 유럽 북부와 중부보다는 확실히 더 드물었다) 이들이 결속력이 강한 가정환경에서 살았고 많은 친지의 물질적·감정적 지원을 받았기 때문이다. 중국의 남성과 여성들은 이른 나이에 결혼을 했고 따라서 노인들이 아들, 며느리, 손자들과 함께 대가족을 이루어 살았다.

이런 가정은 나이 든 부모와 성인이 된 자녀가 끈끈한 정으로 이어져 있다는 특징이 있다.[43] 많은 농경사회에서처럼 이들의 관계는 부모가 자녀들을 기르느라 들인 노력과 희생을 나중에 보답받을 것이라는 호혜 개념이 바탕이 되어 있다. 자식들은 부모에 대한 감사의 마음이 매우 강하고, 이런 마음은 부모에게 보내는 물질적·정서적 지원뿐 아니라 부모가 죽은 뒤 호화로운 장례를 치르고 이후 3년 동안 애도하는 데서도 나타난다(3년은 어릴 적 부모의 팔에 안겨 지낸 시간에 해당된다).

중국은 다른 어느 나라보다 효심을 중요하게 여긴다. 앞으로 살펴보게 되겠지만, 이 유교 덕목은 제국 시대 내내 국가에 의해 장려되었다. 효의 본보기가 된 자식들은 상징적 보상을 받았지만 부모를 존경하고 도와야 하는 도덕적 의무를 다하지 않은 자식들은 다양한 위기에 처했다. 무엇보다 상속권을 박탈당할 수 있었다. 노인들은 일을 계속할 기력은 부족했지만 땅과 선대로부터 물려받은 재산에 대한 통제권을 계속 쥐고 있었기 때문에 행동이 바르지 않은 아들을 유산 상속에서 제외시킬 수 있었다. 둘째, 부모는 당국에 아들을 고발할 수 있었다. 그러면 부모가 아들을 기소할 만한 증거를 찾지 못해도 아들이 교수형에 처해질 수 있었다('세상에 틀린 부모는 없다'는 원칙에 따라). 뿐만 아니라 효의 의무가 지켜지도록 공동체가 개입되었다. 실제로 아들이 존속살인을 저지를 경우 당사자의 목을 베는 것은 물론이요, 이웃들도 엄중한 처벌을 받았고 스승은 사형선고를 받았다. 지역의 치안을 책임진 관리는 수치를 당하고 관직에서 물러나야 했으며 지방관 역시 강등되었다. 한마디로 이 불명예스러운 사건에 대해 모두가 책임이 있었다.[44]

현재 중국 노인들의 자살이 늘어난 이유는 이러한 가정환경이 부분적으로 사라졌기 때문이다. 가족 형성의 방법 역시 서서히 바뀌었다. 부모와 떨어진 곳에 가정을 꾸리는 경우가 흔하고 나이 든 부모가 홀로 남겨지는 일이 점점 늘어났다. 뿐만 아니라 토지의 가치가 많이 떨어져 더 이상 아들에게 유산을 주지 않겠다는 위협이 예전만큼 효력을 발휘하지 못했다. 1996년도 법은 '노인 부양은 집안 어른들에게 관심을 기울이고 돌봐야 하는 가족들에게 주로 의존한다'라고 엄숙하게 되풀이했다.[45] 그러나 경제 개발, 젊은이들의 도시 이주, 효를 약화시키는 1949년의 가족법 개혁으로 노인이 된 부모와 성인이 된 자녀 간의 유대감이 약해졌다. 노인 공양에 가족의 역할이 감소되었지만 국가가 더 적극적으로 개입하여 벌충하지 않았고 시골에 사는 65세 이상의 노인 중 많은 사람이 어떤 형태의 연금도 받지 못하고 있다.[46]

중국 여성들의 자살

현재 중국의 자살 모델은 다른 면에서 과거와 놀라울 정도로 유사하다. 앞에서 살펴본 것처럼, 여성의 자살률이 더 높았던 것은 20세기 마지막 10년뿐 아니라 적어도 19세기 말부터였다. 몇몇 역사 연구는 중국의 이러한 특성이 더 오래전부터 시작되었고 적어도 17세기와 18세기까지 거슬러 올라간다는 점을 보여준다.[47] 3세기 전에는 여성과 남성 간의 자살률 차이가 지금보다 더 컸다는 의견도 제시되었다. 그러나 정확하고 신뢰할 수 있는 통계 자료가 없기 때문에 이러한 가설이 사실과 얼마나 일치하는지는 확인할 수 없다. 분명한 것은 17세기와 18세기에 중국의 많은 여성이 스스로 목숨을 끊었고 그 결과 여성의 자살이 골치 아픈 문제로 대두했다는 사실이다. 이 문제가 뜨거운 논쟁을 불러일으켰기 때문에 황제가 자살 행위에 대해 어느 정도의 통제력을 행사하기 위해서는 법령을 제정해야 했다. 또한 많은 학자(저술에 능한)가 딸, 아내, 과부, 첩이 스스로 목숨을 끊게 만드는 사건들과 격한 감정들에 관한 시와 소설을 썼다. 18세기 중국의 뛰어난 소설인 『홍루몽』에서는 금천아, 원앙, 임대옥, 청문 같은 암시적인 이름의 여인들이 궁, 정자, 정원을 대화와 다툼, 은은한 향기로 채우며 생기를 불어넣는다. 이들은 태허太虛의 영역으로 옮겨가는 것이 별일 아닌 것처럼 자살하겠다고 위협하고 쉽게 목숨을 끊는다.

아마도 이런 특징에 대한 서구인들의 첫 증언은 중국에서 오랫동안 선교활동을 했던 프랑스 예수회 집단의 책이 출판된 1779년으로 거슬러 올라갈 것이다. 이 예리한 관찰자들은 "자살과 관련해 여성들에게는 사람을 공포에 떨게 만드는 용기와 무모함이 있었다. 여성들과 소녀들은 말 한마디에도 목을 맸다. 사태가 심각해 여성들의 목숨을 구하기 위해 우물을 판자로 덮어 막아야 하는 지경에 이르렀다"[48]라고 썼다.

이 모든 점으로 볼 때 중국 여성 농민들의 높은 자살률을 지난 30년간 이 나라의 경제와 사회에 일어난 변화 탓으로만 돌릴 수는 없고, 장기적인 요인들 때문일 수 있다고 생각하게 된다. 하지만 어떤 요인들일까? 마오쩌둥은 젊은 시절 학생 혁명 조직에 가입했을 때 중국 여성의 빈번한 자살에 대한 이유를 설명한 바 있다. 마오쩌둥의 주된 의도는 정치적 이견을 내놓는 것이었지만 그의 논문들은 학계에서 상당한 지지를 받았고 다년간 많은 학자의 연구에 방향을 제시했다.

마오쩌둥과 5.4 운동 패러다임

차오우체는 스물세 살이 되는 1919년 11월 14일에 결혼식을 올리기로 되어 있었다. 우펑린이라는 남성과의 결혼은 중매쟁이의 도움으로 부모들끼리 정한 것이었고 차오는 이 결혼에 동의하지 않았다. 미래의 남편감을 본 건 딱 한 번, 단 몇 분이었지만 그 남자가 몹시 마음에 들지 않았기 때문이다. 그러나 부모들은 요지부동이었고 약혼을 깨거나 결혼식을 미루려 하지 않았다. 그래서 11월 14일에 차오는 당시 관습대로 붉은 비단으로 둘러진 가마를 타고 신랑의 집으로 향했다. 하지만 행렬이 목적지에 도착해 비단을 걷자 신부는 옷 속에 몰래 숨겨온 면도칼로 목을 그어 숨져 있었다. 부모들은 이런 일이 벌어질까봐 걱정을 하긴 했지만 막상 현실이 되자 경악했다. 신부가 칼이나 그 외 위험한 무기를 지니지 않도록 집을 떠나기 전에 신부의 몸을 샅샅이 살폈기 때문이다.[49]

이 일은 흔하고 평범한 사건처럼 보일 수 있지만 차오의 자살은 곧 특별한 중요성을 띠게 되었다. 젊은 마오쩌둥이 '차오 양' 사건에 깊은 인상을 받아 연달아 아홉 개의 열정적인 기사를 썼기 때문이다. 수많은 사람이 이 기사를 읽었고 대학, 가정, 가장 부유한 집단들에서도 열띤 논쟁이 벌어졌다. 이후 몇 주 동안 같은 주제에 대해 수백 개의 기사가 당시 세를 얻고 있던 신규 잡지들에 실렸다.[50] 평소 같았으면 주목받지 못하고 지나갔을 이 사건이 큰 관심을 불러일으킨 것은 사건이 엄청난 집단적 흥분collective effervescence 시기에 일어났기 때문이다. 그해 5월 4일에 베이징에서 결성된 운동이 모든 도시로 빠르게 퍼져나갔다. 오늘날 이날은 중국 역사의 전환점이자 근대사의 시작으로 여겨진다. 파리강화회의에서 독일이 가지고 있던 산둥성의 이권을 일본에게 넘기라는 결정이 내려진 것이 이 운동의 기폭제가 되었다. 이로 인해 학생 시위가 벌어졌고 곧 일부 지식인 집단과 도시 중산층이 가세했다. 이 운동은 유교(중국 전통의 정수로 여겨졌다)와 가족, 여성의 지위를 포함한 사회의 핵심 측면을 공격하는 봉기를 촉발시켰다. 하지만 마오쩌둥이 차오의 이야기에 관심을 가진 데는 이러한 새로운 문화적 환경 외에 개인적인 사건도 영향을 미쳤다. 그가 열세 살 때 아버지는 열아홉 살 된 여성과 아들을 결혼시키려 했다. 마오쩌둥은 이 결정을 되돌리고자 온갖 노력을 기울였고 아버지를 설득하기 위해 결혼 상대와 시기를 자기 뜻대로 결정할 수 있을 때 돌아오겠다며 집을 떠났다. 그는 이 의지 투쟁에서 승리를 거두었고 몇 년 뒤 자신이 사랑하는 여성과 결혼했다. 이 경험으로 그는 중매결혼이라는 케케묵은 관습을 폐지해야 한다고 확신하게 되었다.

차오는 왜 자살했을까? 마오쩌둥이 차오의 자살 이튿날 쓰고 1919년 11월 16일에 발표한 첫 기사에서 던진 질문이 이것이었다. 그는 일말의 의심도 없이 그 이유를 정확하게 짚어냈다. 이 젊은 여성을 자살에 이르게 한 것은 그녀가 살던 환경이었다. 그 환경은 크게 세 가지 요소로 이루어져 있었다. 바로 중국사회, 차오의 가족, 그리고 차오가 원하지 않던 남편의 가족이다. 이 세 요인이 '세 개의 철망'이 되어 일종의 '삼각형 우리'를 이루었다. 차오의 부모가 딸이 원하지 않는 결혼을 강요하지 않았다면, 미래의 시부모가 차오의 거절을 모른 척하지 않았다면, 다른 모든 사람, 친척, 친구, 지인들이 이 두 가족을 명시적 혹은 암묵적으로 무시하지 않았다면 차오는 분명 죽지 않았을 것이다.

마오쩌둥에 따르면, 차오의 부모는 딸이 자신들이 고른 남편감을 좋아하지 않는다는 것을 알면서도 그 사람과 억지로 결혼하고 잠자리를 같이하고 심지어 사랑하길 원했다. 그렇게 함으로써 그들은 '간접 강간'이라는 끔찍한 죄를 저질렀기 때문에 비난받을 만하다. 하지만 이 죄의 근원은 사회 자체다. 서구사회에는 중매쟁이, 중매결혼이 없고 부모가 이런 형태의 폭력을 행사하는 것은 상상도 할 수 없다. 마오쩌둥은 "이런 일이 서구사회에서 벌어진다면, 그리고 차오가 가마에 타기를 거부했을 때 아버지가 딸의 얼굴을 때린다면 차오는 아버지를 고소할 수 있고 아니면 자신을 보호하기 위해 다른 방법으로 거부했을 것이다"라고 썼다.[51]

따라서 뒤르켐이 20년 전에 그랬던 것처럼 마오쩌둥도 자살에 대해 이해하려면 사회부터 분석해야 한다고 생각했다. 사회에 자살을 원하는 사람들이 있는 이유는 사회가 그들의 '희망'을 장악하고 철저하게 파괴하여 결과적으로 '전혀 희망이 없는' 상태에 처하게 하기 때문이다.[52] 하지만 마오쩌둥에 따르면, 중국에서 여성의 자발적 죽음이 많은 근본 원인은 엄격한 가부장제가 여성에게 가하는 억압 때문이며, 이는 성리학의 가르침, 중매결혼 풍습, 천생연분에 대한 미신적인 믿음에 의해 촉발되고 지지된다. 만약 뒤르켐이 마오쩌둥의 글을 읽거나 들었다면 자신이 '숙명적 자살'('억압적 규율에 의해 미래가 무자비하게 봉쇄되고 과도한 규제 때문에 열정이 폭력적으로 억눌린 사람이 저지르는 자살')[53]이라고 정의했던 유형의 자살을 알아보았을 것이다. 뒤르켐은 이 개념을 자신의 걸작에서 짧은 주석 몇 줄로 설명했다.

논쟁에 가담한 다른 사람들은 마오쩌둥의 추론을 지지하며 차오가 자신이 마음대로 쓸 수 있는 유일한 무기를 사용하여 중국의 전통적인 가족 제도와 맞서 싸우는 큰 공을 세웠다고 주장했다. 그 무기란 바로 자살이었다. 차오의 행동에 찬성하지 않는 사람들도 그녀를 '결혼제도 개혁을 위해 희생한 사람'으로 인정해야 했다. 차오가 '압제라는 악령에 전쟁을 선포하고' 아직 '평소의 딸' 신분이던 친정에서가 아니라 약혼자에게로 가는 가마에서 자살을 저지른 것은 이 때문이었다.[54]

'5.4 패러다임'(마오쩌둥이 제시한 해석에 종종 붙는 용어)은 여성의 높은 자살률을 가부장제의 탓으로 돌린 많은 학자의 연구에 다년간 지침 역할을 했다. 이들은 가부장제가 중매결혼과 그 외의 방법들로 젊은 여성들을 억압해 절망을 안겨주고 심지어 자살로까지 몰아간다고 보았다. 이 학자들에 따르면, 11세기와 12세기에 번성하며 중요한 변화들을 불러왔던 소위 성리학파가 이 제도를 조성하고 정당화했다. 이 변화들에는 여성의 사회적 지위 하락, '황금 연꽃'처럼 어여쁜 발을 얻기 위한 관습인 전족(길이 8센티미터가 넘지 않는 작은 발), 과부들의 정절 예찬, 며느리들의 자살 등이 포함된다.[55] 뛰어난 유학자 중 한 명인 철학자 정이程頤는 "굶주려 죽은 것은 아주 사소한 일이다. 하지만 고결함을 잃는 것은 극도로 심각한 일이다"라고 말하곤 했다.

지난 20년간의 역사 연구들은 5.4 패러다임만으로는 과거 중국에서 여성의 자살이 많았던 이유를 설명할 수 없다고 밝혔다.[56] 무엇보다 이 연구들은 성리학의 탄생 및 발전과 자살률 사이에 상관관계가 없음을 보여주었다. 여성의 자발적 죽음은 14세기에 서서히 증가하기 시작하여 16세기—따라서 성리학적 사고방식이 확립된 지 수 세기 후—에 가속화되었고 17세기와 18세기에 절정에 달했다. 둘째, 역사 연구들은 가부장제와 중매결혼 풍습이 중국 여성들의 자살을 불러온 유일한 동기가 아니었다고 밝혔다. 앞으로 살펴보게 되듯이 중국 여성들의 자살에는 다른 이유가 있었고 때로는 오히려 부모가 짝지어준 남성에게 충실하기 위해 목숨을 끊기도 했다. 따라서 이 여성들은 단지 억압적인 제도의 피해자가 아니라 각자 선택권이 있었다. 이들의 자발적 죽음은 단지 약함, 수동성, 패배 혹은 절망의 표현이 아니었고 꼭 이런 이유에서 목숨을 끊은 것도 아니었다. 때로는 독립적인 자아 확인 행위였고 심지어 하나의 도전이기도 했다.[57]

자살의 문화적 레퍼토리

수 세기 동안 자살은 중국의 역사와 문화에서 극히 중요한 역할을 했다. 불교의 교리문답서들은 순전히 이기적인 이유로 목숨을 끊는 사람은 지옥에 떨어진다고 비난했지만 '군주에 대한 충성심, 효, 정절, 정의, 전쟁'에 의한 자살은 정당화될 수 있다고 인정했다.[58] 반면 공자는 전반적으로 자살에 찬성하지 않으면서도 어떤 상황에서는 삶을 포기해야 한다고 주장했다. 공자는 "우리 신체와 터럭과 살갗은 부모에게서 받은 것이니 훼손하지 말아야 한다"고 말했다. 그러나 "절의가 있는 선비와 어진 사람은 자신의 목숨을 구하려고 인을 해치는 일이 없으며 자기의 목숨을 바쳐 인을 행한다"는 말도 남겼다.[59] 중국에서 최초로 여성들의 전기를 엮은 유향劉向은 남편을 구하기 위해 혹은 남편이 죽었기 때문에 여성이 자살하는 경우를 칭찬했다.[60] 역사가 사마천은 굴욕을 당한 뒤 자결 대신 거세를 선택한 이유를 설명하면서 "가장 천한 노복과 부엌에서 일하는 하녀도 얼마든지 자살할 수 있다"라고 썼다. 유교 사상가이자 공자의 가르침을 체계화하고 알린 맹자는 "나는 생선도 좋아하고 곰 발바닥도 좋아한다. 그런데 둘 다 먹을 수 없다면 생선을 포기하고 곰 발바닥을 선택할 것이다. 나는 목숨도 중요하게 생각하고 정의도 중요하게 생각한다. 하지만 둘 다 얻을 수 없다면 목숨을 포기하고 정의를 택할 것이다. 나는 목숨을 중요하게 생각하지만, 목숨보다 더 좋아하는 무언가가 있다. (…) 또한 나는 죽음을 싫어하지만 죽음보다 더 싫은 무언가가 있다"[61]라고 썼다. 따라서 고귀한 가치를 실현할 수 있다면 자살이 정당화되었고, 여기에는 목숨뿐 아니라 죽음도 유익하게 활용해야 한다는 생각이 바탕이 되었다. 사마천이 "사람은 누구나 한 번 죽는다. 어떤 죽음은 태산만큼 무겁고 어떤 죽음은 새털만큼 가볍다. 이는 죽음을 어떻게 사용하는지에 달려 있다"라고 쓴 것처럼.[62] 그러나 다른 이유들로 목숨을 끊은 사람은 정식 장례식 없이 묻히는 것을 각오해야 했다.[63]

수많은 형태의 자살이 용인되었지만, 그중 일부는 다른 것보다 더 고귀하고 특정 역할(예를 들어 약혼자, 과부, 채무자, 장군)에 더 적합하다고 여겨졌다. 반역죄 판결을 받은 고위관리는 공개 처형의 치욕을 피하기 위해 스스로 목숨을 끊어 신체를 온전히 보존한 채 조상들에게 갈 수 있었다. 일반적으로 황제가 그 관료에게 금박(금을 삼키는 것은 음독자살을 비유했다)이나 노란색 비단 끈을 보내 자결하도록 했다.[64] 최고 관직에 있는 사람이 정치적 혹은 군사적 실패 뒤에 명예를 지키기 위해 저지르는 자살은 칭송과 존경을 받았다. 여기에는 관료, 장군, 왕자, 그리고 통치자까지도 해당되었다. 실제로 기원전 221년에서 서기 1911년 사이에 통치했던 259명의 황제 중에서 자살한 사람이 5명에 이르렀다.[65] 중국에서는 불교 승려의 몫으로 여겨지던 소신공양이 다양한 방식과 이유로 5세기 말부터 실시되기 시작했다.[66] 일반적으로 대중 앞에서 혹은 관료나 황제 앞에서 자신의 몸을 불사르는 형태였다. 하지만 승려들은 때때로 물에 뛰어들거나 높은 벼랑 아래로 몸을 던지거나 굶거나 자신의 몸을 새나 벌레, 그 외 동물들에게 주는 방법 등으로 '스스로를 바쳤다'. 이런 행위는 타인을 위한 것으로, 침략, 전쟁, 기근, 가뭄, 홍수, 기아로부터 공동체나 나라를 구하거나 항의의 뜻을 표현하기 위함이었다.

그러나 그 외에도 허용되고 존중받은 자살이 많았다. 황제나 부모나 배우자에 대한 신의를 지키기 위해, 억압적인 사회 상황에 대응하기 위해, 항의하거나 정의를 실현하거나 복수의 방법으로 하는 자살이 그런 경우였다. 오랜 기간 국가의 최고 기구들은 이런 이유들로 목숨을 끊은 사람들을 칭송하고 영예를 주었다.

덕행에 대한 국가의 예우

중국은 거의 1900년 동안 국가 차원에서 효나 헌신, 정의, 충심, 신의 같은 '유교 덕목'을 증진하고 심어주기 위해 갖가지 노력을 기울였다. 중국은 이를 위해 막대한 비용을 들여 많은 사람을 고용했고 3세기부터 문서에 정해진 지침들을 따랐다. "덕망 높은 사람들에게는 휘장을 내리고 악한 자들과 구별하여 돋보이게 한다. 이들의 집과 마을에 영예로운 상징을 내려 선인을 돋보이게 하고 악인에게는 고통을 가한다."[67] 따라서 덕이 높은 사람들은 다양한 방식으로 보상을 받았다. 노역을 면제받거나 문 위에 걸어두는 영예로운 명판이나 봉작, 황제가 직접 우아한 글씨체로 쓴 상장을 받았다. 곡식과 비단을 받거나 덕행을 기리는 석조아치를 세우기 위한 재정적 지원을 받기도 했다.[68](그림 36, 37) 황제와 궁정뿐 아니라 지역 당국, 지방관, 치안 책임자, 그 외 관료들도 이런 상들을 내렸다.[69]

국가가 만든 이 방대한 명예 프로그램은 오랜 시간 동안 여러 차례 바뀌었고 덕행 자체의 정의, 덕이 높은 사람을 확인하고 보상하는 기준, 이들의 수, 주어지는 영예, 칭송받을 만한 개인과 가문의 행동 유형도 바뀌었다.[70] 부모에 대한 아들의 헌신, 황제에 대한 관료의 충성심, 공동체 내에서 남성들의 고결한 행위 등 유교에서 말하는 남성의 덕목에 대한 개념만 비교적 바뀌지 않았다. 아버지나 할아버지의 묘를 떠나지 않고 지키는 젊은이, 집안의 유산을 나누지 않고 모든 형제가 아내, 아이들과 함께 한집에서 대가족을 이루며 평화롭게 사는 이들에게 영예로운 명패와 상장이 수여되었다.[71]

여성의 덕목에 관해 말하자면, 표 6.2에 명나라와 청나라에서 약혼자나 남편이 죽었을 때, 성희롱이나 성폭력을 당했을 때, 군사적 패배를 당하거나 정권이 무너졌을 때 등 중요한 사건이 일어났을 때 중국 여성들이 직면

〈표 6.2〉 명나라와 청나라(1368~1911)에서 특정 사건이 일어났을 때
중국 여성들에게 주어진 주된 도덕적 선택권

사건	가장 흔한 선택	고결한 행동	
		살아 있는 경우	죽음
약혼자의 죽음	다른 남성과 약혼한다	결혼하지 않고 산다	자살한다
남편의 죽음	재혼한다	과부로 남는다	자살한다
성희롱 혹은 성폭행	계속 살아간다		자살한다
군사적 패배 혹은 정권 실각	계속 살아간다		자살한다

출처: Elvin(1984); Wakeman(1985); Davis(1996); T'ien Ju-K'ang(1988); Theiss(2004b); Lu(2008)

6장 심한 두려움에 떨게 하다

했던 도덕적 선택들이 정리되어 있다. 두 번째 세로줄은 여성들이 가장 흔히 나타낸 반응을, 다른 두 세로줄은 고결하다고 여겨진 행동들과 당국이 내린 보상들이 정리되어 있다. 예를 들어 남편이 죽은 뒤 대다수의 중국 여성이 재혼을 했다. 하지만 가족들이 재혼하라고 압력을 넣는데도 과부로 남거나 자살한 여성들은 찬사를 받았고,[72] 이런 행동이 계속 존경을 받았다. 그러나 앞서 살펴본 것처럼, 이러한 행동에 대한 지역이나 국가 당국의 태도는 오랜 기간 여러 차례 바뀌었다.

덕망 높은 사람을 선정하고 보상하는 절차 역시 근본적인 변화를 겪었다. 일단 황제의 관리들이 마을에서 정보를 수집하여 상을 받을 만한 사람을 찾는다. 상은 반란이 진압되거나 새로운 군주가 제위에 오르는 등 특별한 시기에 주어졌다. 하지만 시간이 지나면서 상을 주는 과정이 점차 복잡해졌다. 상을 받으려면 제출한 신청서가 점점 더 방대해지는 복잡한 관료체계를 거쳐 상부로 올라가야 했는데 때로는 수년이 걸리기도 했다. 또한 끝없이 이어지는 거대한 제국 조직 내의 회의, 기구, 위원회를 거쳐야 했다. 이 기구들은 신청서들을 주의 깊게 걸러내고 평가한 뒤 확인하고 자세한 사항들을 전부 분석하고 논의하며 숙고했다. 신청서는 보통 덕을 행한 사람의 친지들이 제출했다. 친지들이 마을 원로 회의에 이 건을 고을의 수령에게 알려달라고 요청하고, 그러면 수령은 주변 이웃들의 의견을 물었다. 그때부터 신청서는 현에서 지역 관료로, 그리고 다시 의례 담당 기구로 올라가면서 서서히 여러 단계를 거쳤다. 의례 담당 기구에서는 신청서를 검토한 뒤 더 자세한 확인을 위해 돌려보냈다. 결국 감찰 기구에게 신청서가 전해지고 이곳에서 다른 기관들의 의견을 물었다. 이 모든 기구가 긍정적으로 판단을 내려야 마침내 의례 담당 기구가 신청을 받아들였다. 하지만 그렇다고 절차가 끝난 것은 아니었다. 이 단계에 이르면 모든 신청서를 황제에게 보냈고, 황제가 1년에 한 번 중요한 시기에 이들을 검토했다. 그중 일부 신청서는 기각되었다.

이후 명예를 인정해주는 속도가 빨라졌다. 명나라(1368~1644)와 청나라(1644~1911)를 거치고 세기가 지나면서 상과 표창의 수가 늘어났다. 16세기 중반부터 18세기 중반까지 2세기 동안 황제들은 21만7336명이 넘는 수상자를 결정했다. 그중 98퍼센트가 여성이었고 남편에 대한 신의를 지키기 위해 재혼하지 않거나 자살한 과부들이 많았다.[73] 하지만 그 외에 지역 당국들이 덕망 높은 사람에게 주는 보상도 많았다.

따라서 중국에서는 수 세기 동안 다른 나라나 다른 시대와 비교가 되지 않을 정도로 정교한 명예 부여 과정을 통해 일정 형태의 자살이 동의되고 장려되었다. 첫째, 다른 나라들은 무훈을 세우거나 시민으로서 공을 세웠을 경우 훈장을 수여한 반면 중국 정부는 개인의 일상생활에서 도덕적이라고 생각되는 행위들을 인정했다. 둘째, 마찬가지로 긴 시간 동안 가톨릭교회는 기적을 행하는 뛰어난 자질을 지닌 개인이나 '신동들'을 시복하고 신성화한 반면 중국은 정상적이라고 여겨지는 행위들에 보상을 내렸다.[74]

앞으로 살펴보게 되듯이, 이런 형태의 자살이 사회적으로 찬성되고 장려되었다 해도 자신이 속한 집단의 요구에 복종한 수동적인 개인들이 저지른 것은 아니었다. 윗사람에 대한 복종 행위로 행해진 자살도 분명 있었지만, 가족이나 남편, 약혼자와의 격심한 충돌로 목숨을 끊은 경우도 있었고 반대, 불복종, 항의, 복수의 표현으로 자살한 사람들도 있었다.

6장 심한 두려움에 떨게 하다

남편이 죽은 뒤

1498년에 장쑤성에 첸이라는 과부를 기리는 사당이 세워졌다. 첸은 남편이 죽은 뒤 1435년 그곳에서 목숨을 끊었다. 남편을 향한 이 여성의 영웅적인 충절은 산문과 시를 통해 칭송받았고 지역 역사에서 그녀의 이름이 드높여졌다. 농부의 딸로 태어난 첸은 루마오라는 남성과 결혼하자마자 곧 현숙한 아내로서의 모범적인 삶을 살기 시작했다. 그녀의 전기에 따르면 첸은 '시부모를 극진히 모셨고 동서 간의 다툼을 중재했다'고 한다. 그런데 얼마 후 남편이 병에 걸렸다. 죽음이 가까워졌음을 느낀 루마오는 아내를 불러 말했다. "나는 병에 걸렸고 다시는 일어나지 못할 것 같소. 당신은 젊고 우리 사이에는 아이도 없소. 게다가 당신은 의지할 사람 없이 가난하게 살게 될 것이오. 그러니 재혼을 해도 좋소. 결정을 내릴 때 나를 염두에 두지는 마시오." 그러자 첸은 울면서 "어디에도 여자가 두 남편을 섬기는 곳은 없다고 들었습니다"라고 대답했다. 첸의 부모 역시 다른 사윗감을 찾기 시작했다. 하지만 남편이 죽자 첸은 비통한 눈물을 흘리며 장례식을 준비했다. 그리고 장례식이 끝나자 남편의 시신 옆에서 목을 맸다.[75]

과부 첸의 이야기가 일회적인 사건은 아니었다. 훨씬 전인 한나라(기원전 206~서기 220) 때 이미 재혼이 아닌 죽음을 택한 여성들이 있었고, 그중 한 명은 "내 마음은 돌이 아니라/ 굴러갈 수 없네/ 내 마음은 멍석이 아니라/ 말 수 없네"라는 시를 남기기도 했다.[76] 하지만 이타적 자살이 원시사회를 지배했기 때문에 과거로 돌아갈수록 이타적 자살의 중요성이 커진다는 뒤르켐의 생각은 중국 역사에서도 확인되지 않는다. 이 나라에서는 남편이 죽은 뒤 목숨을 끊는 여성의 수가 원나라(1279~1368) 때부터 늘기 시작했고 명나라(1368~1644)와 청나라(1644~1911)의 오랜 기간을 거치며 더 급속하게 증가하여 1688년에 강희제가 "우리가 계속해서 이 사람들의 명예를 인정하면 목숨을 끊는 사람이 늘어날까봐 두렵다"면서 이 행위를 금지할 정도에 이르렀다. 그러나 칙령에서는 목숨을 끊고자 하는 과부는 의례 담당 기구에 허가를 요청할 수 있도록 했다.[77] 하지만 이 금지령은 그리 효과적이지 못했다. 1728년에 옹정제가 '일상적인 도덕규범을 벗어난' 행동으로 정의한 것들을 억제하는 또 다른 칙령을 내려야 했기 때문이다. 이 칙령은 "영웅적인 과부는 땅에 묻힌 남편을 굳은 결심으로 뒤따라간다. (⋯) 영웅적 과부가 되기는 어렵다. 하지만 신의 있는 과부가 되는 건 더 어렵다. 남편을 따라 죽으려면 순간적인 결심만 있으면 되지만 정절을 지키려면 남편에 대한 영원한 존중이 필요하다"라고 이어졌다.[78] 그리고 후자를 선택한다는 것은 과부가 일상의 무수한 어려움에 용감하게 맞서며 '죽은 아들 대신 시부모를 모시고' '죽은 아버지를 대신해 자식들을 가르치고 기른다'는 의미라고 결론을 내렸다. 그러나 1851년에 함풍제가 과부의 자살을 기리는 관습을 부활시키면서 또다시 상황은 바뀌었다.[79]

현존하는 문서들을 연구한 일부 학자들은 이 오랜 기간 동안 과부의 자살이 늘어났을 뿐 아니라 그 성격도 바뀌었다고 생각하게 되었다. 원나라 때 과부의 자살을 부추긴 것은 무엇보다도 외부의 강한 압력이었다. 1367년에 명나라 군사가 도시를 포위했을 때 보테무르는 아내와 첩들을 집의 노대로 데려가서 말했다. "도시가 함락되었고 나는 여기서 죽을 생각이오. 나를 뒤따를 수 있겠소?" 모든 여성이 그렇게 하겠다고 대답한 뒤 목을 맸다. 명청 시대에는 스스로의 자유로운 선택과 남편에 대한 끈끈한 애정 때문에 자살을 결심하는 여성이 점차 늘어났다. 열여덟 살 때 학자와 결혼한 장 씨 부인을 예로 들어보자. 결혼한 지 4년 뒤 죽음이 가까워졌음을 알아차린 남편은 자신을 따라 죽어야 하는 도덕적 의무에서 아내를 해방시켜주려 했다. 하지만 그녀는 울면서 거부했다. "제게 심장이 두 개 있다고 생각하시나요? 우리 사이에 아들이 있었다면 저는 정절을 지키며 그 아이를 당신의 후계자로 키울 겁니다. 하지만 아들이 없으니 남편을 따라 죽는 것으로만 아내의 정절을 지킬 수 있습니다."[80]

여성들이 남편을 따라 죽는 데는 두 가지 이유가 있었다. 첫째, 살아 있을 때 항상 남편을 따랐던 것처럼 '죽어서도 남편을 따르고' '땅속에서도' 섬기길 원했다. 실제로 이 여성들은 사후 세계에서 남편을 찾을 수 있고 그 후 영원히 함께할 것이라 확신했다.[81] 문학작품에서 이런 여성들은 정절을 지키기 위한 영웅적 순교자이자 열정적인 사랑의 화신으로 칭송되었다. 이들의 자살은 '좋은' 죽음이었다. 자제력뿐 아니라 남편에 대한 절대적인 신의와 인간이 어찌 하지 못하는 생명 현상을 제어하는 힘을 보여주기 때문이다.[82] 하지만 또한 스스로 목숨을 끊은 여성으로 영원히 이름이 남는 '숭고한' 죽음이라고도 여겨졌다.[83] 딸이 남편을 잃자마자 자살했다는 이야기를 들은 학자 왕위후이가 아내에게 했던 말이 어떤 의미에서는 이런 죽음일 수 있다. "우리 셋째 딸은 이미 불멸의 존재가 되었소. 왜 우는 것이오? 딸은 좋은 죽음을 맞았소. 나도 그런 좋은 명분으로 죽고 싶은 마음뿐이구려!" 그는 머리를 젖히고 웃으며 "좋은 죽음이야, 좋은 죽음이야!"라고 되뇐 뒤 껄껄 웃으며 방을 나갔다.[84]

일부 중국 여성들은 남편이 평생 자신을 학대하거나 끔찍한 범죄를 저질렀는데도 남편을 위해 자살했다. 예를 들어 카오의 남편은 살인을 저질러 옥에 갇혔다. 옥에서 중한 병에 걸린 남편을 만나러 간 카오는 감방에 단둘이 남자 발에 감은 붕대로 목을 매달려고 시도했다. 그러나 간수에게 들켜 도시의 절로 몸을 피했다. 이곳에서 다시 목을 매달기 전에 카오는 이런 기도를 올렸다. '남편이 죽어가고 있으니 저도 죽고 싶습니다. 남편의 불행이 제 불행입니다. 제가 어떻게 혼자 살 수 있겠습니까? 제 뜻은 확고합니다. 결국 남편과 함께 죽으니 제가 먼저 떠날 것입니다. 오직 신만 제 상황을 이해해주실 겁니다.'[85]

둘째, 일부 과부들은 재혼하라는 가족의 압력을 피하기 위해 목숨을 끊었다. 친정 부모나 시부모는 재정적 이유로 재혼을 강요했다. 그러나 재혼은 가혹한 비난을 받았고(일부 학자들은 재혼을 '죽음보다 더한 범죄'로 묘사할 정도였다)[86] 재혼한 과부는 도덕적 온전함을 잃었다고 여겨졌다. 그래서 일부 여성들은 첫 번째 남편이 죽은 뒤 다른 남편을 맞지 않기 위해 할 수 있는 일은 다 하려 했다. 이들은 한 중국 여성 농민의 말에 전적으로 동의했다. "재혼한다면 죽은 남편을 무슨 낯으로 보겠습니까?"[87] 그리하여 이 여성들은 강력한 상징적 무기, 즉 자신의 몸을 이용해 스스로를 방어했다. 매력적인 젊은 과부들은 코나 귀를 잘라 스스로 얼굴을 훼손시키거나 칼로 그었다.[88] 반면 어떤 여성들은 "굶주려 죽는 것은 아주 사소한 일이다. 하지만 고결함을 잃는 것은 극도로 심각한 일이다"라는 성리학자 정이의 말을 떠올리고 재혼보다 죽음을 택했다.[89]

사티와의 차이

중국 과부들의 자살은 사티와 눈에 띄게 비슷하지만 다르기도 하다(중국 정부가 독려한 다른 형태의 여성의 자살들보다는 유사하다). 일단 과부의 개념, 자살의 원인과 결과, 이런 상황에 처한 여성에게 지워지는 의무가 인도와 중국에서 서로 달랐다. 중국에서는 과부가 된 왕다오메이에게 어머니가 이런 조언을 했다. "너무 애통해하지 말거라. 네 앞에는 세 가지 일이 있다.

첫째는 남편을 따라 죽는 순교다. 둘째는 정절이다. 시부모를 모시기 위해 서리와 얼음처럼 순결을 지키는 것이다. 셋째는 평범한 사람들처럼 하는 것(재혼)이다."[90] 정확히 같은 시기에 인도의 어머니도 딸에게 같은 말을 했을 수 있다. 하지만 인도의 어머니와 중국의 어머니가 생각한 이상적인 길은 달랐을 것이다. 중국에서는 분명 두 번째 길, 재혼하지 않고 정숙한 과부로 살면서 자식들과 시부모를 돌보는 것이 이상적이었다. 반면 인도에서는 첫 번째, 즉 남편을 화장시키는 장작더미 위에 올라가 영원히 함께 머물며 남편의 죽음에 책임이 있다는 끔찍한 의심에서 벗어나는 것이 이상적인 선택이었다.

이 차이를 잘 보여주는 예가 남편이 죽은 직후가 아니라 몇 년 뒤에 자살한 여성들이다. 앞서 인도의 사례에서 살펴봤듯이, 처음에는 과부로 사는 쪽을 택했지만 과부로서의 삶을 견디지 못해 결국 자살을 선택하는 게 이런 경우다. 반면 중국에서 여성이 자살을 미루는 이유는 일반적으로 어머니이자 며느리로서의 의무를 최우선으로 생각하고 남편과 함께하는 것은 부차적으로 생각하기 때문이다. 리Li의 경우가 좋은 예다. 중국의 일부 지역에서는 여성이 결혼하기 몇 년 전에 남편이 될 사람의 부모에게 입양되는 결혼 형태가 오랫동안 실시되어왔다. 예비 시부모는 남의 집 아주 어린 소녀를 데려와 딸로 키우다가 열여섯 살이나 열일곱 살이 되면 아들과 결혼시켰다. 그 전까지 이 여성은 남편의 동생으로 살았다.[91] 리 역시 열한 살 때 입양되어 우 씨 가족의 아들 두의 장래 아내로 키워졌다. 그런데 7년 뒤 약혼자가 우물에 빠져 죽자 리는 시집 식구가 되려 했던 사람들과 계속 살기로 했다. 그리고 며느리처럼 가족을 섬기고 돌보기 시작했다. 나중에 리는 아들을 입양해 자애로운 어머니가 되었다. 아들을 학교에 보내고 혼인까지 시켰다. 이 시점이 되자 리는 두의 형에게 말했다. "이제 시부모님도

돌아가시고 제사를 올릴 사람들도 집안에 충분합니다. 우물 속의 그 사람이 오랫동안 저를 기다려왔습니다. 그 사람을 따라가겠습니다.” 이렇게 리는 약혼자가 죽은 지 21년이 지난 그의 생일날, 같은 우물에 몸을 던졌다.[92]

둘째, 행렬과 축제와 연회가 벌어지고 수많은 친척, 여자 친구, 구경꾼이 북새통을 이루는 사티 의식은 이 여성들이 공동체에 전적으로 의존한다는 것을 보여준다. 반면 중국 여성들은 대개 사람들이 보지 않는 곳에서 혼자 목숨을 끊었다.[93] 우물이나 강이나 바다에 몸을 던지거나 목을 칼로 긋거나 금박을 삼켜 질식사하거나 생아편을 먹고 음독자살했다.[94] 1912년에 에드워드 알즈워스 로스는 “아편이 수확될 때는 여성의 자살이 잇따랐다”라고 썼다.[95] 아편 가격이 오르면 여성의 자살이 줄었다. “자살하는 데 10센트가 든다면 이는 아주 소수의 사람만 감당할 수 있는 사치스러운 행위다. 하인이 한 달에 8센트를 받는 지방에서 (…) 이는 놀랄 만한 일이 아니다.”[96]

여성이 다른 사람들 앞에서 공개적으로 하는 자살은 중국의 일부 지방에서만 일어났으며 두 가지의 아주 다른 의식을 따랐다. 첫 번째는 타타이 tat'ai(‘단을 올리다’)라고 불린 의식이다. 타타이는 중국의 동남부 해안에 위치한 푸젠성에서만 주로 이루어졌고 이 의식을 따른 여성은 자살한 여성들의 5분의 1이 되지 않았다. 이보다 덜 빈번하게 행해졌던 두 번째 의식은 식음을 끊는 것으로, 후이저우와 그 외의 몇몇 지역에서 이루어졌다.[97] 전자는 사티와 가장 비슷한 반면 후자는 다른 형태의 자살과 더 유사하다.

타타이 의식은 16세기 중반부터 18세기 중반까지 푸젠성에서 행해졌고,[98] 여성의 집에서 멀지 않은 곳에 특별히 마련한 나무 연단 위에서 이루어졌다. 19세기 하반기에 서구의 선교사들이 남긴 설명에 따르면,[99] 과부가 남편이나 약혼자를 따라 죽기로 결심하면 가족의 동의하에 의식을 치를 날짜를 선택한다. 그리고 이러한 뜻을 구두나 서신으로 사람들에게 알리고 의식을 보고 싶은 사람들을 초대한다. 당일 아침 과부는 이 중요한 의식에 적합한 옷을 입은 뒤 남자 네 명이 드는 가마에 타고 덕망 높은 과부를 기리기 위해 지어진 절에 가서 봉납 현판 앞에서 향을 피운다.

몇 시간 뒤 과부는 연단에 올라가서 여성 친척 몇 명과 함께 식탁에 준비되어 있는 식사를 한다. 그런 뒤 아직 걷지 못하는 아이를 식탁에 올려놓으면 과부가 아이를 어루만지고 자신의 목에서 목걸이를 끌러 아이에게 걸어준다. 그리고 초대를 받아들여 연단 주위에 모여든 사람들에게 짧게 감사 연설을 한 뒤 쌀과 약초, 꽃을 던진다. 이제 과부는 붉은 밧줄을 매달아놓은 나무 기둥으로 가서 무감정하고 침착한 얼굴로 올가미를 목에 건다. 그리고 손수건으로 얼굴을 덮고는 자신이 올라섰던 의자에서 발을 뗀다.

그러나 타타이 의식은 공동체에 대한 복종의 형태에서 때로는 공동체의 규칙에 이의를 제기하고 지도자들이 내린 결정에 영향을 주기 위한 행동으로 변형되었다. 예를 들어 1854년에 장이라는 과부가 시부모에게 바치는 명예 현판을 사당에 달기 위해 구리 동전 2만 냥을 내라는 요구를 받았다. 그녀에게는 아주 중요하고 영예로운 일이었다. 하지만 가난해서 이만한 돈이 없던 그녀는 연단에서 자살하기로 하고 날짜를 정했다. 이 소식을 들은 고을 수령이 필요한 돈을 모으는 데 성공했고, 장의 결심을 되돌리려고 설득했다.[100]

두 번째 의식은 사티, 타타이와 근본적으로 달랐고 중국의 일부 지역에서만 행해졌다. 이 의식은 굶어서 긴 시간에 걸쳐 고통스러운 죽음을 맞았다. 이 방법을 선택한 여성들은 먹는 것도, 마시는 것도 거부했다. 죽기까지 대개 5~17일이 걸렸지만, 어떤 사람은 40일 넘게 살아 있기도 했는데 아마 물을 계속 마셨기 때문일 것이다. 굶어 죽는 과정은 그 고통이 끔찍했다.

단식을 시작한 일부 여성들이 포기하고 아편을 먹거나 우물에 몸을 던져 목숨을 끊은 것은 이로써 설명된다.

목을 매거나 익사, 음독을 할 때와 달리 단식은 금방 죽음을 맞지 않기 때문에 이 방법을 시도한 여성들은 다른 사람들과 상호 작용을 하여 부탁과 협상을 하고 양보를 얻어낼 수 있었다. 시시각각 생명의 불꽃이 희미해져가는 여성들이 발휘하는 힘은 그녀와 타협하여 요구 중 일부를 들어줄 것인지, 아니면 그녀의 죽음에 대한 책임에서 물러날 것인지의 딜레마를 안고 있는 타인과 대면하는 데 있었다. 단식 투쟁은 대개 더 나은 상황(예를 들면 감방 환경 개선)을 얻어내기 위한 정치 투쟁이나 가치 있는 대의를 위한 항의의 한 형태로 여겨진다. 그러나 남편이나 약혼자가 죽은 뒤 가정 내에서 중국 여성들(그리고 다른 사람들 역시)이 이런 자살 형태를 택한 것은 아이가 없을 경우 입양을 성사시키거나 시집의 생활환경과 일하는 환경을 개선하는 등 개인적 목표를 달성하기 위해서였다.

약혼자가 죽은 뒤

13세기에 중국에서는 새로운 현상이 시작되었다. 결혼식 전에 약혼자가 죽은 경우 다른 사람과 결혼하지 않고 약혼자에 대한 신의를 지키는 여성들이 생긴 것이다. 처음에는 '수절하는 처녀貞女'라고 불렸지만[101] '약혼 아내'나 '약혼 과부', 심지어 '아직 결혼하지 않은 아내'라고도 불렀다. 이후 몇 세기 동안, 특히 17세기와 18세기에 이런 여성의 수가 빠른 속도로 늘어났고 19세기 초에 절정을 이루었다. 이 풍습은 중국 전역에서 발견되었지만 경제 발달로 교육 수준이 높아진 남부 지역에 더 널리 퍼졌다.

명나라와 청나라 때 '수절하는 처녀'가 되기로 결심한 여성들은 친정에서 계속 살거나 죽은 약혼자의 집에 들어가거나 목숨을 끊거나 세 가지 방식 중 하나를 택할 수 있었다.

죽은 남성의 가족이 되는 것은 때로는 아무 의식 없이 이루어졌지만 고인과의 '영혼' 결혼을 치르는 경우가 더 많았다. 이 새로운 형태의 결혼 의식은 16세기 이후에 도입되었다. 이 의식들은 가능한 한 전통 결혼식을 그대로 따라하려고 했다. 예를 들어 이 지조 있는 약혼녀는 전통 결혼식과 마찬가지로 가마를 타고 새 가족의 집으로 갔다. 하지만 다른 면에서 보면 새로운 의식이 만들어졌다. 참석자들이 상복을 입었고 음악과 밝은색의 장식을 피했다. 반은 장례식이고 반은 결혼식인 분위기 속에서 젊은 여성은 약혼했던 남자의 인형과 결혼 서약을 했다.(그림 42)

이 의식을 치르면 여성의 지위는 몇 시간 만에 급격하게 바뀌었다. 그녀는 몇 년의 약혼 뒤 마침내 열렬하게 바라던 아내 자리를 얻었지만 곧 그 지위를 잃어버리고 남은 평생을 과부로 지냈다. 그럼에도 새로운 가족의 일원이 된 그녀는 때때로 간절히 바라던 또 다른 야심을 성취했다. 바로 아이를 갖는 것이었다. 남편이 없는 그녀는 '순결한 어머니'가 되어 죽은 남편의 형제나 사촌 혹은 다른 친지의 아이를 입양할 수 있었다.

수절하는 처녀가 자살하기로 결심한 경우에는, 특히 푸젠성에서는 (과부로서) 타타이 의식을 따랐다. 아니면 사람들 앞에서 자살을 알리지만 실행은 혼자서 하는 번쉰benxun 의식을 따르는 경우가 더 많았다. 목숨을 끊기로 결심한 여성은 보통 이 일로 모인 부모와 가족들에게 작별 인사를 한 뒤 죽은 약혼자의 집에 가서 여러 의식을 치르고 그의 방에서 목을 맸다. 반면 중국의 나머지 지역에서는 자살을 결심한 여성들이 가족의 눈을 피해 우물이나 강에 몸을 던지거나 독약을 삼켜 몰래 목숨을 끊었다.(그림 40,

41) 이들은 장례식이나 가족을 애도할 때 입는 흰색 옷뿐 아니라 신부복을 입는 경우가 많았다. 목숨을 끊기 전에 여성들은 자신의 지참금, 옷, 신발, 침구와 다년간 정성 들여 마련한 자수품들을 어떻게 처리할지 결정했다. 친지나 여자 친구들에게 남기는 여성도 있었고, 갈가리 찢어 자신의 확신의 증표로 불태우는 여성도 있었다. 어떤 여성들은 약혼자에게서 받은 약혼 선물을 이용해 목숨을 끊기도 했다. 또한 교육을 받은 여성은 종종 시를 남겼다. 예를 들어 약혼자에게서 금반지와 비취 거울을 선물 받았던 위안수슈는 그 반지(아마 독을 비유했을 것이다)를 삼켜서 자살했으며 부모에게 남긴 시에서 슬픈 마음으로 그 거울을 회상했다.

> 금반지의 약속을 지키기 위해 (저는 이 세상을 떠납니다)
> 비취 거울을 생각하니 얼마나 슬픈지요!
> 반지와 거울을 마주해도 부끄럽지 않고
> 다만 제 육체가 가볍게 여겨질 뿐입니다.[102]

이 관행은 좀더 교육받은 집안이나 심지어 궁에서 시작되었다. 예를 들어 1426년에 쿠오라는 젊은 여성이 열아홉의 나이에 약혼자를 따라 목을 맸다. 쿠오의 약혼자는 황제의 서른세 번째 아들의 조카 중 한 명이었다. 7년 뒤 황제의 다른 조카가 이 사건에서 영감을 얻어 각본을 썼는데, 이 연극은 수 세기 동안 남녀 할 것 없이 중국의 관객들을 감동시켰다.[103] 시간이 지나면서 이 관행은 사회의 중하층으로 퍼져나갔다.[104]

수절하는 처녀들은 곧 숭배의 대상이 되었다. 나라에서는 친정에 남거나 약혼자의 집으로 들어가는 이 젊은 여성들을 공식적으로 인정하여 상을 내렸다. 하지만 1430년부터는 목숨을 끊은 여성들에게도 상이 주어졌다. 이런 인증을 받으려면 여성이 서른 살이 되기 전에 약혼자가 죽고 이후 쉰 살이 될 때까지 정절을 지켜야 했다. 16세기부터 이런 여성들을 숭배하는 분위기가 확고하게 자리 잡았고 다음 두 세기 동안 그 중요성이 더 높아졌다.

학자들은 이 여성들의 행동과 미덕을 기리는 전기와 시를 썼다. 또한 여성들의 영웅적 행동이 타인의 귀감이 될 수 있도록 아치와 묘, 사당이 세워졌고[105] 사람들이 이곳에 모여 여성들을 기렸다. 사당은 대개 규모가 아주 컸고 해당 여성의 조각상이 놓여 있었다. 또한 여성들의 고결함과 힘을 상징하고 영웅적 정신을 구현하기 위해 사당 네 귀퉁이에 소나무를 심었다.[106]

나라에서 내린 서훈이 이 풍습의 확산에 도움이 된 것은 분명하다. 하지만 이 젊은 여성들을 단순히 수동적인 존재, 유교 이념의 희생자, 자신이 속한 집단의 요구에 전적으로 복종한 사람들이라고 말할 수는 없다. 오히려 실제로 이들은 수절하는 처녀로서의 지위를 확정하기 위해 가족들, 심지어 때로는 대가족 전체의 뜻을 거슬렀고 완강하게 자신의 뜻을 방어해야 했다. 지금 우리의 예상과 달리 이 여성들은 친척들과 중매쟁이들이 주선한 결혼을 하지 않으려 싸우는 것이 아니라 결혼할 남성에 대한 신의를 지킴으로써 다른 사람들이 내린 선택을 존중하고 싶어했다.

미혼으로 남겠다는 요구는 이 여성들이 한 것이며, 거의 대부분의 경우 친가나 전 약혼자 가족의 격렬한 반대에 부딪쳤다. 당시의 모든 중국인과 마찬가지로 부모들은 여자는 결혼을 해야 하고 남편이 없으면 딸의 인생이 불완전하고 영원히 불행할 것이라 생각했다. 뿐만 아니라 부모들은 결혼한 여자만 과부가 되고 남편에 대한 정절을 지킬 수 있다는 생각에 익숙해서 이 새로운 풍습을 받아들이지 못했다. 반면 죽은 약혼자의 부모와 형제들은 수절하는 처녀가 가족의 일원이 되면 문제들이 연이어 일어날 것이라 걱정했다. 전통적으로 중재 역할을 하던 남편이 없을 경우 이 여성은 가족 내의 다른 여성들과 갈등을 빚기 쉽다. 여성이 아들을 입양할 경우 갈등은 더욱 불거진다. 여성이 가족의 재산 중 일부를 물려받을 권리가 생기기 때문이다.

이런 이유들로 젊은 여성이 미혼으로 남겠다고 결심하면 그녀와 친척들 사이에 불화가 시작되어 어지러운 싸움과 협상과 충돌이 벌어졌다. 당시 널리 존중되고 실천되는 도덕적 의무 중 하나가 효였고 부모가 딸의 새 약혼자를 마련해주려고 온갖 방법을 동원했지만 여성은 지금으로서는 상상하기 힘들 정도로 강하고 완고하게 자신의 뜻을 옹호했다. 싸워봤자 소용없음을 깨달을 경우에는 몸을 이용해 자신의 자유 의지를 표현했다. 그리하여 유교 전통에서 맹세나 엄숙한 약속을 강조하려고 했던 미관 손상 행위로 귀나 손가락, 머리카락을 잘랐다.(그림 38, 39) 혹은 완전히 새로운 형태의 압박 방법을 사용하기도 했다. 실제로 수절하는 처녀들에 의해 문화에 도입된 방법은 바로 문신이었다. 예를 들어 한 처녀는 다른 사람들에게 '내 마음은 변하지 않을 것이다'라는 의사를 분명하게 표현하기 위해 얼굴에 네 개의 문신을 했다.[107] 그러다 이 모든 방법이 통하지 않으면 결국 친지들의 손아귀에서 벗어나기 위해 목숨을 끊었다.

약혼자가 죽은 뒤 정절을 지키고 약혼 서약에 충실하겠다고 결심하는 중요한 동기는 두 사람 다 아직 어릴 때, 때로는 서너 살 때 결혼 약속을 하는 중국의 관습 때문이었다. 따라서 약혼과 결혼 사이에 긴 세월이 놓여 있었고 그 시간 동안 이 젊은 커플은 서서히 서로를 남편과 아내로 보게 된다. 많은 경우 약혼은 다른 사람들이 결정하지만, 당사자들 역시 서로에게 끌리고 애정을 느꼈다.

이런 관습은 송나라(960~1279)로 거슬러 올라갈 수 있다. 당시 자녀의 결혼 상대를 찾는 일은 매우 중요하고 복잡한 의무로 여겨졌기 때문에 부모들은 일찍부터 배우자감을 물색하기 시작했다. 때로는 자녀가 태어나기 전부터 짝을 찾는 경우도 있었다. 뿐만 아니라 일찍 정혼하는 것은 두 가족 사이의 강한 유대관계의 징표로 생각됐다.[108] 이 관습은 명나라와 청나라 때 더욱 널리 확산되었다.[109]

적에게 굴복하지 않는 방법

중국에서는 전쟁, 반란, 혁명, 집단적 운동, 왕조의 몰락 같은 격렬한 사회적·정치적 변동이 일어나면 종종 자살이 급증했다. 앞에서 살펴본 것처럼, 이런 현상은 1949년에 공산주의 정권이 들어선 이후나 1966~1976년의 문화혁명 시기뿐 아니라 그 전에도 나타났다.[110] 1275~1279년에 칭기즈 칸이 몽골군을 이끌고 중국을 침략하여 송나라를 멸망시킨 때도 그러했다. 당시 자료들에 따르면, 1000명에 이르는 사람이 조국을 지키다 죽었는데 그중 많은 사람(3분의 1에서 2분의 1)이 자살했다.[111] 담주潭州(지금의 창사)에 마지막 공격이 가해졌을 때는 대규모 자살이 일어났다. "우물마다 인간의 시신이 있었고 나무에는 목을 매단 시체가 즐비했다."[112] 과장된 진술일 수도 있지만 몽골군이 들이닥치면서 많은 중국인이 자살을 한 것만은 분명하다.[113] 반유목 민족인 만주족이 베이징과 중국을 점령했던 1644년에도 비슷한 사건들이 일어났다.

그해 4월 패배를 피할 수 없다는 것을 깨달은 숭정제는 황태자와 동생에게 안전한 곳으로 피하라고 명령했다. 그리고 작별을 고하면서 "목숨을 건진다면 너희 부모가 당한 모욕을 갚아주러 오는 것을 잊지 말거라" 하고 일렀다.[114] 숭정제는 술을 가져오라 시켜 상당한 양을 마시고는 황후와 후궁들을 불러 모은 뒤 "모든 게 끝났다. 이제 너희가 죽을 시간이다"라고 말했다. 그중 지위가 높은 후궁이 달아나려 하자 숭정제는 자신의 칼로 그녀를 죽였다. 황후는 곤녕궁으로 달아나 그곳에서 목을 맸고, 숭정제는 딸들을 자기 손으로 죽였다.

동이 터오는 새벽 5시에 숭정제는 옷을 갈아입고 짧은 용포와 보라색과 노란색의 예복을 걸쳤다. 그리고 스스로를 낮춘다는 표시로 왼발은 맨발인 채 궁을 나가 언덕 위로 올라갔다. 그는 자신이 다스리던 도시를 슬픔에 젖은 눈으로 바라본 뒤 옷깃에 유서를 남겼다.[115] "내가 보잘것없고 부덕하여 하늘조차 꾸짖는구나. 역적이 내 나라를 점령한 것은 신하들이 나를 속였기 때문이다. 나는 죽어서도 선조들을 뵐 낯이 없구나. 황제의 관을 벗기고 헝클어진 머리로 내 얼굴을 가려다오. 역도들이 내 시신을 찢는 것은 괜찮지만 내 백성은 해치지 않게 해다오!"[116] 뒤이어 황제는 목을 매 자결했다. 하지만 그 전에 궁에 살던 200여 명의 여성이 자살했다.

격렬한 사회적·정치적 불안의 시대에 자발적 죽음이 늘어나는 데는 수많은 이유가 있다. 일단 관료들은 황제에 대한 충성을 지키는 것이 자신의 의무라고 생각했고 자살은 이러한 도덕적 의무와 새로운 통치자를 모시지 않으려는 의지를 영웅적으로 보여주는 방법이었다. 몽골족이 중국을 정복하고 있던 1275년에 승상 강만리江萬里는 "나는 황제와 함께 살거나 황제와 함께 죽어야 한다"고 선언한 뒤 연못에 몸을 던졌다. 그러자 그의 아들과 친지들, 수많은 지인도 그 뒤를 따랐다. 시체가 너무 많아서 '돌무더기' 같아 보일 정도였다.[117] 1644년에 만주족이 접근하고 있다는 소식을 들은 한 모라는 관리는 "나는 현자들의 글을 읽었고, 의를 지키려면 죽어야 한다.

나 자신만 돌보며 무사태평하게 살 수 없다"라고 말한 뒤[118] 우물에 몸을 던졌고 아내와 장남도 그 뒤를 따랐다.

둘째, 전쟁이나 침략, 반란이 일어나면 여성들은 점령자나 약탈자에게 복종하지 않기 위해, 그리고 정절을 지키기 위해 목숨을 끊어야 했다.[119] 1275년에 몽골군이 개봉開封에 도착하기 직전에 황제의 기생들은 강간당하거나 외국 지배자들의 첩이 될까봐 두려워 시녀들과 함께 물에 몸을 던졌다.[120] 명나라(1368~1644) 때는 많은 여성이 침략자들에게 저항하기 위해 때로는 혼자서, 때로는 집단으로 목숨을 끊었다. 학식 있는 여성들은 자살하기 전에 종이나 천, 벽, 심지어 절벽에 당시의 정황을 알리는 짧은 자기소개와 함께 시를 남겼다. 이 글들은 이런 행동을 하게 된 이유를 정리하여 이들이 상황에 정면으로 맞서고 선택할 수 있었음을 보여준다.[121](그림 43) 유취안의 아내는 딸에게 "정절은 좋은 아내의 가장 중요한 부분이다. 참화가 닥치면 좋은 아내에게는 물과 칼, 두 가지의 선택이 있다. 이 점을 명심하거라!" 하고 일러주었다. 자오 부인은 "도적이 쳐들어왔는데 내가 죽지 않는다면 나는 신의를 지키지 않은 것이다. 내가 적시에 죽지 않는다면 나는 의가 부족한 것이다"라고 말했다.[122] 이와 비슷하게 1640년대에 이자성이 반란을 일으켜 반란군을 이끌고 지방을 휘젓고 다닐 때 많은 여성이 자살을 했고[123] 이후 명의 마지막 황제도 목을 매야 했다.

여성들을 이런 선택으로 몰고 간 가장 큰 두려움은 명예를 잃는 것이었다. 예 부인이 말한 것처럼 "목숨을 부지하더라도 앞으로 얻을 평판을 생각하면 차라리 죽는 편이 나을 것이다".[124] 이런 걱정을 하는 건 남성들도 마찬가지였다. 남편에 대한 여성의 정절과 통치자에 대한 남성의 정치적 충성은 서로 밀접하게 연결되어 있는 가치였기 때문이다.[125] '충신은 두 명의 군주를 섬기지 않고 열녀는 두 명의 남편을 섬기지 않는다'라는 속담은 이 깊은 연관관계를 깔끔하게 요약해준다. 1275년에 몽골군이 개봉에 입성했을 때 천과 주는 여기서 영감을 얻어 다음과 같은 짧은 글을 남기고 스스로 목숨을 끊었다.

우리는 제국을 욕보이지 않았다.
그리고 다행히도 개인적 수치도 피했다. (⋯)
우리 보잘것없는 여인들은
하나뿐인 정절을 지키기 위해 죽는다.[126]

폭행과 성폭행을 당한 뒤

1736년 2월 26일 저녁, 린 부인은 집에 혼자 있었다. 시동생과 동서는 '원소절'중국의 음력 정월 대보름날 구경을 나가고 남편은 먼 도시에서 일하느라 몇 달 동안 집을 떠나 있었다. 그녀가 분주하게 집안일을 하고 있는데 얼마 전부터 알고 지내던 서른한 살의 포도주 상인 한즈푸가 구실을 만들어 집에 와서는 그녀에게 음탕한 제안을 했다. 린은 소리를 지르며 곧바로 남자를 집 밖으로 쫓아냈다. 한 시간 뒤 린은 아직 불안에 휩싸인 채 시동생에게 아까 일어났던 일을 전부 이야기하고 즈푸의 해명을 요구했다. 하지만 즈푸는 자기가 한 짓을 딱 잡아뗐을 뿐 아니라 남편이 다른 도시로 간 뒤 린 부인이 항상 올바른 행실이 뭔지 모르는 여자처럼 굴었다고 덧붙이기까지 했다. 이틀 뒤 린은 집 현관문에 목을 매 자살했다.[127]

이 시기에는 수천 명의 젊은 중국 여성이 이런 상황에서 같은 방식으로 대응했다. 천 부인은 그녀가 혼자 있는 것을 안 이웃 남자가 자신의 다리를 만졌다는 이유로, 위 부인은 마을의 도교 승려들이 가슴에 손을 얹었다는 이유로 목숨을 끊었다. 천이라는 또 다른 여성은 두 딸을 데리고 10년간 과부로 지내다가 한 이웃으로부터 연인이 되어주면 매달 돈을 주겠다는 제안을 받자 자살했다.[128] 오늘날 서구의 독자로서는 이해할 수 없는 행동이다. 자살하기 전에 일어난 사건들과 이 여성들의 삶을 분석해봐도 이해에 도움이 될 만한 근거를 그리 많이 발견할 수 없다. 린 부인을 예로 들어보자. 그녀는 스물네 살이었지만 이번이 두 번째 결혼이었다. 남편은 열네 살 위였는데, 분명 그리 부유하지 않았을 것이다. 따라서 약하고 불안정한 상태였던 그녀는 다른 여성들에 비해 나쁜 소문이 나는 것에 대한 두려움이 더 컸을 것이다. 하지만 이것만으로 그녀의 자살을 설명할 수 있을까?

원나라의 도덕적 관습에 따르면, 남편이 아닌 남성이 신체 일부를 만질 경우 그 여성은 명예가 실추된 것으로 여겨져 목숨을 끊어야 했다.[129] 이런 점을 감안하면 지금껏 행해진 가장 엄격하고 광범위한 연구 중 하나의 결과에 놀랄지도 모른다. 연구 결과는 18세기에 중국 여성이 성폭행의 희생자가 되었을 경우 자살할 가능성이 좀 덜 심각한 공격을 받은 경우보다 훨씬 높았음을 보여준다.[130] 이 결과에 따르면, 강간을 당한 여성들의 15퍼센트가 범인이 선고를 받은 장소에서 목숨을 끊었다. 또한 법을 어기고 있을 때나 당황스러운 상황(예를 들어 도둑질을 하고 있을 때)에서 강간을 당한 여성이 보통 자살을 택했다. 그러나 강간을 당할 뻔한 여성의 자살률이 44퍼센트로 상승했고 성희롱을 당한 경우의 자살은 66퍼센트에 육박했다. 이 두 집단에서 자살을 선택하지 않은 여성들은 남편이나 남자 형제가 범인을 죽여 복수를 하는 경우가 많았다.

성적 공격이나 희롱을 당했을 때 여성들은 가장 친한 친척, 남편, 시동생, 시어머니를 찾아가 눈물과 분노 속에 자신이 당한 일을 정확하게 고한다. 가족들은 여성의 말을 주의 깊게 들은 뒤 최대한 별것 아닌 일로 돌리면서 위로한다. 하지만 종종 이런 위로로는 충분하지 않았다.

> 저녁에 집에 돌아왔더니 어머니와 아내가 말하길 이웃 사내가 찾아와 아내에게 집적거리며 어깨를 어루만지려 했다고 한다. 체면이 걸린 문제이기 때문에 나는 아내를 위로하고 이 일에 대해 언급하지 않았다. 아내는 (그 사내에게서) 모욕을 당했으니 자신은 더 이상 인간일 수 없다고 한탄했다. 어머니와 나는 거듭 아내를 위로했지만 그녀는 그저 울고 한탄할 뿐이었다. 어머니는 아내가 자살할까봐 겁이 나 집에서 계속 지켜보았다. (며칠 뒤) 나는 아내의 분노가 가라앉았다고 생각해 밭을 갈러 나갔다. 그런데 오후에 집에 돌아와보니 (…) 아내가 기둥에 목을 매 죽어 있었다.[131]

재능 있는 여성 역사학자들이 모호한 데이터와 사실들을 명확하게 밝히고 설명하기 위한 많은 해석 도식을 제시했다.[132] 18세기 중국에서도 특정 상황에서는 혼전 성관계와 혼외정사를 하려는 여성들이 있었다. 그러나 많은 여성이 정절과 신의의 가치를 중요하게 받아들여 어떤 형태의 폭행이나 성희롱이든 자신의 명예에 대한 무서운 위협이라고 생각했다. 이들에게 무엇보다 중요한 것은 자신이 그러한 공격의 피해자가 되길 원하지 않았음을 증명하는 일이었다. 역설적이게도 강간을 당하거나 다쳤을 때는 이 점이 쉽게 증명되었다. 그러나 강간을 당할 뻔했지만 모면했거나 남자가 몸을 만지거나 애무하거나 외설적인 제안을 한 경우에는 일이 복잡해졌다. 증인이 없거나 그녀의 말이 가해자와 일치하지 않을 경우 가해자의 행동이 정말로 범죄였는지 확인하기가 항상 간단치 않았기 때문이다. 당시 한 논평자가 쓴 것처럼, "'제안'은 많은 것을 가리킬 수 있다. 때로는 구두 암시일 수 있고 때로는 눈짓, 때로는 농담, 때로는 음탕한 말일 수도 있었다."[133]

따라서 성폭행 피해자가 즉시 친척들을 찾은 것은 단지 분노를 터뜨리거나 감정적 위로를 받기 위해서가 아니라 자신의 결백에 대한 의심을 없애기 위해서였다. 이를 위해 여성들은 남편이나 가족 중 다른 남성에게 가해자를 고을 수령에게 고발하고 공개적 사과를 하겠다는 약속을 받아달라고 간청했다. 그러나 많은 경우 여성들은 가족들로부터 필요한 도움을 받지 못했다. 소문이 퍼져 체면이 깎일까봐 염려한 남편이나 형제나 시아버지는 이 가련한 여성들에게 심각한 일이 아니니 진정하고 잊어버리는 것이 최선이라고 설득했다. 일부 여성들이 스스로 목숨을 끊은 것은 이 때문이었다.

류Liu 부인을 예로 들어보자.[134] 어느 날 남편의 동료가 찾아왔다가 부인이 집에 혼자 있는 것을 알게 되었다. 남자가 집에 들어온 뒤에 흔한 상황이 벌어졌다. 남자는 류 부인에게 몇 마디 찬사를 늘어놓더니 껴안으려 했다. 부인은 비명을 지르며 남자에게서 벗어나려 몸부림쳤다. 그때 남편의 발자국 소리가 들리자 남자가 달아났는데 모자를 두고 갔다. 몇 시간 뒤 다른 동료가 찾아왔다가 이 이야기를 듣고는 남편에게 소문이 퍼지면 모든 사람이 망신스러우니 이 일은 잊으라고 설득했다. 그런데 이튿날 류 부인은 우물에서 그녀를 추행했던 남자의 아내인 왕 부인을 만났다. 당시 우물은 마을 여자들이 물을 길러 왔다가 누군가 오고 갈 때마다 마을에서 일어난 일들을 떠들고 평가하는 곳이었다. 두 사람은 이야기를 나누기 시작했고 왕 부인은 전날 저녁에 있었던 일에 대해 편하게 농담을 했다. 하지만 자신의 명예와 정조가 의심받고 있다고 느낀 류 부인은 집으로 돌아와 목을 매 자살했다.

류 부인과 다른 수천 명의 중국 여성이 내린 결정은 충동적이거나 비이

성적인 판단이 아니었으며 영원히 명예를 잃어버렸다는 절망과 확신에서 나온 것이었다. 실제로 자살은 계획된 행동이었으며 자신의 명예를 보존하거나 높이거나 빛낼 유일한 최후의 선택이었다. 성희롱을 당한 이 여성들은 주저주저하는 남편에게 "그자가 나를 이처럼 모욕했는데 당신은 나 대신 분노를 표출하지 않는군요. 나는 죽음을 택할 수밖에 없어요"라고 항의했고[135] 자살이 유일한 저항 방법인 동시에 자신을 지키고 가해자에게 고통을 주는 반격이라는 것을 잘 알았다. 이 여성들은 목숨을 끊겠다는 약속이 엄청나게 중요한 네 가지 결과를 불러올 것임을 잘 알고 있었다.

무엇보다도 자살은 남편에 대한 이 여성들의 결백과 정절에 대한 의심을 걷어줄 것이다. 누구라도 그녀가 정말 정숙하게 행동했는지 잠깐이라도 의심한 사람이 있다면 다시 생각해봐야 할 것이다. 여성의 시신은 판사와 모든 마을 사람에게 그녀의 결백을 알리는 확실한 증거가 될 수 있다.

둘째, 자살을 하면 법적 절차가 시작될 것이고, 그 결과는 보통 가해자에 대한 처벌이었다. 1773년에 옹정제가 내린 포고령은 여성이 강간이나 성희롱을 당해 자살한 경우 가해 남성은 재판 직후 교살형에 처한다고 명했다. 반면 7년 뒤 승인된 법은 '무지한 농민'(성폭행할 의도가 없었다 해도)의 외설적인 말로 모욕을 당해 자살한 여성이 있다면 가해자는 굵은 대나무로 100대를 맞거나 평생 추방을 당하거나 3000리의 벌금을 내라고 명시했다.[136] 또한 20세기 초까지 시행되었던 형법에 따르면, 피해자 여성의 남편이나 아버지 혹은 어머니나 친척이 자살할 경우 강간범은 사형 선고를 받았다. 여성이 '정숙하지' 않았을 때, 다시 말해 간통을 저질렀다고 밝혀졌을 때는 그보다 가벼운 처벌을 받았다.[137]

중국 여성들은 자살에 책임이 있는 사람을 분명하게 지적하고 비난하기 위해 종종 범인이 있는 곳에서 혹은 범인의 집에서 자살했다. 천 부인은 자신의 다리를 쓰다듬은 이웃 남자 앞에서 목을 그었다. 위안 부인은 자신을 겁탈하려 했던 지인인 자오추이의 집 문간에서 밤에 목을 맸다.[138] 가오왕스 부인은 조카에게서 무례한 말을 듣자 그 집 우물에 몸을 던졌다. 쑤리스는 손을 잡으며 음탕한 유혹을 한 남자의 집 기둥에 머리를 세차게 부딪쳐 목숨을 끊었다.[139]

셋째, 여성들은 자살하여 혼령이 됨으로써 자신을 이 지경에 이르게 한 남성뿐 아니라 자신의 정절에 의심의 눈길을 던진 모든 사람을 평생 괴롭힐 수 있었다. 유명한 중국 속담에 따르면, 억울하게 목숨을 잃은 사람의 영혼은 복수심에 불타 이승에 돌아올 수 있다.[140] 혼령이 붉은색 옷을 입고 나타나면 특히 더 무섭다고 생각했기 때문에 여성들은 목을 매기 전에 이 색깔의 옷을 입었다.[141] 이런 믿음은 원래 암살당한 사람들과 관련된 것이었지만 시간이 지나면서 자살한 사람들까지 포함되었다. 특히 스스로 목숨을 끊은 여성들이 혼령이 되어 나타나 자신을 자살로 몰아간 남성이나 사람들에게 복수하는 내용의 연극이 여러 차례 상연되면서 이런 믿음은 더 퍼지고 굳건해졌다.[142]

넷째, 1733년에 옹정제는 강간이나 강간 미수를 당했거나 음란한 제안을 받거나 저속한 농담을 듣거나 상스러운 몸짓을 보고 자살한 여성들에게 영예를 내리거나 신성시할 가능성이 담긴 일련의 법을 제정했다. 그래서 위의 이유들로 자살한 딸이나 아내나 과부들은 모두 이런 영예를 얻을 자격이 있다고 여겨졌고, 가족들과 자손들이 큰 명성을 얻은 반면 가해자의 가족은 불명예를 얻었다.

중매결혼에 대한 반대

5.4 운동이 시작되기 전 1세기 동안 중국 일부 지역에서는 여성들이 중매결혼을 거부하기 위한 한 방법으로 자살을 선택했다. 특히 혼인을 한 뒤 부부가 한동안 떨어져 살다 합치는 풍습이 있던 관동에서 이런 일이 잦았다.[143] 이 관습에 따르면, 신부는 결혼식을 올린 지 사흘째 되는 날에 남편과 떨어져 적어도 3년을(종종 더 오랜 기간을) 친정 부모와 살았다. 별거 기간 동안 여성은 1년에 축일과 기념일에 서너 번 남편과 시집을 찾아갔고, 이 기간이 끝난 뒤에 남편의 집으로 옮겨가 함께 거주했다.

이 기간 동안 여성은 아직 친부모의 영향 아래 있었다. 함께 거주하고 함께 식사하고 복종하고 친정을 위해 일했을 뿐 아니라 벌어들인 돈의 대부분을 친부모에게 주었다. 남편은 1년에 몇 번밖에 보지 못했고 그때만 성관계를 허락받았는데 임신하지 않도록 신경 써야 했다. 남편과 시부모를 보러 갈 때면 친정에서 가져간 음식만 먹어야 했고 시어머니가 만든 음식은 뭐든 먹지 않았다. 자신이 먹을 것은 직접 요리해 혼자 먹었다. 남편과 시집 친척들과 같은 상에서 밥먹는 것을 받아들이면 별거 기간은 끝나고 이제 배우자이자 아내가 되어 남편과 시어머니의 권위에 복종해야 했다.

별거 종료는 대개 여성이 임신했을 때 이루어졌고 가급적 임신 마지막 달에 옮겨갔다. 하지만 다른 요인들, 일반적으로 경제적 요인이 별거 기간에 영향을 미칠 수 있었다. 때로는 시부모가 이 기간을 단축시키자고 요청한 반면 친정 부모나 여성 자신은 기간을 연장시키려 했다. 예상보다 더 일찍 억지로 남편의 가족에 합류해야 했을 때 여성이 자살로 복수를 하고 친정 부모는 시집에 보상을 요구하는 경우도 있었다.[144] 반면 여성 자신이 이 관습에 반대하고 이를 강요받으면 자살하겠다고 위협하는 경우도 있었다.

6장 심한 두려움에 떨게 하다

중매결혼이었기 때문에 1년에 서너 번 방문해야 하는 남편은 낯선 사람이었고, 여성들은 침대에서 몇 시간 함께 지내야 하는 이 남성을 종종 경멸하고 싫어했다.

앞으로 이런 일을 겪어야 하는 소녀들 사이에는 종종 감정적 유대감이 형성되었다. 이들은 한 가족이 소유하고 있는 큰 건물인 '소녀의 집'에서 함께 시간을 보냈는데, 이런 집은 이 관습이 널리 퍼져 있던 관둥에서만 발견된다. 소녀들은 저녁을 먹은 뒤 예닐곱 명씩 무리 지어 이곳에 모여 노래를 부르고 서로 이야기를 들려주고 수다를 떨며 몇 시간씩 보냈다. 온갖 이야기가 오갔는데, 특히 부모들이 언니, 오빠의 짝을 구하느라 애쓰는 이야기를 많이 했다. 몇 년 뒤 이 소녀들이 혼담의 당사자가 되자 함께 뭉쳐 결혼에 반대하거나 남편의 가족과 살지 않을 계획을 세우기도 했다. 대개는 결혼을 피할 길이 없었기 때문에 이런 유대감이 집단 자살로 이어질 수도 있었다. 젊은 여성들은 신부복이든 예복이든 가장 좋은 옷을 입고 8명, 10명 혹은 12명씩 손을 잡거나 서로 몸을 묶고 가까운 강에 몸을 던졌다.[145]

변화의 계기

오랜 중국 역사에서 여성의 자살이 14세기에 천천히 상승하다가 16세기에 급격하게 증가하기 시작한 뒤 다음 2세기 동안 절정을 이루는 유형을 나타낸 원인은 여러 가지일 수 있다. 강도와 습격이 만연했던 것은 말할 것도 없고 전쟁과 반란, 침략이 자주 일어났던 것도 한 요인이다. 또한 남성 인구의 사회적·지리적 이동이 증가했던 점도 꼽을 수 있다. 17세기와 18세기에 집을 떠나 있는 남편들이 많아 아내들이 보호받지 못한 채 홀로 남아 있었다는 뜻이기 때문이다. 그러나 이런 요인 중 어떤 것도 다른 문화 환경(예를 들어 유럽)에서는 자살의 증가를 불러오지 않았을 것이다. 대신 이런 자살 유형에 영향을 미치는 가장 중요한 요인은 여성과 관련된 가치관과 규범, 딸, 약혼녀, 아내, 첩, 어머니, 과부 등 삶의 여러 단계에서 여성들이 수행하는 역할, 이들의 행동에 주어지는 의미의 변화로 볼 수 있다.

13세기까지 여성에게 가장 중요하고 중국 정부의 보상을 가장 자주 받는 미덕은 부모에 대한 효였다. 정절(과부에게는 목숨을 끊거나 적어도 재혼을 하지 않는 것을 의미했다)은 중요성이 덜했는데, 특히 다음 세기에 정절의 중요성이 훨씬 더 높아졌던 것과 비교하면 더욱 그러하다. 이는 그때까지 지배적이던 가족 형성 방식, 가족관계 체계, 상속법 때문이었다. 여성은 결혼 후에도 친부모와 강한 유대관계를 유지할 수 있었다. 결혼한 부부는 대개 따로 집을 마련하여 새살림을 차렸다. 아내가 지참금의 일부로 들고 온 물건들은 평생 아내 소유였다. 남편이 죽거나 이혼하거나 재혼했을 때도 마찬가지였다. 재혼을 금지하는 법이 없었기 때문에 과부들은 종종 친정으로 돌아왔고 부모들은 딸을 재혼시키려고 노력했다.[146]

그런데 다음 몇 세기 동안 지대한 변화가 일어났다. 첫 번째 변화는 몽골족이 침입한 이후인 1260~1320년으로 거슬러 올라갈 수 있다. 아직 유목생활과 목축 경제에 크게 의지하던 정복자들의 가족 형성 및 상속 체계는 피정복민의 사회와 아주 달랐다. 몽골의 전통에 따르면, 결혼이란 여성이 자신이 태어난 가족에서 남편의 가족으로 확실하게 옮겨가는 것을 의미했고 후자로부터 그에 대한 보상을 받았다. 신부는 무엇도 소유하지 않았고 남편이 죽어도 시집 식구들과 함께 살며 남편의 남자 형제 중 한 명과 결혼해야 했다(역연혼 관습에 따라).

몽골족은 권력을 쥐자마자 자신들이 지배하게 된 사람들의 관습과 제도를 바꾸기 시작했고 1271년에는 모든 과부에게 역연혼을 의무화했다. 이 조치는 과부와 남편의 남자 형제와의 결혼을 근친상간으로 간주하던 중국인들의 강력한 반발에 부딪쳤다. 5년 뒤에 승인된 법령은 여성이 '정절'을 지킨 경우, 즉 재혼하지 않고 시집 식구들과 계속 사는 경우에는 이 의무를 피하도록 허용함으로써 이러한 반대를 극복하려 했다. 14세기 초에 제정된 또 다른 법은 과부들에게 더 이상 지참금에 대한 권리가 없고 재혼하면 모든 재산을 잃어버릴 것이라고 명시하여 더욱 급격한 변화를 불러일으켰다.

몽골이 지배하던 시기에 반포된 법들은 다른 많은 사회적 변화, 새로운 이상들과 함께 처음에는 서서히, 그러다 점점 더 빠른 속도로 여성의 정조를 숭배하도록 조장했고 이는 3, 4세기 뒤인 17세기와 18세기에 절정을 이루었다. 이런 변화의 징조는 재혼을 거부하고 죽은 남편의 부모와 함께 사는 정숙한 과부를 확인하고 보상하기 위해 정해진 기준들에서 발견된다. 명예를 얻을 만한 사람으로 판단되려면 일단 서른 살 전에 과부가 되어야 했고 적어도 쉰 살 전까지 재혼할 수 없었다. 1723년 이후부터는 15년 동안만 남편에게 신의를 지키면 되었고 그 뒤에는 10년으로 더 줄어들었다.[147]

명나라와 청나라 때 정절을 크게 숭상하면서 여성의 두 가지 덕목에 초점을 맞추었는데, 이 둘은 서로 분리해서 분석해야 한다.[148] 첫 번째 덕목인 순결節은 남편에 대한 절대적 신의를 가리킨다. 순결한 여성은 '충신은 두 군주를 섬기지 않고 열녀는 두 남편을 섬기지 않는다'[149]라는 금언을 지키고 남편이 죽은 뒤에도 재혼하지 않은 채 시부모에게 계속 헌신한다. 두 번째 덕목은 영웅적인 행위나 순교자적 고통에 맞서려는 의지烈, 다시 말해 죽음으로 끝나는 자기희생도 각오할 정도로 신의와 성적 순결을 지키려 헌신하는 것을 말한다.

정절 숭배의 이 두 측면 사이에 때로는 충돌이 일어났다. 그 이유는 한 편으로는 남편에 대한 신부의 '낭만적 헌신'과 부부가 지니는 중요성의 차이 때문이고, 다른 한편으로는 남편의 부모와 남자 형제들로 이루어진 부계 중심 가정과 과부의 노동에서 얻는 이익에 대한 관심의 차이 때문이었다. 전자가 우세하면 영웅적 행위가 득세하고 후자는 재혼 거부와 시부모, 남편 형제들에 대한 헌신과 부합된다.[150]

이런 충돌의 성격은 18세기에 살았던 찡루란의 이야기에서 찾아볼 수 있다. 그녀는 12년간 결혼생활을 하다 과부가 되었다. 자식도 없고 남편에게 무덤까지 따라갈 것이라 약속했기 때문에 목을 매 자살하려고 두 번 시도했지만 실패했다. 홀아비이던 시아버지가 자살을 말렸지만 그녀는 말을 듣지 않고 고을 수령에게 어떻게 하면 좋을지 물어보았다. 원님은 남편을 대신해 시아버지를 돌보고 아들을 입양하여 효의 의무를 다해야 한다고 대답했다. 그녀는 수령의 말에 따라 입양할 아이를 선택해 집으로 데려온 뒤 밤낮없이 가족을 위해 일했다. 하지만 시간이 흐른 뒤 그녀는 다시 수령에게 탄원서를 올렸다. '남편은 죽었지만 남편의 형제들이 (시아버지를) 돌볼 수 있고, 아이를 입양했으니 남편에게 아들도 생겼습니다. 예전에 저는 자살하여 남편을 따르겠다고 맹세했고 미소를 지으며 어둠 속으로 들어갈 것입니다. 그 말을 지키지 못하면 저세상에 가서 남편을 무슨 낯으로 보겠습니까? 부디 은덕을 베푸시어 (이를 허락해주시길) 간청하옵니다.' 그러나 이번에도 수령은 그녀의 가장 중요한 의무는 결혼으로 생긴 가족을 위해 헌신하고 시아버지와 입양한 아들을 돌보는 것이라고 답했다. 그녀는 이번에도 이 말에 따랐다. 하지만 몇 년 뒤 시아버지가 세상을 떠나자 그녀는 흰 종이에 시를 써놓은 뒤 자살하여 마침내 남편과의 약속을 이행했다.[151]

정절에 대한 숭배가 확산되면서 '중국 역사상 처음으로 여성다움과 여성의 미덕이라는 개념에 폭력이 필수적'이 되었다.[152] 정절이라는 이상이 굉장히 중요해지면서 여성이 가진 사회적 책임의 '육체적 성격'과 여기에 수반되는 신체적 고통을 점점 더 강조하는 경향이 나타났다. 중국 여자아이들은 여섯 살이나 일곱 살 즈음에 중요한 첫 번째 통과의례인 전족을 겪으면서부터 이런 고통과 아픔에 익숙해졌다. 전족은 황금 연꽃이라는 이상적인 아름다움을 얻기 위해 발가락을 가능한 한 뒤꿈치 쪽으로 끌어당겨 발을 꽁꽁 동여매는 풍습이었다. 전족을 한 여자아이들은 오랜 시간 끊임없는 고통에 시달려야 했다. 하지만 중국 여성들은 그 외에도 많은 경우 고통과 폭력에 대처해야 했다. 일을 하거나 아이를 낳을 때도 그러했다. 혹은 앞에서 살펴본 것처럼 약혼자나 남편이 죽은 경우, 도적이나 반란군의 위협을 받는 경우, 성희롱이나 모욕이나 폭행을 당하는 경우도 있었다. 마지막 세 경우에는 고결함을 지키기 위해 스스로에게 폭력을 가해 목숨을 끊어야 했다.

자신과 타인에 대한 공격

오랜 세월 동안 중국의 여성이 남성보다 자살을 더 많이 했던 이유를 이해하려면 자살의 의미가 시간과 공간, 국가, 시기에 따라 달라진다는 개념에서부터 출발해야 한다. 30년 전에 미국의 중국학자 마저리 울프는 이제는 고전이 된 저서에서 서구인과 중국인은 갑자기 자살 사건을 접했을 때 던지는 질문이 완전히 다르다고 지적했다. 서구인들은 '왜'를 묻고 극적인 사건과 피해자의 정신 상태에서 자살의 원인을 찾는다. 반면 중국에서는 '누가? 누가 그녀를 이 지경으로 몰고 갔지? 누구 책임이지?'를 더 흔히 물어보고[153] 가해자를 찾는다.

중국에서 자살은 절망적인 행동일 뿐 아니라 누군가를 위해 혹은 누군가에 항의하기 위해 내리는 선택이었다. 남편이 죽거나 전쟁에서 패했을 경우 혹은 남편이 살아 있더라도 정절과 신의를 지키기 위해 자살하기도 했지만 항의나 복수를 위한 자살도 있었다. 수백 년 동안 스스로의 목숨을 끊는 것은 여성이 시어머니, 남편, 아들 혹은 다른 친척들에게 할 수 있는 가장 '꼼짝달싹할 수 없는 공개 고발'이었다.[154] 사람들은 이 고발을 언제나 중대하게 생각했고 자살에 책임이 있다고 지목된 사람은 극심한 도덕적·경제적 대가를 치러야 했다. 극단적인 경우 그 대가가 너무 혹독해서 또 다른 자살을 불러올 수도 있었다. 19세기 말에 중국 남부에 살았던 어떤 사람은 "우리 마을에 며느리가 목을 매 자살한 어떤 여성이 있었다. 자살한 며느리를 발견한 그녀는 사돈들의 요구가 두려워 자신도 밧줄을 가져와 며느리 옆에서 목을 맸다. 시어머니와 며느리 모두 똑같은 해를 끼쳤기 때문에 양쪽의 친구들 모두 서로에게 부당한 요구를 할 수 없었다"라고 썼다.[155]

19세기와 20세기에 서구의 여행객들과 관찰자들은 중국에서는 복수가 매우 중요했음을 계속 강조했다. 최근 어떤 학자들은 모욕을 당한 개인과 가족에게 복수가 의무라고 생각한 유교 윤리와 가해자를 용서하라고 요구하는 기독교 윤리의 차이 때문에 이런 특성이 나타났다고 보았다.[156] 또한 이 연구들은 중국에서는 일부 복수 행위가 명나라와 청나라(1368~1911) 때 제정된 법들로 허용되거나 심지어 장려된 반면, 유럽에서는 다양한 법으로 금지되었음도 강조했다. 하지만 우리 관심사 내에서 중국과 유럽의 가장 중요한 차이는 복수의 역할이 아니라 복수가 이루어진 방식이다. 유럽에서 복수는 오로지 타인에게 가하는 공격 행위의 형태를 띠었고 최악의 경우 가족 집단 간의 불화나 개인적 전쟁으로 이어져 끝없는 살인과 폭력의 사슬이 생겨났다. 반면 중국에서 복수는 자기 자신에 대한 공격 행위로 표현되었다.

이러한 특성을 가장 먼저 언급한 유럽인 중 한 명이 예수회 선교사인 마테오 리치일 것이다. 그는 1602년에 이렇게 말했다. "'다른 사람들을 해하기 위해' 매년 수천 명의 남성과 여성이 아주 사소한 일들로 들판이나 적대자의 집 문에서 목을 매거나 우물이나 강에 몸을 던지거나 독약을 마셨다. 이런 사람의 수가 늘어나자 이 죽음에 책임이 있고 고인의 친척들이 고소한 자들을 법으로 처벌했다. 이들은 법정에서 벌금이나 처벌을 선고받았다. 따라서 많은 신중한 판사가 임기 중에 발표한 칙령에서처럼 이런 사람들을 처벌하지 않겠다는 법이 통과되었다면 자살해도 적대자가 해를 입지 않으리라는 것을 알기 때문에 그렇게 많은 사람이 목숨을 끊지 않았을 것이다."[157]

다른 사람들도 이런 형태의 공격 행위를 이용했다. 예를 들어 낮은 계급의 사람이 상급자에게 대항하기 위해 자살이라는 방법을 이용할 수 있었다. 중세 중국에서 자살은 신하가 군주에게, 아들이 아버지에게 저항하는 방법으로 이용되었다. 신하가 군주와 갈등을 빚을 경우 전자는 목숨을 끊겠다고 위협할 수 있었다. 이런 위협은 군주의 뜻에 제약을 가하기에 충분한 '무서운 효력'을 지닌 것으로 여겨졌다.[158] 귀족 가문에서도 때때로 같은 일이 일어났다. 추라는 귀족이 좀더 능력 있지만 나이가 더 어린 아들에게 민감하고 중요한 임무를 맡기자 장남이 "아버님, 제가 아니라 동생을 보낸다면 저는 목숨을 끊겠습니다"라고 항의했다고 한다.[159]

19세기 말과 20세기 첫 몇십 년 동안 한동안 중국에 살았던 많은 서구인은 이런 형태의 자살의 중요성을 언급했다. 오스트레일리아의 기자 조지 모리슨이 보기에 이 나라의 자살은 대부분 복수에 대한 열망으로 일어났다. 그는 1902년에 "중국에서는 적대자를 멸망시키기 위해 자신을 해치거나 죽인다. 자살하겠다는 맹세는 적의 마음에 공포를 불어넣을 수 있는 가장 무서운 위협이다. 적이 당신에게 잘못을 저질렀을 경우 그의 집 문 앞에서 자살하는 것보다 더 상대가 악행을 뼈저리게 후회할 방법은 없었다"[160]라고 썼다. 영국의 외교관 허버트 앨런 자일스는 1911년에 "불행한 며느리가 우물에 몸을 던진 것은 복수심 때문이었다. 그녀는 자신을 학대한 사람이 꼭 몰락하지는 않더라도 곤란을 겪을 것이라는 점에 위안을 받았다. 또한 사람들은 자신에게 해를 입힌 자에 대한 복수심으로 그 집 문에서 자살했다. 그러면 시체가 발견된 집에 사는 사람은 법이 던진 그물에 꼼짝없이 걸려들 것임을 잘 알고 있었기 때문이다"[161]라고 썼다. 자신에게 심각한 해를 가한 사람에게 복수하고 싶을 경우 유럽에서는 가해자를 죽였지만 중국에서는 자기 자신을 죽였다.

서구의 관찰자들에 따르면, 중국에서 이러한 '이례적인' 양상이 가능했던 데는 많은 요인이 있었다. 첫째, 초자연적인 힘이 복수를 해줄 것이라는 확고한 믿음 체계가 있었다. "한 중국 여성이 일부러 연못에 들어가 물이 무릎까지 차는 곳에 걸어 들어갔다. 그리고 그 지점에서 입술을 물 아래로 넣었다가 빠져 죽겠다고 큰 소리로 위협하기를 반복했다. 외국의 미개인들 때문에 더 이상 살기 힘들어졌다는 듯이. 이 경우 실제로 자살을 하게 되면 끔찍한 모습의 귀신이 외국인들에게 어떤 식으로든 앙갚음을 할 것이다."[162]

둘째, 특별한 법이 존재했기 때문이다. 앞에서 살펴보았듯이 1602년에 마테오 리치가 이미 이 점을 언급했지만 다른 서구인들 역시 비슷한 관찰을 했다. 프랑스의 선교사 에바리스트 위크에 따르면 "중국의 법은 누군가를 자살로 몰아갔다고 여겨지는 사람들에게 책임을 물었다. 따라서 적에게 복수하고 싶을 경우 상대를 확실하게 끔찍한 곤란에 빠뜨리려면 자살하는 방법밖에 없다는 결론이 나온다. 그러면 적이 바로 법의 심판으로 넘어가 목숨을 잃지는 않더라도 고통을 당하고 망할 것이기 때문이다. 자살자의 가족들은 상당한 피해를 입었다. 그래서 부잣집에서 가족의 애정을 병적으로 갈구한 사람이 자살하는 경우가 드물지 않았다".[163]

셋째, 살인과 비교했을 때 자살이 지닌 이점 때문으로도 설명할 수 있다. 위크가 강조했던 것처럼, 적을 죽이면 "살인자는 친척과 친구들에게 해를 입히고 명예를 떨어뜨릴 뿐 아니라 가난으로 몰고 갈 수 있다. 또한 그 자신은 장례도 치르지 못한다. 이는 중국인들에게 아주 중요하고 고로 그들이 두려워하는 점이다".

넷째, 18세기 말에 중국에서 수년을 보낸 프랑스의 예수교 수사들은 "여론은 자살에 반대하기는커녕 명예를 주고 찬미했다. 다른 방법으로는 도저히 영향을 미칠 수 없는 적에게 복수하기 위해 자신의 목숨을 끊는 것은 영웅적이고 배포가 큰 행동으로 여겨졌다"고 언급했다.[164]

따라서 프랑스 예수교 수사들에 따르면, 유럽과 달리 중국에서는 "어쩔 수 없이 자살하겠다고 위협하여 정당한 대우를 받고 위해를 모면하고 도움을 받음으로써 가장 강하게 두려움을 불러일으키는 사람들이 종종 최고의 약자였다".[165] 80여 년 후 에바리스트 위크는 "가난한 사람들은 부자들의 비정함에 복수하기 위해 때때로 이런 끔찍하고 극단적인 방법에 의지했다"라고 썼다.[166] 여성뿐 아니라 그 외 중국 사회에서 가장 힘없는 계층 사람들도 복수의 수단으로 자살(혹은 자살미수)을 이용했다. 1930년대 말에 조지 댄턴은 중국의 한 도시에 살고 있던 외국인들이 아주 합당한 이유로 중국인 하녀를 해고한 사건을 목격했다. 이튿날 여성의 남편이 외국인들의 집 앞에서 자살을 시도했고 다음 며칠 동안 이런 일이 반복되었다. 외국인들은 남편을 말리려고 경찰을 불렀다. 그런데 경찰은 매우 예의 바르기는 했지만 중재를 하는 대신 외국인들에게 다른 곳에 가서 살라고 간청하는 게 아닌가. 놀라고 어리둥절해진 외국인들은 나중에야 친구들로부터 전에 고용했던 하녀의 남편이 자살을 시도해서 체면이 깎였고 그런 상황에서는 경찰이 그들을 돕기가 어렵다는 이야기를 들었다.[167] 마찬가지로 오랫동안 농부나 노동자들은 인정사정없는 빚쟁이에게 복수하기 위해 빚쟁이의 집 앞에서 자살했다.[168] 반면 큰 빚을 진 소매상들은 자살할 각오가 되었음을 보여주기 위해 목을 매는 데 필요한 도구들을 모두 장만하고 아들을 빚쟁이에게 보냈다. 그래서 상황을 알게 된 빚쟁이가 빚을 많이 깎아주길 기대했다.[169] 도둑질을 당한 사람들도 자살 위협을 이용해 잃어버린 물건을 되찾으려 했다. 프랑스 영사로 중국에 수년간 머물렀던 외젠 시몽은 돈을 돌려주지 않으면 물에 빠져 죽겠다고 도둑을 위협하여 잃어버린 돈을 되찾은 한 남성의 이야기를 들려주었다.[170]

물론 복수를 위해 목숨을 끊는 사람은 원하는 결과를 얻을 수 있다는 확신을 갖기 위해 만반의 준비를 해야 했다. 망하게 하고 싶은 사람의 집 문이나 현관에서 자살을 할 수도 있었고 왜 이런 짓을 저지르는지 설명한 쪽지를 써서 주머니에 넣어둘 수도 있었다. 혹은 누구도 감히 시신에서 글자를 지우지는 못할 것이라 생각하며 피부에 원수의 이름을 써놓기도 했다.[171] 그러면 친척, 친구, 지인이 의식과 상징을 통해 도와줄 것이다. 20세기 초에 두 명의 프랑스 학자는 누군가가 이런 이유로 목숨을 끊으면 "사회가 원인을 찾아 자살에 책임이 있는 사람에게 복수했다. 이웃들이 달려와 고인의 손에 빗자루를 쥐어주고 왼쪽, 오른쪽으로 휘둘렀는데, 이는 가해자의 집에서 재산과 번영, 가족들을 쓸어낸다는 아주 상징적인 행위였다. 약간의 의미 변화는 있지만 사람들은 '죽은 자가 산 자를 장악한다'고 말했다"[172]라고 했다.

자살이 그 죽음에 책임이 있는 사람에게 심각하게 해를 입힐 수 있는 가능성은 수많은 경우 법의 지원을 받았다. 아버지나 어머니가 아들의 행동 때문에 화가 나서 자살하면 아들은 부모의 죽음을 초래한 혐의로 사형 선고를 받았다.[173] 간통에 대해서는 유럽의 많은 국가와 마찬가지로 중국의 법도 카토의 원칙을 고수했다. '아내가 간통을 하다 들키면 남편이 그녀를 재판장에 데려가지 않고 죽여도 처벌을 받지 않는다. 하지만 남편이 간통하거나 간통을 저지르려고 하면 아내는 남편에게 손가락 하나 댈 수 없다. 법으로 허용되지 않기 때문이다.' 그러나 유럽과 달리 중국에서는 남편이 아내의 애인을 죽이지 못하고 화가 나서든 수치심에서든 자살을 하면 간통을 범한 여자가 교살형에 처해졌다.[174] 마찬가지로, 다른 사람들에게서 말이나 동작으로 위협이나 모욕 혹은 공격을 받아 자살하면 가해자는 엄한 처벌을 받았다. 예를 들어 샤오원한은 자신의 것을 도적질한 사람을 찾았다고 생각하고 그의 뒤를 밟아 집까지 따라갔다. 그런데 남자가 뒷문으로 사라지자 샤오는 그의 아내를 심하게 겁주며 위협했다. 그 아내는 먼저 아이들을 목매 죽게 한 뒤 자신도 목숨을 끊었고, 이 일로 샤오는 참형을 선고받았다.[175] 무언가를 얻기 위해 위협이나 압력을 가하고 지속적으로 괴롭힌 경우도 마찬가지였다. 한 남자가 아내를 형의 집에 보내 돈을 얻어오라고 시켰다. 그 집에 들어선 여성은 먼저 눈물을 터뜨렸다. 그러다 머리를 벽에 박았고 마지막으로 그 집 아이들의 목을 비틀었다. 여기에 만족하지 못한 남자는 친구들을 형의 집으로 보냈다. 친구들은 음식을 꺼내 요리해 먹어치우고 포도주까지 마셨다. 이 모든 모욕에 상심한 형은 목을 맸고, 동생은 이 사건에 책임을 물어 교살형을 선고받았다.[176]

하지만 법뿐 아니라 사회적 관습도 타인의 자살에 책임이 있는 사람들에게 처벌을 요구했다. 예를 들어, 부성장 나찬은 라자리스트회의 L. 신부와 몇 달 동안 사이가 몹시 나빴는데, 신부가 결국 소송에서 승리를 거두었다. 1911년 3월 한 일요일 아침에 부성장은 수행원들을 동행하고 이 선교사를 방문했다. 의례적인 말들을 주고받으며 인사를 나눈 뒤 신부는 1~2분간 손님을 혼자 남겨두고 펜과 종이를 가지러 갔다. 그런데 돌아와보니 손님이 칼로 목을 찔러 피투성이가 된 채 쓰러져 있었다. 수행원들이 곧 온 도시를 뛰어다니며 자신의 주인이 선교사에게 죽임을 당했다고 외쳤다. 그러자 거센 항의가 이어졌고 군중들이 선교회로 몰려와 신부를 죽였다.[177]

이런 규칙들이 악용된 경우도 분명 있었다. 특정 상황에서, 자살을 원하는 사람들과 그 의도를 잘 아는 누군가가 이들의 공격성을 다른 개인에게 돌리는 경우였다. 예를 들어 한 과부가 시어머니의 횡포에서 벗어나려고 수차례 도망과 자살을 시도했지만 번번이 시동생이 붙잡거나 목숨을 구해 실패로 돌아갔다. 자살을 말리는 데는 성공했지만 진력이 난 시동생은 몇 년 후 과부의 복수심을 이용해 더 큰 득을 볼 수 있다는 데 생각이 미쳤다. 그래서 과부에게 자신이 미워하는 이웃의 집에 있는 나무에 목을 맨다면 밧줄과 의자를 주겠다고 했다.[178] 1829년에 왕이라는 사람은 중병에 걸린 하인에게 자신의 적대자의 밭에서 자살하라고 설득했다. 왕은 결국 뜻을 이루었지만 법원은 그에게 계획 살인의 죄를 물어 참형을 선고했다.[179]

이런 가치와 믿음은 매우 뿌리 깊어서 중국인들이 완전히 문화가 다른 나라로 이주했을 때도 바뀌지 않았다.[180] 앞에서 살펴봤듯이, 19세기 중반에 아프리카 노예의 공급이 부족하고 인건비가 상승하자 쿠바의 설탕 농장 주인들은 8년 계약으로 중국인 노동자들을 고용하기 시작했다. 중국인들은 숙식 제공, 중국으로 돌아가는 여비 제공, 소소한 임금 지급의 대가로 하루 12시간씩 일하기로 계약되어 있었다. 20년 동안 11만4000명의 중국인 노동자가 쿠바에 도착했는데 그중 절반 이상이 세상을 떠났다. 일부는 영양실조와 과로로, 일부는 열대병으로 목숨을 잃었지만 자살한 사람도 있었다. 한 관찰자에 따르면, "그들은 자살을 포함해 모든 일을 말없이 했다". 때로는 혼자, 때로는 크고 작은 집단을 이루어 자살했다. 예를 들어 1879년에 도스 마리아스에서 일하던 14명의 노동자가 같은 날 저녁에 우물에 뛰어들거나 아프리카 노예들을 따라 나뭇가지에 목을 매 목숨을 끊었다. 1860년에 쿠바를 방문한 한 미국인은 "그들은 유순했지만 불만을 품은 사람이 많았다. 이런 경우, 혹은 매를 맞은 경우 생명을 중히 여기지 않고 종종 자살을 저질렀다. 자살한 사람이 매우 많았다"라고 썼다.[181]

중국 선조들과 다르지 않게 이 노동자 중 일부는 자살이 '약한 자가 강한 두려움을 일으킬 수 있는' 유일한 방법이라 확신하여 복수를 위해, 종종 자신을 착취한 사람들에게 앙갚음하는 방법으로 목숨을 끊었다. 자신이 겪은 악행에 복수하기 위해 목숨을 끊은 중국인 노동자 중에는 고국과 달리 쿠바에서는 자신을 죽음으로 내몬 사람들에게 법적인 처벌이 가해지지 않을 것임을 아는 사람이 분명 많았다. 또한 가족과 친지들이 너무 멀리 살아서 그런 악행에 대해 일정 형태의 경제적·도덕적 보상을 받기 위한 조치를 취할 수 없다는 것도 알고 있었다. 하지만 그들은 죽은 뒤에 영혼이 지상으로 되돌아와 자신에게 고통을 준 사람들을 괴롭힐 거라고 믿었다. 하지만 쿠바인들이 이런 믿음을 공유하지 않았던 점을 감안하면 노동자의 죽음이 농장 주인들을 두려움에 떨게 만들지는 않았다. 실제로 농장 주인들은 어떤 식으로든 두려움을 느끼기는커녕 우물에 몸을 던지거나 구아시마 나뭇가지에 목을 맨 노동자들을 너무도 쉽게 다른 사람들로 교체했다.

지난 20년간의 여성의 자살

19세기 말에 아서 스미스는 '매년 중국의 수많은 아내가 자살한다', 그래서 수많은 다른 사람(남편, 아들, 친척들)이 심각한 곤란에 처하고 '호화로운 장례식과 감당하기 힘든 소송 비용에' 수백만 달러가 쓰인다고 주장했다. 이 모든 것은 "남편이 존중해야 하는 아내의 권리는 없다는 유교 이론이 낳은 결과다. 법은 여성이 살아 있는 동안은 어떤 보호도 해주지 않으며 그녀가 힘들게 요구할 수 있는 정의는 전적으로 사후의 양보다"라고 주장했다.[182] 지난 세기 동안 중국의 경제, 사회, 정치 체계는 엄청난 변화를 겪었다. 가족 형성의 규칙이 바뀌었고 가족 내 권력 분배와 남편과 아내, 부모와 자식, 시어머니와 며느리 간의 권력 분배도 과거만큼 불균형적이지 않게 되었다. 덕망 높은 사람에게 보상을 주는 거창한 관습이 얼마 전부터 사라졌고 고귀하다고 여겨지는 이유로 목숨을 끊은 여성에게 명예를 부여하는 관습도 없어졌다. 그러나 여성의 자살은 매우 빈번하고, 서구와 달리 2005년까지 여성의 자살률이 남성보다 훨씬 높았다.[183] 급진적인 변화를 겪으면서도 왜 이런 이례적인 양상이 지속된 것일까? 이 어려운 질문에 대한 답을 찾으려면 특정수의 사례에서 여성의 자살을 부추겼던 사소해 보이지만 중요한 요인들, 가깝고 먼 가족들과 친구, 지인들이 자살에 부여한 의미, 그리고 모든 관련자가 반응한 방식들을 어렵게 재구성한 민족지학적 연구 결과에 의존해야 한다. 우리는 두 개의 사례에 초점을 맞출 것이다. 하나는 중국 북부 시골에서, 다른 하나는 남부 지방에서 일어났다.[184]

링은 서른두 살이던 1997년에 목숨을 끊었다. 농부의 딸이던 그녀는 12년 전에 역시 농부인 추와 결혼했다. 두 사람은 연애결혼을 했고 남편의 부모에게서 허락도 축복도 받지 못했다. 그때까지 링은 산기슭의 마을에서 살았고 가족이 차와 대나무를 재배한 반면 미래의 시집은 쌀농사를 지었다. 시집 식구들은 링이 농사일을 거들지 못할까봐 걱정하여 아들이 다른 여성을 선택하길 바랐다. 링 부부는 시집과 이미 결혼한 시동생의 집에서 아주 가까운 곳에 따로 살림을 차리기로 했다. 링은 남편 가족에게 자신이 여전히 아웃사이더라는 것을 더욱 실감하게 되었다. 시집 식구들은 그녀를 '산골 소녀'라 불렀고 손님이 올 때면 추와 링보다는 시동생 부부를 불렀다. 시간이 지나면서 시어머니와의 갈등은 점점 깊어졌고 이런 갈등이 여러 번 밖으로 폭발하기도 했다. 그럴 때 링이 시어머니를 창녀라고 모욕한 적이 두 번 있었는데 그때마다 모두 남편이 개입해 시어머니 편을 들며 아내를 때렸다. 이런 일이 두 번째 벌어졌을 때 링은 큰 상처를 받아 부엌에서 혼자 울다가 가까운 강에 몸을 던졌다.

이 소식을 들은 시집 식구들은 몇 시간에 걸쳐 귀한 물건들을 집에서 전부 끌어내 친척들과 친구들에게 맡겼다. 지역 관습에 따라 링의 부모가 딸의 복수를 위해 집과 물건들을 부술 권리가 있음을 알고 있었기 때문이다. 실제로 얼마 지나지 않아 링의 부모가 28명의 친척을 데리고 들이닥쳤다. 하지만 링의 부모는 이 집을 찾아올 때 생각했던 계획을 실행에 옮기지 않기로 했다. 분노에 차서 모든 걸 망가뜨리면 무엇보다 링의 두 아이에게 상처를 줄 수 있다는 지적에 마음이 움직였다. 그렇다고 딸의 시집 식구들이 벌을 받지 않고 넘어가도록 두지는 않았다. 링의 친정 부모는 자신들이 입은 손실에 대한 부분적 보상으로 많은 비용을 들여 성대한 장례를 치르라고 요구했다. 그리하여 추의 가족은 장례식 비용, 링의 친지 30명의 여행 경비와 숙식비, 장례식 때 입을 옷, 젊은 자살자의 원혼을 달래기 위해 7주 뒤에 치르는 다른 의식의 비용까지 부담해야 했다. 전부 합하면 이들의 1년 수익보다 더 많은 막대한 액수였다. 많은 사람이 이 사태를 링이 자살하면서 이룬 세 가지 목표 중 하나라고 생각했다. 두 번째 목표는 시어머니의 명예를 영원히 실추시키는 것이었고, 세 번째는 처음으로 가장 중요한 며느리로 여겨지는 것이었다.[185]

장시베는 스물여섯 살이던 1995년에 살충제를 삼켜 자살했다. 아름답고 지적이던 그녀는 외아들과 결혼했다. 남편인 체샤오바오는 한쪽 눈이 먼 남자로, 몇 년 전에 시베에게 완전히 빠져 청혼했다. 시베는 경제적 상황이 나아질 것이라는 기대로 청혼을 받아들였다. 결혼식 뒤 그녀는 남편과 함께 따로 살림을 차리고 싶어했다. 하지만 외동인 남편은 지역 관습에 따라 아내를 자신의 부모 집으로 데려와 시집살이를 시켜야 했다. 얼마 후 시부모는 친지들과 친구들의 설득으로 젊은 부부가 따로 '밥을 해서 먹도록' 허락했다. 남들 보기에 체면은 유지하면서 아들 부부에게 더 많은 자율성을 주는 타협안이었다. 하지만 고부간의 다툼은 날이 갈수록 잦아졌고 결국 시어머니가 며느리를 모욕하는 말을 하고 말았다.

시베는 친정으로 돌아가 6개월간 머무르며 이혼 가능성을 알아보았다. 하지만 그동안 무수히 들었던 '결혼한 딸은 버린 물과 같다'는 표현의 의미를 이해하게 되었을 뿐이다. 이혼을 하면 그녀는 빈털터리로 친정 부모에게 전적으로 의존해야 하고 남편에게 상당한 보상금을 줘야 했다(이혼을 제기한 배우자에게 법이 부과한 요구였다). 그래서 그녀는 시집으로 돌아가기로 결정했다. 하지만 시어머니는 며느리가 먼저 말을 해야 한다는 조건을 내세웠고(사과해야 한다는 의미였다) 시베는 이를 거부했다. 시베는 남편에게 독립해서 살든지, 아니면 자신이 자살하겠다고 최후통첩을 했다. 샤오바오가 첫 번째 해결책을 거부하자 그녀는 두 번째 안을 선택했다.

딸의 자살 소식을 들은 시베의 부모는 분노와 화로 펄펄 뛰었다. 이들은 위로하는 친지들에게 딸의 죽음에 대해 시어머니에게 책임을 물을 것이라며 복수 계획을 세웠다. 시베의 아버지는 칼로 복수하겠다고 벼렀고 남자 형제들은 '대학살'을 원했다. 장씨 가족은 대안으로 이 사건을 경찰과 법정에 고소하는 방법도 고려했다. 한동안 많은 사람이 이 두 대가족 사이에 공개적인 충돌이 벌어지지 않을까 걱정했다. 그러나 중재자가 조정 작업에 나섰고 가족 대표들이 여러 차례 만나 원만한 해결책을 모색했다. 샤오바오의 가족은 200위안을 주겠다고 제안했지만 시베의 가족은 이를 모욕으로 받아들이며 2만 혹은 3만 위안이 아니면 받지 않겠다고 통보했다. 그 뒤 액수와 그 의미를 놓고 길고 복잡한 협상이 이어졌다. 액수가 너무 적으면 정중한 애도의 표시로만 여겨질 수 있었고, 금액이 크면 보상으로 보였기 때문에 샤오바오 가족의 책임을 인정하는 셈이 되었기 때문이다. 그러다 마침내 서면 합의가 이루어져 시베의 가족이 7500위안을 받기로 다섯 부의 합의서에 명기되었다. 그러나 시베의 가족은 여전히 장례식에는 참석하지 않겠다고 협박했다. 이는 샤오바오의 가족들에게 책임을 묻겠다는 명확한 의사 표현이었다. 이 마지막 장애물을 넘기 위해 샤오바오 가족 중 여자 두 명이 시베의 아들을 데리고 시베의 부모를 찾아가 무릎을 꿇고 말했다. "네 할머니 앞에 엎드려라. 내일이 네 어머니의 장례식이고 우리 모두가 참석할 것이다."

링과 시베의 자살, 그리고 지난 몇십 년 동안 비슷한 상황에 처해 같은 결정을 내렸던 수천 명의 중국 여성 농민의 자살을 어떻게 설명할 수 있을까? 분명 유교가 세운 가부장제의 억압 탓으로 돌릴 수는 없다. 이 여성들이 목숨을 끊은 것은 중매결혼이나 친정 부모의 요구나 시어머니의 횡포에 반박하기 위해서가 아니었다. 이 여성들이 겪은 불안과 고통의 원인은 낡은 것과 새로운 것의 대립, 여성으로서의 야망과 이들이 사는 사회, 요컨대 중국에서 수년간 진행되어온 현대화 과정에서 맞닥뜨린 거부의 대립에서 찾아야 한다. 하지만 이 요인만으로 그렇게 많은 중국 여성 농민이 목숨을 끊은 이유를 설명하기에는 충분하지 않다. 세계의 다른 지역들에서도 이와 비슷한 과정이 불안과 고통을 불러왔지만 이렇게 자살률이 높지는 않았다. 중국에서 자살률이 높았다면 이곳에서는 자살을 다른 시각으로 보았기 때문이다.

링과 시베의 사례는 자살이 여전히 전통적인 방식으로 해석되고 있음을 보여준다. 여성이 목숨을 끊으면 던지는 질문은 '왜'가 아니라 '누가? 누가 그녀를 자살로 몰았나? 누구 책임인가?'이다. 오늘날에도 여전히 자살 뒤에 중대한 재앙이 벌어졌을 때는 말할 것도 없고 사소한 사건이 일어나도 고인의 혼령이 하는 짓이라고 말한다. 고인의 가족이 병에 걸리거나 경제적 손실이나 불운을 당해도, 고인의 집에서 이상한 소리가 들리거나 문이 삐걱거리거나 창문이 갑자기 열리거나 처마에서 바람 부는 소리가 들려도 고인의 죽음 때문이라고 생각한다.[186] 하지만 이런 믿음은 오늘날 점점 드물어지고 있고, 자살을 저지르는 사람은 혼령이 아니라 점차 친구나 친척, 부모나 여자 형제에게 복수를 맡기거나 스스로 복수를 한다. 예를 들어 마케팅 기관에서 일하던 열일곱 살의 소녀가 상사에게 강간을 당한 뒤 계속 괴롭힘을 당하다 마침내 목숨을 끊었다. 하지만 목숨을 끊기 전에 그녀는 부모에게 편지를 썼다. 편지에서 그녀는 먼저 부모에게 용서를 구한 뒤 사실을 설명했다. "엄마. 제가 죽은 뒤 부디 부당함을 바로잡고 저 대신 복수를 해주세요. 그 인간이 벌을 받게 해주세요. 그래야만 제 정신적 고통이 줄어들 수 있어요."[187]

오늘날에도 중국에서는 남성이든 여성이든 특정 상황에서 자신에게 고통을 주는 대상을 두려움에 떨게 하는 유일한 방법이 자살이라고 생각하는 사람들이 있다. 하지만 예전보다는 훨씬 줄어들었다. 20세기 말과 새천

년의 첫 15년 동안 도시로 이주하는 시골 인구가 늘어나면서 자살자가 급감했다. 따라서 19세기 말의 유럽 학자들이 '자발적 죽음의 엄청난 증가'의 주된 원인으로 보았던 산업화와 도시화가 한 세기 뒤 중국에서는 자살의 가파른 감소를 촉진한 것이다.

인간
폭탄

FAREWELL TO THE WORLD

다누는 1991년 5월 21일에 마드라스에서 약 50킬로미터 떨어진 스리페룸부두르에서 목숨을 끊었다. 그날 다누는 예복을 입고 머리를 꽃으로 장식했다. 악령으로부터 자신을 보호하기 위해 이마에 검은색 반디를 찍고 왼손에는 백단향 화환을 들었다. 4년 전에 자살한 루프 칸와르와 마찬가지로 다누는 젊고 매력적인 힌두교 신자였다. 그녀는 이타적 자살이 매우 존경받는 마을에서 자랐다. 칸와르와 마찬가지로 다누도 다른 사람들로부터 희생하라는 독려를 받았고 입가에 미소를 띠며 죽음을 향해 걸어가 수만 명의 타인을 위한 순교자가 되었다. 하지만 칸와르와 달리 다누는 남성을 위해서가 아니라 남성에 대항해, 사랑을 위해서가 아니라 증오를 위해 자신을 희생했다. 또한 다누의 행동은 몇 시간 동안 혼자 숙고해서 실천한 것이 아니라 다른 사람들과 함께한 오랜 훈련과 준비가 정점에 올랐을 때 실행된 것이었다.

다누는 인도의 총리 라지브 간디가 연 정치 집회에 참석하기 위해 다섯 명과 함께 스리페룸부두르로 향했다. 다누 일행은 5월 21일 아침 아주 일

찌감치 집회 장소에 도착했다. 그리고 마침내 인도 총리가 인파 사이에 깔린 붉은 카펫 위를 걸어오기 시작하자 다누는 그를 향해 다가가려고 안간힘을 썼다. 잠깐 여자 경찰에게 저지를 당했지만 다행히 간디가 끼어들어 "걱정 마세요, 괜찮아요"라고 말했다. 그러나 이것이 간디의 마지막 말이 되고 말았다. 다누는 간디 앞에 무릎을 꿇은 뒤 재빨리 옷 아래에 차고 있던 수류탄을 터뜨려 자신과 인도의 지도자, 그리고 16명의 사람을 죽였다.(그림 48)

다누가 이런 행동을 하게 된 데는 인도 군인들이 가한 모욕과 폭력에 앙갚음하려는 개인적인 이유도 있을 수 있다. 확인되지 않은 소문에 따르면 인도 군인들이 그녀 혹은 그녀의 어머니를 강간하고 남자 형제 중 한 명을 죽이고 집을 때려 부쉈다고 한다. 하지만 이 자살 테러는 다누의 동포인 타밀족이 스리랑카 동북부에 독립적인 국가를 건설하도록 돕는다는 더 크고 집합적인 대의를 위한 의무감에서 나온 행동이기도 했다. 다누에게 이 임무를 준 것은 스리랑카 인구의 대다수를 차지하고 불교를 믿는 신할리즈족의 지배로부터 타밀족을 해방시키기 위해 1970년대 중반에 결성된 조직인 타밀 타이거스였다.

타밀 타이거스의 카리스마 넘치는 지도자 벨루필라이 프라바카란은 남아시아 시장에 개봉된 「데드 위시Death Wish」 같은 영화를 본 뒤 한 아이디어가 떠올랐다. 영화에는 한 아름다운 소녀가 미국 대통령에게 꽃다발을 건네는 척하면서 옷 속에 숨겨둔 폭탄을 터뜨려 자신과 세계 최고 권력자를 죽이는 이야기가 나온다.[1] 1990년 11월에 결정이 내려지자 타밀 타이거스의 집행부는 작전에 돌입해 시기와 계획을 연구하고 작전을 실행할 사람들을 모아 훈련했다. 다누의 옆에는 세 명의 여성과 두 명의 남성이 있었다. 여성들은 그녀가 인도 지도자에게 가까이 다가가도록 돕는 임무를 맡았고 그중

한 명은 다누가 어떤 이유로 수류탄을 터뜨리는 데 실패하면 그 임무를 물려받을 예비 요원이었다. 두 남성 중 한 명은 현장 사진을 찍고 다른 한 명은 기자인 척하기로 했다. 민감한 임무를 성공적으로 수행하기 위해 이 여섯 명은 4월 21일과 5월 6일에 모의 공격을 실시했다.

이 모든 정보는 라지브 간디가 어떻게 죽었는지 이해하는 데 유용하다. 하지만 앞으로 설명하겠지만, 자살 특공 임무가 갑자기 등장하고 전 세계적으로 급속하게 퍼진 이유를 설명하기 위해서는 이런 임무를 수행하는 사람들의 심리적·사회적 특성이 아니라 이 임무를 결정하고 준비시키는 조직들의 정치적·군사적 요구부터 살펴봐야 한다. 이 조직들은 제한된 수단으로 야심찬 목표를 달성하기 위해 필사적인 노력을 기울이는 동시에 활동하는 국가들의 문화적 전통을 따른다.

자살 공격과 테러리즘

다누와 그녀가 속한 조직이 수행한 이 행동들은 일상적인 대화와 학술서에서 다양한 명칭으로 불린다.[2] 이 책에서는 이런 행동을 하는 사람들과 행동 자체에 대해 '자살 폭파범'과 '자살 공격'(혹은 자살 특공 임무)이라는 표현을 사용하겠다. 자살 공격은 다른 사람들을 공격하거나 죽이거나 심각한 부상을 입히기 위해 자발적으로 폭탄이나 폭발물을 몸에 지니고 가겠다고 자원한 한 명 이상의 사람들이 정치적 이유로 취하는 폭력 행위다. 이들은 작전을 성공시키려면 자신도 죽어야 한다는 것과 주변 사람들도 동시에 죽을 것임을 잘 알고 있다.[3] 자살 공격을 하는 사람들의 입장에서 이 행위의 전제는 죽이고 죽겠다는 것이다. 작전 수행자가 다른 사람들을 죽인 뒤 자신도 죽거나 목숨을 끊을 가능성이 100퍼센트는 아니더라도 높지 않다면 자살 공격으로 정의될 수 없다. 물론 (자살과 살인의 경우와 마찬가지로) 이 임무들은 실행되기 전에 발각되거나 임무 수행자가 실수를 저지르면 완료되거나(즉 성공적으로 수행되거나) 시도될 수 없다.(그림 49) 예컨대 2004년에 이스라엘은 계획된 공격의 74퍼센트를 저지시키고 365명의 무장 요원을 체포했다.[4] 실패한 임무에 대한 정확하고 신뢰성 있는 정보들을 얻기가 어렵기 때문에(서구 국가들에서의 자살 미수 관련 정보와 마찬가지로) 모든 전문가가 사용하는 통계 데이터는 완료된 공격에 대한 자료들이다.

'자살 테러리즘'이라는 표현도 이런 공격을 설명하기 위해 자주 사용되지만 부정확하고 부적절하다. 이상하게도 '테러리즘'이라는 용어의 공통된 정의에 대해 전문가들 사이에 합의가 이루어지지 않았다. 하지만 이 용어는 일반적으로 정치 집단이 민간인과 비전투원들을 무차별적으로 겨냥해 전략적으로 폭력을 사용하는 것을 가리키는 데 사용된다. 이 정의를 사용하면 일부 자살 특공대는 본질적으로 테러리스트가 아니라는 게 분명해진다. 예들 들어 제2차 세계대전 때 일본 조종사들인 가미카제가 수행한 유명한 임무는 한 국가가 다른 국가에 대항해 벌인 전투 형태에 다름 아니기 때문에 테러리스트 공격이 아니다. 특정 국가의 군이나 경찰에 가한 공격도 테러리스트라고 표현될 수 없다. 따라서 민간인을 목표로 했을 때만 테러리스트 자살 공격이고, 군을 목표로 했을 때는 게릴라 자살 임무라고 할 수 있다.

예를 들어 2004년의 첫 몇 달 동안 스페인에서 일어난 극적인 사건들을 살펴보자.[5] 그해 3월 11일, 붐비는 통근 열차에 설치된 10개의 폭탄이 7시 37분과 7시 40분 사이에 터져 191명이 죽고 수백 명이 다쳤다. 공격을 준비한 이들과 실행한 사람들은 죽지 않았다. 몇 년 전 스페인으로 이주한 북아프리카(모로코 사람 5명, 튀니지 사람 1명, 알제리 사람 1명) 출신의 젊은이 7명이 이 공격의 주모자들이었다. 경찰은 며칠 만에 공격의 책임자들을 확인하고 거주지를 찾아내 4월 3일 그 집을 에워쌌다. 7명의 무장 요원들은 가능한 한 많은 경찰을 죽인 뒤 자살하기로 결정하고 그중 다수가 부모에게 전화를 걸어 그 결정을 알렸다. 이들은 폭탄을 터뜨린 직후 죽었고 경찰 한 명도 함께 사망했다. 앞에서 내린 정의를 엄격하게 적용하면 전자는 테러 공격(일반 대중을 무차별적인 대상으로 했기 때문에)이지만 자살 공격은 아니었고(공격자가 자신의 몸을 폭탄으로 사용하지 않았기 때문에) 후자는 자살 공격이지만 테러 공격은 아니었다(민간인이 아니라 경찰을 대상으로 했기 때문에).

이 장에서 사용되는 용어들도, 세계적 학술지에 나오는 수많은 다른 용어도 이런 공격을 준비하는 집단들은 인정하지 않는다. 한 권위 있는 이슬람 신학자는 구체적으로 팔레스타인을 가리키며 "이 작전들을 자살 공격이라 부르는 것은 실수이며 오해의 소지가 있다. 이 작전들은 영웅적 희생의 예들이다. (…) 자살은 자신의 목숨을 잃는 것이다. (…) 하지만 우리가 말하고 있는 것은 종교와 민족을 위해 자신의 목숨을 잃는 것이다. 자살은 스스로와 알라에게 싫증이 난 사람이 하는 짓이지만 이슬람 전사는 알라의 은총과 관대함에 대한 믿음으로 고취되어 있다"라고 주장했다.[6] 마찬가지로, 스리랑카의 타밀 타이거스 소속 블랙타이거 분대는 이런 공격을 표현할 때 단순히 자살한다는 의미인 타트콜라이thatkolai라는 용어의 사용을 분명히 거부한다. 대신 이들은 우리에게는 비슷해 보이지만 매우 다른 의미인 타트코다이thatkodai라는 용어를 사용한다. 이 말은 자신을 바친다, 기부한다는 뜻이다. 이 조직의 지도자 중 한 명이 말한 것처럼, "누군가가 우리 조직에 들어와도 아무런 보상도 해주지 않는다. 해줄 수 있는 약속은 목숨을 포함해 내가 가진 모든 것을 줄 준비가 되어 있다는 것뿐이다. 이것은 민족

에 바치는 맹세다".7

현대의 자살 특공 임무

초병은 그 운전사의 나이도, 심지어 피부색이나 이목구비도 기억하지 못
했다. 단지 그가 커다란 노란색 트럭의 운전석에 앉아 있었고 "갑자기 나를
똑바로 쳐다보았고 (…) 미소를 지었다"는 것만 기억했다. 1983년 10월 23일
6시 20분, 에디 디프랑코 상병은 베이루트 국제공항의 미 해군 총사령부
밖에서 보초를 서고 있었다. 여느 일요일과 다름없이 10분 뒤에 기상할 장
병들을 위해 아침 식사가 준비되고 있던 그때, 노란색 트럭이 천천히 앞으
로 움직이더니 갑자기 속도를 내 방벽을 뚫고 돌진하여 해병들이 잠을 자
고 있던 대형 4층 건물로 뛰어들었다. 폭탄을 가득 싣고 있던 트럭이 맹렬
하게 폭발하면서 건물이 무너지고 거의 깊이 10미터, 너비 40미터에 이르
는 커다란 구멍이 파였다. 241명의 해병들이 잠을 자고 있다가 무너져 내리
는 쇳덩이와 돌들에 깔렸고 또 다른 100명이 부상을 당했다. 이 폭발이 일
어난 지 40초 후 또 다른 트럭 폭탄이 3킬로미터 떨어진 곳에 있는 6층짜
리 건물에 전속력으로 충돌했다. 그 건물에는 프랑스의 낙하산 부대원들
이 잠을 자고 있었다. 건물이 무너지면서 58명의 군인들이 죽고 5명이 다쳤
다. 11월 3일에는 세 번째 트럭 폭탄이 시돈에 있는 이스라엘 본부 가까이
에서 폭발하여 28명의 군인과 30명의 레바논 시민들이 목숨을 잃었다.

몇 달 전인 1982년 11월에는 티레의 이스라엘 점령군, 1983년 4월에는
베이루트의 미 대사관에 비슷한 공격이 벌어졌다. 하지만 세계를 경악에
빠뜨린 것은 1983년 10월 23일에 벌어진 공격이었다. 전 세계 국가의 헤드

라인을 일제히 장식한 것처럼, 기존의 공격보다 훨씬 더 강력하고 치명적인 형태의 새로운 게릴라전 혹은 테러가 탄생했다는 것이 분명해졌다. 기꺼이 자신의 목숨을 희생하려는 사람 단 두 명과 폭탄을 실은 트럭 두 대로 거의 300명에 이르는 적병을 죽였기 때문이다.

레바논에서 이스라엘군뿐 아니라 미군과 프랑스군까지 철수시키기 위해 젊은 시아파 이슬람교도들이 결성한 운동인 헤즈볼라Hezbollah(아랍어로 '신의 당'이라는 뜻)가 준비한 이 공격은 엄청난 충격을 주었다. 1983년 4월에 벌어진 자살 특공 임무는 세계 최고의 군사 강국이 수도에 있던 대사관을 북부의 좀 덜 유명한 도시인 아우카르로 옮기게 하는 수모를 안겨주었다. 10월 23일에 다시 공격의 타깃이 되자 미국은 실제로 레바논에서 군을 철수했다. 나중에 로널드 레이건이 쓴 것처럼 "우리가 베이루트에서 치러야 했던 대가가 너무 컸고 병영에서 너무 엄청난 비극이 일어났기 때문이다. (…) 우리는 철수해야 했다. (…) 그곳에 계속 머물며 해군이 또 다른 자살 공격을 받는 위험을 감수할 수 없었기" 때문이다.[8] 1985년에는 이스라엘군이 레바논 남부 대부분 지역에서 철수했다.

1987년까지 자살 공격은 레바논에 한정되었고 헤즈볼라에 의해서만 이루어졌다. 헤즈볼라는 공격들을 성공적으로 수행하면서 규모가 커지고 강대해져 1982년에 소규모 무장 단체였던 데서 1986년에는 거의 7000명의 전사를 거느린 조직으로 성장했다. 하지만 1987년 이후에는 스리랑카의 타밀 타이거스, 즉 LTTE(타밀엘람해방호랑이)도 자살 공격을 도입했다. 영국의 스리랑카(그때까지는 실론이라고 불렸다) 식민 지배가 끝난 뒤 주류 민족이던 신할리즈족은 소수 민족인 타밀족을 공직에서 몰아내려고 온갖 노력을 기울였다. 1983년부터 LTTE는 정부를 공격하는 게릴라 작전을 수행하기 시작했다. 그 뒤 얼마 지나지 않아 LTTE의 리더는 헤즈볼라가 1983년

10월 23일에 해군에 가했던 자살 공격에 감화를 받아 이를 모방하려 했다. 1987년 7월 5일에 스무 살 된 발리푸람 바산탄(가명이 캡틴 밀러였다)이 폭발물을 실은 트럭을 몰고 자프나 반도에 있던 스리랑카군 기지로 돌진해 자신과 70명의 군인들을 죽였다. 이때부터 LTTE는 다른 게릴라 작전들을 계속하면서 필요에 맞게 자살 공격도 조정하여 광범위하게 실시했다. 대부분의 경우(전체의 4분의 1 정도)는 다른 방법으로는 죽일 수 없는 정치 지도자들을 암살하는 데 이 방법이 사용되었다. 인도의 라지브 간디 총리를 암살한 지 2년 뒤 또 다른 자살 특공 임무가 수행돼 스리랑카 대통령이 암살되었고 이듬해에는 좀더 극적인 임무 수행으로 신할리즈족 정당의 많은 의원과 저명인사들이 목숨을 잃었다.

1993년에 중동에서 자살 특공 임무가 다시 등장했다. 그해 4월 16일, 아메드 야신이 1차 아랍인 봉기를 시작했던 1987년에 결성한 수니파 조직인 하마스Hamas('이슬람 저항 운동Islamic Resistance Movement'의 약어)의 무장 요원 샤르 알나불시가 이스라엘 병사들이 자주 들르는 요르단 밸리의 휴게소를 향해 폭탄을 가득 실은 트럭을 몰았다. 그리고 트럭을 폭파시켜 자신과 팔레스타인 근로자 한 명, 많은 시민과 군 인사들을 죽였다.[9] 이후 4년 동안 하마스와 이슬람 지하드는 1967년의 6일 전쟁 때 이스라엘군이 점령한 팔레스타인의 영토인 가자 지구와 웨스트뱅크 해방을 목표로 이스라엘에 많은 자살 공격을 단행했다.

1996년에는 쿠르디스탄 노동자당PKK이 터키에서 자살 특공 임무를 수행했다. 쿠르드족은 터키, 이라크, 이란, 시리아의 넓은 지역에 걸쳐 있는 쿠르디스탄에서 다수를 차지하는 수니파 이슬람교도들이다. PKK는 마르크스주의 지도자인 압둘라 오잘란이 결성했으며 쿠르드 독립과 사회혁명을 위해 싸웠다. PKK는 두 개의 군사 조직을 만든 뒤 자신들이 대표하고 방어하려는 쿠르드 주민들의 합의도 얻지 않은 채 터키 정부에 대항하여 다년간 많은 게릴라 작전을 수행했다. 1996년에는 이 작전들이 첫 번째 자살 공격 공세로 이어졌고 1년 뒤 중단되었다가 1998년과 2000년 사이에 재개되었다.

2000년에 카슈미르의 많은 분리주의자 집단이 인도 군에 자살 공격을 단행했다. 같은 해 동유럽에서도 같은 공격 방법이 사용되기 시작했다. 러시아연방의 자치공화국인 체첸이 1991년에 독립을 선언하고 러시아와의 전쟁을 시작했다. 많은 손실을 입은 체첸의 분리주의자들은 7년 전 헤즈볼라가 처음 사용한 모델인 자살 공격 전술을 선택했다. 2000년 6월 7일에 젊은 이슬람 여성 한 명과 남성 한 명이 폭발물을 가득 실은 트럭을 몰고 러시아의 군사 기지로 돌진한 뒤 폭발물을 폭파시켰다. 그 결과 두 사람을 포함해 군인 두 명이 죽고 많은 군인이 부상을 입었다. 체첸은 그 뒤 4년 동안 더 많은 자살 공격에 착수해 민간인들까지 해쳤다. 주로 자국 영토 내에서 작전을 벌였지만 때로는 러시아에서도 공격을 실시했다.

2001년 9월 11일에는 알카에다 소속의 젊은이 19명—사우디아라비아 사람 15명, 레바논 사람 1명, 이집트 사람 1명, 아랍에미리트 사람 2명—이 미국 상공을 비행하던 민간 항공기 4대를 납치하여 사상 초유의 가장 대담한 자살 특공 임무를 수행했다. 두 대의 비행기는 뉴욕의 쌍둥이 빌딩과 충돌하여 건물을 무너뜨렸고 세 번째 비행기는 워싱턴의 국방부 건물로 날아들었다. 그리고 네 번째 비행기는 피츠버그 근처에 추락했다. 이 네 건의 공격으로 거의 3000명에 이르는 사람이 목숨을 잃었고 세계를 충격에 빠뜨렸다.

그 이후 자살 작전은 스페인, 영국, 모로코, 튀니지, 이집트, 케냐, 요르단, 파키스탄, 인도네시아, 아프가니스탄, 이라크를 포함한 전 세계의 많은 나라로 퍼져나갔다. 예를 들어 아프가니스탄에서는 쌍둥이 빌딩에 대한 공격이 있기 이틀 전인 2001년 9월 9일에 첫 번째 자살 공격이 이루어졌다. 알카에다 요원인 두 명의 아랍인이 기자인 척하면서 아프가니스탄 구국 이슬람 통일 전선United Islamic Front for the Salvation of Afghanista(북부동맹)의 군사 지도자인 아흐마드 샤 마수드와 인터뷰 약속을 잡는 데 성공했다. 두 사람은 충분한 거리에 다가가자마자 자폭하여 마수드와 두 명의 협력자를 죽였다. 이듬해에는 자살 공격이 없었지만 2003년과 2004년에는 각각 2건, 3건의

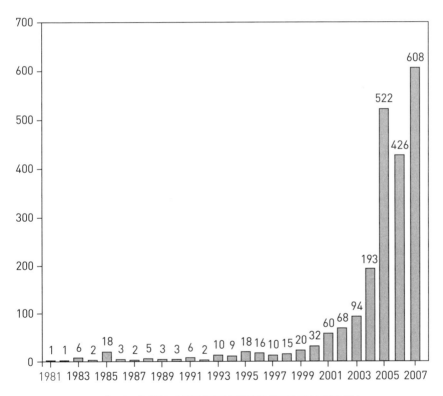

〈도표 7.1〉 1981~2007년까지 세계에서 완료된 자살 임무 건수
출처: Merari(2010)

자살 공격이 있었다. 그러다 누구도 예상하지 못한 일이 벌어졌다. 자살 공격이 2005년의 17건에서 이듬해에는 123건으로 7배나 증가한 것이다.[10]

이라크는 미국과 영국이 중심이 된 다국적군에 점령당한 2003년 3월 직후에 자살 공격이 시작된 이후 끊이지 않고 이어졌다. 미국 군인들뿐 아니라 새로운 정권의 군과 경찰, 일부 쿠르드인과 시아파 정치인들, 그리고 무엇보다도 시아파 사람들이 공격 대상이었다. 시아파는 시장이나 사원, 장례 행렬에서 기습 공격을 받았다.

1983년부터 현재까지 전 세계에서 자살 공격이 지속적으로 증가했다. 처음에는 서서히 늘어나다가 믿기 어려울 정도의 증가율을 보였다. 1980년대에는 전체적인 수치가 낮게 유지되다가(1년에 약 4.7건) 다음 10년 동안 세 배로 늘어났다(1년에 16건). 그러다 2000년 이후에는 급격하게 증가하여 2001년에는 60건이던 것이 2003년에는 94건, 2004년에는 193건, 그 이듬해에는 500건이 넘었다.[11] 그 뒤 2006년에 약간 주춤했지만 이듬해에 다시 상승하여 정점을 찍었다.(도표 7.1)

약한 자들의 합리성

지난 20년간 세계에서 벌어진 수백 건의 자살 공격을 주의 깊게 연구한 사람들은 이 공격들이 서로 다른 성격을 지닌 것에 놀랐다.[12] 하지만 대다수의 자살 공격에는 공통점도 있다. 가장 중요한 공통점이자 우리 논의의 출발점이 되는 특징은 거의 모든 자살 공격이 조직에 의해 결정·준비되고 조직의 지원을 받아 실행된다는 점이다. 다누, 그리고 그녀와 함께 작전에 참여한 다섯 명의 경우처럼 공격은 대개 팀으로 이루어졌다.[13] 게다가 자살 공격은 우연히 일어나거나 일회적인 사건이 아니라 정부로부터 정치적 양보를 얻기 위한 연속적인 공격들이 포함된 조직적 캠페인의 일부였다.[14] 예를 들어 1983년부터 2002년까지 세계적으로 18건의 조직적 캠페인이 벌어졌는데, 그중 일부는 몇 달, 일부는 4~5년까지 지속되면서 2건에서 최대 90건의 공격을 단행했다.[15]

앞에서 우리는 인도의 사티와 중국의 타타이 의식이 많은 사람 앞에서 이루어졌음을 살펴보았다. 사람들은 과부가 감정을 추스르도록 돕고 남편을 따라 죽겠다는 결심을 지키도록 힘을 보탰다. 하지만 자살 특공 임무에서 조직들이 하는 역할은 그보다 훨씬 더 크다. 두 학자는 영국의 소설가 에릭 앰블러가 전혀 다른 맥락으로 쓴 다음 문구를 인용해 이 조직들이 수행하는 역할의 중요성을 보여주었다. "암살이나 암살 시도와 관련해 알아야 하는 중요한 일은 누가 총을 쏘느냐가 아니라 누가 총알 값을 내느냐다."[16]

이들의 목표와 행동 시 제약을 염두에 두면 조직들이 매우 합리적으로 활동한다고 할 수 있다. 자살 공격을 새로운 투쟁 무기로 활용하는 것은 투자 효율을 계산해 나온 전략적 선택이다. 또한 강한 국가를 상대로 싸워야 하거나 싸우고 싶지만 재정적·군사적 자원이 부족해 명백히 불균형적인 환경에 있는 약한 조직들이 내리는 선택이다. 많은 조직에게 자살 특공 임무는 재래식 무기나 게릴라 기법을 이용해 목표를 달성하는 데 실패한 뒤 의지할 수 있는 마지막 수단이 되었다. 따라서 자살 특공 임무는 충돌이 시작된 지 시간이 꽤 지난 뒤에 수행된다. 체첸과 러시아의 첫 번째 전쟁이 아니라 두 번째 전쟁에서, 팔레스타인 1차 봉기가 아니라 2차 봉기에서, 첫 번째 쿠르드 반란이 아니라 두 번째 반란에서 자살 공격이 이루어졌다.

다른 테러 작전이나 게릴라 작전과 비교하면 자살 공격에는 많은 전술적 이점이 있다.

일단 많은 수의 피해자를 낼 수 있다. 테러나 게릴라 작전의 평균 피해자 수는 총격의 경우 3.3명, 원거리에서 폭탄을 터뜨릴 경우 6.9명이다. 반면 자살 공격은 폭발물이 장착된 벨트나 재킷을 이용할 경우 부상자와 사망자를 포함해 평균 82명, 폭발물을 실은 차나 트럭을 이용할 경우 92명의 피해자를 낸다.[17] 자살 공격의 파괴력은 폭발 시간과 대상을 마지막 순간까지 바꿀 수 있다는 데서 나온다. 그래서 이 공격들은 때때로 '지능 폭탄'이나 '유도 미사일'이라고 불리기도 한다. 자살 공격을 이용하는 조직들은 이런 식으로 초강대국들과 비교했을 때의 기술적 핸디캡을 적어도 부분적으로 벌충한다. 앞에서 살펴본 것처럼, 후자는 '인간 지능의 특정 측면들을 흉내낼 수 있는 무기 시스템을 개발하려고 엄청난 시간과 돈'을 투자하는 반면 '테러리스트 집단들은 인간의 지능을 무기의 운반과 폭발에 바로 적용하기로 결정했기' 때문이다.[18] 이슬람 지하드의 사무총장 라마단 샬라는 이 새로운 형태의 테러의 타당성을 이렇게 요약했다. "우리의 적은 세계에서 가장 정교한 무기들을 보유하고 있고 적의 군대는 아주 높은 수준의 훈련을 받는다. (…) 순교라는 무기 말고는 우리에게 가해지는 살상을 격퇴할 방법이 우리에게는 없다. 그것은 우리 목숨만 내놓으면 되는 쉬운 방법이다. (…) 인간 폭탄은 핵무기로도 물리칠 수 없다."[19]

둘째, 자살 공격의 경제적 비용이 그 효과에 비해 비교적 낮다. 많은 경우(45퍼센트) 자살 공격은 아주 단순한 방법, 즉 옷 속에 폭탄 띠를 숨기는 방법으로 수행된다. 2003년 이라크에서의 공격처럼 자동차나 트럭을 사용하거나 폭탄을 실은 앰뷸런스를 사용하는 경우도 흔하다. 가방이나 폭탄을 가득 실은 배를 사용하는 방법은 덜 흔하게 이용된다.[20] 폭탄 띠를 사용한 자살 공격을 준비하는 데는 딱 150달러가 드는 것으로 계산되었다. 하지만 지금까지 단행된 가장 치명적이고 규모가 큰 자살 공격인 뉴욕의 쌍둥이 빌딩 테러도 알카에다 집단이 이 공격을 준비하는 데 50만 달러 정도를 들인 반면 5000억 달러가 넘는 피해를 냈다.[21]

셋째, 자살 공격은 경비가 삼엄한 지역을 뚫을 수 있고 이 방법 외에는 접촉하기가 극히 힘든 대상을 공격할 수 있다. 공격자가 되돌아오지 않기 때문에 도주로나 복잡한 구출 작전이 필요 없다.

넷째, 위와 같은 이유로 공격자가 포로로 붙잡혀 적에게 중요한 정보를 폭로할 위험이 없다.

마지막으로, 다른 형태의 공격과 비교했을 때 자살 특공 임무는 매우 큰 대중의 반향을 얻고 일반 대중에게 강한 두려움을 불러일으킬 수 있다. 많은 전문가가 단언하는 것처럼 테러리스트의 목표가 최대의 영향력을 발휘하기 위해 대중의 관심을 끌고 테러를 확산시키는 것이라면, 그리고 대중매체의 주목을 받기 위해 종종 주의 깊게 공격을 연출한다는 점에서 '테러는 연극'이라고 한다면,[22] 자살 공격이 단연코 이 목표를 얻기 위한 가장 효과적인 방법이라는 데는 의문의 여지가 없다. 또한 자살 공격은 너무나 폭력적이고 잔혹하며 압도적일 뿐 아니라 누구든지 당할 수 있는 문제이기 때문에 어떤 방송이나 신문도 이 사건들을 보도하지 않을 수 없다. 자살 공격은 목표를 이루기 위해 자신의 생명을 희생할 준비가 되어 있는 개인들이 수행하기 때문에 방어할 방법이 없는 위협이다.

테러리스트 조직들은 인력을 이용하고 일을 분담할 때 대개 합리적인 운영 구조를 따른다. 예를 들어 자살 공격이 상당한 기술과 전문성을 요구하는 복잡한 작전이라는 것을 잘 알고 있는 이들 조직들은 교육 수준과 전문성이 가장 높은 요원에게 가장 민감하고 어려운 임무를 맡긴다. 2000년과

2005년 사이에 이스라엘에 자살 공격을 감행한 팔레스타인인들에 관한 연구들은 교육 수준과 전문성이 높을수록 중요한 타깃의 공격에 투입되고, '생산성'이 높을 가능성이 더 높음을 보여주었다.[23] 의심을 불러일으키지 않으려고 성별에 따라 임무를 할당하기도 한다. 예를 들어 블랙 타이거(타밀 타이거스의 엘리트 자살 부대)는 자동차나 트럭을 이용한 자살 임무는 남성 요원들만 수행한다. 스리랑카에서는 일반적으로 여성이 운전을 하지 않기 때문이다.[24]

이러한 전술적 이점들을 고려했을 때 이 조직들의 리더들은 목표 달성의 수단으로서 다른 형태의 테러 행위나 게릴라 공격에 비해 자살 특공 임무가 가진 효과를 확신하게 되었다. 하마스 정치국의 한 일원은 "이 무기는 우리 약점을 강점으로 바꾸고 시온주의자들과의 투쟁의 역사에서 지금껏 볼 수 없었던 동등한 입장을 만들어내는 비장의 카드다"라고 썼다.[25] 이러한 확신은 비현실적인 희망의 산물이 아니라 일부 연구가 보여주듯 비용 효과에 대한 꼼꼼한 분석을 기초로 한 것이다.

물론 자살 공격에 의지한 약자들이 강자와의 투쟁에서 양보나 성공을 얻어냈는지, 그렇다면 어느 정도로 얻었는지 평가하기는 쉽지 않다. 일단 조직마다 단기적·장기적 목표, 일시적·최종적 목표가 다르기 때문이다. 둘째, 이 조직들이 공표하는 목표 중 어떤 것이 단지 사람들과 정부를 위협하고 설득하기 위한 선전적인 성격인지, 어떤 것이 실현 가능성 있는 것인지가 항상 분명하지는 않다. 많은 연구가 서로 다른 결론에 이르는 것은 이 때문일 수 있다. 일부 연구자들이 20세기의 마지막 20년 동안 수행된 캠페인들을 분석한 결과 상위 조직들은 정치적 목표(적어도 지나치게 야심적이지 않은)를 달성한 경우, 즉 타깃으로 삼은 정부가 정책을 바꾸도록 만드는 데 성공한 경우가 55퍼센트였다.[26] 반면 다른 조직들이 목표를 달성한 경우는

24퍼센트[27] 혹은 그 이하였다.[28] 하지만 자살 공격 캠페인을 수행한 조직들이 주목할 만한 양보를 얻어낸 경우도 있었다.

헤즈볼라가 수행한 현대 역사상 첫 자살 공격 캠페인은 레바논에서 미군과 프랑스군을 완전히 철수시켰고 이후 나라의 대부분 지역에서 이스라엘군도 철수시켰다. 오늘날에는 이런 목표가 제한적이라고 여겨질 수 있다. 미군과 프랑스군은 인도주의적 차원에서 레바논에 주둔하고 이스라엘은 남부 지역에 대한 지배권을 10년간 더 유지했기 때문이다. 하지만 당시에 이 성과는 다른 조직들에게 중요한 승리, 재래식 무기나 다른 형태의 테러 행위나 게릴라전으로는 얻을 수 없는 승리로 여겨졌다. 수년 뒤 이슬람 지하드의 지도자 라마단 샬라는 "이스라엘이 레바논 남부에서 수치스러운 패배를 겪고 겁에 질려 달아났던 일은 협상 테이블이 아니라 전쟁터에서 성전聖戰과 순교를 통해 이룬 것이다"라고 강조했다.[29]

다른 집단들 역시 역사의 특정 시점에 자살 특공 임무를 도입하기로 결정했다. 자신의 조직이 사용할 수 있는 수단이 제한적임을 감안했을 때 특정 상황에서 야심찬 목표를 이룰 수 있는 유일한 방법이 자살 공격임을 인식했기 때문이다. 1984년에 프라바카란은 "인내와 희생으로 노력하면 타밀 엘람타밀족이 자신들의 나라를 부르는 이름을 100년 뒤에 세울 수 있다. 하지만 블랙 타이거 (자살) 작전을 실시하면 민중이 고통받는 시간을 단축시키고 더 짧은 기간에 타밀 엘람을 얻을 수 있다"라고 주장했다.[30]

다른 정치적 목적들로 자살 공격 캠페인을 시작한 조직도 있다. 그들은 주목받기 위해, 합법성과 명성을 얻기 위해, 추종자를 늘리고 같은 무대에서 활동하는 경쟁 집단을 물리치고 경제적 지원을 받기 위해 이 공격을 실행한다.[31] 예를 들어 1980년대에 LTTE는 이 방법을 사용해 타밀 인구를 대표하려고 겨루던 모든 집단 사이에서 두각을 드러냈다. 1987년 결성되

없을 당시 더 강하고 전문적인 집단인 팔레스타인 해방 기구Palestine Liberation Organization와 경쟁해야 했던 하마스도 같은 경우라고 할 수 있다.

민족주의와 종교적 차이

지금까지 수행된 주요 연구들의 결과는 자살 공격이 전적으로 이슬람 원리주의 때문이라는 개념을 지지하지 않는다. 자살 공격의 짧은 역사가 시작된 때로 돌아가보면, 1982년에서 1986년 사이에 이스라엘군과 서구의 군대를 몰아내기 위해 자살 폭탄 노릇을 했던 헤즈볼라 추종자 41명 중에서 이슬람 원리주의자는 8명뿐이었다. 3명은 기독교인이었고 나머지는 모두 사회주의자나 공산당원이었다.[32]

1983년부터 2003년 사이에 전 세계에서 수행된 자살 공격을 분석한 한 연구는 그중 절반 혹은 절반 이상이 종교 집단이 아닌 세속 집단들에 의해 준비되고 실시되었다고 밝혔다. 세속 집단 혹은 적어도 이슬람교도가 아닌 집단인 타밀 타이거스가 준비한 공격이 가장 많았다.[33]

세속 집단과 종교 집단들은 다양한 대상을 목표로 공격을 실시한다. 20세기의 마지막 20년 동안 자살 작전의 약 43퍼센트가 민간인을, 44퍼센트가 군이나 경찰을 목표로 삼았다.[34] 하지만 이슬람 조직들이 실시한 자살 공격은 세속 집단들보다 테러가 더 많았다. 하마스는 민간인을 대상으로 한 작전이 74퍼센트에 이르렀고 파타(1959년에 야세르 아라파트가 세운 주요 팔레스타인 국수주의 조직)는 60~70퍼센트 사이를 오갔다. 그리고 이슬람 지하드의 경우 LTTE는 30퍼센트 이하, 헤즈볼라는 심지어 12퍼센트 이하였다.[35] 따라서 20세기의 마지막 20년 동안 민간인을 겨냥해 자살 특공 임무

를 가장 많이 수행한 조직은 LTTE가 아니라 하마스였다.[36]

적어도 20세기의 마지막 20년 동안 자살 공격의 확산을 촉진한 한 가지 요인은 민족주의였다. 즉 특정 지역에 사는 공동체의 구성원 사이에 존재하는, '자신들은 분명한 민족적·언어적·역사적 특성들을 공유하고 있고 민족 국가를 지배할 자격이 있다'는 믿음 때문이었다.[37] 이 시기에 자살 공격은 지역의 군사적 점령에 맞선 민족 해방 캠페인에서 사용되었고, 현대 민주주의 국가들이 점령한 영토에서 그 군대를 철수시키도록 하겠다는 세속적·전략적 목표 아래 진행되었다. 헤즈볼라는 이러한 목표를 달성하기 위해 1980년대에 다양한 이유로 레바논에 주둔하던 미국, 프랑스, 이스라엘 군을 대상으로 자살 특공 임무를 준비했다. 1990년대에 파타, 하마스, 이슬람 지하드가 이스라엘 점령으로부터 팔레스타인을 해방시키기 위해 자살 공격을 시작한 것도 이 때문이었다. 또한 이 임무들은 스리랑카 정부에 대항한 타밀 타이거스, 러시아에 대항한 체첸, 터키에 대항한 PKK, 인도에 대항한 카슈미르 집단들처럼 일반적으로 분리주의자로 불리는 캠페인에서도 사용되었다.[38]

자살 특공 임무를 조장하는 또 다른 요인은 점령국과 피점령국 사이의 종교적 차이였다. 이 차이는 대립하는 두 국민 사이에 더 뚜렷하고 좁힐 수 없는 경계선을 그어 갈등을 심화시킨다. 실제로 우리가 알기로 자살 공격의 87퍼센트가 피해자와 자살 폭파범의 종교가 달랐다.[39] 이슬람교도와 기독교도, 이슬람교도와 유대교도뿐 아니라 힌두교도와 불교도, 이슬람교도와 힌두교도, 이슬람교도와 그리스 정교도의 사이도 마찬가지였다. 물론 예외도 적지 않다. 서로 다른 종교 집단 간에 자살 공격 없이 내전이 벌어지기도 한다. 한편 쿠르드족은 같은 이슬람교도인 터키 사람들에게 자살 공격을 가했다.[40]

7장 인간 폭탄

자살 공격의 세계화

2001년 9월 11일 이후 자살 공격의 양상이 바뀌었다. 공격을 계획하고 실행하는 조직들의 목표뿐 아니라 이념적 입장, 구조, 심지어 자살 폭파범들의 특성도 달라졌다.

1999년부터[41] 늘어난 이슬람교 조직들의 자살 공격이 9.11과 다국적군의 이라크 침공 이후 더욱 빠르게 증가했다. 2001년 9월 1일부터 2006년 말까지 이루어진 공격들의 98퍼센트가 이슬람교 집단의 소행이었다.[42] 또한 자살 공격을 재래식 전술을 시도한 뒤 두 번째 단계로 시행하는 공격이 아니라 점차 첫 번째 옵션으로 생각하는 경우가 흔해졌다.[43] 게다가 민족 분쟁에서 민족 해방의 무기로 사용되거나 점령군을 몰아내기 위한 방법으로 사용되는 경우도 줄어들었다.[44]

1990년대와 새천년 초에 많은 이슬람 운동은 자국 밖에서도 지하드(즉 무력 투쟁)를 선호하는 접근 방식을 공유했다. 종종 의견 차를 보이지만, 결국 이들은 전통 종교를 버렸다고 비난하는 '가까운 적'(이집트, 사우디아라비아, 알제리 정부)과 '멀리 있는 적'(미국 및 전반적인 서구 국가들) 모두와 싸운다.[45] 빈라덴이 이끄는 알카에다에 따르면, '멀리 있는 적'에 대한 이 무장 투쟁의 최종 목표는 '시온주의자-십자군 연맹'의 '공격'에 대항해 이슬람교도의 이익을 지킬 수 있는 전 세계적인 이슬람 국가를 건설하는 것이다.[46]

1990년대부터 방글라데시, 인도네시아, 요르단, 모로코, 사우디아라비아, 터키, 우즈베키스탄 등 점령군이 없는 지역에서 온건한 혹은 친서구적인 이슬람 정부를 전복시키고 좀더 급진적인 정부를 세운다는 목표로 자살 공격이 자주 벌어진 것은 이 때문이다. 예를 들어 1995~1998년에 알제리, 2003년에 모로코, 21세기의 첫 5년 동안 사우디아라비아에서 이런 공격이 벌어졌다. 하지만 아프가니스탄이나 이라크처럼 서구의 군대들이 점령한 국가들에서도 자살 공격을 했다. 2003년 3월 이후 이라크에서 엄청난 건수의 자살 공격을 벌인 조직들의 목표는 연합국을 철수시키는 것뿐 아니라 새로운 이슬람 국가를 세우기 위해(경찰력을 무너뜨리고 시아파와 수니파 사이의 내전을 촉진하여) 새 정권을 전복시키는 것도 있었다.

2001년부터는 이런 공격이 없었던 국가들에서 자살 공격을 결정하고 준비하는 경향이 증가했다. 아프가니스탄, 함부르크, 런던에서 세심하게 계획되었던 9.11 공격뿐 아니라 파키스탄에서 계획한 2002년 4월의 제르바섬 공격, 필리핀에서 준비한 2005년 10월의 발리 공격을 예로 들 수 있다.

뿐만 아니라 적을 죽이기 위해 목숨을 희생하는 사람들의 출생지와 사망지와의 관계에 전적인 변화가 나타났다. 레바논, 체첸, 쿠르드, 타밀족의 자살 폭파범들은 자신이 해방시키려고 싸우는 국가나 지역에서 태어나고 자란 반면, 21세기의 첫 10년 동안 자기희생을 한 사람들은 다른 국가, 심지어 다른 대륙 출신이었다. 앞서 살펴본 것처럼, 쌍둥이 빌딩과 충돌한 젊은 남성들은 사우디아라비아나 그 외 아랍 국가 출신이었다.(그림 53) 아프가니스탄에서 자폭한 사람들의 일부는 파키스탄에서 태어나 일생의 대부분을 그곳에서 살았다.[47] 요르단 암만에서 호텔을 공격한 범인은 이라크 출신 자살 폭파범이었다.

또한 이라크에서 자살 공격을 벌인 사람 중 상당수가 요르단, 쿠웨이트, 시리아, 레바논 등 세계의 다른 지역 출신이었다. 때로는 프랑스, 벨기에, 스페인, 이탈리아 등 유럽 출신도 있었다. 이들은 대개 북아프리카의 알제리나 모로코나 튀니지에서 태어나 정치적 이유로 고국을 떠나 지중해 건너로 피신했다. 그중 일부는 자발적으로 이라크에서 죽기로 결심한 뒤 약간의 돈과 여권을 장만해 종종 시리아를 경유해 이라크로 간다. 이라크에 도착하면 한 집단에 배정되어 널리 알려진 대로 '순교자의 방'에 보관된 목록에 이름을 올린 뒤 자기 차례를 기다린다.[48]

1990년대 중반부터 일부 집단들은 소위 '정보 전쟁'[49]에서 점차 두각을 나타내기 시작했고 피라미드형의 계층적 조직 구조에서 분산되고 유연한 구조로 바뀌었다. 9.11 이후 알카에다는 미국, 유럽의 정보 요원들과 군의 공격으로부터 조직을 보호하기 위해 훨씬 더 단호하게 이런 방향으로 움직였다. 그리하여 획일적이고 관료적인 모델에서 벗어나 다른 여러 나라에 퍼져 있는 소규모 집단으로 이루어진 경량화되고 융통성 있는 운동으로 바뀌었다. 이 조직 중 일부는 지리적으로 꽤 멀리 떨어져 있고 모든 조직이 매우 독립적으로 활동하며 서로 간의 유대나 중앙과의 연결 고리가 약하다. 전문가들은 오늘날 알카에다는 중앙 집단, 과거에 빈라덴과 다양한 방식으로 협력하곤 하던 몇 개의 위성 조직, 중앙과 연결이 약한 다양한 비공식 지역 조직, 그리고 전혀 연결되어 있지 않지만 알카에다가 공표하는 이념적 선언에 고무되는 소규모 집단들(때로는 서구 국가들에 사는 이민 2세대로 구성된다)로 이루어져 있다고 말한다.[50] 이 소규모 조직들은 누구에게 어떻게 자살 공격을 할지 종종 개인적으로 결정한다. 실제로 때로는 이런 공격을 성공리에 수행한 뒤에야 그 조직이 알카에다에 의해 인정받고 받아들여지는 경우도 있다.[51]

전문가들은 알카에다가 점차 지도부 없는 초국가적 정치 집단이 되어가고 있다고 생각한다. 중앙에서 공표하는 이념적 선언과 인터넷 덕분에 단일체의 외양을 띠는 다른 여러 이질적 조직의 집합이라는 것이다. 알카에다가 '물리적 공간에서 사이버 공간으로 옮겨간 역사상 최초의 게릴라 운동'[52]이라는 미국 언론의 주장은 과장되었지만, 경량화되고 수평적인 새로운 조직으로의 이행이 새로운 통신 기술의 발달로 가능했다는 데는 의문의 여지가 없다.

사이버 공간

2004년 봄, 사우디아라비아 경찰이 리야드의 알카에다 지부에서 총과 폭발물, 수류탄, 로켓 폭탄, 수천 발의 탄약뿐 아니라 팩스, 비디오카메라, 랩톱 컴퓨터, CD 버너, 초고속 인터넷망 등 다수의 전자기기를 발견했다는 기사가 여러 신문에 실렸다.[53] 이 간단한 세부 정보는 자살 공격을 준비하는 집단들의 소통, 채용, 동원 방법과 이 방법들이 어떻게 조직의 구조 변화를 불러왔는지에 관해 우리가 알아야 하는 모든 것을 말해준다.

이 새로운 매체를 처음 사용한 조직 중 하나는 1995년에 TamilNet.com 이라는 웹 사이트를 구축한 타밀 타이거즈였다. 그 뒤 많은 조직이 인도, 오스트레일리아, 영국, 노르웨이, 캐나다, 그리고 스리랑카 북부 지역 출신 이민자 공동체가 있는 국가들의 서버를 사용해 웹 사이트를 만들었다. 이 웹 사이트들은 처음부터 타밀족의 역사와 카리스마 넘치는 지도자인 벨루 필라이 프라바카란, 그리고 이 대의를 위해 목숨을 잃은 모든 사람에 관한 정보를 퍼뜨려 타밀의 자유 투사들에 대한 지원을 얻는 것을 목표로 했다.[54] 자살 폭파범을 이용하는 모든 조직이 이 길을 따랐다. 초기에 이 방법을 택한 조직 중 하나가 헤즈볼라였다. 헤즈볼라는 영국, 프랑스, 아랍에 목적과 대상이 다른 웹 사이트 20개를 만들었다. 하마스도 알카에다처럼 6개 언어의 웹 사이트를 구축하며[55] 이 방법을 따랐다. 하마스에게 웹은 일종의 '가상 성역', 최전선에서 활동하는 사람들이 전 세계의 추종자, 동조자, 지지자들과 엄청나게 빠르고 효과적으로 소통할 수 있는 방법이 되었다.[56] 그 뒤 수천 개의 웹 사이트가 만들어졌다. 모두 이슬람 집단들과 어떤 식으로든 연결된 이 사이트들은 어마어마한 독자들을 부르고 독려하며 지하드에 가담하여 이슬람을 위해 싸우라고 권할 뿐 아니라 그 외의 많은 기능을 수행한다.[57]

이 웹 사이트들은 무엇보다 모든 형태의 정부 통제와 견책을 피해 조직의 정치적 목적과 관련된 이념과 선전 내용을 퍼뜨리는 데 사용된다. 지하드에 호의적인 문서들을 완전히 갖춘 가상 도서관은 방문객들에게 이슬람 세계의 지도자들과 주요 인물들의 광범위한 이론서, 이념서, 정치 서적을 제공한다. 또한 조직의 활동과 성공 사례에 관한 직접적인 정보를 제공하여 주류 언론 매체가 제시하는 것과는 매우 다른 조직의 이미지를 심어준다.

둘째, 이 웹 사이트들은 무장 요원들에게 장거리 훈련을 제공하는 데 사용된다. 사진이나 짧은 영상을 첨부하여 적과 싸우는 법, 무기 사용법, 인질을 잡는 방법들을 알려주는 길고 상세한 설명서를 찾아볼 수 있다. 또한 이 사이트들은 자살 특공 임무를 준비하는 법, 필요한 사제 폭탄 만드는 법, 폭탄을 몸에 숨기는 법, 의심을 피해 목표물에 접근하는 법 등을 상세하게 알려준다. 어떤 경우에는 좀더 구체적인 정보를 제공하기도 한다. 예를 들어 하마스의 에즈 에딘 알카삼 여단의 웹 사이트에 아부 젠달이라는 사람이 "내 사랑하는 동생들이 성전에 참여했습니다. 제게 아세톤페록사이드 1킬로그램이 있습니다. 군용 지프를 폭파하려면 어떻게 폭탄을 만들어야 하는지 알고 싶습니다. 빠른 답변 기다리겠습니다"라는 질문을 올렸다. 한 시간 뒤에 같은 웹 사이트에 사제 폭탄 만드는 법을 자세히 설명하는 답변이 올라왔다.[58]

이 집단들의 지도자들과 무장 요원들은 인터넷을 이용해 사진, 지도, 도표, 잠재 타깃에 관한 모든 정보를 연구 분석하여 자살 특공 임무와 그 외 공격을 준비한다. 영국 경찰이 맨체스터의 지역 조직을 급습하여 발견한 알카에다의 지침인 '맨체스터 매뉴얼'에도 "이제 불법적 방법에 의지하지 않고도 적에 관한 정보의 적어도 80퍼센트를 수집할 수 있다"라고 나와 있었다.[59]

마지막으로, 인터넷은 한 번도 본 적 없던 사람들과 조직들을 연결시켜 새로운 관계를 형성하고 기존의 유대를 강화하는 역할을 한다. 포럼과 이메일을 이용해 여러 다른 국가에 있는 동조자들과 무장 요원들이 공통의 관심사에 관해 토론하고 글, 사진, 영상, 음성 기록을 교환할 수 있다. 익명으로 이루어지는 이 소통 방법은 사람들이 직접적인 정보와 기밀 정보를 공유하도록 장려한다. 뿐만 아니라 평등 의식을 불러일으키고 이념적 신념을 공유함으로써 자신이 이슬람이라는 더 큰 공동체에 속해 있다는 느낌을 강화한다.[60]

자살 폭파범 되기

자살 특공 임무의 특징은 이를 결정하고 계획하고 준비하는 조직이 있어야만 가능하다는 것이다. 그래서 자살 공격이 이루어진 이유를 설명하기 위해서는 (에릭 앰블러의 표현을 다시 빌려오자면) '누가 총을 쏘았는지'가 아니라 '누가 총알 값을 냈느냐'를 밝히는 것이 더 중요하다는 견해가 힘을 얻는다. 하지만 수류탄 띠의 레버를 당기거나 폭발물이 실린 자동차나 트럭, 앰뷸런스를 몰아 자폭하려는 사람이 없다면 어떤 자살 특공 임무도 불가능한 것 역시 사실이다.(그림 54, 55) 그렇다면 이 사람들이 목숨을 희생하도록 만드는 동력은 무엇일까?

신문이나 텔레비전에서 이 임무들을 접한 대부분의 서구인은 수 세기 동안 유럽 여행객들이 사티에 대해 나타냈던 것과 같은 충격을 받고 놀라는 반응을 보이지만, 그보다 훨씬 더 큰 우려를 표현한다. 자살 공격은 어둡고 이해할 수 없는 비합리적인 행동, 가난의 산물, 광신도적 행위로 여겨진다. 뿐만 아니라 자살 폭파범들은 장래성이 없고 사회적으로 소외된 젊은이들로 묘사된다. 반문맹자에 정신적으로 불안정하고 만성 실업자 신세에 분노와 증오로 가득 차 있어 이슬람 근본주의의 타깃이 되기 쉬웠다고 생각한다. 하지만 지금까지의 연구들에 따르면 이런 생각들에는 근거가 없다.

자살 폭파범들은 서구사회에서 자살을 저지른 사람들과는 많은 면에서 다르다. 무엇보다 나이, 사회적 배경, 정신 건강 상태가 다르다. 유럽, 미국, 캐나다, 오스트레일리아의 자살자들은 나머지 인구보다 평균 연령은 높지만 학력과 소득 수준은 낮았다. 반면 1983년과 2002년 사이에 자폭한 자살 폭파범들은 집단마다 연령대가 다양하긴 하지만 비교적 젊었다. 레바논인은 대략 21세, 타밀 타이거즈는 22세, PKK 요원들은 23.6세였고 알카에다와 체첸인은 각각 거의 27세와 30세에 가까웠다.[61] 이들은 나머지 인구보다 교육과 소득 수준이 높았고 실직자가 드물었다. 대부분이 중산층의 직업을 갖고 있거나 노동자들이었다.[62] 자살 폭파범들과 전반적인 무장 요원들은 대학 졸업자의 비율이 더 높았고, 특히 이 중 대다수가 주요 대학을 졸업했다. 2001년 9월 11일에 쌍둥이 빌딩을 공격한 테러리스트 19명의 행동 대장인 모하메드 아타는 변호사의 아들이었고 여자 형제 두 명은 대학 강사였다. 그 자신은 카이로 대학 공학부에서 건축을 공부하고 졸업했다. 모하메드 아타가 예외적인 경우일 수도 있지만, 실제로 현재 이용 가능한 데이터들을 보면 동구와 서구 모두에서 국적과 관계없이 급진적 이슬람교도 사이에 엔지니어의 비중이 지나치다 싶을 정도로 많다.[63] 그러나 2001년 이후 아프가니스탄에서 자살 공격을 수행한 사람들은 흥미로운 예외 사례인데, 이들은 전반적으로 가난했고 교육을 많이 받지 못했다.[64](그림 50)

정신 질환 문제로 되돌아가보면, 이 책의 서문에서 소개한 자살 폭파범들의 성격과 심리적 상태에 관한 연구들에 비해서는 체계적인 연구가 이루어지지 않았다.[65] 그러나 부족하긴 하지만 주로 언론의 설명과 경찰 및 판사들의 심문에서 얻은 자살 폭파범들의 이력에 관한 정보들을 분석한 많은 전문가는 이들이 일반적으로 인격 장애나 기분 장애를 겪지 않았다고 결론 내렸다.[66] 확실한 증거를 바탕으로 하진 않았지만 이는 타당한 가설이며 제시된 설명 역시 타당성이 있다.

자살 폭파범 지망자 중에 폭력적이고 충동적이며 불안정하고 규칙을 지키지 않으며 타인의 행위를 악의적이고 공격적으로 보는 반사회적이고 편집적이며 경계선 인격 장애를 가진 사람들이 지나치게 많을 수도 있다. 하지만 자살 폭파범을 모집할 때는 비정상적인 사람이나 할당된 임무를 수행하는 데 신뢰할 수 없는 사람은 떨어뜨리는 까다로운 선별 과정을 거친다. 이런 사람들은 의심을 불러일으켜 감시를 당하거나 구금될 수 있다. 또한 집단 내에서 협력할 수 없고 마지막 순간에 마음을 바꿔 작전을 망칠 가능성이 더 많다.[67]

따라서 우리가 보유한 정보에 따르면, 가난이나 사회적 소외 때문에 혹은 '비정상적'이거나 정신 질환과 인격 장애를 앓고 있는 사람이어서 순교자가 되겠다는 결정을 내렸다는 서구인들의 통념은 힘을 잃는다. 그렇다면 과연 이들 행동의 바탕이 되는 요인들은 무엇일까?

일부 전문가(특히 경제학자들)는 자살 공격을 이용하자는 조직들의 결정과 이 임무를 수행하는 개인들의 결정을 같은 범주로 설명했으며, 둘 모두 도구적 합리성의 산물이라고 보았다. 전문가들은 조직과 개인이 모두 같은 방식으로 행동한다고 말한다. 이들은 목표와 이용 가능한 정보를 감안하여 그 목표를 이루기 위해 가장 적절한 수단을 선택하기 때문이다. 이런 시각에서 보면 일부 개인들이 타인을 죽이기 위해 자신을 죽이겠다고 나서는 것은 일종의 신과의 계약, (자신들이 버릴) 이 세상이 아니라 저세상에서 엄청난 보상을 받을 것이라는 생각이 바탕이 된다.[68]

그러나 이 주장은 여러 관점에서 부적절해 보인다.[69] 첫째, 이 순교 지망자들이 천상에서 보상을 위한 계약이 충족될 것이라 믿으려면 흔들림 없는 믿음을 가지고 있어야 한다. 그런데 정의상 진정한 신자들은 물질적 보상에 동기 부여가 되지 않는다. 둘째, 적을 죽이기 위해 자신의 목숨을 내놓으려는 사람들의 일부는 비신자들이다.

지금까지 수행된 모든 연구는 자살 특공 임무를 수행한 사람 대부분이 공통적으로 적국의 정부와 군, 사람들에게 복수하려는 강한 열망을 가지고 있었음을 강조한다.[70] 때때로 이런 열망은 일반적인 정치 신념, 예를 들어 같은 민족 사람들이 이스라엘이나 미국이나 그 외 서구 국가들에게 당한 괴롭힘과 학대, 굴욕과 폭력 때문에 생긴다. 개인적 이유 때문에 촉발되기도 한다. 가까운 가족, 친지, 친구가 일상에서 겪는 괴로운 경험들, 특히 누군가가 맞거나 다치거나 강간당하거나 죽임을 당했을 때 복수심이 강해진다. 이런 감정은 체첸의 여성들 사이에 특히 널리 퍼져 있다. 이들 중 많은 사람이 러시아군의 공습이나 폭격, 지뢰 폭발, 그 외의 많은 군사 작전을 겪으며 살고 있고 이웃과 가까운 가족들이 목숨을 잃는 모습을 목격했다. 이들 중 남편이나 가까운 친지를 잃은 여성들을 러시아인들과 국제 매체들이 '블랙 위도black widow'라고 부르는 이유는 이 때문이다. 이들이 느끼는 격렬한 감정—분노, 화, 절망, 다른 사람들을 구하지 못했다는 죄책감—이 강한 복수심을 불러일으키고, 이는 피의 보복과 앙갚음을 조장하는 문화적 규범으로 강화된다. 그러나 팔레스타인의 자살 폭파범들에게도 복수에 대한 열망이 매우 현저하게 나타난다. 180명의 공격자들을 대상으로 한 조사에서 절반이 넘는 사람들이 매우 가까운 사람을 잃은 직후에 자살 공격에 착수한 것으로 나타났다.[71]

자살 특공 임무에서 자신의 목숨을 희생한 사람들에게는 더 중요한 또 다른 공통점이 있었다. 바로 고귀한 대의를 위해 죽는다는 것이다. 이들은 개인적 이유가 아니라 자신이 속하고 동질감을 느끼는 공동체의 이익을 위해 영웅적 행동을 한다는 확신이 있었다.

고귀한 대의를 위해

자살 특공 임무가 오로지 이슬람 근본주의와 관련되어 있다는 주장은 현실적이지 않지만, 종교적·이념적 선호가 이 임무의 사용을 막거나 독려할 수 있다는 데는 의문의 여지가 없다. 마르크스주의에 고무된 테러리스트나 게릴라 조직 혹은 불교 신도의 요구와 관심을 대변하는 사람들은 대개 자살 공격에 의존하지 않는다.

하나만 예를 들어보면, IRA 무장 요원들은 때때로 단식 투쟁을 하여 대의를 위해 죽고 민간인들과 영국 군인들을 죽이지만 자살 공격은 하지 않았다. 스페인의 ETA, 이탈리아의 붉은 여단Red Brigades, 그 외 라틴아메리카에서 활동하는 반란 집단과 혁명 집단들도 마찬가지다.[72]

자살 특공 임무들은 소규모의 개척적인 조직들이 고안한 문화 혁신이다. 이 조직들은 특정 환경에서 이 방법의 사용을 정당화하기 위한 이념도 다듬었다. 그러나 이 이념의 원칙, 신념, 신화, 해석 범주는 이 집단들이 중동과 아시아에서 대표하고 방어하려는 민족들의 문화 레퍼토리에서 나온다.

예를 들어 헤즈볼라가 도입한 이 혁신적인 방법을 채택해 자체 환경에 맞추어 조정하여 사용한 타밀 타이거스의 경우 항상 무장 요원들의 자기희생에 엄청난 중점을 두었다. 첫 번째 자살 특공 임무를 시작하기 13년 전인 1974년에 타밀 타이거스는 요원들에게 쿠피kuppi라는 청산가리 병을 가죽 끈으로 목에 묶고 다니게 했다. 그리고 적에게 잡힐 경우 병을 깨물라고 교육했다. 병이 깨지면서 난 상처를 통해 독이 바로 혈류로 들어가게 하기 위해서였다. 쿠피의 수많은 장점이 노래와 시로 끝없이 찬미되었다. 이 병은 두 가지 기능을 했다. 첫째, 요원들이 적에게 고문을 받다가 중요한 정보를 누설하는 사태를 방지했다. 둘째, 병을 깨문 요원들은 죽음에 대한 모든 두려움을 극복한 것이기 때문에 조직에 대한 강한 헌신과 충성을 입증하는 증거가 되었다.[73] 실제로 타밀족은 청산가리를 마시는 것을 엄격한 의미에서 자살이 아니라 적이 불러온 죽음이라고 생각했다. 이 죽음의 궁극적인 책임은 적에게 있기 때문이다.

타밀 타이거스는 첫 번째 자살 특공 임무를 시작할 때, 앞에서 살펴본 것처럼, 이 공격이 타트콜라이, 즉 자살의 한 형태가 아니라 타트코다이, 즉 자기희생이자 자신을 바치는 것임을 분명히 했다. 타밀 타이거스는 이 길을 택하여 타밀족의 대의를 위해 목숨을 바친 사람들은 순교자로 선언되어 명예를 얻고 칭송을 받을 것이라고 정치적·이념적 선언서에서 공표했다. 이들의 시신은 땅에 묻히는 것이 아니라 씨앗처럼 '심겨져' 다시 태어날 것이다. 오늘날 인구가 가장 조밀한 스리랑카 북부의 타밀 지역에는 목숨을 바친 사람들, '위대한 영웅'을 뜻하는 마비라mavirar라는 명칭을 얻을 자격이 있는 사람들을 기리는 사원이 가득하다. 이들은 신과 성인들에게 바치는 것과 같은 의식으로 칭송되고 예우를 받으며 사원들은 사람들이 바친

꽃과 기름으로 장식되어 있다. 타밀족 달력에는 이들을 기리고 칭송하는 날이 열흘 있다. 그중 가장 중요한 기념일인 11월 27에는 지도자인 벨루필라이 프라바카란이 '위대한 영웅들'을 기리는 연설을 한다. 또 다른 기념일인 7월 5일은 1987년 같은 날에 폭탄을 실은 트럭을 몰고 신할리즈족의 군인들을 향해 돌진한 '캡틴 밀러'에게 전적으로 헌정된 날이다.[74] 4월 19일과 9월 26일은 자국에 주둔한 인도 군에 항의해 단식 투쟁을 하다 죽은 다른 두 무장 요원을 기리는 날이다.[75]

이런 개념, 믿음, 삶과 죽음을 이해하는 방식뿐 아니라 가치관과 의식은 부분적으로 타밀 타이거스 지도자들의 창의력에서 나온 것이라 볼 수도 있다. 서구나 남아메리카나 아프리카의 많은 국가는 이런 방식과 가치관을 받아들이기 힘들겠지만, 스리랑카에서는 신뢰할 만하고 설득력 있다고 생각한다. 이들은 소극적 의미가 아니라 적극적인 자기희생, 즉 누군가를 위한 죽음뿐 아니라 누군가에 맞서기 위한 희생, 사티뿐 아니라 항의와 복수를 위해 저지르는 자살인 트라가$_{traga}$와 다르나$_{dharna}$도 항상 중요하게 생각해온 오랜 힌두교 전통과 밀접하게 연결되어 있기 때문이다.[76]

아랍의 조직들도 비슷한 길을 따랐다. 사실 이슬람 율법을 연구하는 신학자들과 학자들 사이에는 자살 특공 임무의 의미에 대해 열띤 논쟁이 벌어졌다. 코란이 (성경처럼) 자발적 죽음에 대해 명확한 판단과 해석을 제시하지 않은 점을 감안하면 놀라운 일이 아니다. 코란은 네 구절에서 이 문제를 다루었지만 그 의미에 대한 해석은 분분하다. 그러나 구전되는 내용을 바탕으로 예언자 무함마드의 말씀을 모은 성전인 하디스의 권위자들이 늦어도 8세기부터 자살을 중죄로 비난했다는 데는 의문의 여지가 없다.

자살자에 관해 가장 많이 인용되는 구절 중 신이 말했다는 이야기가 있다. "내 종이 나를 앞질러 스스로의 손으로 자신의 영혼을 거두었다. 그러므로 그는 천국에 들어가지 못할 것이다."[77] 따라서 자살은 신에 맞서는 행동으로 여겨졌고 자살을 저지르는 사람들은 신의 분노를 사서 불로 벌을 받는 위험을 감수했다.[78] 자살한 사람은 지옥에서 스스로를 죽이는 행동을 계속 반복해야 했다.[79] 자살에 대한 이슬람 율법의 평가는 매우 엄격해서 18세기 초의 파트와(자격 있는 법학자나 학자가 제시한 법적 의견)는 자살을 살인보다 더 엄격하게 판결해야 한다는 결론을 내렸다(수 세기 동안 기독교에서 그랬던 것처럼).[80] 실제로 좀더 관대하게 다루어졌던 자살은 패배 후 군 지도자가 고문과 굴욕을 피해 목숨을 끊었을 때뿐이었다.[81]

어떤 경우에는 자살한 사람들을 위한 기도가 금지되었다. 구전에 따르면 무함마드는 자살한 사람의 장례를 거부했다고 한다. 하지만 이슬람 사회에서는 자살자에 대해서도 장례식을 치르는 것이 관례였다.[82]

〈표 7.1〉 일부 서구 국가와 비서구 국가들에서 자살이 정당화될 수 없다고 생각하는
사람의 비율(1999~2001)

서구 국가		비서구 국가	
캐나다	52	알제리	94
덴마크	51	사우디아라비아	88
프랑스	26	이집트	95
독일	54	인도	72
영국	39	이란	95
이탈리아	62	모로코	98
네덜란드	28	터키	90
스페인	47		
미국	57		
스웨덴	29		
스위스	38		

출처: World Values Survey(http://www. worldvaluessurvey.org/)의 데이터를 바탕으로 구성함

〈표 7.2〉 파리, 베를린, 런던에 사는 이슬람교도들과 프랑스, 독일, 영국에서
자살이 도덕적으로 용납된다고 생각하는 사람의 비율(2008)

이슬람교도들			
프랑스	40	파리	4
독일	33	베를린	6
영국	38	런던	4

출처: 갤럽, 2008. 5. 23

〈표 7.3〉 실론(1946)과 스리랑카(1996), 그리고 이슬람교, 힌두교, 불교, 유대교 전통을
가진 다른 국가들(1995~2000)에서의 10만 명당 자살률

이란	6.0
시리아	0.1
이집트	0.1
쿠웨이트	2.0
터키	3.9
이스라엘	
아랍 인구	2.0
유대인 인구	7.0
실론(1946)	
신할리즈족	4.9
실론 섬의 타밀족	10.6
인도의 타밀족	7.9
이슬람교도	2.1
스리랑카(1996)	21.6
인도(2001)	10.6
잠무 카슈미르	1.5
래카다이브 제도	0.0

출처: Straus and Straus(1953); Turkey's Statistical Yearbook(2005); Central Bureau of Statistics,
Israel(2002); Aliverdinia and Pridemore(2008, my estimate of global rate); WHO, Establet(2012)의 데이
터를 바탕으로 구성함

이런 윤리 원칙들은 지난 몇십 년 동안 다양한 경우에 강조되어왔고, 오늘날에도 이슬람 세계 전체에 확고하게 자리 잡고 있다. 연구 결과들은 알제리, 사우디아라비아, 이집트, 이란, 모로코, 터키의 거의 모든 사람이 자살은 절대 정당화될 수 없다고 생각하는 반면, 같은 의견을 낸 서구인들의 비율은 국가에 따라 26~57퍼센트로 다양함을 보여준다.(표 7.1) 유럽의 주요 수도(파리, 베를린, 런던)에 사는 이슬람 교도들의 윤리적 원칙도 고국에 사는 동포들과 완전히 일치하며, 윤리적 근거에 따라 자발적 죽음을 비난한다.(표 7.2) 뿐만 아니라 전통적인 이슬람 국가의 국민과 그 외 국가에서 소수인 이슬람 인구도 모두 자살률이 극히 낮다.[83] 20세기 중반에 실론에 살던 이슬람 교도들은 타민족보다 자살률이 훨씬 낮았고 현재 이스라엘에 사는 아랍인들의 자살률은 유대인들보다 훨씬 낮다.(표 7.3) 이슬람교도가 인구의 다수를 이루는 인도의 두 주—래카다이브 제도와 잠무 카슈미르 주—의 2001년도 자살률은 0에 가까웠으며 이는 인도의 나머지 지역들보다 훨씬 낮은 수치다.

하지만 그럼에도 불구하고 이슬람 종교 당국은 자살 특공 임무와 관련해 완전히 다른 결론에 이르렀다. 일부 신학자와 법학자들은 자살 특공 임무가 여성과 아이를 포함해 무기가 없는 민간인들을 대량 학살한다는 점, 그리고 이 임무가 세심하게 준비되기 때문에 '사전에 계획된 것'이라는 점에서 그 합법성을 부인한다.[84]

하지만 이슬람 율법을 연구하는 신학자들과 학자들 사이에 지배적인 입장은 자살과 적을 죽이기 위해 자신의 몸을 폭파시키는 개인 행위 간의 차이를 바탕으로 한다. 전자는 약함, 비겁함, 버리고 도망가고 싶은 마음의 표현이지만 후자는 확고한 목적 의식을 지닌 용감한 사람의 고귀한 희생의 한 형태다. 전자는 절망의 시기를 끝내지만 후자는 새로운 희망과 평온의

시기의 시작이다. 따라서 전자는 비난받고 단념시켜야 하지만 후자는 칭송하고 따라야 한다.[85]

몇몇 이슬람 국가에서는 인구의 아주 높은 비율이 이 입장을 지지한다.[86] 2002년에 레바논에 사는 이슬람교도의 3분의 2, 요르단, 방글라데시, 나이지리아에 사는 이슬람교도의 거의 절반이 자살 특공 임무가 항상 혹은 때때로 정당화된다고 생각했다. 2007년에는 팔레스타인 영토에 사는 사람의 70퍼센트가 이런 의견이었다.(그림 51, 표 7.4) 하지만 지난 10년간 이들 중 많은 국가에서 자살 특공 임무에 찬성하는 사람의 비율이 급격하게 떨어졌다.

이런 입장은 적을 죽이기 위해 자신의 몸을 폭파시킨 자살 폭파범을 기

〈표 7.4〉 자살 폭탄 테러에 대한 이슬람교도들의 지지 정도(2002~2013)

| | 종종/때때로 정당화된다고 말한 사람의 비율(%) | | | | | | | | | |
	2002	2004	2005	2006	2007	2008	2009	2010	2011	2013
파키스탄	33	41	25	14	9	5	5	8	5	3
인도네시아	–	–	15	10	10	11	13	15	10	6
나이지리아	–	–	–	–	–	–	–	34	–	8
요르단	43	–	57	29	23	25	12	20	13	12
튀니지	–	–	–	–	–	–	–	–	–	12
터키	13	15	14	17	16	3	4	6	7	16
세네갈	–	–	–	–	–	–	–	–	–	18
이집트	–	–	–	28	8	13	15	20	28	25
말레이시아	–	–	–	–	26	–	–	–	–	27
레바논	74	–	39	–	34	32	38	39	35	33
팔레스타인 영토	–	–	–	–	70	–	68	–	68	62

*이슬람교도들에게만 질문

출처: Pew Research Center(http://www. pewglobal. org/2013/09/10/muslim-publics-share-concerns-about-extremist-groups/)의 데이터를 바탕으로 구성함

리는 순교 문화로 이어졌다. 다양한 형태의 자기희생을 지칭하는 새로운 용어들이 아랍 어휘에 추가되었다. 순교자shahid를 뜻하는 단어에 '순교 작전' '순교에 전념한 사람' '전투에서 죽은 순교자' '행복한 순교자shahid as-said', 심지어 의도하지 않은 순교자shahid al-mazlum 같은 단어가 합류했다. 이 마지막 표현은 헤즈볼라가 폭발물을 실은 트럭에서 운전사 옆에 앉아 있는 사람을 나타내기 위해 만든 것이다. 이스라엘이 자살 폭파범은 항상 혼자 행동한다는 잘못된 가정으로 최소 두 사람—운전자와 승객—이상이 탄 트럭만 점령지에서 돌아다닐 수 있다는 명령을 내렸기 때문이다. 따라서 자살 공격을 표현할 때 '행복한 순교자'는 운전사를, '의도하지 않은 순교자'는 동승자를 가리킨다.[87]

이러한 순교 문화는 다양한 형태로 표현되었다. 자살 폭파범이 된 팔레스타인 사람 중에는 정신적 유서로 영상을 녹화하여 남긴 경우가 많았다. 영상에서 이들은 자신이 속한 집단의 깃발을 배경으로 코란과 칼라시니코프(자동 소총의 하나)를 들고 꼿꼿이 서서 천국에서 만나자고 말한다. 자살 폭파범들의 행동은 언론과 이슬람 사원에서 과장되게 다루어졌다. 이들의 죽음은 일반적으로 끝이 아니라 새로운 시작으로 표현되었다. 이들은 천국에서 수많은 검은 눈의 여인과 결혼할 것이기 때문에 장례식이 결혼식으로 여겨졌다. 도시와 심지어 작은 마을의 무수한 거리에 이 영웅들의 이름이 붙었고 정치적·종교적 행렬에 사진이 전시되거나 '이달의 순교자'를 기념하여 달력에 실렸다. 가족과 친척들은 인정을 받고 상징적·경제적 보상도 받았다. 예를 들어 2001년에 하마스는 가족들에게 500~5000달러 외에 매달 100달러 정도를 지급했다.[88] 그리고 헤즈볼라가 1982년에 첫 자살 특공 임무를 수행한 날인 11월 11일을 '순교자의 날'로 선포해 이들이 수행한 역할을 기렸다.

약간 다른 경우가 자살 특공 임무가 시작된 이후 큰 중요성을 띠게 된 종교 이념인 살라피 지하디스트 운동이다. 자살 특공 임무를 수행한 모든 집단에서 이 이념을 지지하는 사람이 1998년 17퍼센트에서 1999년에는 25퍼센트로 증가하고 2000년에는 67퍼센트, 2006년에는 70퍼센트까지 늘어났다.[89] 살라피즘(아랍어로 전임자, 선조를 뜻하는 salaf에서 나왔다)은 정치적 타협과 서구 세계의 영향으로 오염되지 않은 이슬람교의 순수한 근본, 코란으로 되돌아가자고 가르치는 급진적 교리다. 이 교리는 본질적으로 국제주의적이다. 이슬람교의 가르침이 모든 국가와 모든 사람에게 유효하다고 주장하기 때문이다.[90] 이들은 이슬람교가 종교적·정치적·경제적·군사적 관점에서 쇠락하고 있으며 그 이유는 서구 때문이라고 생각한다. 그리고 세계적인 이슬람 공동체인 움마umma로 이슬람교도들을 결속시키고 쇠퇴 추세를 역전시켜 고대의 영광으로 되돌아가기 위해 자살 행위가 바탕이 된 전쟁 프로그램을 제시하여 혼란에 빠진 이슬람교도들의 정체성을 재정립하고 강화하는 것을 목표로 한다. 이들은 정당성과 타프키르tafkir(가톨릭의 파문에 해당된다)의 필요성을 재확인함으로써 '이교도'(서구인)뿐 아니라 '변절자'인 이슬람 정권과도 싸워야 한다고 생각했다.

또한 이 집단들의 지도자는 대의를 위해 자신의 목숨을 기꺼이 희생하려는 무장 요원들을 격려하고 지원하기 위한 수많은 획기적인 방법을 도입했다. 그러나 이 방법들도 각 나라의 문화적 전통과 연결되어 있다. 지하드는 이 민족들의 역사에서 항상 중요한 개념이었다. 아랍에서 지하드는 '분투'나 '있는 힘을 다하다', '종교와 관련해' 헌신하는 것을 의미한다. 그러나 한동안 이 개념은 보통 '성전'이나 '이슬람교를 확산시키고 필요할 경우 방어하려는 목적으로 행해지는 군사 작전'으로 해석되었다.[91]

이슬람교에서 이런 대의를 위해 이교도들에 맞서 싸우다 죽은 순교자는 다양한 방식으로 보답받는다. 가장 중요한 첫 번째 보답은 죽은 뒤에 삶이 보장되고 천국으로 들어가는 것이다. 코란에서 자주 인용되는 문구가 "알라의 뜻대로 죽은 사람들은 죽은 것이라 생각하지 말라. 그들은 신과 함께 부족함 없이 살고 있다"다.[92] 천국에서 순교자는 깨끗하고 정성 들인 음식, 금과 은으로 지은 옷, 검은 눈의 아름다운 여성들hur'ni 등 지상에서는 금지되었던 좋은 것을 많이 얻게 될 것이다. 순교자가 흘린 피가 미처 마르기도 전에 두 여성이 그를 데려갈 것이다. 그리고 천국에 도착하자마자 각 순교자에게는 72명의 처녀가 주어져 커다란 즐거움을 안겨줄 것이다. 천국의 계급에서 순교자는 신과 예언자 바로 아래의 가장 높은 단계에 속할 것이다. 그래서 최후의 심판일에 특정수의 이슬람교도를 대신해 탄원하는 특권이 주어진다. 일부 해석에 따르면, 각 순교자는 가족 70명의 선처를 호소할 수 있다.

물론 그렇다고 해서 정치학자 가에타노 모스카가 19세기에 말한 것처럼 "모든 신자가 코란이 장담하는 보답에 따라 행동한다면 이슬람군은 비신도들과 맞설 때마다 승리를 거두거나 마지막 사람까지 싸우다 쓰러져야 한다. 특정수의 사람들이 예언자의 말을 지키며 사는 것은 부인할 수 없지만, 영원한 행복이 뒤따를 죽음과 패배 사이에서 대다수의 이슬람교도가 일반적으로 패배를 선택한다"는 사실을 간과해서는 안 된다.[93]

자살 특공 임무의 규범, 믿음, 상징체계뿐 아니라 그 이념과 현대의 실행 방식은 이전에 여러 차례 실험되었던 행위들과 연결된다. 딱 들어맞는 예가 11세기와 13세기 사이에 시리아와 레바논의 산악지대를 중심으로 활동했던 아사신Assassin이라는 시아파 이슬람교 분파다. 이 분파에서 지명된 암살자는 단검으로 무장하고 혼자 이슬람 총독이나 대신, 장군이나 주요 성직자들을 공격하여 죽었다. 이런 임무를 수행하면서 살아남는 것은 수치로

여겨졌기 때문에 이 영웅적 행위를 위해 자신의 목숨으로 대가를 치렀다.[94]

 몇 세기 후 아시아에서 수행된 자살 공격들은 지난 30년간의 자살 공격과 더 유사하다. 이 공격들은 일부 이슬람 사회들이 서구 열강의 패권 확장과 식민지 건설에 맞서 자신들을 방어하기 위해 시도했던 것이다. 이런 공격은 18세기 초에 인도 남서부의 말라바르에서 처음 시작되었고 뒤이어 수마트라섬의 아체 왕국, 19세기의 필리핀 남부에서도 일어났다.[95] 영어로는 무어인, 스페인어로는 모로인moros이라고 부르는 이 이슬람교도들은 보통 유럽에서 온 지배자들을 공격했지만 때로는 힌두교 지주들을 타깃으로 삼기도 했다.

 자살 특공 임무는 이교도들에 대항하는 지하드의 한 형태로 여겨졌고 절차가 엄격하게 정해져 있었다.[96] 암살자로 선택되고 싶은 젊은이는 먼저 부모의 허락을 받은 뒤 더 높은 종교 당국의 허가를 얻어야 했다. 그런 다음 엄숙한 맹세(스페인어로 후라멘타도juramentado라 불리는데, 이 용어는 행동과 사람 모두를 뜻한다)를 한 뒤 일련의 의식을 치른다. 먼저 머리를 깎고 강물에서 몸을 정화한 뒤 향을 피우고 기도를 올린다. 이 모든 과정을 거친 뒤 마음을 바꾸면 모든 사람에게서 조롱을 받고 '반쪽 순교자'라고 불렸다.

 후라멘타도 지망자는 날이 물결 모양으로 된 단검인 크리스kris로 무장하고 기독교도들이 많이 모인 장소를 찾아가 "알라 외에 신은 없다"고 외치며 돌진해 가능한 한 많은 사람을 죽였다. 그는 자신이 이 공격에서 살아남지 못할 것임을 잘 알고 있었지만 죽은 뒤 백마를 타고 천국으로 올라갈 거라고 굳게 믿었다. 천국에는 40명의 아내가 기다리고 있을 것이고 훌륭한 음식을 대접받을 것이다. 그때부터 그는 순교자로 여겨지고 모두의 숭배를 받을 것이다.

 다른 동기들 때문에 후라멘타도가 되는 것 역시 허용되었다. 우선 중대한 범죄를 저지른 사람이 처형을 기다리느니 기독교인들을 죽이는 쪽을 선호할 수 있었다. 혹은 명예를 잃거나 가족에 어려운 문제가 있거나 심각한 경제적 문제가 있어서 삶에 진력이 난 사람이 이슬람교의 자살 금지 규정을 피해 후라멘타도를 선택할 수 있었다.[97] 이 경우 후라멘타도는 간접 자살의 한 형태였고 17세기와 18세기에 일부 유럽 국가에서 영원한 지옥살이를 피하기 위해 사용되는 해결법과 어느 정도 유사했다.[98]

이 관행은 적어도 미군이 필리핀에서 모로인들이 사는 지방을 지배하게 된 20세기 초까지 남아 있었다. 사령관이던 존 퍼싱 장군은 모로인들을 강제로 무장 해제시키기보다 이슬람교도들의 믿음을 미국인들에게 유리하게 이용하는 책략을 사용했다. 그는 미군 병사들을 공격하다 죽은 모로인의 시체는 돼지와 함께 매장할 것이라고 발표했다. 이 경우 순교자 지망자들은 천국이 아니라 지옥에 갈 것이라고 생각했기 때문이다.[99]

장미들의 군대

"18세의 팔레스타인 소녀가 자신의 몸을 폭발시켜 17세의 이스라엘 소녀를 죽이겠다고 마음먹었을 때 미래 자체가 사라지고 있었다."[100] 아야트 알 아크라스라는 소녀가 자살 폭탄 테러를 한 뒤 2002년 4월에 조지 W. 부시가 했던 말이다. 이 말은 남성이 이런 유형의 행동을 저질렀을 때보다 더 이해하기 힘들다고 생각한 대부분의 서구인이 느낀 감정과 의견을 정확하게 요약해준다. 이 사건은 기존의 모든 예상과 성별관계 규범에 어긋났다.

지난 20년간 중동과 극동 지역에서도 이런 면에서 지대한 변화가 일어났다. 전통적으로 전쟁과 테러 및 게릴라 작전에서 여성들은 전투에 투입되기보다 늘 지원 역할을 했다. 예상치 못한 변화가 처음 일어난 것은 최초의 자살 특공 임무가 벌어지기 오래전인 1960년대 말, 세속 조직들에서였다. 팔레스타인 해방 인민전선Popular Front for the Liberation of Palestine(PFLP)의 무장 요원 중 한 명이던 여성 레일라 할레드는 1969년 8월 29일에 로마에서 아테네로 향하던 비행기를 납치했다. 3년 뒤 브뤼셀에서 벌어진 사베나 항공기 납치 사건에도 두 명의 여성이 참여했다. 더 뜻밖의 두 번째 변화는 시리아의 사회민족주의당Social Nationalist Party이 17세의 레바논 소녀 사나 엠하이달리를 자폭 테러범으로 보낸 1985년에 일어났다. 사나는 차를 몰고 이스라엘 호송대로 돌진하며 폭탄을 터뜨려 5명의 군인을 죽였다. '남쪽의 신부'로 불리는 사나의 희생 이후 사회민족주의당은 여성의 자살 공격을 다섯 차례 더 준비하여 실행했다.

그 후 자살 작전에 의지하던 모든 주요 집단이 여성 자살 폭파범을 받아들이기 시작했다. LTTE가 최초였다. LTTE는 1984년에 이미 여성들을 받아들였고, 곧 1만 명에 이른 무장 요원 중 여성이 15퍼센트를 차지했다. 7년 뒤 한 젊은 여성에게 자살 특공 임무가 주어졌다. 앞에서 이야기한 인도의 총리 라지브 간디 암살이었다. PKK도 1996년에 그 뒤를 따랐다. 이슬람교 조직들은 같은 결정을 내리기가 더 힘들었는데, 이슬람교에서는 여성의 지하드 참여를 허용하지 않았기 때문이다. 2000년 6월에 체첸의 여성 하와 바라예프가 이런 조직 최초의 여성 자살 폭파범이 되었다.

이슬람 전통을 지키는 다른 집단들은 의혹과 상당한 저항을 극복한 뒤에야 같은 결정을 내렸다. 1987년, 이스라엘의 팔레스타인 무장 점령에 반대해 벌어진 1차 봉기 때 PLO의 지도자들은 여성은 '국가의 어머니'가 되어 투쟁에서 적극적인 역할을 해야 한다고 주장했다. 이듬해에 작성된 하마스의 한 문서는 "이슬람교도 여성들은 해방 전쟁에서 남성 못지않게 중요한 역할을 한다. 여성은 남성들을 생산하기 때문이다"라고 명시했다. 다른 곳에서는 "한 손으로는 아기의 요람을 흔들고 다른 손으로는 국가를 흔든다"고 주장했다.[101]

팔레스타인의 지도자들은 여성의 육체를 국유화하고 자궁을 군용화했을 뿐 아니라 여성이 1차 봉기에 참여할 수 있는 방법들을 제한하고자 가능한 모든 조치를 취했다. 하마스의 지도자들은 전통을 지키겠다고 굳게 결심하고 공공 공간은 남성의 전유물이라는 원칙을 고수했으며 이스라엘 군인들이 수색을 펼칠 때 자신의 누이, 아내, 어머니의 몸을 '만지는' 모습을 일상적으로 보며 굴욕감을 느꼈다. 그리하여 팔레스타인 여성들이 머리(히잡)와 몸(질밥)을 가리지 않고는 사람들 앞에 모습을 드러내는 것을 금했다.[102]

그러다 파타의 지도자 야세르 아라파트가 2002년 1월 27일에 한 연설이 터닝 포인트가 됐다. 아라파트는 연설을 듣기 위해 모인 수천 명의 팔레스타인 여성에게 "여성과 남성은 동등하다. 여러분은 이스라엘의 탱크를 박살낼 나의 장미 군대다"라고 말했다. 그리고 "여러분이 팔레스타인의 희망이다. 여러분은 남편, 아버지, 아들을 억압으로부터 해방시킬 것이다. 여러분 여성들이 항상 가족을 위해 해왔던 방식대로 희생을 할 것이다"라고 덧붙였다.[103] 이 순간의 중요성을 강조하기 위해 PLO의 리더는 아랍인들이 남성 순교자를 가리키기 위해 사용하는 샤히드shahid라는 단어의 여성형인 샤히다shahida를 만들었다. 아라파트는 이 단어를 연이어 외치기 시작했고 여성들도 함께 "예수살렘까지 샤히다, 샤히다…… 우리의 피와 영혼을 당신과 팔레스타인에 바치겠다"라고 연호했다.[104] 같은 날 오후 26세의 팔레스타인 여성 와하 이드리스가 예루살렘 중심지에서 몸에 지니고 있던 폭탄을 터뜨려 이스라엘 남성 한 명이 사망하고 131명의 행인이 부상당했다.

이 여성의 희생은 전 세계에 강한 반향을 불러일으켰고 아랍인들에게는 성별관계의 광범위한 변화의 조짐으로 환영받았다. 와하의 추도식에서 파타 여성 위원회의 위원장 라비하 티아브는 "그녀는 순교자의 어머니, 순교자의 누이, 순교자의 딸이다. 그리고 이제 그녀 자신이 순교자가 되었다"라고 외쳤다.[105] 이집트의 주간지 『알샤브Al-sha'ab』는 2002년 2월 1일자 사설에서 "여성이다! 오늘 당신에게 영웅적 행위를, 지하드의 의미를, 순교자의 죽음을 가르친 사람은 여성이다. (…) 가냘프고 연약한 몸으로 적에게 충격을 준 사람이 여성이다. (…) 자신의 몸을 폭발시키고 그와 함께 여성이 약하고 순종적이며 예속적이라는 모든 통념을 날린 사람이 여성이다"라고 부르짖었다.[106] 2002년 2월 18일에 파타 산하의 알아크사 순교 여단은 와하 이드리스를 기리는 여성 자살 부대를 공식적으로 출범했다.[107]

그러나 이런 여성들의 행동은 동시에 많은 비판과 논쟁을 불러일으켰다. 와하 이드리스가 죽고 며칠 뒤 하마스의 정신적 지도자 아메드 야신은 전통적인 원칙들을 이야기하면서 여러 가치 판단을 내렸다. 그는 여성의 몸은 어머니이자 피난처이며 슬퍼하고 고통받는다고 말했다. 그리고 여성은 도망자들을 보호하고 아들, 남자 형제, 남편의 죽음에 대비하기 위해 집에 머물러야 한다고 주장했다. 또한 자살 특공 임무에 여성을 뽑는 남성은 그 여성의 남성 친지들의 허락을 구하지 않았기 때문에 이슬람 율법을 깨는 것이라고도 했다. 그리고 여성이 지하드에 나가 하루 이상 집을 비워야 할 경우 마흐람mahram(혈족이기 때문에 결혼이 금지된 남성 친척)을 동반해야 한다고 주장했다.[108] 하지만 야신은 자신이 정말로 옳다고 믿는 생각들도 언급했다. 그는 여성은 신뢰할 수 없고 계획을 누설하는 경향이 남성보다 강하다고 경고했다. 여성들은 심리적으로 남성보다 약해서 공격을 개시할 때까지 오렌지 과수원의 어둠 속이나 쓰레기 처리장 바닥에 혼자 숨어 있을 수

없다는 것이었다.[109]

그러나 가장 독실한 팔레스타인 조직 두 개도 전례를 따랐다. 2003년 초에 이슬람 지하드는 여성들을 채용해 훈련시키기 시작했고 첫 번째 자살 특공 임무는 19세의 여학생에게, 두 번째는 또 다른 젊은 여성 법학도에게 맡겼다. 하마스도 이듬해 1월에 림 샬레 알리야시를 투입해 자살 특공 작전을 펼쳤다.(그림 52)

이 조직들은 모두 이러한 변화를 정당화하고 전통적 관습과 일치시키려고 많은 노력을 기울였다. 일부 국가에서 이슬람교 권위자들은 성전과 역사서를 재해석하여 이런 변화를 정당화하려 했다. 그리하여 이슬람 국가가 적의 공격을 받으면 성별과 상관없이 모든 이슬람교도에게 지하드의 의무가 주어진다는 구절을 코란에서 찾아냈다. 또한 무함마드의 아내인 아이샤가 바스라 전투에서 수천 명의 신도를 용감하게 이끌었다는 이야기도 강조했다.[110] 동시에 와하 이드리스와 목숨을 포기한 다른 여성들의 전통적인 여성적 덕목, 즉 아름다움, 순수, 헌신, 신앙심 등을 칭송했다.[111]

LTTE 역시 힌두 신화에서 크리슈나의 아내로 남편과 함께 싸웠던 사트야바마와 현대 역사에서 영국으로부터의 독립을 위해 인도국군에서 싸운 여성들의 역할을 재발견했다.[112] 자살 공격을 수행한 타밀족 여성들에게는 위대한 영혼이라는 뜻의 마비라라는 명예로운 명칭이 주어졌고 이 여성들이 전투에 돌입할 때 여성적인 특징을 유보하긴 했지만 포기하지는 않았고 전투가 끝날 때는 부드럽고 상냥하며 열정적인 사람이 되어 돌아왔다고 이야기되었다.[113]

뿐만 아니라 LTTE 지도자들은 조직에 여성이 들어오면 남성들의 '정신이 흐트러질' 것이라 걱정하는 사람들에 대응해 무장 요원들을 성별에 따라 떨어뜨려놓고(예를 들어 훈련 중이나 연대에 배속할 때) 서로를 '오빠'와 '여동생'으로 부르게 하고 결혼을 금지하여(나중에는 5년간 교전과 전투를 치른 사람은 결혼이 허용되었다) 가족관계를 모방하려 했다.[114]

여성들의 자살 특공 임무가 일회적이거나 산발적으로 이루어진 것은 아니었으며 지난 20년 동안 그 수가 꾸준히 증가했다. 1985년에서 2006년 사이에 전체 자살 특공 임무의 15퍼센트가 여성에 의해 수행되었다.[115] 하지만 이 비율은 조직마다 달랐다. 이슬람 근본주의에 가까운 조직들에서는 모든 자살 폭파범 중 여성의 비율이 아주 낮았던 반면(알카에다와 팔레스타인의 조직들에서는 5퍼센트 이하), 타밀 타이거스에서는 20퍼센트, 체첸에서는 60퍼센트에 이르렀고 PKK에서는 무려 70퍼센트를 차지했다.[116]

다시 한번 말하지만, 이런 변화를 이해하기 위해서는 '누가 총을 쏘느냐'가 아니라 '누가 총알 값을 내느냐'가 중요하다. 자살 특공 임무에 여성이 투입되기 시작하고 확산된 이유는 무엇보다 그때까지 남성들만 이용하던 테러 집단들과 게릴라 집단들의 요구에 부응했기 때문이다. 여성을 투입함으로써 조직들은 자살 폭파범의 수급을 좀더 균형 있게 맞출 수 있었다. 예를 들어 그동안의 무장 투쟁에서 많은 남성 요원을 잃어 이들을 대신할 사람들이 필요했던 LTTE는 1984년에 여성을 받아들여야 했고 그 결과 7년 뒤 라지브 간디를 암살할 수 있었다.[117]

뿐만 아니라 여성 자살 폭파범을 활용함으로써 조직들은 두 가지 중요한 전술적 이익을 얻을 수 있었다. 첫째는 이 작전들이 불러오는 반향과 사회에 일으키는 공포와 관련된다. 여성이 자살 공격을 감행하면 남성의 경우보다 언론에서 8배 더 많이 다루어진다.[118] 여성의 자살 공격은 세상에 안전지대란 없고 전통적으로 타인을 돌보고 돕던 사람들로부터 보호받을 수 없다는 인상을 심어주기 때문에 대중에게 더 큰 공포를 불러일으킨다. 이런 면에서 2000년 7월에 체첸 반란군의 한 문서에는 다음과 같이 쓰여 있다. "순교한 젊은 여성 하와 바라예프는 역사에 기록될 소수의 여성 중 한 명이다. 바라예프가 자신의 희생으로 경이로운 모범을 보였다는 데는 의심의 여지가 없다. 이제 러시아인들이 도처에서 죽음을 기다리고 있고 바라예프 같은 여성들 때문에 공포에 떨고 있는 것도 당연하다. (⋯) 바라예프는 남성 몇 명이 한 일을 해냈다."[119]

두 번째 전술적 이점은 여성이 남성보다 의심을 덜 받고 남성은 접근하기 힘든 장소와 대상에 좀더 쉽게 접근할 수 있다는 것이다. 여성들은 임신부인 척하면서 옷 속에 폭발물을 더 쉽게 숨길 수 있다. 혹은 몇 년 전까지는 여성들이 폭탄 테러를 할 것이라고는 아무도 의심하지 않았다. 가장 전통적인 팔레스타인 조직들이 도덕적 원칙에 위배되는데도 여성 자살 폭파범을 이용하기 시작한 데는 1990년대 중반까지 40세 이하의 미혼 아랍 남성은 이스라엘의 검문소 통과가 불가능했다는 사실이 한몫했다.[120] 마찬가지로, LTTE가 같은 길을 따른 것 역시 남성은 인도나 신할리즈족의 정치인들에 접근하여 자폭하기가 여성보다 힘들었기 때문이다.

교육 수준이 높은 여성들이 평등을 요구하고 많은 아랍 국가에서 성별 관계에 변화가 생긴 점 역시 자살 특공 임무에 여성의 투입을 촉진시켰다. 새천년 초기에 일부 팔레스타인 여성들은 '순교자의 어머니'가 되고 싶지 않다고 강력하게 주장하며 '국가의 어머니' 개념에 대항했다. 그중 한 여성은 "지난 몇 달간 잠을 이루지 못했다. 나는 매일 아들의 무덤을 찾아가 땅속에 묻혀 있지 말고 일어나라고 소리쳤다"라고 썼다. 또 다른 여성은 "나는 영웅인 아들을 원하지 않는다. 아들을 되찾고 싶다. 아들은 내 것이다!"라고 말했다.[121] 이런 생각은 일종의 모성의 사유화가 시작되었음을 나타낸다. 또한 여성들은 시민권 확대도 요구했다.

팔레스타인의 조직들은 양성평등을 향해 한 걸음 나아가는 방법으로 여성의 자살 특공 임무를 허락하겠다는 결정을 제시했고 실제로 이런 추세를 강화할 수 있었다. 일부 국가에서 이슬람 종교 당국이 더 이상 여성이 집 밖에서 무언가를 하고 싶을 때마다 남성 친척의 허락을 받을 필요가 없다고 발표한 것은 분명 여성들의 자율성 증가에 기여할 것이다. 그러나 자살 공격을 수행하기 위해 여성들을 이용하는 집단들 내에서 여성의 위치는 미미하다. 여성이 리더십 집단에 속하는 경우는 드물고 일반적으로 임무 결정이 내려지기 전에 상담도 하지 않는다.

또한 이 여성들은 목숨을 희생하기로 결정하더라도 이승에서나 사후에나 남성보다 더 적은 보상을 받을 것임을 알고 있다. 모든 팔레스타인 조직(하마스, 이슬람 지하드, PLO)이 자살 특공 임무 수행자의 가족들에게 금전적 보상을 하는데, 남성의 경우 400달러에 이르지만 여성은 200달러다.[122] 사후 보상에 관해 말하자면, 여성에게는 남성을 기다리고 있는 성적 만족이 약속되지 않는다. 사후에도 여성들은 남편을 한 명만 둘 수 있고 그에게 신의를 지켜야 한다. 아메드 야신이 말한 것처럼, 여성들은 천국에 도착하면 "72명의 처녀보다 아름다워질 것이다. (…) 미혼의 여성은 천국에서 순결한 남편을 보장받을 것이고, 당연히 70명의 친척들을 죽음의 고통을 겪지 않고 천국에 데려올 수 있는 자격도 주어진다".[123] 하지만 하마스는 여성 순교자가 보상으로 72명의 남편을 얻을 것인지에 대한 질문에 더 명확한 답을 제시했다. "여성은 이 한 가지 측면을 제외하고 남성과 동일한 보상을 받을 것이다. 따라서 여성 순교자는 죽을 때와 같은 남편과 지낼 것이다. (…) 미혼의 순교자는 천국의 남성 중 한 명과 결혼할 것이다."[124]

사회를 지배하는 엄격한 규칙들을 위배하여(종종 본의 아니게 혹은 자신의 잘못이 아닌데도) 품위와 명예를 잃어버린 여성들이 더 큰 대의를 위해 자신을 희생하는 순교자가 되어 명예를 되찾으려고 자살 특공 임무를 선택하는 경우가 많은 것은 이 때문이다. 예를 들어 와하 이드리스는 7, 8년 전에 사촌과 결혼했지만 불임으로 이혼했다. 친정으로 돌아온 그녀에게는 새로운 삶과 가족을 꾸릴 기회가 없었다. 자살 공격을 수행한 또 다른 팔레스타인 여성인 하나디 가레다트는 스물일곱 살의 미혼으로 (사회에서) 불안정한 처지였다. 같은 길을 걸은 세 번째 파이자 이우마는 성전환자로 서른두 살이 될 때까지 결혼을 하지 못했다.[125] 마찬가지로, 체첸과 타밀족의 많은 여성이 강간을 당한 뒤 자기희생을 선택했다.[126]

결 론

19세기 초에 서구의 몇몇 여행객은 자살이 무엇인지 모르는 나라들을 방문했다고 이야기했다. 1815년에 독일의 여행객 오토 폰 코체부는 캐롤라인 제도의 주민 카두가 유럽인들은 스스로 목숨을 끊는다는 이야기를 듣고는 이해할 수 없다며 지금껏 들은 가장 우스꽝스러운 일이라고 말했다고 썼다.[1] 20년 뒤 조지 그레이 경은 탐험에서 만난 원주민들에 대해 쓰면서 이렇게 언급했다. "내가 이 문제에 대해 물어볼 때마다 그들은 으레 웃으면서 내 질문을 농담 취급했다."[2] 유럽 국가들에 관한 수많은 통계와 함께 이런 증언들은 사회학자와 인구학자들이 자발적 죽음이 문명화의 필연적 결과이고 '야만인'들은 '배가 고프지 않으면' 자살하지 않을 것이라고 확신하도록 도왔다.[3] 그러나 1984년에 '원시사회'에 대한 최초의 체계적 연구 결과가 발표되면서 이러한 확신이 뒤집혔다.[4] 이 연구의 저자들은 새로운 해석을 내놓았다. 뒤르켐이 이기적 자살은 '낮은 수준의 사회들'에는 알려져 있지 않은 반면, 이타적 자살은 '그런 사회들에서도 특유의 형태로 존재한다'는 결론에 이른 것은 아마 이때일 것이다.[5]

하지만 이 책에서 제시하는 연구 결과들과 사실도, 지난 세기에 수행된 고고학적 연구와 인류학적 연구 등에서 나온 그 외의 자료들도, 16세기부터 온갖 사람들을 접한 유럽의 탐험가, 상인, 선교사들이 쓴 기행문들도 이 이론을 뒷받침해주지 않는다. 400개가 넘는 수렵사회, 유목사회, 농경사회를 다룬 이 방대한 문서들에서[6] 네 가지 주요 결론이 도출될 수 있다. 이 결론들은 이 저명한 프랑스 사회학자가 제시한 이론과 자살의 '원인별 유형'—이기적 자살, 이타적 자살, 아노미적 자살—이 부적절하다는 것을 보여준다.

첫째, 아시아 국가들에서 실시된 일부 고고학 연구는 황제의 무덤들에서 발견된 수백 개의 시신이 주군을 따라 목숨을 끊은 사람들이 아니라 죽임을 당한 노예나 죄수들이라 밝혔다.[7] 또한 인류학 연구들과 여행객들의 진술은 수렵·유목·농경사회의 주민들은 대체로 이타적인 목적이 아니라 현대 서구 국가들에서 일반적으로 이런 선택을 내릴 때와 같은 동기, 즉 사랑에 대한 실망, 질투, 질병, 참을 수 없는 신체적 고통, 사랑하는 이의 죽음, 명예의 상실, 처벌에 대한 두려움, 가난 때문에 목숨을 끊었음을 보여준다.[8]

둘째, 자살에 대해 미온적인 태도를 보였던 수렵·유목·농경사회에서도 이를 반대하는 집단이 있었다. 20세기 중반에 인류학자 레이먼드 퍼스는 태평양에 있는 티코피아라는 작은 섬의 주민들을 조사하면서 자살은 대립되는 이해관계와 태도를 가진 집단들의 의무와 사회적 기대가 상충하는 중심에 있기 때문에 '자살이 일어날 수 있는 상황'이 뒤르켐이 제시하는 것보다 '훨씬 더 유동적이고 불확실하다'고 언급했다.[9] 앞서 살펴본 것처럼, 이런 상황은 17세기와 18세기 중국의 '수절하는 처녀'에게 종종 일어났다.

셋째, 수렵·유목·농경사회에서는 자발적 죽음이 어떤 식으로든 칭송되고 보상을 받기는커녕 의무로 여겨지지도 않았고, 범죄나 적어도 도덕적으로 비난받을 만한 일로 여겨졌다. 예를 들어 서아프리카 황금 해안에 살던 아샨티족은 스스로 목숨을 끊은 사람의 목을 베고 재산을 몰수했다.[10] 다른 사회에서도 자살자의 혼령은 세상에서 사라지거나 적어도 다른 혼령들과 만나지 못한 채 계속 가난하고 불행하게 지내며 나뭇잎이나 풀뿌리 혹은 그 외 숲에서 찾을 수 있는 보잘것없는 것들로 연명해야 한다는 믿음이 퍼져 있었다.[11] 반면 수족은 생명의 신이 나무에 목을 매 자살한 사람들에게 그 나무를 영원히 끌고 다니는 벌을 준다고 믿었다. 그래서 자살하는 사람들은 가능한 한 작은 나무를 선택했다.[12] 중세 유럽에서처럼 이 사회 중 일부에서는 자살자의 시신이 더럽혀졌다고 여겨 다른 사람들과 따로 묻어야 했다.[13]

마지막으로, 이 사회들에서는 자살이나 자살하겠다는 위협이 때때로 불만이나 요구를 표현하기 위해, 다른 사람들에게 압력을 가해 무언가를 얻기 위해 혹은 복수의 수단으로 타인을 공격하거나 심각한 피해를 주기 위해 사용되었다. 이 모든 동기는 '이타적'이라고 보기 어렵다. 인류학자 브로니슬라브 카스퍼 말리노프스키는 1920년대 초에 트로브리안드 제도(지금의 파푸아뉴기니)에서 현장 조사를 하다가 거의 우연히 이런 관행을 발견했다. 키마이라는 18세의 젊은이가 "축제 의상을 입고 몸에 장식을 한 채 코코야자나무 위로 올라가 아래 공터에 모인 사람들에게 작별 인사를 하며 연설을 했다. 그는 이런 극단적인 행동을 하게 된 이유를 설명하고 자신을 죽음으로 몰고 간 사람을 은근히 비난하기 시작했다. (…) 그런 뒤 관습대로 크게 울부짖으며 60피트 아래로 뛰어내려 즉사했다".[14] 말리노프스키는 마을 사람들에게 어찌 된 일인지 물어보고 그 뒤에 벌어진 일들을 관찰하여 이 사건을 이해할 수 있었다. 키마이는 이모의 딸과 관계를 가졌는데, 이 일은 이 사회의 족외혼 규범을 위반하는 것이라 반감을 사고 비난을 받았다. 어느 날, 상대 여성의 약혼자가 공개적으로 키마이를 근친상간이라 비난하며 모욕을 주었다. 그동안 모욕과 수치를 당해온 키마이는 해결책은 하나뿐이라는 것을 깨닫고 속죄를 위해 목숨을 끊어야겠다고 결심했다. 하지만 이 결심에는 자살에 책임이 있는 사람을 밝히면 그가 죗값을 치르게 될 것이라는 확신으로 복수하려는 목적도 있었다. 실제로 키마이의 장례식 전과 후에 벌어진 다툼과 싸움에서 그의 연적은 부상을 당했다.

이런 관습은 다른 많은 사회와 대륙에서 발견된다.[15] 알래스카의 틀린케츠족은 누군가에게 감정이 상했을 경우 복수의 방법으로 스스로 목숨을 끊어 친척들과 친구들이 대신 원수를 갚도록 하는 수밖에 없었다.[16] 아르헨티나 그란차코의 마타코 인디언들은 자신에게 나쁜 짓을 한 사람을 벌주기 위해 특정 식물의 독성이 있는 과일을 먹어 자살하는 경우가 잦았다.[17] 뉴칼레도니아의 일부 섬에서는 모욕이나 배신을 당한 여성이 죽은 뒤 "남편을 괴롭히고 계속 공포에 떨도록 할 수 있다고 믿으며 자살했다. 이런 여성들은 복수의 여신 중 한 명이 되기 위해 목숨을 끊었다".[18] 19세기 말에 아프리카 황금 해안의 일부 주민들 사이에는 복수를 위해 자살을 결심하고 행동에 옮기기 전에 누구 탓이라고 밝히면 지목된 사람은 친척이 보상금을 지불하지 않을 경우 똑같이 목숨을 끊어야 하는 관습이 있었다.[19] 20세기의 마지막 20년 동안에도 이란 남서부에 살던 루르Lurs족 여성들은 심한 성차별 문제를 다시 제기하기 위해 때때로 목숨을 끊었다.[20]

이런 경우 자살은 몰래 행해지는 충동적 행동이 아니라 치밀하게 계획되었고 다른 사람들을 의도적으로 끌어들였다. 예를 들어 파푸아뉴기니 칼리아이족 여성들은 자살하려고 할 때 먼저 카누나 냄비 같은 물건들을 때려 부숴 다른 사람들에게 자신의 의도를 알렸다. 그런 뒤 가장 좋은 옷을 입고 사람들 앞에서, 가급적이면 자살에 책임이 있는 사람 앞에서 자신의 뜻을 큰 소리로 외친 다음 독극물을 마시거나 나무에 목을 맸다.[21] 다른 사회에서도 복수를 위한 자살은 항상 사람들 앞에서 이루어지고 책임이 있는 사람을 분명하게 지목했다. 이런 경우에는 '누군가를 혼내주기 위해 목숨을 끊는다'는 표현을 사용했다. 자살자가 자신이 이런 행동을 하게 만든 사람의 이름을 큰 소리로 외치거나 혹은 다른 방식으로 지목했기 때문이다.[22]

인도와 중국(앞에서 살펴보았듯이), 일본에서도 비슷한 형태의 자살이 오랜 기간 있어왔다. 18세기에 예수회 신부 피에르프랑수아 사비에르 드 샤를부아는 해 돋는 나라에서는 '전사가 모욕을 당하면 자기 핏속의 더러움을 씻어내야 한다고 느껴' 모욕을 준 사람의 집 앞에서 목숨을 끊었다고 썼다. 그러면 상대는 삶과 명예 중 무엇을 단념할지 선택해야 했다.[23]

기독교 이전의 유럽에서도 비슷한 형태의 자살이 행해졌다. 분명 아일랜드에서는 트로스캐드troascad(말 그대로 '누군가에게 맞서기 위해 단식하다' 혹은 '굶어 죽음으로써 정의를 이루다'는 뜻) 관습이 오랜 기간 행해졌다. 채권자는 빌려준 돈을 받기 위해 채무자의 집 앞에서 단식을 시작한다. 그러다 죽어버리면 돈을 갚지 않은 사람은 고인의 가족에게 두 부분에 대해 보상해야 했다. 하나는 시신에 대해 치르는 보상으로 노예 7명 값에 해당되었고 다른 하나는 명예에 대해 치르는 보상으로 고인의 사회적 지위에 따라(노예 1~20명) 액수가 달라졌다.[24]

하지만 고대 그리스와 로마의 시골 지역에서도 다른 방법으로 적에게 복수할 수 없을 때 보복의 한 형태로 때때로 자살을 했다. 고대 그리스와 로마의 역사가, 철학자, 극작가, 시인들의 작품에는 보복 자살의 예가 가득하다.[25] 델포이에 기근이 들었을 때 카릴라라는 고아 소녀가 음식을 구걸하다가 왕에게 신발로 맞고 쫓겨났다. 카릴라는 왕에게 복수하려고 목을 맸다.

이와 비슷하게, 죽은 영웅인 아킬레스의 무기를 가지려다 아트레우스의 자식들인 아가멤논과 메넬라우스에게 거부당하자 심한 수치감에 격분한 아이아스는 적들에게 복수하고 명예를 되찾기 위해 자신의 칼로 몸을 찔러 죽겠다고 결심했다.(그림 1) 하지만 그 전에 아이아스는 신들에게 의지해 헤르메스에게는 자신을 고통 없이 잠들게 해달라고, 제우스에게는 개들과 까마귀들이 물어뜯지 않도록 자신의 시신을 보호해달라고 부탁했다. 그리고 이렇게 호소했다.

> ……인간의 고통을 먹어치우는 불멸의 처녀들이여,
> 멀리까지 발걸음하시는 복수의 여신들이여,
> 아트레우스의 아들들이 저를 어떻게 무너뜨렸는지 주시하소서.
> 그들이 제가 자살로 파멸하는 것을 지켜볼 때
> 그들 역시 무서운 운명에 압도당하게 하소서.
> 그들도 가장 가깝고 사랑하는 사람들에게 무너져
> 스스로 목숨을 끊게 하소서.
> 복수의 여신들이여, 복수의 축제로 오소서.
> 군 전체를 먹어치우소서. 그들 모두를 집어삼키소서![26]

디도도 아이네이아스에게 복수하기 위해 자살했다.[27] 다른 방법으로는 그가 떠나는 것을 막을 길이 없던 디도는 다음과 같이 끔찍한 마지막 위협을 했다.

> 하지만 고귀한 신께서 힘이 있다면,
> 당신이 암초에 걸려 호된 고통을 겪길 바랍니다.

그래서 디도의 이름을 부르고 또 부르길.

당신이 떠나면 나는 어두운 불과 함께 당신을 따라갈 겁니다.

얼음같이 차가운 죽음이 제 영혼과 몸을 갈라놓으면

제 영혼이 어디에고 나타날 겁니다.[28]

복수를 위한 자발적 죽음은 서사시뿐 아니라 고대 로마의 일상생활 중 한 부분이었다.[29] 아시아, 아프리카, 아메리카, 유럽의 수렵·유목·농경사회에서 공격적인 의도로 저지른 자살들 사이에는 분명 뚜렷한 차이가 있다. 하지만 중요한 공통점도 많다. 첫째, 이런 이유로 목숨을 끊은 사람들은 항상 여성이나 고아 등 매우 취약한 사회 집단에 속했고 다른 사람들의 행동에 영향력을 발휘할 수 있는 다른 방법이 없었다.[30] 관련 정보가 존재하는 산업화 이전 사회(비서구사회)의 대다수에서 여성의 자살이 남성보다 빈번했던 이유는 아마 이 때문일 것이다.[31]

둘째, 이러한 형태의 자살은 특정한 믿음이나 특정한 사회적 관습, 혹은 둘 다 있어야만 가능하다. '발 빠른 에리니에스'복수의 여신들를 믿거나 죽은 뒤 귀신이 되어 자신을 속이고 기만한 사람을 쫓아다닐 수 있다고 믿을 경우(디도가 말했던 것처럼), 살아서는 다른 방법으로 복수할 수 없어서 누군가를 괴롭히려고 자신의 목숨을 끊는 것은 이 보복을 초자연적인 존재에게 맡긴다는 뜻이다. 하지만 자살자가 살아 있을 때 가혹하게 대하고 굴욕을 준 사람을 법으로 처벌하는 사회에서도 보복 자살이 가능하다.

일부 사회에서는 이 두 조건이 모두 존재한다. 예를 들어 20세기 말에 남편의 폭력 때문에 목숨을 끊은 가이니족(파푸아기니) 여성들은 두 가지 방법으로 남편에게 해를 입힐 수 있다고 생각했다. 무엇보다 죽은 뒤에 남편의 삶에 더 큰 영향을 미칠 수 있어 남편에게 당한 시련과 고난을 되갚

아줄 것이라 믿었다. 또한 자신이 죽으면 남편에게 경제적·사회적 피해가
갈 것이었다. 결혼 당시 남편의 친지에게 주었던 돈과 물건들(소위 '신부 값')
을 빼앗길 것이고 딸의 죽음에 대해 친정 부모에게 더 많은 액수를 보상해
야 할 것이다. 사람들이 남편이 아내에게 졌다고 인식할 것이기 때문에 사
회적 지위도 위협받을 것이며, 때로는 상당한 돈을 주고 친지들로부터 구
입했던 생산·재생산 권한을 뺏길 것이다. 따라서 여성이 남편에 대한 복수
로 목숨을 끊으면 남편은 아내를 다스리지 못한 사람이 되어 친구와 이웃
들로부터 조롱을 받았다.[32]

　복수를 위해서든 변호나 공격의 목적에서든 모든 자살은 집단에 대한
개인의 절대적인 종속의 징후가 아니라 불복종, 저항, 항의, 도전의 행동이
었다. 이런 자살은 항상 무력한 자의 강한 행동, 힘없는 자의 강력한 행동,
절망한 자의 희망이 담긴 행동을 나타냈다. 또한 앞에서 살펴본 것처럼 개
인, 가족, 부족, 도시가 자살한 사람이 귀신이 되어 복수할까봐 두려워 시
신을 훼손하거나 강에 버리거나 다른 시신들과 가능한 한 멀리 떨어진 곳
에 묻는다는 점에서 공동체에 대한 공격을 나타내기도 한다.[33]

　집단에 대한 개인의 완전한 종속과 이타적 자살 사이에 '밀접한 연관'(뒤
르켐을 따르는 학자들이 제시한 것처럼)이 없다는 점은 이 책에서 제시한 많은
연구 결과와 사실로도 입증된다. 몇 세기 동안 중국에서 남편이나 약혼자
의 뒤를 따라 죽은 과부들과 '수절하는 처녀'들은 자신이 속한 사회의 더
상위 요구에 복종한 순종적이고 수동적인 여성들이 아니었다. 재판소나 황
제가 종종 이들의 행동에 명예로운 보상을 한 것은 사실이지만, 여성들이
자신의 이상을 추구하기 위해, 그리고 비록 직접 선택하지 않았더라도 자
신과 연을 맺은 남성에게 신의를 지키기 위해 종종 가족과 친척들과 갈등
을 빚었던 것도 사실이다. 반면 1983년 이후 많은 국가에서 수행된 자살

폭탄 테러는 현대사회에 살고 있고 교육 수준이 높으며 세계주의적 시각을 보유하고 있고 타국에 살며 그 나라 언어를 말하는 사람이라도 자신의 나라 국민이나 민족 집단을 위한 이타적 동기로 자살할 수 있음을 보여준다.

따라서 사회적 통합과 규제는 시간과 공간에 따른 자살 양상의 차이에 영향을 미치는 유일한 요인도, 가장 중요한 요인도 아니며 동시에 이런 요인들에만 근거한 유명한 '원인론적' 구분은 자살과 관련된 현상을 이해하는 데 더 이상 도움이 되지 않는다. 현재의 지식 상태를 감안하면 이런 차이를 설명하기 위해서는 자살자의 의도와 그 행동에 부여된 의미에 따른 분류가 훨씬 유용하다. 이는 두 개의 이분 변수에 따라 정리할 수 있다.(도표 C.1) 첫째 변수는 누군가를 위해 자살하는 사람들과 관련되어 있다. 사람은 자신을 위해 혹은 타인을 위해 세상에 작별을 고할 수 있다. 둘째 변수는 누군가에게 대항하여 자살하는 사람들과 관련된다. 사람은 자신에 맞서 혹은 타인에 맞서 자살할 수 있다.

자살의 첫 번째 유형은 이기적 자살이며 다양한 원인(사랑하는 이의 죽음, 명예 손실, 심한 질병, 파산 등)으로 인한 참을 수 없는 고통을 끝내기 위해 자기 자신만 생각하며 목숨을 끊은 사람들이다. 둘째는 이타적 자살로, 누군가를 위해 삶을 포기한 사람들이다. 역사적으로 남편이나 약혼자의 뒤를 따라 죽음을 선택한 인도와 중국의 과부나 '수절하는 처녀들'이 이 유형에 해당된다. 하지만 신앙을 버리는 대신 죽음을 택한 초기 기독교 순교자들도 여기에 해당될 수 있다. 그러나 이런 과부들, 수절하는 처녀들, 순교자들(이 예에만 국한시켜 말하자면)도 개인적 이익을 위해, 영예나 내세의 보상을 위해 목숨을 끊었다고 주장하는 사람들도 있다. 이런 견해를 받아들인다 해도 이 사람들이 남편이든 친지든 자신이 속한 교회이든 타인을 위해 행동했다는 데는 의문의 여지가 없다. 세 번째는 공격적 자살로 정의되며,

고통스러운 삶을 떠나기 위해서일 뿐 아니라 자살에 책임이 있다고 생각되는 사람을 벌주고 싶어 목숨을 끊은 사람들을 지칭한다. 트로브리안드 제도에 살던 18세의 키마이나 고전 신화에 나오는 디도는 이런 의도로 행한 자살의 적절한 예다. 마지막으로 네 번째 형태인 무기로서의 자살은 정치적·종교적으로 고귀한 대의를 위해 적들을 공격하거나 피해를 주거나 죽이려는 목적으로 자살한 사람들을 가리킨다. 남베트남의 지엠 정권에 항의하기 위해 1963년 6월 11일에 사이공에서 분신자살한 승려 틱꽝득, 1923년에 영국 정부에 맞서 단식 투쟁하다 죽은 영국의 죄수들, 18세기나 19세기나 21세기 초의 후라멘타도, 혹은 지난 30여 년 동안 자살 공격을 감행한 사람들이 여기에 속한다.

처음 두 유형(이기적, 이타적)은 뒤르켐이 붙인 명칭을 모방했지만, 여기서는 원래의 뜻대로, 즉 런던의 정신과 의사 조지 헨리 새비지가 제시한 뜻대

	누군가에 맞서	
	자기 자신	타인
자기 자신	이기적 자살	공격적 자살
타인	이타적 자살	무기로서의 자살

누군가를 위해

〈도표 C.1〉 자살자의 의도에 따른 자살의 유형

로 사용되었다. 다시 말하면 이 명칭들은 자살을 불러온 사회적 원인이 아니라 자살자의 의도와 그가 이 행동에 부여한 의미를 가리킨다. 따라서 다른 두 유형(공격적 자살, 무기로서의 자살)과 마찬가지로 이 유형들은 사회적 통합과 규제뿐 아니라 다음과 같은 중요한 다른 요인들에도 의존한다.

먼저 정신의학적 요인이 있다. 무장 투쟁의 일부로 자발적 죽음을 생각할 때는 이 요인이 중요하지 않다. 자살 특공 임무를 수행하는 사람들은 일반적으로 정신 질환이 없다. 이들을 선발하는 조직이 적에게 의심을 불러일으키거나 실수를 하지 않을 완전히 정상적인 사람을 뽑는 데 신경을 쓰기 때문이다. 또한 이타적 이유의 자발적 죽음들은 개인의 정신 건강보다 도덕 교육에 주로 의지한다. 하지만 정밀한 연구가 없기 때문에 우리는 특정 사건에 부딪쳤을 때 죽음을 선택한 소수의 과부, 수절하는 처녀들, 군인들, 장군들, 유럽 국가들의 수도승들이 계속 살아가는 쪽을 선호한 대다수의 사람과 정신 건강에서 차이가 있었는지는 알지 못한다(앞으로도 확실하게 알지 못할 것이다). 정확한 데이터가 없으므로 우리는 말리노프스키가 회상한 키마이나 누군가를 괴롭히기 위해 세상을 떠난 수렵·유목·농경사회의 여성들의 정신 건강에 대해서도 어떤 가정적 추단을 내릴 수 없다. 실제로 어떤 연구들은 이런 사회들에서 조울병이나 그 외 정신 질환을 앓는 사람들이 종종 다른 형태의 공격적 자살을 선택한다는 것을 보여주었다.[34] 마지막으로, 우리는 서양뿐 아니라 동양에서도 주우울증이나 조현병, 조울증 혹은 인격 장애를 겪는 사람들이 이기적 이유로 자살할 위험이 훨씬 높다는 것을 분명하게 알고 있다.[35]

둘째, 사회구조, 통합 수준, 규제와 관련된 요인들이 있다. 유일하거나 가장 중요한 자살의 요인은 아니지만, 이들은 이기적 자살의 시기별·지역별 차이를 설명하는 데 도움이 된다. 폭넓고 탄탄한 관계망에 소속되어 다양한 방식으로(인지적·감정적·물질적) 지원을 받는 사람들은 역경이 닥쳐도 잘 이겨낼 가능성이 커 자살할 위험이 더 낮다. 따라서 어떤 이유에서든 이런 유대관계가 약화되면 자살할 가능성이 높아질 것이다. 19세기와 20세기 초에 유럽의 일부 지역에서 이기적 자살이 증가한 것은 사회적 통합 수준이 약화되었기 때문이다. 역으로, 두 번의 세계대전 동안 일부 나라에서 자살률이 감소한 것은 사람들이 공동의 위협에 직면해 좀더 끈끈하게 연결된 공동체를 형성했고 자신들의 불행을 전쟁 탓으로 돌렸기 때문이다. 반면 지난 두 세기 동안 서구사회에서 결혼하거나 동거하는 커플의 자살률이 독신이거나 결혼하지 않았거나 이혼하거나 남편을 잃은 사람들에 비해 낮았다는 사실[36]은 결혼이라는 사회적 통합과 규제 때문으로 볼 수 있다. 결혼은 다양한 형태의 지원을 제공하는 탄탄하면서도 유연한 사회 관계망을 구축한다. 결혼은 질서를 유지시키고, 중재하고, 억제한다. 일과 여가, 식사와 휴식에서 일상생활의 행위 규칙을 정한다. 매일의 일정을 정하고 건강에 유익한 식사를 하고 건강을 돌보고 질병의 징후에 주의하고 위험한 행동을 하지 않게 한다. 마지막으로, 1991년 이후 러시아에서 자발적 죽음이 크게 증가한 것은 의료체계의 심각한 위기뿐 아니라 소련 정권의 붕괴로 인한 아노미와 많은 사람이 느낀 방향 감각 상실 때문으로 볼 수 있다.

앞에서 살펴본 것처럼, 미래의 계획을 뒤엎고 타인과 삶으로부터의 기대를 심각하게 약화시키는 뜻밖의 일들이 갑자기 일어났을 때 자살할 가능성을 증가시키는 모든 사건에서 종교의 중요성도 발견된다.[37] 아메리카 대륙으로 끌려온 아프리카의 노예들은 바다를 건너는 중이나 새로운 땅에 도착하고 첫 두 달 안에 자살을 저지르는 경우가 많았다. 이민자들은 문화적 충격과 새로운 사회에 통합되는 어려움 때문에 일반적으로 본토박이들보다 자살률이 더 높다. 투옥된 사람들은 징역을 선고받은 뒤 처음 며칠 안에 자살하는 경우가 많다.

셋째, 인지 도식과 분류 체계, 사람들이 이용할 수 있는 믿음 체계, 규범, 의미와 상징 같은 문화적 요인이 있다. 이 요인들은 우리가 연속적인 긴 기간, 중대한 분기점, 급격한 변화를 이해하고 일부 사회와 어떤 시기에는 사람들이 단지 명예를 잃거나 사랑에 실패하거나 중병을 앓거나 사랑하는 이가 죽어서만이 아니라 다른 사람들을 돕거나 공격하기 위한 한 방법으로 자살하는 이유를 설명하는 데 도움이 된다. 이러한 문화적 요소들을 중심으로 조직된 가장 복잡한 시스템인 종교, 특히 세계 종교는 자발적 죽음의 이 네 가지 범주의 역사에 엄청난 영향을 미쳤다.

초기 기독교는 이교도들이 이타적 자살을 예찬하는 것을 받아들였고, 1~2세기에 순교자들은 신앙을 버리느니 죽음을 택했다. 고귀한 대의를 위해 목숨을 희생한 로마인들이 그 선두에 섰다.[38] 이교도와 기독교 문화 간의 이런 연결성은 5세기에 아우구스티누스가 모든 형태의 자발적 자살을 비난하면서 끝났다. 그때부터 유럽은 여러 다른 형태의 자살이 서서히 줄어들었고 이타적·공격적 이유로 목숨을 끊는 사람의 수가 감소하기 시작한 이후 매우 낮은 수준에 머물렀다.

때때로 누군가를 괴롭히거나 벌주기 위한 복수로 자살하는 경향이 있다는 이론이 심리학자와 정신 분석가들의 지지를 받지만,[39] 지난 2000년 동안 서양과 동양 사이의 큰 차이에 주목하지 않을 수 없다. 이 생각은 1637년에 청교도 목사 존 심이 처음 제시했다. 그는 인간은 때때로 자기 자신이나(자신이 한 일이나 지금 처지 때문에)[40] 타인에게 복수하고 싶은 마음에 목숨을 끊는다고 주장했다. 후자는 '타인에게 무자비하게 모욕을 당해 불만이 해소되거나 개선되지 못할 때', 그리고 '자기 손으로 목숨을 끊으면 자신에게 나쁜 짓을 했다고 생각되는 사람을 해치거나 수치를 줄 수 있을 때'

일어날 수 있다.[41] 존 심은 "다른 방법으로는 자신의 요구를 주장할 수 없는 사람들, 약한 성별, 최악의 기질을 가진 사람, 최악의 상황에 처한 사람들, 가령 여성, 하인, 그리고 이들과 공감하는 남성이 이런 형태의 자살을 가장 많이 저지른다"라고 언급했다.[42]

실제로 서구 국가들에서 자발적이든 비자발적이든 타인을 벌주는 방법으로 죽음을 이용한다는 생각은 아이들을 포함해 다른 직접적인 공격 방법이 없는 사람들에게서 가장 자주 나타났다. 예를 들어 마크 트웨인의 유명한 주인공 톰 소여는 폴리 이모에게서 설탕 단지를 깨뜨렸다는 오해를 받아 부당하게 꿀밤을 맞자 복수를 상상했다. "톰은 자기가 죽을 만큼 아파 누워 있고 이모가 몸을 숙이고 한마디라도 좋으니 제발 용서의 말을 해달라고 애걸하는 모습을 그려보았다. 하지만 나는 벽 쪽으로 얼굴을 돌리고 결국 용서의 말을 해주지 않고 숨을 거둘 것이다. 그럼 이모 심정이 어떨까?"[43]

이 생각은 더욱 마음을 후벼 파는 다른 상상으로 이어졌다. 톰은 미시시피강에 몸을 던졌다가 발견되어 집으로 실려 오는 모습을 그려보았다. "머리카락은 온통 젖어 있겠지만 이 쓰라린 마음은 쉴 수 있겠지. 그러면 이모는 내 시신 위로 몸을 던지고 눈물을 비처럼 흘리며 내 아이를 돌려주면 다시는 날 괴롭히지 않겠다고 하느님께 빌겠지! 하지만 나는 차고 창백한 모습으로 누워 아무런 기적도 없을 거야. 슬픔이 다한 가련한 어린 피해자가 되어."[44]

톰 소여는 강에 몸을 던져 죽음으로써 이모가 후회와 회한을 느끼도록 만들고 싶었지만, 존 심이 설명한 보복 자살은 가해자의 명예를 떨어뜨리고 피해를 입힌다. 하지만 고대 그리스와 로마사회나 동양의 많은 국가와 달리 지난 2000년간 기독교 유럽의 믿음이나 사회적 관습에서는 자살의 이런 목적이 통하지 않았다. 알베르 카뮈의 적절한 말을 인용해보자. "내가 친구가 없다는 걸 어떻게 아냐고? 간단하다. 친구들을 골려줄 생각에 그들에게 벌을 주기 위해 자살하면 어떨까 생각해본 날 알게 되었다. 내가 자살한들 누구에게 벌을 줄 수 있단 말인가? 놀라는 사람들은 있겠지만 자신이 벌을 받았다고 느끼는 사람은 아무도 없을 것이다."**45** 꼭 이 말처럼 되지는 않더라도, 서구사회에서 복수를 위해 자살한 사람이 얻을 수 있는 최상의 성과는 누군가가 약간의 죄책감을 느끼게 만드는 정도일 것이다. 카뮈는 복수의 여신들이나 귀신도, 가족이나 판사도 자신에게 고통을 준 사람에게 벌을 줄 수 없다는 것을 알고 있었다.

기독교는 이기적 자살에도 엄청난 영향을 미쳤다. 이기적 자살은 기독교가 나타난 뒤 유럽에 남아 있던 유일한(혹은 거의 유일한) 형태의 자살이었다. 5세기 이후 무수한 내적·외적 통제로 자살을 막는 일관되고 복잡한 믿음 체계, 가치, 법, 처벌, 상징, 의미와 해석 범주가 탄생하면서 이런 죽음이 줄어드는 결과를 낳았다. 하지만 이런 윤리적·상징적 체계가 서서히 파괴되다가 마침내 무너지자 17세기 말에서 18세기 초 사이에 이기적 자살의 비율이 저지할 수 없을 정도로 빠르게 증가했다. 이런 현상은 유럽 중부와 북부에서 시작되어 남부와 동부 국가로 퍼져나갔다.

반면 아시아와 중동처럼 기독교가 아닌 종교와 믿음 체계, 법, 상징과 의미(힌두교, 유교, 불교, 신도神道)가 지배하는 지역들에서는 사람들이 복수를 위해 혹은 이타적인 목적으로도 목숨을 끊었다. 유럽에서는 로마 제국의 모델을 더 이상 따르지 않았지만, 아시아에서는 장군, 군인들, 때로는 관료들이 군사적 패배를 당한 뒤 자살하는 관습이 점차 중요해졌다. 앞서 살펴본 인도와 중국뿐만이 아니었다. 12세기에 일본에서는 사무라이 전사가 싸움에서 패할 경우 명예를 잃지 않고 적의 손에 잡히지 않기 위해 할복(배를 왼쪽에서 오른쪽으로 가르는 형태)을 했다. 때로는 지도자가 죽었을 때 따라서 죽는 순사殉死를 하면서 할복했다. 순사를 하면 그가 속한 집단의 명성이 높아졌다. 자살하면 가족이 몰락하고 불명예를 안을 위험이 있었던 같은 시기 유럽의 상황과는 정반대였다.[46]

이러한 차이는 유럽과 아시아에서 왜 많은 문화적 변수가 자살률에 그렇게 다른 영향을 미쳤는지 이해하는 데 도움이 된다. 그중 첫 번째는 성별이다. 서구 국가에서는 항상 남성의 자살률이 여성보다 훨씬 높았다. 실제로 이 현상은 5세기 이후 기독교의 도덕률이 확인되면서 역전되지 않았던 한 측면이다. 현재 이용할 수 있는 모든 정보는 고대 그리스와 로마에서도 남성이 더 자주 목숨을 끊었다는 사실을 지적한다.[47] 또한 자살이 특히 남성적인 행동이라 여겨졌다는 점에서 이런 차이가 나타난 주된 이유는 문화적 이유라고 볼 수 있다. 1세기에 발레리우스 막시무스는 '운명의 악한 장난으로' 그녀가 여성의 몸에 남성의 영혼을 받았다고 썼다. 북아메리카와 남아메리카의 경우처럼 이런 문화가 자리 잡은 지역에서는 오늘날, 그리고 아마 19세기와 20세기에도 아마 여성보다 남성의 자살률이 더 높았을 것이다.

이런 보편적인 의미와 상징 외에도 상황 또한 매우 달랐다. 공격적 자살을 허용했던 수렵사회 혹은 농경사회에서는 일상의 갈등과 문제에 대응하기 위해 이 방법을 더 자주 선택한 쪽이 여성이었다. 하지만 많은 아시아 국가에서도 마찬가지였다. 인도에서는 20세기 초에도 여성이 남성보다 자살을 더 많이 했고 중국에서도 몇 세기 동안 그런 양상을 보였다.

유럽과 아시아의 자살 빈도에 서로 다른 영향을 미친 두 번째 변수는 결혼 여부였다. 앞서 언급했듯이, 유럽에서는 지난 세기 동안 결혼이 남성이든 여성이든 항상 자살을 억제시키는 역할을 했다. 하지만 남성의 경우 더욱 효과가 컸는데, 남편들이 아내에게 주는 것보다 일반적으로 아내로부터 더 많은 이해와 돌봄, 관심과 애정을 받기 때문이다. 반면 현재 이용할 수 있는 데이터에 따르면 오늘날 아시아 국가들에서는 결혼이 자살을 막지 못하는 것으로 보인다. 중국에서는 기혼자들이 미혼남이나 미혼녀보다 더 자살 빈도가 높고,[48] 일본에서는 기혼자가 이혼한 사람보다 더 자주 자살한다.[49] 인도에서는 기혼자가 남성 인구에서는 미혼자보다, 여성 인구에서는 과부보다 더 목숨을 많이 끊는다.[50] 과거의 통계 수치는 구할 수 없지만 17세기와 18세기에는 다른 양상을 보였을 것으로 생각된다. 아마 당시 인도에서는 기혼 여성의 자살률이 과부보다 낮았을 것이고 따라서 결혼이 남성에 비해 여성에게 더 많은 보호를 제공했을 것이다.

세 번째 변수는 사회적 배경이다. 유럽에서는 지난 3세기 동안 사회적 배경과 자살률과의 관계가 완전히 역전되었다. 그 선두에 선 중산층, 귀족층, 지식층은 처음에는 다른 사회 집단들보다 자살률이 높았다. 하지만 시간이 지나면서 이런 차이가 줄어들다가 훨씬 뒤에 완전히 다른 양상으로 다시 나타났다. 최근 수십 년 동안 서구 국가들에서는 매우 힘든 문제를 안고 있지만 이를 해결할 자원이 별로 없는, 사회적으로 혜택받지 못한 사람들의 자살률이 가장 높다. 현재 아시아 국가들에서도 마찬가지다.[51] 하지만 지금 남아 있는 문서들을 살펴보면 과거 인도, 중국, 일본에서는 집단마다 흔히 행해진 자살 유형이 달랐다고 생각된다. 사회적으로 가장 힘없는 부류의 사람들은 복수나 '타인에게 해를 끼치기 위한' 공격적 의도로 자살할 가능성이 더 높았다. 반면 사티와 할복은 가족이나 전사 계급 집단에 특혜를 주기 위한 목적이 있었다.

우리는 네 번째 변수의 영향에 대해서는 비교적 아는 바가 적다. 그러나 유럽과 아시아 모두에서 동성에게 끌려 사랑에 빠지는 사람들은 그렇지 않은 사람들보다 더 큰 자살 위험을 감수한다. 두 대륙의 동성애자들 사이에는 다른 유사점도 있다. 20세기 초에 유럽의 일부 나라와 일본에서는 남성 동성애자와 여성 동성애자 커플이 종종 손을 잡거나 껴안고 동반 자살을 했다.[52] 하지만 자살에 부여한 의미에는 차이가 있었다. 예를 들어 20세기에 중국에서 동성과 사랑에 빠진 남성은 사랑하는 사람과의 결합을 막는 사람들에게 복수하기 위해 자살을 선택했다. 죽은 뒤 그들을 괴롭힐 수 있을 것이라 확신했기 때문이다.[53]

유럽과 아시아의 차이는 시간이 지나면서 더욱 벌어졌다. 인도와 중국에서는 몇 세기에 걸쳐 일부 형태의 이타적 자살의 중요성이 높아져서 18세기나 19세기의 첫 몇십 년 동안 최고조에 달했다. 기원전 3세기에 처음 나타난 사티는 수 세기 동안 제한된 사회와 지역에서 이루어졌다. 그러다 11세기에 퍼져나가기 시작했는데 처음에는 확산 속도가 매우 느렸다. 14세기에 이르러서야 확산 속도가 빨라져 인도 총독 윌리엄 벤팅크가 이 관습을 금지하기 직전인 18세기 말에 절정을 이루었다. 중국에서는 남편이 죽은 뒤 과부가 재혼하는 대신 자살하는 풍습이 아마 사티보다 뒤인 서기 3세기경에 시작되었을 것이다. 이 관습은 1000년 넘게 꽤나 억제되다가 14세기 이후에야 중요한 동향이 되었고 18세기에 정점에 달했다. 마지막으로, 일본에서는 4세기 이후에 순사가 증가했다가 17세기에 최대로 확산되었다.[54]

하지만 유럽과 아시아의 이러한 차이는 19세기 이후 서서히 줄어들었다. 여기에는 식민지 건설도 부분적으로 영향을 미쳤다. 오랜 기간 인도를 지배한 이슬람교도들은 사티를 막기 위해 수많은 시도를 했다. 그런데 18세기에 인도의 시골 지역을 지배하기 시작한 영국은—많은 논쟁을 벌이고 의심하고 반신반의한 뒤—마침내 1829년에 과부가 남편의 시신을 태우는 장작더미에서 함께 불타 죽는 관습을 금지하는 법을 승인했다. 시간이 지나면서 분명 이 조치가 사티를 막고 감소시키는 효과를 낳았다.

그러나 아시아 국가들의 문화적 레퍼토리의 위기는 부분적으로는 다른 사회적 변화들에 의해 앞당겨졌다. 1912년에 일본에서 메이지 천황이 죽자 노기 마레스케는 군복을 벗고 전통 의상을 입은 뒤 주군의 초상화 앞에서 순사했다. 장군의 아내도 함께 목숨을 끊었다.(그림 45, 46) 이 행동은 전 세계적으로 엄청난 충격을 안겨주었지만 이는 몇 세기 동안 지속되다 이미 되돌릴 수 없을 정도의 쇠퇴기에 들어선 관습의 마지막 예 중 하나였다. 1900년 8월 12일 중국의 의화단 폭동을 진압하기 위해 베이징에 파견된 일본, 러시아, 미국, 영국, 프랑스, 독일, 이탈리아 군인들의 성폭행을 피하려고 570명의 여성이 목을 매거나 물에 뛰어들었다.[55] 반면 1911년에 중국에서는 제국이 무너진 뒤에도 덕행 높은 사람에게 보상을 해주는 해묵은 관습의 잔재가 남아 있었다. 공화국의 초대 총통 위안스카이는 1914년에 모범적인 행동을 한 사람들에게 명예를 주는 법령을 승인했다. 하지만 이 관행은 5년 뒤 벌어진 5.4 운동에서 맹렬한 비난을 받아 사라졌다.[56] 인도에서는 20세기 마지막 10년 동안 사티가 한 자릿수에 머물렀다.

적어도 지난 100년 동안 유럽과 아시아의 차이가 감소했다는 점은 성별과 자살 위험 사이의 관계 분석에서도 나타난다. 이제 인도 대부분 지역에서는 여성보다 남성의 자살 위험이 더 높다. 최근 들어서는 중국에서도 변화가 나타나 이제 여성의 자살률이 남성보다 약간 더 낮다. 뿐만 아니라 많은 유럽 국가에서도 지난 세기에 이런 면에서 남성과 여성 간의 차이가 줄어들었다.

하지만 유럽과 아시아 사이에 한때 존재했던 차이가 아직 완전히 사라진 것은 아니다. 중국에서는 더 이상 정의의 실현을 혼령에게 맡기진 않지만 복수를 노리고 '강한 두려움을 불러일으키기 위해' 목숨을 끊는 사람이 여전히 존재한다. 뿐만 아니라 17세기와 19세기에 그랬던 것처럼 오늘날에도 중국의 여성들이 유럽보다 더 빈번하게 자살을 저지른다. 여성의 자살률이 남성의 자살률보다 약간만 낮기 때문에, 이런 점에서 보면 인도는 서구 국가들보다 중국에 더 가깝다. 뿐만 아니라 더 이상 남편을 따라 무덤으로 들어가려는 것도 아니면서 오늘날에도 15퍼센트의 여성이 분신자살을 한다.[57]

서구에서는 수 세기 전에 시작되어 이제는 거의 완료된 자발적 죽음의 의료화를 일본에서는 과거 관습의 잔재가 방해했고 지금도 그러하다. 정신의학자들은 심각한 정신 질환으로 자살을 시도한 적이 있는 환자들로 하여금 치료를 받도록 설득하는 데 한동안 많은 애를 먹었다. 환자들이 자신의 행동을 아주 다르게 해석하고 자신의 상태를 병으로 보지 않으려 했기 때문이다. 이런 어려움은 1999년에 문학평론가 에토 준이 자살했을 때 대중이 보인 반응에서 잘 알 수 있다. 많은 의사와 정신의학자는 아내의 죽음과 최근 뇌졸중으로 글 쓰는 즐거움을 잃으면서 겪은 심각한 우울증을 이 유명한 평론가의 자살 원인으로 보았다. 그러나 이런 해석은 일본 지식인들을 설득하는 데 실패했다. 지식인들은 역사적 모델에 기대 이 죽음을 영웅적·미학적으로 묘사했다.[58]

마지막으로 권력 투쟁, 그로 인해 가장 강한 집단과 약한 집단 간에 일어나는 갈등, 그리고 현 상태를 바꾸거나 유지하기 위한 각 집단의 행동 같은 정치적 요인들이 있다. 이 관계가 매우 비대칭적인 곳, 가장 약한 집단이 완전히 의존적인 곳(노예제사회나 봉건사회)에서는 자살이 서양과 동양에서 완전히 다른 역할과 의미를 지닌다. 유럽에서는 수 세기 동안 자살이 두 가지 이유로 금지되고 처벌받았다. 첫째는, '누군가를 죽이는 행동은 권력을 쥔 자의 전유물이고 특권이라고 주장되는 상황'에서 자신의 목숨을 끊는 사람은 이 규칙을 어기고 '복종의 형태를 회피'하는 것이 되었기 때문이다.[59] 둘째는, 세상을 떠나겠다는 결심은 종속된 자가 주인의 노동력을 빼앗는 것이기 때문이다. 지살한 사람은 주인의 노동력을 탈취함으로써 손해를 입힌다. 그런데 중세 중국에서는 신하가 복수를 위해 목숨을 끊겠다고 맹세하여 주군을 위협하고 결정에 영향을 미칠 수 있었으며 아들 역시 아버지에게 이와 같이 할 수 있었다.

아시아에서 가장 약한 집단이나 사람들은 오랜 기간 자살을 무기로 이용했다. 소수의 창의적인 지도자들이 특정한 정치적·군사적 상황에서 절실히 필요해서 고안된 진정한 문화적 혁신이라 할 수 있는 이 전술은 다수의 추종자에게 받아들여져 곧 효과를 입증했다. 이런 새 관습의 창조자들은 항상 자신의 문화적 레퍼토리에서, 주로 공격적·이타적 형태의 자살에서 영감을 얻었지만, 개인적 성과를 얻는 행동들을 집단적 목표를 위해 사용되는 대립 방법으로 변화시켰다.

자살을 민족의 이름으로 휘두르는 무기로 도입하는 것과 관련해 나는 다섯 가지 중요한 예를 알고 있다. 첫 번째는 거의 2세기 전에 인도에서 시작되었다. 이 나라에서는 채무자에게 빚을 갚도록 하기 위해 단식을 하는 다르나라는 관습이 적어도 4세기부터 존재했고 채권자들이 사법 체계보다 죽음을 통해 복수하겠다고 위협하는 쪽을 더 신뢰하는 동안은 이 관습이 지속되었다. 18세기 말에 바라나시에서는 무장한 브라만이 채권자의 집 문까지 찾아가 빚을 없애주지 않으면 자살하겠다고 위협하는 방법이 여전히 통했다. 하지만 몇십 년 뒤 이런 개인적 분쟁을 다른 방식으로 해결하기 위한 법원이 세워지면서 다르나 관습은 효과를 잃기 시작했다.[60] 뿐만 아니라 1861년부터는 정부가 인도 전역에 칙령을 내려 이를 금지했다. 하지만 그전에 이 관습이 개인적 목적이 아니라 집단적 목적을 위해 재발견되고 변형되고 재활용되었다.

1823년부터 성공회 주교로 콜카타에 머물렀던 레지널드 헤버가 19세기 초에 일어난 이런 변화를 명확하게 묘사했다. 그는 일기에서 영국 정부가 가옥에 세금을 매기면서 인도인들의 원성이 자자했던 일을 이야기했다. 바라나시 주민들의 진정서는 거부되었고, 세금을 더 부과할까봐 겁이 난 주민들은 자신들의 요구가 받아들여질 때까지 꼼짝하지 않고 앉아 음식을 거부하는 다르나를 하기로 결심했다. 일부 브라만들이 손으로 쓴 쪽지를 도시 전체와 주변 마을들에 돌려 이유를 설명하고 '나라를 사랑하는 모든 사람'에게 참여를 권했다. 사흘 뒤, 전혀 예상치 못한 대규모 운동이 시작되었다. "30만 명에 달하는 사람들이 집을 비우고, 가게를 닫고, 농사일을 미루고, 불을 피우지 않고, 먹을거리를 짊어지고 많은 사람이 심지어 먹기까지 하면서 양떼처럼 베르나르 주위 들판에 팔짱을 끼고 고개를 숙인 채 앉아 있었다."[61] 영국 정부에서는 항의자 중에서 죽는 사람이 생길까봐 우려했고 며칠 뒤 악명 높던 세금이 폐지되었다. 1세기 뒤에는 마하트마 간디가 정치적 시정을 요구하는 수단으로 단식 투쟁을 이용했고, 이 일은 인도뿐 아니라 전 세계 많은 나라에서 깊은 정서적 반응을 불러일으켰다. 그 이후 단식 투쟁은 원래의 성격을 일부 잃기는 했지만 가장 약한 집단들의 항의 형태로 영원히 자리 잡았다.

어떤 의미에서는 첫 번째와 꽤 비슷한 두 번째 예가 20세기에 아일랜드에서 일어났다. 트로스캐드는 고대부터 행해졌지만 인도의 '다르나' 관습만큼 오래 지속되지는 않았다. 일부 전문가들이 확인한 바에 따르면, 사회적 규범이 변화하면서 채권자를 굶어 죽게 만든 사람에게 중한 벌을 내리지 않게 된 이후 9세기부터 이 관습이 완전히 바뀌었기 때문이다.[62] 하지만 이 관습 역시 완전히 다른 목적으로 재발견되고 다른 용도로 사용되었다. 1913년에 아일랜드 공화당원들과 영국 정부 사이에 폭발적인 긴장이 감돌던 때가 그런 경우다. 이후 10년 동안 적어도 15건의 단식 투쟁이 기록되었고 9000명이 넘는 죄수들이 참여해 7명이 사망했다.[63] 1980년과 1981년에는 아일랜드 공화국군IRA 무장 요원들이 준비한 단식 투쟁이 북아일랜드의 롱케시 교도소에서 벌어져 10명의 죄수가 목숨을 잃었다.

트로스캐드의 역사가 인도의 다르나와 다르고 무장 투쟁의 무기에 자살이 포함된 것은 적어도 부분적으로는 기독교 때문이다. 기독교는 5세기가 되어서야 아일랜드에 들어왔고 한동안 유럽의 나머지 지역과는 다른 예배 방식을 따랐다. 그럼에도 불구하고 기독교는 트로스캐드의 쇠퇴를 재촉했을 것으로 보인다. 뿐만 아니라 20세기의 첫 몇십 년 동안 정치적 항의의 수단으로 이 관습을 부활시키는 것을 일부 가톨릭교 성직자들이 반대했다는 데도 의문의 여지가 없다. 1923년에 한 가톨릭교 교회사가 단식 투쟁으로 죽어가던 아일랜드인 데니스 배리의 병자 성사를 행하길 거부했고, 주교는 자신의 교구 내의 어떤 가톨릭교회에도 시신을 들이거나 '기독교식 장례 미사'를 하는 것을 허용하지 않았다.[64]

세 번째 예는 제2차 세계대전이 끝나가던 1944년 10월에서 이듬해 8월까지 일본에서 나타났다.[65] 당시 일본은 극도로 어려운 군사적 상황에 처해 있었다. 1944년 6월 15일에 미 해병대가 사이판섬에 상륙하여 3주 동안 일본군과 전투를 벌여 섬멸시켰다. 결국 수백 명의 민간인, 남성, 여성, 종종 걷지도 못하는 아이들까지 포로가 되는 수치를 피하기 위해 바다에 몸을 던졌다.

배와 비행기 대부분을 잃고 미군이 필리핀을 점령할까봐 두려워진 일본의 최고 정치·군사 당국들은 최종 공격을 개시하기 전에 새로운 형태의 전투인 자살 공격에 의지하기로 결정했다. 자살 공격은 부족한 자원을 이용해 적에게 최대의 피해를 줄 수 있는 방법이라고 여겨졌다. 1944년 10월에 신풍神風이라는 특공대가 편성되었다. 서구의 번역자들이 '가미카제'라고도 번역하는 신풍은 '신이 일으키는 바람'이란 뜻으로 1274년과 1281년에 몽골의 침략으로부터 일본을 구했던 맹렬한 태풍을 암시한다.

이 특공대는 오카$_{oka}$라는 일종의 글라이더로 작전을 펼쳤는데, 오카의 탄두는 고성능 폭발물로 가득 채워져 있었다. 모 비행기가 표적인 미군의 대형 항공모함의 40킬로미터 이내까지 오카를 끌고 가면 모 비행기의 조종사 옆에 앉아 있던 가미카제가 오카로 올라탄다. 그리고 견인 밧줄을 푼 다음 적절한 거리까지 활공하다가 표적으로 돌진하여 폭발한다. 가미카제는 표적을 향해 돌진할 때 탄도를 조절하기 위해 계속 눈을 뜨고 있어야 했다. 이런 식으로, 그리고 다른 형태의 자살 공격으로 3000명이 넘는 일본 군인이 목숨을 잃었다.

이 자살 특공대도 사무라이 전통에서 영감을 얻고 고귀한 패배를 이해하는 패한 영웅을 바탕으로 일본 문화 레퍼토리를 재해석한 획기적인 생각이었다.(그림 44) '의무와 비교하면 목숨은 깃털만큼 가볍다'는 일본의 오랜 속담에 들어 있는 개념의 관점에서 볼 수 있기 때문이다. 실제로 이 레퍼토리의 상징적 힘은 처음 네 자살 부대의 이름 선택부터 시작하여 힘든 전쟁 시기에 끝없이 상기되었다. 이 이름들은 18세기의 유명한 민족주의자 작가가 '떠오르는 태양에 찬란하게 빛나는 벚꽃'에 관하여 썼던 시를 떠올리게 한다. 가미카제 조종사 중 한 명이 쓴 것처럼, 이 꽃들은 '찬란한 빛을 퍼뜨리다가 어떤 후회도 없이 흩뿌려진다. 마찬가지로 우리도 어떤 후회도 없이 죽을 준비를 해야 한다'.[66]

네 번째 예는 20년 뒤 남베트남에서 벌어진 공개 분신자살 사건에서 찾을 수 있다. 이러한 분신자살은 중국에서 몇 세기에 걸쳐 행해졌는데, 이는 분신자살 개념이 항상 매우 유동적이고 수없이 재해석되었기 때문이다. 분신자살이 줄어들고 있다고 여겨지던 20세기 말에 남베트남에서 분신자살이 다시 등장했다. 그러나 완전히 다른 목적에서 등장했고 그 영향도 전혀 달랐다. 이 뜻밖의 국면은 앞에서 이미 언급했듯이 1963년 6월 11일에 사이공에서 벌어진 불교도 행진에서 나타났다. 66세의 승려 틱꽝득이 요가에서 명상에 가장 적합한 자세라는 결가부좌로 자리에 앉았다. 다른 승려가 몸에 석유를 흠뻑 뿌려주자 틱꽝득은 스스로 자신의 몸에 불을 붙였다. 그를 둘러싼 모든 사람이 소리를 지르는 가운데 틱꽝득은 극도로 차분한 태도로 불길 속에서 세상을 떠났다.

이 사건은 불교도들과 응오딘지엠 대통령 사이에 극도의 긴장이 감돌던 시기에 벌어졌다. 가톨릭교 신자이던 응오딘지엠은 1950년대 말에 권력을 쥐자마자 베트남 인구의 80퍼센트 이상을 차지하던 불교도들을 냉대하는 일련의 조치를 통과시켰다. 1963년 5월 부처님 오신 날에 응오딘지엠 정권은 불교도들이 깃발을 날리는 것을 금지했다. 그러자 대중 시위가 벌어졌고 경찰 진압으로 시위자 8명이 사망했다. 그때 틱꽝득은 시위 지도자들에게 수천 명이 지켜보는 앞에서 '투쟁에 대한 기부'로 극단적인 희생을 하겠다고 제안했다.

1963년 6월 11일에 일어난 틱꽝득의 죽음은 '현대 기술과 종교적 전통의 뜻밖의 결합'이었고[67] 주목할 만한 문화적 혁신이었다. 석유를 사용한 분신자살은 처음이었고 전문 사진사 맬컴 브라운의 카메라에 담겨 그 장면은 영원히 남았다.(그림 47) 이 충격적인 사진이 전 세계 뉴스의 헤드라인을 장식하고 퓰리처상을 받았다. 틱꽝득의 이 행동은 아시아의 많은 국가에서 오랫동안 실행되었다. 틱꽝득은 죽기 전에 이렇게 호소했다. "부처님께 비나니 응오딘지엠 대통령에게 빛을 비치시어 베트남 불교도들의 최소한의 요구 다섯 개를 받아들이도록 해주십시오. 저는 눈을 감고 부처님께 가기 전에 대통령에게 제 말을 전하는 영광을 누립니다. 국민을 박애와 자비의 마음으로 대하고 종교적으로 평등한 정책을 시행해주십시오."**68** 이 고승의 행동은 남베트남뿐 아니라 전 세계적으로 엄청난 파급효과를 낳았다. 이 사건은 결정적으로 지엠 정권의 신뢰를 떨어뜨리고 몰락으로 이끌었다.

이렇게 해서 분신자살은 이타적 형태의 자살에서 정치적·종교적 적수에 대항하는 집단적 항의 수단이 되었고, 오늘날에도 계속해서 이용되고 있다. 1964년에는 그때까지 자살 특공 임무의 위력을 몰랐던 타밀 무장 요원들이 사용했고 그 뒤 다른 많은 집단, 쿠르드족, 그리고 인도, 베트남, 한국처럼 몸에 불을 붙여 죽는 방법이 행해지던 나라 사람들이 사용했다.**69**

마지막 예는 헤즈볼라 무장 요원들이 레바논에서 미국, 프랑스, 이스라엘 군인들을 겨냥해 첫 번째 자살 특공 임무를 개시했던 1983년 10월에 시작되었다. 이 임무는 제2차 세계대전 막바지에 일본이 펼쳤던 전투 방식과는 다르다. 국가가 주도하지 않았고 민간인까지 대상으로 했기 때문이다. 헤즈볼라가 매우 성공적인 결과를 내자 다른 많은 조직(종교가 서로 다른)이 제한된 자원으로 목표를 달성하는 유일한 방법이라 확신하며 이 혁신적인 방식을 도입했다. 하지만 이때도 조직들은 저마다의 문화적 전통에서 영감을 끌어내어 이 방법을 적용했다.

사실 최초로 자살 공격을 한 사람은 삼손이다. 구약에 따르면 삼손은 가자에서 신전을 무너뜨려 자신과 함께 수많은 사람을 죽였다. 하지만 서구인들은 그의 예를 따르지 않았다. 무엇보다도 아우구스티누스의 맹렬한 비난 이후 자살 공격이 사고방식 및 행동 방식의 일부가 되지 않았기 때문이다. 하지만 이러한 문화적 전통이 약해진 뒤에도 불가항력의 상황에서 자살 공격의 부활이 촉발되지 않았던 것도 하나의 이유다. 정교한 무기들을 이용할 수 있었던 서구에서는 사람의 몸을 폭탄으로 쓸 필요가 없었다.

자살에 대한 통계

이 책을 준비하면서 저자는 시기별 자살률의 동향과 변화를 파악하고 국가 간의 상황을 비교할 뿐 아니라 지난 15년 동안의 이탈리아의 상황을 상세하게 연구하기 위해 자살에 대한 통계 데이터를 찾아 가공하고 분석하는 작업을 수행했다.

처음 두 목적에 대해서는 도표 1.1이 1686년부터 1750년까지 런던의 자살률(자살자 수)을 보여준다. 도표 3.1은 1500년부터 1798년 사이에 취리히에서 일어난 자살과 살인 건수를 비교하고, 도표 4.1은 1898년부터 2007년까지 동독과 서독의 자살률을 보여준다. 도표 4.2는 1980년부터 2004년까지 오스트리아와 빈의 자살률을, 도표 4.6은 1960년부터 2003년까지 스웨덴, 덴마크, 독일, 오스트리아, 러시아의 자살률을 나타낸다. 도표 4.7에서는 1956년부터 2002년까지 러시아 남성과 여성의 자살률을 알 수 있다. 표 1.1, 4.1, 5.1, 6.1은 다양한 역사적 시기에 동양과 서양의 여러 국가에서 남성과 여성 간의 자살 비율, 그리고 가능한 국가에서는 남성과 여성의 자살률을 표시했다.

표 A.1~A.4는 1841년부터 2011년까지 10만 명당 자살률의 역사적 데이터를 보여준다. 이 표는 내가 서유럽 19개국, 동유럽 6개국, 그 외 12개국의 자료를 재구성한 것이다. 독자들은 서유럽 국가들이 주를 이룬다는 것을 금방 알아차릴 것이다.

유럽에서 처음으로 유형별 사망 건수에 관한 통계 데이터를 수집하여 자살자와 살인 피해자의 수를 밝힌 국가는 18세기 중반의 스웨덴이었다.[1] 70여 년 뒤인 1815~1820년에 노르웨이, 오스트리아, 프로이센, 메클렌부르크가 그 뒤를 따랐다. 그 뒤 15년간 프랑스, 벨기에, 덴마크, 영국도 자살에 대한 통계 데이터를 수집해서 발표했다. 이탈리아에 대해서는 1819년에서 1854년까지 롬바르디아베네치아 왕국의 데이터[2]와 1824년부터 1838년까지 사르디니아 왕국의 데이터가 남아 있다.[3] 전국을 다룬 첫 번째 통계는 1864년부터 존재한다.[4]

일단 이 수치들(그리고 전반적으로 변사와 관련된 수치들)을 수집한 단체들은 국가에 따라 다르다. 어떤 나라에서는 교회가, 어떤 나라에서는 법원이나 보건 당국이나 호적 담당자가 수집했다.[5] 예를 들어 스웨덴과 노르웨이에서는 원래 목사들이 변사의 세부 사항을 수집하여 전달했다. 오스트리아에서도 이런 데이터를 수집하는 책임이 교회에 있다가 1871년에 보건 당국으로 넘어갔다. 1864년부터 이탈리아에서는 시의 호적 담당자가 부검의들의 신고서를 바탕으로 변사에 대한 통계 자료를 수집했다. 그러나 일반적으로 모든 유럽 국가(그리고 이후 비유럽 국가들에서도)에서 변사에 대한 정보를 확인하고 전하는 임무가 보건 당국으로 넘어갔다. 최근 수십 년 동안에는 세계보건기구가 이 데이터들을 수집하고 발표해왔다.[6]

〈표 A.1〉 서유럽 국가들의 10만 명당 자살률(1841~1991)

	1841~1850	1881~1885	1901	1910	1920	1930	1940	1950	1960	1970	1980	1990	1991
오스트리아	4.5	16.2	17.3	–	22.4	38.3	–	23.8	23.1	24.2	25.7	23.6	22.6
벨기에	9.1	10.7	12.7	14.2	13.2	16.8	18.1	12.9	14.6	16.5	22.1	19.0	18.0
덴마크	23.8	24.8	22.7	–	13.9	17.6	17.8	23.3	20.3	21.5	31.6	23.9	–
핀란드	4.0	3.9	6.1	8.7	10.6	23.1	20.9	15.6	20.4	21.3	25.7	30.3	29.8
프랑스	9.1	19.4	22.8	21.8	17.5	19.0	18.7	15.2	15.8	15.4	19.4	20.0	20.2
독일	11.5	21.1	20.8	21.6	21.7	27.8	–	22.0	22.7	23.5	23.6	17.8	17.5
서독	–	–	17.3	–	–	–	–	19.2	20.3	21.5	20.9	15.6	15.6
동독	–	–	30.8	–	–	–	–	29.4	30.1	30.5	33.6	24.6	25.1
영국	–	–	–	–	–	–	–	9.5	10.7	7.9	8.8	8.1	7.9
잉글랜드와 웨일스	6.7	7.5	9.6	10.0	9.0	12.7	11.3	10.2	11.1	8.0	8.8	7.8	7.6
스코틀랜드	–	5.3	5.3	6.1	4.9	10.3	7.9	5.2	–	–	10.0	10.5	10.3
그리스	–	–	–	–	–	4.7	–	–	3.8	3.2	3.3	3.6	3.7
아일랜드	–	–	2.9	3.6	2.1	2.8	3.3	2.6	2.9	1.8	6.3	9.5	9.8
이탈리아	3.1	4.9	6.2	8.4	7.3	9.6	5.9	6.5	6.1	5.8	7.3	7.6	7.8
룩셈부르크	–	–	–	–	–	16.8	14.5	14.5	–	14.2	12.9	17.8	19.9
노르웨이	–	6.7	5.5	5.5	4.8	7.2	6.9	7.4	6.4	8.4	12.4	15.5	15.8
네덜란드	–	5.3	5.8	6.2	7.3	8.1	10.8	5.5	6.6	8.1	10.1	9.7	10.7
포르투갈	–	–	–	6.0	6.2	6.9	11.6	10.1	8.7	7.5	7.4	8.8	9.5
스페인	–	2.5	2.0	4.5	5.1	5.7	6.1	5.4	5.5	4.2	4.4	7.5	7.5
스웨덴	6.7	9.7	13.1	17.8	14.7	15.8	17.1	14.9	17.4	22.3	19.4	17.2	17.2
스위스	–	23.3	22.4	22.7	22.6	26.1	23.6	23.5	19.0	18.6	25.7	21.9	–

부록

〈표 A.2〉 서유럽 국가들의 10만 명당 자살률(2001~2011)

	2001	2002	2003	2004	2005	2006	2007	2008	2009	2010	2011
오스트리아	18.5	19.2	17.9	17.4	17.0	15.7	15.5	15.2	15.3	15.0	15.3
벨기에			20.3	19.1	19.3	18.3	17.5	18.7	18.6		
덴마크	13.6	12.8	11.7	12.2	11.6	11.9	10.6	11.0	11.3	10.1	10.6
핀란드	23.2	21.0	20.5	20.3	18.9	20.1	18.8	19.4	19.3	17.7	16.8
프랑스	17.4	17.8	18.0	17.8	17.5	16.9	16.3	16.6	16.7		
독일	13.6	13.5	13.5	12.4	12.4	11.9	11.4	11.5	11.7	12.3	12.4
서독	13.0	13.1	13.0	12.6	12.3	11.6	11.1	11.2			
동독	15.7	15.5	15.6	14.7	13.0	12.8	12.6	12.5			
그리스	3.0	2.9	3.4	3.2	3.6	3.5	2.9	3.3	3.5	3.4	
잉글랜드와 웨일스	9.3	9.0	9.1	9.1	8.8	8.3	7.9	8.4	9.5	8.1	8.7
스코틀랜드	12.0	12.6	11.1	11.9	10.7	10.0	10.0	10.0	10.9	10.9	10.0
북아일랜드	9.3	10.8	8.5	8.5	12.3	16.7	13.7	15.6	14.5	17.3	15.9
아일랜드	12.6	11.4	11.4	11.4	10.9	10.6	10.4	11.4	11.8	10.8	
이탈리아	7.1	7.1	7.1			6.3	6.3	6.5	6.6	6.6	
룩셈부르크	16.6	19.1	10.6	13.5	10.5	13.7	16.2	8.8	9.6	10.8	10.6
노르웨이	12.1	10.9	11.0	11.5	11.5	11.3	10.3	10.6	11.9	11.2	12.0
네덜란드	9.2	9.7	9.2	9.3	9.6	9.3	8.2	8.7	9.2	9.9	9.8
포르투갈	7.3	11.6	10.9			9.7	9.8	9.7	10.4	9.6	
스페인	7.8	8.2	8.3	8.2	7.8	7.4	7.3	7.6	7.5	6.9	6.9
스웨덴	13.4	13.2	12.3	12.8	13.5	13.2	12.3	12.7	13.3	12.1	
스위스	18.5	19.8	17.2	17.3	17.4	17.5	18.0	17.1	14.2	12.8	

〈표 A.3〉 그 외 국가들의 10만 명당 자살률(1841~1991)

	1841~1850	1881~1885	1901	1910	1920	1930	1940	1950	1960	1970	1980	1990	1991
동유럽													
불가리아	–	–	–	–	–	–	–	–	–	11.9	13.6	14.6	15.4
폴란드	–	–	–	–	–	–	–	–	8.2	11.2	11.2	13.0	13.9
체코공화국	–	–	–	–	–	–	–	–	–	–	–	19.3	18.5
루마니아	–	–	–	–	–	–	–	–	–	–	–	9.0	9.3
러시아	2.6	4.0	4.8	–	–	–	–	–	15.2	30.2	34.8	26.9	27.1
헝가리	–	8.4	17.6	–	–	–	–	–	24.8	34.8	44.9	39.9	38.5
그 외 국가들													
아르헨티나	–	–	–	–	–	–	–	–	–	9.9	7.1	6.5	5.9
오스트레일리아	–	11.1	11.3	11.8	11.9	14.6	10.6	9.3	10.6	12.4	11.0	12.9	13.2
브라질	–	–	–	–	–	–	–	–	–	–	3.3	3.2	3.4
캐나다	–	–	–	–	6.7	9.9	8.3	7.7	7.6	11.3	14.0	12.7	13.2
칠레	–	–	–	–	3.1	5.8	4.6	4.2	7.5	6.0	4.9	5.6	5.9
쿠바	29.7	–	14.9	–	–	–	–	18.2	10.3	11.8	–	20.2	–
일본	–	14.4	17.6	18.9	19.1	21.8	13.8	19.6	21.5	15.2	17.6	16.3	16.1
인도	–	–	–	–	–	–	–	–	–	8.0	6.3	8.9	–
멕시코	–	–	–	–	–	–	–	1.8	1.9	1.1	1.7	2.2	2.4
뉴질랜드	–	–	10.2	10.1	11.2	13.6	10.9	9.2	9.6	9.6	10.8	12.4	13.6
스리랑카	–	1.5	3.8	–	–	5.2	6.3	6.5	9.9	–	29.0	31.0	31.3
미국	–	–	10.4	15.4	10.2	15.6	14.4	11.4	10.6	11.5	11.8	12.4	12.2

〈표 A.4〉 그 외 국가들의 10만 명당 자살률(2001~2011)

	2001	2002	2003	2004	2005	2006	2007	2008	2009	2010	2011
동유럽											
불가리아	16.4	16.7	13.9	13.0	12.7	12.7	11.9	12.5	11.7	11.6	
폴란드	15.3	15.4	15.3	15.9	15.8	15.2	15.3	14.9	16.9	16.6	15.9
체코공화국	15.9	15.4	16.9	15.5	15.3	13.7	13.3	13.2	14.0	14.3	
루마니아	12.3	14.1	13.5	12.7	12.2	12.8	11.6	12.0	12.7	13.7	
러시아	39.2	38.1	35.8	34.3	32.2	30.0	29.1	27.0	26.5		
헝가리	29.2	28.0	27.6	27.1	26.0	24.4	24.3	23.8	24.6	24.9	
그 외 국가들											
아르헨티나	8.4	8.4	8.7	8.2	7.9	8.0	7.5	7.7			
오스트레일리아	12.7	11.8	10.8	10.6		8.1	10.7	11.0	10.8	11.0	10.2
브라질	4.3	4.3	4.3	4.3	4.6	4.6	4.7	4.8			
캐나다	11.9	11.6	11.9	11.3	11.6	10.8	11.0	11.1	11.6		
칠레	10.4	10.1	10.3	10.7	10.3	10.9	11.1	12.4	12.6		
쿠바	14.8	14.3	12.8	13.4	12.4	12.2	11.6	12.2			
일본	23.1	23.5	25.1	23.7	23.9	23.4	24.1	23.7	24.1	23.2	22.6
인도		10.5	10.4	10.5	10.3	10.5	10.8	10.8	10.9	11.4	11.2
멕시코	3.6	3.6	3.8	3.7	3.9	3.8	3.8	4.1	4.3	4.2	
뉴질랜드	13.1	11.8	12.8	12.1	12.4	12.5	11.7	12.2	11.9		
스리랑카	23.3	23.6				20.2			19.6		
미국	10.7	11.0	10.8	11.0	11.0	11.1	11.5	11.8	11.9	12.3	

출처: 표 A.1~A.4. Krose(1906), Von Mayr(1917), Halbwachs(1930), Bunle(1954), Chesnais(1976), Venkoba Rao(1983), WHO(1951;1956), Ministry of Home Affairs(2013), http://stats.oecd.org/index.aspx?DataSetCode=HEALTH_STAT; Werner Felber(www.suizidprophelaxe.de, statistics 참조)

이탈리아에서는 1955년 이후 자살에 관한 데이터가 두 가지 출처에서 나왔다. 법관이 확인하는 경우(지역 보건의와 병리학자)와 국가경찰과 경찰관이 확인한 뒤 법관에게 넘기는 경우다. 연간 자살 건수에 대한 후자의 추산은 지나치게 축소되었다. 예를 들어 첫 번째 출처에서는 2000년에 이탈리아에서 자살이 4108건 일어났다고 나온 반면 후자에 따르면 3093건뿐이었다.

다른 대륙 국가들에 대해서는 자살 관련 통계 자료의 양이 상당히 적다. 1991년에 유엔 회원국 166개국 중 자살 관련 통계 수치를 수집하거나 세계보건기구에 제출한 나라가 56개국뿐이었다는 점은 놀랍다. 마찬가지로, 장기간의 역사적 데이터가 없는 나라가 많다. 아시아 국가들이 특히 그러하다. 일본의 경우 가장 초기 수치가 1878년부터,[7] 인도는 1965년부터[8] 존재하고 중국의 첫 통계 데이터는 1990년대 초에 나왔다. 하지만 앞서 말했듯이 영국령 인도의 자살 관련 통계 데이터는 1907년부터, 타이완은 1905년부터, 그리고 중국의 일부 도시들에 대해서는 1929년부터 존재한다.

지난 150년간 이탈리아에서 일어난 현상을 좀더 상세하게 분석하기 위해 나는 세 가지 연구를 수행했다. 첫째, 『자살의 원인Causes of Death』(1881년부터 1965년까지 매년 발간됨. 처음에는 통계총국이, 이후 이탈리아 통계청이 발간)이나 전산화된 이탈리아 통계청 파일의 데이터를 이용해 1881년부터 2002년까지 각 주, 주도, 그보다 작은 지방 도시들의 자살 건수(그리고 현재 인구에서 차지하는 비율)의 데이터를 작성했다. 이 정보가 도표 4.3, 4.4, 4.5를 작성하는 데 쓰였다.

둘째, 전산화된 이탈리아 통계청 파일에 있는 죽음의 원인 관련 데이터를 이용하고 이를 1981년, 1991년, 2001년 각각의 국가인구조사 세부 결과와 결합하여 이 3개 년도의 연령, 학력, 지역별 자살률을 계산했다.(표 A.5)

〈표 A.5〉 이탈리아의 10만 명당 자살률, 1981~2001, 연령·학력·지역별로 하위분류(%)

연도	연령	이탈리아 중북부					이탈리아 남부 및 도서 지역					이탈리아				
		학위소지자	고졸	중졸	초졸 혹은 무학	총계	학위소지자	고졸	중졸	초졸 혹은 무학	총계	학위소지자	고졸	중졸	초졸 혹은 무학	총계
1981	0~44세	4.4	3.8	4.2	2.9	3.9	4.5	3.5	2.6	2.1	2.6	4.4	3.7	3.7	2.6	3.4
	45세 이상	11.6	9.2	11.1	14.1	14.9	9.2	6.4	6.9	9.4	9.9	10.9	8.5	10.1	12.6	13.3
	총계	6.9	4.9	5.6	8.4	8.1	6.0	3.9	3.2	4.9	4.9	6.7	4.6	4.8	7.1	6.9
1991	0~44세	4.4	4.1	6.4	3.1	4.9	4.4	3.5	3.9	2.1	3.2	4.4	3.9	5.5	2.6	4.2
	45세 이상	7.5	8.8	8.4	16.3	14.3	8.0	6.8	8.9	10.6	10.5	7.7	8.3	8.5	14.4	13.1
	총계	5.6	5.2	6.9	11.0	8.9	5.7	4.1	4.7	5.9	5.6	5.6	4.8	6.2	9.0	7.7
2001	0~44세	3.0	3.1	7.1	2.5	4.9	2.4	3.2	4.2	1.6	3.6	2.8	3.2	5.9	2.1	4.4
	45세 이상	5.9	6.1	8.5	13.4	11.5	5.2	2.7	8.1	8.0	8.0	5.6	5.1	8.4	11.5	10.3
	총계	4.3	4.0	7.6	9.9	8.0	3.7	3.1	5.2	5.3	5.4	4.1	3.7	6.8	8.2	7.1

<표 A.6> 이탈리아에서 선택된 자살 방법. 2001~2002, 성별·학력별로 하위분류(%)

	남성				여성			
	학위 소지자	고졸	중졸	초졸 혹은 무학	학위 소지자	고졸	중졸	초졸 혹은 무학
목매기	32.1	41.9	50.3	52.8	17.2	30.1	33.6	32.6
음독	8.6	11.1	9.3	5.8	8.6	13.3	9.0	9.3
익사	3.6	2.5	3.1	5.4	3.4	4.3	6.2	14.6
총기	21.7	21.7	17.7	16.3	3.4	6.6	5.0	1.6
칼	2.7	1.8	1.2	1.8	3.4	1.2	0.7	1.9
추락	29.0	16.4	13.6	15.4	56.9	36.3	39.3	37.1
기타	2.3	4.7	4.8	2.5	6.9	8.2	6.2	2.9
총계	100.0	100.0	100.0	100.0	100.0	100.0	100.0	100.0
자살 건수	221	794	1,832	2,576	58	256	420	874

셋째, 전산화된 이탈리아 통계청 파일에 있는 죽음의 원인 관련 데이터를 이용하여 2001년과 2002년에 이탈리아에서 사용된 자살 방법의 빈도를 계산하고 학력 수준에 따라 다시 나누었다.(표 A.6)

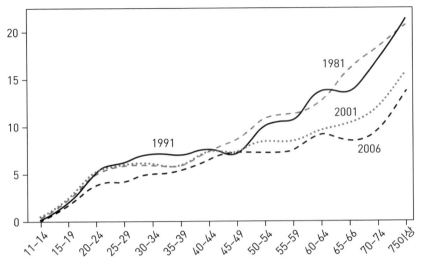

〈도표 A.1〉 이탈리아의 연령별 자살률(1981, 1991, 2001, 2006년)
출처: 예브게니 안드레예프, 블라디미르 시콜니코프, 윌리엄 앨릭스 프라이드모어가 제공한
데이터를 바탕으로 구성함

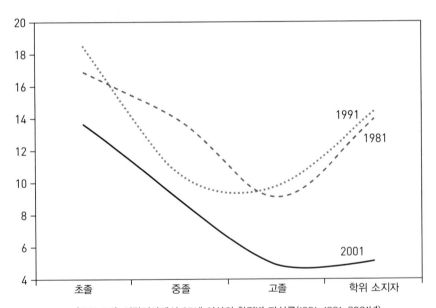

〈도표 A.2〉 이탈리아에서 65세 이상의 학력별 자살률(1981, 1991, 2001년)

그림, 도표, 표

그림

4.1 『여성을 싫어하는 자들의 애가The Women-Hater's Lamentation』(1707)에 나오는 '남성 동성애자들'의 자살

도표

주

서문

1 Durkheim(1897; 영문판, 1951, 281)

2 위의 책, 214-215

3 위의 책, 363

4 위의 책, 221

5 위의 책, 219

6 위의 책, 247

7 위의 책, 253

8 위의 책, 276

9 이 문제, 그리고 뒤르켐의 책이 환영받고 성공한 데 대해서는 Besnard(2000)의 중요한 논문을 참조하라.

10 뒤르켐의 책을 둘러싼 비판과 논쟁에 대해서는 Pope(1976); Pickering and Walford(2000); Besnard(2000); Berk(2006) 참조. 뒤르켐이 사용한 통계 수치와 출판된 자료들에 대해서는 Borlandi(2000)의 광범위한 연구를 참조하라.

11 존슨(1965)은 이런 주장을 제기한 최초의 사회학자들 중 한 명이다. 하지만 Halbwachs(1930, 7, 312)가 뒤르켐의 이론을 지탱하는 두 요인들 중 하나—사회적 통합—만 중요하다고 이미 제시한 바 있다. 1968년에 Giddens(1971, 98)는 뒤르켐이 구분한 '이기적 자살'과 '아노미적 자살'에 관해 의문을 제기했다. 이 프랑스 사회학자에 관한 가장 저

명한 두 명의 전문가인 Lukes(1967, 139)와 Poggi(1972, 200)도 초기 저서에서 존슨의 주장을 지지했다. 하지만 두 사람 모두 나중에 의견을 바꾸었다.(Lukes, 1973, 206; Poggi, 2000)

12 Pope(1976, 30-31)

13 Douglas(1967, 54)에게 사회적 통합 개념은 세 가지로 해석 가능했고 Berk(2006, 62-69)는 다섯 가지로 해석할 수 있었다.

14 Douglas(1967, 163-231). 이 문제에 대해서는 Timmermans(2005)도 참조하라.

15 이 측면은 1세기 전에 Krose(1906a, 7-10)가 처음 논의했고 이후 Halbwachs(1930, 19-40)도 다루었다. 알바크스는 '자살 통계는 광범위하게 논의되었는데 그럴 만한 이유가 있었다'라고 쓴 뒤(위의 책, 19), 1883년의 프로이센 등기제도의 개혁이 어떻게 자살 건수 증가를 불러왔는지 보여주었다.(위의 책, 23-24) 그럼에도 불구하고 이 학자들은 여러 나라의 공식 데이터를 사용했다.

16 Besnard(1976); Pescosolido and Mendelsohn(1986); Diekstra(1995). 이 수치들이 국제적인 비교 연구에서 사용될 때도 신뢰성 있다는 것은 미국, 캐나다, 오스트레일리아의 이민 과정에 관해 수행된 많은 연구에서 나타났다.(Sainsbury and Barraclough, 1968; Whitlock, 1971; Burvill, 1998) 이 연구들은 (도착한 나라의) 등록 시스템이 똑같을 때도 이민자들의 자살률에서 국가 간 차이는 떠나온 본국의 인구에서 발견되는 것과 비슷하다고 밝혔다. 세인스베리Sainsbury와 바라클라우Barraclough는 자살 관련 수치는 죽음의 원인에 대한 통계 수치가 '가장 정확하다'고 명시했다. 이 수치는 여러 독립적인 기구(경찰, 법원, 의료 기관)의 통제를 받기 때문이다. 통계 수치와 출처에 관한 더 많은 정보는 부록을 참조하라.

17 Biggs(2005)

18 Durkheim(1897; 영문판, 1951, 146)

19 조지 헨리 새비지(1842~1921)는 유명한 정신과 의사 혹은 '정신병 의사'였다. 『저널 오브 멘탈 사이언스Journal of Mental Science』의 공동 편집자였고 생전에 어느 정도의 악명을 즐겼다. 자살에 대한 그의 연구는 Gates(1980)를 참조.

20 뒤르켐이 조지 헨리 새비지의 정의를 응용하여 이기적 자살과 이타적 자살을 분류했을 가능성이 있다. 하지만 새비지는 완전히 다른 맥락으로 이 용어들을 사용했다. Goldney and Schioldann(2004) 참조.

21 Douglas(1967, 26-32); Lukes(1973, 200-202); Poggi(2000, 63-66). 루크스는 뒤르켐이 제시한 것 같은 원인론적 분류는 '(i) 자살 관련 데이터에 더 맞는 다른 유형분류 체계가 있을 수 있다'와 '(ii) 다른 유발 요인이 작용할 수 있다'는 가능성을 고려하지 못하게 한다고 덧

붙였다.

22 Lukes(1973, 202)

23 1951년에 제프리스Jeffreys는 일부 아프리카 주민들의 보복 자살에 관한 중요한 연구에서 보복자살을 뒤르켐이 제시한 세 가지 중요 형태에 네 번째 범주로 추가하자고 제안했다.(Jeffreys 1971, 185-186) 반면 Bohannan(1960, 12)는 '보복 자살의 기준이 뒤르켐이 제시한 분류 체계의 주된 기준인 사회 집단의 통합 정도 및 종류에서 발견되지 않는다'는 이유로 제프리스의 의견에 반대했다. 두 사람 모두 부분적으로 옳다. 전자가 옳은 것은 보복 자살이 당시 그가 생각했던 것보다 더 널리 퍼져 있고 중요했기 때문이다. 후자가 옳은 것은 그가 뒤르켐의 분류 체계는 자살자의 의도가 아니라 행위의 사회적 원인에 관심을 둔다는 것을 알고 있었기 때문이다. 당시 제프리스는 가브리엘 타르드가 1897년의 연구에서 (2000년이 되어서야 발표되었다) 뒤르켐의 분류 체계가 보복 자살을 연구하는 방법으로 부적절하다고 비판했음을 알지 못했다.(Trade, 1897)(주 25 참조)

24 뒤르켐은 책의 서두부터 행위자의 동기는 중요하지 않다고 단언했다. '이런 결심을 행동으로 옮기게 하는 다양한 동기들은 부차적 차이만 불러일으킬 수 있다.'(Durkheim 1897; 영문판, 1951, 44) 이 선택은 많은 학자로부터 비판을 받았다.(Halbwachs 1930; Douglas 1967; Lukes 1973, 199-201)

25 뒤르켐은 보복 자살은 언급하지 않았다. 다만 일부 자살은 '자살자의 불행에 책임이 있는 특정 사람에 대한 위협과 비난'이라고 상기했을 뿐이다. Halbwachs(1930, 465-469)는 자신의 저서의 결론에서만 보복 자살을 논했다. 하지만 Gabriel Tarde(1897)은 보복 자살의 중요성은 놓치지 않았다. 그가 편집하는 잡지에 발표된 Matignon(1897)의 기사를 읽은 가브리엘 타르드는 이 유형의 자살은 뒤르켐의 분류 체계에 들어갈 자리가 없다고 했다. 그는 '중국인들의 자살의 특징인 보복 자살'은 분명 이타적이지 않다고 썼다. '보복 자살은 최고로 이기적이고 악하다. 그 목적은 살인과 동일하다. 중국인들의 편견 때문에 자살자가 사용하는 수단만 다를 뿐이다. 우리의 보복 살인이 이타적이라고 말할 수 있을까?'(Tarde 1897, 250) Jean Baechler(1975)는 보복 살인에 많은 페이지를 할애했다.

26 Ricci(1942, no. 159/9)

27 Sumner Maine(1875) and Tamassia(1897) studied dharna(6장 참조); Steinmetz(1898) and Lasch(1898)도 아프리카, 중국, 남아메리카의 보복 자살을 연구했다.

28 Wisse(1933, 49, 62, 77, 115, 142, 311, 315, 436, 493); Metraux(1943); Jeffreys(1971); Strathern(1972); Panoff(1977); Baechler(1975, 534-542); Counts(1980; 1984; 1990); Bonnemere(1992); Ropp et al.(2001); Theiss(2004b)

29   Giddens(1965, 10)가 쓴 것처럼 프랑스에서 사회학을 인정받는 학문으로 정립하기 위한 투쟁에서 자살에 대한 분석이 중요한 문제가 되었다. 물론 이렇게 된 주된 이유는 뒤르켐이 유도했기 때문이다. 레비스트로스가 언급했듯이 '뒤르켐이 선택한 분야인 자살이라는 문제에서 충돌이 발생했다.' 자살의 원인과 관련된 정신의학적 주장these psychiatrique이 사회학적 주장thèse sociologique에 의해 반박되었다. 물론 심리학자들과 정신의학자들은 뒤르켐의 책을 무시하거나 공격했다.(Giddens, 1965; Besnard, 2000) 오랫동안 가장 권위 있다고 여겨지던 자살에 대한 한 심리학 연구(Menninger, 1938)가 뒤르켐의 책을 한 번도 언급하지 않았다는 점을 기억할 필요가 있다. 최근 Berrios and Mohanna(1990)는 19세기 프랑스 정신의학자들이 제시한 자살 이론들을 재구성하면서 뒤르켐은 이 이론 중 소수만 검토했고 이들의 견해를 왜곡하여 제시했기 때문에 좀더 쉽게 이들을 비판할 수 있었다고 주장했다.

30   그러나 뒤르켐(1897; 영문판, 1951)이 자살의 사회학뿐 아니라 자살의 심리학도 구성하려했다는 점은 상기할 가치가 있다. 뒤르켐은 자신의 저서 6장에서 '원인론적' 특성에서 '형태적 특성들'을 추론하고 '행위와 행위자들을 (…) 특정수의 種種으로 분류하려고 노력했다. 이 종들은 우리가 앞에서 사회적 요인들의 성격에 따라 정한 자살의 유형과 본질적으로 부합한다. 이들은 개인의 내부에 있는 이 원인들이 연장된 것과 같다.'(위의 책, 287) 따라서 이기적 자살은 '행위의 모든 용수철을 느슨하게 하는 우울한 권태 상태로 특징지어진다. (…) 개인은 자기 자신에게 매료되는 순간 필연적으로 자신을 외부의 모든 것에서 점차 분리한다.(위의 책, 278-279) 아노미적 자살은 '실망과 관습적으로 연결된 분노와 모든 감정'의 결과다.(위의 책, 284) Poggi(2000, 95)는 '이 행위 방식에는 다소 무신경한 무언가가 있다'고 제시했다. Baudelot and Establet(2008, 184)는 뒤르켐이 '수치를 모르는 제국주의에서 영감을 얻어 (…) 자살의 개별적 형태에 관한 흥미로운 장을 썼다'고 말했다.

31   이 책의 주석들에 이 연구들이 나와 있다. Marra(1987)에서 법의 역사에 관한 많은 정보를 볼 수 있다. 자살의 역사적 연구에 대한 초기 논평들을 보려면 유럽은 Healy(2006), Lederer(2006), 중국은 Ropp(2001), 인도는 Andriolo(1993), Weiberger-Thomas(1996), Major(2007) 참조. Seaver and Mcguire(2011)와 Merrick and Lee(2012)도 1650년부터 1850년까지 영국의 자살의 역사에 관한 풍부한 기록을 제공한다. 자살 특공 임무에 관해서는 Gambetta(2005); Pedahzur(2005); Moghadam(2008) 참조. 인류학적 연구에 대해 훌륭하게 검토한 최근 연구는 없다. 이 측면에서 가장 많은 정보를 담은 연구는 여전히 Wisse(1933)이며, 업데이트가 필요하다. 심리학적·정신의학적 연구에 대해서는 Cavanagh et al.(2003); Joiner et al.(2005) 참조.

32 Thomas Scheff(2006, 205)가 이 중 두 학문을 가리키며 말했듯이, '성급한 특수화의 또 다른 예는 자살에 대한 사회학적 연구와 심리학적 연구가 여러 학문 분야를 연결시킨 접근 방식이 아니라 단일 학문적인 접근 방식에 사로잡히는 것이다. 각 학문은 단일 학문적 접근 방식으로 이룬 발전을 자랑스럽게 여길 만하다. 그래서 계속 이런 방식을 반복하여 더 이상 거의 발전이 없게 된다. 자살을 이해하기 위한 접근 방식에서 통합의 필요성은 쓴 알약 같아 보인다. 그 알약을 삼켜야 한다'.

33 Poggi(2000; 이태리어판, 2003, 114). 뒤르켐의 제자 중 한 명인 Albert Bayet(1922)가 이 이론의 문서화에 필수적인 책에서 다른 표현으로 이런 생각을 나타냈다. 바예는 이 책에서 "스승은 사회 현상으로서의 자살에 300쪽 이상을 할애한 뒤 도덕적 현상으로서의 자살의 평가에는 단 10장을 할애했다"라고 썼다. 뿐만 아니라 그는 법만 검토했고 '중대한 오류가 포함된' 가리송Garrison의 저서에 너무 많이 의존했으며 그 역시 이 오류를 반복했다.(위의 책, 7-9) Marra(1987) 참조. 오해를 피하기 위해 덧붙이자면, 뒤르켐은 다른 저서들에서 문화 연구에 중요한 기여를 했다. 1912년에 발표된 저서 『종교생활의 원초형태Les formes élémentaires de la vie religieuse』는 일부 학자에게 사회학에서의 문화 분석의 초석이 된 고전으로 평가받는다. 뒤르켐이 서유럽의 사회적 해체에 집착했던 자살에 관한 저서는 이런 평가를 받지 못했다.

34 Berk(2006, 67)

35 이렇게 해서 이제 문화의 개념은 점차 성장하고 영향력이 높아지는 전문가 집단에 의해 정의된다. Geertz(1973)의 고전서와 함께 Swidler(1986); Di Maggio(1997); Santoro and Sassatelli(2009) 참조.

36 Swidler(1986); Di Maggio(1997); Santoro and Sassatelli(2009)

37 Elster(1993, 1999)

38 간단히 말해 이는 평가 이론의 주된 주제다. 감정 연구에 관한 유용한 입문서는 Anolli(2002) 참조.

39 그러나 중요한 예외가 있다. Giddens(1971)는 이 요인들을 고려한 새로운 분류 체계를 제시했고 Baechler(1975)는 이 요인들에 상당한 지면을 할애했다. Baudelot와 Establet(2006, 248-250)는 자살의 주된 위험 인자가 정신 질환(가족의 선례뿐 아니라)인 반면, 부차적 요인에 부정적인 삶의 사건(부모의 이른 죽음, 과부가 되는 것)이 포함된다는 장피에르 칸의 주장을 채택했다. 이들은 또한 사회학자들이 일반적으로 고려하는 변수들(성별, 연령, 사회적 배경)은 다른 위험 인자가 없는 경우 어떤 예측치도 없는 제3의 위험 인자라고 말했다.

40 Harris and Barraclough(1997); Cavanagh et al.(2003); Joiner et al.(2005)

41   Palmer et al.(2005)

42   Harris and Barraclough(1997); Joiner et al.(2005); Kapur(2006)

43   Dumais et al.(2005); Swann et al.(2005); Zouk et al.(2006)

44   Moeller et al.(2001, 1784)

45   Woolf(1988; 이태리어판, 1989, 41)

46   Woolf(1999, 1375). The English translation is from Woolf(1980, 3: 110-111).

47   Durkheim(1897; English trans. 1951, 96)

48   Martin(2006)

49   Roy(1987); Joiner et al.(2005); Voraceck and Loibl(2007)

50   Courtet et al.(2005)

51   Joiner et al.(2005); Courtet et al.(2005)

52   이 책을 위해 수행된 자살 통계에 대한 연구는 부록 참조.

53   13세기와 19세기 사이에 유럽에서 자살에 대한 사회적·법적 규범에 대한 인식은 국가마다
     달랐으며 영국, 네덜란드, 독일, 스위스, 프랑스, 스웨덴, 러시아가 스페인과 이탈리아보다
     높았다. 출판된 자료를 통해 이탈리아에서 이 측면에 대해 연구했을 때 나는 결정적인 결과
     를 얻지 못했다. 예비적 검토는 Pertile(1876, vol. V); Motta(1888); Massetto(2004) 참조.

1장

1   Morselli(영문판, 1882, 15)

2   Durkheim(1897; 영문판, 1951, 370)

3   Plaut and Anderson(1999, 47)

4   Engels(1845; 영문판, 1993, 127)

5   Morselli(영문판, 1882, 23)

6   Durkheim(1893; 영문판, 2014, 10)

7   부록의 도표를 참조하라.

8   Morselli(1879, 92). 이 구절은 1882년의 영문 요약본에는 빠져 있다.

9   Fedden(1938, 146-150)

10 Krose(1906a, 25-26); Murray(1998, 356-362); R. and M. Wittkower(1963; 이태리어판,
    1968, 160)는 1450년에 루카 란두치Luca Landucci가 쓰기 시작해 1542년까지 익명으로
    계속 작성된 피렌체의 일지에는 자살이 8건밖에 언급되지 않았다고 지적했다. 하지만 1350
    년부터 1800년까지 유럽 예술가들의 자살에 관한 언급도 참조하라.(위의 책, 163-164)

11 Midelfort(1996)

12 Minois(1995, 75)

13 Murray(1998, 368-378) and Lederer(2005, 61-69), 1555년부터 1694년까지 바이에른주 아우크스부르크에서 일어난 자살 건수를 시기순으로 보고했다.

14 Robbins(1986); Robson(1995)

15 Hopes(2011, 109)

16 Bartel(1959-1960, 147)

17 위의 책

18 Miller(1937, 371)

19 Wade(1931, 30); Peyre(1950, 110)

20 Gidal(2003, 23-24)이 인용

21 Cheyne(1733, i-iii)

22 Montesquieu(1749; 영문판, 1973, 253)

23 Hopes(2011, 171)

24 Voltaire(1759; 영문판, 2006, 28)

25 Madame de Staël(1813, 189; 영문판, 1813, 74-75)

26 Bernardini(1999, 267)가 인용

27 이 수치들은 유럽에서 처음으로 발표된(지금은 잊힌) 자살 통계표에서 나온 것이다. 이 표는 현재 인구통계학의 시조 중 한 사람으로 여겨지는 독일의 개신교 목사 요한 페터 쥐스밀히Johann Peter Süssmilch(1761)가 쓴 책에 실려 있었다. 쥐스밀히는 1686년부터 1750년까지 런던에서 일어난 자살, 사인을 모른 채 발견된 시신, 살인, 총 사망 건수의 연간 데이터를 기록했다. 예를 들어, 영국의 수도에서는 1686년에 2만2609명이 사망했으며 그중 자살한 사람이 11명, 살해당한 사람은 14명이었다. 원인 미상으로 죽은 채 발견된 사람은 11명이었는데 이 중에도 자살자가 포함되어 있을 수 있다.(Krose, 1906a, 24) 이 64년 동안 자살자와 사인을 모르는 사망자 수는 동일한 상승 경향을 보였지만 살해당한 사람 수는 줄어들었는데 그 이유는 3장에서 검토한다.

28 Montagu(1837, 303)

29 Minois(1995, 217; 영문판, 1999, 184)

30 Longino Farrell(1992)

31 De Sévigné(1972; 영문판, 1811, 185, 187-188)

32 McManners(1981, 430)

33 Mercier(1781, 60−61)

34 위의 책

35 Stendhal(1829, 425)

36 Merrick(1989, 1−2), 당대의 다른 견해들은 Godineau(2012, 32−34) 참조.

37 19세기의 모든 학자는 통계 데이터에 근거해 파리의 자살률이 런던보다 훨씬 높았다고 단언했다. Quélet(1835, 147)에 따르면, 1820년경 파리의 자살률은 10만 명당 49명, 함부르크는 45명, 베를린은 34명, 런던은 20명이었다. 프랑스 수도는 수년간 이 난처한 기록을 계속 유지했다. 서로 15년 간격을 두고 조사 결과를 내놓고 유럽 주요 도시들에 관한 다양한 자료의 통계 수치를 참고했던 Brierre de Boismont(1865, 492)와 Morselli(1879, 282)는 수도 중 자살이 가장 많았던 곳이 파리라고 발표했다. 그 후 얼마 지나지 않아 Oettingen(1881, 49)이 1875~1879년의 자살률을 다음과 같이 보고했다. 런던 8.5명, 상트페테르부르크 16명, 베를린 28명, 파리 40명, 라이프치히 45명. Morselli(1885, 31−33)도 참조.

38 Krose(1906a, 26); Watt(2001, 66)

39 Krose(1906a, 26)

40 Outram(1989, 90−91)

41 Jansson(1998, 25−26, 138)

42 Morselli(1879, 58−69)

43 Verkko(1951, 122)

44 Schär(1985, 31−35, 261−265)

45 Watt(2001, 24), 그리고 저자와의 개인적 연락.

46 Watt(2001, 322)

47 Bell(2012, 1−10)

48 Wagner(1864, 197−207); Brierre de Boismont(1865, 491−493); Morselli(1879, 270−287)

49 이런 변화가 처음 일어난 계층에 대해서는 3장에서 다시 다룬다.

50 Morselli(1879, 270−287); Halbwachs(1930, 169−196)

51 19세기에 여러 유럽 국가에서 자살과 관련된 남성과 여성의 차이에 대한 더 많은 통계 자료는 Krose(1906b, 15−24) 참조.

52 Watt(2001, 34−35)

53 여기서도 나는 Watt(2001, 273−276)의 연구 결과를 이용했다. Murray(1998, 395−400)가 수집한 훌륭한 문서가 있긴 하지만, 우리는 중세에 연령과 자살 빈도 사이에 어떤 관계가 있었는지 아는 바가 없다(아마 앞으로도 알지 못할 것이다).

54   Quéelet(1835, 156); Lisle(1856, 42−51); Morselli(1879, 308−331)

55   Durkheim(1897; 영문판, 1951, 333)

56   위의 책

57   위의 책, 333−334

58   Beccaria(1965, 79); Bellamy(1995, 83)에 실린 영어 번역본 참고

59   Geiger(1889b, 389−390; 1891, 5−6); Murray(2000, 23−24). Dieselhorst(1953, 63)에 따르면, 뉘른베르크에서 자살자의 시신을 창문 밖으로 옮기는 관습은 17세기 중반까지 남아있었다.

60   Joblin(1994)

61   Giansante(1993)

62   Porteau−Bitker(1999)

63   Murray(2000, 188−191)

64   Manara(1668, 699); Le Brun de la Rochette(1661), Joblin(1994, 118−119)가 인용

65   Iodocus Damhouderius (1601), Massetto (2004, 142)가 인용

66   Burton(1932, vol. III, 408)

67   '자살에 대한 경고: 여기서 그 악랄하고 잔혹한 범죄가 분명하게 지적되었다.' Houston(2010, 27)이 인용

68   Murray(1998, 132−133)

69   Pertile(1876, vol. V, 171); Carbasse(2006, 305−306)

70   Montesquieu(1721; 영문판, Letter 74, 103)

71   Vandekerckhove(2000, 54)가 인용

72   위의 책

73   Bayet(1922, 440)

74   Murray(2000, 34−35)

75   Pertile(1876, 510)

76   위의 책. 13세기부터 15세기까지 이탈리아에서 자살에 가해진 또 다른 처벌은 Murray(2000, 29−30, 35−37) 참조.

77   Kohler et al.(1909, 88−89, 203)

78   Watt(2001, 85)

79   Mäinen(1997, paper III, 6 and 11)

80   Kushner(1991, 22)

81 Paperno(1997, 55–56); Morrisey(2005, 130)

82 Silving(1957, 83)

83 *Codice penale*(Anon. 1839, 175)

84 Westermarck(1912, vol. II, 254–257)

85 Wacke(1980, 33)

86 Joblin(1994, 111)

87 Van der Made(1948, 37)

88 Fedden(1938, 140)

89 Watt(2001, 82–83)

90 Massetto(2004, 148)

91 Murray(2000, 37–41)

92 Massetto(2004, 162–163)

93 Vandekerckhove(2000, 60)가 인용

94 Bayet(1922, 438)

95 Carbasse(2006, 277)

96 Bayet(1922, 437)

97 Vandekerckhove(2000, 97)가 인용

98 Groot(2000)

99 Geiger(1889b, 391–392; 1891, 15)

100 Eleonora of Arborea(1805, 23). 원래 문서에 나오는 'appensatamente'라는 단어는 카탈로 니아어에서 유래했으며 '의도적으로' 혹은 '사전 계획에 따라'를 의미한다. 나는 이 정보를 Anna Oppo와 Giovanni Lupiu에게서 얻었다.

101 영국, 스코틀랜드, 그 외 유럽 국가들 간의 차이에 관해서는 Houston(2010, 27–29) 참조.

102 Watt(2001, 83)

103 Signori(1994, 29)

104 Motta(1888)

105 Motta(1888). 종교 권력과 세속 권력 사이의 이러한 충돌은 유럽의 다른 지역, 예를 들어 독일의 일부 주들에서도 일어났다.(Koslofsky, 2004)

106 Guiance(1998, 367–369)

107 Vivanco(2004, 88)

108 Murray(2000, 42)

109 Ariés(1977); Brown(1981)

110 Alvis(2004)

111 루터교도에 대해서는 Dieselhorst(1953, 78-79) 참조.

112 Besta(1908-1909, vol. II, 219)

113 Vandekerckhove(2000, 63-64)

114 MacDonald and Murphy(1990, 47)

115 Westermarck(1912, vol. II, 255)

116 Vandekerckhove(2000)

117 Massetto(2004, 159); Koslofsky(2001, 51); Vandekerckhove(2000, 21)

118 Geremia, 22, 19

119 Koslofsky(2001, 51). Schmidt-Kohlberg의 연구(2003)에 따르면, 17세기 뷔르템베르크 Württemberg에서는 자살자가 평판이 나쁜 사람이었을 경우 시신을 교수대 아래에 묻고 그렇지 않을 경우 마을에서 멀리 떨어진 외딴곳에 묻었다.

120 Jansson(1998, 29)

121 Massetto(2004, 159)

122 Joblin(1994, 109)

123 Massetto(2004, 159); Lederer(2006, 251)

124 Kushner(1991, 14)

125 Bayet(1922, 441)

126 Lederer(2005, 51-55)

127 Murray(2000, 38)

128 Lederer(2005, 51-53; 2006, 251-252)

129 Koslofsky(2001, 51)

130 Joblin(1994, 109)

131 Jansson(1998, 29); Koslofsky(2001, 51)

132 Vidor(2008). 17세기와 18세기 작센주의 관행에 관해서는 Kästner(2012, 192-224) 참조.

133 Morrisey(2006, 25, 29)

134 Geiger(1891, 11)

135 Dieselhorst(1953, 139-143)

136 Vandekerckhove(2000, 67)

137 De l'Arbre(1921, 25-27)

138 Vandekerckhove(2000, 68)

139 Tognina(2003)

140 노예와 군인에 관해서는 1장의 '자살을 절도와 유기로 보는 시각' 참조.

141 고대 로마에서는 목을 매 자살하는 것을 수치스러운 행위로 여겨 강한 도덕적 지탄을 받았다.(Voisin, 1979)

142 Grisé(1982, passim); Van Hooff(1990, 79-133)

143 대 플리니우스(1991, 14)의 말을 인용하자면, '인간과 관련해 자연의 결합에 대한 가장 큰 위안은 신조차 모든 걸 다할 수 없다는 것이다. 신은 자살하고 싶어도 그렇게 할 수 없기 때문에, 자살은 삶의 모든 단점 가운데 신이 인간에게 준 가장 큰 혜택이다'.

144 Griffin(1986)

145 Macrobius(1952, 140)

146 Volterra(1933); Grisé(1982, 263-279); Murray(2000, 165-177)

147 Bels(1975)

148 Amundsen(1999)

149 Augustine(1998, Book 1, Ch. 20, 25)

150 Van der Horst(1971, 288)가 말한 것처럼, 아우구스티누스와 매크로비우스의 가장 큰 차이는 전자에게는 자살이 신을 거역하는 죄였다는 점이다.

151 Van der Horst(1971, 288)

152 Augustine(1998, Book 1, Ch. 26, 39-40)

153 위의 책(Judges, 16:30)

154 위의 책, 39

155 위의 책, 34

156 Bels(1975, 173)

157 Augustine(1998, 34)

158 Livy(1960, 101-102)

159 Amundsen(1999, 99-102)

160 Eusebius of Cesarea(2007, 277)

161 Augustine(1998, 29)

162 위의 책

163 위의 책, 31

164 위의 책, 35

165 Durkheim(1897; 영문판, 1951, 327)

166 Bayet(1922, 377-378)

167 위의 책, 387

168 Vandekerckhove(2000, 21)

169 Midelfort(1996)

170 Paperno(1997, 49-53); Morrisey(2006, 20-29)

171 Donaldson(1982, 23-25)

172 Senault(1644; 영문판, 1650, 148)

173 Tibbetts Schulenberg(1986)

174 위의 책, 37-38

175 Müler(1989, 19-21)

176 위의 책, 22

177 위의 책

178 위의 책, 23-32

179 Hitchcock(2008, x)

180 Drees(1990, 70)

181 Safran(2001). 아랍인들도 피정복자 가운데 교양 있는 사람들에게서 영향을 받았다. 특히 많은 이슬람교도가 기독교도 여성과 결혼했기 때문에 더욱 그러했다.

182 Wolf(1988, 23); Hitchcock(2008, 29-30)

183 Wolf(1988, 30)

184 위의 책

185 Drees(1990, 74)

186 Safran(2013, 96)

187 Drees(1990, 83-89)

188 Sorabji(2000)

189 Evagrius Ponticus(2003, 104)

190 Casagrande and Del Vecchio(2000, 182-183)

191 Schmitt(1976)

192 Bunge(1999; 영문판, 2009, 87)

193 위의 책, 30, 55

194 Cassian(1563, 58; 영문판, 2000, 196)

195 Cutter(1983, 135-137)

196 Katzenellenbogen(1939, 8, 주석 1)

197 John Chrysostom(2002, 25)

198 Bunge(1995; 영문판, 2009, 89)이 인용

199 St John Chrysostom(1880, 83)

200 Evagrius Ponticus, Bunge(1995; 영문판, 2009, 89)이 인용

201 Cassian(1563, 63; 영문판, 2000, 211)

202 *Second Letter of Paul to the Corinthians*, 7: 10.

203 Cassian(1563, 65; 영문판, 2000, 213)

204 *Second Letter of Paul to the Corinthians*, 2: 6-7

205 Evagrius Ponticus(2003, 81)

206 Cassian(1563, 64; 영문판, 2000, 212)

207 Evagrius Ponticus, Bunge(1995; 영문판, 2009, 58)

208 Wenzel(1960)

209 Murray(2000, 376)

210 Sachs(1964)

211 Porteau-Bitker(1999, 306-307); Murray(2000, 382)

212 Augustine(1998, 27)

213 Murray(2000, 323-330); Robson(2002)

214 Bourquelot(1841-1842); Sachs(1964)

215 Cutter(1983, 156-162)

216 Schnitzler(1996; 2000)

217 Marro(1925); Plesch(2006)

218 Plesch(2006, 206)

219 Snyder(1965); Harris and Newhauser(2005)

220 Midelfort(1996)

221 MacDonald and Murphy(1990, 34)가 인용

222 MacDonald(1988, xviii)

223 Sym(1637, 246-247); MacDonald and Murphy(1990, 34)가 인용

224 Spenser(2007, 119)

225 Spenser(2007, 120)

226 Frank(1994, 169-175)

227 이 주장은 많은 민간 신앙 연구자에게 지지를 받았지만(Lederer, 2005 참조) urray(2000, 38)는 지지하지 않았다.

228 Westermarck(1912, vol. II, 255-256)

229 Ivanits(1992)

230 Joblin(1994, 110)

231 Murray(1998, 111-113)

232 Bayet(1922, 93)

233 Lederer(1998, 361-364)

234 Watt(2001, 86)

235 Burckhardt(1860; 영문판, 1955, 321)

236 Lederer(1998, 360-361)

237 Morrisey(2005, 117, 142)

238 Plato, *Phaedo*, 62C.(1993, 6-7)

239 Hirzel(1908, 273)

240 Cicero(1923, 20-73)

241 Macrobius(1952, 139)

242 Macrobius(1952, 139)

243 Bayet(1922, 303); Grisé(1982, 270-276)

244 Grisé(1982, 277-278)

245 Bayet(1922, 503)

246 Van der Made(1948, 47-48)가 인용

247 Vandekerckhove(2000, 96-97)가 인용

248 Gomez(1998, 119-120)

249 Walker(2004, 23-26)

250 Piersen(1977, 152-154)

251 Steinmetz(1894, 51); Lasch(1898, 38)

252 Jeffreys(1971, 193-194)

253 Courcelle(1958, 229)

254 Petrarch(1993, 927). *Epistolae familiares*, Book XVII: 3

255 Dumont(1948, 557)

256 그는 1718년에 암스테르담에서 출판된 비망록에서 "이 신종 범죄는 잘 납득이 가지 않는다 facinus novum, nec admodum credibile"라고 썼다. Stuart(2008, 422)가 긴 구절을 인용했다.

257 위의 책

258 파울 볼프는 긴 자필 고백문을 남겼고, Jansson(1998, 51-52; 2004)가 이를 요약했다.

259 Jansson(1998; 2004); Lind(1999, 61-62, 175-177, 180-181); Martschukat(2000) ;Koslofsky and Rabin(2005); Stuart(2008)

260 Jansson(1998, 59)

261 Stuart(2008, 415); Krogh(2012)

262 Koslofsky and Rabin(2005, 53)

263 위의 책

264 Krogh(2012, 36-45)

265 Schreiner(2003, 61). 홈멜이 사용한 정확한 표현은 'mittelbarer Selbstmord'였다.

266 Lind(1999, 61-63, 189-192, 335-338)는 이를 '은밀한 자살concealed suicide', Stuart(2008)는 '대리 자살suicide by proxy'이라고 불렀다.

267 Lind(1999, 335); Stuart(2008, 429-430)

268 Dieselhorst(1953, 126-129); Lind(1999, 325-334)

269 Stuart(2008, 431)

270 Jansson(2004, 97)

271 위의 책, 81-82

272 Stuart(2008, 440)

273 Krogh(2012, 146-161)

274 Jansson(2004, 98-99)

275 Lind(1999, 62-63)

276 프로이센에서 통과된 법에서 인용(Stuart, 2008, 443)

277 루이스Ruys가 지적한 것처럼(2014, 230), "중세에 자살이 절대 생각도 할 수 없는 개념은 아니었다. 하지만 대체로 언급이 안 되었고 때로는—자기 생각을 분명히 밝히는 작가들조차—결국 말하지 못하는 개념이었다".

278 Fedden(1938, 152)

279 Morillo(2001)

280 Robson(2002, 34)

281   MacDonald and Murphy(1990, 50)

282   Villon(1971, 76-77; 영문판, 1965, 52-53)

283   Cellini(1973, 261-262; 영문판, 1983, 106-107)

284   Vandekerckhove(2000, 128)가 인용

2장

1   Sprott(1961, 15)

2   Bernardini(2001, 348)

3   Trevor(2000)

4   Roberts(1947)

5   Beauchamp(1976)

6   Bourquelot(1841-1842, 475)

7   Patrick(1984); Garavini(1991); Bernardini(2001)

8   Montaigne(1966, 449; 영문판, 2004, 392)

9   More(1981, 97; 영문판, 2002, 78)

10   Cahn(1998, 95-122)

11   More(1981, 98; 영문판, 2002, 79)

12   Montaigne(1966, 466; 영문판, 2004, 406)

13   Donne(1624; Meditation XII)

14   Siemens(2001); Kitzes(2006, 105-122)

15   Donne(1608; 1984, 49)

16   위의 책, 129

17   Trevor(2000, 93)가 인용

18   Collmer(1969)

19   Borges(1974; 영문판, 1964, 92)

20   Montesquieu(1721; 영문판, 2008, 103)

21   Radicati di Passerano(1732, 94)

22   Beccaria(1965, 79-82; 영문판, 1778, ch. 32 Of Suicide)

23   Cahn(1998, 104-108)

24   Montaigne(1966, vol. I, 450-451; 영문판, 2004, 393)

25   위의 책

26 Hume(1799, 3)

27 Donne(1608; 1984, 39)

28 위의 책, 171

29 Roberts(1947); Allison(1991)

30 Roberts(1947, 958)가 인용

31 Montesquieu(1721; 영문판, 2008, 213)

32 Radicati di Passerano(1732, 86-87)

33 Beccaria(1965, 79)

34 Montesquieu(1721; 2008, 103-104)

35 Hume(1799, 12)

36 Montesquieu(1721; 2008, 104)

37 위의 책

38 Radicati di Passerano(1732, 14); Cavallo(2003)

39 Hume(1799, 11)

40 위의 책, 7

41 Cahn(1998, 110)

42 Bayet(1922, 455-460)

43 위의 책, 481-493

44 위의 책(1981, 33-34)

45 Boccaccio(1963, 371; 영문판, 1993, 364)

46 네 번째 날, 첫 이야기

47 Rolfs(1981); Iventosch(1974)

48 Bayet(1922, 524). 소설 제목은 *Le lict d'honneur de Chariclée*이다.

49 Paulin(1977, 264-249, 310, 462-476); Wymer(1982).

50 Paulin(1977, 462-479)

51 Wymer(1982, 156). 다양한 해석이 있긴 하지만(Donaldson, 1982; Hults, 1991; Bousquet, 2002), 루크레티아의 이야기를 다룬 방대한 예술 작품과 문학작품들, 특히 16세기와 17세기에 나온 작품들은 그녀의 자살에 대한 아우구스티누스의 비난이 화가, 작가, 그리고 독자와 감상자 사이에 의심과 걱정을 불러일으켰을 가능성을 제기한다. 어떤 작품들은 이 로마 여성을 점점 더 에로틱하게 표현했고, 어떤 작품들은 그녀를 덕성, 용기, 정조를 지닌 크게 존경받을 만한 모범적인 여성으로 묘사했다. 루크레티아의 자살은 용납할 만한 정도의

행동이 아니라 이해할 수 있는 행동으로 받아들여지는 경우가 더 많았다. 뿐만 아니라 발다사레 카스틸리오네의 『궁정인』에서 16세기 초 우르비노Urbino의 궁에 모여 즐거운 대화를 나눈 것으로 묘사된 명사들은 아우구스티누스의 가르침과는 크게 동떨어져 있었다. 이들은 카푸아Capua가 약탈당한 해, 혹은 그의 비슷한 사건들이 일어난 해에 '정절을 잃느니 자살을 택한' 여성들, '정절을 잃은 슬픔에' 물에 몸을 던져 죽은 여성들을 찬양했기 때문이다.(Castig lione, 1998, 316–319; 영문판, 2002, 184)

52 Grisé(1982, 23)

53 Porteau–Bitker(1999, 307)

54 Daube(1972)

55 Bayet(1922, 678)

56 Dumas(1773)

57 Barraclough and Shepherd(1994); Shepherd and Barraclough(1997)

58 Bähr(2013)

59 Dolev(1999, 134)에 따르면, 15세기에 수도원에는 세 계층이 있었고 평수사는 중간 계층에 속했다.

60 Wittkower and Wittkower(1963, 108 et seq.); Midelfort(1999, 26–32); Dolev(1999)

61 Gowland(2006a, 2006b)

62 Lederer(2006a, 19)

63 Bright(1586, 111)

64 Burton(1932, vol. III, 431–432)

65 위의 책, 439

66 Klibansky et al.(1964)

67 『세계의 구조De mundi constitutione』의 익명 저자. 비드Bede라고 생각하는 사람들도 있다.

68 Klibansky et al.(1964; 이태리어판, 2002, 7)가 인용

69 Brann(1979)

70 Burton(1932, vol. I, 66–67)

71 Guaccio(1626, 186; 영문판, 1929, 106)

72 Perkins(1606, 46)

73 Simonazzi(2004, 155–161)

74 Shakespeare(*Hamlet*, Act 2, Scene 2, ll. 600–605)

75 Gowland(2006b, 86)

76 Bright(1586, 233)

77 위의 책, 237

78 Simonazzi(2004, 125−129, 134−138); Jorden(1603, 2v)도 참조

79 Babb(1951, 26−30)

80 Schmidt(2007, 152)

81 Cheyne(1733, ii)

82 Simonazzi(2004, 185−252)

83 Durkheim(1897; 영문판, 1951, 327)

84 Bayet(1922, 666−678); Minois(1995, 326−328)

85 Voltaire(1777, 15 February, Art. V)

86 Bayet(1922, 675)가 인용

87 Merrick(1989, 29−30)

88 Mercier(1781, 60)

89 Bayet(1922, 674−676)

90 위의 책, 677. Godineau가 제시한 프랑스 다른 지역의 연구 결과도 같은 결론을 내렸다.(2012, 46−48)

91 Burgess−Jackson(1982, 75)

92 Seabourne and Seabourne(2000)

93 Groot(2000); Seabourne and Seabourne(2000); Butler(2006a)

94 MacDonald and Murphy(1990)

95 위의 책, 29

96 Seaver(2004, 25)

97 Seaver(2004)

98 Bosman(2004)

99 위의 책

100 Deschrjiver(2011)

101 Porret(2007, 173)

102 Watt(2001)

103 Porret(2007, 173)

104 Watt(2001)

105 Lind(1999); Lederer(2006a)

106 Dieselhorst(1953, 122−123)

107 Lederer(2006a, 251)

108 위의 책, 242−256

109 Lind(1999, 347−362)

110 Minois(1995, 327−328)

111 Alvis(2004, 244−246)

112 Kselman(1988, 320−321)

113 Morrisey(2006, 235)

114 Kushner(1991, 30)

115 Lind(1999, 56)

116 Bernardini(1994, 94−96); Lind(1999, 57−58)

117 Bernstein(1907, 33−34)

118 Bayet(1922, 698)

119 Bernstein(1907, 44−45)

120 Bosman(2004)

121 Geiger(1891, 30)

122 MacDonald and Murphy(1990, 346−347)

123 Anderson(1987, 266−269)

124 Anon.(1839, 174)

125 Morrisey(2006, 93−105)

126 가톨릭교 교리문답서. http://www.vatican.va/archive/ENG0015/_INDEX.HTM에서 볼 수 있다. 본문에 인용된 조항은 제3부, 2절 'the Fifth Commandment; I. Respect for human life'에 나온다.

127 Kästner(2011, 378−379)

128 Kästner(2013, 636−637)

129 Manni(1826, 112−120); Kästner(2011, 378−379); Bell(2012, 81−114)

130 Vicentini(1769, a. 2)

131 Manni(1826, 116)

132 Vicentini(1769, 63−64)

133 Manni(1826, 157)

134 Manni(1826, 155)

135 Bernardini(1994, 94−95)

136 MacDonald(1989)의 정의에 따름

137 Wymer(1982, 20−21)가 인용

138 Trevor(2004, 108)

139 MacDonald and Murphy(1990, 157−159, 273−274, 319−321)

140 Lind(2004, 68−69)

141 위의 책, 70

142 Donne(1611; 2000, 212)

143 Thomas(1971); Macfarlane(2000)

144 라자르 카르노가 제안했다. 그가 작성한 초안의 5조는 "각 시민은 자신의 생명과 죽음에 대한 권리를 지닌다. 각 개인은 자신의 생각을 말하고 쓰고 인쇄하고 출판할 권리, 자신에게 맞는 종교를 수련할 권리, 그리고 마지막으로 사회 질서에 혼란을 주지 않는 한 자신이 적절하다고 생각되는 모든 일을 할 권리를 지닌다"라고 명시했다.(Saitta, 1975, 300). 카르노의 제안은 인가되지 않아 1793년 6월 24일에 채택된 헌법에 포함되지 않았다(이 헌법은 시행되지 않았다). 이 시기 프랑스에서는 다른 많은 사람도 시민이 자신의 목숨을 끊을 권리가 있다고 주장했다. Godineau(2012, 239−240) 참조.

3장

1 Goethe(1816−1817; 1970, 129, 145, 347)

2 위의 책, 144

3 위의 책, 145

4 아이스너의 추정치에 따르면(2003, 99) 이탈리아의 살인율은 10만 명당 적어도 10명이었던 반면 내 추정치에 따르면 자살률은 10만 명당 2명 이하였을 것으로 보인다.

5 Murray(1998, 359−362)

6 Schär(1985, 263); Spierenburg(1996, 80); Watt(2001, 24, 56); Jansson(1998, 16, 26)

7 쥐스밀히(1761, 541−552)가 발표한 수치에 따르면, 1686년부터 1690년까지 5년 동안 자살자는 89명, 죽임을 당한 사람은 101명이었다. 그러나 후자는 법원에서 사형선고를 받은 사람까지 포함된 수치다. 따라서 이 사람들을 제외하면 실제로 자살보다 살인이 더 적었을 것으로 보인다. 1691년에서 1695년까지는 자살자가 93명으로 늘어났고 '죽임을 당한 사람'은 86명으로 감소했다. 그 이후 자살 건수는 계속해서 높아져서 (이미 살펴본 것처럼) 1721년

에서 1725년까지는 235명이었고 같은 기간 동안 '죽임을 당한 사람'은 42명으로 더 줄어들었다.

8   Schär(1985, 263); Watt(2001, 24, 56); Jansson(1998, 16, 26)

9   1876년에 프로이센에서 자살 건수는 살인 피해자 수보다 거의 10배나 높았다(통계 총국 1879, 261).

10   Shoemaker(2001, 191), 하지만 쥐스밀히(1761, 551)는 런던에서 17세기 말에 살인이 많이 일어나지 않았고 절도와 납치가 살인으로 이어지는 경우도 파리보다 적었다는 것을 이미 관찰했다.

11   이 수치는 내가 이 책을 위해 수행한 연구에서 작성한 데이터 세트에서 나온 것이다. 부록 참조.

12   Eisner(2003, 101)

13   Spierenburg(1996, 94)

14   Eisner(2003, 99)가 제시한 데이터 참조

15   아이스너(위의 책)에 따르면, 이탈리아에서는 이러한 변화가 19세기 중반경에 나타났다.

16   Eisner(위의 책, 99-101)

17   19세기 러시아의 살인율과 자살률 동향에 관한 추정치는 없다. 하지만 헤르만이 수행한 선구적인 연구(1833~1834)의 결과로 판단해보면, 1821~1822년에 러시아에서는 자살이 살인보다 3배 더 많았다.

18   Unnithan et al.(1994); He et al.(2003)

19   Guerry(1833, 65)

20   Morselli(1886)

21   Ferri(1925, 729)

22   Durkheim(1897; 영문판, 1951, 340)

23   Ferri(1925, 722)

24   Henry and Short(1954); He et al.(2003)

25   Augustine(1887, 530)

26   Mauss(1896)

27   Gauvard(1991, 798-813); Carbasse(2006, 300-310)

28   Leveleux(2001, 125, 128-132, 166)

29   Flynn(1995); Nash(2007)

30   Kantorowicz(1957, 13)

31 위의 책, 15

32 Jousse(1771, 709−710)

33 Carbasse(2006, 306)

34 Muyart de Vouglans(1757, 537)

35 Eisner(2003)

36 Zorzi(2002, 140)

37 Zorzi(2002)

38 Hanawalt(1979, 59−61)

39 Eisner(2003, 129)

40 De Beaumanoir(1899, vol. I, 430); Eisner(2003, 93)가 인용

41 Gauvard(1991, vol. I, 281); Smail(2003, 167)

42 Zorzi(2002, 140)

43 Onori(2009)

44 어떤 학자들은 'infrajustice'라는 용어를 쓴다.

45 Zorzi(2007)

46 Petkov(2003); Niccoli(2007, 76−85); Spierenburg(2008, 43−57)

47 Niccoli(2007, 81)

48 Pertile(1876, 194−211); Carbasse(2006, 91−93, 117−118)

49 Rousseaux(1999b, 254)

50 Waardt(1996)

51 Gauvard(2001, 378−379)

52 Gauvard(1991)

53 위의 책, 798−806; Gauvard(2005, 60−65)

54 Leveleux(2001, 여러 곳)

55 Gauvard(1991, 808)

56 Rousseaux(1999a)

57 Angelozzi and Casanova(2003, 19)

58 Ruff(2001, 45−49)

59 위의 책

60 Eisner(2003, 127−128)

61 About(1861a, 140−142); Nivette and Eisner(2013)

62　Shoemaker(2000)

63　Spierenburg(2006)

64　위의 책, 20

65　Larner(1972, 66-68)

66　Delumeau(1983; 영문판, 1990, 214)

67　Niccoli(2007, 172)

68　위의 책, 183

69　위의 책, 190

70　Lisle(1856, 59-64)

71　Durkheim(1897; 영문판, 1951, 207)

72　Morselli(1879, 361; 영문판, 1882, 248)

73　Krose(1906b, 109). 하지만 Morselli(1885, 52-55); Von Mayr(1917, 330-336); Rice Miner(1922, 47-59)도 참조. 이 연구들의 결과들—크로제가 관찰한 것처럼(1906b, 109)—은 '자살의 원인이 보통 물질적인 궁핍이나 좋지 않은 재정 상태라는 널리 퍼진 편견에 반박한다'. 라이스 마이너(1922, 50)는 이탈리아와 영국의 데이터로 판단해보면 하인들의 자살률도 비교적 높았다고 언급했다.

74　Morselli, 248

75　Durkheim(1897; 영문판, 1951, 168-169)

76　Watt(2001, 147-191)

77　Chesnais(1981; 이태리어판, 1982, 261-262)

78　Lorant et al.(2005). 이탈리아에 대해서는 본 책 198~199쪽과 부록 표 A.5를 참조하라.

79　Zorzi(2002, 156)

80　Smail(2001, 93-94)

81　Blanshei(1982, 123-124)

82　Ruggiero(1980; 이태리어판, 1982, 144)

83　위의 책, 150-151

84　Eisner(2003, 117)

85　Romei(1586, 131)

86　Eisner(2003, 117)

87　Angelozzi and Casanova(2003, 19-20)

88　위의 책, 63-71

89 Doneddu(1991, 600−602)

90 Shoemaker(2001, 196−197)

91 Spierenburg(1998a; 1998b)

92 Boschi(1998); Gallant(2000)

93 About(1861b, 132)

94 Huizinga(1919; 영문판, 1968, 9)

95 위의 책, 11, 13

96 위의 책, 15

97 Elias(1968; 영문판, 1994, 164)

98 위의 책, 319

99 위의 책, 164

100 위의 책, 443

101 위의 책, 453

102 Rosenwein(2002); Pollock(2004) 일부 언급

103 Reddy(2000)

104 로젠바인(2002, 834−837; 2006, 10−14)은 인간 행동에 대한 수력학적인 이해에 대해 이야기하면서 엘리아스가 베버뿐 아니라 프로이트의 영향도 받았다고 적절하게 평했다.

105 연구들에 관해서는 Rosenwein(1998; 2002; 2006); Reddy(2000); Smail(2001); Petkov(2003, 137−187); Pollock(2004), McNamara and Ruys(2014) 참조.

4장

1 Halbwachs(1930, 91쪽 이하 참조. 99쪽에서 인용)

2 8년 전에 라이스 마이너는 유럽에서 자살률이 안정화되는 추세에 주목했다.(1922, 7−8)

3 위의 책, 107

4 Durkheim(1951, 258)

5 '의료화medicalization'라는 용어는 종종 사회학자들에게 부정적이고 비판적으로 사용되어 왔다.(Conrad, 1992) 그러나 나는 여기서는 중립적인 의미로 사용했다.

6 도표 7.1 참조

7 '적극적 안락사'는 환자가 고통을 참을 수 없을 지경이 되었다고 생각할 경우 의사들이 그 환자를 사망케 하거나 죽음을 앞당기기 위해 하는 행위들을 말한다. '소극적 안락사'는 환자의 생명을 연장시킬 수 있는 어떤 행위도 하지 않는 것을 가리킨다. '조력 자살'은 환자가

의사의 도움을 받아 스스로 목숨을 끊는 행위를 가리킨다(예를 들어 의사가 자살에 필요한 약을 처방해줄 수 있다).

8   Midelfort(1996)

9   Wagner(1864, 179-189)

10 위의 책, 188

11 Morselli(1879, 210; 영문판, 1882, 120-121)

12 위의 책, 127. 하지만 모르셀리는 자신이 '무함마드의 추종자'라고 부른 사람들에 관한 통계 데이터는 제시하지 않았다(당시에는 지금보다 더 구하기 힘들었다).

13 Ferracuti(1957)

14 Merton(1949; 영문판, 1966, 154-156)

15 Pope and Danigelis(1981)

16 Halbwachs(1930, 256-259), 그리고 Lederer(2013)도 참조

17 위의 책, 244-246

18 1949년 10월 7일부터 1990년 10월까지 서독(독일 연방 공화국)과 동독(독일 민주 공화국)에 해당되던 영토들을 가리킨다.

19 부록의 표 A.1과 A.2의 수치 참조

20 Helliwell(2006)

21 Arendt(1943; 1994, 113)

22 Durkheim(1897; 영문판, 1951, 155)

23 Durkheim(1906)

24 Halbwachs(1930, 244)

25 Ruppin(1930, 247-248)

26 Kwiet(1984, 142-144). 자살 통계치가 더 이상 종교별로 확인되지 않았던 것은 통계치가 이런 우려를 불러일으켰기 때문일 수 있다.

27 Ruppin(1930, 247-248); Kwiet(1984, 144-146)

28 Goeschel(2009, 97)

29 Goeschel(2009, 97)

30 Dawidowicz(1975, 232)

31 Lester(2005b, 83-84)

32 Hartig(2007, 261)

33 Kwiet(1984, 155)

34   Goeschel(2009, 135)

35   Maurer(2005, 367)

36   Goeschel(2007, 33)

37   Guthmann Opfermann(1999, 44–46)

38   Guthmann Opfermann(1999, 44–46), Goeschel이 영어로 인용(2007, 29)

39   Kaplan(1998, 182)

40   Arendt(1943, 112–113)

41   Maurere(2005, 367)가 인용

42   Kwiet(1984, 160)가 인용

43   Goeschel(2007, 24)

44   De Felice(1988, 336)

45   Arendt(1943; 이태리어판, 2001, 38)

46   Goeschel(2009, 100–101)

47   Lester(2005b, 92)

48   Sonneck 외(2012)

49   Levi(2003, 46–52; 영문판, 2013, 61–64)

50   Lester and Krysinka(2000–2001)

51   Rossi(1963, 454)

52   Matard–Bonucci(2007)

53   Sarfatti(2000, 207–211)

54   Milano(1987, 100–117)

55   Segre(1995, 221)

56   Lombroso(1945, 63–64)

57   Goffman(1961)

58   Viktor Frankl(1995, 121; 영문판, 2004, 78)

59   나는 이 강제 수용소들만 가리킨다.

60   위의 책, 86

61   Minois(1995, 235–236)

62   Morselli(1879, 376–380; 영문판, 1882, 261); Liebling(1992, 17–67)

63   Fruehwald et al.(2000a; 2000b)

64   Bernheim(1987); Liebling(1992; 1999); Fruehwald et al.(2000a; 2000b); Duthéet

al.(2009)

65   Langbein(2003, 122)

66   Arendt(1951; 이태리어판, 1996, 623)

67   Viktor Frankl(1995, 46−47; 2004, 31)

68   Arendt(1951; 영문판, 1958, 455)

69   Solzhenitsyn(1975, IV, 601)

70   Levi(2003); Bettelheim(1963); Améry(1966); Cohen(1953); Mandelštam(1970); Bronisch(1996); Stark(2001)

71   Bettelheim(1963, 151−158); Sofsky(1993)

72   Bronisch(1996)

73   Levi(2003, 43; 영문판, 2013, 48−49)

74   Kogon(1947, 219−220)

75   Solzhenitsyn(1975, IV, 599)

76   Levi(2003, 8; 영문판, 2013, 8−9)

77   Appelbaum(2003, 312)이 인용

78   Arendt(1951; 이태리어판, 1996, 623)

79   다하우는 1933년 3월에 문을 연 최초의 강제 수용소였다.

80   Bettelheim(1963, 151)

81   F. Kral, Bronisch(1996, 135)가 인용

82   Stark(2001, 97)가 인용

83   Conquest(1968, 267)

84   Bronisch(1996)

85   Levi(1976, 110; 영문판, 2013, 98); Frankl(1995, 27)

86   Levi(2003, 60; 영문판, 1989, 59)가 이용

87   Adelsberger의 말을 Cohen이 인용(1953, 159)

88   Cohen(위의 책, 162)

89   Améy(1966; 영문판, 1977 재발행, 1980, 17)

90   이 점에 대해서는 Gambetta(1999) 참조.

91   Levi(2003, 120; 영문판, 2013, 167)

92   위의 책, 79−80

93   위의 책

94   Solzhenitsyn(1975, IV, 599)

95   Langbein(2003, 121)

96   위의 책

97   Bland et al.(1998); Rasmussen et al.(1999); Fazel and Danesh(2002)

98   Sattar(2001); Sattar and Killias(2005)

99   Durkheim(1897; 영문판, 1951, 253-254)

100 Chesnais(1976, 53-55)

101 위의 책, 58-60

102 위의 책

103 Durkheim(1897; 영문판, 1951, 208)

104 Baechler(1975, 449)

105 위의 책, 450-451

106 Skog(1993)

107 Who(1956); Rojcewicz(1971); Noomen(1975); Van Tubergen and Ultee(2006)

108 Who(1956, 245)

109 Elsner(1983)

110 Bessel(2005, 199)

111 Goeschel(2006, 160-161)

112 Baumann(2001, 376-377); Bessel(2005, 200)

113 Heyer(2007, 440)

114 Woolf(1979-1985, vol. V, 166)

115 위의 책, 215

116 위의 책

117 위의 책, 284

118 위의 책, 288

119 위의 책, 292-293

120 Van Tubergen and Ultee(2006)

121 Noomen(1975, 176)

122 Van Tubergen and Ultee(2006)

123 Baumann(2001, 358)

124 Malaparte(1979, 328)

125 위의 책, 350-368

126 Arendt(1945, 154)

127 Andreas-Friedrich(1986, 22; 영문판, 16)

128 Mark(2005)

129 Pasteur(2000)

130 Naimark(1995); Grossmann(2007, 48-86)

131 Grossmann(1995, 52)

132 Grossmann(2007, 291); 영문판, Anon.,(2005, 75)

133 Anon.(2003; 영문판, 2005, 75)

134 위의 책, 147

135 위의 책, 63

136 Grossmann(1995, 53)

137 Beevor(2002, 107)

138 Anon.(2003; 영문판, 2005, 110)

139 Naimark(1995, 81)

140 위의 책, 82

141 Beevor(2002; 이태리어판, 2002, 437); Epp(1997, 73-74)

142 Andreas-Friedrich(1986, 23; 영문판, 1990, 16-17)

143 Beevor(2002; 이태리어판, 2002, 410)

144 Pasteur(2000)

145 Lilly(2003)

146 Gribuadi(2005, 510-574); Baris(2004, 93-112)

147 Who(1956)

148 Goeschel(2009, 150-151)

149 Weinberg(1998, 378-379)

150 Goeschel(2006, 160). 나치 치하 독일에서의 자살에 관해서는 Goeschel(2009) 참조.

151 Brahimi(1980); Khlat and Courbage(1995); Singh and Siahpush(2002b)

152 Bhugra(2004)

153 Bhugra(2004); Fung et al.(2006)

154 Kushner(1991, 151-152)가 인용

155 Cavan(1928); Dublin(1963)

156 Sainsbury and Barraclough(1968). 이 점은 라이스 마이너(1922, 16)가 1906년부터 1914년 사이에 뉴욕으로 이주한 이민자들의 자살률을 출신 국가에 따라 연구하여 이미 밝혔다.

157 Kliewer and Ward(1988); Burvill(1998); Kliewer(1991); Wadsworth and Kubrin(2007)

158 Wadsworth and Kubrin(2007)

159 Morselli(1879, 449; 영문판, 1882, 328)

160 Burvill et al.(1973, 1983)

161 Luca da Caltanissetta(1973, 171)

162 Zucchelli da Gradisca(1712, 356)

163 Eltis(2000, 157)

164 Walker(2004, 25); Snyder(2007)

165 Piersen(1977, 147)

166 Piersen(1993, 6-7)

167 Piersen(1977, 149-150)

168 Thornton(2003)

169 1장 참조

170 Pérez(2005, 36)

171 Edwards(1794, vol. II, 89)

172 Rawley and Behrendt(2005, 42)

173 Baechler(1975, 379-381)

174 Lester(1998)

175 Oquendo et al.(2001)

176 Early(1992, 10-12)

177 Hendin(1969)

178 Early(1992); http://webappa.cdc.gov/sasweb/ncipc/mortrate10_sy.html

179 Burrow and Laflamme(2006)

180 Early(1992, 31)

181 Mattis(2002)

182 Kendal(2007)

183 Early(1992)

184 Holland Barnes(2006)

185 Higonnet(1985)

186 Esquirol(1838, 584; 영문판, 1845, 278)

187 Culbertson(1997)

188 Hopcroft and Bradley(2007)

189 이를 검토하기 위해 나는 두 가지 지수를 이용했다. 남녀평등지수(http://hdrstats.undp.org/indicators/269.html)와 세계 성평등 지수 (http://www.weforum.org/pdf/gendergap/report2007.pdf)다. 남성, 여성의 자살률과 첫 번째 지수의 상관계수는 −0, 17이고 두 번째 지수와의 계수는 −0, 10이다.

190 Canetto and Sakinofsky(1998)

191 Murphy(1998)

192 Kerkhof(2000)

193 http://www.giovannidallorto.com/testi/gaylib/ormando/ormando.html#1a

194 예를 들어 조반니 달로르토 같은 동성애자를 위한 운동의 권위 있는 대표자들이 이런 입장을 취했다. http://www.giovannidallorto.com/testi/gaylib/ormando/ormando.html#1a 참조.

195 Russell(2003); Fitzpatrick et al.(2005); Lhomond and Saurel−Cubizolles(2006)

196 http://www.gaynews.it/view.php?ID=71736

197 Tamagne(2000, 261−264, 296−297)

198 Hirschfeld(1914; 영문판, 2000, 1010−1011)

199 위의 책, 1024

200 위의 책, 1022, 1024

201 위의 책, 1011−1018. 히르슈펠트의 저서(1914; 영문판, 2000, 1010−1024)는 19세기 말에서 20세기 초까지 동성애자들의 자살에 대한 가장 우수한 연구다. 브레이(1995, 91, 94−95) 역시 18세기 초의 목판화(도표 1 참조)를 이용해 몰리라고 불렸던 영국의 동성애자들이 경찰에게 발각된 뒤 어떻게 목숨을 끊었는지 기록했다.

202 http://www.geocities.com/kruppcapri/krupp.html; Tamagne(2000, 430)

203 Tamagne(2000, 317)

204 위의 책, 124

205 Durkheim(1897; 영문판, 1951, 254)

206 위의 책, 246

207 Halbwachs(1930, 355−374)

208 Chesnais(1976, 64−67)

209 위의 책, 66. 미국, 스페인, 오스트리아에서는 1928년과 비교하면 자살률이 25~29퍼센트 상승했고 1932년에 최고점을 찍었다. 독일과 영국에서는 15퍼센트 상승했다.

210 Baudelot and Establet(2006, 85-107)

211 부록(표 A.1과 A.2)의 데이터 참조

212 Chesnais(1981; 이태리어판, 1982, 193-194); Baudelot and Establet(2006, 133-161)

213 Clarke and Lester(1989)

214 이 점은 앤더슨(2008)이 인터뷰한 일부 전문가에 의해 확인되었다.

215 Lester(1990)

216 Clarke and Lester(1989, 87-88)

217 Kapusta et al.(2008)

218 Chesnais(1976, 86)

219 Saunderson et al.(1998); Singh and Siahpush(2002a)

220 Siahpush(2002a)

221 Baudelot and Establet(2006, 169-171)

222 McKeown et al.(2006)

223 Morell et al.(2007); Biddle et al.(2008)

224 Jervis(2002)

225 MacKenzie et al.(2014). 이 비율은 증가하긴 했지만 여전히 낮다. 또한 질병의 종류, 심각성, 국가에 따라 달라진다. ESEMED/MHEDEA 2000 Investigators(2004); Wang et al.(2007) 참조.

226 Nordentoft et al.(2004)

227 Meltzer(2005). 20세기 후반에 서구 국가들에서는 조현병 환자의 수가 분명히 감소했다. 불충분하긴 하지만 여러 지역의 연구자들이 발표한 수치들은 이 정신 장애를 앓는 사람 수가 줄어들었다고 지적한다. 이러한 감소는 식생활의 중요한 변화와 임신 기간과 출생 직후의 관리, 영양에 대한 합리적인 접근, 비타민 섭취, 전염병에 대한 예방 조치(풍진, 소아마비 포함), 모유수유 때문으로 보인다. Bresnahan et al.(2003)

228 Baldessarini et al.(2006a, 2006b); Yerevanian et al.(2007)

229 Ludwig et al.(2007); Erlangsen et al.(2008); 이탈리아에 대해서는 Castelpietra et al.(2008)

230 Harris and Barraclough(1994)

231 Twombly(2006); Schraier et al.(2006)

232 Lorant et al.(2005)

233 Hem and Loge(2004); Bökenstam et al.(2005); Kendal(2007)

234 Harris and Barraclough(1994)

235 Bökenstam et al.(2005)

236 Hem and Loge(2004); Bökenstam et al.(2005); Lorant et al.(2005)

237 Pliny the Elder(1956, Book 25, 7)

238 Penttinen(1995, 236)

239 Fishbain(1996); Fisher et al.(2001)

240 Paperno(1997, 76)

241 Mäkinen(2006, 312)

242 Grashoff(2006, 276−277)

243 Pinnow(2007)

244 Pinnow(2003, 661); Pinnow(2010)

245 Pinnow(2003); Pinnow(2010)

246 Pinnow(2007, 139); Pinnow(2010)

247 Serge(1951; 이태리어판, 1999, 219−220)

248 Fitzpatrick(1999, 175)

249 Pinnow(2003, 670−675)

250 Pridemore and Spivak(2003); Pridemore and Chamlin(2006)

251 Solzhenitsyn(1975, IV, 600)

252 Mandel'štam(1970, 57)

253 위의 책

254 Pridemore and Chamlin(2006)

255 Pridemore and Spivak(2003)

256 최근에는 러시아의 자살률이 계속해서 떨어졌다. 2004년에는 자살자가 10만 명당 34명이
     었지만 2009명에는 25명이었다.

257 Pridemore and Spivak(2003)

258 리투아니아의 자살률은 1970년에 10만 명당 25명이었으며 1996년에 10만 명당 46명으로
     최고치에 달했다. 에스토니아와 라트비아는 그 전년도에 10만 명당 41명으로 최고치에 달
     했다.(Värnik et al. 2000)

259 Grashoff(2006)

260 Fitzpatrick(1999, 172−175)

261   Biggs(2005)

262   Grashoff(2006, 340-371)

263   Skog(1991). 알코올과 자살률의 관계에 관해 여러 학자가 제시한 설명적 가설들에 관해서는
       Andreeva(2005, 68-69) 참조

264   Pridemore(2006)

265   위의 책, 413

266   Pridemore et al.(2013)

267   Andreeva(2005); Leon et al.(1997)

268   Durkheim(1897; 영문판, 1951, 252-253)

269   Alexievich(1993; 이태리어판, 2005, 253)

270   위의 책, 254

271   위의 책, 55-67

5장

1   Narasimhan(1998); Sen(2001)

2   Chen(2000, 51-52); Vijayakumar(2004)

3   Thompson(1928); Stratton Hawley(1994); Weinberger-Thomas(1996)

4   Chen(2000, 44)

5   사티를 묘사한 첫 판화는 1598년의 것으로, 1583년에서 1588년까지 인도에서 살았던 네덜
       란드의 여행자 얀 하위헌 판 린스호턴의 작품이다. 다음 3세기 동안의 판화들에 대해서는
       Hardgrave(1998) and Schürer(2008) 참조. 1791년부터 1804년까지 콜카타에 살았던 플랑
       드르의 화가 발타자르 솔빈이 1796년에 완성한 판화들(그림 30, 31, 32, 33)이나 토머스 롤
       런드슨의 1815년도 작품들도 유명하다(그림 34). 또한 베네치아 사람인 니콜로 마누치(혹
       은 Manucci)가 자신의 저서 『무굴인 이야기Storia del Mogol』의 그림을 위해 여러 인도 화
       가에게 의뢰한 수많은 세밀화가 특히 많은 것을 알려주는데, 이 그림 중 여섯 점이 과부와
       사티를 묘사했다(그림 26, 35). 마누치의 독특한 삶(1652년에 인도로 가서 죽을 때까지 그
       곳에 머물렀다), 작품, 그가 지역 화가들에게 의뢰한 세밀화에 대해서는 Falchetta(1986),
       Bussagli(1986), Subrahmanyam(2008) 참조.

6   사티에 대한 유럽 여행자들의 태도에 대해서는 Rubies(2001) and Major(2006) 참조. 이들
       이 묘사한 사티의 차이에 대해서는 Schürer(2008) 참조

7   Vincenzo Maria di Santa Caterina da Siena(1678, 345)

8 Hardgrave(1998)

9 Weinberger-Thomas(1996, 15-18)

10 이 의식의 이런저런 측면에 대해서는 여러 유명한 산스크리트어 작가의 저서에 나오는 상세한 규칙과 설명을 정리한 Colebrooke(1795) 참조.

11 Michaels(1998, 150)

12 Dubois(1825, 30)

13 위의 책

14 Kennedy(1843, 242). 리처드 하틀리 케네디의 묘사는 우리가 보유한 가장 자세한 설명 중 하나다.

15 Della Valle(1667, 241)

16 Ibn Battuta(2006, 453; 영문판, 1971, 615)

17 Fedrici(1587, 1031)

18 Balbi(1590, 83)

19 Della Valle(1667, 241; 영문판, 1892, 266)

20 위의 책, 267

21 Dubois(1825, 29-30)

22 Fedrici(1587, 1031)

23 위의 책

24 Zachariae(1904, 204, 398)

25 Manucci(1964, 268)

26 Pigafetta(1524-1525, 941)

27 Barbosa(1554, 609)

28 Manucci(1964, 269-270)

29 Tavernier(1676, 388)

30 Diodorus Siculus(1988; 영문판, 1947, 321-323)

31 Conti(1492, 791)

32 위의 책

33 Colebrooke(1795)

34 Fisch(1998; 영문판, 2006, 241-242)

35 Fedrici(1587, 1031)

36 의식과 상징에 대한 정보는 Zachariae(1904; 1905); Van den Bosch(1995); Weinberger-

Thomas(1996)의 연구에서 발췌했다.

37 Zachariae(1904; 1905); Weinberger-Thomas(1996)

38 Zachariae(1904, 309-310, 395-400)는 레몬의 사용에 대해 여러 저자가 부여한 의미들을 비판적으로 살펴보았다. 어떤 사람에게는 레몬이 순수를 상징했고, 안젤로 드 구베르나티스는 레몬이 '남편이 죽은 뒤 혹독해진 삶'을 의미한다고 보았다. 그러나 Zachariae는 믿을 만한 문서들을 이용해 레몬이 행운을 가져다주는 물건이었다고 주장했다.

39 Van den Bosch(1995)

40 Zachariae(1904, 209)

41 Zachariae(1904; 1905); Weinberger-Thomas(1996)

42 Weinberger-Thomas(1996, 215-216)

43 Ibn Battuta(2006, 454)

44 Barbosa(1554, 609)

45 Varthema(1535, 60)

46 Bernier(1670; 영문판, 1916, 312)

47 Weinberger-Thomas(1999, 98-99)가 인용

48 Hodges(1794, 82)

49 Major(2006, 167)

50 Tavernier(1676, 391); Weinberger-Thomas(1999, 38-39)가 인용

51 Major(2006, 166)

52 Weinberger-Thomas(1996, passim)

53 Della Valle(1667, 241; 영문판, 1892, 263)

54 위의 책, 273-275

55 Rubies(2001, 399-400)

56 위의 책, 399

57 Altekar(1959, 134-138)

58 Mazumdar(1978)

59 Della Valle(1667, 249)

60 Thompson(1928); Mani(1998, 171)

61 Conti(1492, 811)

62 Varthema(1535, 60)

63 Conti(1492, 811)

64 Thompson(1928); Altekar(1959)

65 Filliozat(1967); Caillat(1977); Olivelle(1978); Andriolo(1993); Keith(2003)

66 Andriolo(1993, 60)

67 Thakur(1963, 39)

68 위의 책, 54

69 위의 책, 58

70 Murray(2000, 544–545)

71 Olivelle(1978, 20)

72 Justice(2005)

73 Andriolo(1993, 32)

74 Polo(2001, 258)

75 Filliozat(1967)

76 Thakur(1963, 96–101)

77 위의 책, 161–169

78 Andriolo(1993, 44–47)

79 위의 책, 48–49

80 Thakur(1963, 77–111)

81 위의 책, 63–64

82 Whitehead(1921, 124)

83 Steinmetz(1898); Hopkins(1900)

84 Steinmetz(1898, 43)

85 위의 책, 52

86 Winternitz(1915, 57–59); Garzilli(1997, 209–212)

87 Yang(1989, 15)

88 Garzilli(1997, 212)

89 위의 책, 215–225, 339–349

90 Piretti Santangelo(1991, 25)가 인용. Diodorus Siculus(1947, 321)

91 Banerjee(2003, 137–173)

92 Fedrici(1587, 1032)

93 이 주장은 모든 주요 전문가에 의해 뒷받침된다. Thompson(1928, 21–23); Altekar(1959, 122–125); Thakur(1963, 133, 139–141)

94 Thompson(1928, 30-35)

95 Harlan(2003, 99)

96 Altekar(1959, 129); Thakur(1963, 141)

97 Sharma(1988, 29)

98 위의 책, 30

99 Hodges(1794, 81)가 설명한 과부는 상인 계급에 속했다.

100 Roy(1987); Yang(1989, 23-24)

101 Thompson(1928, 38)

102 Piretti Santangelo(1991, 128)

103 Thompson(1928, 30-35)

104 만卍 자 무늬의 의미에 대해서는 Zachariae(1905, 77) 참조

105 Altekar(1959, 124)가 인용

106 Dutt(1938, 677-678). 마누 법전은 인류의 시조인 브라마의 아들 마누가 만들었다고 전해지는 경전이다.

107 Vijayakumar(2004, 77)

108 Yang(1989, 18-20)

109 Altekar(1959); Thakur(1963)

110 Thompson(1928, 60)

111 Roy(1987); Yang(1989)

112 Fisch(1998; 영문판, 2006, 237)

113 Altekar(1959, 132-138); Yang(1989, 22-23)

114 Yang(1989, 25)

115 독일의 유명한 통계학자인 폰 마이어(1917, 266-267, 299-300)가 발표한 이 데이터는 당시 자살을 연구하던 사람들의 관심을 끌지 못했다. 아마도 이들이 유럽 국가들에만 관심이 있었기 때문일 것이다. 이후 이 데이터는 잊혔지만, 일부 아시아 인구에서 여성의 자살 빈도가 남성보다 높았음을 보여주는 첫 번째 증거로 매우 중요한 자료다.

116 부록의 표 A.1 참조

117 20세기 후반에도 인도의 일부 주에서는 계속해서 여성의 자살 빈도가 남성보다 높았다.(Venkoba Rao, 1983, 220)

118 Tafur(2004, 90)

119 Fisch(1998; 영문판, 2006, 225)가 인용

120　Marco Polo(2001, 258−259; 영문판, 1958, 264−265)

121　Barbosa(1554, 610; 영문판, 1918, 216)

122　Sharma(1988, 77−78)

123　Bernier(1670; 영문판, 1916, 123)

124　Sharma(1988); Harlan(1994); Van den Bosch(1995); Chakravarti(1998); Sogani(2002)

125　Thapar(1988, ora 2007, 456−457)

126　Harlan(2002, 122)

127　Leslie(1989, 293−294)

128　위의 책, 292

129　Major(2007, xxvii)

130　Chen(2000, 25)

131　위의 책, 28

132　Sogani(2002, 7)

133　Dubois(1825, 12)

134　위의 책, 15

135　Chakravarti(1998, 77)

136　Leslie(1989, 303)

137　Dubois(1825, 14)

138　Leach(1958); Hershman(1974)

139　Dutt(1938, 671−672); Leslie(1989, 299)

140　Colebrooke(1795, 211−213)

141　Thompson(1928, 71−72)

142　Winternitz(1915, 34−41)

143　Altekar(1959, 83−84)

144　Winternitz(1915, 47−48)

145　Altekar(1959); Piretti Santangelo(1991)

146　Dutt(1938, 663)

147　Altekar(1959, 여러 곳).

148　Bernier(1670; 영문판, 1916, 308)

149　위의 책

150　Grandpré(1801, 71−73; 영문판, 1789−1790, 70−74)

151 Kennedy(1843, 243−244)

152 Thompson(1928); Cassels(1965); Mani(1998); Banerjee(2003)

153 Bernier(1670; 영문판, 1916, 306−307)

154 Fisch(1998; 영문판, 2006, 350)

155 Voltaire(2006, 139)

156 Hardgrave(1998)

157 이 측면에 대해서는 선교사 J. 페그스가 1827년에 쓴 소논문 참조. 편향되긴 해도 흥미로운 정보가 담겨 있다.

158 Thompson(1928, 69). 영국 정치 당국의 태도와 조치에 대해서는 Buckingham(2005) 참조

159 Peggs(1830, 15)

160 Bentinck(1922)

161 Stein(1988, 470)

162 Hardgrove(1999) 참조

6장

1 Phillips et al.(1999; 2002a)

2 Meijer(1971, 103−105); Diamant(2000, 111−117, 165−166)

3 Chang(2005, 328−329)

4 위의 책, 329

5 Diamant(2001)

6 Lester(2005a)

7 Lau(1989)

8 Ricci(1942, no. 159/9)

9 Huc(1879; 영문판, 1855, vol. I, 290)

10 Gray(1878, vol. I, 329)

11 Pumpelly(1918, 386)

12 Ball(1893, 434)

13 Matignon(1897, 367)

14 Morrison(1902, 111)

15 Pim(1863, 205)

16 Cohen(1971, 315)

17 위의 책, 316

18 Pérez가 인용.

19 Pérez(2005, 59)

20 Matignon(1897, 369).

21 Gamble(1921, 116-117, 418-419)

22 Wolf(1975)

23 Liu and Yip(2008) and Zhang et al.(2009)

24 Zhang et al.(2014)

25 이란은 자살률이 전체적으로 매우 낮았다. 자살한 여성 중 80퍼센트가 분신자살로 목숨을 끊었다. Ahmadi(2007); Aliverdinia and Pridemore(2008)

26 터키의 이 지역들에 대해서는 Altindag et al.(2005) 참조

27 페루 북부의 아구아라나족Aguarana은 여성 대비 남성 자살률이 0.46이다.(Brown, 1986) 파푸아뉴기니에서도 여성이 남성보다 자살을 더 많이 한다.(Lyons Johnson, 1981) 1871년에 일부 학자는 캅카스에서 여성이 남성보다 더 자주 자살한다는 사실을 발견했고 여성의 자살을 항의의 한 형태라고 보았다. Morrisey(2013, 7-8) 참조.

28 Pritchard(1996)

29 Phillips et al.(1999)

30 Zhang et al.(2014)

31 Reardon(2002)

32 Phillips et al.(2002a)

33 Giles(1876, 143), Murray도 이런 주장을 했다.(1836, 298-299)

34 Fielde(1887, 139)

35 Ross(1912, 198)

36 Johnston(1910, 224)

37 Wolf(1975)

38 Levy(1949, 117, 306)

39 Wolf(1975)

40 1905~1910년에 타이완에서 20~24세의 자살률은 10만 명당 57명, 60세 이상은 15명을 약간 넘었다.(Wolf 1975, 122)

41 이 사실은 Wolf(위의 책, 122, 130)가 제시한 수치들과 Von Mayer(1917, 312-315)가 발표한 1901~1905년도 수치를 비교하여 도출되었다. 20세기 초에 스위스, 프랑스, 덴마크는 자

살률이 가장 높은 유럽 국가에 속했다.

42 Hu(1995); Ikels(2004)

43 Ikels(1983)

44 Doolittle(1865, vol. I, 140)

45 Zhang(2004, 78)

46 Yan(2003); Ikels(2004); Whyte(2004); Miller(2004); Jing(2004); Zhang(2004)

47 Eberhard(1967, 94−116); T'ien Ju−K'ang(1988); Ropp(2001); Zamperini(2001); Theiss(2004a; 2004b)

48 Amiot et al.(1779, 437−438)

49 Amiot et al.(1779, 437−438)

50 Witke(1967)

51 Mao Zedong(1919, 86)

52 Mao Zedong(1919, 86)

53 Durkheim(1897; 영문판, 1951, 276, 주 25)

54 Tao Yi(1919, 84)

55 Ebrey(2003)

56 Ko(1994); Ropp(2001)

57 Zamperini(2001); Fong(2001); Ropp(2001); Theiss(2004a; 2004b)

58 Matignon(1936, 193)

59 Bisetto(2000, 23)가 인용, 이 해석은 *The Analects of Confucius*, Bk IV: X을 따랐다.

60 Hsieh and Spence(1980); Lee and Kleinman(2000)

61 Lau(1989, 722)

62 Bisetto(2004, 13)

63 Martin(1988, 177); Whyte(1988, 306)

64 Matignon(1936, 180−181)

65 Zhao et al.(2006, 1295)

66 Filliozat(1963); Benn(2007)

67 Elvin(1984, 115)

68 여러 다른 덕행을 기리는 석조 아치에 관해서는 Hoang(1898, 243−253) 참조.

69 Lu(2008, 82−86)

70 Elvin(1984); Mann(1987); T'ien Ju−K'ang(1988); Carlitz(1997); Elliott(1999);

Theiss(2001); Du and Mann(2003); Theiss(2004b)

71 Elvin(1984, 118-122)

72 Hoang(1898, 251)

73 Lu(2008, 69)

74 Elvin(1984, 151-152)

75 Carlitz(1997, 614)

76 Bisetto(2000, 25)

77 Theiss(2001)

78 Elvin(1984, 128-129); Theiss(2004b, 33-34)

79 위의 책, 129

80 Du and Mann(2003, 229). 한국의 일부 과부도 18세기와 19세기에 '정절'을 지키기 위해 목숨을 끊었다. Kim(2014)

81 Elvin(1984, 140); Lu(2008, 156-157)

82 Zamperini(2001, 80, 100)

83 Bisetto(2004, 28)

84 Zamperini(2001, 80)

85 Spence(1978, 100; 이태리어판, 2002, 146)

86 Lu(2008, 30)

87 Liu(2001, 1059)

88 Raphals(1998, 240-241); Fong(2001, 106)

89 T'ien Ju-K'ang(1988, 1)

90 Du and Mann(2003, 231)

91 Wolf and Huang(1980)

92 Du and Mann(2003, 236)

93 Weijing Lu와의 대화(2008년 3월 10일)

94 Matignon(1897, 404-408)

95 Ross(1912, 196)

96 위의 책, 150

97 T'ien Ju-K'ang(1988)

98 위의 책, 51

99 Doolittle(1865, vol. I, 108-110); Medhurst(1873, 112-114); Gray(1878, vol. I, 338-

340). Medhurst(1873, 114)에 따르면 중국의 과부들은 '완전히 자발적인 행동'을 했다.

100 T'ien Ju-K'ang(1988, 54)

101 Lu(2008)

102 위의 책, 142

103 T'ien Ju-K'ang(1988, 61-62)

104 Lu(2008, 106-107)

105 Hoang(1898, 250)

106 위의 책, 89-96

107 Lu(2008, 185-190)

108 Ebrey(1993, 62-64)

109 Weijing Lu와의 대화(2008년 3월 14일)

110 Diamant(2000, 106)

111 Davis(1996, 4)

112 위의 책, 112

113 Davis(1996, 4)

114 Backhouse and Bland(1914, 102)

115 Weijing Lu에 따르면(2008년 9월 16일), 다른 자료들에서는 두 발 모두 맨발이었다고 한다. 옷깃에 글을 쓴 것은 상징적 의미는 없다.

116 위의 책, 103

117 Davis(1996, 78)

118 Wakeman(1985, 568-569)

119 Fong(2001)

120 Davis(1996, 116)

121 Fong(2001)

122 Du and Mann(2003, 230)

123 T'ien Ju-K'ang(1988, 42)

124 Du and Mann(2003, 230)

125 Lu(2008, 40-48)

126 Lu(2008, 40-48)

127 Paderni(1991, 135-136)

128 위의 책, 143-144

129 Du and Mann(2003, 226)

130 Theiss(2004a; 2004b)

131 Theiss(2004b, 189)

132 Paderni(1991); Zamperini(2001); Fong(2001); Theiss(2001; 2004a; 2004b)

133 Theiss(2004b, 179)

134 Paderni(1991, 153−154)

135 Paderni(1991, 153−154)

136 위의 책, 177−178

137 MacCormack(1991, 43−44); Paderni(2005); MacCormack(2010)

138 MacCormack(1991, 43−44); Paderni(2005); MacCormack(2010)

139 Theiss(2004a, 521)

140 Zamperini(2001)

141 Huntington(2005, 20−21)

142 Yu(1987)

143 Stockard(1989)

144 위의 책, 108−109

145 Gray(1878, vol. I, 185−186); Smith(1899, 287)

146 Holmgren(1985); Ebrey(1993); Birge(1995; 2002)

147 Elvin(1984, 123−124)

148 Elvin(1984, 123−124)

149 T'ien Ju−K'ang(1988, 17)

150 Theiss(2004b, 26−30)

151 Elvin(1984, 137−138)

152 Theiss(2004a, 513)

153 Wolf(1975, 112)

154 위의 책, 112

155 Wolf(1975, 112)가 인용

156 Dalby(1982); Bianco(2001)

157 Dalby(1982); Bianco(2001)

158 Granet(1929; 영문판, 1996, 315)

159 위의 책, 341

160 Morrison(1902, 112)

161 Giles(1911, 219)

162 위의 책, 219-220

163 Huc(1879, 304-305; 영문판, 1855, 290)

164 Amiot et al.(1779, 439)

165 위의 책, 440

166 Huc(1879, 306; 영문판, 1855, 291)

167 Danton(1938, 162)

168 Bianco(1978, 280)

169 Matignon(1897, 374)

170 Simon(1885, 227)

171 Matignon(1897, 373)

172 Reclus and Reclus(1902, 604-605). 프랑스어 표현은 'le mort saisit le vif'이다.

173 Baker(1979, 115)

174 Meijer(1991, 66)

175 Alabaster(1899, 311-312)

176 위의 책, 313-314

177 Matignon(1936, 124-125)

178 Meijer(1991, 21)

179 MacCormack(1991, 38-39)

180 Pérez(2005, 53-64)

181 Pérez(2005, 58)가 인용

182 Smith(1899, 286)

183 Zhang et al.(2014)

184 Xiaojing(2001); Liu(2002); Pearson and Liu(2002)

185 Xiaojing(2001); Liu(2002); Pearson and Liu(2002)

186 Xiaojing(2001); Liu(2002); Pearson and Liu(2002)

187 Lee and Kleinman(2000, 230)

7장

1 Hoffman(2006, 143)

2 Crenshaw(2007, 135−140)

3 Bloom(2005, 76); Ricolfi(2005, 78−80); Hafez(2006, 4); Moghadam(2006b)

4 Hafez(2006, 72)

5 Alonso and Reinares(2006)

6 Hoffman(2006, 160)

7 Strenski(2003, 22)

8 Strenski(2003, 22)

9 Pedahzur(2005, 54−55)

10 Unama(2007)

11 Merari(2007; 2009)

12 Gambetta(2005)

13 Pape(2005, 220)

14 Pedahzur(2005, 13); Pape(2005, 38)

15 Pape(위의 책, 15, 39)

16 Hoffman and McCormick(2004, 248)

17 Pedahzur and Perliger(2006, 2)

18 Lewis(2007, 224)

19 Sprinzak(2000, 66)

20 Pedahzur and Perliger(2006)

21 Hoffman(2006, 134)

22 위의 책, 173−174

23 Benmelech and Berrebi(2007)

24 Stack−O'Connor(2007, 53)

25 Hafez(2006, 26)

26 Pape(2005, 100)

27 Moghadam(2006a, 713)

28 Abrahms(2006)

29 Abrahms(2006)

30 Gunaratna(2000), Hoffman(2006, 141)이 인용

31 Bloom(2005)

32 Pape(2005, 130)

33 위의 책, 33-34; Gambetta(2005, 262)

34 Pedahzur(2005, 18)

35 위의 책, 18-19

36 Tosini(2007, 94)

37 Pape(2005, 77)

38 Moghadam(2006a, 716)

39 Berman and Laitin(2006, 39)

40 Gambetta(2005, 288-291)

41 위의 책, 298

42 Merari(2007, 29)

43 Hafez(2007)

44 Pedahzur and Perliger(2006, 2-4)

45 Gerges(2005)

46 Hafez(2006; 2007)

47 Unama(2007)

48 Hafez(2007, 165-211)

49 Zanini and Edwards(2002)

50 Hoffman(2006, 282-289); Sageman(2008, passim)

51 Sageman(2008, 136)

52 Moghadam(2006a, 523)

53 Hoffman(2006, 226)

54 위의 책, 205-206

55 Weimann(2006, 82-87)

56 Hoffman(2006, 214-216)

57 Roy(2004); Moghadam(2006a)

58 Weimann(2006, 123)

59 Hoffman(2006, 219)

60 Sageman(2008, 113-123)

61 Pape(2005, 207-208). 이 수치들은 1980~2003년을 가리킨다.

62 Krueger and Malecková(2003); Sageman(2004, 73-79); Pape(2005, 214-216); Bergman and Pandey(2006)

63 Gambetta and Hertog(2007)

64 Unama(2007)

65 Lester et al.(2004)

66 Sageman(2004, 80−91)

67 Ricolfi(2005, 106−107)

68 Wintrobe(2006)

69 Hoffman and McCormick(2004, 252)

70 Bloom(2005, 86−87); Elster(2005, 241); Kalyvas and Sanchez−Cuenca(2005, 230); Pedahzur(2005, 142−151); Ricolfi(2005, 106, 111−112); Berko(2007, passim)

71 Pedahzur(2005, 147)

72 Gambetta(2005, 292−293); Kalyvas and Sanchez−Cuenca(2005, 209, 213−215)

73 Hopgood(2005, 68); Roberts(2005, 494−496)

74 Hoffman and McCormick(2004)

75 Roberts(2005, 497)

76 Weinberger−Thomas(1996, 64−71)

77 Rosenthal(1946, 244)

78 Patton(2003)

79 Rosenthal(1946, 245)

80 위의 책

81 위의 책, 251−255

82 Patton(2003)

83 알카시르(1983, 291−292)가 발표한 1934~1974년 데이터에 따르면, 이라크의 자살률은 극도로 낮았다. 바르홈(1983, 291−292)이 발표한 1968~1981년에 대한 수치로 판단해볼 때 요르단도 마찬가지였다. Lester(2006)가 발표한 문서도 참조

84 Reuter(2002, 120−125)

85 Cook(2005a; 이태리어판, 2007, 213−221)

86 Merari(2007, 30)

87 Reuter(2002, 65)

88 Levitt(2005, 59)

89 Moghadam(2008)

90 Hafez(2007, 64−83); Moghadam(2008)

91 Cook(2005a; 이태리어판, 2007, xvii–xviii)

92 위의 책, 37

93 Mosca(1953, vol. I, 267; 영문판, 1939, 181–182)

94 Lewis(1967)

95 Dale(1988)

96 Ewing(1955); Kiefer(1972, 132–134); Andriolo(2002)

97 Ewing(1955, 149); Andriolo(2002, 739)

98 말레이시아의 이슬람교도들이 수행하는 아모크amok에서도 후라멘타도와 유사성을 찾을
    수 있다. 어떤 사람들은 아모크라는 이름을 해적들의 함성에서 따왔다고 생각한다. 아모
    크는 맹렬한 살상욕에 휩싸인 상태(조울증을 앓는 사람에게 종종 나타난다)로, 환자는 타
    인들에게 달려들어 칼을 휘두르고 가능한 한 많은 사람을 죽이다가 자신도 목숨을 잃는
    다.(Baechler, 1975, 527–528)

99 Smythe(1962, 243–244)

100 Ness(2005, 354)

101 Tzoreff(2006, 14)

102 Victor(2003, 12–13)

103 위의 책, 19–20

104 위의 책, 20

105 Hasso(2005, 34)

106 Cunningham(2003, 183)

107 Victor(2003, 30–31)

108 Hasso(2005, 31); Victor(2003, 30–31)

109 Victor(2003, 197–198, 208)

110 Yadlin(2006, 53)

111 Ness(2005, 366)

112 위의 책, 363

113 위의 책, 364

114 위의 책, Stack–O'Connor(2007, 50)

115 Schweitzer(2006, 8)

116 Pape(2005, 208–209). 이 데이터는 1980~2003년을 가리킨다.

117 Stack–O'Connor(2007, 47)

118 Bloom(2007, 100); Schweitzer(2006, 28−29)

119 Ness(2005, 360−361)

120 Bloom(2005, 143)

121 Tzoreff(2006, 19)

122 Victor(2003, 35)

123 위의 책, 112

124 Cook(2005a; 이태리어판, 2007, 220)

125 Tzoreff(2006, 18−20)

126 Van Knopf(2007, 400)

결론

1 Kotzebue et al.(1821, 195)

2 Grey(1841, vol. 2, 248)

3 Morselli(1879, 205)

4 Steinmetz(1894)

5 Steinmetz(1894)

6 Arbois de Joubainville(1886); Steinmetz(1894; 1898); Lasch(1898; 1899); Hopkins(1900); Glotz(1904); Westermarck(1912, vol. II, 229−264); Malinowski(1926); Wisse(1933); Delcourt(1939); Metraux(1943); Bohannan(1960); Firth(1961); Berndt(1962); Hoskin et al.(1969); Jeffreys(1971); Strathern(1972); Panoff(1977); Healey(1979); Johnson(1981); Counts(1980; 1984; 1990); Grisé(1982); Brown(1986); Marra(1987); Van Hooff(1990); Bonnemere(1992); Hill(2004); Wardlow(2006); Bargen(2006); Hamlin and Brym(2006)

7 Lewis(1990, 26−27); Bargen(2006, 18−19); Sanadjian(2008)

8 Westermarck(1912, vol. II, 233); Wisse(1933, 460−494); Van Hooff(1990, 126)

9 Firth(1961)

10 Hoebel(1954; 영문판, 1973, 335−336)

11 Westermarck(1912, vol. II, 236−240); Wisse(1933, 80, 132, 149, 189, 255−256, 481−482)

12 Bradbury(1817, 89)

13 Wisse(1933, 132, 189−190, 256−259); La Fontaine(1960, 110−111)

14 Malinowski(1926, 78(77−96))

15 Steinmetz(1894); Wisse(1933, 49, 62, 77, 115, 142, 311, 315, 436, 493); Jeffreys(1971);
    Strathern(1972); Panoff(1977); Baechler(1975, 534−542); Counts(1980, 1984, 1990);
    Bonnemere(1992)

16 Westermarck(1912, vol. II, 234)

17 Metraux(1943)

18 Counts(1984, 87)

19 Westermarck(1912, vol. II, 233)

20 Sanadjian(2008)

21 Counts(1984, 87)

22 Steinmetz(1898, 49); Jeffreys(1971, 191)

23 Duchac(1964, 413)가 인용

24 Arbois de Jubainville(1886, 246−247)

25 Glotz(1904, 63−69); Delcourt(1939); Grisé(1982)

26 Sophocles(2007, 55; 영문판, 2007, 37)

27 Delcourt(1939, 170)

28 Virgil, *Aeneid*, IV, 382−386

29 Grisé(1982, 135)

30 Panoff(1977, 55)

31 Wisse(1933, 524)

32 Johnson(1981)

33 Glotz(1904, 66)

34 Andriolo(1998)

35 Phillips et al.(2004)

36 Besnard(1997)

37 Collins(2009)

38 Droge and Tabor(1992); Bowersock(1995, 72−73)

39 Zilboorg(1936); Maltsberger and Buie(1980)

40 Sym(1637, 232)

41 위의 책, 236

42 위의 책, 이탈리아에서 벌어진 항의 시위의 최근 사례는 Santoro(2010) 참조.

43 Twain(1876; 이태리어판, 2003, 27)

44 위의 책, 27-28

45 Camus(1987; 영문판, 2006, 46)

46 Morillo(2001, 254-255). 몇몇 전문가는 일부 아시아 국가들(특히 중국과 일본)이 서구 문화보다 수치심을 더 중요시한다고 주장한다.(Creighton, 1988; Inki Ha, 1995) 반면 여러 연구는 강한 수치심이 숨거나 사라지거나 자살하려는 욕망을 불러일으킨다는 것을 보여준다.(Mokros, 1995; Lester, 1997)

47 Van Hooff(1990, 21-22)

48 Phillips et al.(2002c). 1997~2003년 타이완에 대한 연구에서 Yeh et al.(2008)은 35세 이하의 미혼 여성과 65세 이상의 과부들의 자살률이 기혼 여성들보다 낮다는 것을 보여주었다.

49 Stack(1992)

50 Mayer and Ziaian(2002). 유감스럽게도 두 저자는 결혼 상태와 자살률과의 연관관계에 대한 통계 데이터를 제시하면서 연령을 고려하지 않았다.

51 Phillips et al.(2002c); Vijayakumar et al.(2005a)

52 Robertson(1999)

53 Robertson(1999)

54 Bargen(2006, 26-28)

55 Judge(2008, 179-182)

56 Lu(2008, 253-254)

57 2006년 인도에서 자살한 여성 4만2410명 가운데 6809명이 이 방법을 사용했다.(National Crime Records Bureau, 2008: http://ncrb.nic.in/accdeaths.htm)

58 Kitanaka(2008a; 2008b)

59 Popitz(1992; 이태리어판, 2002, 44-45)

60 Steinmetz(1898)

61 Heber(1856, 185)

62 Heber(1856, 185)

63 Sweeney(1993b)

64 위의 책, 430

65 Morris(1975); Hill(2005)

66 Morris(1975); Hill(2005)

67 Biggs(2005, 178)

68   Joiner(1964, 918)

69   Biggs(2005, 180−188)

부록

1   Verkko(1951, 13−15)

2   Wagner(1864, 110−113)가 제시한 데이터

3   Morselli(1879, 90)도 발표

4   Somogyi and Somogyi(1995)

5   Direzione generale della statistica(1879, 261−270); Morselli(1879, 509−510)

6   Who(1951, 1956). 가장 최근의 수치는 http://www.who.int/mental_health/prevention/ suicide/country_reports/en/index.html 참조.

7   Von Mayer(1917, 279)

8   Venkoba Rao(1983)

찾아보기

그레이, 존 헨리Gray, John Henry 355

그리스 52, 85, 148, 183, 205, 254~256, 293, 469, 478, 480

그리스 정교회 66, 215, 435

기독교 13, 24, 41, 58, 65~66, 69~70, 72~ 73, 76~87, 89, 91~92, 100, 102~103, 111, 114~115, 121, 125~127, 134~135, 141, 145, 149~151, 154, 156, 158, 160~162, 166, 168, 170, 186, 204, 209, 218~219, 266, 348, 403, 434, 448, 455~456, 469, 473, 477~480, 487

ㄴ

나치즘 219~220

나태 85~91, 115, 135, 149~150

나폴레옹, 보나파르트Napoleon, Bonaparte 108

네덜란드 66, 106, 158~159, 182, 193, 198, 203, 205, 213, 240~241, 243~244, 253~254, 264, 275, 317~318, 345

네이피어, 리처드Napier, Richard 116, 172

노기 마레스케乃木希典 483

노예 7, 16, 75, 77~78, 104, 106~107, 129, 198, 256~260, 262, 349, 409~410, 466, 469, 476, 484

뉘른베르크 68, 109, 112

뉴욕 219, 253, 255, 261, 274, 426, 431

니요가niyoga 342

ㄷ

다누 418~420, 428

다르나dharna 326, 447, 485~487

다피사, 조르다노da Pisa, Giordano 115

단테, 알리기에리Dante, Alighieri 134~135

댄턴, 조지Danton, George 406

더담하우더르, 요스De Damhouder, Joos 59, 61, 158

던, 존Donne, John 122, 125, 127, 129, 171, 173

데바르테마, 루도비코de Varthema, Ludovico 317, 322

데오랄라 304~305, 349

데페드리치, 체사레de Federici, Cesare 309~310, 315, 328

덴마크 10, 40, 110, 113, 168, 218, 231, 241, 254, 264, 275~276, 278~279, 283, 285, 287, 345, 362, 491~492

델라 발레, 피에트로della Valle, Pietro 309, 315, 319, 343

델라웨어 163

도나투스주의(파) 72, 74

독일 10, 39~41, 43, 51, 54~55, 57, 59, 61, 63, 67~68, 100~101, 109~110, 113, 122, 142, 146, 160, 169, 171~172, 179~180, 183, 217~227, 229, 235, 239~251, 253~256, 271, 273~276, 278, 282~283, 286, 289, 292, 294~295, 367, 465, 483, 491

돌바크, 디트리히D'Holbach, Dietrich 134, 141

동인도회사 346, 348

437, 445, 483, 491~492, 497

인도 10, 14, 24, 26, 114, 125, 305~306, 308~310, 312~315, 317~318, 320~321, 323, 325~337, 341~349, 358, 360, 379~380, 418~419, 425~426, 429, 435, 439, 447, 450, 455, 457, 460, 462, 469, 473, 479~487, 490, 497

인도네시아 426, 436

일본 114, 240, 251, 278, 357~358, 362~363, 367, 421, 469, 479, 481~484, 487~488, 490, 497

일부다처제 312~314, 342

ㅈ

자기 살해(자기 살인) 77, 125, 140~141, 156

자살 공격 420~422, 424~439, 441~443, 445, 452, 455, 457, 460~461, 464, 474, 487~488, 490

자살 미수 59, 421

자살률 6, 8~10, 13, 15, 21~22, 24~26, 39~42, 45, 48~49, 51, 121, 179~180, 184, 200, 202, 206, 212~214, 216~218, 220, 222, 225~226, 230~236, 238~242, 244, 253~256, 260~262, 264, 266, 272, 274~276, 278~284, 288~289, 292~294, 297~298, 334, 352~360, 362~363, 365~366, 369, 392, 411, 415, 450, 476, 480~481, 483~484, 491~492, 497

자살의 의료화 284

자우하르jauhar 325

자일스, 허버트 앨런Giles, Herbert Allen 361, 405

잠보니, 보노Giamboni, Bono 189

장례식 166, 291, 295, 307, 312~313, 315~316, 324, 329, 340, 344~345, 371, 376, 384~385, 411~412, 414, 448, 452, 468

재산 몰수 62, 64, 71, 155~156, 160, 165

잭슨, 엘리자베스Jackson, Elisabeth 152

전족 369, 402

정신 장애 145, 156, 254, 264, 284~285

정신 질환 19, 21~23, 264, 443, 475, 484

정이程頤 369, 379

제1차 세계대전 180, 239

제2차 세계대전 180, 219, 240~241, 421, 487, 490

제네바 43, 49, 51, 59, 61, 63, 159, 164, 179~180, 202

제퍼슨, 토머스Jefferson, Thomas 163

조울증 19~20, 23, 143, 239, 264, 285

조토, 디본도네Giotto, di Bondone 93

조현병 19, 23, 239, 253, 264, 285, 475

존스턴, 플레밍Johnston, Fleming 362

중매결혼 354, 367~370, 397~398, 414

지머만, 제이컵Zimmermann, Jacob 44

지아카마 320~321, 330, 343

지참금 202, 385, 399~400

자살의 사회학

초판 인쇄 2017년 12월 4일
초판 발행 2017년 12월 18일

지은이 마르치오 바르발리
옮긴이 박우정
펴낸이 강성민
편집장 이은혜
편집 박은아 곽우정 김지수 이은경
편집보조 임채원
마케팅 이숙재 정현민
홍보 김희숙 김상만 이천희
독자모니터링 황치영

펴낸곳 (주)글항아리 | 출판등록 2009년 1월 19일 제406-2009-000002호

주소 10881 경기도 파주시 회동길 210
전자우편 bookpot@hanmail.net
전화번호 031-955-8891(마케팅) 031-955-1936(편집부)
팩스 031-955-2557

ISBN 978-89-6735-461-9 03900

글항아리는 (주)문학동네의 계열사입니다.

이 도서의 국립중앙도서관 출판예정도서목록(CIP)은 서지정보유통지원시스템
홈페이지(http://seoji.nl.go.kr)와 국가자료공동목록시스템(http://www.nl.go.kr/
kolisnet)에서 이용하실 수 있습니다. (CIP제어번호 : 2017032019)